中宣部 2019 年主题出版重点出版物

郑谦 庞松 主编

中华人民共和国通史

【第一卷】（1949—1956）

庞松 著

国家出版基金项目
NATIONAL PUBLICATION FOUNDATION

SPM 南方传媒 | 广东人民出版社
·广州·

图书在版编目（CIP）数据

中华人民共和国通史. 第一卷, 1949—1956 / 郑谦，庞松主编；庞松著. —广州：广东人民出版社，2020.1（2024.10 重印）
ISBN 978-7-218-14151-0

Ⅰ. ①中… Ⅱ. ①郑… ②庞… Ⅲ. ①中国历史—现代史—1949—1956 Ⅳ. ①K27

中国版本图书馆 CIP 数据核字（2019）第 292422 号

中华人民共和国通史·第一卷（1949—1956）
郑谦、庞松主编　庞松著

出 版 人：肖风华

出版策划：钟永宁
责任编辑：卢雪华　曾玉寒　廖智聪　伍茗欣　李宜励
责任校对：王立东　梁敏岚　胡艺超　林　俏　吴丽平
装帧设计：书窗设计工作室
责任技编：吴彦斌

出版发行：广东人民出版社
地　　址：广州市越秀区大沙头四马路 10 号（邮政编码：510199）
电　　话：（020）85716809（总编室）
传　　真：（020）83289585
网　　址：http://www.gdpph.com
印　　刷：广州市豪威彩色印务有限公司
开　　本：787mm×1092mm　1/16
印　　张：301.25　　字　数：3900 千
版　　次：2020 年 1 月第 1 版
印　　次：2024 年 10 月第 4 次印刷
定　　价：1380.00 元（全七卷）

如发现印装质量问题，影响阅读，请与出版社（020-85716849）联系调换。
售书热线：020-87716172

总　序

一

在中华人民共和国成立 70 周年之际，我们组织撰写了这部《中华人民共和国通史》。

本书所叙史事，始于 1949 年中华人民共和国成立，截止于 2019 年书稿完成。全书共分七卷，前后贯通共和国 70 年发展中政治、经济、文化、国防、外交等各领域，其中包括国体与政体、中央与地方、中国与世界相互关系的历史演变和不同时期人民生活的变化，以及经济变革、政治发展、社会变迁带来的人口、环境、教育、城镇化、社会分层、利益结构等相当丰富又复杂交织的历史内容，依时间顺序，分卷次予以叙述。

1949 年 9 月 30 日，中国人民政治协商会议第一届全体会议向世界庄严宣告中华人民共和国成立，中国人民从此站起来了。这一伟大事件，彻底改变了近代以来 100 多年中国积贫积弱、受人欺凌的悲惨命运，中华民族从此走上了实现伟大复兴的道路。

以中华人民共和国成立为起点，在中国共产党的坚强领导下，在第二次世界大战后并不宽松的国际环境中，依靠社会主义制度，依靠全国各族人民的团结奋斗，中国从一个近代史上不断走向衰败、贫穷落后的东方大国，发展成为独立自主、巍然屹立于国际社会、以坚定的步伐走向社会主义现代化的国家。这无论如何是一个奇迹。综观中华人民共和国70年历史发展，"我国相继实现了从半殖民地半封建社会到民族独立、人民当家作主新社会的历史性转变，从新民主主义革命到社会主义革命和建设的历史性转变，从高度集中的计划经济体制到充满活力的社会主义市场经济体制、从封闭半封闭到全方位开放的历史性转变"。这是执政的中国共产党站在时代的高度，对中华人民共和国历史发展主线的科学概括。

中国的成功有哪些独特的背景、内容、原因和经验？中国的崛起面临哪些问题和挑战？又是如何渐次解决的？中国的崛起向世界贡献了哪些独特经验？中国的复兴还会经历哪些考验，还需要进行哪些探索？这些问题对于中外有识之士始终具有特殊的魅力。

二

中国改革开放40多年来，共和国史研究出现空前活跃的局面，从官方到民间，从科研院所到高等学校，从资料发掘到专题研究，从宏观叙事到微观考察，从译介国外学术动态到向国外介绍国内研究成果，都有许多值得重视的新观点、新成果、新方法。经过多年的积累和提升，学界对共和国史的认识已经今非昔比。

历史学的发展，一是要靠史料的发掘和积累，一是要靠认识方法、分析方法的提高、更新。历史事实是既定的，一旦发生了就不可更改，历史研究必须忠实于史实。但是，认识历史的理论、方法、分析框架却是在不断发展、更新的。在不同的历史时期，人们对历史可以有不同的认识，不同的理论高度和深度。在理性的、专业的研究和写作中，应该注意学习、借鉴国外一些科学的历史研究方法和成果。但我们觉得，迄今为止，开放的、不断发展的马克思主义的历史唯物主义，仍被证明是观察和解释历史、经济、政治、文化及国际事务的科学、有效的分析工具，这是我们写作这部通史的理论遵循。中国特色社会主义理论作为马克思主义在当代中国的最新形态，不断开阔我们的研究视野，提升我们的认识高度，给我们与时俱进的勇气与追求。用它来审视当代中国史，会有许多新的视角，产生一些新结论、新认识。

国家的发展、规律性的揭示和对未来的正确把握，需要深刻的历史经验和历史智慧的支撑。谁在这方面做得好，谁就掌握了话语权和主动权，就能顺应历史潮流引领时代发展，就能真正让历史智慧之光照进现实。一个对历史浮光掠影、浅尝辄止、一知半解或采取虚无主义、实用主义态度的民族，无法企及"历史的高度"，无缘于历史的自觉。

三

这部通史为七卷本，按照历史的发展顺序及其内在逻辑，在总体结构上将中华人民共和国史分为三个大的阶段：

第一阶段——社会主义革命和建设时期（1949—1976），包括：第一卷（1949—1956）；第二卷（1956—1966）；第三卷（1966—1976）。

第二阶段——改革开放和加快现代化建设时期（1976—2012），包括：第四卷（1976—1992）；第五卷（1992—2002）；第六卷（2002—2012）。

第三阶段——建设中国特色社会主义新时代，以第七卷

（2012—2019）作为进入新时代及其后续篇章的开卷。

我们认为，通史采用这种历史分期法，既能较好地展现三个阶段各自的历史特点，又能贯通新中国成立 70 年发展脉络的内在联系，特别是反映建设中国特色社会主义新时代的由来及历史方位。当然，我们也注意到共和国史研究中其他一些有见地的分期方法及其所体现的治史理念。例如，在社会主义革命和建设时期，本书是按目前较通行的分期法，把新中国成立的头七年作为一个整体来叙述的。但我们注意到这七年中前三年和后四年明显的阶段性区分，即"新中国的成立和新民主主义建国纲领在全国的实施"（1949—1952）和"社会主义基本制度在中国的确立"（1953—1956）两个阶段。把头三年的"新民主主义建设"作为一个阶段，本是历来的分期法，是当时中央领导人的共识，党中央的文件也是这样表述的。过去中共党史、共和国史及经济史著作曾把这三年概括为"国民经济恢复时期"，但现在看来，这并不能充分反映这个时期的历史本质。按照历史的原貌，那时中国共产党就是以新民主主义的《共同纲领》来号召人民的，其实质内容是对新民主主义建国方略的稳健实施。本书虽然在形式上未将这头三年单独分期，但吸取了它的精华要义，即：突出而不是刻意淡化新民主主义建国论、新民主主义改革论及新民主主义建设论；强调新中国成立初期经历了一个由半殖民地半封建社会向新民主主义社会的转变过程，通过发展新民主主义经济、政治，为向社会主义过渡准备基本条件。由于 1949—1952 年坚持贯彻《共同纲领》进行新民主主义建设，新中国发生了翻天覆地的变化，政治昌明，经济迅速恢复，社会面貌焕然一新。正是在从半殖民地半封建社会到民族独立、人民当家作主新社会的历史性转变所创造的现实基础上，1953 年中国共产党提出党在过渡时期的总路线，团结全国各族人民为实现向社会主义转变的总任务而奋斗，反映了历史必然性。

又如，中华人民共和国历史发展的新时期应该从何时算起？历史学家胡绳先生在20世纪90年代提出并体现在《中国共产党历史》第二卷中的分期法，是以中共十一届三中全会为标志，把新中国的历史划分为两大时期，即"社会主义革命和建设时期"和"改革开放新时期"。胡绳强调这不仅是一个编写历史划分篇章的形式问题，其"实质意义是在把党的十一届三中全会的历史地位突出出来"，说明不是以1976年粉碎"四人帮"、结束"文化大革命"作为新时期的开始，而是以1978年中共十一届三中全会作为共和国发展史上具有开辟新时期、新道路，开创新理论意义的历史标志。这在编写中国共产党历史的分期上，当然是一种卓见。

但是在编写共和国史的时候，我们考虑到不妨有另一种叙史的角度，即如本书第三卷就写到1976年粉碎"四人帮"，这在客观历史上也标志着十年"文化大革命"时期的结束。第四卷书写开辟改革开放的新时期，首先是1976—1978年中共十一届三中全会之前徘徊前进的两年。这两年的历史进程非常重要，面对"文化大革命"十年内乱造成的重大损失，国家建设百业待兴，党内外强烈要求纠正"文化大革命"的错误，使党和国家从危难中重新奋起。随着党和国家正常政治生活的逐步恢复，国民经济的复苏，平反冤假错案的开始，关于真理标准问题的讨论在全党全国引发思想解放的大潮，批判因袭着历史重负的"两个凡是"错误方针，推动了党和国家工作重点转移思想的酝酿和提出。这两年安定社会政治秩序、恢复国民经济的举措和指导理论上的正本清源，都为1978年中共十一届三中全会实现伟大历史转折做了充分和必要的准备，这是促进理性回归、达成社会和解、逐步实现伟大转折不可或缺的客观历史进程，是开辟新时期、新道路，开创新理论的前奏。通观中华人民共和国史，这些内容不宜放到第三卷的末尾捎带来写，而应放在第四卷的开头作为实现伟大转折的历史背景来写。如同历史发展中存在多种选择一样，对历史的叙述也可以有不同的考虑，以上两种分期法各有侧重，各有所长，为新中国史的进一步研究提供了选择的多样性，体现了唯物史观在治史的切入点和叙述角度上亦当有所不同。

再如，关于建设中国特色社会主义新时代，2017年10月，中共十九大报告对我国发展新的历史方位作了科学的判断，指出："经过长期努力，中国特色社会主义进入了新时代，这是我国发展新的历史方位。"这是基于我国社会主要矛盾发生新变化的新特点，与分两步走全面建设社会主义现代化国家的新目标有机结合起来而作出的重大政治论断。"进入新时代"最关键的理论和实践基础是，我国社会主要矛盾已经从"人民日益增长的物质文化需要同落后的社会生产之间的矛盾"，转化为"人民日益增长的美好生活需要和不平衡不充分的发展之间的矛盾"。这表明，人民美好生活的需要已经不再局限于物质文化层面，还包括民主法治、公平正义、公共服务、社会福利、生态环境等更多层面。同时，经济社会发展中还存在着城乡之间、地区之间、群体之间、行业之间及社会福利、公共服务等方面的不平衡，并且已成为经济社会发展新的制约因素。

社会主要矛盾发生新变化，针对发展不平衡不充分状况提出解决新矛盾的总任务，是中国特色社会主义进入新时代的重要标志，也是新时代的重要特征。这意味着中国特色社会主义站到更高层级的历史方位上，要求全面提升物质文明、政治文明、精神文明、社会文明和生态文明，实现国家治理体系和治理能力现代化，使中国成为综合国力和国际影响力领先的国家，中国人民基本实现共同富裕、享有更加幸福安康的生活，中华民族以更加自信、昂扬的姿态屹立于世界民族之林。历史起点和逻辑前提在这里结合起来得到统一。

第七卷（2012—2019）主要记述中共十八大以来，以习近平同志为核心的中央领导集体提出一系列新理念、新思想、新战略，出台一系列重大方针政策，推出一系列重大举措，推进一系列重大工作，推动党和国家事业取得全方位、开创性成就的历史进程。当然，第七卷所书写的内容，还仅仅是一个开端，必须随着人民共和国的新征程新发展而续写新篇章。

<h1 style="text-align:center">四</h1>

我们从哪里来，到哪里去？我们为什么会选择这样的发展道路和战略而不是别样的发展道路和战略？本书希望从对历史的学习、研究中，发掘历史的深层规律和意义，进一步接近历史演进的肌理和纹路。例如，对新中国成立初期选择重工业优先的发展战略，我们在书中强调了它并不只是简单地学习苏联模式，而是当时国际冷战环境和国内经济结构性矛盾演化的必然结果。朝鲜战争的爆发和美国为首西方国家的封锁禁运，使得中国领导人不得不把国家安全放在首位来考虑，不能不更多地强调国家工业化要以重工业（国防工业）为中心。优先发展重工业不是一种照搬外国经验的外源性战略，不取决于人们的主观意志，而是当时特定历史条件下中国政治、经济现实状况内生的需要，是历史背景决定的。如果新中国在成立之初不采取重工业优先的国策，而是像西方发达国家早期现代化那样采取农业—轻工业—重工业的发展路径，显然是一条不适合中国亟需改变落后面貌、迎头赶上的发展道路。历史上的选择从来不会只是在"全优"或"全劣"中进行的，有的只能是在反复权衡利弊后的次优选择。工业化道路如此，其他各方面的选择又何尝不是如此。

进一步的研究使我们发现，正所谓"牵一发而动全身"，当年工业化道路这个重大的战略选择又引起了经济基础和上层建筑领域一系列深刻的变化。而对这些变化，有些我们至今认识得还比较肤浅。例如，为保证重工业优先，必须加快经济的计划化，限制"看不见的手"的作用；强调运用行政权力来引导和推动经济发展；强调领导体制的高度集中；强调意识形态领域的集中统一领导，如此等等。所以，如同优先发展重工业是内生型的一样，社会其他方面的变革也是具有内生性的，是前者的派生物。当然，还有历史、人文等其他方面的各种因素的影响。半个多世纪过去了，当年中国工业化起步时起过重要历史作用的那些体制、机制，如今很多已成为改革的对象。如同恩格斯所论述："一切依次更替的历史状态都只是人类社会由低级到高级的无穷发展进程中的暂时阶段。每一个阶段都是必然的，因此，对它发生的那个时代和那些条件说来，都有它存在的理由；但是对它自己内部逐渐发展起来的新的、更高的条件来说，它就变成过时的和没有存在的理由了；它不得不让位于更高的阶段。"

本书还注重考察国际环境因素的变化对中国发展的影响，在各个发展阶段抓住中美关系、中苏（俄）关系、中日关系的折冲和演变的基本线索，包括中国与发展中国家、周边民族独立国家以及西欧发达国家之间关系的发展变化等，把中国的事情放在国际形势和全球环境背景下加以全面考量，以证中国不断融入国际社会和经济全球化的必然趋势，以及倡导构建人类命运共同体的历史逻辑。

许多中外学者在面对改革开放以来中国的巨变时，都会不约而同地发问：这种巨变从何而来？其原因何在？人们可以列出的原因很多，几乎所有人都注意到1978年中共十一届三中全会前后的思想解放运动对当代中国的影响。但是，迄今为止，对这场思想解放运动的深层原因、意义、影响的发掘似乎还欠"火候"。当代社会主义各国的改革从上世纪50年代就已开始，而且多是以不同形式、不同程度的思想解放为先导，并一度都取得一些成就，但这些改革又多以"改旗易帜"而告终。同样都有思想解放，为什么结果却如此不同？这就不能不考虑到中国的思想解放运动对"左"倾教条主义冲击的广度、深度和力度。如果再进一步思考，为什么这种思想解放只能产生于 70 年代末至 80 年代初？中国的改革开放的进程与之前的历史尤其是"文化大革命"刻骨铭心的教训有着怎样的深层关联？

中华人民共和国的主要缔造者毛泽东说过："人类的历史，就是一个不断地从必然王国向自由王国发展的历史。这个历史永远不会完结。""因此，人类总得不断地总结经验，有所发现，有所发明，有所创造，有所前进。停止的论点，悲观的论点，无所作为和骄傲自满的论点，都是错误的。"中国道路的成功，正在于以毛泽东为主要代表的中国共产党人，把马克思列宁主义基本原理同中国革命具体实践结合起来，团结带领全党全国各族人民，经过长期浴血奋斗，完成了新民主主义革命，建立了中华人民共和国，确立了社会主义基本制度，成功实现了中国历史上最深刻最伟大的社会变革，为当代中国一切发展进步奠定了根本政治前提和制度基础。在探索过程中，虽然经历了严重曲折，但党在社会主义革命和建设中取得的独创性理论成果和巨大成就，为在新的历史时期开创中国特色社会主义提供了宝贵经验、理论准备、物质基础。中共十一届三中全会以后，以邓小平为主要代表的中国共产党人，团结带领全党全国各族人民，深刻总结我国社会主义建设正反两方面经验，借鉴世界社会主义历史经验，顺应经济社会发展的规律和需要，成功开创了中国特色社会主义道路。

中华人民共和国成立 70 年特别是经过 40 多年的改革开放，极大改变了中国的面貌、中华民族的面貌、中国人民的面貌、中国共产党的面貌。中华民族迎来了从站起来、富起来到强起来的伟大飞跃！中国特色社会主义迎来了从创立、发展到完善的伟大飞跃！中国人民迎来了从温饱不足到小康富裕的伟大飞跃！中华民族正以崭新姿态屹立于世界的东方！

"为什么我的眼里常含泪水？因为我对这土地爱得深沉"。主编这部《中华人民共和国通史》的我们，同为共和国的同龄人，这是我们永远的骄傲。"中国应当对于人类有较大的贡献"——毛泽东的这句话，我们在中学时代就铭记于心。50多年过去了，它一直在我们这一代人的灵魂深处闪耀，成为我们精神世界的一部分，给我们以勇气、胸怀和力量。如今，青年时代的憧憬、梦想已成为现实，这是我们的荣耀与幸福。我们毫不怀疑，祖国的明天会更加美好。我们庆幸能生活在这样一个充满奋斗、巨变与希望的新时代。

与人民共和国同龄、同行，共同经历了风风雨雨、沧桑巨变，目睹了中国道路的曲折与辉煌。这种亲身的经历及长期的理性思考，使我们加深了一个认识，70年中，不论是巨大的成就还是发展中的曲折，都是中国人民在中国共产党的领导下，探索中国自己的建设社会主义道路过程中获得和发生的。正确地总结这些历史经验是非常必要的，因为它们无论是正面的还是反面的，都是中国人民的宝贵财富，都是中华民族贡献给世界文明的智慧结晶。

郑谦　庞松

2019 年 10 月

于北京·中关村西区

目　录 | Contents

第一章 中华人民共和国的缔造

一、新民主主义革命建国方略

（一）新中国的国体和政体

1949 年，中国发生的事震撼了世界。

掀开历史的这一页，统治中国 22 年的国民党政权，在人民解放战争和人民大革命洪流的席卷下一朝覆亡。在整个中国大陆，英勇的人民解放军势如摧枯拉朽，扫荡着国民党政府的残余军事力量。从中心城市到穷乡僻壤，旧政权纷纷土崩瓦解，人民大众无不箪食壶浆迎接自己的解放。以毛泽东同志为主要代表的中国共产党人领导全国各族人民缔造了中华人民共和国，自 1840 年鸦片战争以来因西方列强的入侵而日渐衰落的中国，以崭新的姿态崛起于世界的东方——这是 20 世纪上半叶震惊世界的最伟大的历史事件之一。

中国共产党自 1921 年成立，就肩负起领导中国新民主主义革命的历史重任，历经第一次大革命的洗礼，土地革命战争和抗日战争的熔炼，通过独立领导武装斗争，建立广泛的反帝反封建及抗日民族统一战线，创建农村革命根据地，在半殖民地半封建的中国社会政治结构中，建立起一种实行新民主主义制度的人民政权。这种中国历史上从未有过的崭新的政权模式，最初分散在中南、中西部几省区交界处的小块红色区域内。它们与全国广大地方的国民党政权相对立而存在，在曲折斗争中不断发展，逐步摸索和积累了一套以工农大众为主体的民主政权建设的经验。特别是在日本帝国主义侵略中国，国家民族面临生死存亡的危急关头，中国共产党以建立全国统一的民主共和国的主张，取代原来"中华苏维埃共和国"的口号，将以往在相对狭小社会基础和地域范围内的政权建设，扩展到空前的规模，为党的建国理论和实践日益趋向成熟创造了必要条件。在全民族的艰苦抗战中，中国共产党领导创建的以陕甘宁边区为代表的19个抗日根据地，名副其实成为民主中国的模型，丰富和积累了中国共产党局部执政的理论和实践经验。

1940年1月，毛泽东在延安的重要著作《新民主主义论》中，系统地提出在中国建立一个独立、自由、民主、统一、富强的新民主主义国家的总路线和总纲领。至1945年抗日战争胜利前夕，中国共产党的第七次全国代表大会提出"废止国民党的一党专政，建立民主的联合政府"的口号，毛泽东在中共七大《论联合政府》的政治报告中，进一步阐明了新民主主义国家应该实行的政治、经济、文化各方面的纲领和政策。总的来说，抗日根据地已经建立的中国共产党人和各抗日党派及无党派代表人物合作的政府，实际上为民主共和国奠定了地方基础，具有新中国雏形的政治意义和全国的普遍意义。当时设想，中国民主共和国的具体的建设道路，将由地方到中央到全国，待中国共产党领导的各根据地的模型推广到全国，那时全国就成了新民主主义的共和国。这种在部分地区首先建立政权，逐渐在区域上、规模上向外扩展，直至取得中央政权，在全国范围内建立起新民主主义制度的模式，是中国共产党的建国治国理论及其实践的一大特色。

抗日战争胜利后，中国共产党为争取和平民主建国尽了最大的努力，却遭到以蒋介石为首的国民党统治集团的极力阻挠和破坏，国共两党围绕"建什么国"的问题进行了两个中国之命运的搏击，亦即黑暗的中国还是光明的中国的决战。通过政治的、军事的、经济的、文化的以及外交等一系列复杂的斗争，中国共产党领导中国革命迅速走上直接夺取全国政权的道路。至此，制定建立新中国的各项大政方针的任务，已迫在眉睫。经过中共中央政治局 1948 年九月会议和 1949 年一月会议的充分酝酿和准备，中国共产党在河北省平山县西柏坡村——中国革命的最后一个农村指挥所，召开了第七届中央委员会第二次全体会议，制定了促进革命迅速取得全国胜利和组织这个胜利的各项方针，并规定了党在全国胜利以后，在政治、经济、外交等方面应当采取的基本政策。这一系列娴熟高效的工作，为建立中华人民共和国规划了清晰的蓝图。

　　国体，即各阶级在国家中的地位，是建立新国家必须首先回答的基本问题。关于新民主主义共和国的国体，毛泽东在《新民主主义论》中曾初步提出"国体——各革命阶级联合专政"[①]；后在《论联合政府》的报告中，进一步提出"建立一个以全国绝对大多数人民为基础而在工人阶级领导之下的统一战线的民主联盟的国家制度"[②]。抗日战争结束后，中国新民主主义革命的总任务虽然没有改变，但国民党再度破坏统一战线，国内阶级关系发生重大变化，将要建立的新国家的国体，必然与原先设想的国共合作的联合政府有着重要区别。但是，如果重新采用土地革命战争时期"工农民主专政"的提法，又存在明显的缺陷，不能反映中国共产党对民族资产阶级的基本政策。随着共产党领导的人民革命力量在解放战争中迅速壮大，无产阶级由政治上、军事上不占优势到占有极大的优势，一向在"民主共和国"口号下进行的新民主主义革命，进入了新的发展阶段。根据形势的根本性变

---

① 《毛泽东选集》第 2 卷，人民出版社 1991 年版，第 677 页。

② 《毛泽东选集》第 3 卷，人民出版社 1991 年版，第 1056 页。

化，中共中央、毛泽东对国体问题都作了新的思考。

确定国体问题的关键在于，提纲挈领地概括各阶级在未来新国家中的地位。自1947年10月10日《中国人民解放军宣言》，明确提出"打倒蒋介石，建立新中国"的行动纲领之后，毛泽东多次强调在新中国政权中应有民族资产阶级的政治代表参加。1948年1月18日，毛泽东在为中共中央起草的《关于目前党的政策中的几个重要问题》的指示中，专门论述了政权问题，指出：新民主主义的政权是工人阶级领导的人民大众的反帝反封建的政权。所谓人民大众，是包括工人阶级、农民阶级、城市小资产阶级、被帝国主义和国民党反动政权及其所代表的官僚资产阶级（大资产阶级）和地主阶级所压迫和损害的民族资产阶级，而以工人、农民和其他劳动人民为主体。这个人民大众组成自己的国家并建立代表国家的政府，工人阶级经过自己的先锋队中国共产党实现对于人民大众的国家及其政府的领导。这个人民共和国及其政府所要反对的敌人，是外国帝国主义、本国国民党反动派及其所代表的官僚资产阶级和地主阶级。① 这段论述，较清楚地阐明了新中国国家政权的性质及各阶级在新中国中的地位和作用。

同年4月1日，毛泽东《在晋绥干部会议上的讲话》中论述革命统一战线十分广大的时候，进一步说明了人民大众的范围"包括了工人、农民、独立劳动者、自由职业者、知识分子、民族资产阶级以及从地主阶级分裂出来的一部分开明绅士，这就是我们所说的人民大众"②。5月1日，中共中央发出"各民主党派、各人民团体及社会贤达，迅速召开政治协商会议，讨论并实现召集人民代表大会，成立民主联合政府"的号召，明确将国民

---

① 参见《毛泽东选集》第4卷，人民出版社1991年版，第1272页。
② 《毛泽东选集》第4卷，人民出版社1991年版，第1313页。

党反动派排除在民主联合政府之外。6月1日，中共中央宣传部发出关于重印《左派幼稚病》第二章前言的通知，其中有这样一段话，"列宁在这本书中所说的，是关于无产阶级专政。今天在我们中国，则不是建立无产阶级专政，而是建立人民民主专政"，并说明二者在内容上的历史区别："人民民主专政是无产阶级领导的、人民大众的、反帝反封建反官僚资本的新民主主义革命，这种革命的社会性质，不是推翻一般资本主义，乃是建立新民主主义的社会，建立各革命阶级联合专政的国家；而无产阶级专政则是推翻资本主义，建设社会主义"。① 这是中共中央在党内文件中最早使用"人民民主专政"这个概念。

1948年9月，毛泽东在中央政治局会议的报告中解释说："我们政权的阶级性是这样：无产阶级领导的，以工农联盟为基础，但不是仅仅工农，还有资产阶级民主分子参加的人民民主专政。"② 这里在确定的意义上采用了"人民民主专政"的概念。他进一步分析说："这个问题的提法，在我们党内有一个历史发展过程。大革命时期我们提的是'联合战线'，当时右的理论是政权归国民党，我们以后再来革命。后来我们搞土地革命了，六大规定的是工农民主专政，没有估计到资产阶级民主分子在帝国主义压迫下还可以跟无产阶级合作。合作是后来发生的，因为有了日本的侵略，现在又有美国的侵略，我们又回到大革命中的正确时期。现在不是国共合作，但原则上还是'国共合作'。现在不是同蒋介石合作，是同冯玉祥、李济深合作，同民主同盟、平津学生合作，同蒋介石那里分裂出来的资产阶级分子合作。……我们是人民民主专政，各级政府都要加上'人民'二字，各种政

---

① 《中国共产党宣传工作文献选编（1937—1949）》，学习出版社1996年版，第692—693页。

② 《毛泽东文集》第5卷，人民出版社1996年版，第135页。

权机关都要加上'人民'二字，如法院叫人民法院，军队叫人民解放军，以示和蒋介石政权不同。我们有广大的统一战线，我们政权的任务是打倒帝国主义、封建主义和官僚资本主义，要打倒它们，就要打倒它们的国家，建立人民民主专政的国家。"①这里，毛泽东明确了中国共产党领导建立新中国的立国之本是代表中国最广大人民的根本利益的。

1949年2月初，毛泽东在河北省平山县西柏坡村会见了斯大林派来的特使、苏共中央政治局委员米高扬，在连续3天的会谈中，谈到的第一个重要问题，是革命胜利以后建立新政权的问题。毛泽东说，新政权的性质、形式、组成、名义等等的明确化，已经提到日程上来了。这个问题，中国共产党已思考过。首先，这个政权的性质简括地讲就是：在工农联盟基础上的人民民主专政，而究其实质就是无产阶级专政。不过对中国来说，称为人民民主专政更为合适，更为合情合理。

关于新政权的组成及其成员问题。毛泽东说，我们认为它必须是个联合政府。名义上不这样叫，而实际上必须是联合的，有各党各派、社会知名人士参加的民主联合政府。现在中国除共产党外，还有好几个各色各样的民主党派，有的已同我们合作多年了。虽然他们的力量都不算强大，人数也不多，他们在工农群众中或武装力量中没有什么联系和影响。但他们在知识界、海外侨胞中有一定的影响。我们准备继续团结他们，照顾他们，给他们在政府部门的各个岗位上留下一定的位置。但国家政权的领导权是在中国共产党的手里的，这是确定不移的、丝毫不能动摇的。总之，将来政府的组成大概就是这样的，中国共产党是核心，是骨干，这样的新政权建立后，需要不断加

_____

① 《毛泽东文集》第5卷，人民出版社1996年版，第135—136页。

强和扩展统战工作。①

关于人民民主专政的历史任务，1949 年 3 月，毛泽东在中共七届二中全会的报告中指出："无产阶级领导的以工农联盟为基础的人民民主专政，要求我们党去认真团结全体工人阶级、全体农民阶级和广大的革命知识分子，这些是这个专政的领导力量和基础力量。没有这种团结，这个专政就不能巩固。同时也要求我们党去团结尽可能多的能够同我们合作的城市小资产阶级和民族资产阶级的代表人物，它们的知识分子和政治派别，以便在革命时期使反革命势力陷于孤立，彻底地打倒国内的反革命势力和帝国主义势力；在革命胜利以后，迅速地恢复和发展生产，对付国外的帝国主义，使中国稳步地由农业国转变为工业国，把中国建设成为一个伟大的社会主义的国家。"在这里，明确了人民民主专政的国家政权首先担负着组织恢复和发展生产，进行新民主主义建设的任务；同时，还将以政权的力量，保证中国稳步地由农业国转变为工业国，由新民主主义国家转变为社会主义国家。

关于人民民主专政的含义及民主与专政的关系，1949 年 6 月 30 日，毛泽东在为纪念中国共产党成立 28 周年发表的《论人民民主专政》一文中，分析了资产阶级的民主主义让位给人民民主主义，资产阶级共和国让位给人民共和国的历史必然，指出在中国的历史条件下，不可能有资产阶级共和国，唯一的路是经过工人阶级领导的人民共和国，到达社会主义和共产主义；阐明了在即将成立的新中国的国家政权中各阶级的地位；驳斥了那些指责人民民主专政是共产党搞"独裁"的论调，将上述道理公开地讲给全国人民听，同时讲给中外反动派听。他说：

---

① 参见师哲口述，李海文著：《在历史巨人身边：师哲回忆录》，九州出版社 2015 年版，第 273—274 页。

"总结我们的经验，集中到一点，就是工人阶级（经过共产党）领导的以工农联盟为基础的人民民主专政。"

"中国人民在几十年中积累起来的一切经验，都叫我们实行人民民主专政，或曰人民民主独裁，总之是一样，就是剥夺反动派的发言权，只让人民有发言权。"

"对人民内部的民主方面和对反动派的专政方面，互相结合起来，就是人民民主专政。"

"人民民主专政的基础是工人阶级、农民阶级和城市小资产阶级的联盟，而主要是工人和农民的联盟……推翻帝国主义和国民党反动派，主要是这两个阶级的力量。由新民主主义到社会主义，主要依靠这两个阶级的联盟。"

"民族资产阶级在现阶段上，有其很大的重要性……但是民族资产阶级不能充当革命的领导者，也不应当在国家政权中占主要的地位。民族资产阶级之所以不能充当革命的领导者和所以不应当在国家政权中占主要地位，是因为民族资产阶级的社会经济地位规定了他们的软弱性，他们缺乏远见，缺乏足够的勇气，并且有不少人害怕民众。"[1]

这里，已经从各阶级在新国家中的地位及其相互关系上，把人民民主专政的基本思想讲清楚了。从1948年九月会议到《论人民民主专政》一文的发表，中国共产党最终确定了新中国的国体即实行人民民主专政的国家制度。这是中国共产党根据中国的具体国情，对马克思列宁主义关于无产阶级专政的国家学说的一个理论创新。

建国方略必须回答的第二个基本问题是政体问题，主要指国家政权构成的形式。从《新民主主义论》到《论联合政府》，毛泽东一贯主张应该采取民主集中制的各级人民代表大会制度，中

---

[1] 《毛泽东选集》第4卷，人民出版社1991年版，第1475—1480页。

央和地方各级政府，都应当由各级人民代表大会选举产生。对于这个问题，党内没有不同意见，只是随着筹建新中国日程的迫近，需要进一步加以明确。更值得重视的是，当时与共产党合作的民主党派和无党派民主人士中，仍有人建议实行英、美式"三权鼎立"的议会制。因此，必须向他们解释清楚，同他们达成共识。

在 1948 年九月会议上，毛泽东专门阐述了建立民主集中制的各级人民代表会议制度的问题。他指出："我们政权的制度是采取议会制呢，还是采取民主集中制？过去我们叫苏维埃代表大会制度，苏维埃就是代表会议，我们又叫'苏维埃'，又叫'代表大会'，'苏维埃代表大会'就成了'代表大会代表大会'。这是死搬外国名词。现在我们就用'人民代表会议'这一名词。我们采用民主集中制，而不采用资产阶级议会制。议会制，袁世凯、曹锟都搞过，已经臭了。在中国采取民主集中制是很合适的。我们提出开人民代表大会，孙中山遗嘱还写着要开国民会议，国民党天天念遗嘱，他们是不能反对的。外国资产阶级也不能反对，蒋介石开过两次'国大'他们也没有反对。德国、北朝鲜也是这样搞的。我看我们可以这样决定，不必搞资产阶级的议会制和三权鼎立等。"①

随着 1949 年全国胜利的大局已定，各民主党派和无党派民主人士的代表人物陆续进入解放区，他们与过去居中于国共双方之间的"中间路线"彻底决裂，公开声明拥护中国共产党的领导，并亲身感受到解放区民主建政的成就和经验。至此，新中国实行人民代表大会制这个政体问题已成定论。总之，在全国革命胜利的前夜，中国共产党关于新中国的国体和政体的基本构想业已明晰和成熟，并同国内各民主党派和无党派民主人士形成基本共识。

_____

① 《毛泽东文集》第 5 卷，人民出版社 1996 年版，第 136 页。

从中华人民共和国建国史的角度来看，中国是一个幅员辽阔、政治经济发展极不平衡的大国，革命是在部分地区首先取得胜利，然后逐步取得全国胜利的。符合于这个历史特点，新民主主义革命时期人民民主政权的建立和发展，走了一条由下而上、先农村后城市、先地方后中央的道路。当新中国宣布诞生、中央人民政府成立时，地方人民政权已经在全国大约三分之一的地区建立起来。新中国所采取的政府制度，实际上已经历了长时期的实践、选择和比较，摒弃了最初发展阶段政权基础过于狭小、排斥中间阶级和生搬"苏维埃"一类外国名称等不符合中国国情的东西，保留和发展了共产党领导、工农联盟为主体、民主集中制、代表大会制、议行合一及群众路线等人民民主主义的核心内容。

正是在新民主主义革命时期人民民主政权长期建设与发展的基础上，新中国及其中央人民政府的成立犹如瓜熟蒂落、水到渠成，中华人民共和国政府制度一开始就具有了比较完整的结构形态，并基本适合中国民主政治的发展与社会进步的客观要求。从另一方面来看，由于革命形势发展变化快，老解放区、半老解放区和新解放区之间，农村和城市之间，中、小城市和大城市之间，政权组织的具体形式还不尽统一，在机构设置、各部门的职能、任务及相互关系方面还带有许多草创的特点。这些将随着中华人民共和国的成立，在全国范围内、全体规模上实行更广泛的民主制度，逐步地予以解决。

（二）新中国的经济构成和基本经济政策

新民主主义共和国，必然要求有一个与它相对应的经济形态。对于这种具有中国特点的经济形态，毛泽东在《新民主主义论》中做过基本论述。他指出：大银行、大工业、大商业，归这个共和国的国家所有……在无产阶级领导下的新民主主义共和国的国营经济是社会主义的性质，是整个国民经济的领导力量，但这个共和国并不没收其他资本主义的私有财产，并不禁止"不能操纵国民生计"的资本主义生产的发展，这是因为中国经济还十分落后的缘故。① 后来毛泽东在《论联合政府》报告中阐述党的一般纲领时，进一步提出在新民主主义的国家制度下，除了国营经济、合作社经济和劳动人民的个体经济之外，"一定要让私人资本主义经济在不能操纵国民生计的范围内获得发展的便利，才能有益于社会的向前发展"。② 对于共产党人为什么不但不怕资本主义，反而在一定条件下提倡它的发展的问题，毛泽东讲了一段名言："拿资本主义的某种发展去代替外国帝国主义和本国封建主义的压迫，不但是一个进步，而且是一个不可避免的过程。"③ 在经济文化十分落后的中国，这种利用资本主义创造的物质条件以推动社会向前发展的基本纲领，是符合社会生产力发展的客观要求和最广大人民的根本利益的，反映了中国共产党人尊重社会发展规律的清醒认识和现实精神。

解放战争时期，与"打倒蒋介石，建立新中国"的政治纲领相适应，中共中央在 1947 年十二月会议上明确提出新民主主义革命的三大经济纲领，即没收封建阶级的土地归农民所有，没收官僚资本归新民主主义的国家所有，保护民族工商业。随着中国革命迅速走向全国胜利，1948 年九月会议的一个重要议题是系统地研究讨论新民主主义经济问题。毛泽东在会议报告中首先分析了没收官僚资本的问题。他说，写《新民主主义论》时，民族资本与官僚资本的区别在我们脑子里尚不明晰。从党的六大到现在二十年，特别是抗战八年来，官僚资本有了很大发展，所以十二

① 参见《毛泽东选集》第 2 卷，人民出版社 1991 年版，第 678 页。
② 《毛泽东选集》第 3 卷，人民出版社 1991 年版，第 1061 页。
③ 《毛泽东选集》第 3 卷，人民出版社 1991 年版，第 1060 页。

月会议讲到没收官僚资本归新民主主义国家所有。他强调：大工业、大银行、大商业，不管是不是官僚资本，全国胜利后一定时期内都是要没收的，这是新民主主义经济的原则。而只要一没收，它们就属于社会主义部分。新中国的经济构成，首先是国营经济，第二是由个体向集体发展的农业经济，第三是私人经济。国营经济是领导成分，是社会主义性质的，但整个国民经济还是新民主主义经济，即社会主义经济领导之下的经济体系。①

针对党内一度把这种经济称为"新资本主义"的看法，毛泽东指出："我看这个名词是不妥当的，因为它没有说明在我们社会经济中起决定作用的东西是国营经济、公营经济，这个国家是无产阶级领导的，所以这些经济都是社会主义性质的。农村个体经济加上城市私人经济在数量上是大的，但是不起决定作用。我们国营经济、公营经济，在数量上较小，但它是起决定作用的。我们的社会经济名字还是叫'新民主主义经济'好。"②

受中央的委托，刘少奇在九月会议上着重讲了新民主主义经济建设问题。他分析了新民主主义的国家经济，在数量上是比较小的一部分，其工业生产在全国胜利后，顶多占国民经济的10%~20%。为什么不能实行社会主义革命即由于此。但是这一部分又掌握着经济命脉，数量虽小，质量很高，这种国家企业是社会主义性质的，是整个国民经济的领导成分。

关于合作社经济，刘少奇提出，现在要系统地建立合作社，主要是商业性质的、消费的、运销的，下层是农业变工合作，合作社还可以开办一些工厂和作坊。一种合作社是国家投资系统地搞起来的，其方向是照顾劳动人民的，有很大的财产，社员退股

---

① 参见《毛泽东文集》第 5 卷，人民出版社 1996 年版，第 140—141 页。

② 《毛泽东文集》第 5 卷，人民出版社 1996 年版，第 139 页。

不能影响到合作社，这种合作社的财产就是社会主义的了。还有一种合作社，是在小生产者的私有财产基础上组织起来的，如变工互助组，它的基础是私有财产，但已有社会主义性质的萌芽。

关于私营经济，刘少奇分析说，私营经济在整个国民经济中是最大量的，其中，小生产者的经济在国家帮助的条件下，可以走向集体化。对于私人资本主义，一方面要进行斗争，首先要反对投机资本，斗争的方式是经济竞争，这种竞争是贯穿在各个方面的，是和平的竞争；另一方面要在一定的时候，一定的条件之下，利用资本主义发展生产。就是说，有些企业部门是国家没有经营的，或者是国家虽然经营了，但尚不能满足人民需要者，可以帮助资本主义企业之发展，现在这里还有很大的真空。①

九月会议还提出国家资本主义经济问题。9 月 15 日中央政治局委员张闻天起草的东北局《关于东北经济结构及经济建设基本方针的提纲》，对此作了较系统的论述。该提纲认为，国家资本主义的经济形式，有出租制、加工制和定货制。其特点是国家为了经济上的需要，给私人资本家以进行生产或交换的一定的必要条件，而私人资本家利用这些条件，从生产与交换的活动中挣得一定的利润；国家则根据同资本家依自愿和两利的原则所订立的合同，对资本家的活动进行必要的管理与监督。这种国家资本主义经济的发展方向，对于新民主主义经济的发展是有利的。这种经济形式，是私人资本主义经济中最有利于新民主主义经济发展的一种形式，因此，应该有意识地承认"国家资本主义"这个经济范畴，有意识地加以提倡和组织，给予有利的条件，并保证其原料、粮食等的供给以及运输的便利。在新民主主义经济中，这应该成为私人资本主义发展中的有利方向。在国家无力经营的地

---

① 参见《刘少奇论新中国经济建设》，中央文献出版社 1993 年版，第 1—6 页。

方，在私人资本的经营有利于国计民生的地方，如果采取排斥私资的政策，那就是错误的。①

中央政治局基本同意提纲中的意见，毛泽东、刘少奇先后对提纲作了认真修改。10 月，毛泽东为修改这份提纲致信刘少奇，阐述了利用和限制私人资本主义的基本方针。他指出，就中国的整个经济政策来说，是限制私人资本的，只是有益于国计民生的私人资本，才不在限制之列。而有益于"国计民生"，这就是一条极大的限制，即引导私人资本纳入"国计民生"的轨道之上。要达到这一点，必须经常和企图脱出这条轨道的私人资本作斗争。而这些私人资本虽然已经纳入这条轨道，他们总是想脱出去的，所以限制的斗争将是经常不断的。②

12 月，刘少奇在华北财经委员会会议上作《新中国经济的性质与经济建设方针》的报告，明确提出：国家资本主义"是无产阶级领导的国家，在适当条件下监督资本家，使资本家为国家服务的一种制度"。除私营工厂以外，还可考虑在国家银行力不所及时，对私人商业银行也采用国家资本主义的办法来解决，以便替投机资本找一个正当的出路，使之流向合法的生产事业；并在国家监督下，让私商替我们收购物资，利用私人商业资本替我们周转。包括国家尚未开发的矿山，外国人在中国开办的矿山、工厂等，也可采用国家资本主义的办法，可以颁布法律使其接受我们的监督。由于中国革命至今没有反对民族资产阶级，而且在一定程度上联合他们，只要环境安定了，又保证资本家开工厂、做生意的有一定利润，他们一般是可以接受国家监督的。当时预

---

① 参见《张闻天选集》，人民出版社 1985 年版，第 406—408 页。
② 参见《毛泽东书信选集》，人民出版社 1983 年版，第 306 页。

计，中国可能比俄国更多地、更长时期地采用国家资本主义的办法。①

周恩来在九月会议上也谈到利用和限制资本主义的问题。他说，有三个问题要具体分析，加以区别：一是官僚资本与自由资本的区别，前者是打倒，后者是合作的；二是资产阶级和独立小生产者的区别，不要混在一起反；三是工业与商业的区别，要分别垄断性的、投机性的和人民生计所需要的。有了这些区别，并对性质有个分析性的认识，政策就出来了。这些虽然是资本主义性质的，但是受限制的，在人民政权的节制之下，在无产阶级领导的新民主主义制度之下保留资本主义，这是受节制的资本主义。节制方式是多样的，包括群众的、工会的、法律的、税收的、金融的等等，这样，政策就不致发生摇摆。②

总的来说，1948 年中央政治局九月会议，基本确定了新中国的经济构成，是社会主义国营经济为领导、多种经济成分并存的混合经济，即新民主主义经济。同时，九月会议还就必须反对过早地采取社会主义政策达成一致，如毛泽东所估计：到底何时开始向资本主义全线进攻？也许全国胜利后还要十五年。③ 毛泽东在九月会议的结论中，还提出如何从新民主主义向社会主义转变的初步设想。他指出："关于完成新民主主义到社会主义的过渡的准备，苏联是会帮助我们的，首先帮助我们发展经济。我国在经济上完成民族独立，还要一二十年时间。我们要努力发展经

---

① 参见《刘少奇论新中国经济建设》，中央文献出版社 1993 年版，第 53 页。

② 参见金冲及主编：《周恩来传》上卷，中央文献出版社 1998 年版，第 895 页。

③ 参见《刘少奇论新中国经济建设》，中央文献出版社 1993 年版，第 7 页。

济，由发展新民主主义经济过渡到社会主义。"①

在上述一系列酝酿和研讨的基础上，1949 年 3 月中国共产党召开第七届中央委员会第二次全会。毛泽东在报告中提出了促进革命迅速取得全国胜利和组织这个胜利的各项方针；说明了在全国胜利的局面下，党的工作重心必须由乡村转移到城市，城市工作必须以生产建设为中心；规定了党在全国胜利以后在政治、经济、外交方面应当采取的基本政策，指出了中国由农业国转变为工业国，由新民主主义社会转变为社会主义社会的发展方向，等等。这个报告和根据这个报告所通过的《中国共产党第七届中央委员会第二次全体会议的决议》，是以毛泽东为核心的中共中央为筹备建立中华人民共和国和指导建设新中国的各方面纲领和政策的集大成。

中共七届二中全会集中解决了新中国成立后的基本经济政策问题。针对党内在经济工作中存在的各种模糊认识，毛泽东在报告中首先回答了在当前和革命胜利后"为什么应当采取这样的经济政策而不应当采取别样的经济政策"的问题，深刻论述了党制定经济政策的基本出发点。他指出：中国的工业和农业在国民经济中的比重，就全国范围来说，在抗日战争以前，大约是现代性的工业占 10%左右；农业和手工业占 90%左右。这是制定经济政策所依据的最基本的国情，"这也是在中国革命的时期内和在革命胜利以后一个相当长的时期内一切问题的基本出发点。从这一点出发，产生了我党一系列的战略上、策略上和政策上的问题。"② 这个极其深刻的论断，是从长期深入观察、分析中国国情，坚持从中国社会及经济现状出发制定党的战略、策略和政策的丰富实践中得出来的。把对中国社会经济实际状况即基本国情

---

① 《毛泽东文集》第 5 卷，人民出版社 1996 年版，第 146 页。
② 《毛泽东选集》第 4 卷，人民出版社 1991 年版，第 1430 页。

的科学分析，作为执政党在相当长历史时期内一切问题的出发点，生动地体现了毛泽东思想中"实事求是，一切从实际出发"的活的灵魂。从上述基本点出发，毛泽东展开分析和论述了各种经济成分的状况及党的相应政策。

首先，中国现代性的工业经济是进步的；虽然它的产值只占国民经济总产值的10%左右，但是它却极为集中，最大的和最主要的资本集中在帝国主义及官僚资产阶级手里。没收这些资本归无产阶级领导的人民共和国所有，就使人民共和国掌握了国家的经济命脉，使国营经济成为整个国民经济的领导成分。这一部分经济，是社会主义性质的经济，不是资本主义性质的经济。谁要是忽视或轻视了这一点，谁就要犯右倾机会主义的错误。

其次，中国90%左右的农业经济和手工业经济，是落后的，和古代的没有多大区别。一方面，它们在今后一个相当长的时期内，就其基本形态来说，还将是分散的和个体的；但另一方面，是可能和必须谨慎地、逐步地而又积极地引导它们向着现代化和集体化的方向发展的，任其自流的观点是错误的。必须组织生产的、消费的和信用的合作社，这种合作社是以私有制为基础的在无产阶级领导的国家政权管理之下的劳动人民群众的集体经济组织。单有国营经济而没有合作社经济，就不能领导劳动人民的个体经济逐步地走向集体化，就不可能由新民主主义社会发展到将来的社会主义社会，就不可能巩固无产阶级在国家政权中的领导地位。谁要是忽视或轻视了这一点，谁也就要犯绝大的错误。

再次，中国的私人资本主义工业，占了现代性工业中的第二位，是一支不可忽视的力量。在革命胜利以后一个相当长的时期内，还需要尽可能地利用城乡私人资本主义的积极性，以利于国民经济的向前发展。这个时期内，一切不是于国民经济有害而是有利的城乡资本主义成分，都应当容许其存在和发展。这不但是不可避免的，而且是经济上必要的。但是中国资本主义的存在和发展，不是不受限制、任其泛滥的。国家将从活动范围、税收政策、市场价格、劳动条件等几个方面，对资本主义采取恰如其分的有伸缩性的限制政策。如果认为现在不要限制资本主义，或者认为应当对私人资本限制得太大太死，都是完全错误的。

毛泽东概括说：社会主义性质的国营经济，半社会主义性质的合作经济，私人资本主义经济，加上个体经济，加上国家和私人合作的国家资本主义经济，"这些就是人民共和国的几种主要的经济成分，这些就构成新民主主义的经济形态"。他还指出：对私人资本主义的限制和资产阶级的反限制，"将是新民主主义国家内部阶级斗争的主要形式"；"对内的节制资本和对外的统制贸易"，是新中国"在经济斗争中的两个基本政策。谁要是忽视或轻视了这一点，谁就将要犯绝大的错误"。①

针对在中国革命基本取得胜利的形势下，党内有人认为民主革命和社会革命是可以"毕其功于一役"的思想倾向，毛泽东在七届二中全会上既明确了人民民主专政的国家政权，首先担负着组织恢复和发展生产，对付帝国主义，进行新民主主义建设的任务；又带有前瞻性地指明，它将以政权和社会的力量，保证中国稳步地由农业国转变为工业国，由新民主主义国家转变为社会主义国家。这表明，人民民主专政实际上担负着双重的历史任务。但是，这并不意味着新民主主义革命与社会主义革命可以"毕其功于一役"。毛泽东在七届二中全会的结论中说：所谓"毕其功于一役"，是在流血的革命这一点上说的，就是说流血的革命只有这一次，将来由新民主主义革命转变到社会主义革命那一次不用流血了，而可能和平解决。但这只是可能，将来是否不流血，还要看我们工作的努力情况。如果国家，主要的就是人民解放军和我们的党腐化下去，无产阶级不能掌握住这个国家政权，那还

---

① 《毛泽东选集》第 4 卷，人民出版社 1991 年版，第 1432—1433 页。

是有问题的。至于说,"政治上、经济上都毕其功于一役",那是不能这样说的,那就错了。①

在这里,毛泽东鲜明地摒弃了在经济上,即发展生产力方面,把新民主主义与社会主义两个革命"毕其功于一役"的错误观念;同时,也尖锐地提出了要高度警惕国家权力、国家机器和执政党可能会走向腐败的问题。其中的历史内涵和警示意义,是极其深刻的。

上述这些论述,载入中国共产党七届二中全会通过的决议,这对于新中国成立后充分利用私人资本主义这部分近代生产力,渐次扩大现代工业在整个国民经济中的比重,逐步把落后的农业国转变为先进的工业国,并为将来向社会主义转变奠定物质技术基础,具有至关重要的意义。

(三)新中国的外交方针和对外关系基本原则

新国家的内政方针既定,为即将建立的新国家制定外交方针和对外关系的基本原则,也提上中共中央筹备建国的日程。当时面临的国际形势是,经过第二次世界大战后几年的演变,以美国为首的资本主义阵营和以苏联为首的社会主义阵营相互对峙,大体形成美苏冷战的国际政治格局。美国以"马歇尔计划"推行其重振欧洲、遏制苏联的战略,并以雄厚的经济和军事实力支持世界各地尤其是亚洲各国的反共反人民的统治集团,实现其称霸世界的目标。苏联的基本战略,是以巩固战后形成的东、西欧现存局面为重点,保障本国的安全和经济复兴。在欧洲以外地区,一方面谋求与美国的妥协,避免直接冲突;一方面同情和支持各被压迫民族和国家人民争取独立解放的斗争。世界两大阵营相互对峙的国际环境,直接关系到新中国外交方针的制定和施行。

---

① 《毛泽东文集》第 5 卷,人民出版社 1996 年版,第 262—263 页。

新民主主义国家政权，是在彻底摧毁反动的国家机器的基础上建立起来的，在对外关系方面首先需要采取的一项基本原则，就是不承认旧政权在半殖民地半封建的社会条件下所建立和维持的一切外交关系。这一点，是在 1949 年 1 月中央政治局会议上确定下来的。毛泽东在这次会议上说：现在帝国主义在中国没有合法地位，不必忙于要帝国主义承认。我们是要打倒它，不是承认它，不是承认它，将来要通商，可考虑，但亦不忙，忙的是同苏联及民主国家通商建立外交关系。①

周恩来在会上说：外交政策以不承认为好，对帝国主义国家要观察，根据需要将来再说。总的观念是百年来受压迫，现在站起来了。应该有这样的气概。在外交上应注意三个区别：新民主主义阵线与帝国主义阵线的划分，帝国主义与人民的区别，帝国主义之间的矛盾要加以利用。要宣传帝国主义不足畏惧，要认识能够自力更生，但并不拒绝外援。总的精神是按问题的性质及情况分别处理，以对我有利为主，坚决禁止帝国主义分子的一切非法活动。我们现在已摆脱了锁链，家务很大，有些事他非找我不可，我们不必急。现在经验少，将来会摸出一套办法来。②

中央政治局会议后，由周恩来根据会议精神，起草了《中共中央关于外交工作的指示》。这个指示经毛泽东修改后，于 1 月 19 日发出。其中对"不承认"这一主要外交政策，作了如下说明：目前我们与任何外国尚无正式的国家的外交关系。许多帝国主义国家的政府，尤其是美帝国主义政府，是帮助国民党反动政府反对中国人民解放事业的，因此，我们不能承认这些国家现在

① 参见中共中央党史研究室：《中国共产党历史》第 2 卷上册，中共党史出版社 2011 年版，第 22 页。

② 参见《胡乔木回忆毛泽东》，人民出版社 1994 年版，第 546—547 页。

派在中国的代表为正式的外交人员，实为理所当然。我们采取这种态度，可使我们在外交上立于主动地位，不受过去任何屈辱的外交传统所束缚。在原则上，帝国主义在华的特权必须取消，中华民族的独立解放必须实现，这种立场是坚定不移的。但是，在执行的步骤上，则应按问题的性质及情况，分别处理。凡问题对于中国人民有利而又可能解决者，应提出解决，其尚不可能解决者，则应暂缓解决。凡问题对于中国人民无害或无大害者，即使易于解决，也不必忙于去解决。凡问题尚未研究清楚或解决的时机尚未成熟者多更不可急于去解决。总之，在外交工作方面，我们对于原则性与灵活性应掌握得很恰当，方能站稳立场，灵活机动。①

与不承认旧的外交传统相对应，明确宣布新中国将联合社会主义的苏联，站在国际和平民主阵营一边，是筹备建国时中共中央采取的又一项重要的外交方针。在长期的革命斗争中，中国共产党历来同苏联保持密切的党与党之间的关系。进入 1949 年，形势的迅速发展要求从国家关系的角度来考虑中苏关系问题。1949 年 2 月初，中共中央、毛泽东在西柏坡村会见斯大林特使米高扬时，向他详细说明了国际关系问题和中国对外政策的总方针问题。

毛泽东用"打扫干净屋子再请客"形象地譬喻说，我们的屋子本来就够脏的，因为帝国主义分子的铁蹄践踏过。而某些不客气、不讲礼貌的客人再有意地带些脏东西进来，那就不好办了。我想，朋友们走进我们的门，建立友好关系，这是正常的，也是需要的。如果他们又肯伸手援助我们，那岂不更好么！至于帝国主义分子，他们抱着不可告人的目的，一方面想进来自己抓几

---

① 参见《中共中央文件选集》第 18 册，中共中央党校出版社 1992 年版，第 44 页。

把，同时也是为了搅浑水。浑水便于摸鱼。我们不欢迎这样的人进来。① 关于外国对未来新政府的承认问题，毛泽东提出两个方案，一是外国承认新政府，苏联则立即率先承认；另一个是不去力争对新政府的承认，如果某外国政府表示有意承认，那就不予排斥，但暂时也不表示认可，好处是新政府可以不受约束地对中国之内的一切帝国主义事务施加压力，而不必顾及外国政府的抗议。毛泽东明确表示，在考虑对外政策问题时，将把对苏联及东欧国家的关系置于中心位置。

1949 年 3 月，毛泽东在中共七届二中全会上再次指出：关于帝国主义对中国的承认问题，不但现在不应急于去解决，而且就是在全国胜利以后的一个相当时期内也不必急于去解决。我们是愿意按照平等原则同一切国家建立外交关系的，但是从来敌视中国人民的帝国主义，决不能很快地就以平等的态度对待我们，只要一天它们不改变敌视的态度，我们就一天不给帝国主义国家在中国以合法的地位。基于中苏双方在相互沟通和了解上有了确定性的进展，毛泽东在中共七届二中全会的总结发言中明确地指出："我们不能设想，没有苏联，没有欧洲的和美国的工人运动吸引美帝国主义的力量在西方，我们中国革命也能胜利。我说，东方的空气较稀薄，而西方的气压很重，我们就在东方冲破帝国主义力量比较薄弱的这一环。中国革命胜利以后的巩固也是一样，帝国主义是要消灭我们的，没有各国无产阶级，首先是苏联的援助，巩固是不可能的……中苏关系是密切的兄弟关系，我们和苏联应该站在一条战线上，是盟友，只要一有机会就要公开发表文告说明这一点。现在对非党人士也要说明这一点，也要做这

---

① 参见师哲口述，李海文著：《在历史巨人身边：师哲回忆录》，九州出版社 2015 年版，第 275 页。

种宣传。"①

根据上述精神，4 月 3 日，毛泽东亲自草拟，并以中共中央主席名义同李济深、沈钧儒等各民主党派领导人联名发表了《反对北大西洋公约联合声明》，第一次公开点明了苏联是新中国的盟友，表明中国人民将与苏联和各国和平民主势力携手并进，向侵略战争的发动者作坚决斗争的鲜明政治立场。随后，毛泽东在《论人民民主专政》的文章中，公开提出新中国在战后世界两大阵营对峙的国际格局中，要倒向以苏联为首的社会主义一边的方针。毛泽东指出，一边倒，是孙中山的 40 年经验和共产党的 28 年经验教给我们的，深知欲达到胜利和巩固胜利，必须一边倒。积 40 年和 28 年的经验，中国人不是倒向帝国主义一边，就是倒向社会主义一边，绝无例外。骑墙是不行的，第三条道路是没有的。我们反对倒向帝国主义一边的蒋介石反动派，我们也反对第三条道路的幻想。我们在国际上是属于以苏联为首的反帝国主义战线一方面的，真正的友谊的援助只能向这一方面去找，而不能向帝国主义战线一方面去找。②

这样，在 1949 年春夏之间，毛泽东先后将新中国的对外方针言简意赅地概括为三句话："另起炉灶""打扫干净屋子再请客"和"一边倒"。这是中国共产党根据近代中国历史和新民主主义革命在全国胜利的现实，尤其是根据第二次世界大战结束后冷战特定的国际环境和条件作出的重大决策。

"另起炉灶"，就是同半殖民地半封建的旧中国外交一刀两断，对国民党政府同各国建立的旧的外交关系一律不予承认，也不承认外国政府派驻旧中国的代表为正式的外交人员，而只当作普通侨民对待。采取"不承认"政策，主要是为了不受过去任何

① 《毛泽东文集》第 5 卷，人民出版社 1996 年版，第 262 页。
② 参见《毛泽东选集》第 4 卷，人民出版社 1991 年版，第 1475 页。

屈辱的外交传统所束缚，使新中国一开始就在外交上立于主动地位，有利于肃清帝国主义在中国的势力和影响。

"打扫干净屋子再请客"，主要是考虑到旧中国长期受帝国主义所控制，只有在彻底清除帝国主义在中国的特权、势力和影响之后，才能从容地考虑同资本主义国家建交，这对于防止帝国主义钻进来捣乱有好处。因此，必须对旧中国同外国签订的一切条约和协定重新审查，按其内容分别处理，然后在平等、互利和互助尊重领土主权的基础上同世界各国另行建立新的外交关系，以维护新中国独立自主的国际地位。

"一边倒"方针，在当时历史条件下属于外交战略范畴。它有出于意识形态方面的考虑，但更主要的因素是为中国的国家利益、战后建设考虑，尤其是对国家安全的考虑。一方面，中国革命反对帝国主义的性质，共产党领导的新民主主义国家将逐步走向社会主义的历史导向，决定了新中国从属于世界社会主义阵营，当然要"倒向社会主义一边"。另一方面，战后国际形势的演变事实上已形成两大阵营的对立，以苏联为首的社会主义阵营同情和支持中国革命，而以美国为首的资本主义阵营却没有改变它们敌视中国革命的态度。在这种情况下，非但不能指望西方资本主义国家对新中国提供援助，还要考虑来自帝国主义方面的战争威胁、武装干涉等的可能性。正如毛泽东所说，中国只能向社会主义阵营寻求真正的国际援助，"不能同时两面树敌"。因此，"一边倒"的外交抉择，也是维护国家独立和民族尊严，争取可能的国际援助和有利的国际环境的现实需要。

当然，"一边倒"作为新中国在对外关系上所持的基本政治立场和政治方针，决不意味着依赖于某一个国家。对此，中共中央、毛泽东有一个辩证的分析：为了打破帝国主义对新中国的封锁，外交政策的一面倒，愈早表现于行动则对我愈有利；内部政策强调认真的从自力更生打算，更主要的从长远的新民主主义建设着眼来提出这个问题。有了这两条，我们不但可以立于坚固的基础之上，而且才有可能迫使帝国主义就我之范。① 这种立足于国家的长远发展坚持内政外交政策的两点论，体现了"一边倒"外交战略中最本质的独立自主、自力更生精神。

同时，"一边倒"并不妨碍同资本主义国家建立平等互利的贸易关系，如毛泽东在中共七届二中全会上所说：关于同外国人做生意，那是没有问题的，有生意就得做，并且现在就开始做；我们必须尽可能地首先同社会主义国家和人民民主国家做生意，同时也要同资本主义国家做生意。这样，就把同帝国主义国家的政治关系同经贸往来关系做了必要的区分。后来，毛泽东在新政协筹备会上的讲话中又明确指出："中国人民愿意同世界各国人民实行友好合作，恢复和发展国际间的通商事业，以利发展生产和繁荣经济。"② 这是代表即将建立的新中国向包括美英等西方国家在内的世界各国发出的明确信息。

1949 年春，在中国人民解放军准备发起渡江战役前夕，英、法、美等国政府看到国民党在中国统治的根基业已动摇，曾通过各自的渠道向中共方面试探，表示愿与预期不久将要建立的中国新政府建立某种形式的外交关系；特别是国民党政府南迁广州后，美国和多数国家的使节仍留在南京，坐观变化。这个动向引起毛泽东、周恩来的密切关注。在已经确定"另起炉灶""打扫干净屋子再请客"的原则立场上，必须明确提出新中国与外国建交的条件，以便在条件具备时能够立于政治上的主动地位。为此，中共中央、毛泽东在内部考虑有两种做法：在建交问题上，帝国主义提出足以束缚中国手脚的条件，当然不能答应。但可以采取积极的办法争取这些国家的承认，以便中国能够取得合法地

---

① 参见《邓小平文选》第 1 卷，人民出版社 1989 年版，第 134 页。
② 《毛泽东选集》第 4 卷，人民出版社 1991 年版，第 1466 页。

位去进行国际活动。另一种是也可以等一等，不急于争取这些国家的承认，以便肃清内部，避免麻烦。两种做法各有利弊。不过，"如果帝国主义各国采取承认中国的新政府的政策，那我们就要准备和这些国家建立外交关系"。①

当时美国驻华大使司徒雷登留在南京，试图同中共接触。中共中央指示南京市军管会外国侨民事务处处长黄华，以私人身份与司徒雷登接触，了解美国政府的意向，表明中共的原则立场，即4月30日毛泽东在为中国人民解放军总部发言人起草的抗议英国军舰在渡江战役中擅入中共军防区一事发表的声明中所宣告："中国人民革命军事委员会和人民政府愿意考虑同各外国建立外交关系，这种关系必须建立在平等、互利、互相尊重主权和领土完整的基础上，首先是不能帮助国民党反动派……外国政府如果愿意考虑同我们建立外交关系，它就必须断绝同国民党残余力量的关系，并且把它在中国的武装力量撤回去。"② 这一举措，既坚持了未来新中国政府对外关系的原则立场，又表现了相应的灵活性，反映了中国共产党在处理外交事务上的现实态度。

然而，在中国革命的狂飙席卷全国的形势下，美国朝野完全被一片中国已"丧失"给共产主义的极端反共情绪所笼罩，司徒雷登认为现在美国对新中国很难作出正式表示，需要回国努力争取。对于司徒雷登表示希望能到北平与周恩来会面，并顺便到他曾经担任校长的燕京大学看看的请求，毛泽东、周恩来电示黄华："同意准许司徒去燕京一行，彼希望与当局晤面事亦有可能。"③ 这在外交事务的处理上，是一种非常现实和灵活的态度。但是，由于美国政府担心司徒雷登北平之行"可能提高中共的威

---

① 参见《胡乔木回忆毛泽东》，人民出版社1994年版，第549页。

② 《毛泽东选集》第4卷，人民出版社1991年版，第1461页。

③ 《新中国外交风云》，世界知识出版社1990年版，第30页。

信"和造成美国即将承认新中国政权的"错觉",指示司徒雷登"在任何情况下都不得访问北平"。这意味着美国政府自己关闭了同新中国交往的大门,这个大门一关就是 20 多年。

从中华人民共和国建国史的角度来看,在人民革命迅速取得全国性胜利的形势下,中国共产党基于对中国经济十分落后的基本国情的清醒认识,基于对第二次世界大战后世界形势及国际格局变化的正确估量,把新中国内政外交的大政方针清醒地建立在稳健、务实的基础之上,有力地领导和推动了筹备建国的一系列工作。

二、中国人民政治协商会议与新中国诞生

(一) 拉开筹备建立新中国的序幕

1948 年 4 月,中共中央、毛泽东经过历时一年的转战陕北,东渡黄河,来到晋察冀边区及军区所在地河北省平山县城南庄。这时,人民解放军从黄河中段向国民党统治区域"中心突破、三军配合、两翼展开"的战略进攻,已经取得重大进展。毛泽东开始考虑争取解放战争胜利和建立全国性政权的问题。他致电在西柏坡的中共中央书记处书记刘少奇、朱德、周恩来、任弼时,提出召开中央书记处扩大会议的议题,第一项就是邀请香港、上海、北平、天津等地各中间党派以及民众团体的代表人物到解放区,商讨关于召开人民代表大会并成立临时中央政府问题。为此,毛泽东在城南庄审定了《纪念"五一"劳动节口号》,共二十三条,其中第五条发出一个重要号召:"各民主党派、各人民团体、各社会贤达迅速召开政治协商会议,讨论并实现召集人民代表大会,成立民主联合政府。"

4 月 30 日至 5 月 7 日,中共中央书记处在城南庄召开扩大会

议，对召开新的政治协商会议的问题进行了讨论和研究。会议认为，在解放战争即将进入第三个年度，政治形势和军事形势迅速发展的新形势下，召开没有反动派参加的新的政治协商会议，筹备新中国建国大计的问题理应提到党的议事日程上来。提出召开新政协的口号，从形式上看，是恢复了1946年1月国民党召开的"政治协商会议"的名称，但内容和性质都完全不同了。"五一"口号是行动口号，不是宣传口号，这是今天形势发展的趋势，是全国人民的要求。4月30日，会议通过了中共中央纪念"五一"口号。口号于当日由新华社播发，《人民日报》5月2日刊载。

一石激起千层浪。中共中央发布的"五一"口号内容，很快通过各种渠道传遍解放区和国民党统治区。政治协商——这个对当时普通民众还很陌生的词汇，在努力为实现现代民主政治而奋斗的民主人士中间产生了强烈的共鸣，引起巨大反响。人们清楚地了解到，1945年中共七大提出建立联合政府的口号以来，是在废除国民党一党专政的前提下，力争国民党通过民主改革共同成立各党派联合政府。而在国民党背信弃义发动全面内战之后，中共中央"五一"口号的实质是，排除国民党反动派以及一切反动分子，召开新的政治协商会议，以中国共产党为主导成立新中国的民主联合政府。为此，在极短的时间内，各民主党派、人民团体、海外华侨团体、无党派民主人士都纷纷发表声明，热烈响应和赞同中国共产党召开新政协会议，成立联合政府的主张。

在中国人民革命建国的时机日益迫近的时候，中国各民主党派机关和众多民主人士为躲避国民党当局的迫害而进入香港，这里一时间成为各民主党派公开进行政治活动的重要基地。5月5日，在香港的中国国民党革命委员会李济深、何香凝，中国民主同盟沈钧儒、章伯钧，中国民主促进会马叙伦、王绍鏊，中国致公党陈其尤，中国农工民主党彭泽民，中国人民救国会李章达，中国国民党民主促进会蔡廷锴，三民主义同志联合会谭平山，无党派民主人士郭沫若等 55 人，联合致电毛泽东并转解放区全体同胞，电文说："南京独裁者窃权卖国，史无前例。近复与美帝国主义互相勾结，欲以伪装民主，欺蒙世界。人民虽未可欺，名器不容假借，当此解放军队所至，浆食集于道途，国土重光，大计亟宜早定。同仁等盱衡中外，正欲主张，乃读贵党五一劳动口号第五项：'各民主党派、各人民团体及社会贤达，迅速召开政治协商会议，讨论并实现召集人民代表大会，成立民主联合政府'，适合人民时势之要求，尤符同人等之本旨，曷胜钦企。"①

同时，各民主党派负责人和无党派民主人士围绕中共"五一"口号，以"目前新形势与新政协"为题，连续召开座谈会，发表演讲，一致认为中共"五一"口号对团结各党派、动员广大人民民主力量、促进革命胜利具有重大的历史意义。各民主党派及其负责人还相继发表宣言、通电、声明、谈话或文章，表明拥护中国共产党的号召的政治态度，指出中共"五一"口号"事关国家民族前途，至为重要。全国人士自宜迅速集中意志，研讨办法，以期根绝反动派，实现民主"。由此形成了一个各民主党派、各人民团体踊跃参加的新政协运动。

新政协运动通过广泛深入的讨论和宣讲，分清了新政协与旧政协本质的区别；明确了新政协的前提必然是旧政权的彻底摧毁；清算了在国共两党之间走所谓英美式"第三条道路"的中间路线，反对任何妥协的倾向；明确了新政协是各民主党派、人民团体以及各界人民的政治协商会议，它拒绝反动派参加；中国共产党是新政协的"当然领导者"；将在新政协产生的共同纲领，应该是新民主主义的政纲；为着新政协的召开，各民主党派必须

---

① 《五星红旗从这里升起——中国人民政治协商会议诞生纪事暨资料选编》，文史资料出版社 1984 年版，第 6 页。

立即行动起来，与全国人民一道，将反帝反封建反官僚资本主义的革命进行到底，绝不给反动派以任何喘息的机会；等等。

各民主党派对中共"五一"口号的一致拥护和新政协运动的开展，表明各民主党派负责人以及民主人士对中国革命的认识产生了重大飞跃，抛弃了对"第三条道路"的幻想，基本接受了新民主主义革命的纲领、路线。这就为新政协的召开准备了必要的思想政治条件。

8月1日，毛泽东复电在香港的李济深、何香凝、沈钧儒、章伯钧、马叙伦、王绍鏊、陈其尤、彭泽民、李章达、蔡廷锴、谭平山、郭沫若，并转香港各民主党派、各人民团体及无党派人士，电文中说，"现在革命形势日益开展，一切民主力量亟宜加强团结，共同奋斗，以期早日消灭中国反动势力，制止美帝国主义的侵略，建立独立、自由、富强和统一的中华人民民主共和国。为此目的，实有召集各民主党派、各人民团体及无党派民主人士的代表们共同协商的必要。关于召集此项会议的时机、地点、何人召集、参加会议者的范围以及会议应讨论的问题等项，希望诸先生及全国各界民主人士共同研讨，并以卓见见示"①。同时，中共中央致电中共香港分局，欢迎各民主党派和民主人士来解放区商谈和进行新政协的准备工作。

这表明，以中共中央发布"五一"口号为起点，拉开了中国各民主阶级、阶层以及各族人民、海外华侨共同筹备建立新中国的序幕。从这时起，筹备新的政治协商会议，建立民主联合政府，成为中国共产党和各民主党派同心协力进行的一项光荣历史任务。

应中共中央的邀请，从1948年秋开始，在解放区以外的爱国民主人士陆续从国民党统治区、香港和海外进入解放区。为保

---

① 《毛泽东文集》第5卷，人民出版社1996年版，第114页。

证这些爱国民主人士的代表平安抵达解放区，中共中央作了周密部署，由周恩来统筹指挥，克服种种困难和险阻，分批将民主党派领导人和著名爱国民主人士安全护送到解放区。在革命即将取得全国胜利的前夜，中国共产党人不忘一切为民主革命做出过贡献的朋友，成功地组织了叹为观止的"秘密大营救"，将一大批民主人士当作国家的宝贵财富安全地接送到解放区。这一彪炳史册的"政治大迁徙"，体现了中国共产党人高瞻远瞩的政治远见和海纳百川的政治胸怀。

1949 年春，大批民主党派负责人、人民团体的代表陆续进入东北、华北、山东等解放区。针对党内一些人看不到民主党派和民主人士在民主革命中的贡献和对建立新中国的重要作用，而在统一战线工作中采取"左"的"关门主义"的倾向，毛泽东在中共七届二中全会的报告中强调指出："召集政治协商会议和成立民主联合政府的一切条件，均已成熟。一切民主党派、人民团体和无党派民主人士都站在我们方面。"① 为此，"我党同党外民主人士长期合作的政策，必须在全党思想上和工作上确定下来。我们必须把党外大多数民主人士看成和自己的干部一样，同他们诚恳地坦白地商量和解决那些必须商量和解决的问题，给他们工作做，使他们在工作岗位上有职有权，使他们在工作上做出成绩来"②。

1949 年 3 月中共中央进驻北平后，毛泽东一面要谋划人民解放军的渡江作战，一面十分重视新政协的筹备工作。在香山双清别墅，他频频会见各民主党派及各方面的代表人物，鼓励他们告别既往，为建设新中国贡献力量。这些民主人士，有早年追随孙中山参加反清革命的，有在民族危亡时起而反蒋抗日的，有在不同历史时期与中共合作过的，但也有反对过中共领导的革命，甚

---

① 《毛泽东选集》第 4 卷，人民出版社 1991 年版，第 1435 页。
② 《毛泽东选集》第 4 卷，人民出版社 1991 年版，第 1437 页。

至曾在战场上兵戎相见的。经过曲折痛苦的摸索之后，他们逐渐认识到旧民主主义的道路在中国走不通，只有共产党领导的新民主主义革命才是正确的道路，从而转向拥护共产党，成为共产党的朋友。这就使新政治协商会议得以广泛地团结他们所联系的军政、经济、教育、科学、文化、少数民族、海外华侨等多方面的社会力量，共同建设新中国。

4月20日，国民党反动政府拒绝签订国内和平协定，毛泽东发布向全国进军的命令，中国人民解放军发起渡江战役，于23日解放了国民党22年来的统治中心南京，宣告了国民党统治的覆灭。随着解放大军向着江南广大地区迅速挺进，各民主党派跟着走上新的历史道路，全国性人民团体也相继成立和加紧筹备成立，新政治协商会议的筹备工作进入了实质性的具体操作阶段。

6月15日，新政协筹备会第一次全体会议在北平中南海勤政殿举行。全体会议由新政协的倡议者中国共产党，以及积极响应中共"五一"口号的各民主党派、各人民团体和无党派民主人士共23个单位134人组成。这些单位及其代表具有比较广泛的代表性，体现了民主、团结、协商的精神。参加筹备会的代表，均为各方协商、精心推选的国内知名人士，所以这次会议堪称中国民主进步阵营的一次群英会。

毛泽东致开幕词说："我们的新的政治协商会议的筹备会，今天开幕了。这个筹备会的任务，就是：完成各项必要的准备工作，迅速召开新的政治协商会议，成立民主联合政府，以便领导全国人民，以最快的速度肃清国民党反动派的残余力量，统一全中国，有系统地和有步骤地在全国范围内进行政治的、经济的、文化的和国防的建设工作。全国人民希望我们这样做，我们就应当这样做。"①

---

① 《毛泽东选集》第4卷，人民出版社1991年版，第1463页。

　　新政协筹备会第一次全体会议为期 5 天闭幕。会议决定，在筹备会常委会下设立 6 个工作小组，分别负责拟定参加新政协的单位及代表名额；起草新政协组织条例；起草共同纲领草案；拟定政府方案；起草大会宣言；拟定国旗国徽国歌方案等。会议结束后，筹建新中国的各项准备工作立即全面、紧张地开展起来。

　　首先是确定参加新政协的单位和代表名额，以及拟定代表人选，这是一项十分严肃而又复杂、繁重的任务。以李维汉为首的筹备会第一小组，为此做了大量细致的工作。对于以党派、团体或个人名义要求参加新政协的书面请求，既坚持"不能有反动分子参加"的原则性和政治标准，又注意了代表人选的广泛性和灵活性，分别不同情况予以妥善处理。有一些较小的进步团体，根据组织条例规定，不作为党派或团体单位邀请。但对这些组织中有一定代表性的人士，可邀请他们以个人身份参加新政协。另一种情况，是依据政治上和代表性上都符合参加新政协标准者，增加为党派单位代表。如除了中国共产党及在香港公开响应"五一"口号的 10 个民主党派单位和无党派民主人士单位外，依照标准又增加了九三学社、台湾民主自治同盟、新民主主义青年团三个单位。

　　在各单位代表名额的配备上，筹备会和工作小组尽可能照顾到各个方面。周恩来解释说，在确定代表名额和人选的时候，不是平均主义的，而是有重点的，重点就是"以工农联盟为基础，以工人阶级为领导"；同时又照顾到了各个方面。在各人民团体代表中，除工人代表、农民代表外，还有妇女代表、青年代表、学生代表、文艺工作者代表、自然科学工作者代表、社会科学工作者代表，还照顾到自由职业者、海外华侨和少数民族。但尽管如此还是不够全面，所以又设了一个特邀单位。总之，决定全部代表人选是根据人民民主革命的原则。我们重视由革命战争中锻炼出来的朋友，在土地改革和敌后根据地斗争中锻炼出来的朋友，在国民党统治时期的民主运动中锻炼出来的朋友，脱离反动派而起义的朋友，保护国家器材有功的朋友，使这次政治协商会议成为集中代表人民力量的大会。

代表名单初步产生之后，经过筹备会反复协商，征求各方意见，共花了3个月的时间，才最后确定了参加新政协的单位、名额和名单，共分为五类：党派代表、区域代表、军队代表、团体代表、特邀代表。前四类共有45个单位，有正式代表510人、候补代表77人。第五类即特邀代表，确定为75人。全部代表总数为662人。列入这份代表名单的人士，具有相当的广泛性，其中既包含了各民主党派、各人民团体、各地区、人民解放军、少数民族、海外华侨和宗教界等方面的代表，也包含了中国民族民主革命各个历史时期为人民事业作出过贡献的知名人士和代表人物。尤其在"特别邀请人士"名单中，特意吸收了从辛亥革命、北伐战争、五四运动、抗日战争到解放战争各个历史时期的代表性人物，甚至有在清代末期和北洋时期较有声望以及后来同情革命，并为人民做过好事的人物，也被推选为新政协代表。

同舟共济，生死与共，这是在缔造人民共和国时期，中国共产党与各民主党派相互关系的真实写照。共产党人以海纳百川的政治胸怀，把全国各方面的民主力量都融汇在一起，使新政治协商会议带有了代表全中国人民的性质。

（二）创制人民革命建国的共同纲领

制定一部国内各民主党派、各人民团体一致同意和遵循的共同纲领，是创建新中国最重要的基础工作。早在抗战胜利前夕，毛泽东就在《论联合政府》的报告中提出：为着动员和统一中国人民一切抗日力量，彻底消灭日本侵略者，并建立独立、自主、民主、统一和富强的新中国，中国人民、中国共产党和一切抗日的民主党派，迫切地需要一个互相同意的共同纲领。1948年9月中央政治局会议后，有关建国的大政纲领即开始着手准备。

先是 1948 年 10 月，由中共中央统战部部长李维汉主持起草了《中国人民民主革命纲领草稿》第一稿，分总则、政治、军事、土地改革、经济财政、文化教育、社会政策、少数民族、华侨、外交等十部分，共 46 条。随后于 11 月形成的第二稿，结构有所变化，分"人民解放战争的历史任务""建立人民民主共和国的基本纲领""战时具体纲领"三个部分，共 34 条。主要在第二部分中规定了新中国的新民主主义性质以及国家构成、政权构成、经济构成、文化教育、外交政策。

就这个纲领草稿，中国共产党广泛征求了进入解放区和暂留香港的各民主党派和无党派民主人士的意见。在有关纲领问题的讨论中，围绕要不要以"新民主主义"作为建国指导原则的问题，民主人士中出现多种意见。大多数人赞成用"新民主主义"，有人主张用"革命的三民主义""人民民主主义"，或者用不加"新"字的"民主主义"，等等。为了促使民主人士进一步统一思想，更加坚定地站到新民主主义立场上来，并解除一些人对共产党和人民革命的一些疑虑，中共方面做了大量工作。在各种因素的推动下，绝大多数民主人士在彻底推翻国民党反动统治和建立新民主主义中国这两个基本问题上，与共产党取得了共识。这就为共同纲领的正式制定提供了必要的思想条件。

基于讨论中提出的意见和建议，草稿第二稿改变了原来中共"五一"口号中由政治协商会议"讨论并实现召集人民代表大会，成立民主联合政府"的提法，明确规定：由新政协直接选举临时中央政府。这个规定，在召开全国人民代表大会的条件还不具备的情况下，实际上赋予新政协"执行全国人民代表大会职权"的使命，由它直接选举新的中央政府。这是在建国程序上的一个重要突破。

在起草和讨论纲领草稿期间，中共七届二中全会的决议规定了革命在全国胜利以后，党在政治、经济、外交等方面应当采取的基本政策；毛泽东发表了《论人民民主专政》的重要文章。这两个历史性文件，进一步丰富了中国共产党的人民革命建国理论，从而为共同纲领的制定奠定了更坚实的理论基础和政策基础。

新政协筹备会第三小组负责起草共同纲领工作。组长周恩来提出，由于前一阶段的工作重心在动员一切力量参加和支援解放战争，而现在的重点却在建设新民主主义中国及肃清反动残余，这是长期性的工作，因此，中共方面两度起草的纲领草稿已不适用，必须根据新的形势的需要重新起草。第三小组全体会议决定委托中共方面再次草拟初稿，小组成员则分为政治法律、财政经济、国防外交、文化教育、其他（包括华侨、少数民族、群众团体、宗教等问题）五个分组进行讨论和拟定具体条文，供起草人参考。参加新政协筹备会的各单位、各代表及第三小组成员亦可提出自己的书面意见。至7月上旬，各分组均拟就了具体条文。周恩来在中南海勤政殿"关"了一个星期，集中精力完成了起草共同纲领草案初稿的工作，在具体条文的规定上，增添了不少新的内容。这份草案初稿，构成了不久后正式提出的《中国人民政治协商会议共同纲领》（草案）的基础框架。

共同纲领草案的修改，是同新政协筹备会及所有政协会议代表的讨论结合一起进行的。从中共方面正式提出草案初稿，到政协全体会议召开，共经过了七次讨论。此外，政协各参加单位还组织各自成员进行了讨论。代表们字斟句酌，反复推敲，互相商讨，真正做到了集思广益。讨论中提出的修改意见，有的被采纳或基本被采纳，有的为进一步修改提供了参考。

在共同纲领起草过程中，有两个很重要的问题得到了确认。一个是新中国的国家结构形式，是采取单一制，还是采取苏联那样的联邦制？另一个是在共同纲领中要不要写入社会主义的前途？

前一个问题是毛泽东提出来的。中国是一个以汉族为主体的统一的多民族国家，如何正确地解决国内民族问题，关涉革命的成败和保证国家统一的大问题。第一次世界大战后，在世界范围出现了一个很大的民族自决的浪潮，受此影响，中共早期的纲领曾强调"民族自决权"原则和建立"联邦共和国"。抗日战争时期，党从团结全民族抗战出发，提出了动员一切少数民族，在民族自治的原则下共同抗日的主张。其侧重点转向中国境内各民族联合起来，从帝国主义奴役下争取中华民族独立，而不是各民族的自决和分离。陕甘宁边区在少数民族聚居地建立了若干蒙古族、回族自治乡，试行民族自治，取得了很好的成效。但在严峻的战争环境下，各根据地实行民族自治的成功经验，尚来不及反映到党的纲领上来。1945 年中共七大的宣传纲领，仍保留了"建立中华民主共和国联邦"的口号。

毛泽东在修改共同纲领草案初稿的过程中，考虑到建立新中国的任务迫在眉睫，过去党的纲领中关于建立联邦共和国的内容亟须理清。特别是 1947 年 5 月，在中国共产党领导下成立了内蒙古自治政府，为建立省一级民族自治地方和避免外蒙古分离与独立事件的发生，提供了成功范例和宝贵经验。还有一个重要因素，就是随着蒋介石政权在大陆的崩溃，美国政府开始考虑把台湾与大陆分离的政策，意在"不让台（湾）、澎（湖）落入共产党手中"。同时，美国官方还抛出所谓"台湾地位未定"论，并在内部酝酿是否将台湾交联合国"托管"，完全不顾台湾自古就是中国的领土，日本投降后根据同盟国有关协定在法律上和实际上已由中国政府收复的客观事实。而在中国的西藏及新疆南部，也有一些帝国主义分子在支持所谓"独立"的分裂活动。这些动向，使中国共产党必须慎重考虑采取怎样的国家结构形式对于维护中国的统一更为有利。为此，毛泽东提出：要考虑到底是搞联邦，还是搞统一共和国、民族区域自治？看来恐怕还是不要搞联邦。毛泽东并就此征询党内意见，要求加以论证。

有关分析论证的结论是，中国与苏联的国情不同，不宜实行联邦制。这是因为：第一，苏联少数民族人口与俄罗斯民族大体相等，各七千几百万人。而中国少数民族只占全国总人口的6%，并且呈现出大分散小聚居的状态，汉族和少数民族之间，几个少数民族之间往往互相杂居或交错聚居。第二，苏联实行联邦制是逼出来的。本来，马克思、恩格斯、列宁、斯大林都主张在统一的（单一制的）国家内实行地方自治和民族区域自治，只在例外的情况下允许联邦制。但俄国经过二月革命和十月革命，许多民族实际上已经分离为不同国家，因此不得不采取联邦制把按照苏维埃形式组成的各个国家联合起来，作为走向完全统一的过渡形式。而中国则不同，国内各民族在中国共产党领导下，由平等联合进行革命，到平等联合建立统一的人民共和国，并没有经过民族分离，始终都是一个统一的国家。[1]经郑重研究，中共中央、毛泽东确定新中国在统一的（单一制的）国家内，实行民族区域自治制，而不实行联邦制。

9月7日，周恩来向参加新政协的代表作《关于人民政协的几个问题》的报告，专门谈到国家制度问题。他说，中国是多民族的国家，主张民族自治，但一定要防止帝国主义利用民族问题来破坏中国的统一。鉴于帝国主义者企图分裂中国的西藏、台湾甚至新疆，"为了这一点，我们国家的名称，叫中华人民共和国，而不叫联邦"。"我们虽然不是联邦，但却主张民族区域自治，行使民族自治的权力。"[2] 这个问题，经政协全体会议的充分讨论

---

① 参见李维汉 1983 年 10 月写给中共中央书记处和邓小平《关于建立满族自治地方问题》的信。信中讲到 1949 年人民政协筹备期间，毛泽东曾就此问题进行调查研究、慎重决策的情况。

② 《周恩来统一战线文选》，人民出版社 1984 年版，第 140 页。

达成共识。至此，在统一的国家内实行民族区域自治，就作为新中国的一项基本制度确定下来。这一重要决策，是中国共产党将马列主义的民族理论运用于中国实际的一个新的伟大创造。它对于今后在任何复杂情况下，都始终保持整个国家的完整统一和国内各民族的大团结，具有极其深远的意义。

关于第二个问题，即社会主义目标问题，是在新政协筹备会讨论共同纲领草案过程中提出来的。一部分代表认为，既然新民主主义的目标是实现社会主义，那就应该把这一目标写进纲领，使全国人民了解未来社会的远景以及共同奋斗的目标。一些代表则认为，在今天的政协中提出社会主义问题过早，共同纲领是新民主主义性质的，以不写社会主义为好；而且，新民主主义本身就预示着社会主义方向。对于这个问题，中共中央明确支持后一种意见。

8月26日，毛泽东在新政协筹备会讨论共同纲领草案时指出：“纲领中只说现阶段的任务，如果再说得远一点就变得空洞了。”① 就是说，共同纲领是属于国家在现阶段的施政纲领，它不应去描绘现阶段尚不能实现的未来社会的远景。

9月21日，刘少奇在第一届政协全体会议上发言时，再次就这个问题表明了中国共产党的态度。他说：“在协商过程中，有些代表提议把中国社会主义的前途写进共同纲领中去，但是我们认为这还是不妥当的。因为要在中国采取相当严重的社会主义的步骤，还是相当长久的将来的事情，如在共同纲领上写上这一个目标，很容易混淆我们在今天所要采取的实际步骤。”②

9月22日，周恩来在关于共同纲领草案起草过程的报告中，

———————

① 引自薄一波：《若干重大决策与事件的回顾》上卷，中共中央党校出版社1991年版，第31页。

② 《刘少奇选集》上卷，人民出版社1982年版，第435页。

对于要不要把社会主义的前途明确规定出来的讨论，作了具体说明。他说："筹备会讨论中，大家认为这个前途是肯定的，毫无疑问的，但应该经过解释、宣传特别是实践来证明给全国人民看。只有全国人民在自己的实践中认识到这是唯一的最好的前途，才会真正承认它，并愿意全心全意为它而奋斗。所以现在暂时不写出来，不是否定它，而是更加郑重地看待它。而且这个纲领中经济的部分里面，已经规定要在实际上保证向这个前途走去。"①

中国共产党人以郑重负责的态度，一再强调新民主主义的总纲领，只能规定那些现在应该做的、可以做的事，而对将来应该做的、要做的，但目前还不能够做的事，就保留不说，不做。这种实事求是的精神，具有很强的说服力，使参加政协会议的各方面代表基本达成共识。

经过各方反复讨论和多次修改，9月17日，新政协筹备会第二次全体会议基本通过《中国人民政治协商会议共同纲领》草案，并授权常委会提交中国人民政治协商会议全体会议讨论。

新政协筹备会第四小组，负责起草政府组织法草案，工作进展顺利。7月8日，第四小组召开第二次全体会议，围绕"政府组织法中的基本问题"进行讨论。逐一讨论了国家名称，国家属性，政府组织的基本原则是民主集中制，目前国家最高政权机关产生的方法，人民政府委员会的组织、最高行政机构的名称，政务院下属各部、会机构的设置，人民革命军事委员会、人民监察委员会、人民法院和人民检察署的组织和隶属关系等问题，基本意见趋于一致，有些意见留待起草委员会去斟酌。会议推定董必武等五人负责起草政府组织法的初步草案。

这次会议的讨论意见，争议比较大的，是关于国名的问题。

---

① 《周恩来选集》上卷，人民出版社 1980 年版，第 368 页。

　　对于未来国家的名称，1940 年毛泽东在提出新民主主义共和国理论的《新民主主义论》一文中，曾称之为"中华民主国"。1948 年中共中央发布"五一"口号时，没有提及新的国名。同年 8 月 1 日，毛泽东在给响应中共"五一"口号的各民主党派的复电中，提到一切民主力量亟宜加强团结，共同奋斗，"建立独立、自由、富强和统一的中华人民民主共和国"。10 月 10 日，毛泽东在他起草的《中共中央关于九月会议的通知》中，继续沿用这一名称，宣布："准备在一九四九年召集中国一切民主党派、人民团体和无党派民主人士的代表们开会，成立中华人民民主共和国临时中央政府。"此后，中共中央东北局与民主人士达成"关于召开新的政治协商会议问题"的协议，在有关条文中，也用的是"中华人民民主共和国临时中央政府"这个提法。

　　1949 年 6 月 15 日，毛泽东在新政协筹备会第一次全体会议上的致词中说："过去，中华民国是名不副实的。现在，我们要建立一个名副其实的中华人民民主共和国"。接着，他连呼了三个口号，第一个口号就是："中华人民民主共和国万岁！"为此，筹备会工作小组起草的三大文件的初稿中，都沿用了"中华人民民主共和国"这一名称。

　　7 月 8 日，第四小组在讨论"政府组织法中的基本问题"时，代表们对这个国名提出不同意见。一些代表感觉名称太长，用起来累赘。有的代表发言说，如果国名太长，必要时可用简称，如简称"中华民国"。有的代表提出，可以节略"共和"二字，主张用"中华人民民主国"。也有代表发表第三种意见，因民主一词 Democracy 来自希腊字，原意与人民相同，可节略"民主"二字，主张用"中华人民共和国"。以董必武为首的起草委员会先后三次开会，并征求多方面专家的意见，写成政府组织法的草案初稿。经 8 月 17 日小组第三次全体会议修正通过为组织法的初步草案。在这个初步草案里，新的国名去掉了"民主"

二字。

9月7日，周恩来在《关于人民政协的几个问题》的报告中，介绍了起草政府组织法草案的情况。关于国名问题，周恩来解释说：在中央人民政府组织法的草案上，去掉了"民主"二字，原因是感觉到"民主"与"共和"有共同的意义，无须重复。而这两个都包含了民主的含义。在国体上是用共和，在性质上则用民主。在外国，"共和"和"民主"是一个字，而在中国，却将它定为两个字了。作为国家，还是用"共和"两字比较好，所以用中华人民共和国，就可以说是民主了。周恩来进一步说明："辛亥革命以后，中国的国名是'中华民国'，有共和的意思，但并不完全，可以作双关的解释，而且令人费解……因为在辛亥革命时期，俄国十月革命尚未成功，那时只能是旧民主主义的。在那以后由不完备的旧民主主义进步到完备的新民主主义。今天，为了使国家的名称合乎国家的本质，所以我们的国名应该是中华人民共和国……中国的少数民族也应该包括在中华人民共和国之内，承认他们的自治权。因此，我们认为中华人民共和国这个国名是很适当的。"[1]

经新政协筹备会常务委员会两次讨论和若干修改，9月17日，政府组织法草案在新政协筹备会第二次全体会议上作了原则的通过，准备提交中国人民政治协商会议全体会议讨论。

既然国名采用了"中华人民共和国"的节略，9月21日中国人民政治协商会议第一届全体会议开幕后，马叙伦等代表递交了一份提案，提议统一国名为"中华人民共和国"，取消"简称中华民国"的字样。政协会议主席团对国名简称问题采取了慎重态度，专门召集会议征求了当年追随孙中山先生为建立中华民国而奋斗的老前辈的意见。经充分讨论达成一致，第一届政协全体

---

① 《周恩来统一战线文选》，人民出版社1984年版，第138—139页。

会议陆续通过的大会文件中，去掉了"中华民国"这个简称。同时作出说明，去掉"中华民国"的简称，不等于把中华民国过去革命的历史意义一概抹杀，如辛亥革命、国共合作等都是有它的历史意义的。

中华人民共和国国名的确定，在国体和政权基础上体现得"鲜明、准确、完备"，这里凝聚了第一届中国人民政治协商会议各位代表对国家、对民族、对历史极其负责的精神和审慎的态度。

（三）多党派政治协商创开国的历史盛会

经过新政协筹备会六个小组历时 3 个多月的紧张有序的工作，包括协商确定参加政协会议的各单位和代表名额，制定建国共同纲领、中国人民政治协商会议组织法、中央人民政府组织法等关于创建新中国的一切准备工作业已就绪。

1949 年 9 月 21 日晚 7 时，中国人民政治协商会议第一届全体会议在北平中南海修葺一新的怀仁堂大礼堂隆重开幕。

出席大会的有党派代表 14 个单位，区域代表 9 个单位，军队代表 6 个单位，团体代表 16 个单位，共 45 个单位；正式代表 510 人，候补代表 77 人以及特别邀请代表 75 人，共计 662 人。历经 28 年艰苦奋斗领导中国革命取得全国胜利的中国共产党，同国内各民主党派、无党派民主人士、各人民团体、各地区、各民族、海外华侨的代表，济济一堂，共商建国大计。

中国共产党作为发起政协会议的最大的党派代表单位，代表名额与中国国民党革命委员会、中国民主同盟相当，同为正式代表 16 人、候补代表 2 人。出席会议的中共正式代表为毛泽东（首席代表）、刘少奇、周恩来、林伯渠、董必武、陈云、彭真、郑位三、王稼祥、陆定一、吴玉章、徐特立、刘澜涛、李维汉、李克农、安子文；候补代表为邢西萍（徐冰）、齐燕铭，共 18

人。还有一批共产党员出席了大会，其中有朱德、聂荣臻、贺龙、徐向前、刘伯承、粟裕等中国人民解放军代表；薄一波、陈毅、高岗、黄克诚、乌兰夫等解放区代表；李立三、蔡畅、廖承志等工会、妇联、青联代表；新民主主义青年团代表冯文彬、蒋南翔、胡耀邦等作为党派代表出席大会。他们是拥有450万党员的中国共产党的杰出代表者。

为争取民主而奋斗、积极参加筹备新政协的11个民主党派，包括中国国民党革命委员会、中国民主同盟、中国民主建国会、中国民主促进会、中国农工民主党、中国人民救国会、三民主义同志联合会、中国国民党民主促进会、中国致公党、九三学社、台湾民主自治同盟，分别派出以李济深、张澜、黄炎培、马叙伦、彭泽民、李章达、谭平山、蔡廷锴、陈其尤、许德珩、谢雪红为首席代表的党派代表出席大会。无党派民主人士，是在中国革命的具体历史条件下发展形成的，他们在形式上没有结成党派，但也是长期参加民主政治活动的，参加反对帝国主义、封建主义和官僚资本主义的斗争的，实质上是有党派性的。经各方面的协商，以郭沫若为首席代表的无党派民主人士作为一个特殊的党派单位出席大会。

特别邀请代表列在首位的是中国民主革命的伟大先行者孙中山先生的夫人，在整个中国革命进程中始终站在正义一边的坚强战士——宋庆龄。另外，有清末戊戌变法领导人梁启超之子梁思成；前清翰林张元济、海军耆宿萨镇冰；老同盟会会员张难先；曾任北洋政府教育总长、司法总长的章士钊、江庸；前南京政府和谈代表团首席代表张治中，前国民党军起义将领程潜、傅作义、董其武等。出席大会的各界知名人士有：作家沈雁冰，画家徐悲鸿，京剧表演艺术家梅兰芳，科学家茅以升、侯德榜、竺可桢，实业家陈叔通、李烛尘、胡子昂，华侨领袖陈嘉庚、司徒美堂，等等。这样的代表阵容，展现了即将诞生的新国家社会基础的广大和全国爱国民主力量空前的大团结。

这是中国近现代历史上具有划时代意义的空前盛会。它在中国人民解放战争和中国人民革命取得全国胜利的基础上召开，就是要集中全国人民的意志，并为全国人民所信托，宣告中华人民共和国的成立，制定中国人民自己的宪章，组织中国人民自己的中央政府。这是中国光辉灿烂的人民新世纪的伟大开端。

经周恩来代表新政协筹备会提议，全场一致通过，推出毛泽东等 89 人组成大会主席团。大会主席团就座后，毛泽东作为中华人民共和国的主要缔造者致开幕词说："全国人民渴望的政治协商会议现在开幕了。""现在的中国人民政治协商会议是在完全新的基础之上召开的，它具有代表全中国人民的性质，它获得全国人民的信任和拥护。因此，中国人民政治协商会议宣布自己执行全国人民代表大会的职权。"

随后，毛泽东在开幕词中，讲了一段令全民族振奋，并传之久远的话——"诸位代表先生们，我们有一个共同的感觉，这就是我们的工作将写在人类的历史上，它将表明：占人类总数四分之一的中国人从此站立起来了。"[①] "我们的民族将从此列入爱好和平自由的世界各民族的大家庭，以勇敢而勤劳的姿态工作着，创造自己的文明和幸福，同时也促进世界的和平和自由。"[②] 毛泽东的致词，道出了全场近千位代表和来宾此时此刻的共同心声，喊出了饱受屈辱、历尽苦难的中国各族人民的百年渴望。为了实现这个目标，中国人民曾经付出怎样巨大的代价，进行了多少可歌可泣的斗争，才换得这一天的到来。

毛泽东致开幕词后，中国共产党代表刘少奇、特别邀请代表宋庆龄、中国国民党革命委员会代表何香凝、中国民主同盟代表

① 《毛泽东文集》第 5 卷，人民出版社 1996 年版，第 343 页。
② 《毛泽东文集》第 5 卷，人民出版社 1996 年版，第 344 页。

张澜、解放区代表高岗、中国人民解放军代表陈毅、中国民主建国会代表黄炎培、中华全国总工会代表李立三、特别邀请新疆代表赛福鼎、特别邀请代表张治中、特别邀请代表程潜、特别邀请国外华侨民主人士代表司徒美堂等 12 人，依次在开幕式大会上发表祝词。

刘少奇代表在祝词中说：中国共产党以一个政党的资格参加人民政治协商会议，和其他各民主党派、各人民团体、各少数民族、国外华侨及其他爱国民主分子一起，在新民主主义的共同纲领的基础上忠诚合作，来决定中国一切重要问题。凡是中国共产党参加并一道通过的人民政治协商会议的决议，中国共产党将坚决地执行并为其彻底实现而奋斗。①

宋庆龄代表在祝词中说：今天，中国是一个巨大的动力，中国的人民在前进，在革命的动力中前进。这是一个历史的跃进，一个建设的巨力，一个新中国的诞生！我们达到今天的历史地位，是由于中国共产党的领导。这是唯一拥有人民大众力量的政党。孙中山先生的民族、民权、民生三大主义的胜利实现，因此得到了最可靠的保证。

张澜代表在祝词中说：在这里，我要赞许那个将要通过的共同纲领，这是新中国的一个人民大宪章。它确定了新中国的政治理论和政治制度，它有了"革命到底"的大方针，它有了稳步建设的大原则。它的内容丰富，它的文字质朴。中国今天应做的，要做的，和能够做的，这个纲领都一一标举出来了。中国将来应做的，要做的，但今日事实上还不能够做的，这个纲领就暂时保留不说。它没有高调，更没有空想。这真是切合实际，切合人民今天需要的共同纲领。

中国人民政治协商会议第一届全体会议，在庄严、隆重而又

---

① 参见《刘少奇选集》上卷，人民出版社 1982 年版，第 433 页。

高昂、热烈的气氛中，依序进行。与会代表怀着躬逢开国盛世的使命感，共议建设大计，大家畅所欲言，集思广益，充分进行讨论协商，始终洋溢着民主、团结、严肃、负责的精神。

9月27日，政协全体会议一致通过了《中国人民政治协商会议组织法》（简称《组织法》）。《组织法》规定：中国人民政协全体会议，在普选的全国人民代表大会召开以前，执行全国人民代表大会的职权，即制定或修改中央人民政府组织法；选举中央人民政府委员会，并付之以行使国家权力的职权；就有关全国人民民主革命事业或国家建设事业的根本大计或重要措施，向中央人民政府提出决议案。在全国人民代表大会召开以后，中国人民政协全体会议就有关国家建设的根本大计或重要措施，向全国人民代表大会或中央人民政府提出建议案。《中国人民政治协商会议组织法》的通过，使一向在中国共产党领导下的人民民主统一战线，有了长期存在的、固定的组织形式，从而为正式形成共产党领导的多党合作、政治协商的基本政治制度，提供了组织上的实现形式。它标志着中国人民民主统一战线在组织上的完成。

大会一致通过了《中华人民共和国中央人民政府组织法》。该组织法规定：中华人民共和国政府是基于民主集中原则的人民代表大会制的政府。中央人民政府委员会对外代表中华人民共和国，对内领导国家政权。中央人民政府委员会组织政务院，以为国家政务的最高执行机关；组织人民革命军事委员会，以为国家军事的最高统辖机关；组织最高人民法院及最高人民检察署，以为国家的最高审判机关及检察机关。该组织法就中央人民政府委员会的职权、领导人员的产生、工作制度等作了原则规定；并对政务院、人民革命军事委员会、最高人民法院及最高人民检察署的职权范围、领导人员任命、机构设置等作了原则规定，从而为中华人民共和国政府制度的建立提供了法律依据和基本条例方面的良好基础。

大会一致通过了四项决议案：一是中华人民共和国的国都定于北平，自即日起，改名北平为北京。二是中华人民共和国的纪年采用公元。三是在中华人民共和国的国歌正式制定前，以《义勇军进行曲》为国歌。四是中华人民共和国的国旗为红底五星旗，象征中国人民革命大团结。

9月29日，政协全体会议一致通过了《中国人民政治协商会议共同纲领》。《共同纲领》作为中国人民革命建国的基本纲领，分序言和总纲、政权机构、军事制度、经济政策、文化教育政策、民族政策、外交政策七章，总计60条。这个纲领是全国人民意志和利益的集中表现，是100年来，特别是最近20多年以来中国人民革命斗争经验的总结，也是中华人民共和国中央人民政府的施政准则。

《共同纲领》在第一章"总纲"中规定：中华人民共和国为新民主主义即人民民主主义的国家，实行工人阶级领导的、以工农联盟为基础、团结各民主阶级和国内各民族的人民民主专政，反对帝国主义、封建主义和官僚资本主义，为中国的独立、民主、和平、统一和富强而奋斗。

中华人民共和国必须取消帝国主义国家在中国的一切特权，没收官僚资本归人民的国家所有，有步骤地将封建半封建的土地所有制改变为农民的土地所有制，保护国家的公共财产和合作社的财产，保护工人、农民、小资产阶级和民族资产阶级的经济利益及其私有财产，发展新民主主义的人民经济，稳步地变农业国为工业国。

中华人民共和国人民依法有选举权和被选举权。中华人民共和国人民有思想、言论、出版、集会、结社、通讯、人身、居住、迁徙、宗教信仰及示威游行的自由权；中华人民共和国国民均有保卫祖国、遵守法律、遵守劳动纪律、爱护公共财产、应征公役兵役和缴纳赋税的义务。

在第二章"政权机关"中规定：中华人民共和国的国家政权属于人民。国家最高政权机关为全国人民代表大会。各级政权机关一律实行民主集中制。其主要原则为人民代表大会向人民负责并报告工作。人民政府委员会向人民代表大会负责并报告工作。在人民代表大会和人民政府委员会内，实行少数服从多数的制度。各下级人民政府均由上级人民政府加委并服从上级人民政府。全国各地方人民政府均服从中央人民政府。中华人民共和国的一切国家机关，必须厉行廉洁的、朴素的、为人民服务的革命工作作风，严惩贪污，禁止浪费，反对脱离人民群众的官僚主义作风。

在第四章"经济政策"中规定：中华人民共和国经济建设的根本方针，是以公私兼顾、劳资两利、城乡互助、内外交流的政策，达到发展生产、繁荣经济之目的。国家应在各个方面调剂国营经济、合作社经济、农民和手工业者的个体经济、私人资本主义经济和国家资本主义经济，使各种社会经济成分在国营经济领导下，分工合作，各得其所，以促进整个社会经济的发展。

其余各章分别规定了国家的军事制度、文化教育政策、民族政策及外交政策。关于军事制度，规定：中华人民共和国建立统一的军队，受中央人民政府人民革命军事委员会统率，实行统一的指挥，统一的制度，统一的编制，统一的纪律。关于文化教育政策，规定：中华人民共和国实行新民主主义的，即民族的、科学的、大众的文化教育政策。人民政府的文化教育工作，应以提高人民文化水平、培养国家建设人才、肃清封建的、买办的、法西斯主义的思想、发展为人民服务的思想为主要任务。关于民族政策，规定：中华人民共和国境内各民族一律平等，实行团结互助，反对帝国主义和各民族内部的人民公敌，并在各少数民族聚居的地区实行民族的区域自治。关于外交政策的原则，规定为：保障本国独立、自由和领土主权的完整，拥护国际的持久和平和各国人民间的友好合作，反对帝国主义的侵略政策和战争政策。

这部建国纲领的创制，凝聚了共和国缔造者们的心血和智慧。在纲领拟定的过程中，以毛泽东同志为主要代表的中国共产党人从基本国情出发，提出了完整可行、稳健务实的立国方案，同时，认真听取了其他民主党派和无党派民主人士的意见，反复讨论、修改。各民主党派和无党派人士亦本着共同负责的精神，竭智尽虑，谋国为公，积极贡献意见，使建国纲领进一步臻于完备。这突出体现了中国共产党领导下的党派协商精神，成为新中国政治生活的良好开端。

《共同纲领》的制定和通过表明，中国共产党的最低纲领即新民主主义纲领，已被集中代表各民主党派、各人民团体、各民主阶级、各少数民族、海外华侨及其他爱国民主分子意志的中国人民政治协商会议所一致接受，成为新中国的建设蓝图。由于它切合实际而又坚定明确，清楚地指出了哪些事是应该做而且必须做的，哪些事是不应该做而且不允许做的，所以成为全国各族人民共同遵守的大宪章，实际上具有临时宪法的性质。在整个新民主主义建设时期，它是规范和衡量全国一切党派、团体、个人的行为活动的共同准则。为此，刘少奇代表中国共产党在政协会议上郑重宣布：中国共产党当完全遵守《共同纲领》的一切规定，并号召全国人民为彻底实现这一纲领而奋斗。

9月30日，政协全体会议举行第八次大会。大会选举毛泽东、周恩来、李济深、沈钧儒、郭沫若、陈叔通等180人组成第一届中国人民政治协商会议全国委员会。接着进行中央人民政府选举，选举结果：毛泽东当选为中央人民政府主席，朱德、刘少奇、宋庆龄、李济深、张澜、高岗为副主席；陈毅、贺龙、李立三、林伯渠、叶剑英、何香凝、林彪、彭德怀、刘伯承、吴玉章、徐向前、彭真、薄一波、聂荣臻、周恩来、董必武、赛福鼎、饶漱石、陈嘉庚、罗荣桓、邓子恢、乌兰夫、徐特立、蔡畅、刘格平、马寅初、陈云、康生、林枫、马叙伦、郭沫若、张云逸、邓小平、高崇民、沈钧儒、沈雁冰、陈叔通、司徒美堂、李锡九、黄炎培、蔡廷锴、习仲勋、彭泽民、张治中、傅作义、李烛尘、李章达、章伯钧、程潜、张奚若、陈铭枢、谭平山、张难先、柳亚子、张东荪、龙云56人为委员，组成中央人民政府委员会。

当日下午6时，政协会议全体代表来到天安门前举行人民英雄纪念碑奠基典礼。周恩来代表大会主席团在肃穆的气氛下致词说：我们中国人民政治协商会议第一届全体会议为号召人民纪念死者，鼓舞生者，特决定在中华人民共和国首都北京建立一个为国牺牲的人民英雄纪念碑。周恩来致词后，全体代表脱帽静默致哀。默哀毕，毛泽东宣读由他亲自撰写的纪念碑的碑文：

三年以来，在人民解放战争和人民革命中牺牲的人民英雄们永垂不朽！

三十年以来，在人民解放战争和人民革命中牺牲的人民英雄们永垂不朽！

由此上溯到一千八百四十年，从那时起，为了反对内外敌人，争取民族独立和人民自由幸福，在历次斗争中牺牲的人民英雄们永垂不朽！

随后，举行奠基仪式。中国共产党首席代表毛泽东和人民政协各单位的首席代表，一一执锨铲土，表达他们对革命先烈的崇敬。在中国人民历尽艰难困苦，终于迎来人民革命的伟大胜利的日子里，中国共产党和全国人民一道，深切缅怀为国捐躯的2800万革命英烈，谨记他们为中华民族独立和中国人民解放事业抛头颅、洒热血，前仆后继，英勇斗争的辉煌业绩。毛泽东在他写的纪念碑碑文中，着意表明了中国共产党对旧民主主义革命到新民主主义革命的历史延续性的特别尊重。

9月30日，大会一致通过《中国人民政治协商会议第一届全体会议宣言》，向全国同胞，也向全世界庄严宣布：中华人民共和国现已宣告成立，中国人民业已有了自己的中央政府。

第一届中国人民政治协商会议全体会议宣告了旧中国的灭亡和新中国的诞生，为实现中国的独立、民主、和平、统一和富强作出了不可磨灭的贡献。饱受民族屈辱、历尽战争苦难的中国人民，终于迎来了百年企盼的国家重建的机会。中国的历史，从此开辟了一个新的时代。

（四）开国大典和中央人民政府的组建

1949 年 10 月 1 日，是中华人民共和国中央人民政府成立的日子。

下午 2 时，由中国人民政治协商会议第一届全体会议新选出的中央人民政府委员会，在中南海勤政殿举行第一次会议。主席毛泽东，副主席朱德、刘少奇、宋庆龄、李济深、张澜、高岗，委员周恩来、陈毅等 56 人，宣布就职。会议一致决议：宣布中华人民共和国中央人民政府成立。接受《共同纲领》为本政府的施政方针；任命周恩来为中央人民政府政务院总理兼外交部部长，毛泽东为人民革命军事委员会主席，沈钧儒为最高人民法院院长，罗荣桓为最高人民检察署检察长，并责成他们从速组成各政府机关，推行各项政府工作。

下午 3 时，首都北京 30 万军民在天安门隆重举行庆祝中华人民共和国中央人民政府成立典礼，史称"开国大典"。

在全场热烈的欢呼声中，毛泽东主席在天安门城楼上宣读中央人民政府公告，庄严宣告："中华人民共和国中央人民政府今天成立了"。"本政府为代表中华人民共和国全国人民的唯一合法政府。凡愿遵守平等、互利及相互尊重领土主权等项原则的任何外国政府，本政府均愿与之建立外交关系。"军乐队奏起中华人民共和国国歌——《义勇军进行曲》。毛泽东亲手揿动有电线连通广场中央国旗杆的电钮，人民共和国的第一面国旗——五星红旗在 54 响礼炮的轰鸣中冉冉升起。

随后，朱德总司令乘车检阅了中国人民解放军陆海空三军受阅部队。检阅毕，朱德宣读《中国人民解放军总部命令》："我命令中国人民解放军全体指战员工作员，坚决执行中央人民政府和伟大的人民领袖毛主席的一切命令，迅速肃清国民党反动军队的残余，解放一切尚未解放的国土，同时肃清土匪和其他一切反革命匪徒，镇压他们的一切反抗和捣乱行为。"

随着阅兵令下达，受阅部队开始分列式。走在最前面的是代表人民海军的水兵分队。这支年轻的队伍英姿勃勃地通过主席台前时，人们为人民军队有了自己的海军而热烈欢呼。接着是经过土地革命战争、抗日战争和人民解放战争千锤百炼的步兵师、炮兵师、战车师、骑兵师，一个方阵接一个方阵从天安门前走过，接受领袖和人民的检阅。同时，17 架飞机编队，在天安门广场上空自东向西飞行受阅。全场万众仰望，毛泽东、朱德、刘少奇、周恩来等领导人也兴奋地昂首注视着祖国领空的保卫者。银色战鹰与行进在长安街上的钢铁队伍浑然一体，形成威武雄壮的立体阵容。

阅兵式快结束时，已近黄昏，天安门广场灯火齐明。在热烈的气氛中，工人、农民、学生和市民的队伍开始游行，广大群众以翻身解放、当家作主的无比喜悦欢庆新中国的诞生。在万众欢腾的游行队伍里，"中华人民共和国万岁！""毛主席万岁！"的口号声响入云霄。毛泽东主席在扩音器前大声地回答："同志们万岁！""人民万岁！"首都北京沉浸在狂欢里直至深夜。

10 月 1 日这一天，全国从北到南已解放的各个城市，都举行了热烈的庆祝活动。

10 月 9 日，第一届政协全国委员会召开第一次会议，选举毛泽东为政协全国委员会主席，周恩来、李济深、沈钧儒、郭沫若、陈叔通为副主席。会议通过《将 10 月 1 日中华人民共和国成立日定为国庆纪念日》的建议，送请中央人民政府采纳施行。12 月 2 日，中央人民政府委员会第四次会议通过决议，宣布：自 1950 年起，即以每年的 10 月 1 日，即中华人民共和国宣告成立的伟大日子，为中华人民共和国的国庆日。

开国大典过后，中央人民政府各机构立即开始组建。中华人民共和国中央人民政府，是在全中国境内统一行使国家权力的中央政权，是代表全中国人民的唯一合法政府。同时，中央人民政府的组成，又充分体现了共产党领导的多党合作、团结建国的精神。鉴于各民主党派在为争取中国人民解放事业胜利的斗争中作出了应有的贡献，中共中央非常重视政府机构中对民主人士的安排。周恩来在国民党统治区工作时间较长，对各民主人士的情况比较熟悉，并同他们有较密切的交往，有关民主人士的任职名单，大多是由他提出报党中央决定，再同各民主党派反复协商后正式提名。

在平衡和协调民主人士的安排上，毛泽东、周恩来做了许多细致的工作。有些著名人士，在国内外影响很大，他们的进退荣辱，世人甚为关注。对这些人的安排，毛泽东、周恩来都反复斟酌，认真权衡。如对前国民党高级将领程潜，从敦促其起义争取湖南和平解放，到安排其工作，毛泽东先后写了 20 多封电报，先是担任中南军政委员会副主席，后又说服他就任中央人民革命军事委员会副主席。程潜的工作安排，对于团结共产党外人士，特别是推动新疆和西南地区众多国民党将领起义，起到了很好的促进作用。

中国民主建国会主任委员黄炎培，一向淡泊功名，在旧社会曾几次拒绝做官。这次出席政协会议，他也无意参政。10 月 11 日晚，周恩来亲自到黄炎培家中拜访，诚恳地请他出任政务院副总理兼轻工业部部长。黄炎培仍抱定初衷，以"年逾七十"为由推托。周恩来劝导说：在新政府任职，不同于在旧社会做官，现在是人民的政府，不是做官，是做事，是为人民服务。在政协会上，由全国各党派一起千斟万酌制定的《共同纲领》，就是为人民服务的"剧本"。我们编了"剧本"，自己怎能不上台唱呢？经过这次恳谈，黄炎培终于答应在新政府担任公职。

周恩来提议无党派民主人士李书城担任农业部部长。他解释说，李书城是同盟会的早期会员之一，辛亥革命首义后在武汉当过黄兴的参谋长，继之又投入了讨袁护国战争和护法战争，在旧民主主义革命中起过重要作用；同时，中国共产党的第一次全国代表大会，就是在他的家中召开的，他的胞弟李汉俊是一大代表，在中国人民的解放事业中，他本人也做过有益的工作。这样安排，体现了照顾民主人士的各个方面。李书城就这样出任了新中国第一任农业部部长。

原中央大学教授、林学家梁希在一届政协会议上提议政务院设立林垦部，得到了采纳，但他并无意在政府机关任职，写条子给周恩来表示"仍以回南京教书为宜"。对于梁希的谦让，周恩来写条子给他："为人民服务，当仁不让。"梁希看到回条后很受感动，又写下"为人民服务，万死不辞"的字句，走上了第一任林垦部（后改为林业部）部长的领导岗位。

傅作义是担任政府部长的非中共人士中唯一的起义将领。毛泽东早在西柏坡时就征询过这位为北平和平解放立下功劳的前国民党将领愿意做什么工作。傅作义表示不能在军队里工作了，最好回到黄河河套一带做点水利建设方面的工作。毛泽东、周恩来尊重他的意愿，提名傅作义任水利部部长。

经过中共与各方面的反复酝酿、民主协商，各民主党派的主要领袖、著名民主人士，大都在国家机构中安排了相当的职位。中国共产党广纳群贤实职参政的做法，受到了各民主党派的衷心拥护和高度赞扬。这反映了共产党人立党为公、不谋党派一己私利的坦荡胸怀，以及同党外民主人士长期合作共事的真诚，有力地调动了他们建设新中国的积极性。

根据《中华人民共和国中央人民政府组织法》，由中央人民政府委员会组织政务院，以为国家政务的最高执行机关。政务院设政治法律委员会、财政经济委员会、文化教育委员会、人民监察委员会和各部、会、院、署、行，共有内务部、外交部、情报总署、公安部、财政部、人民银行、贸易部、海关总署、重工业部、燃料工业部、纺织工业部、食品工业部、轻工业部、铁道部、邮电部、交通部、农业部、林垦部、水利部、劳动部、文化部、教育部、科学院、新闻总署、出版总署、卫生部、司法部、法制委员会、民族事务委员会、华侨委员会等30个工作部门。其中有关财政经济的有16个部门。这表明经济建设在新的政府工作中占有重要地位。

10月19日，中央人民政府委员会举行第三次会议，通过任命了中央人民政府各机构负责人。其中担任政务院各部门正职的爱国民主人士有14位，他们是：文化教育委员会主任兼科学院院长郭沫若、人民监察委员会主任谭平山、轻工业部部长黄炎培、邮电部部长朱学范、交通部部长章伯钧、农业部部长李书城、林垦部部长梁希、水利部部长傅作义、文化部部长沈雁冰、教育部部长马叙伦、卫生部部长李德全、司法部部长史良、华侨事务委员会主任何香凝、出版总署署长胡愈之。另有一批民主人士在各部、会、院、署、行中担任副职。

中华人民共和国中央人民政府的全部负责人的选定，经过了中国人民政治协商会议的充分协商。它集中了中国共产党和各民主党派、各人民团体及其他爱国民主人士的代表人物和专业人才，充分体现了中国共产党领导的多党合作、政治协商的特点。从中央人民政府领导成员的构成来看，6位中央人民政府副主席、4位政务院副总理，中共党员均只占一半；56位中央人民政府委员，中共党员 29 名，非共产党员 27 名；政务院 15 位政务委员，中共党员 6 名，非共产党员 9 名；政务院所属 4 个委员会 16 位正、副主任中，非共产党员 8 名，其中 2 名为正职。在政务院 30 个行政机构的 93 名负责人中，有 42 名为非中共人士，占 45% 以上。出任中央人民政府各委、部正职的民主人士，有权独立负责地领导各自部门的工作。这样的成员结构，一方面可以弥补共产党管理这样大的国家在许多方面经验的不足，另一方面又有利于团结和带动社会各阶级、各阶层的人民为建设新中国共同奋斗。

中华人民共和国国家政权是在彻底打碎旧的国家机器的基础上建立的。而在夺取全国胜利的进程中，实际上已经具有了新型国家行政机构的雏形，这就是 1948 年 9 月经华北临时人民代表大会选举产生的华北人民政府。华北人民政府下设秘书厅、民政部、教育部，财政部、工商部、农业部、公营企业部、交通部、卫生部、公安部、司法部、劳动局、财经委员会、水利委员会、法院、监察院和中国人民银行，工作机构比较齐备。自成立到 1949 年 2 月迁驻北平办公以来，在短短的一年时间里，华北人民政府完成了建立巩固的解放区，从人力、物力各方面大力支援解放战争的繁重任务；摸索、积累了政权建设和经济建设经验；其间，还以华北财经委员会为主体，组建了中央财经委员会。这一切，为中华人民共和国诞生后成立中央人民政府作了组织上的必要准备。

10 月 25 日，政务院召开第二次政务会议。会议决定：一是接收前国民党政府中央各机关人员、档案、物资。决议由政务院副总理陈云、董必武等组织指导接收工作委员会。二是呈请中央人民政府主席发布命令，宣布华北人民政府于月底结束工作，其所辖五省二市归中央直属，中央人民政府各部、会、院、署、行以华北人民政府为基础建立工作机构。10 月 27 日，毛泽东主席发布上述命令。中央人民政府各机构即在原华北人民政府各机构的基础上，整建制地组建起来。这不仅解决了中央政府所急需的大量干部的来源问题，而且使中央人民政府一经宣布成立，即正常运转开始工作。

11月1日，中央人民政府各机构正式开始办公。

中华人民共和国第一届中央人民政府的组成，反映了中国共产党在长期的革命斗争中，团结各民主党派一道反对帝国主义及国民党反动独裁统治，共同创建新中国的实际进程。中国共产党在工作重心刚刚由农村转入城市之初，正是通过对联合各民主党派、各人民团体的统一战线政府的领导，有效地弥补了管理这样大的国家在许多方面经验的不足，团结和带动各方面的社会力量为建设新中国而共同奋斗，由此形成中国共产党领导的多党合作、政治协商的执政特点和优点。

中华人民共和国的建立，实现了近代以来无数志士仁人为之奋斗的民族独立、人民解放两大基本历史任务，具有重大而深远的历史意义。

中华人民共和国的建立，从根本上结束了一百多年来中华民族遭受帝国主义侵略压迫的历史，使半殖民地的中国成为真正具有独立主权的国家。虽然在经济上的民族独立还需要付出极大的努力，但是随着国家独立的实现，已经开始和正在复兴着伟大的中国人民的文化。这种民族精神的振兴，为新中国的建设克服重重困难提供了巨大的精神力量，必将使中华民族光荣地自立于世界民族之林。

中华人民共和国的建立，从根本上结束了中国各族人民深受地主阶级、官僚资产阶级黑暗统治和战争苦难的悲惨命运，开辟了一个人民当家作主，真正成为国家、社会和自己命运的主人的新时代。这是中国人民社会政治地位的根本变化，中国由此开始了从封建专制政治向人民民主政治的历史性转变。

中华人民共和国的建立，从根本上结束了近代中国战乱频仍、国家四分五裂的历史，过去帝国主义为在华利益纷争导致一些地方割据的局面一去不复返。虽然因为国民党集团在美国的庇护下退踞台湾而未完成祖国完全统一的任务，但随着中华人民共和国的建立，开始形成一个多世纪以来中国广大疆域前所未有的高度统一和各民族的空前团结，从而为中华民族的复兴创造了基本条件。

国家独立、人民解放历史任务的基本实现，是中国由近代衰落开始逐步走向强盛的历史转折点，它为中国社会在中国共产党的领导下以自己内部有组织的力量向着现代化迈进，创建了最重要的前提条件。取消帝国主义在中国的特权，消灭地主阶级和官僚资产阶级的剥削和压迫，改变买办的封建的生产关系，改变建立在这种经济基础之上的腐朽的政治上层建筑，确立以人民民主专政为核心的新的政治上层建筑，发展新民主主义的人民经济，这就为从根本上解放被严重束缚的社会生产力扫清了障碍。原来黑暗、落后的中国开始转变为光明、进步的中国，整个社会发展开始了由新民主主义有步骤地向社会主义转变的历史进程。

正如毛泽东在新政协筹备会上的讲话中所指出：中国人民将会看见，中国的命运一经操在人民自己的手里，中国就将如太阳升起在东方那样，以自己的辉煌光焰普照大地，迅速地荡涤反动政府留下来的污泥浊水，治好战争的创伤，建立起一个崭新的强盛的名副其实的人民共和国。

新的人民政府，将共产党卓有成效的民主集中制和密切联系群众的优良传统，贯彻到对国家事务的管理中。共产党的干部和人民解放军在新区工作中表现的全心全意为人民服务的作风、艰苦奋斗的精神和严明的纪律，令人们耳目一新。执政的中国共产党强有力的领导和统一严密的组织，保证了中央政令在全国贯彻执行。这些情况表明，中华人民共和国政府是中国历史上不曾有过的、真正在全国范围内从中央直至最基层有效行使权力的政府。

在巨大胜利的鼓舞下，全国各族人民革命热情高涨。广大工农劳动群众以翻身做主人的崭新面貌投入生产恢复。青年学生和知识分子欢欣鼓舞大批参加革命工作。爱国实业家跃跃欲试愿为发展生产、繁荣经济尽一份力。海外华侨和留学生纷纷返回祖国参加建设。过去政治上的中间力量，包括从反动营垒分化出来的人主动向人民靠拢。解放区和原国民党统治区的党的力量、革命力量迅速汇合起来，更有力地发挥核心的作用。在中国共产党和中央人民政府的坚强领导下，全国各族人民团结一致，努力医治战争创伤，恢复工农业生产，开始了建设新中国的伟大斗争。

第二章　巩固新生的人民民主政权

一、实现国家空前统一的局面

（一）解放中国大陆全部国土的进军

中华人民共和国宣告成立，标志着新民主主义革命在全国范围取得基本胜利。但是，由于中国幅员辽阔，革命发展极不平衡，当时还有大片国土没有解放。这些地区包括西南的四川、贵州、云南、西康、西藏五省的全部，华东的福建、浙江两省的一部，中南的广东、广西两省的全部和湖北、湖南两省的一部，以及西北的陕西、甘肃两省南部的部分地区。国民党反动派在这些地区还保存着100多万残余军事力量。其中，胡宗南、宋希濂部队盘踞在川陕鄂边境，沿秦岭、大巴山、巫山、武陵山组成所谓的"西南防线"，企图阻止人民解放军入川。卢汉、谷正伦、罗广文等部布防于昆明、贵阳、雅安、宜宾、成都、重庆等地守备。白崇禧部队退据湘、桂一线，企图背靠滇、桂、黔，构成一条与据守广东的余汉谋集团相衔接的"湘桂粤联合防线"，阻止人民解放军南下。蒋介石的意图是，依靠其在大陆的残余军事力量占据两广，盘踞西南，建立以四川为中心的西南基地负隅顽抗，等待"第三次世界大战"爆发，以图东山再起，卷土重来。迫不得已时，则向西康、云南退却，或再逃往国外。国民党反动派在这些地区征兵收粮，加紧备战。广大人民处于水深火热之中，亟待中国人民解放军去解救他们。

消灭国民党的残余武装力量，解放全中国，是中国人民在建国后面临的一项迫切任务。根据中国人民政治协商会议共同纲领总纲第二条"中华人民共和国中央人民政府必须将人民解放战争进行到底，解放中国全部国土，完成统一中国的事业"的规定，朱德在10月1日开国大典上发布《中国人民解放军总部命令》：迅速肃清国民党反动军队的残余，解放一切尚未解放的国土，同时肃清土匪和其他一切反革命匪徒，镇压他们的一切反抗和捣乱行为。

10月20日，中央人民政府人民革命军事委员会在毛泽东主席的主持下，在北京举行第一次会议，着重讨论了人民解放军继续向全国进军和今后的建军问题。根据国民党残余部队如惊弓之鸟，一触即退，有可能撤退台湾或逃窜国外的特点，毛泽东明确提出人民解放军在追击战中，必须采取大迂回、大穿插、大包围，穷追猛打，不使残敌漏网的作战方针，即完全不理会敌人的防线而远远超过它，迂回并占领它的后方，不给敌人喘息和逃逸的机会，迫其不得不与解放军作战，并一举歼灭之。这样，可避免尾敌追击的打法将敌驱向不利于行军作战的云贵高原、个别海岛或境外。遵照中央人民政府人民革命军事委员会（简称中央军委）、解放军总部的命令和部署，人民解放军以摧枯拉朽之势，向国民党军事残余力量展开了最后的追歼作战。

在中南战场，由中共中央华南分局第一书记叶剑英统辖的第四野战军第十五兵团、第二野战军第四兵团，分多路翻越五岭山、大庾岭，突入粤北，于10月2日发起广东战役，在两广纵队、粤赣湘边纵队的有力配合下，分左、中、右三路向华南最大的城市广州合围，于10月14日解放了广东省省会广州。南迁的所谓"国民政府"及"代总统"李宗仁乘飞机逃至重庆。随后，陈赓指挥第四兵团日夜兼程，勇猛追击，将全力西逃的余汉谋集团的主力 4 万人包围在广东阳江、阳春地区，聚而歼之。与此同时，林彪、罗荣桓率领第四野战军于 10 月 3 日发起衡（阳）宝（庆）战役，消灭了白崇禧集团主力部队 4.7 万人，断其东出广东，西退滇、黔的道路，迫其全军退入广西境内。为了不使敌人获得喘息之机，人民解放军略事休整后，集中 9 个军的兵力于 11 月 6 日发起广西战役，以大迂回、大穿插的果敢行动，截断敌人西逃南撤之路，并发扬不怕疲劳连续作战的精神，追歼逃敌一直到中越边境的镇南关（今友谊关）。11 月 29 日，广西省省会桂林解放，12 月 4 日南宁解放。白崇禧集团除李弥兵团所部 2 万余人逃往缅甸外，这支国民党军的基干部队在容县、博白、廉江、钦州地区被全部歼灭，广西全境解放。

在华东战场，陈毅、粟裕率领第三野战军继 9 月攻占福州，解放闽北地区之后，即沿福厦公路向厦门挺进，发起了漳厦战役，先后解放了以漳州为中心的闽南地区，遂于 10 月 15 日发起厦门战役。人民解放军在强大炮火的掩护下强攻渡海，经两天的激烈战斗，解放了厦门全岛。嗣后，第三野战军第十兵团举行进攻金门岛战役，以 3 个团的先头部队乘夜渡海，强行登上金门岛，但因对敌情、海情缺乏周密的调查研究，船只准备不充分，潮汐使渡船搁浅无法运送后续部队而陷于孤立无援的境地。登岛部队在滩头阵地与敌三个军背水激战两昼夜，终因势单力薄，后援不继而失利。10 月 29 日，毛泽东在为中央军委拟写关于攻击金门岛失利的教训的通报中指出：“查此次损失，为解放战争以来之最大者……当此整个解放战争结束之期已不在远的时候，各级领导干部中主要是军以上领导干部中容易发生轻敌思想及急躁情绪，必须以金门岛事件引为深戒……务必力戒轻敌急躁，稳步地有计划地歼灭残敌，解放全国，是为至要。”① 金门岛战役虽

① 《毛泽东文集》第 6 卷，人民出版社 1999 年版，第 18—19 页。

然失利，但登岛部队全体指战员顽强战斗，英勇献身的精神是永不磨灭的。

在西南战场，刘伯承、邓小平率领的第二野战军于10月底隐蔽完成向湘西的集结，11月1日以数十万大军突袭川湘鄂边和湘黔边敌人薄弱部位，西出贵州，直入川南，截断川敌逃往康、滇的退路。同时进击川东，从东、南、西三面向重庆合围。30日凌晨，坐镇重庆指挥的蒋介石偕其军政要员狼狈登上飞机逃往成都。当日下午，西南最大的中心城市重庆解放。在解放大军的军事震慑和政治瓦解工作的推动下，12月9日，国民党云南省主席卢汉在昆明宣布起义；西康省主席刘文辉等在雅安联名通电起义。解放军南下部队在当地滇桂黔边纵队的配合下保卫昆明，消灭滇南顽敌，云南、西康两省遂告和平解放。蒋介石见大势已去，于12月10日从成都飞往台湾。此时，贺龙率领的第一野战军由陕甘南部直进成都外围，会同第二野战军各部将由陕南、甘南、重庆退集成都地区的40万敌军全部包围，令其欲逃无路。在随后举行的成都战役中，敌军5个兵团中有4个兵团举行战场起义，胡宗南只身逃往海南岛。解放大西南战役是解放全中国的关键一役，消灭了国民党军在大陆的最后一支基干部队，计70万余人，四川、贵州两省全部解放。此役宣告了蒋介石"确保西南，准备反攻"的梦想彻底破灭，标志着"蒋家王朝"在大陆统治的最后终结。随着1950年3月人民解放军向西康省西昌地区挺进，消灭3万余国民党残军，大陆西南诸省除西藏地方以外全部获得解放。

在西北地区，解放陕、甘、宁、青的战役在中华人民共和国成立前夕已告结束。在全国胜利形势和共产党统一战线政策的感召下，新疆国民党警备司令陶峙岳、省政府主席包尔汉等，经与中共代表协商，分别于9月25日、26日率部起义，新疆宣告和平解放。为及时接管新疆地区，从10月10日起，彭德怀、贺龙率领的第一野战军第一兵团王震部，在西北人民及苏联方面的支援下，以空运、车运和徒步行军三种方式，从酒泉地区出发，穿越渺无人烟的戈壁荒滩，涉过风沙弥漫的沙漠瀚海，历1000多公里的艰苦跋涉，先头部队于10月20日进驻新疆首府迪化（今乌鲁木齐）。12月下旬，新疆起义部队改编为人民解放军第二十二兵团。在新疆民族军的接应下，至1950年3月，人民解放军胜利完成进军新疆的任务。第一野战军在较短的时间里胜利完成了进军西北的作战任务，肃清了国民党在西北地区的军事和政治势力，和平解放了新疆，这对于保卫西北边疆、加强民族团结、维护国家统一，有着重大的历史意义。

随着解放全国大陆的战斗基本结束，中央军委部署了解放海南岛和东南沿海诸岛屿的战役。在认真吸取金门战役失利的教训的基础上，第四野战军渡海作战部队为解放海南岛作了充分的准备工作，征集、修复大小船只2000余条，雇请船工4000余名，培训6000余名水手，积极进行海上练兵，掌握航海本领和海上作战的多种战术，为渡海作战打下良好的基础。从1950年3月起，邓华率领的第四野战军第十五兵团连续派出4支先遣部队共8000余人，在"坚持海南20年红旗不倒"的冯白驹率领琼崖纵队的有力接应下，成功地偷渡琼州海峡，为主力部队登陆作战创造了有利条件。4月16日晚，渡海作战兵团2个军的主力部队从雷州半岛南端各港湾同时起锚，发动大规模渡海战役。部队在海上与巡航的敌舰进行彻夜激战，击沉敌舰1艘，击伤2艘，创下木船打兵舰的奇迹。渡海主力部队在琼崖纵队和先遣部队的有力策应下，全部登上预定登陆地段，向守敌展开大规模的围歼战。23日，人民解放军解放了海口市，即兵分三路向南追击，共歼残敌3.3万人。至5月1日，中国第二大岛屿海南岛宣告解放。

1950年5月，第四野战军和广东军区江防部队在珠江口一带，向位于香港、澳门之间海面上的万山群岛发动渡海作战，各部队以缴获敌人的小炮艇、登陆艇、运输船和民用船，同国民党海军几十艘舰艇往复作战，寻机抢占各岛屿登陆点。经两个多月的战斗，至 8 月 4 日全部解放了万山群岛，拔除了国民党军队在华南沿海的最后立足点。在此前的几个月里，第三野战军在浙江沿海一带对位于东海上的交通要冲舟山群岛持续发动渡海作战，逐次攻取其外围岛屿。海南岛战役结束后，国民党为保存实力，急令舟山群岛守军撤退台湾，人民解放军于 5 月 16 日在舟山本岛登陆，并相继解放了周围诸岛。舟山群岛的解放，打破了台湾国民党对长江口的封锁，为保卫沪、宁、杭地区的海防安全提供了重要的海上屏障。

截至 1950 年 10 月，中国人民解放军经过一年的紧张艰苦作战，共歼灭大陆和海岛上残存的国民党正规军 128 万余人，收编改造了 170 余万起义投诚的国民党军官兵，使整个人民解放战争消灭国民党军队的总数达到 807 万余人，实现了除西藏、台湾和少数几个海岛以外的全部中国领土的解放。这一伟大胜利，为各级地方政权的建立、各项社会改革的开展和国民经济的恢复创造了必要的条件。

（二）军政并行实现西藏的和平解放

西藏位于祖国西南边陲，是大陆上最后一个待解放地区，面积 120 万平方公里，约有一百余万人口，其中藏族占 94%，基本上是单一的少数民族地区。西藏自古就是中国领土不可分割的一部分，藏族是中国境内具有悠久历史的民族之一。远在公元 7 世纪，吐蕃王朝与唐朝通好，文成公主与藏王松赞干布联姻，推进了西藏与中原的政治、经济和文化的密切交往。至 13 世纪，元朝中央政权实现了全国的统一，西藏地方正式加入了中国版图。西藏各民族同祖国其他民族一起，为创造灿烂的中华民族文化作出了自己的贡献。

西藏就其社会发展阶段来说，很长历史时期处于黑暗、落后的封建农奴制社会，实行政教合一的上层僧侣和贵族专政。占人口5%的官家、贵族、寺庙上层僧侣构成西藏的统治阶层，占有西藏的全部土地、草场和绝大部分牲畜，掌握了西藏人民的生杀予夺大权。在封建农奴制度下，占人口90%以上的农奴阶级，没有土地所有权，完全没有人身自由，过着暗无天日的悲惨生活。

19世纪末20世纪初，英国殖民主义势力从印度入侵西藏地区，勾结和控制西藏上层反动统治集团，处心积虑地想把西藏从中国的版图上分离出去，妄图使西藏成为其新的殖民地。帝国主义者长期策划殖民化阴谋，造成汉藏之间以及藏族内部关系的不融合。20世纪20年代，藏传佛教两大领袖失和，九世班禅额尔德尼被逐出西藏，流亡青海。西藏地方由达赖喇嘛执掌噶厦（即西藏地方最高行政机构），仍保持同中央政权的隶属关系。1934年十三世达赖喇嘛圆寂后，南京中央政府先后派员入藏，主持为十四世达赖喇嘛金瓶掣签仪式和座床典礼。时由热振活佛摄政，继续维护内地与中央的传统，但却受到噶厦内部亲英势力的攻讦而被迫引退，后遭囚禁遇害。1949年4月国民党政府垮台之后，由亲帝分裂主义分子控制的西藏地方政府，于7月8日制造了震惊一时的"驱汉事件"，驱赶国民党政府驻拉萨办事处及所有汉族人民出境，企图断绝西藏与祖国的联系，阻止人民解放军解放西藏。中国共产党坚定地反对这种分裂主义行径，新华社于9月2日发表《决不允许外国侵略者吞并中国的领土——西藏》的社论，揭露帝国主义妄图以"驱汉"来阻挠西藏的解放、破坏全国统一的阴谋，并明确提出一定要解放包括西藏在内的中国全部领土。

1949年10月1日开国大典的当天，留居青海的十世班禅额尔德尼·确吉坚赞致电毛泽东主席、朱德总司令，表示拥护中央人民政府，希望早日解放西藏。可是，以摄政大扎为首的西藏上层集团，却策划派遣所谓"亲善使团"去英国、美国、印度、尼泊尔等国，寻求对所谓"西藏独立"的庇护和援助。中央人民政府严正驳斥了这种分裂祖国的背叛行为，1950年1月，中国外交部发言人发表谈话指出：西藏当局派出外交使团是非法的，任何接待这种非法使团的国家，将被认为对中华人民共和国怀抱敌意。班禅堪布会议厅也致电毛泽东主席、朱德总司令，谴责拉萨当局的叛国分裂行径，要求"速发义师，解放西藏"。由于中央政府的严正警告和藏族各界人民的坚决反对，西藏当局派出的所谓"亲善使团"只到了印度，未能到英、美等国进行非法活动。

为粉碎帝国主义制造"西藏独立"的阴谋，完成祖国的统一大业，中共中央、毛泽东认为：解决西藏问题不出兵是不可能的。1949年12月毛泽东在赴莫斯科访问途中，提出了"进军西藏宜早不宜迟"的重要意见，并考虑先从西北方向进军，待西南局平定川康后，即应着手经营西藏。后鉴于彭德怀报告从青海、新疆进兵西藏有很大困难，1950年1月2日，毛泽东从莫斯科发来四个A的加急电报，提出"向西藏进军及经营西藏的任务应确定由西南局负责"；并指出："西藏人口虽不多，但国际地位极重要，我们必须占领，并改造为人民民主的西藏"。毛泽东指示西南军政领导人刘伯承、邓小平、贺龙于最近期内，"决定入藏的部队及领导经营西藏的负责干部等项问题，并立即开始布置一切"。随后，中央批准成立中共西藏工作委员会，统一筹划进军和经营西藏的工作。中共中央西南局第一书记邓小平正确提出了"政治重于军事，补给重于战斗"的向西藏进军的指导原则。

2月15日，西南局、西南军区、第二野战军联合发布《解放西藏政治动员令》，号召进藏部队全体指战员坚决勇敢地完成解放祖国大陆最后一个省区，保卫国防的光荣任务。根据党中央、西南局的指示精神，以张国华、谭冠三率领的第十八军进藏部队，普遍进行了解放西藏、建设边疆、巩固国防的教育，艰苦奋斗的传统教育和民族政策教育，开展了学习藏文、藏语和西藏政治、经济、兵要地志的活动；同时，进行在高寒地区行军作战的适应性训练，并投入很大力量修筑进藏公路，筹措和抢运军需物资。经过多方面的准备，西南军区进藏部队分别从康西、川中、滇西北出发，于 10 月初陆续到达康藏交界处的甘孜、邓柯、德格一线，直逼藏东重镇昌都。西北军区青海骑兵支队和新疆独立骑兵师也进至青藏交界的玉树和西藏的阿里地区，形成"多路向心进兵"的态势。

为慎重解决进军西藏所涉及的政治、宗教、民族等诸多复杂问题，中共中央、毛泽东在确定人民解放军向西藏进军的同时，确定了争取和平解放西藏的方针。1950 年 2 月 25 日，中共中央电示西南局并西北局："我军进驻西藏计划，是坚定不移的，但可采用一切办法与达赖集团进行谈判，使达赖留在西藏并与我和解。"① 中央综合分析西藏的情况，认为西藏上层集团已开始分化，亲英势力已不能像过去那样有恃无恐，反帝爱国力量在逐渐发展，和平解放西藏的可能性较以前增长了。另外，印度、英国政府已承认新中国的地位，并开始建交谈判，这对于争取西藏和平解放是有利的外部条件。为了做好和谈的准备，中央指示西南局、西北局分别起草谈判的内容及方针。

5 月 11 日，西南局向中央报送由邓小平起草的四条方针，即驱逐英美帝国主义出西藏，西藏人民回到中华人民共和国祖国大家庭中来；实行西藏民族区域自治；西藏现行各种制度暂维持现状；实行宗教自由，保护喇嘛寺庙，尊重西藏人民的宗教信仰和风俗习惯。5 月 17 日，中央批复充分肯定了西南局所拟四条方针，指出和平解放西藏的基本问题是："西藏方面，必须驱逐英

① 中共中央文献研究室编：《建国以来刘少奇文稿》第 1 册，中央文献出版社 2005 年版，第 534 页。

美帝国主义的侵略势力，准许人民解放军进入西藏。我们方面则可承认西藏的政治制度，连同达赖的地位在内，以及现有的武装力量、风俗习惯概不变更，并一律加以保护。"中央委托西南局、西北局从速起草一个"可以作为和平谈判基础的若干条件"。

根据中央的指示，邓小平在四条方针的原则下起草了十项谈判条件。毛泽东对西南局所拟同西藏谈判的条件均表同意，仅在第八条中加写了"及西藏领导人员"七个字，即"有关西藏的各项改革事宜，完全根据西藏人民的意志，由西藏人民及西藏领导人员采取协商方式解决"。5月29日，中央批准邓小平草拟的十项谈判条件。这十项条件，当时称为"十大政策"或"十大公约"。它紧贴西藏社会的现实，放眼西藏发展的未来，既坚持了实现祖国统一、维护国家主权的原则性，又体现了照顾西藏历史和现实可能的灵活性，是坚定原则性和高度灵活性的统一，在民族地区发挥了很大的政治影响力，成为中央人民政府同西藏地方政府谈判解决西藏问题的基础和人民解放军向西藏进军的基本依据。

在争取和平解放西藏的方针下，中央一面命令西南军区积极做好进藏准备，一面多次通知并一再敦促西藏地方政府派代表来北京谈判，以便订立和平解放西藏办法的协议。7月，中央人民政府委派格达活佛持十项条件，以西南军政委员会委员、西康省人民政府副主席的身份，自甘孜启程进藏洽谈和平，但却被阻截于昌都遭到软禁，后不幸遇害。西藏上层分裂主义分子的罪行，激起西藏人民和全国人民的极大愤慨。但是，西藏当权者仍执迷不悟，继续扩充军队，购买武器，囤积粮草，调整军事部署，在入藏的咽喉要道昌都布置了全副美英式武器装备的藏军，企图阻挠人民解放军进入西藏。

为了粉碎帝国主义策划的"西藏独立"阴谋，打通和平解放西藏的道路，促使西藏地方政府早日进行谈判，进藏部队根据中央军委的命令，于 10 月 6 日发起昌都战役。藏军在解放军的强大攻势下，放弃昌都向西向南撤退，又连遭解放军阻截。20 日，时任昌都总管的阿沛·阿旺晋美以国家和民族大义为重，毅然命令藏军放下武器，向解放军投诚。24 日，昌都战役胜利结束，解放了藏东政治、经济中心昌都等广大地区，给西藏上层反动分裂势力以沉重打击，打开了进军西藏的第一道门户，为和平解放西藏铺平了道路。

昌都解放后不久，时年 16 岁的十四世达赖喇嘛丹登嘉措提前亲政。但是，以摄政大扎为首的亲帝分裂分子却挟持达赖至藏南的亚东，企图出走印度，此举遭到西藏上层爱国人士的坚决反对。转眼到了 1951 年春天，英、美、印等国均表示当前形势难以为西藏提供实际援助，令滞留亚东的噶厦官员们大失所望。噶厦召集官员会议反复权衡利弊，总算认清时势：西方"朋友"终归靠不住，武装力量又无法进行抵抗，遂决定派阿沛·阿旺晋美会同从拉萨前往的两名官员去北京谈判，同时由亚东增派两名代表取道印度赴京。这是自 1949 年 7 月"驱汉事件"以来，西藏噶厦作出的最为明智的选择。

4 月下旬，阿沛·阿旺晋美一行五人先后抵达北京，受到周恩来、朱德等中央领导人的热烈迎接。为了有助于合理地解决西藏问题，中央还同时邀请班禅额尔德尼从青海来京，以便就近协调西藏地方内部各派关系问题。4 月 27 日晚，十世班禅额尔德尼·确吉坚赞偕班禅堪布会议厅官员，经由西安乘火车到达北京，受到周恩来总理的热情欢迎。

4 月 29 日，中央人民政府和西藏地方政府举行正式谈判。经 20 多天共六轮谈判，双方共同努力和诚恳协商，关于和平解放西藏的全部有关问题终于达成协议，于 5 月 23 日正式签署了《中央人民政府和西藏地方政府关于和平解放西藏办法的协议》。协议共十七条，主要内容为：驱逐帝国主义侵略势力出西藏，西藏人民回到祖国大家庭中来。西藏地方政府积极协助人民解放军进入西藏，巩固国防。西藏原有军队逐步改编为人民解放军。中央人民政府统一处理西藏地区的一切涉外事宜。西藏人民有实行民族区域自治的权利。对西藏的现行政治制度，达赖喇嘛的固有地位和职权，中央不予变更。班禅额尔德尼原在西藏地方的固有地位和职权，应予维持。实行宗教信仰自由政策，尊重西藏人民的宗教信仰和风俗习惯，逐步发展西藏民族的语言、文字、学校教育，发展西藏的农牧工商业，改善人民的生活。有关西藏的各项改革事宜，中央不加强迫。西藏地方政府应自动进行改革，人民提出改革要求时，得采取与西藏领导人员协商的方法解决。

协议签订后，中央人民政府派驻西藏的代表张经武取道香港、印度到达亚东，会晤了达赖喇嘛，向他面交了协议的抄本和毛泽东的亲笔信，并详尽阐述了中国共产党的民族和宗教政策。达赖喇嘛返回拉萨后，召集噶厦全体僧俗官员及三大寺代表讨论了协议内容，于 10 月 24 日致电毛泽东主席，表示拥护协议并积极协助人民解放军进藏部队。毛泽东复电表示欢迎。

关于和平解放西藏办法的协议，是马克思主义、毛泽东思想同和平解放西藏斗争实践紧密结合的产物，是中国共产党成功地解决国内民族问题的范例。它维护了祖国的统一，正确地回答了西藏历史发展提出的问题，完全符合西藏人民的利益和愿望，也完全符合全国人民的利益和愿望。这个协议的实行，成为西藏继往开来和振兴发展的一个划时代的转折点。

为保证协议的实现和巩固国防，人民解放军遵照毛泽东主席的指示，于 1951 年八九月间，分路向西藏首府拉萨和平进军。进藏部队沿途宣传党的民族政策，尊重藏族人民的宗教习俗，一路翻越丹达山、冷拉山等十余座终年积雪的大山，跨过金沙江、怒江、拉萨河等数十条湍急河流，穿过大片原始森林、沼泽，战胜严寒缺氧等重重困难，先后进驻拉萨，以及日喀则、江孜等国防重镇，实现了解放中国大陆最后一个省区的历史壮举。西藏的和平解放，粉碎了帝国主义及西藏上层分裂分子策划西藏独立的迷梦，完成了统一祖国大陆的事业，使处于封建农奴制时代的西藏从此进入了崭新的历史发展时期。

二、建立革命新秩序和稳固社会安定

（一）地方政权的建立和基层政权的改造

随着人民解放军的胜利进军，各新解放的地区迅即建立临时的过渡性政权——军事管制委员会。按照《共同纲领》的规定，凡人民解放军初解放的地方，应一律实施军事管制，取消国民党政权机关，由中央人民政府或前线军政机关委任人员组成军事管制委员会和地方人民政府，领导人民建立革命秩序，镇压反革命活动，并在条件许可时召集各界人民代表会议。

对初解放城市实行军事管制，作为人民民主政权的一种过渡形式，对于摧毁旧政权，建立和巩固新生的人民政权发挥了重要作用。这主要表现在：

第一，保证了从旧政权到新政权的顺利过渡，减少了在通常情况下不可避免会遭到的大的破坏。例如上海市军管会在两个多月间，仅市政系统和财政系统即接管了数百个单位、二十余万人，在短期内稳定了中国最大的金融工业中心上海的局势，为尔后的城市恢复和建设创造了有利条件。

第二，在接管后迅速恢复正常的社会秩序。城市刚接管时，国民党残余势力乘机进行猖狂破坏活动。各地军管会迅速采取措施，认真履行对反动派的专政职能，肃清一切进行武装反抗的国民党军的残余势力，镇压一切进行破坏活动的反革命分子，解散国民党、三青团等反动组织，管制少数反动骨干分子，逮捕战犯和罪大恶极的反动分子，收缴反动势力隐藏在民间的武器及违禁品等，从而迅速恢复了社会治安秩序。

第三，尽快恢复生产、交通、教学，安定群众生活。各地军管会都采取得力措施，帮助一批影响较大的企业首先开工，使学校尽快复课，对城市居民的粮、盐等生活必需品的供应，也作了最大努力。其间，各地军管会为稳定市场物价，对奸商投机活动给予坚决打击。一般经过几个月不等的短暂过渡，初解放城市的军事管制随着社会秩序的稳定而告结束，人民政府开始有效地行使地方国家权力。

为了实施军事管制建立革命秩序，1949年12月2日，中央人民政府委员会第四次会议通过政务院提请批准设立东北、华东、中南、西北、西南五个大行政区，并任命负责人员组成大区行政机构。鉴于原华北人民政府在中央人民政府成立后即行撤销，另在政务院下设立华北事务部，负责华北地区的行政事务。会议根据政务院提议，任命高岗为东北人民政府委员会主席，任命饶漱石、林彪、彭德怀、刘伯承分别为华东、中南、西北、西南军政委员会主席。

大行政区是介于中央和省之间的一级政权机构。军政委员会，是中华人民共和国建立初期在全国各大行政区设立的一级地方政权机关。在未召开大行政区各界人民代表会议并选出大行政区人民政府委员会之前，由军政委员会代行大区人民政府委员会的职权。大行政区军政委员会由政务院提请中央人民政府任命，由主席、副主席和委员若干人组成。其职责是：综理本行政区政务，代表中央人民政府管理、指导、监督所辖省、自治区、直辖市人民政府的工作；支援解放战争取得最后胜利；巩固革命秩序，恢复和发展生产等。

12月16日，政务院通过《大行政区人民政府委员会组织通则》，规定：凡军事行动已经结束，土地改革已经彻底实现，各界人民已有充分组织的大行政区，即应实行普选，召开大行政区的人民代表大会，正式选举大行政区的人民政府委员会。大行政区人民政府委员会成立后，军政委员会即宣告结束。在革命刚刚取得胜利不久，各省及下级地方政权还处于初创的阶段，各大行政区领导机关有力地推动了各项社会民主改革的进行及经济恢复工作，很好地完成了作为政务院领导地方政府工作的代表机关的职能。

关于省、市、县人民政府的建立，1950年1月政务院分别发布组织通则，对各级地方政府的隶属关系、组成、职权、机构等作了明确规定，使省、市、县人民政府的建立有了初步的法规依据。在新解放的地区，省及以下地方各级人民政府的组成，先由中央及其上级人民政府委员会任命，待条件成熟后，即召开地方各界人民代表会议并代行地方人民代表大会的职权，选举产生新的地方人民政府。到1951年9月，全国各大区、省、直辖市、市直到两千多个县、数十万个乡都建立了人民政府，形成从中央到地方、直到基层的一整套政权机构。地方各级人民政府一经建立，即发动广大人民群众开展清匪反霸、减租减息等各项斗争，安定社会秩序和恢复当地的工农业生产，使建国初期纷繁复杂的政府工作迅速打开了良好局面。

中华人民共和国从中央到地方的各级政府，是彻底打碎国民党反动统治机器之后，在全新的基础上建立起来的。政府的工作人员大都来自人民解放军和老解放区有相当经验的干部，以及新参加革命的知识分子。在领导层，以共产党员为主体，包括相当数量的各方面爱国民主人士。中国共产党十分重视各级政府领导人员中民主人士所占比例的问题，在地方人民政府的组成上，毛泽东强调"共产党要永远与非党人士合作""政府的名单中，共产党人和进步人士还是一半一半好，要搞五湖四海"①。根据这

① 《毛泽东文集》第6卷，人民出版社1999版，第14页。

个精神，中央人民政府委员会在各大行政区都任命了爱国民主人士为军政委员会副主席；有的民主人士如陈明仁、程潜、董其武、邓宝珊、包尔汉，还分别被任命为湖南、绥远、甘肃、新疆等省人民政府委员会主席，担任正职。这样的安排，体现了工人阶级领导的、以工农联盟为基础的、团结各民主阶级和国内各民族的人民民主统一战线的政权特色。

在经过军事管制建立必要的社会秩序之后，各地对城乡基层政权进行了系统的改造。这是铲除国民党反动统治根基的一项重要工作。在国民党统治时期，南京政府依封建旧制在城乡基层重建和不断强化"具结联保连坐"的保甲制度，主要靠这种制度对人民的行为言论实行严密控制和监视，经济上征收田粮赋税、摊派劳役、征募壮丁，以维护其反动统治。广大劳动人民长期深受欺压盘剥之害，对这种反动的基层行政制度深恶痛绝。为此，各地一经解放，党和人民政府即明令宣布在广大城乡废除保甲制度。

在城市，群众已被充分组织与动员起来，并有了大批与群众联系密切的基层干部之后，各城市人民政府普遍召开群众大会，揭露保甲制度的反动性，控诉保甲长的横征暴敛，逐步废除保甲组织。对于旧保甲人员，根据各人具体情况分别处理：对少数罪大恶极人人痛恨的保甲长，依法惩处；一般的保甲人员通过审查后可以留用，责令他们检举散兵溃匪，收集散落的武器，看管公共房屋等，使其在工作中戴罪图功，并教育他们走自新之路，俯首为人民服务。在此基础上，各城市在设区的人民政府下初步建立起街、闾两级基层组织，即将原来的保改为街，设正副街长；甲改为闾，设正副闾长。1950 年，一些城市成立了各种居民组织取代闾组织，其名称有所不同。如天津为居民小组，上海为冬防队，武汉为治安保卫委员会。这些居民组织的主要负责人，由街道派出所指定专职干部担任，其他成员则在当地居民中聘任。其主要任务是：传达政府的方针、政策和法规，开展与居民日常生活密切相关的各项活动，如防空、防特、防火、防盗，并兼办诸如改造游民、娼妓，贫民救济，卫生防疫，清查户口等大量社会工作。

从 1952 年开始，各地城市普遍开展了民主建政运动。其中一项重要内容是广泛发动群众，肃清反动政权的影响，在提高广大居民政治觉悟的基础上，试点建立具有自治性质的基层居民组织。在民主建政运动中，一些城市实行"街派合并"，以街道派出所（街公所）取代街政府，并在其下建立居民自治组织——居民委员会，居民委员会成员均从所在地居民中产生。随后，又在居民委员会内逐步建立起治安保卫委员会、人民调解委员会等专职委员会。在民主建政之初创造的这些居民组织，当时带有半政权性质。这对于彻底摧毁保甲制度，完成新旧政权的更迭，恢复工商业，维护正常的社会秩序，协助政府做好城市管理与建设工作起了重要作用。

在新解放区农村，各地主要结合清匪反霸、减租减息等斗争，有步骤地进行对旧政权的改造。首先在发动群众比较充分，群众觉悟初步提高的地方，普遍建立由广大农民群众参加的、带有半政权性质的农民协会组织，同时建立民兵、自卫队组织，协助人民政府进行防土匪、防特务的治安工作等。这些农民自己的武装成为巩固乡村人民政权的重要力量。在农民的政治优势已经确立的基础上，各地陆续废除乡村旧保甲制度，并同时进行划乡和建立基层政权的工作。各地农民在乡农民协会会员大会或农民代表会议上，民主选举乡政府委员会，成立乡人民政府。1950 年12 月，政务院颁布《乡（村）人民政府组织通则》后，农村基层政权的组织形式和工作制度逐渐趋于规范。

经过对全国城乡旧的基层政权进行彻底改造，人民政府的组织系统从中央、大行政区、省、县（市）、区一直延伸到社会的最基层，初步形成上下贯通、集中高效，便于发挥高度组织动员能力的国家行政体系。国家政权组织有效地深入到城乡基层社会，是中华人民共和国政权建设的一个特点。这是新旧中国转换过程中社会政治结构的一次重大变革，为人民民主政权奠定了坚实的群众基础与组织基础。

（二）清剿国民党军残余和土匪武装

中华人民共和国成立之初，新解放地区面临的一个突出问题是匪患。这些土匪不同于旧中国啸聚山林、打家劫舍的一般土匪，而是国民党在撤逃台湾时，有计划地布置大批特务和党、政、军骨干分子潜往各地，网罗地方团队、反动地主武装、帮会骨干和惯匪拼凑起来的反动武装。此外，国民党军溃败后有相当一批成建制的残军就地转化为政治土匪。上述形形色色的政治土匪潜留大陆，相互勾结，扩充武装，伺机东山再起，形成一股股猖獗的反动势力。他们以推翻共产党领导的人民政权为政治目的，提出"反共救国""抗粮抗税"等反动口号，有计划、有组织地进行暴乱颠覆活动，妄图等待时机配合台湾国民党军反攻大陆，一度成为数量很多、危害很大的反革命势力。

在地方各级人民政权建立过程中，多有土匪武装四出袭扰、疯狂作恶。他们破坏交通，抢劫物资，烧毁仓库，袭击乡、区、县人民政府，杀害共产党干部和政府工作人员。据不完全统计，1950年上半年西南地区被匪特攻打、攻陷的县城有100座以上，贵州省会贵阳市曾被匪特武装进攻5次，西康省会雅安市被匪徒包围7天，其间杀害干部3000人，抢劫、毁坏公粮600余万公斤。在中南，1950年年底到1951年5月，广西省土匪特务武装暴乱52次，围攻、袭击县、区、乡政府256次，危害农会会员、民兵和村干部7219人，烧毁房屋25600间。在安徽大别山区的14个县及广西部分地区，匪特还一度建立了伪政权。西北的股匪，以甘肃为重点，与青海、新疆、宁夏、陕西的匪特相配合，多次进行大规模武装暴乱。这些匪徒与封建势力互相勾结，组织"反共救国军""忠义军""光复军"等，欺骗胁迫群众入伙，以壮匪势。谁不顺从，他们即以杀人、烧房相迫。1950年1月至10月，全国共发生妄图颠覆新生政权的武装暴乱816起，新解放区有4万干部和积极分子被杀害。在土匪暴乱的地区，有些基层政权被捣毁，农村减租减息、春耕春播、征集军粮、救济灾民等工作一度陷于瘫痪，给新生的共和国造成严重的危害。

中共中央对剿匪斗争极为重视。1949年3月，毛泽东在中共七届二中全会上指出，南方解放后，地方党组织和人民解放军要有步骤地展开清剿土匪，肃清国民党残余势力的斗争。1950年6月，毛泽东在中共七届三中全会上又强调，必须坚决地肃清一切危害人民的土匪、特务、恶霸及其他反革命分子，并把"肃清国民党残余、特务、土匪，推翻地主阶级，解放台湾、西藏，跟帝国主义斗争到底"[①] 作为中国共产党一个时期内工作的总方针。

鉴于此起彼伏的土匪暴乱，严重地威胁着人民政权的巩固和社会秩序的安定，危及人民群众的生命财产安全，单靠刚刚建立的地方人民政府及少量驻军部队进行剿匪，斗争的力度是远远不够的，1950年3月，中共中央、中央军委向全党全军发出"剿灭土匪，建立革命新秩序"的指示，指出：剿灭土匪，是当前全国革命斗争不可超越的一个重要阶段，是建立和恢复我各级地方人民政权，以及开展其他一切工作的必要前提，是彻底消灭蒋介石国民党在大陆的残余武装，迅速恢复革命新秩序的保证。为此，中央军委作出强有力的部署，先后抽调人民解放军6个兵团、41个军、140多个师的主力部队，分别在华东、中南、西南和西北的各省结合部、偏僻山区及少数沿海岛屿等土匪活动区域，迅速

---

① 《毛泽东文集》第6卷，人民出版社1999年版，第74页。

展开大规模的剿匪斗争，同时帮助当地建立和巩固人民政权、发展生产和完成土地改革。

各地剿匪斗争大致经历了三个阶段：第一阶段为军事进剿，主要是集中优势兵力，选择匪情严重的地区，采取奔袭、合围、追击等军事行动，给股匪以歼灭性打击，使其失去集中活动的能力。第二阶段为分兵驻剿，即在股匪被歼灭或被击溃以后，以一定数量的部队驻防，加强对面上的控制，发动和依靠群众，开展政治攻势，进一步消灭分散活动的股匪。第三阶段为最后肃清，主要是通过减租减息、土地改革等群众运动，建立革命政权，进一步发动和武装群众，铲除匪特赖以生存的社会基础，彻底消灭潜散匪特。

大规模剿匪作战开始后，解放军各剿匪部队首先集中优势兵力，对股匪严重的地区，按照先内地、后边缘，先富足发达地区、后贫困偏僻地区的顺序，逐块逐片地实行军事进剿，歼灭以集股活动为特点的大股土匪。如在华东地区，以闽浙边区、浙闽赣边区为重点，有步骤地进行全面清剿。在中南地区，主要对湘西各县及边沿地区，广西瑶山、六万大山、十万大山及广东北江地区的股匪进行重点清剿。在匪情最为严重的西南地区，采取合围与驻剿、奔袭与穷追搜剿相结合的方针，先后在川、康、滇、黔各省剿灭多路股匪。在歼灭大股土匪武装之后，各剿匪部队迅速地对中、小股土匪展开分兵驻剿，并辅之以强大的政治攻势，加速股匪的瓦解。

西南是中国大陆最后解放的地区，蒋介石在逃窜台湾之前曾重点布置力量进行潜伏和破坏活动，匪患也因此最为猖獗。西南区剿匪斗争从1950年2月开始，采用"以集中对集中""以分散对分散"的战术，先进剿腹心富庶地区和交通线两侧，后进剿其他地区；先歼灭危害最大、最凶残的股匪，后打击较小的股匪，实行重点进剿和分散围剿相结合。从2月至7月，川东军区、川西军区、川南军区、川北军区、西康军区、贵州军区和云南军区都对所属地区的股匪，组织了若干次围剿。还镇压了成都东南龙潭寺、石板滩及南充、射洪、中江地区的几次匪特暴乱。在军事打击的同时，大力进行政治瓦解和争取工作，到1950年年底就有49万余名匪特投诚和自新。这一年剿匪85万人，受到毛泽东的表扬。之后，全区又开展了清剿反霸运动。至1953年整个西南地区剿匪结束，共歼灭匪特116万多人。

为了保证剿匪作战的顺利进行，中共中央、中央军委为剿匪工作制定了军事打击、政治争取、发动群众相结合的方针；镇压与宽大相结合即首恶者必办，胁从者不问，立功者受奖的政策；争取多数，打击少数，利用矛盾，各个击破的策略指导原则，并始终给予强有力的领导。各地在地方党委的统一领导下，通盘周密计划，党、政、军、民各级组织高度重视和密切协同，动员各方面的力量实行进剿、清剿和搜捕，并广泛深入发动群众，对被胁迫裹挟入土匪队伍的人，开展"父劝子、子劝父、妻劝夫、弟劝兄、亲劝亲、友劝友、匪劝匪"等运动，显示了军事打击、政治瓦解与发动群众相结合方针的强大威力。经过大举进剿、重点清剿和肃清残匪等几个阶段。到1951年上半年，各地区歼灭的股匪武装已有100多万，基本上平息了大陆上的匪患。

按照中央"除恶务尽，不留后患"的指示，各地继续肃清潜散土匪的斗争一直延续到1953年。历时4年的剿匪斗争，共歼灭土匪和武装特务260余万人，彻底粉碎了国民党在大陆建立"游击根据地"、同共产党进行长期对抗和伺机反攻大陆的企图，消除了颠覆破坏新生的人民民主政权的巨大威胁，保卫了人民革命的胜利成果，彻底消除了中国人民长期以来深恶痛绝的匪患，安定了社会秩序，保护了广大人民群众生命财产的安全。同时，也为尽快医治战争创伤、恢复国民经济、进行生产建设，提供了必要的条件。

（三）镇压一切反革命分子的破坏活动

严厉镇压一切反革命分子的破坏活动，是巩固人民民主政权的一项重要任务。中华人民共和国成立之初，除了要对数以百万计的国民党土匪武装进行大规模的军事进剿以外，还必须对潜伏在大陆的国民党特务组织、特务分子及其他反革命分子的颠覆破坏活动实行坚决的镇压。

国民党败退台湾之前，曾有计划地布置了大批特务分子、反动党团骨干分子潜伏在各地，他们与残匪武装相勾结，从事各种反革命破坏活动，如破坏铁路桥梁、烧毁仓库、纵火放毒、刺杀干部、残害群众、造谣惑众、挑拨群众与人民政府的关系等，极大地危害了地方社会秩序的安定。

在人民政权建立初期，台湾国民党特务机关派遣各种行动组，阴谋刺杀新政权的高级干部和爱国人士。陕西站行动组企图刺杀彭德怀、贺龙、甘泗淇等；号称"行动能手""百发百中，无刺不成"的特务刘德全潜入上海市，以陈毅、潘汉年等为刺杀目标；北京行动组则密谋行刺毛泽东、朱德等党和国家领导人，均被人民公安机关破获。如1950年秋，北京市公安局成功地破获了帝国主义间谍秘密测绘地图、密藏迫击炮，预谋在国庆节庆典炮轰天安门检阅台的重大案件。

反革命分子还明目张胆地破坏铁轨、军运，袭击车站、列车。1950年7月间，河南省境内铁路连续被破坏15次；8月间湘桂黔铁路上，连续发生武装抢劫、袭击、破坏事件28起，最严重的是土匪特务武装7000余人围攻广西省南丹、高桥车站达十余天。其间，全国还发生破坏铁道桥梁事件14起。京汉线上的黄河大桥，浙赣线上的钱塘江大桥，津浦线上的淮河大桥，都发现有敌人安放的爆炸物，幸好被及早排除。在广州市，特务机关密谋爆炸天河机场、海珠桥和珠江上的船只。新解放区不少山区公路屡遭匪特猖狂袭扰、杀人越货，交通被阻绝。

据同期东北、华东、西南、中南地区的不完全统计，在工厂企业、财经部门发生的各种破坏性事故 1255 起。北京市石景山发电厂一台 2.5 万千瓦的发电机被敌特分子破坏。重庆市龙门浩仓库被敌特放火烧毁，损失约 1 亿斤大米。更严重的是，上海的特务分子指引国民党空军多次轰炸市区，仅 1950 年 2 月 6 日的大轰炸，就造成 2000 多人伤亡，电厂设备遭到严重破坏，使工商业陷入极大困境。潜伏广州的特务打入军区及财委、工商局、省政府等机关，大量窃取国家重要机密和财经情报，经国民党保密局特务黄海波一人亲手发出的重要情报就有 100 余件。

1950 年 6 月朝鲜战争爆发后，反革命分子的气焰更加嚣张，认为美国已把战火烧到中国大门，复辟的时机到了，他们叫嚷"蒋介石要反攻大陆了""美军即将登陆""黑暗将过，黎明即来"，有的竟制作了星条旗和青天白日旗，准备迎接美蒋卷土重来。他们变本加厉地进行破坏活动，妄图里应外合，颠覆国家政权。旧社会遗留下来的"一贯道""九宫道"等反动会道门也大肆活动，散布谣言挑拨离间党和政府与人民群众的关系，编造各种"神言谶语"蛊惑人心。这些猖獗的反革命活动，给社会的稳定和民主改革的进行带来极大的危害。

党和人民政府高度重视镇压反革命、巩固人民民主政权的工作。《中国人民政治协商会议共同纲领》第七条明确规定："中华人民共和国必须镇压一切反革命活动，严厉惩罚一切勾结帝国主义、背叛祖国、反对人民民主事业的国民党反革命战争罪犯和其他怙恶不悛的反革命首要分子"。1950 年 3 月 18 日，中共中央发出《关于镇压反革命活动的指示》，要求各地对于反革命活动必须给以坚决地及时地镇压，决不能过分宽容，让其猖獗。同时强调决不能发生乱打、乱杀、错打、错杀的现象。6 月，朝鲜战争爆发，美国派遣第七舰队进入台湾海峡，阻止中国人民解放台湾，国内反革命分子弹冠相庆，加紧进行各种破坏活动。7 月 23 日，国务院和最高人民法院联合发布《关于镇压反革命的指示》，指示各级人民政府必须遵照共同纲领的规定，积极领导人民坚决地肃清一切公开的与暗藏的反革命分子，迅速地建立与巩固革命秩序，以保障人民民主权利并顺利地进行生产建设及各项必要的社会改革。遵照上述指示，各地在新解放区的剿匪反霸斗争中，对各类反革命分子进行了搜捕，对反动党团骨干分子进行了登记，取缔了一些反动会道门组织并打击了它们的破坏活动。

但是，由于一部分干部陶醉于革命的胜利，对反革命分子的破坏及其危害认识不足，滋长和存在着和平麻痹的轻敌思想，放松了警惕性，没有发动和组织人民群众参与镇反斗争。有些地区片面地理解镇压与宽大相结合的政策，强调了宽大而忽视了镇压，以致发生"宽大无边"的偏向。各级人民司法机关为巩固人民民主专政，对反革命活动予以打击和镇压，取得了一些成绩，但由于各地司法机构还不健全，司法力量比较薄弱，因而存在"镇压不足，宽大有余"的偏向，主要是该办的不办，马虎释放；该严办的又给予轻判；该快办的慢办，越是案情重大者拖延得越久，以致失去及时镇压反革命的效果。另外是管制得松，给被关押的反革命分子造成逃跑或暴动越狱的空隙。个别地区甚至对俘获的土匪特务"四捉四放""八擒八纵"，使这些匪特经过宽大处理后仍然继续作恶。这种无原则的"宽大无边"偏向，助长了反革命活动的气焰。一些反革命分子竟狂妄地宣称公安局是"公安店"，称法院为"旅馆"，监狱中则流传着"迟出去，早出去，迟早出去"的说法。这种"政府宽大，坏人胆大，百姓遭殃"的状况，引起各界人民的极大不满，他们批评人民政府"宽大无边""有天无法"，抱怨说："天不怕，地不怕，就怕共产党讲宽大。"这反映了镇反工作中右的偏向如不彻底纠正，就会损害党和人民政府的威信，挫伤人民群众的革命热情，影响各项工作的开展。广大人民群众迫切要求人民政府采取坚决的方针，严厉镇压反革命。

为了打击帝国主义的阴谋破坏和彻底消灭国民党反动残余势力，为了保证土地改革和生产恢复的顺利进行，特别是为中国人民的抗美援朝战争获得稳固的后方环境，1950 年 10 月 10 日，中共中央发出《关于镇压反革命活动的指示》（又称"双十指示"）。指示严肃批评了镇压反革命运动中的右倾错误，指出有不少干部和党委，或者由于在胜利后产生了骄傲轻敌思想，或者由于在新的环境中受了腐朽的自由主义思想的影响，以致把统一战线中的反对关门主义问题与在对敌斗争中坚决镇压反革命活动问题相混淆，把正确的严厉镇压反革命活动与乱打乱杀相混淆，把"镇压与宽大相结合"的政策误解为片面的宽大。因此，在镇压反革命问题上，发生了严重的右的偏向，以致有大批首要的、怙恶不悛的、在解放后甚至在经过宽大处理后仍然继续为恶的反革命分子，没有受到应有的制裁。这不仅助长了反革命的气焰，而且引起了群众的抱怨。这种右的偏向，必须采取步骤，加以克服。

指示要求各级党委，对于已被逮捕及尚未逮捕的反革命分子，应即领导与督促主管部门，根据已有的材料，按照"镇压与宽大相结合"的政策，经过审慎的研究，分别地加以处理："对于首要的、怙恶不悛的、在解放后特别是经过宽大处理后仍然继续作恶的反革命分子，应依照中央人民政府政务院公布的惩治反革命条例加以镇压。当杀者，应即判处死刑。当监禁和改造者，应即逮捕监禁，加以改造。对于这些案件的执行，必须公布判决，在报纸上发表消息（登在显著地位），并采取其他方法，在群众中进行广泛的宣传教育。"[1]"对于帝国主义的特务间谍组织

——————————

[1] 《建国以来重要文献选编》第 1 册，中央文献出版社 1992 年版，第 421 页。

和特务间谍分子，必须予以严厉的打击。已逮捕者，应分别情况，依法惩处。未逮捕而有证据或重大嫌疑者，应依上级指示，予以逮捕"。① 该指示要求全面执行"镇压与宽大相结合"的政策，克服已经发生的"严重的右的偏向"，对证据确凿的反革命分子加紧进行处理；同时也要防止"左"的偏向，各级党委必须坚决反对逼供和禁止肉刑，注意重证据而不轻信口供。

"双十指示"发布后，各中央局、中央分局和各省、市党委立即召开工作会议和紧急会议，认真贯彻中央精神，检讨过去工作中的问题，对积压的案件和今后的镇反工作具体作了部署。中央公安部于10月16日至21日召开第二次全国公安会议，提出应坚决准确地执行中央的决定。为了督促镇反工作，11月3日，周恩来总理签发了《政务院关于加强人民司法工作的指示》，强调"对反革命分子来说，首先是镇压，只有镇压才能使他们服罪，只有在他们服罪以后，才能谈到宽大"。中央及地方各级人民政府组织协调各部门的力量，简化诉讼手续，抓紧处理积案。经过各方面的努力，到12月下旬，右的偏向基本上被扭转。从中央到地方，从党政机关到企业、街道，从城市到乡村，全体人民充分动员起来，一场大张旗鼓镇压反革命的群众运动在全国范围内开展起来。

镇压反革命运动，与抗美援朝运动、土地改革运动相互结合进行，并称为"三大革命运动"。这次运动打击的重点对象是土匪、特务、恶霸、反动党团骨干及反动会道门头子。这五个方面的反革命分子，或是国民党军事对抗的残余，或是反动政权的基础，都是民主革命的对象。对一切反革命敌对分子和压在人民头上的"东霸天""西霸天"等恶势力实施严厉的镇压，是巩固新

---

① 《建国以来重要文献选编》第1册，中央文献出版社1992年版，第422页。

生革命政权、解放被束缚的社会生产力的必要措施。

为了指导运动健康发展，1951 年 1 月 17 日，毛泽东在给各中央局、分局及大军区领导人的电报中，提出了对于反革命分子必须"打得稳，打得准，打得狠"的镇反工作方针。他指出："所谓打得稳，就是要注意策略。打得准，就是不要搞错。打得狠，就是要坚决地杀掉一切应杀的反动分子（不应杀者，当然不杀）。"毛泽东强调说，如果我们优柔寡断，姑息养奸，则将遗祸人民，脱离群众。只要我们不杀错，资产阶级虽有叫唤，也就不怕他们叫唤。① 在总结各地镇反运动经验的基础上，中共中央确定镇反的工作路线是：党委领导，全党动员，群众动员，吸收各民主党派及各界人士参加，统一计划，统一行动，严格地审查捕人和杀人的名单，注意各个时期的斗争策略，广泛地进行宣传教育工作，打破关门主义和神秘主义，坚决地反对草率从事的偏向。毛泽东强调说，在镇反工作中必须完全遵守这个工作路线，其中最重要者为严格地审查捕杀名单和广泛地做好宣传教育。做到了这两点，就可以避免犯错误。

2 月 21 日，中央人民政府公布实施《中华人民共和国惩治反革命条例》，规定"凡以推翻人民民主政权，破坏人民民主事业为目的之各种反革命罪犯，皆依本条例治罪"。该条例对勾结帝国主义背叛祖国者；策动、勾引、收买公职人员、武装部队或民兵进行叛变者；持械聚众叛乱的主谋者；进行间谍或资敌行为者；参加反革命特务组织或间谍组织者；利用封建会道门进行反革命活动者；以反革命为目的，策谋或执行破坏、杀害行为者；以反革命为目的进行挑拨、煽惑行为者和偷越国境者等反革命行为，分别规定了量刑标准，为镇反斗争提供了必要的法律武器。

结合《惩治反革命条例》的颁布，《人民日报》连续发表

---

① 参见《毛泽东文集》第 6 卷，人民出版社 1999 年版，第 117 页。

《为什么必须镇压反革命》《镇压反革命必须大张旗鼓》《再论镇压反革命必须大张旗鼓》等社论。民主人士、司法部部长史良发表《坚决正确地镇压一切反革命活动》的文章，如实分析前一阶段司法工作中的缺点，号召全国的人民司法工作者好好研究惩治反革命条例，一致努力为执行这一重大条例，为完成"镇压反动，保护人民"，巩固人民民主专政的光荣的历史任务而奋斗。最高人民法院院长沈钧儒发表题为《坚决镇压反革命巩固人民民主专政》的文章。同时，各民主党派负责人许德珩、高崇民、章乃器、楚图南等发表署名文章，全国总工会、全国妇联、青年团、学联等人民团体发表声明、通告，阐述镇反的必要性和政策界限，动员各界群众共同行动起来，坚决镇压反革命，巩固人民民主专政政权。

毛泽东在为中央起草的《关于向各界人士解释镇压反革命的必要性》的电报中，要求各中央局、各大军区及省、市、区党委，注意利用中央政府发布惩治反革命条例的机会，结合当地反革命活动的具体情况，向知识分子、工商界、宗教界、民主党派、民主人士广泛地解释镇压反革命的完全必要，使他们赞同我们的方针。并注意利用司法部部长史良所写的文章，说服那些存有错误思想的社会人士及胆怯的人们。他十分强调镇反工作在事前事后使民主党派、各界民主人士、宗教界、工商界、文化教育界、少数民族的代表人物，真正与闻其事，并向全体人民展开宣传讨论，使家喻户晓，人人明白，打破关门主义和神秘主义，是非常重要的。

为了大张旗鼓地开展镇反工作，中共中央批转了北京市的经验，即先召集区以上人民代表会议的代表及各民主党派、人民团体、各大工厂、学校开会，报告反革命情况及各种罪行的犯罪证据，提高大家对反革命的仇恨。然后召开数千人的大会，由苦主登台控诉，争取获得与会者的拥护，会后即对一批血债累累的反革命分子执行死刑。根据北京的经验，上海、天津、南京、广州、武汉、青岛、重庆等大城市，都有准备地大规模地在同一时间内搜捕大批反革命分子。尤其对反革命首要分子，解放后怙恶不悛、经过宽大处理后仍继续作恶的反革命分子，采取了从重处理的方针。各地通过召开各界代表会议、座谈会、控诉会、公审会，利用报纸、广播电台、电影、幻灯、戏曲、小册子和传单等，大张旗鼓地向民主党派、民主人士、知识分子、工商界、宗教界广泛解释镇压反革命的完全必要，务使家喻户晓，使镇反运动成为人民群众和人民政府的共同行动。

经过充分发动群众，广大城乡人民纷纷行动起来，检举揭发和协助政府追捕反革命分子。如东北地区到1951年8月共收到群众检举信16万件。河北省有400多名积极分子自备路费远地调查和追捕逃跑的反革命分子。广西全省两个月捕获地下军、特务、匪徒1.6万余人。江西省在10天内全省各地同时行动，逮捕反革命分子2.5万人。河南省两个月内破获重大反革命案件396起。山东省济南、青岛大中城市于4月1日夜统一逮捕4053人。重庆市于3月13日一次逮捕4000余名反革命分子。成都市于3月27日实施全市紧急戒严，逮捕1200余名反革命分子。总之，由于中央"双十指示"纠正了"宽大无边"的右偏向，广泛地发动了群众，使敌焰大降、民气大伸，镇反运动很快进入高潮。全国城乡遍布天罗地网，使反革命分子无处藏身，人民的胜利和人民民主统一战线进一步得到巩固。

经过几个月大规模的镇压反革命运动，到1951年上半年，全国共逮捕反革命分子150万人，犯有严重罪行的首恶分子被判处死刑的有50万人，其中匪首、惯匪占44.6%，恶霸占34.2%，反动会道门头子、反动党团骨干分子占7.7%，特务地下军头子占13.5%。其余大批反革命分子被判处徒刑或在关押审判中。由于中共中央、中央人民政府的密切指导，镇反运动的发展基本上是健康的，斗争取得伟大的胜利，扶持了社会正气，安定了社会秩序，得到人民群众的赞扬。

从另一方面看，随着群众镇反情绪的高涨，一些地方开始发生工作粗糙草率、不按法律程序办事及错捕错杀的过左现象，需要加以预防或纠正。同时，镇反斗争对于统一战线中应该照顾的方面照顾得不够，有些非共产党的中央人民政府委员、政务委员和其他方面的高级民主人士，由于他们的家属或亲友在镇反中被杀、被捕或被没收若干财产，引起了他们的不安，这对于巩固反帝反封建统一战线带来不好的影响，需要在统一战线内部进行调整。几个月来，处决反革命罪犯的总数已有相当数量，需要加以收缩，对逮捕的一大批反革命罪犯，也需要进行清理。同时，镇反运动在城市开展的结果，已开始牵涉到"中层"（即军政机关内部）和"内层"（即共产党内部）的问题，需要专门研究，慎重处理。

1951年5月10日至15日，公安部召开第三次全国公安会议。毛泽东听取了情况汇报，并亲自动手总结经验，审阅修改会议的决议。他提出要"严格地审查捕人和杀人的名单，注意各个时期的斗争策略""坚决地反对草率从事的偏向"。会议通过的决议规定将镇反运动加以收缩，在几个月之内，除了对进行现行破坏的反革命分子必须捕办以外，暂停捕人。该决议指出，关于杀反革命的数字，必须控制在一定比例以内。这里的原则是：对于有血债或其他最严重的罪行非杀不足以平民愤者和最严重地损害国家利益者，必须坚决地判处死刑，并迅即执行。对于没有血债、民愤不大和虽然严重地损害国家利益但尚未达到最严重的程度，而又罪该处死者，应当采取判处死刑、缓期二年执行、强迫劳动、以观后效的政策。特别是对于在共产党内，在人民政府系统内，在人民解放军系统内，在文化教育界、工商界、宗教界、民主党派和人民团体内清出来的应判死刑的反革命分子，一般以处决十分之一二为原则，其余十分之八九均应采取判处死刑、缓期执行、强迫劳动、以观后效的政策。同时还明确规定：凡介在可捕可不捕之间的人一定不要捕，如果捕了就是犯错误；凡介在可杀可不杀之间的人一定不要杀、如果杀了就是犯错误。① 制定这项慎重的社会政策，有利于获得广大社会人士的同情，以分化反革命势力，达到彻底消灭反革命的目的。同时这个政策又保存了大批的劳动力，有利于国家的生产建设。

为了防止在镇压反革命运动的高潮中发生"左"的偏向，中央决定在全国一切地方，将捕人批准权由县级一律收回到地委专署一级，将杀人批准权由地委专署一律收回到省一级。任何地方不得要求改变此项决定。关于在共产党内，在人民政府系统内，在人民解放军系统内，在文化教育界、工商界、宗教界、各民主党派和各人民团体内清出的反革命分子，其捕人和判罪应一律报请大行政区或大军区批准，有关统一战线的重要分子，须报请中央批准，以昭慎重。

关于处理大批罪犯的积案，各地必须在党委的坚强领导下，从各方面调集大批得力干部，采用突击方式，在规定的 4 个月内将积案基本处理清楚。在清理方法上，首先清理该杀的和可以释放的。对于判刑在一年以下的犯人，在多数群众同意的条件下，可以采取缓刑或假释的办法，交群众负责管制。大批应判徒刑的犯人，是一个很大的劳动力。为了改造他们，不使之坐吃闲饭，必须立即着手组织劳动改造的工作。由县、专署、省、大行政区、中央各级分工负责，组织犯人劳动，从事大规模的水利、筑路、垦荒、开矿和建房等生产事业。这项工作极为艰巨，又极为紧迫，必须用全力迅速获得解决。

① 参见《毛泽东文集》第 6 卷，人民出版社 1999 年版，第 158、159 页。

5月16日，中共中央批准了《第三次全国公安会议决议》，要求"全党全军均必须坚决地完全地照此实行"。

第三次全国公安会议后，从6月至10月，全国集中力量进行清理积案工作。这实际上也是深入进行镇反和教育群众的过程。各地区普遍组织了"反革命案件审查委员会"，吸收各界民主人士参与审判工作，在处理中强调要注重调查研究，重证据而不轻信口供，反对草率行事，反对逼供信，着重打击那些罪大恶极、为人民群众十分痛恨的反革命分子，对罪行较轻、愿意悔改者则采取宽大的方针。许多地方的审查委员会经过认真审阅卷宗，对一些错案及时作了纠正。8月4日，政务院、最高人民法院联合发出《关于清理反革命罪犯积案的指示》，要求积案尚多的地区各级人民政府集中更大的精力限期将积案处理完毕，进一步推动清理积案工作，保证运动健康、深入地发展。

5月21日，中共中央作出《关于清理"中层""内层"问题的指示》。依照指示精神，各地开始清理"中层"和"内层"。清理的办法是在各级党政领导下，由首长负责，采取整风方式，对留用人员和新吸收的知识分子普遍地初步地进行一次清查。清查重点是首脑机关和要害部门；清查目的是弄清情况和处理一些最突出的问题。清理方法是通过学习镇反文件，号召有问题的人（不是一切人）在自愿的基础上，用忠诚老实的态度交清历史，坦白其隐瞒的问题。清理的范围是军事机关、财经机关、政治机关、文教机关。经过清理，各机关查出一批反革命分子，也给一大批有一般历史问题的人卸掉了包袱，从而纯洁了组织，教育了干部。

由于时间紧迫，又与镇反运动处理积案的工作相交叉，清理"中层"和"内层"的过程中，存在粗糙草率的现象，要求过急，方法简单，使一部分新吸收参加工作的知识分子的感情受到伤害，造成了一些遗留问题，以致党和政府后来花费很大力量进行复查、甄别工作，使问题在一定范围内获得纠正。

到1951年10月底，全国绝大多数地区完成了对反革命案犯的清查处理，全国规模的群众性镇反运动基本结束。少数镇反不彻底地区的扫尾工作到1953年秋全部完成。据1954年统计，①在三年多的镇反运动中，全国共关押反革命分子129万人，管制123万人，被依法处决的各类反革命分子71万人，包括匪首、惯匪、恶霸、反动会道门头子、反动党团骨干分子、特务及反共地下军头目等，还有长期残酷欺压人民、横行乡里的"东霸天""西霸天"，绝大多数为犯有严重罪行的首恶分子。当年对中国共产党主要创始人李大钊行刑的刽子手，亲手杀害东北抗联领导人赵一曼、少年女英雄刘胡兰的敌伪军官，解放后尽管藏匿民间，皆被当地群众揭发检举逮捕归案，受到法律的制裁。曾经猖獗一时的特务、地下军以及反动会道门等黑社会组织基本上被肃清。

镇压反革命运动相当彻底地肃清了大陆上各类反革命分子，铲除了境内外反动势力进行反革命破坏活动的社会基础，彻底粉碎了帝国主义及台湾国民党当局妄图复辟其反动统治的阴谋，巩固了人民民主专政政权和新民主主义社会秩序，全国范围出现了历史上从未有过的安定局面。全国各地水陆交通畅通，人民生命财产有保障，各界群众安居乐业，从而为在新区进行土地制度的改革、顺利进行抗美援朝战争及迅速恢复和发展国民经济创造了有利的条件。

---

① 参见《罗瑞卿在第六次全国公安工作会议上的报告》，1954年5月17日。

三、改组旧社会经济和建立新经济秩序

（一）没收官僚资本与组建国营经济

中华人民共和国成立时，经济上接收的是国民党政府留下的一幅千疮百孔的烂摊子：工农业生产大幅度下降，交通梗阻，物资匮乏，金融混乱，物价飞涨，民生凋敝，失业众多。

据统计，1949 年，全国的社会总产值只有 557 亿元，其中工业总产值为 140 亿元，比抗日战争前的 1936 年下降 50.1%。主要工业产品产量同解放前的最高年产量相比，电力下降 27.7%；原煤下降 50%；原油下降 61.9%，生铁下降 86.1%；钢下降 82.9%；水泥下降 71.2%；棉纱下降 26.4%；棉布下降 43.6%；机制纸下降 34.5%；卷烟下降 32.3%；面粉下降 47.2%；食糖下降 51.9%，[①] 均比战前有显著的下降。农业经历了 1937 年至 1949 年连续 12 年的战争，农村生产力遭到极其严重的破坏。1949 年全国主要农作物产量与历史最高水平比较：粮食作物总产量由 1936 年的 15000 万吨下降至 11218 万吨；棉花产量由 1936 年的 84.9 万吨下降至 44.4 万吨；大牲畜存栏头数由 1935 年的 7151 万头下降至 6002 万头。[②] 农田水利设施年久失修，大量河堤被毁，加重了各种灾害尤其是水灾给农业造成的损失。1949 年，全国被淹耕地达 1.22 亿亩，灾民 4000 万人，减产粮食 100 亿斤以上。

[①] 参见吴承明、董志凯主编：《中华人民共和国经济史》第 1 卷（1949—1952），中国财政经济出版社 2001 年版，第 69 页。

[②] 参见吴承明、董志凯主编：《中华人民共和国经济史》第 1 卷（1949—1952），中国财政经济出版社 2001 年版，第 67 页。

从整个经济情况来看，到 1949 年 10 月中华人民共和国成立时，中国钢铁工业只有 7 座平炉、22 座小电炉，生产能力所剩无几；发电设备总数仅剩下 114.6 万千瓦左右。全国全部工业固定资产仅剩下 124 亿元。① 交通运输等基础设施受到的破坏更加严重。1949 年，全国公路大部分路况严重受损；铁路无一线路能够全线通车，勉强能通车的里程仅剩下 1.1 万公里；沿海船运航线大部被国民党海军封锁；长途电信由于若干干线受损，整个通信网只能分割为几片，互相不能衔接。旧中国连年的战祸和重税，使多数工厂资金短缺，原料枯竭，停工停业，破产倒闭。被接管的工矿企业大多遭到破坏，到处是残垣断壁。工人大批失业，不得温饱。1949 年失业工人多达 400 万，几乎占了全国职工的一半。另外，国民党政府在败退时，还将战后大陆恢复国民经济所急需的资金，包括黄金、银元、外币等大量转移到台湾，另有中国航空公司、中央航空公司、中国银行、交通银行等 29 个国家垄断企业的部分财产、物资及专业人员撤到香港。资金、物资、人才的大量转移，增加了中国大陆经济恢复的困难。

早在解放前夕，毛泽东就指出，我们一取得胜利、国家一解放，接踵而来的任务就是恢复生产和经济建设。中国连年战争，经济遭到破坏，人民生活痛苦。战争一旦结束，我们不但要恢复生产，而且要建设崭新的、现代化的、强大的国民经济。当前摆在我们面前的迫切任务是解决人民的衣食住问题和安排生产建设问题。② 中华人民共和国成立后，人民政府最为紧迫的任务，就是以恢复和发展生产为中心，把经济形势稳定下来，并有步骤地

---

① 参见曾培炎主编：《中国投资建设五十年》，中国计划出版社 1999 年版，第 1 页。

② 参见师哲口述，李海文著：《在历史巨人身边：师哲回忆录》，九州出版社 2015 年版，第 274 页。

对旧的社会经济结构进行改组，使之由半殖民地半封建的轨道转变到新民主主义的轨道上来，保证新生的人民政权在经济上从而在政治上站住脚跟。

按照《共同纲领》规定，社会经济的改组，首先是要建立新民主主义经济的基本格局，即各种经济成分在国营经济领导下，分工合作，各得其所。在这里，国营经济是社会主义性质的，是中华人民共和国发展生产、繁荣经济的主要物质基础，是整个社会经济的领导力量。新中国的国营经济，主要是通过没收官僚资本归新民主主义的国家所有而建立起来的。这项工作早在解放战争后期接管城市的斗争中，已经着手进行。中共中央总结城市接管的经验，在建国前后制定了一套接收官僚资本企业的原则和办法。

对于官僚资本的界定、没收范围及判断标准，中央人民政府政务院作了明确规定：凡属国民党反动统治时期依仗政治特权及豪门势力而获得或侵占的官僚资本企业（包括银行、工厂、矿山、船舶、商店等）及财产，应收为国家所有。1951年2月，政务院颁布《关于没收战犯、汉奸、官僚资本家及反革命分子财产的指示》，对于国民党官僚的私人资本中来源于贪污、盗窃、隐瞒、侵吞公产或其他化公为私等非法行为的那部分资产，不论所有者是否属于大官僚，凡证据确凿者，规定一律予以清理追还。

中国的官僚资本企业中，除了作为主体的国家垄断资本外，还有一部分私人资本；而在一些私人企业中又有隐藏官僚资本的，情况十分复杂。如何区分企业中的官僚资本与非官僚资本，不仅是一个经济问题，还是关系到统一战线和保护民族工商业的重要政治问题。为此，1951年2月政务院颁布了《企业中公股公产清理办法》，开始对私营企业中的官僚资本进行清理。清理原则：一是官僚资本以私人名义所办的企业，应加没收，如有化名隐匿或非法转移者，应彻底清查。二是民营企业在国民党统治时期为应付环境，利用国民党要人出任公司董事长者，要分别情形，加以处理。若实际出资者，应将官僚资本部分没收归公；若仅挂空名未出资者，不加清算（但要没收其红利）。三是凡利用其在国民党统治时期的特殊政治地位、经济地位与社会地位，运用国家资金作私人投资，应视为官僚资本，予以没收。

同时，中央在政策上明确规定，只有查明确实是国民党中央政府、省政府、县政府经营的企业即完全官办的企业，以及四大家族直接举办的企业才进行没收。必须保护民族工商业和私营工商业，严禁侵犯由民族资产阶级经营的企业，不得把民族工商业作为官僚资本没收。在官僚资本企业中，如果有民族资本家的股份，要承认其所有权，不得没收。不仅如此，政策还规定对于一般国民党人经营的企业也不得作为官僚资本没收；小官僚和地主经营的工商业也不在没收之列。根据上述原则和有关实施细则，清理工作由专门机构有条不紊地进行。

关于没收官僚资本企业的办法，1948 年 11 月解放沈阳时，军管会调集 4000 多名干部组成接收机构，规定了"各按系统，自上而下，原封不动，先接后分"的接管原则。军管会所属经济处接管了国民党政府在沈阳的四大企业系统——资源委员会、东北电力局、生产管理局和中纺公司的所属企业；军管会所属铁道处接管了沈阳局、中长局、东北运输局等。由于接管工作是有准备、有秩序地进行的，因而护厂和清点物资，接着恢复生产等一系列工作的进展都很顺利。中共中央及时总结和推广沈阳城市接管的经验，对后来新收复城市的接管起了重要作用。

中共中央明确指出，没收官僚资本企业应与打碎国民党反动统治的国家机器不同。由于这些企业的组织机构及管理制度，不单有适应高度剥削的一面，同时还有适应现代技术、可供我们接受利用的一面，因而应采取同打碎反动统治机构有所区别的政策；必须严格注意不要打乱原有企业的组织机构，不要任意改革或宣布废除原来的管理制度，一般应保持原职、原薪、原制度，由军管会完整地接收下来，实行监督生产。只有机器照常运转，人员照常工作，才是真正地接收了企业，才有可能开始其他各项改革和建设工作。保持职工的原职、原薪的政策，对于安定人心和稳定社会秩序起了很大作用。工薪问题相当复杂。因为在城市解放前，物价飞涨，职工的工薪没有正常标准，更无法以解放后的人民币来衡量。后来中央指示，暂按解放前三个月工薪的平均数支付，也可参照折实办法（为计算简便，一般是折成粮米）实行。

没收官僚资本企业的过程，从1946年解放哈尔滨时起，东北黑龙江、吉林、辽宁的大部分城市陆续由人民解放军占领。在这些地区，没收官僚资本和敌伪财产的工作即已进行。华北、华中早解放的城市也是这样。1948年至1949年年初，在辽沈、淮海、平津三大战役后，基本上接管了长江以北的官僚资本企业。1949年4月人民解放军渡江作战，到1949年年底，先后解放了南京、上海、武汉、重庆、广州等城市。这时，除台湾外，大陆上的官僚资本均已由人民政府相继接管。

被接管企业的大致情况如下：金融方面，有蒋介石、宋子文、孔祥熙等家族及国民党"CC系"为代表的私人或派系资本，利用国家政权和国家资本的独裁垄断地位，通过种种公私不分、假公济私、化公为私的手段逐步发展起来的经济核心——"四行两局一库"（即中央银行、中国银行、交通银行、中国农民银行，中央信托局、邮政汇业局，合作金库）系统，国民党统治区的省市地方银行系统共2400多家银行，官商合办的银行中的官股。中国银行等在海外的分支行职工纷纷起义，接受人民政府的领导，这些银行也成为人民的财产。

工矿企业方面，有控制全国资源和重工业生产的国民党政府资源委员会，垄断全国纺织工业的中国纺织建设公司，兵工系统和军事后勤系统所办企业，国民党政府交通部、粮食部和其他部门所办企业，宋、孔家族和其他官僚的商办企业，陈立夫、陈果夫"CC"系统的"党营"企业，以及各省市地方官僚资本系统的企业，等等。以上合计有工业企业 2858 个，职工 129 万人。

交通运输方面，有国民党政府交通部、招商局等所属全部交通运输企业。计有铁路 2.18 万多公里，机车 4000 多台，客车约 4000 辆，货车约 4.6 万辆，铁路车辆和船舶修造工厂约 30 个，各种船舶约 20 多万吨。原中国、中央航空公司被劫持到香港的 12 架飞机，由于两航员工成功起义，于 1949 年 11 月 9 日回归祖国。

商业方面，有复兴、富华、中国茶叶、中国石油、中国盐业、中国蚕丝、中国植物油、孚中、中国进出口、金山贸易、利泰、扬子建业、长江中美实业等十多家垄断性的贸易公司及其分支机构和经营网点。

由于方针明确，政策界限清楚，全国解放前后没收官僚资本的工作进展顺利，一般都保证了企业生产系统和技术部门的完整性，接收后能迅速恢复正常运转。对企业的管理人员和技术人员，除个别反动破坏分子以外，一律按原薪原职留用，使他们继续履行组织管理企业生产经营的职责。各企业的工资标准和等级、奖励制度、劳动保险制度仍照旧执行，暂不变动。这一套接收办法，有效地避免了新旧交替中可能发生的损失和混乱，保证了企业职工生产情绪的稳定。在接管城市企业的过程中，也曾经发生过攻城部队和后勤部队纪律不严，后方机关不顾大局，进城后滥分物资、抢购物资等现象；出现过城市贫民趁机"发财"，农民进城抓地主，以致破坏同地主有联系的工商业的情况。这些问题，在一经发现后很快得到制止和纠正。总的说来，接管工作是顺利进行的。

对于接管企业采取"原封不动"的办法，从根本上说，是把反动政权同生产企业严格地区分开来。旧的政治军事统治机构必须彻底摧毁，必须以新的人民民主专政的政权机构代替它；而旧的统治阶级管理的企业机构、生产机构，在打倒旧主人、换成新主人之后，它的性质就完全改变了，所以不应该破坏它，而是应该保持它，然后按照人民的要求，进行科学的、合理的改组。在接管过程中的所谓"原封不动"，只是在接管初期采取的一种过渡办法。从根本上说，官僚资本企业、敌伪企业一经接收就转化为人民国家的财产，这就在实质上发生了变化。在形式上原封不动，旨在把企业完整地接管过来，不破坏生产秩序，以利于迅速恢复生产；对旧人员实行"原职、原薪"，是表明人民政府给他们生活出路，以避免社会秩序的混乱。所谓不改变"原制度"，是指不改变那些维持生产秩序的制度。至于那些以剥削劳动为基础的"把头制"等，当然不能保持不变，而应有步骤地通过工矿企业的民主改革予以废除。正因为中国共产党和人民政府早就有了这样的思想准备和政策准备，所以官僚资本企业一经接收，原企业即转变为全民所有的国营企业，并且绝大多数企业在接管后不久，很快恢复了生产经营。

关于接管过来的企业财产，由于当时处于战争环境，没有在接管过程中随时作出记录、统计，更没有条件进行清产核资；国民党政府也没有一个完整、准确的官方统计；蒋、宋、孔、陈四大家族对于自己系统的财产，从来讳莫如深，而且在搜刮过程中有一部分财产转化为现金，在其穷途末路时又转化为外币，存到了外国银行。因此，人民政府接管的财产没有一个比较准确的数字。据1953年全国清产核资委员会统计的数字，全国国营和公私合营企业固定资产原值为191.6亿元人民币，[①] 其中大部分为

---

① 参见吴承明、董志凯主编：《中华人民共和国经济史》第 1 卷（1949—1952），中国财政经济出版社 2001 年版，第 201 页。

没收和接管的原国民党官僚资本的资产（不包括其土地价值在内）。除去已用年限基本折旧后净值为 129.89 亿元人民币。这一价值巨大的财富收归国家所有，构成了建国初期国营经济物质技术基础的最主要部分。

人民政府在没收官僚资本后，接着就在企业内部一面恢复生产，一面发动群众进行民主改革和生产改革，从而建立起民主管理制度。这些改革，是结合人事调整、反动党团登记等，通过发动群众、教育群众和依靠群众进行的。这就使工人群众逐步从思想上划清了新旧社会、新旧企业以及敌我之间的界限，从而提高了觉悟，纯洁、巩固了工人队伍，并且在管理制度上清除了那些奴役工人的办法。这样，就使那些原来由官僚资本统治的旧企业脱胎换骨，转变为名副其实的人民民主国家的国有企业。

在旧中国，官僚资产阶级控制的国家垄断资本，掌握着全国银行总数的 70%、产业资本的 80%，并控制着全部铁路、公路、航空运输以及 43% 以上的轮船吨位。[①] 因此，没收官僚资本，建立国营经济，就是把中国最大、最主要、最集中的资产转到人民国家的手里，使国家掌握全国的经济命脉。经过接管，国营经济直接掌握了全国一半以上的燃料、动力和工业原料，以及将近一半的棉纱产量，掌握了全国的铁路、邮政、电信和大部分的交通运输事业，还控制了绝大部分的银行和国内外贸易。中国海关经过接收，也掌握在人民政府手里。在这个基础上，国家迅速建立起具有社会主义性质的国营经济，并使之在国民经济中占据领导地位。

综合来看，中华人民共和国的国营经济，在新中国成立初期，其主要部分是通过没收官僚资本建立的；一小部分是直接没

---

① 参见吴承明：《中国资本主义与国内市场》，中国社会科学出版社1985 年版，第 143—147 页。

收敌伪财产（日德意法西斯企业、伪满和汪伪政权的公营经济）转化而来；再有是老解放区、早解放区经过艰苦奋斗自己动手建立起来的公营经济。由于中国已经建立起工人阶级领导的、以工农联盟为基础的人民民主专政的国家政权，而国家是全民的总代表，所以，国营经济实质上是社会主义全民所有制经济。这样，就为确立多种经济成分在国营经济领导下分工合作，计划管理与市场调节相结合的新民主主义经济体制，并逐步向社会主义经济体制过渡，奠定了最主要的物质基础。

（二）打击投机资本和稳定市场物价

中华人民共和国成立之初，所面临的财政经济形势十分严峻。由于旧中国政府在连续 12 年战争中长期实行通货膨胀政策，从 1937 年 6 月至 1949 年 5 月，按法币计算，通货发行量增长 1768 亿倍，同期物价暴涨 2500 亿倍。尤其是 1948 年 8 月国民党政府为挽救其军事上的失败，实行所谓"币制改革"，发行金圆券疯狂搜刮民间资本，结果导致币值猛跌、物价暴涨，恶性通货膨胀席卷全国。如 1937 年用 100 元法币可买到两头牛，到 1949 年用同值金圆券只能买到一根缝衣针。[1] 治理国民党时代遗留的恶性通货膨胀，成为中央人民政府在财经方面的艰巨任务。

在中央人民政府成立之初，财经方面的严重困难还表现在另一个方面，即解放全国大陆的战争尚未结束，军费开支浩大；再加上对旧政权的军政公教人员采取了"包下来"的办法，全国脱产人员（包括老解放区在内）很快突破 900 万，这对中央财政是一个沉重的负担。一方面，为尽快恢复生产，中央政府要拨出一定的经费用于抢修铁路、兴修水利、提供生产贷款等，还要抽调

---

[1] 参见马洪等主编：《当代中国经济》，中国社会科学出版社 1987 年版，第 290 页。

大量粮食、物资救济灾民，安置失业工人、失业知识分子。另一方面，当时政府财政收入却增长缓慢，新区尚来不及建立新的城乡税收制度，老解放区的负担已极其沉重，难以再大量增加公粮税收。人民政府的巨额开支，只能靠大量发行货币来支撑。在这种形势下，社会上的不法投机资本趁机兴风作浪，连续掀起几次物价风潮，造成经济、金融秩序混乱，社会人心不安定。为此，党和政府首先进行了打击投机资本、稳定金融物价的斗争。

在中央人民政府成立之前，1949 年四五月，中共中央急调中央政治局委员、时任东北局副书记陈云赶赴北平，主持由中共中央财政经济部与华北财经委员会合并组成的中央财经委员会（简称中财委）工作。陈云任主任，薄一波任副主任。中财委作为中央统一的财经统帅部，在全国范围内领导了财经战线上的一系列复杂斗争。

1949 年 5 月 27 日，全国最大的工商业城市上海刚刚解放，即宣布以人民币为本位货币，兑换金圆券，禁止银元、外币流通。但人民币并未因军管会的一纸公告而占领市场，银元、外币仍流通于市面。在上海的大街小巷，充斥着银元贩子，非法交易搞得人心惶惶。而投机狂潮的"总指挥部"，就设在号称远东最大的上海证券交易所大楼内，那里有上千部电话同分布在全市各个角落的分支据点保持密切联系，操纵银元价格，掀起了一轮银元涨风。从 5 月 28 日至 6 月 9 日的 13 天内，每枚银元的黑市价格，由人民币 600 多元涨到 1800 多元。银元的暴涨，带动了黄金、外币和整个物价指数成倍上涨。一些投机分子狂妄地叫嚣："解放军进得了上海，人民币进不了上海！"一些商店开始用银元标价，拒收人民币，给正当的工商业经营和市民生活造成严重危害和影响。

陈云分析上述情况认为，我军渡江后，在金融上遇到的敌人不是软弱的金圆券，而是强硬坚挺的硬通货——银元。为此，必须用强硬手段严惩投机分子。1949 年 6 月 10 日，上海市军管会根据中央电示，一举查封了投机资本的大本营上海证券交易所大楼，逮捕和依法处理了一批严重搅乱金融市场的投机分子。这一行动立刻震动全上海，银元价格遂大幅下跌，各地粮油价格随之回落。同时，上海人民银行挂牌收兑银元，公布金银外币管理办法及外汇管理暂行办法，允许人民保有金银，但不挂牌收兑；严禁外币在市场上计价流通，挂牌收兑；设立外汇交易所，指定银行代理买卖外汇及代办国外汇兑。此外，人民银行还迅速开办折实储蓄存单，以保障职工薪水收入的实际价值，对打击投机资本起了配合作用。武汉、广州等城市也采取行动，缉获破坏金融的首要分子，查封专事投机的地下钱庄和街头兑换店。经过一番斗争，不出一个月，猖獗的银元投机风波即被平息下去，人民币开始在上海站稳脚跟，扭转了黄金、外币及银元领导物价的形势。由中财委领导的这场财经斗争第一役，通常称为"银元之战"。

这次金融初战使上海工商界大开眼界，但也有不少人对这种"准军事"的方法难以接受。颇为流行的一种说法是："共产党军事一百分，政治八十分，经济零分。"实际上，取缔银元的斗争只是人民政府打击不法投机资本的第一步。在进城之初用行政手段只能收一时之效，还不能从根本上解决通货膨胀问题。

7 月初，投机资本将矛头转向商品流通领域，华北、华中各城市物价风潮再起。由于国民党的海上封锁和空中轰炸，上海几乎陷于缺粮的境地。大米成了投机商囤积的目标，在一个月里，上海米价上涨了 4 倍，连带影响到华东、华北和中南米价同时上涨。上海是全国的经济中心，稳定上海、恢复上海的经济，对全国关系重大。7 月 17 日，陈云抵达上海并立即开始调查研究。7 月 27 日至 8 月 15 日，陈云在上海主持召开了有华东、华北、华中、东北、西北五个地区的财政、金融、贸易部门领导干部参加的会议，即上海财经会议，研究解决问题的办法。

陈云在会上分析说：物价上涨的根源是通货膨胀，通货膨胀的根源是军费开支浩大，财政入不敷出，只有在战争胜利结束，财政收支趋向平衡的时候，才有可能稳定物价。在目前，我们可以做的是掌握粮食、纱布等重要物资，有计划地吞吐，与投机资本家斗争，控制物价上升。陈云明确提出，解决上海问题和稳定全国物价，关键是抓住"两白一黑"，即大米、纱布和煤炭这三种东西。而粮食和纱布，一个是吃，一个是穿，是市场的主要物资。"人心不乱，在城市，中心是粮食，在农村主要靠纱布"。

上海财经会议作出几项决定，主要是努力增加税收，抓紧征收公粮，准备发行公债和从全国各地调集物资，首先保证上海需用的粮食、棉花、煤炭，稳住上海，恢复生产等，采取多种措施克服目前的困难。会议同时决定成立全国统一的内外贸专业公司，如粮食、花纱布、中纺、土产等公司，以统一集中掌握与调运重要物资，加强在市场斗争中的力量。有的同志不理解为什么要在城市中增加税收，认为似乎与减轻人民负担的宗旨不一致。陈云解释说，简单地要求减轻税收，是一种"施仁政"的小农意识。过去大城市多数不在我们手里，农业税占总收入的3/4；现在我们有了大城市，情况有了改变。东北地区，税收以及公营企业和对外贸易收入，占整个收入的3/4，而公粮仅占1/4。过去说在经济上是敌强我弱，就在于城市的税收优于乡村。所以应该逐渐增加税收的比重，努力求得收支大体平衡，以便使经济走上健全发展的道路。

中央人民政府成立后，正逢秋后需要大量资金收购粮棉。投机资本家趁国家财政困难之机，大肆囤积粮食、抢购纱布和其他工业原料，再次掀起物价大风潮。10月15日起，以沪津为先导，华中、西北跟进，全国人民币币值大跌，物价猛涨。物价平均指数，京津涨1.8倍，上海涨1.5倍，华中、西北亦大致相同。这次物价上涨，一方面是由于钞票发行过多，但主要是投机资本在兴风作浪，造成全国物价持续 40 余天猛涨。针对投机资本家的又一次较量，陈云领导中财委成功地部署了一场"米棉之战"。

根据中财委的分析，在上海，主要由于纱布短缺，引起投机势力的囤积；而华北受灾，棉产区粮食很贵，北方的投机势力很可能集中冲击粮食。为避免两面受敌，中财委决定首先抓住粮食，稳定北方地区。10 月 20 日，陈云急电东北，要求紧急调拨一批粮食支持华北市场。为求万无一失，陈云命令曹菊如赶往东北，坐镇沈阳，保证每天发一个列车的粮食到北京；由北京市在天坛打席囤存粮，必须每天增加存粮席囤，要让粮贩子看到，国家手上有粮食，在粮食方面无隙可乘。这一招果然奏效。北京、天津的粮贩子看到东北的粮食源源不断地送往北京，未敢轻举妄动。

北方腾出手来，即集中精力对付上海的投机势力。11 月 13 日，陈云起草中财委致各地指示电，要求各地均应以全力稳住物价。随后，又连续发出十二道指令：一是以沪津两地 7 月底物价平均指数为标准，力求只涨 2 倍或 2.2 倍。二是东北自 11 月 15 日至 30 日，须每日运粮 1000 万至 1200 万斤入关，以应付京津需要。三是为保证汉口及湘粤纱布供应，适当调整上海、汉口两地纱布存量，同时催促华中棉花东运，以便行动。四是由西北财委派员将陇海路沿线积存之纱布，尽速运到西安。五是财政部须拨交贸易部 2.1 亿斤公粮，以应付棉产区粮食销售。六是除特殊需要而经批准者外，人民银行总行及各主要分行一律暂停发放贷款，并应按约收回贷款。七是各大城市应开征几种能起收缩银根作用之税收。八是除中财委认可者外，工矿投资及收购资金一律暂停支付。九是中财委及各大区财委对各地军费应全部拨付，不得扣压，但部队后勤不得投入商业活动。十是地方经费中，凡属可能者，均应延缓半月或 20 天。十一是各地贸易公司暂时不宜将主要物资大量抛售，应从各方调集主要物资于主要地点，预定

11月底12月初于全国各主要城市一齐抛售。十二是目前抢购风盛时，应乘机将冷货呆货抛给投机商，但不要给其主要物资。等到收缩银根、物价平衡，商人吐出主要物资时，应乘机买进。

这十二道指令统筹全局，一环紧扣一环，要旨是让投机商把囤积的棉纱"怎么吃进去的，再怎么吐出来"，故有"十二道金牌"之称。鉴于情况紧急，陈云起草的指示电由周恩来立即转呈毛泽东，毛泽东批示："即刻发，发后再送刘、朱。"指示电连夜发出后，各地、各有关部门按照中财委的部署，全力准备物资，收缩银根。经过一段时间的集中调运和紧张准备，大量物资集结完毕，政府手中掌握了充足的纱布，与投机势力进行较量的时机成熟了。

11月25日，中财委命令全国采取统一步骤，在上海、北京、天津、武汉、沈阳、西安等大城市大量抛售纱布。当天开市时，上海等地的资本家和投机商一看有纱布出售，立即拿出全部头寸争相购入，甚至不惜以日计息借高利贷。然而，国营花纱布公司源源不断地抛售，牌价不断降低，投机商们叫苦不迭，不得不将借高利贷囤积的货物贱价抛售，且愈抛愈贱。国营贸易公司则以极低的价格买进大量棉纱，为进一步平抑物价、稳定市场做好准备。

与此同时，各地按照统一部署"四路进兵"，进一步收紧银根：一是所有国营企业的钱一律存入银行，不向私营银行和资本家企业贷款；二是规定私营工厂不准关门，并要照发工人工资；三是加紧征税，规定税金不能迟交，迟交一天按税金额的3%罚款；四是催缴公债款。在几路进兵的追击下，许多囤积居奇的投机资本家因周转不灵而破产。上海和全国的物价迅速稳定下来。这场经济斗争，得到了人民群众，包括从事正当合法经营的工商业者的普遍支持。时为上海申新纺织公司总经理的荣毅仁事后表示，"中共此次不用政治力量，而能稳住物价，给上海工商界一个教训"。他感叹说："六月银元风潮，中共是用政治力量压下去的，此次则仅用经济力量就能稳住，是上海工商界所料不到的。"①

市场物价渐趋平稳之后，陈云即开始筹划在粮食问题上与投机资本家进行第二轮较量。12月12日，中财委召开了全国城市供应会议。陈云在会上对全国范围内统一调度粮食的工作做了具体部署。鉴于上海存粮仅八九千万斤，陈云致电邓子恢、东北财经委等，要求华中、东北短期内运粮济沪以应急。会后不久，"天府之国"四川即征集了4亿斤大米支援上海。为保证万无一失，陈云在给中央和毛泽东的报告中提出，解决上海等大城市的粮食供应的办法，除先调沪宁、沪杭两线公粮，同时抓紧华中、四川、东北向上海运粮外，应准备向国外增购4亿斤大米。

经过两个月的准备，陈云在上海周围布置了三道防线：第一道，杭州、嘉兴、湖州、苏州、无锡、常州一线鱼米之乡向上海供粮；第二道，江苏、浙江、安徽邻近三省向上海急速运粮；第三道，由东北、华中、四川远地组织抢运。这几道防线合在一起，政府掌握的周转粮大约有十几亿斤，足够上海周转一年半。北京、天津、武汉等大城市的粮食也得到了大量的补充。

不出所料，1950年春节前夕，上海等地的资本家和投机势力果然开始大量囤积粮食，以期在正月初五"红盘"开市时，在粮食上大捞一把。这次他们又打错了算盘。春节过后粮食价格不但没有上涨，反而连续下跌。上海市新开设了许多家国营粮店，连续抛售了两亿多斤大米，逼得投机商不得不亏本把囤积的大米全部吐了出来。投机资本家搞不懂从哪里来了这么多大米，只得承认共产党在经济上是有办法的。

经过几个回合的较量，社会上的投机资本遭到沉重的打击，

---

① 《陈云文选》第2卷，人民出版社1984年版，第52页。

从此一蹶不振，再也不敢在市场上兴风作浪。至 1950 年 12 月初，各地物价基本稳定，人民政府自此取得了领导市场的主动权。

（三）统一全国的财政经济工作

打击投机资本，只是稳定物价的一个方面。从根本上解决通货膨胀问题，必须改变各地区财经管理工作的分散状态。在军事战争时期，解放区的财经工作都是分散经营的，继东北及上海、武汉等大城市解放之后，中财委根据城市接管的情况及要求，首先统一以人民币为本位币，又陆续统一了税则、税目、税率；还有国营工厂的生产计划、原料来源、产品推销；外销物资的采购、外汇使用的分配；国内贸易物资的调拨、物价的管理；铁路、轮船的合理使用，邮电业务的管理；等等。但就财经工作的全局来看，基本上仍是分散经营的，因为财政的收入并未规定统一管理的办法，只统一了支出，未统一收入。这种状况，在接管城市初期是不可避免的。但随着形势的发展，为了克服财经困难，平衡财政收支，稳定金融物价，适应于在地域、交通、物资交流、关内货币等方面已经统一的情况，统一全国的财经工作，使其由基本上分散经营前进到基本上统一管理，成为十分必要和紧迫的问题。

新中国成立之初，国家财政的一个突出问题是收入与支出脱节。地方征收的公粮和其他税收，主要掌握在县、市、省的手里，收入的多寡迟早，中央无法掌握。中央担负着军政费、救济费、交通生产恢复等巨额支出，却没有相应的收入来源，收入统不上来，支出控制不住。这种财政收支不平衡和收支脱节的情况，使得政府只能靠发行纸币来弥补赤字，一度曾每月发行现钞 1633 亿元（旧币）。中央财政入不敷出，货币超量发行，又成为通货膨胀无法控制的一个重要原因。针对这种状况，陈云在 1949

年12月中财委召开的城市供应会上提出：我们的政策应该是集中统一，现在全国物资仍然很不足，但越是物资不足，越要集中使用，机动权必须放在最高司令部手里，不能分散在各个地方。同月，陈云、薄一波在给华东财委并发中南、西南、西北等大区财委的电报中指出：目前许多地区是新解放区，实行财政、税收、公粮、贸易及各主要经济部门管理的基本统一，在工作进度上是带跃进性的，一定有许多困难。但从客观情况看来，如不作基本统一，则困难程度、为害之烈将更大。实行统一所遇到的困难小，为害亦小；由不统一而来的金融、物价风潮的困难大，为害亦大。因此，应该克服统一中可能出现的小困难，避免由于不统一而产生的物价混乱等大困难。

到1950年年初，实行财经统一的条件趋于成熟。根据中央人民政府委员会第四次会议的决定，从1月5日起，全国开始发行人民胜利折实公债。第一期公债发行额为1亿分，以实物计算，年息5厘，分五年还清，并按大行政区城市的多寡、大小，人口的多少及政治经济情况，分配推销任务。这次发行公债的目的在于弥补赤字，减少现钞发行，有计划地回笼货币，稳定物价，以利于人民生活的安定和工商业的正常发展。根据政务院颁布的公债条例，公债推销对象主要放在大中小城市的工商业者、城乡殷实富户。各级人民政府在广为宣传的同时，力求做到公平合理，反对强迫摊派，社会各界及普通人民群众也踊跃认购，至3月如期完成了第一期公债1亿分的发行任务，依当时的物价计算约合1.2万亿元人民币旧币，达到了加快货币回笼的目的。原计划发行的第二期公债1亿分中央决定不再发行。与此同时，全国性的军事行动除西藏以外已接近尾声，军费可相应地削减，使争取财政收支平衡具备了可能。中国经济落后，各地区发展很不平衡，收支状况紧张，机动力量有限，为了战胜暂时的财政困难，在落后贫困的经济基础上前进，必须尽可能地集中物力财力，加以统一使用，用于必要的地方，完全可以办成紧迫的大事。情况表明，全国财政经济工作的统一势在必行。

1950年2月，中央召开全国财经会议，对统一财经、紧缩编制、现金管理和物资平衡等工作做了具体部署。经过一系列准备，陈云为政务院起草了《关于统一国家财政经济工作的决定》。3月3日，政务院举行第22次政务会议通过了这个决定。同日，中共中央发出通知，要求各级党委必须用一切办法保障这个决定的全部实施。陈云为《人民日报》写了《为什么要统一财政经济工作》的社论，全面阐述了统一全国财经的必要性和具体内容，强调统一财经之后地方要服从全局，发挥积极性，与中央共渡难关。

统一国家财政经济工作的内容十分广泛，概括地说有三项：一是统一全国财政收支；二是统一全国物资调度；三是统一全国现金管理。

统一全国财政收支。重点是统一收入，保证中央财政的需要。按照政务院规定，公粮的征收、支出、调度均统一于中央，税则、税率统一由政务院规定。在不违反征收政策、法令的前提下，超额完成规定任务后，对超过部分实行二八分成，20%上交中央，80%留归地方；各地附加征收的地方公粮为正税的5%～15%；公粮除地方附加粮外，全部归中央人民政府统一调度使用，同时规定严格的公粮入库制度、支付制度、保管制度和调度制度，以保障军需民食，调节市场供求。在税收方面，要求除中央批准征收的地方税外，所有货物税、工商业税、盐税、关税的一切收入，均归中央财政部统一调度使用。一切公私企业及合作社，均须按照财政部的规定按时纳税。税则、税目、税率由财政部报请政务院决定施行，不经批准，各地不得自行增减和变动。在符合税法和政策的前提下，超额完成税收任务，对超收部分实行三七分成，30%上缴中央，70%留归地方。

统一支出，重点是保证军队和各级政府的开支及恢复国民经济所必需的投资。在预算拨款上坚持先前方、后后方，先军队、后地方的原则。对军队和地方的经费，按编制确定人数，根据供给标准和概算数字，按月、按季批准，按期支付。实施三项厉行节约的措施：第一，制定编制、规定统一的供给标准。中央成立以薄一波为主任的全国编制委员会，各大行政区、省、大城市也建立编制委员会，各级机关编制有定员，供给有标准，经费有定额，显著缩减了行政费用。第二，反对百废俱兴，百业并举。对一切可省的支出和应该缓办的事，统统节省和缓办，以集中一切财力用于军事上消灭残敌，经济上重点恢复。第三，在各机关、学校、企业严格制度管理，提高工作效率，严惩贪污浪费人员。实施上述措施后，1950年行政费支出比概算减少4.5%，对平衡财政收支起了重要作用。

统一全国的物资管理。主要是把国家所有的重要物资，如粮食、纱布、工业器材等，从分散的状态下集中起来，用于国家的急需方面。为此，中央成立由陈云为主任的全国仓库物资清理调配委员会，各大行政区、省、市、县、各后勤部、各工商企业，均分设相应委员会，进行全面清仓查库工作。所有库存物资，由中财委统一调度，合理使用。到1950年6月，基本上查明所有仓库存货，并逐级报告全国仓库物资调配委员会，供中财委统一调度使用，减少了财政支出和向国外订货。同时，各地国营贸易机构的业务范围的规定和物资的调动，均由中央人民政府贸易部统一负责，各地不能改变贸易部的业务计划。这有利于调节国内供求，组织对外贸易，有计划地供售物资和回笼货币。

统一全国现金管理。政务院指定中国人民银行为国家现金调度的总机构。外汇牌价和外汇调度均由人民银行统一管理。公营经济部门和各机关请求外汇，统由中财委审核，一切军政机关和公营企业的现金，除留若干近期使用者外，一律存入国家银行，不得对私人放贷，不得存入私人行庄。其之间的相互往来，使用转账支票，由人民银行汇拨。国家银行尽量吸收公私存款。银行对现金收支按期编制平衡计划，以节省现金使用及有计划地调节现金流动。统一全国现金管理，把所有分散在各企业、机关、部队的现金，统由中国人民银行管起来，集中调度，这不但避免了通货过多的现象，而且大大增加了国家能够使用的现金。

这次财经工作的统一，范围广，程度高，但也不是绝对的统一。在统一管理之下，仍有一些项目是分散经营的。例如按规定比例征收的地方附加粮和地方税；各地依据税则、税目、税率，努力工作，严查漏税而超过原定任务的那部分款项，以二八分成的办法大部留给地方使用，等等。对于这些分散经营的项目，各地都严格地进行了管理。

对于从旧政权留用的军政公教人员，中央认为，进城之初采取"包下来"的政策，在政治上是十分必要的，在财政上虽然会带来很大困难，也是可以解决的。当然，"包下来"不等于原职原薪，原封不动，而应向这些人说明人民和政府的困难，适当降低待遇，"三个人的饭五个人匀着吃，房子挤着住"。对于精简下来的人员，应举办大的训练班，学习期间发给折扣薪金维持家用，学习期满后经严格考核，量材录用，或有步骤地给他们以谋生之路。这项有利于社会安定和经济恢复的特殊社会政策，起到了很好的历史作用。在紧缩行政开支的情况下，全国党政军民机关的工作人员克勤克俭，勉力工作，度过一段艰苦的生活。

由于统一全国财经的决定适应了稳定市场和恢复经济的客观要求，各级党委采取一切办法有力地保障了决定的全部实施，所以在政务院下达决定 4 个月后，1950 年 6 月底，全国的财政经济工作实现了统一，做到了全国财政收支由中央统一调度。自建立全国税收日报制度以后，全国城市税收，包括工商业税、货物税及其他税收，中央财政部隔日即可得到 56 个较大城市的报告；

关税、盐税的数额可隔日得到报告。在征粮季节，每旬可得到全国征收与入库的报告，各地征收的公粮，大部分可以按时入库。在现金方面，中央财政部可根据税收及金库解款的报告，开发支票，支拨款项。

从财政状况看，统一财经后，中央财政收入大幅度增加。1950年第一、二季度，财政赤字曾占支出总数的43%和40%；第三、四季度即分别下降到9.8%和6.4%，财政收支当年已接近平衡。由于集中了财力，在可机动使用的资金十分有限的情况下，既保证了初期抗美援朝军费的急需，又调剂了城市的粮食供应，救济了灾区人民和城市失业工人，对稳定金融物价、恢复生产和安定人心起了重要作用。同时还抽出一部分资金，有重点地进行了水利、铁路及钢铁等巨大的恢复工程。从物价水平来看，随着中央财政有了稳定的来源，货币发行减缓；实行现金管理、整顿税收和发行公债，使市场上货币流通量减少，商品供应比较宽裕。在货币与物资相对平衡的基础上，物价开始趋于平稳。1950年3月全国批发物价总指数为100，4月降到75.1，5月再降到69.2。7月以后，由于准备抗美援朝战争及美国加紧对中国实行经济封锁，某些进口物资价格稍有波动，但人民生活必需的粮食、纱布、燃料等的价格仍是稳定的并有所回落。

统一全国财经工作，在真正意义上结束了旧中国遗留下来连续12年通货膨胀、物价飞涨的局面，也结束了历届旧政府几十年财政收支严重不平衡的局面，为安定人民生活、恢复国民经济创造了有利条件。国内外那些对共产党能否治理好经济抱怀疑态度的人们，也不能不表示赞佩，叹为"奇迹"。毛泽东高度称赞平抑物价、统一财经，其意义"不下于淮海战役"。这证明了中国共产党不仅军事上是无敌的，政治上是坚强的，财政经济上也是完全有办法的。

（四）争取国家财经状况的根本好转

从中华人民共和国成立到 1950 年上半年，经过几个月紧张艰苦的斗争和工作，全国大陆上的军事战争已基本结束，社会秩序基本稳定，财政经济困难的状况开始好转。但是，围绕恢复和发展生产这个中心，还有许多紧迫工作亟待进行。首先是拥有 3 亿多人口的新解放区尚未进行土地改革，封建土地制度还束缚着农村生产力的发展。国家财政状况并未根本好转，在胜利的形势下又积累了许多新的矛盾。另外，各地在纷繁复杂的工作中也出现一些缺点和偏差亟待纠正。这些都是推进各项工作需要通盘解决的迫切问题。

在稳定金融物价的斗争中，政府采取了一系列财经措施，成功地制止了通货膨胀，使国民经济进行了一次根本性的改组，即从半殖民地半封建的经济轨道转变到新民主主义的独立自主的轨道上来。这是一个历史性的转变。但是，由于打击投机资本"四路进兵"的措施用力过猛，抑制物价上涨"刹车"过急，通货膨胀停止之后，过去虚假的社会购买力骤然消失，社会经济一时出现了"后仰"现象。从 1950 年 4 月开始，货币流通速度大为降低，商品销售量大为减少，银行存款大为增加。在这种情况下，不仅大城市，中小城市也都出现了商品滞销的问题，并由此引起了一些工厂停工、商店歇业、失业人口增加的现象。到 5 月份，全国失业人口达到 110 多万人，私营工商业的生产经营发生了许多困难。不少资本家对人民政府产生抵触情绪。有"纺织大王"之称的大资本家刘鸿生写信给上海市长陈毅诉苦说，公债买了十几亿，现要交款，还要纳税、补税、发工资，存货卖不动，资金没法周转，干脆把全部企业交给国家算了，办不下去了。

在财经状况开始好转的情况下，工商业界却发生了严重困难，这有其特殊的历史原因，同时也受到经济社会内在因素变化的影响，是诸多因素共同作用的结果。

从需求方面看：一是由于政府采取了治理通货膨胀的有力措施，过去长期在市场上不断买进卖出获取高额价差的投机势力，失去投机的客观条件，原来虚假的社会购买力迅速消失；一般大众因物价趋于稳定，无需通过购物进行保值，从而使社会需求大为缩减。二是社会消费需求结构发生了很大变化。过去面向达官贵人的产品和服务项目，如金银首饰、高级化妆品、高级丝绸、呢绒、参燕鹿茸、抽鸦片用具、迷信用具用品等，以及制造奢侈品的工业等，现在人民不需要了。从前依赖国外市场的，现在靠不住了。而从事这方面生产和服务的行业来不及马上转产或转业，这就必然导致产品滞销，出现市场困难。三是解放之初，作为消费主体的军政公教人员、企业事业单位职工的消费水平普遍较低，特别是占人口大多数的农民的购买力太低，许多生产和生活必需品因价高而买不起。

从供给方面看：首先，人民政府鼓励有益于国计民生的私营经济事业的发展，但许多行业的私营工商业者对社会的需求并不了解，盲目生产，盲目竞争，其产品超过了社会的有效需求，在虚假购买力消失之后，很快出现生产相对过剩、产品滞销的局面。

其次，私营企业生产经营成本提高，而产品定价又受到种种限制，普遍经营亏损。一是资金成本提高。许多私营厂商流动资金短缺，又很难从银行取得贷款，只有依靠民间或私营行庄借贷，月息高达30%～40%；同时，政府为平抑物价，实行货币紧缩政策，大幅度提高贷款利率，致使工商企业还本付息成为极大的负担，有的甚至被压垮。二是工资成本提高。新中国成立后，私营企业的职工纷纷反对资本家的剥削，要求提高劳动报酬，使私营企业的工资支出大幅度上升。三是原料成本提高。许多企业的原材料是在通货膨胀时购进的，物价稳定之后，产品的价格一落再落，从而提高了产品的成本。上述生产经营成本在短期内大幅度提高，造成多数私营厂商入不敷出，不得不停工歇业，或关门倒闭。

再次，大多数私营企业因机构臃肿庞大，人浮于事，导致费用大、成本高、利润少，又因机器陈旧，劳资关系不协调或经营不善，生产和经营效率普遍低于国营企业。再加上国民党空军对东部沿海大城市的轰炸，以及部分资本家携资外逃，不仅使私营厂商的经营不能正常运行，更主要的是造成资本家的心理恐慌，无心从事生产经营。

正如陈云所分析的，上述这些问题，把半殖民地半封建经济的病态充分暴露出来了，这是历史遗留下来的，是社会经济改组的"急刹车"发生的"后仰"现象。这些问题给工商业带来了一些困难，甚至是痛苦，但这是暂时的，是走向新生、走向重建、走向繁荣过程中的困难和痛苦。而且这种困难和痛苦，只是新解放区的现象，在老解放区，这些问题已经解决或接近解决了。①

除上述问题外，人民政府的财政工作中也存在若干问题和偏差。由于经验不足，公粮的征收，在地区上和负担面上有畸轻畸重现象；负担面太窄，使得一部分人负担过重。城市税收同样存在畸轻畸重的现象，主要是税目太多，有的重复，有的规定不明确，计税方法不统一，营业额评估不符合实际，以致工商户负担过重。在发行公债方面，也存在一些偏差，一次发行得太多，又和税收挤在一起，在银根紧的情况下，这样集中地回笼货币也不适宜；强迫、摊派现象有所发生。同时，在打击投机资本的工作中，一度出现过"左"的倾向，没有谨慎地区分投机资本的活动

---

① 参见陈云：《中华人民共和国过去一年财政和经济工作的状况》，《人民日报》1950 年 10 月 1 日。

与正常的工商业经营活动，采取区别对待的措施，而是一律收回贷款，不予放款；确定税额偏高，推销公债时间较急，导致工商业周转失灵，市场销路呆滞。这些问题和偏差，在一定程度上加重了私营工商业的负担和困难。

从1950年1月至4月的情况来看，在14个城市中有2945家工厂关门，在16个城市中有9347家商店歇业。困难的程度是，大城市重于小城市，上海重于其他城市，工业重于商业，工厂越大困难越重。从行业来说，以粮食、布匹等批发业及高级消费品行业最重。资本家躺倒不干，企业关门歇业，连带工人的生活受到严重影响。当时，上海的失业工人有20万，全国大约有100余万工人处于失业和半失业状态。这种状况，激化了一些社会矛盾，失望和不满的情绪在一部分工人和城市贫民中迅速蔓延。有的人说："解放了，生活为什么还这样苦？"有的职工拿不到工资就分厂分店，甚至发生抢糕饼铺、游行请愿、撕毁领袖像等事件。经济问题已影响到社会的安定，成为严重的政治问题。

从当时的情况来看，金融市场不稳定的主要因素是货币的财政性发行。要稳定物价，就得紧缩通货；而紧缩通货，工商企业必然受到影响。这两方面要掌握得恰到好处，很不容易。1950年三四月间，上海市市长陈毅连续致电中共中央和毛泽东，反映在紧缩通货的一系列措施下，上海私营工商业的困难更加严重，工商界叫苦的面越来越大；有300名厂长经理已逃去香港，失业职工即要增加到20万人，连家属需要救济的将超过50万人。建议中央在私人企业的资金周转、产品定购等方面应考虑一些必要的松动和扶助，特别应当考虑改善税收，在步骤上适当放缓，这样才能使上海工商业的维持获得实际的办法。

上海是全国第一大工商城市，又是民族资产阶级特别是大资本家最集中的地方，它的一举一动都牵动全国其他各大城市，上海私营工商业遇到的困难，公私经济之间所发生的矛盾，显得格外突出。中共中央对陈毅的几封电报给予了高度重视，毛泽东在4月23日的复电中指出："目前几个月确实应当用大力来做调整公私关系，劳资关系，维持生产与救济失业的艰巨工作。"

此前，毛泽东在访苏期间接到国内告急的电报，深感问题严重。3月4日，毛泽东、周恩来访苏归来回到北京，即于3月27日至4月6日，召开有各大区负责人参加的中央政治局扩大会议，研究解决办法。毛泽东会议上指出：中央人民政府成立以后，主要是抓了一个财政问题。目前财政上已经打了一个胜仗，现在的问题要转到搞经济上，要调整工商业。他针对党内一部分干部中存在的要挤垮私营工商业的错误倾向说：和资产阶级合作是肯定了的，不然《共同纲领》就成了一纸空文，政治上不利，经济上也吃亏。"不看僧面看佛面"，维持了私营工商业，第一维持了生产；第二维持了工人；第三工人还可以得些福利。当然中间也给资本家一定的利润。但比较而言，目前发展私营工商业，与其说对资本家有利，不如说对工人有利，对人民有利。①

中央财经委员会对于稳定物价采取抽紧银根的措施带来的某些负面作用，也进行了分析。4月12日，陈云在中财委党组会上指出：我们既在经济上承认四个阶级，有利于国计民生的私人工商业就要让他发展，有困难就要帮助。对资产阶级无非有两种办法：一是不给"油水"；二是给一点"油水"，二者必居其一。我主张从预算内划出一部分，给资产阶级一点"油水"，这对我们更有利。给"油水"也有两种给法：一是税收放宽；二是税收不放宽，银行给贷款。后一种办法给了好处，人家也不知道；前一种办法好处给在明处。所以，还是实行前一种办法。陈云提出：今后要多照顾一下别的阶级，可以定下一条，明年从预算里

---

① 参见薄一波：《若干重大决策与事件的回顾》（修订本）上卷，人民出版社1997年版，第103页。

让出一部分，叫做"合作费"，用以解决与资本家的合作问题；国家订计划也要把私营部分包括进去。① 会议完全赞同陈云的意见，决定中财委的工作要把重心从财政方面转到恢复发展经济上，首先抓好现有工商业的调整，按照公私兼顾的原则，从贷款、税收、原材料供应、运输等方面扶持私营工商业的发展。

在这样的情况下，为了确定国家在恢复国民经济时期的主要任务，以及为此必须进行的各项工作和所应采取的战略策略方针，1950年6月6日至9日，中国共产党第七届中央委员会第三次全体会议在北京举行。这是中华人民共和国成立后，中国共产党召开的第一次中央全体会议，也是为准备中国人民政治协商会议全国委员会第二次会议而召开的一次中央会议。

中共七届三中全会着重讨论了毛泽东《为争取国家财政经济状况的基本好转而斗争》的书面报告。这个报告总结了新中国成立前后一年多的工作，提出党在当前阶段的中心任务，是争取国家财政经济状况的根本好转。报告指出：中国现在在经济战线上已经取得的一批胜利，例如财政收支接近平衡，通货停止膨胀和物价趋向稳定等等，表现了财政经济情况的开始好转，但这还不是根本的好转。要获得财政经济情况的根本好转，需要用三年左右的时间，创造三个条件：一是土地改革的完成；二是现有工商业的合理调整；三是国家机构所需经费的大量节减。为此，必须做好以下八项工作：有步骤有秩序地进行土地改革工作；调整税收，减轻人民负担，在统筹兼顾的方针下合理调整工商业；复员一部分军队人员，对行政系统进行整编；有步骤地谨慎地对旧有文化教育事业进行改革，争取一切爱国知识分子为人民服务；认真做好对失业救济工作；认真团结各界民主人士，开好各界人民

---

① 参见中共中央文献研究室编：《陈云年谱》中卷，中央文献出版社2000年版，第46页。

代表会议；坚决肃清一切反革命分子；进行一次全党整风运动。

围绕争取财经状况根本好转的中心任务，七届三中全会对执政党在目前时期的工作做了全面部署。刘少奇在《关于土地改革问题的报告》中，就中共中央起草的准备提交政协全国委员会审议的土地改革法草案作了说明。他阐述了土地改革是新民主主义革命必须完成的任务；土地改革的基本目的，是使农村生产力从地主阶级封建土地所有制的束缚下获得解放，以便发展农业生产，为新中国的工业化开辟道路。为此，中央准备从 1950 年冬季起，在两年半到三年内基本上完成全国的土地改革（少数民族地区除外）。

陈云在全会上作了《关于财政经济问题的报告》，对合理调整工商业做了具体部署。他指出，五种经济成分应当统筹兼顾，这对人民有好处。只有在统筹兼顾、各得其所的办法下面，才可以大家夹着走，搞新民主主义，将来进到社会主义。但五种经济成分的地位有所不同，是在国营经济领导下的统筹兼顾。在调整公私关系方面，要通过加工订货，有步骤地组织私营工厂的生产和销售；通过适当调整价格政策和农副产品收购的分工，使私商有利可图，农民可增加一部分收入。

为保证中心任务的顺利实现，全会着重讨论和确定了党在政治上所应采取的战略策略方针。建国几个月来，社会经济的改组和支援战争的开支巨大，暂时给社会带来很重的负担，许多人对现状表示不满，国内阶级关系出现紧张。另一方面，在稳定物价的斗争中，党内一部分干部主张乘胜挤垮资产阶级、早日实现社会主义，加深了统一战线内部各阶级、阶层间的紧张关系，妨碍团结全国人民去实现当前的中心任务。

针对上述问题，6 月 6 日毛泽东在全会上作了题为《不要四面出击》的讲话，对书面报告的内容作了更进一步的阐述。他指出：我们当前的总方针，就是肃清国民党残余、特务、土匪，推翻地主阶级，解放台湾、西藏，跟帝国主义斗争到底。在即将开始的推翻整个地主阶级的土地改革中，我们的敌人是够大够多的。面对这样复杂的斗争，我们现在跟民族资产阶级的关系搞得很紧张，工人、农民、小手工业者和知识分子中都有一部分人不满意我们。为了孤立和打击当前的敌人，就要把人民中间不满意我们的人变成拥护我们。因此，"我们不要四面出击"。他解释说，四面出击，全国紧张，很不好。绝不可以树敌太多，必须在一个方面有所让步，有所缓和，集中力量向另一个方面进攻。一定要做好工作，使工人、农民、小手工业者都拥护我们，使民族资产阶级和知识分子中的绝大多数人不反对我们。这样，帝国主义、地主阶级、国民党反动派及其残余等几方面的敌人就在中国人民中间孤立了。

"不要四面出击"的方针，体现了一个重要的战略思想，这就是毛泽东在4月16日就税收和失业问题给上海市长陈毅的电报中所说："目前处在转变的紧张时期，力争使此种转变进行得好一些，不应当破坏的事物，力争不要破坏，或破坏得少一些；你们把握了这一点，就可以减少阻力，就有了主动权。"依据这个方针，党和人民政府的任何重要举措，都不可进行太猛、步伐过快，宁可慎重缓进，以便稳步地达到既定目的。

在缓和同民族资产阶级关系方面，毛泽东提出了"有所不同，一视同仁"的方针。所谓"有所不同"，就是国营经济是社会主义性质的，处在领导地位，它和私人资本主义经济、合作社经济都不同，要加以区别。但在其他问题上要按《共同纲领》办事，公私一样看待，有公无私是不对的，这就是"一视同仁"。他提出要在统筹兼顾的方针下，合理地调整工商业，切实而妥善地改善公私关系和劳资关系。他还强调说：民族资产阶级将来是要消灭的，但是现在要把他们团结在我们身边，不要把他们推开；团结他们，有利于劳动人民。有些人认为可以提早消灭资本主义实行社会主义，这种思想是错误的，是不适合我们国家的情况的。

关于统一战线工作，毛泽东提出，团结各界民主人士要认真地、主动地去做；必须认真地开好足以团结各界人民共同进行工作的各界人民代表会议，必须使出席人民代表会议的代表们有发言权，任何压制人民代表发言的行动都是错误的。

关于缓和同知识分子的紧张关系，毛泽东指出，必须有步骤地谨慎地改革旧有教育事业和旧有文化事业，争取一切爱国的知识分子为人民服务。在这个问题上，拖延时间不愿改革的思想是不对的，过于性急、企图用粗暴方法进行改革的思想也是不对的。改造知识分子，不要过于性急。

在民族关系方面，毛泽东指出，少数民族地区的社会改革，必须谨慎对待，无论如何不能急躁；条件不成熟，不能进行改革，一个条件成熟了，其他条件不成熟，也不要进行重大的改革。

关于土地改革，毛泽东指出，这是获得财政经济情况根本好转的第一个条件。但这次土改与从前不同，要将过去征收富农多余土地财产的政策，改变为保存富农经济的政策，以利于早日恢复农村生产，又利于孤立地主，保护中农和小土地出租者。他强调说，这也是为了不要因为土改又把阶级关系搞得过分紧张。过去土改是在紧张的战争情况下进行的，战争的锣鼓压倒一切；这次土改，大陆上的战争基本结束，在 3 亿人口的地区进行土改，从中国到世界是一件惹人注目的事。所以，这次土改不动富农，不挖底财，不分浮财，使土改稳步前进，这对各方面都是有好处的。

对全会提出的全党整风问题，毛泽东指出，整风也是为了团结四个阶级，缓和阶级间的紧张空气。有些民主人士总是称中央好，下级不好，因此整风是个重要环节。在整风运动中，要克服工作中所犯的错误，克服以功臣自居的骄傲自满情绪，克服官僚主义和命令主义，改善党和人民的关系。总之，要调节和处理好国内各种关系，使之不要全面紧张，从而形成一个团结的向共同敌人进攻的局面。

中共七届三中全会提出了争取国家财经状况基本好转的行动纲领，确定了"不要四面出击"的战略策略方针，使全党在复杂形势和任务面前，进一步统一思想，统一行动，团结一切可以团结的社会力量，为实现新民主主义的建国纲领而奋斗。这次会议，对以土地改革为中心进行民主改革，以恢复和发展生产为中心开展新民主主义建设，进而实现国民经济的全面恢复，具有重要的意义。

四、初建独立自主的外交格局

（一）废除帝国主义在中国的控制权

中国革命的胜利，推翻了帝国主义的长期压迫，在亚洲幅员辽阔、人口众多的中国大陆上冲破了帝国主义的东方战线，极大地增强了世界和平民主与社会主义阵营的力量，鼓舞了世界上一切被压迫民族和被压迫人民的独立解放运动。中华人民共和国的建立，为结束旧中国百余年来的屈辱外交，使新中国以独立自主的崭新面貌出现在世界舞台上创造了前提。

自近代以来，帝国主义国家通过各种侵略手段，同中国订立了一系列不平等条约，在中国攫取了许多特权，培植了庞大势力，成为压在中国人民头上的一座大山。根据不平等条约，帝国主义者在中国享有的特权是多方面的，主要有：一是驻军权。帝国主义国家的军队可以驻在中国的领土上，例如，当时上海、青岛等地驻有美军，长江停有美、英军舰。二是海关管理权。中国海关的总税务司是美国人李度。帝国主义国家输往中国或在中国制造的商品，其出入国境或就地销售均享有同中国商品一样的待遇。三是内河航行权。帝国主义国家的船舶可以在中国内河自由航行。四是自由经营权。帝国主义国家的国民、法人和团体都可以在中国自由经营企业，享受所谓"国民待遇"，可以同中国人一样在中国境内居住、旅行、经商、开厂、购地、置产以及从事各种文化、教育、宗教、救济事业。五是司法权。涉及中外双方国民、法人和团体的争执，规定中国法院"应完全信任双方为之设立的公断机构的裁决"。帝国主义者在中国所攫取的这些特权，严重损害了中国的独立和主权，是中国半殖民地的象征。

在不平等条约和特权的保护下，帝国主义通过商品输出和资本输出，控制了旧中国的经济命脉。帝国主义国家的国民、法人和团体在中国兴办了一大批工商企业，并占有大量房地产。在中华人民共和国成立时，尽管部分外资企业已经抽回了资本，但留下的仍有 1000 多家，以英资为最多，美资次之，法资又次之。它们主要投资于公用事业、制造业、进出口业和金融业。这些外资在中国国民经济中所占的比重虽已不大，但由于投资比较集中，在某些地区的某些行业中仍占明显的优势，甚至处于某种垄断地位。例如，外资企业在上海发电量中占 91%，煤气和自来水供应中分别占 83% 和 71%。中国各主要城市的石油存储设备大部分仍掌握在亚细亚、美孚、德士古三家外资石油公司手中。在航运方面，外资企业占有许多较好的地段和码头设备，并基本上控制了中国的远洋运输。此外，在新中国成立前，帝国主义国家还在中国开设了一些宣传机构，它们的国民、法人和团体，特别是宗教团体，也在中国开办了不少文化、教育、卫生和救济机关。

在第二次世界大战期间，德、意、日法西斯国家在中国的特权和势力陆续被清除。美、英、法等国因同盟国关系，曾于 1943

年与中国政府签订新约，取消了"领事裁判权"等若干在中国的特权。日本投降以后，国民党政府收复沦陷区，连带收回了大部租界、租借地，在形式上取消了外国租界。可是，战后帝国主义卷土重来，国民党政府又同西方各国，特别是美国签订了新的条约和协定，获得比以前更多的政治、经济、军事特权。如1946年11月签订的中美《友好通商航海条约》，规定中国向美国开放全部领土，美国在中国全境享有居住、旅行和从事商务、制造、加工、科学、教育、宗教及慈善事业的权利；可在中国购买、保有、建筑和租借土地、房屋和产业，开设工厂，从事金融业；美国对中国直接或间接的进出口，中国一概不能禁止；美国商品在中国的征税、销售、分配或使用，享有不低于任何第三国和中国商品的权利；美国船舶包括军舰可以不受限制地通过中国领水，并在中国港口停泊。这些条款和规定，严重损害了中国主权，遭到中国人民的强烈反对。

废除旧中国签订的不平等条约，取消帝国主义在中国的特权、肃清帝国主义在中国的势力和影响，是中国共产党的既定方针和新中国外交的重要任务。只有完成这一任务，才能巩固新中国的独立，恢复国家主权的完整，才能为新中国同世界各国在平等互利的基础上建立和发展政治、经济和文化关系开辟道路。为此，毛泽东在中共七届二中全会上，明确提出"有步骤地彻底地摧毁帝国主义在中国的控制权"的方针。

毛泽东指出："帝国主义者的这种控制权，表现在政治、经济和文化等方面。在国民党军队被消灭、国民党政府被打倒的每一个城市和每一个地方，帝国主义者在政治上的控制权即随之被打倒，他们在经济上和文化上的控制权也被打倒。但帝国主义者直接经营的经济事业和文化事业依然存在，被国民党承认的外交人员和新闻记者依然存在。对于这些，我们必须分别先后缓急，给以正当的解决。不承认国民党时代的任何外国外交机关和外交人员的合法地位，不承认国民党时代的一切卖国条约的继续存在，取消一切帝国主义在中国开办的宣传机关，立即统制对外贸易，改革海关制度，这些都是我们进入大城市的时候所必须首先采取的步骤。在做了这些以后，中国人民就在帝国主义面前站立起来了。剩下的帝国主义的经济事业和文化事业，可以让它们暂时存在，由我们加以监督和管制，以待我们在全国胜利以后再去解决。"①

遵照中共中央的这一方针，人民解放军在进入各大城市之后，均由军事管制委员会公告宣布：不承认原国民党政府与各国建立的外交关系，要求一切在华外国人必须遵守解放区人民政府颁布的各项法令。这就否认了帝国主义在中国的合法性，取消了帝国主义者在中国的政治特权。中央人民政府成立后，制订了具体政策和措施，在全国范围内，分别先后缓急，有步骤地取消帝国主义在中国的一切特权。首先取消外国帝国主义在中国曾经拥有的海关管理权、在华驻军权和内河航行权，这三项对中国主权的损害最大，是中国半殖民地的象征。

1949年10月，中央人民政府海关总署成立，结束了长期由外国人来控制中国的海关管理和关税收支的局面。1950年1月，政务院发布《关于关税政策和海关工作的决定》，规定海关总署必须是统一集中和独立自主的国家机关，负责对各种货物及货币的输入输出执行实际的监督管理，征收关税，与走私进行斗争，以此来保护中国不受资本主义国家的经济侵略。随后，公布《中华人民共和国暂行海关法》和新的海关税则，由国家管制对外贸易，实行进出口许可证制度。对国内能大量生产的工业品，规定较高的进口税率，以保护中国民族工业；对国内不能生产的工业品，降低税率或免征关税。凡与新中国有贸易条约或协定的国

---

① 《毛泽东选集》第4卷，人民出版社1991年版，第1434—1435页。

家，执行正常税率，否则要征收较高税率。对经由中央人民政府奖励的一切半制成品及加工原料的输出，只订较低的税率或免税输出。这样，就结束了帝国主义侵略造成的不平等、不自主的状态，使关税及海关管理的自主权完全掌握在中国人民自己手中。

随着人民解放军向长江以南的胜利进军，一切外国在中国的驻军包括美、英等国的军舰、飞机等军事侵略势力，都被扫地出门。为了彻底清除帝国主义在中国的军事特权，1950年1月至9月，北京、天津和上海的军管会先后宣告收回或征用美国、英国、法国、荷兰在该地的兵营地产及其地面建筑。对此，美国政府声称：其兵营地产是根据1901年中国同其他11国签订的条约获得、1943年中美条约予以重申的"久已存在的权利"，并已成为"美国领事馆的办公地址和产业"，中国如果收回或征用，"足以构成侵犯上述美国政府的权利的行动"，并威胁要"撤退所有美国官方人员"。但中国人民在维护自己的利益以及保卫祖国主权的立场上，是从不考虑一切帝国主义者的意志的。当时在苏联访问的毛泽东电示国内，同意贯彻征用命令征用外国兵营，"并准备着让美国将所有在华之旧领馆全部撤走"。在各地军管会的严正敦促下，美、英等国最后不得不将本来就属于中国人民的兵营地产等交还中国政府。由此，帝国主义国家在中国的军事特权被全部取消。

在收回帝国主义在中国的内河航行权方面，先是在解放天津、上海、广州等重要港埠城市之后，由各军管会制定外籍轮船进出港口的暂行管理规定，对其原来享有的自由航行权予以限制。1950年7月，中央财经委员会发布关于统一航运管理的指示，规定外轮一般不准在内河航行，只有在特定情况下须经政府有关部门批准，悬挂中国国旗方可驶入中国领水，在指定码头停泊；规定外国人在中国领土上，必须遵守中国的一切法令和规定，违者将受到中国法律的惩罚。同时，对在中国的外轮公司实行逐步接管。中国领水主权至此全部恢复。

处理外国人在华拥有的企业和房地产，以及外国政府、私人和团体在中国开办的宣传、文教、卫生、宗教等事业，是一项十分复杂的工作。对于外国企业，中共中央在新中国成立前曾设想，中国独立后可以在平等互利的基础上接受外国投资。中共七届二中全会的决议提出，对外资企业应采取"按照国籍、系统、行业等各种不同的具体情况进行个别处理和分别对待"的方针，对其进行调查研究，有计划有步骤地予以解决，必须保护国家生产，必须保护国内产品与外国商品的竞争。

按照这一方针，新中国成立后，对于一切资本主义国家政府和私人在中国的工商企业和投资，均不给予正式的法律承认，也不忙于去做有关禁止、收回或没收的表示，但对于金融投机、内河航行等对人民经济生活和国家主权侵害最大者，发出立即禁止的命令。其他如外国银行、外国人经营的公用事业，不忙于下令其停业，而是令其报告资本、账目和业务，以凭核办。各地对在华外资企业的资本和经营状况，都进行了细致的调查，为后来彻底废除帝国主义在中国的经济特权做好必要的准备。

1950年6月朝鲜战争爆发后，在美国军队进逼鸭绿江的情况下，中国人民被迫进行"抗美援朝、保家卫国"的斗争。1950年12月16日，美国政府宣布管制中华人民共和国在美国的公私财产，并禁止一切在美国注册的船只开往中国港口。在此情况下，中国不得不采取对策。12月28日，中国政务院发布《关于管制美国在华资产、冻结美国在华存款的命令》。据此，上海、北京、南京、武汉、广州、杭州、南昌、福州、长沙、汕头等地奉命行动，开始清算和管制美国在华的一切财产并冻结其公、私存款。1951年5月5日，政务院发出通报进一步明确指出：美资企业中凡牵涉到中国主权以及同中国国计民生关系较大者，可予征用，其他可分别情况予以代管、征购或管制。按此原则，到

1952 年年底基本完成了对美资在华企业的清理。

鉴于英国追随美国参加朝鲜战争及对中国的封锁禁运，香港英国当局又于 1951 年 4 月 7 日非法征用中国停泊在香港修理的永灏号油轮，为英国的侵略军事行动服务。中国政府就此提出严重抗议，并于 4 月 30 日征用英商亚细亚火油公司在中国各地除办公用房外的全部财产并征购其全部存油。之后，1952 年 7 月和 10 月，英国枢密院及香港高等法院将已经宣布起义的中国中央航空公司所属 40 架飞机、中国航空公司所属 31 架飞机及两航的其他资财，无理地判给"美国民用运输公司"所有。中国政府再次提出严重抗议，于 8 月 15 日征用上海英资英联船厂及马勒机器造船厂的全部财产，并于 11 月 20 日征用上海英资电车公司、自来水公司、煤气公司以及上海、天津和武汉的英资隆茂洋行的全部财产。至此，英资在华企业大体上清理完毕。

对于法资在华企业，中国政府直到 1953 年 11 月 2 日，宣布将上海法资电车、电灯公司这两家同上海人民生活密切相关的企业收归国营，代管其全部财产。而对属于一般资本主义国家的外资企业以及属于帝国主义国家的一部分外资企业，中国政府认为，只要它们遵守中国法令，不危害国计民生，可继续经营。但由于当时美国纠集一些国家对中国搞封锁禁运，这些外资企业也逐渐收缩或转让了。

对外国私人或团体在中国所拥有的房地产，中国政务院在 1950 年 12 月 3 日制定了关于外人教会和外人在华房地产的处理原则。中国政府不承认外国人在中国境内有土地所有权，不准许他们买卖或继承土地。外人教会拥有的房产，多由教徒捐献，转归中国教会所有。外侨房产许其自用、继承和转让，但不得出租，这些房产转让时应在有关契约或法律文件上写明"土地为中华人民共和国所有"。

对于外国政府、私人和团体在中国设立的宣传机构，在城市接管中即开始清理，首先停止了各地"美国新闻处"的活动。以后，不允许外国人继续在中国兴办报纸和杂志，停止了与中国无外交关系的外国通讯社和记者的活动。这样，就取消了帝国主义在旧中国自由开办通讯社、报纸、电台等特许权。对于外国人经办的或接受外国津贴的文化、教育、卫生、宗教、救济等机构，当时仍允许它们在遵守中国政府法令的前提下继续存在，到抗美援朝战争期间才予以彻底清除。

在废除帝国主义不平等条约方面，香港问题是中英两国之间的历史遗留问题。澳门问题则属中国与葡萄牙的历史遗留问题。香港地区自古以来就是中国的领土。19世纪下半叶，英国不断发动侵略中国的战争，胁迫清政府先后签订了《南京条约》（1842年）、《北京条约》（1869年）和《展拓香港界址专条》（1898年），强割、强租了香港岛、九龙和"新界"。这三个不平等条约严重地损害了中华民族的利益和尊严，是中华民族近代历史上最大的耻辱之一。因此，辛亥革命以后的历届中国政府都未敢违背中国人民的意志而公开或秘密地承认它们。从20世纪20年代末期开始，尤其是在抗战后期，中国政府曾经多次与英国政府交涉，希望在"倾斜的谈判桌"上实现"香港回归"，结果均告失败。"穷国、弱国无外交"，在中国人民于国内、国际都处于无权地位的时代，香港、澳门回归祖国之梦难圆。

中国共产党是在新中国诞生前夕确定外交政策的过程中，开始考虑如何处理香港这一特殊历史遗留问题的。1949年1月《中共中央关于外交工作的指示》中表明不"继承"旧中国的外交"遗产"——丧权辱国的不平等条约，宣布"废除卖国条约"，自然包括中英关于香港的三个不平等条约及中葡之间的不平等条约。但是，基于兼顾中华民族的长远利益与眼前利益的现实考虑，中共中央确定了"暂时不动香港"的方针。2月，毛泽东向斯大林的特使米高扬陈述新中国的内政外交政策时，说明了中共的这一立场："目前，还有多半的领土尚未解放。大陆上的事情比较好办，把军队开去就行了。海岛上的事情就比较复杂，须要采取另一种灵活的方式去解决，或者采用和平过渡的方式，这就要花较多的时间了。在这种情况下，急于解决香港、澳门的问题，也就没有多大意义了。相反，恐怕利用这两地的原来地位，特别是香港，对我们发展海外关系、进出口贸易更为有利些。总之，要看形势的发展再作最后决定。"[①]

毛泽东确定"从来敌视中国人民的帝国主义，决不能很快地就以平等的态度对待我们"。事实上，中华人民共和国一成立，以美国为首的西方资本主义阵营就"三管齐下"——政治孤立、经济封锁和军事包围，拒不承认中华人民共和国，并阻挠恢复中华人民共和国在联合国的合法席位。在这种情况下，中国政府为了巩固新生的共和国，为了保卫人民民主制度，在国际外交关系上采取了坚定的原则性和高度的灵活性相结合的政策，把香港问题放在当时的国际形势下考虑，将"暂时不动香港"的方针进一步概括为"长期打算，充分利用"的战略性决策，以保留香港这一传统的"国际通道"作为新中国与国际社会，尤其是与西方世界联系的"桥梁"。中共中央、毛泽东的这项富于远见的决策，很快就在新中国成立后利用香港的特殊地位打破帝国主义的封锁禁运斗争中，显示了重大而长远的战略意义。

（二）对外建交和对外关系的开展

中华人民共和国对外关系的开展，首先是从以苏联为首的人民民主国家建交开始的。1949年10月1日，毛泽东在开国大典上郑重宣告："本政府为代表中华人民共和国全国人民的唯一合

---

① 师哲口述，李海文著：《在历史巨人身边：师哲回忆录》，九州出版社2015年版，第276页。

法政府。凡愿遵守平等、互利及互相尊重领土主权等项原则的任何外国政府，本政府均愿与之建立外交关系。"当天，周恩来总理兼外交部长即向原驻北京的各国领事馆（在北京无领事馆的国家，则寄送其原设在南京的大使馆或公使馆）发送了中央人民政府公告，请他们转交给各自的政府，并附公函说明：中华人民共和国与世界各国建立正常的外交关系是需要的。

按照 1949 年 7 月刘少奇秘密访苏时同斯大林达成的约定，10 月 2 日，苏联外交部副部长葛罗米柯照会周恩来外长，通知：苏联政府决定建立苏联与中华人民共和国之间的外交关系，并互派大使。同时，苏联政府宣布同前国民党政府断绝外交关系，并决定自广州召回它的外交代表。10 月 3 日，周恩来外长照会葛罗米柯副外长，通知：中华人民共和国中央人民政府热忱欢迎立即建立中华人民共和国与苏联之间的外交关系，并互派大使。

继苏联之后，其他人民民主国家纷纷来电，祝贺中国革命胜利和中华人民共和国诞生，并表示愿意同中华人民共和国建立外交关系。中国政府分别复电，表示愿意建交。由于在新中国诞生前夕，中国共产党联合各民主党派就公开宣布将倒向以苏联为首的社会主义阵营一边，中华人民共和国一成立，各人民民主国家都采取了鲜明的热情支持的态度，中国同它们建立新的外交关系，并不需要经过谈判的过程。从 1949 年 10 月至 1950 年 1 月，中华人民共和国先后同保加利亚、罗马尼亚、匈牙利、朝鲜、捷克斯洛伐克、波兰、蒙古、德意志民主共和国、阿尔巴尼亚和越南这十个人民民主国家建立了外交关系。这一成果对于刚诞生的中华人民共和国是一个有力的支持，对于中国独立自主地步入国际社会是一个良好的开端。

建国之初，表示愿与新中国建交的，还有中国周边的一些民族独立国家和欧洲若干资本主义国家。当时有些国家虽表示承认新中国，但仍支持国民党集团，同它保持所谓的"外交"关系，中国政府坚持在建交前由双方派出代表进行谈判。只有在对方明确表示承认一个中国即中华人民共和国，并同台湾国民党当局断绝"外交"关系，承诺支持恢复中华人民共和国在联合国的合法席位，将该国境内属于中国的财产交还给中华人民共和国之后，双方才能就建交日期和互换使节等问题进行磋商。按照上述原则的精神，从1950年至1951年，新中国相继同印度、印度尼西亚、缅甸和巴基斯坦四个亚洲民族独立国家建立了外交关系，并且同瑞典、丹麦、瑞士和芬兰四个欧洲资本主义国家建立了外交关系。通过与这些国家建交，中华人民共和国向周边国家传达了睦邻友好的信息，向世界昭示了"一个中国"的原则，迈出了打破美国遏制和孤立新中国的重要一步。在重大国际政治问题上，中国同已建交的社会主义、人民民主国家、民族独立国家步调一致，为巩固和平民主阵营的团结，反对帝国主义的侵略政策和战争政策，维护世界持久和平进行了坚持不懈的斗争。

英国、挪威、荷兰三个欧洲资本主义国家都在1950年1月承认了中华人民共和国，并愿意同中国建立外交关系。尤其是英国因在战后国力严重削弱，更看重它在中国"相当可观而且由来已久"的经济利益和香港问题。由于中英贸易为英国所倚重，香港的繁荣和稳定又受制于大陆，英国不能不主动谋求改善两国关系。然而，这三个国家在同中国进行建交谈判时，或拒绝接受中国提出的必要条件，或未能履行承诺，中国当时未同它们达成建交协议。直到挪威在联合国对恢复中国代表权问题持明确的支持态度后，中挪两国才在1954年10月建交。对英国和荷兰，中国只同意在1954年互换代办。亚洲的锡兰、阿富汗、尼泊尔和以色列四国也较早承认了新中国，但因各种原因，这些国家未能同中国举行建交谈判。

美国在近代以来参与了西方列强对中国的一系列侵略行动，奉行所谓"门户开放""利益均沾"政策。在世界反法西斯战争中，美国作为同盟国以相当的人力物力财力支援了中国人民的抗日战争。但是，美国政府对中国革命则抱敌视态度，抗战结束后中国发生的内战，实质上是一场由美国人出钱出枪，帮助蒋介石消灭共产党，以达到置中国于美国控制之下的战争。中国共产党领导人民革命取得全国胜利以后，美国不甘心它在中国侵略的失败，特别不愿看到中华人民共和国的成立，使社会主义阵营在东方有了可靠的屏障，因而对新中国采取敌对的立场。在中华人民共和国成立的第三天，美国政府收到周恩来外交部长送交的公函，美国总统杜鲁门明确表示，美国决不应匆忙承认中共政府。10 月 3 日，美国国务院发表声明，宣称继续承认被中国人民驱赶到台湾岛的"国民政府"是"中国的合法政府"，并要求此前成立的北大西洋公约集团的成员国及其他一些国家，在是否承认中华人民共和国的问题上必须同美国保持一致。1950 年 4 月，美国又照会拉丁美洲各国政府，要挟他们不得先于美国承认中华人民共和国。

美国拒不承认中国革命胜利的现实，又企图迫使新中国就范。1949 年美国提出承认中华人民共和国的三个条件，其中最主要的是要求新中国履行所谓的"国际义务"，包括遵守清朝政府和国民党政府订立的条约，这些条约承诺保护美国个人的财产权、美国的外交官和外交财产。他们认为，新中国在政治上是有求于美国的，"即中共渴望西方的承认，如果美国带领西方阵线在北京同意承担'传统义务'之前拒绝承认的话，中共将不得不在某种程度上改变他们的革命"[1]。因此，美国不但在中国收回和征用其兵营地产问题上采取了抗拒的强硬态度，而且在朝鲜战争爆发后悍然派遣第七舰队侵入台湾海峡，用武力阻止中国人民解

---

① 陶文钊等：《美国对华政策文件集》第 1 卷（上），世界知识出版社 2003 年版，第 202 页。

放军解放台湾。

美国在政治上不承认中国，在经济上则奉行封锁和制裁方针。美国决策者认为，新政权一成立就要担起解决中国的吃饭问题、恢复国家经济的重负，为此，中共势必寻求外援和与西方的贸易，没有外来的经济和技术援助，中国共产党无法解决使国民党垮台的那些老问题。"共产主义理论与中国具体现实之间的第一个冲突，大概会具体在经济领域中产生"，这"正是在对华经济关系领域中美国具有对付中共政权的最有效的武器"①。只要假以时日，中国"最终会卑躬屈节地""敲山姆大叔的门要求援助"②。为此，美国决定利用经济手段，给新中国政权制造困难。虽然此时美国还没有实行全面禁运，但实行了相当严格的贸易控制，规定一切直接的军事物资和装备、重要的工业、交通、物资通讯和设备都禁止向中国出口。美国还听任、配合甚至支持台湾国民党当局自1949年6月下旬起对南起闽江口、北至辽河口的中国东部沿海港口实行封锁，禁止一切外国船只驶入的行动。

1949年11月15日，周恩来外长致电联合国大会主席和秘书长，指出：只有中华人民共和国中央人民政府才是代表中华人民共和国全体人民的唯一合法政府，要求取消所谓"中国国民政府代表团"参加联合国的一切权利。1950年1月8日，周恩来再次重申了中国政府的上述立场，并要求将国民党代表开除出联合国安全理事会。但是，美国代表在联合国安理会发言，认为台湾国民党代表的全权证书有效，接着，又在安理会投票反对开除国民党代表。1951年11月13日，美国操纵第六届联合国大会通过

---

① 美国国务院：《美国外交关系1949》第9卷，第827页，华盛顿，1973年。

② 美国国务院：《美国外交关系1949》第9卷，第1140—1141页。华盛顿，1973年。

"延期讨论"恢复中华人民共和国在联合国合法席位的决议。此后，美国在历届联合国大会上都故伎重演，蛮横地践踏联合国宪章，剥夺中华人民共和国在联合国及其所属各组织中应有的合法权利。美国利用这种手段在外交上孤立了中华人民共和国达22年之久。

（三）缔结中苏友好互助同盟关系

开国之初，人民政府面临着医治战争创伤、恢复和发展国民经济的严重任务。在民生凋敝、百废待兴的国内形势下，中国共产党和中央人民政府坚信中国人民有光复旧物的民族自信心和自立于世界民族之林的能力，一定能够依靠独立自主、自力更生，在战争的废墟上建立起一个繁荣昌盛的新中国。同时，认为有必要争取一切可能的真诚、善意的国际援助，以巩固中国革命的胜利成果，加快恢复和发展国民经济的进程。在帝国主义图谋对新中国实行封锁、禁运的情况下，封锁太久对中国的经济发展极其不利。因此，巩固和发展中苏两大国的团结友谊和经济贸易合作，就显得格外重要。

新中国成立之初，国内事务千头万绪，异常繁忙，但在开国大典后仅两个月，毛泽东就以中华人民共和国中央人民政府主席的身份出访苏联。形式上是前往参加斯大林70寿辰的庆祝活动，更主要的是就两国两党之间所关心的问题交换意见，商谈和签订两国之间的有关条约、协定等，并商议与解决有关两国利益的若干历史与现实问题。

在毛泽东此行之前，中共中央曾于1949年7月派以刘少奇为首的中共代表团秘密访苏，向斯大林介绍了中国革命的进展情况、发展前景及其对世界革命所应担负的义务，并为取得苏联对中国革命的理解及在各方面的支持和援助，特别是通过苏联争取国际间对中国革命的同情和支持，进行了卓有成效的工作。斯大林在两党会谈中，完全同意中共同民族资产阶级合作并吸收他们参加政府的做法，肯定了新中国人民民主专政的国体、政体及各项外交原则，并就苏联国内建设中积累的经验向中共方面提出了一些值得重视的参考性建议。在会谈中，斯大林还就曾过高估计国民党的力量而对中共提出不适当的建议，主动作了自我批评，并对由此可能造成的对中共的妨碍表示了歉意。刘少奇这次秘密访苏，沟通了两党间的理解，解除了斯大林对中国革命前景的某些疑虑，为毛泽东正式访问苏联打下了良好的基础。

1949 年 12 月 16 日，毛泽东率中国政府代表团抵达莫斯科，受到苏联领导人热烈而隆重的欢迎。当天下午 6 时，斯大林在克里姆林宫会见了毛泽东。以 20 世纪两次伟大革命相继震撼世界的两大国、两大党的领袖，双手紧紧握在一起，这一场景具有历史象征意义。在首次会晤中，毛泽东提出：目前最重要的问题是建立和平；中国需要和平环境，把经济恢复到战前的水平，并从总体上使国家稳定；中国对重大问题的决定，取决于今后的和平前景。斯大林盛赞中国革命的胜利将改变世界的天平，加重国际革命的砝码，表示全心全意祝贺这个胜利，并希望中国同志取得更多更大的胜利。

谈话涉及中苏国家关系中存在的有争议的重大问题。这就是1945 年 8 月原国民党政府与苏联政府签订的《中苏友好同盟条约》（简称"中苏旧约"）。这一条约是第二次世界大战后期，苏、美、英三国背着中国达成雅尔塔协定的产物，它严重损害了中国的权益。根据中苏旧约及有关协定，苏联取得了对中国旅顺军港和大连商港各一半的为期 30 年的租用权，中国长春铁路的一半所有权和主要经营权，实质上基本恢复了沙俄时代在中国东北的特权。按照新中国"另起灶炉"的方针，中苏旧约也应予以废除而另订立新约，以适应中国革命胜利后国际形势和中苏关系的变化。在刘少奇访苏时，斯大林曾表示，旧的中苏条约是不平等的，这一问题可留待毛泽东访苏时解决。

可是，当毛泽东在莫斯科提出中苏旧约问题时，斯大林却表示不愿废除中苏旧约。他说，1945年那个条约是根据雅尔塔协定签署的，可以说得到了美国和英国的同意。苏联从日本手中得到的千岛群岛、南库页岛等，也是在雅尔塔达成协议的。因此，目前不宜改变中苏旧约的合法性，否则会给美国和英国提出修改涉及千岛群岛、南库页岛条款的问题提供法律上的借口。[①] 斯大林提出，在表面上要保持条约的原有条款，而在实际上可采取一种有效地改变原有条约的办法，例如，在形式上不改变由苏联租借旅顺口30年，但实际上可以在中国政府要求下从那里撤出苏军。毛泽东说：照顾雅尔塔协定合法性是必要的，但中国社会舆论有一种想法，认为原条约是和国民党订的，国民党既然倒了，原条约就失去了意义。斯大林说：原条约是要修改的，大约两年以后，并且须作相当大的修改。

12月21日，毛泽东出席了在莫斯科大剧院举行的庆祝斯大林70寿辰庆典。在与会的13个国家和共产党代表团中，毛泽东第一个登上讲台，代表中国人民和中国共产党致词，高度评价了斯大林对国际共产主义运动作出的杰出贡献。毛泽东的致词，受到全场三次起立长时间鼓掌的盛大欢迎。毛泽东莫斯科之行的第一项任务圆满完成。可是，有关中苏缔结新约等重要问题，却一直未能与斯大林进行商谈，这对于国内有着千头万绪的工作等待去做的毛泽东而言，甚感焦虑。

经过一段时间的沟通，特别是针对西方舆论认为"中苏两国最高级会晤持续了十几天仍未见结果"所作的各种猜测及谣言，中苏双方商定于1950年元旦发表了《塔斯社记者对中华人民共和国主席毛泽东访问记》。毛泽东说："我逗留苏联时间的长短，

---

① 参见王俊彦：《开国外交》，时事出版社1999年版，第289页。

部分地决定于解决有关中华人民共和国利益的各项问题所需的时间。""在这些问题当中，首先是现有的中苏友好同盟条约问题，苏联对中华人民共和国贷款问题，贵我两国贸易和贸易协定问题，以及其他问题。"① 这篇答记者问，既驳斥了西方通讯社的无稽之谈，又披露了双方会谈所需要解决的核心问题。这对于促进双方开始实质性会谈起了推动作用。

1月2日，斯大林派莫洛托夫和米高扬会见毛泽东，征求他对处理中苏条约的意见。毛泽东提出三个方案：第一，签订新的中苏友好同盟条约；第二，由两国通讯社发表一个简单的公报，仅说两国就中苏旧约及其他问题交换了意见，取得了在重要问题上的一致意见；第三，签订一个声明，内容说到两国关系的要点，但不是条约。毛泽东强调，把中苏关系以新条约的形式固定下来，有极大利益，中国人民将感到兴奋，我们可以有更大的政治资本去对付帝国主义国家，去审查过去中国和各帝国主义国家所订的条约。莫洛托夫当即表示，第一项办法好。随后，双方又为周恩来总理来莫斯科参加谈判作出安排。

当晚，毛泽东致电中共中央通报了这一重要进展。他强调：这样做有极大利益。这一行动将使人民共和国处于更有利的地位，使资本主义各国不能不就我范围，有利于迫使各国无条件承认中国，废除旧约，重订新约，使各资本主义国家不敢妄动。嗣后，中苏双方就"友好条约已在商谈之中"联合发表公报，引起国际舆论的普遍关注。至此，通向巩固两大国邦交的道路业已开通。

斯大林改变不愿废除中苏旧约的态度，一方面是毛泽东向苏方通报中国强制征用了美国兵营地产，使他对中国是否走南斯拉夫铁托道路的怀疑有所消除。另一方面起作用的是，印度和缅甸

① 《毛主席答塔斯社记者问》，《人民日报》1950年1月3日。

已表示愿意承认新中国，"不久英国和其他英联邦国家也将在承认中华人民共和国的问题上采取明显的步骤"。这使斯大林看到美英对中国的政策不同，他反对废除中苏旧约的理由是不成立的。1月2日晚，苏方同意另订新约。6日，英国正式承认新中国，中方迅速作出积极反应，暂缓征收英国兵营地产，表示愿意同英国进行建交谈判，一面又考虑到苏方的反应，对英国关于建交的答复"拖一下"。中方对中美、中英关系的处理，推动了斯大林态度的改变，他认为中苏旧约牵涉雅尔塔协定的问题可以不必再顾虑，因而对签订新约采取了友好合作的态度。毛泽东后来对苏联驻华大使尤金说："印度和英国帮了中国的忙，他们分别在1950年1月承认了中华人民共和国。可能是这一点促使斯大林态度的改变。"

1月20日，周恩来总理兼外交部长率领中国政府代表团抵达莫斯科，中苏双方开始就签订新约和协定的问题举行正式谈判。斯大林表示，过去的《中苏友好同盟条约》是对日战争时订立的，现在已不适用，必须另订新约。毛泽东说明，在新情况下中苏两国的合作关系应在条约上固定下来。条约的内容应是密切两国的政治、军事、经济、文化、外交的合作，以共同制止日帝之再起及日本或与日本相勾结的其他国家之重新侵略。根据斯大林与毛泽东商定的基本精神，经苏方提议，由周恩来主持起草新约文本，双方很快就文本内容达成一致。

1950年2月14日，双方签订了《中苏友好同盟互助条约》《关于中国长春铁路、旅顺口及大连的协定》《关于苏联贷款给中华人民共和国的协定》等文件。两国外长互换三个照会，声明1945年8月14日苏联政府同中国国民党政府签订的《中苏友好同盟条约》及各项协定失效，承认蒙古人民共和国在南京政府时期已经独立的现实，决定苏联经济机关在中国东北自日本所有者手中获得的财产以及北京原苏联兵营的房产均无偿地移交给中国。

新签订的《中苏友好同盟互助条约》共六个条款，有效期为30年。其宗旨是：加强中苏两国的"友好与合作，共同防止日本帝国主义之再起及日本或其他用任何形式在侵略行为上与日本相勾结的国家之重新侵略""依据联合国组织的目标和原则，巩固远东和世界的持久和平与普遍安全"。新约规定："一旦缔约国任何一方受到日本或与日本同盟的国家之侵略，因而处于战争状态时，缔约国另一方即尽其全力给予军事及其他援助"；"缔约国双方均不缔结反对对方的任何同盟，并不参加反对对方的任何集团及任何行动或措施"；"双方根据巩固和平和普遍安全的利益，对有关中苏两国共同利益的一切重大国际问题，均将进行彼此磋商"；"双方保证以友好合作的精神，并遵照平等、互利、互相尊重国家主权与领土完整及不干涉对方内政的原则，发展和巩固中苏两国之间的经济与文化关系，彼此给予一切可能的经济援助，并进行必要的经济合作"。

通过谈判，在新签订的《中苏关于中国长春铁路、旅顺口及大连的协定》中，苏联方面同意早日放弃它根据1945年同中国国民党政府签订的有关协定而获得的某些特权。中国方面考虑到当时的国际形势，为了共同防御帝国主义的需要，同意有一个过渡期。该协定规定：一俟对日和约缔结后，但不迟于1952年末，苏联政府"将共同管理中国长春铁路的一切权利以及属于该路的全部财产无偿地移交给中华人民共和国政府"，苏联军队"自共同使用的旅顺口海军根据地撤退，并将该地区的设备移交中华人民共和国政府"。协定还规定在缔结对日和约后再处理大连港问题。

至于过渡期间如何管理中长路、旅顺口和大连港，新协定的有关条款比之旧协定的原有安排有明显不同。例如，旧协定规定在中苏共管中长路期间，由中方代表担任中长铁路理事会的理事

长，由苏方代表担任掌握实权的中长铁路局长。新协定则规定由
双方代表轮流担任理事长和局长。旧协定规定处理中苏共同使用
旅顺口海军根据地问题的"中苏军事委员会"，由苏方代表三人
和中方代表二人组成，并由苏方代表任委员长；"旅顺口主要民
事行政人员的任免，由中国政府征得苏联军事指挥当局之同意为
之"；"苏联军事指挥当局，为保障安全与防卫起见，向中国行政
当局所作之建议，该行政当局当予以执行"。新协定则规定中苏
联合军事委员会由双方派出同等数目的代表组成并轮流担任主
席，"该地区的民事行政应直属中华人民共和国管辖"。旧协定规
定大连的"港口主任由中国长春铁路局局长在苏籍人员中遴选"
"所有港口工事和设备的一半，无偿租予苏方，租期定为三十
年"。新协定则规定大连的行政管理权完全直属中华人民共和国
管辖，现时大连所有财产，凡为苏联方面临时代管或苏联方面租
用者，应由中华人民共和国政府接收，此项工作应于 1950 年内
完成。

根据《关于苏联贷款给中华人民共和国的协定》，苏联政府
向中国提供 3 亿美元的贷款，利率为 1%，偿还期 10 年；中国则
向苏方提供钨、锡、锑等战略原料以偿还贷款。双方还达成在中
国创办石油、有色金属、民用航空和造船四个中苏合营股份公司
的协定。应中方请求，苏方同意派遣空军保护华东。作为交换条
件，双方签署一个秘密协定，规定在苏联的远东和中亚地区、中
国的东北和新疆，不得给予第三国租让权利，也不准许第三国公
民进行经济或其他活动。尽管谈判过程中存在一些矛盾和分歧，
但为了照顾中苏团结的大局，最终双方都作出了相应的让步。在
当时的历史条件下，中苏新条约和新协定的缔结对保障双方的安
全，维护远东和世界的和平，加强中苏人民的友谊和促进两国的
社会主义建设事业，都有重大意义。

中苏友好同盟关系的缔结，既解决了中苏两国历史上遗留的

一些问题，又为废除旧中国同外国订立的一切不平等条约、肃清帝国主义在华特权提供了可资参照的例证。在战后世界和平民主阵营与帝国主义阵营相互对峙的国际格局中，中苏两大国的同盟增强了维护世界和平民主的各国人民一方的力量，成为对帝国主义侵略扩张政策的一个重要制约因素；同时，对于打破帝国主义对新中国的孤立和封锁起到了积极作用，为中国恢复和发展国民经济创造了有利的国际条件。

1950年2月17日，毛泽东结束了在苏联为期两个多月的访问，偕同周恩来登上归国的行程。4月11日，中央人民政府委员会第六次会议批准了《中苏友好同盟互助条约》及相关协定。毛泽东在会上讲话指出："这次缔结的中苏条约和协定，使中苏两大国的友谊用法律的形式固定下来，使得我们有了一个可靠的同盟国，这样就便利我们放手进行国内的建设工作和共同对付可能的帝国主义侵略，争取世界和平。"

从另一方面看，中苏关系中还有一些问题需要进一步解决。例如，关于中长路、旅顺口、大连港的规定，仍然留有《雅尔塔协定》的某些痕迹；在中苏共同管理中长路和四个合营公司的过程中，也发生过苏方不充分尊重中国主权的情况。苏方坚持中长路应从东北铁路系统中分离出来，不尊重中国统一的车辆调度制度；对四个合营公司，苏方也试图把它们变为独立于中国主权之外的经济实体。这些问题，在中苏双方于1952年商定把中长路全部管理权、1954年又商定把四个合营公司中的苏方股份移交中国后，才得到解决。另外，在20世纪50年代初期，在中苏非贸易支付中，由于清算办法不合理，中方在人民币与卢布的比价上吃亏很大。直到1956年7月，经过谈判，苏方才加以纠正，并将过去多收的款项退还给中国。尽管如此，由毛泽东、斯大林缔结的两国友好同盟互助条约，开启了中苏关系史上一段弥足珍贵的友好互助合作的时期。

第三章 保卫人民共和国的第一战

一、反对美国武装干涉朝鲜和侵占台湾

（一）朝鲜战争爆发和美国进占台湾

正当中国人民按照中共七届三中全会的部署，为争取国家财政经济状况根本好转而努力奋斗的时候，1950年6月25日，中国的近邻朝鲜爆发了内战。美国随即派军队进行武装干涉，对朝鲜方面发动全面战争。在同一时间，美国派遣其海军舰队侵占中国的领土台湾。刚成立不久的中华人民共和国在国家安全上受到严重的外来威胁。

位于东亚的朝鲜半岛，是世界两大阵营在东方对立斗争的一个焦点。第二次世界大战结束时，美国和苏联依照雅尔塔协定达成协议，在朝鲜半岛以北纬38度线（通称"三八线"）划界，苏军在北方、美军在南方分别接受驻朝日军投降。战后，美、苏围绕朝鲜实行什么社会制度的问题发生尖锐对立和斗争，导致朝鲜南方和北方分别走上不同的发展道路。1948年8月，南方在汉城单独成立了以李承晚为总统的大韩民国。9月，北方在平壤成立了以金日成为首相的朝鲜民主主义人民共和国。此后，苏、美军队先后撤出朝鲜半岛，但朝鲜南北两个政府、两种制度之间，围绕如何实现南北统一问题的斗争日趋尖锐。双方都为用武力实现统一而加紧进行准备，三八线上不断发生小规模的武装冲突和

军事摩擦，终于导致朝鲜半岛大规模内战的爆发。

朝鲜战争，本是朝鲜民族内部的事务，按照联合国宪章，不容外国干涉。但是，在美苏对峙冷战的国际格局下，美国决策者立即断定，朝鲜的事件是以苏联为首的社会主义阵营向"自由世界"的挑战，是苏联对美国"抵御共产主义扩张的决心"的一个试探。美国作为"自由世界"的领袖，不能视而不见，必须采取行动。为此，战争爆发的当晚，美国政府即作出了武装干涉朝鲜的决定。这时，南朝鲜军队在朝鲜人民军的猛烈进攻下已溃不成军，仓皇败退。为挽救南朝鲜政权不致垮台，美国政府命令美国远东军的海军、空军立即向朝鲜出动，"运用一切可供支配的手段""毫无限制"地攻击三八线以南的朝鲜人民军部队，支援南朝鲜军作战。

6月26日，美国总统杜鲁门正式批准了在台湾海峡实行所谓"隔离"的政策，派遣其驻扎在菲律宾的海军第七舰队开进台湾海峡，以武力阻止中国人民解放军解放金门、台湾的军事行动。27日，杜鲁门发表总统声明宣称："我已命令美国的海空军部队给予朝鲜（指南朝鲜）政府部队以掩护及支持。"并称："我已命令第七舰队阻止对'福摩萨'（即台湾）的任何进攻。……'福摩萨'地位的决定，必须等待太平洋安全的恢复、对日的和平解决，或联合国的审议"。这样，美国不但公然武装介入了朝鲜内战，同时把侵略行动的范围扩大到中国的领土台湾，武装干涉中国内政，并将它既定的远东侵略扩张计划，进一步扩大到东南亚、印度支那等整个远东地区。由于美国的武力介入，朝鲜战争的性质即由南北方内战转变为美国侵略、朝鲜人民反侵略的战争；而美国在武装干涉朝鲜的同时侵略中国台湾的行径，则使朝鲜问题一开始就与中华人民共和国的主权、领土和尊严联到了一起。

台湾自古就是中国不可分割的领土。1895年甲午战争之后，清政府被迫将台湾割让给日本。1945年日本投降后，台湾和澎湖等岛屿不仅在法律上而且在事实上恢复成为中国领土的一部分。1949年国民党集团从大陆逃往台湾，使大陆上的内战状态在海峡两岸间延续下来。中华人民共和国成立后，美国政府拒不承认中央人民政府，宣称台湾"国民政府"是"中国的合法政府"；但在对中国局势的看法上，美国高层内部却存在着意见分歧。1949年12月29日，杜鲁门总统在白宫召开国家安全会议，专门讨论对华政策问题。会上围绕是否继续援蒋问题分成对立的两派。以参谋长联席会议主席布莱雷德为代表的军方，极力主张派军队进驻台湾；以国务卿艾奇逊为代表的文官派则坚决反对，认为国民党政府败局已定，美国介入也无济于事。在这样的背景下，1950年1月5日，美国总统杜鲁门举行记者招待会宣布："美国对台湾或中国其他领土从无掠夺的野心……美国亦不拟使用武装部队干预其现在的局势。美国政府不拟遵循任何足以把美国卷入中国内争中的途径。"这个声明使"华盛顿要抛弃蒋介石"的舆论迅速在全世界传开。台湾岛内更加陷入孤立无援、穷途末路的恐慌中。

然而，仅时隔几个月，美国政府对待台湾的态度就有了大反转。按照杜鲁门总统的命令，6月29日，美国第七舰队的六艘驱逐舰、两艘巡洋舰和一艘运输舰侵入台湾海峡，并开始巡弋。随后，美国第十三航空队进驻台湾，并向台湾派遣正式的军事使团。经与蒋介石会商，决定将美蒋军队统一归美国远东军总司令麦克阿瑟指挥。美国的武装力量公然侵入台湾，还在中国的领空领海进行侦察巡逻活动，这就构成了美国政府对中国公开直接的侵略行为。这一侵略行动的主要目的，一是为了保障侵朝战争的军事和补给的需要，二是为着阻止中国人民解放台湾。从长远来看，美国还旨在制造所谓台湾"中立化"，妄图改变中国对台湾的主权，从而把台湾作为美国威胁亚洲、进窥中国的战略基地，即所谓"永不沉没的航空母舰"，这引起了中国人民的极大愤慨。总之，美国武装干涉朝鲜和侵略中国领土台湾，是中华人民共和国外部安全受到严重威胁的一个危险讯号。

6月28日，毛泽东在中央人民政府委员会第八次会议上发表讲话。他针对杜鲁门27日的总统声明指出：杜鲁门在今年1月5日还声明说美国不干涉台湾，现在他自己证明了那是假的，并且同时撕毁了美国关于不干涉中国内政的一切国际协议。毛泽东号召"全国和全世界人民团结起来，进行充分的准备，打败美帝国主义的任何挑衅"。当日，周恩来外长发表声明，代表中国政府宣布："杜鲁门27日的声明和美国海军的行动，乃是对于中国领土的武装侵略，对于联合国宪章的彻底破坏"；"不管美国帝国主义者采取任何阻挠行动，台湾属于中国的事实，永远不能改变；这不仅是历史的事实，且已为开罗宣言、波茨坦公告及日本投降后的现状所肯定。""我国全体人民，必将万众一心，为从美国侵略者手中解放台湾而奋斗到底。"①

响应中国共产党和中央人民政府的号召，全国人民迅速行动起来，掀起群众性的反对美国侵略中国台湾、朝鲜的运动。至8月初，全国有6000万人在世界和平大会通过的斯德哥尔摩和平宣言上签名，越来越多的人了解到美帝国主义侵略亚洲、破坏世界和平的罪恶事实，认识到反对帝国主义侵略战争的意义就是保卫世界和平。中华全国总工会、台湾民主自治同盟等11个单位组织了中国人民反对美国侵略台湾朝鲜运动委员会，在全国开展多种形式的宣传教育活动，抗议美国侵略中国台湾和朝鲜，声援英勇反抗侵略的朝鲜人民。

但是，美国继续加快在朝鲜的侵略步骤，一是把海空军的作战范围扩大到三八线以北地区，攻击北朝鲜境内的目标；二是派

---

① 《人民日报》，1950年6月28日。

出地面部队从朝鲜南部入境直接参加作战，并实际接管了南朝鲜军队的指挥权。同时，美国在联合国加紧活动，要求安全理事会通过相关决议，为美国军队侵略朝鲜的行动提供"合法"依据。由于此前美国操纵西方国家拒绝恢复中华人民共和国在联合国的合法席位，反对驱逐蒋介石集团的代表，苏联驻联合国安理会代表马立克从 1950 年 1 月 10 日起拒绝出席安理会会议，以示抗议。美国利用苏联代表缺席、中国的合法代表席位被国民党集团霸占的机会，于 6 月 25 日、27 日操纵联合国安理会通过指控朝鲜北方军队进攻南朝鲜的决议和向南朝鲜政府提供援助的决议。7 月 7 日，美国再次操纵联合国安理会通过决议，授权美国组成"联合国军"司令部，统一指挥参加侵朝战争的其他国家的军队，使用"联合国军"的旗帜开入朝鲜半岛作战。

　　安理会的上述决议，破坏了联合国宪章规定"不得授权联合国干涉在本质上属于任何国家国内管辖之事件"的重要原则。正是利用联合国安理会作出的决议，美国为它及所纠集的其他国家的侵朝军队，披上了"联合国军"的外衣。先后派兵参加侵朝行动的有：美国、英国、法国、土耳其、加拿大、荷兰、澳大利亚、新西兰、泰国、菲律宾、希腊、比利时、哥伦比亚、埃塞俄比亚、南非、卢森堡等 16 个国家。这样，就使原为解决本民族统一问题的朝鲜内战完全国际化，演变为第二次世界大战后第一场大规模、国际性的局部战争。

（二）巩固东北边防掌握战略主动

　　朝鲜战争初期，朝鲜人民军势如破竹，一举解放汉城，并迅速向南推进，占领了三八线以南的广大地区。美国出兵侵朝以后，中共中央判断朝鲜战局的发展有两种可能：一种可能是人民军一鼓作气，驱逐已经进入朝鲜的美军，歼灭南朝鲜军队，解放全朝鲜，结束战争；另一种可能是美国迅速向朝鲜投入大量部队，人民军进攻受阻，战争将会长期化，美国如继续增兵，朝鲜的局势有可能逆转。中央认为，无论哪种情况，中国都应有所准备。

鉴于朝鲜战争形势的发展和美国公然以其军事力量及海空优势阻止中国人民解放军解放台湾，中共中央审时度势，决定将原定积极准备于1951年实行解放台湾的任务向后推迟，重新考虑攻台作战的时机和准备工作。同时，鉴于美国执意扩大侵朝战争，朝鲜局势很可能逆转，并进一步威胁到中华人民共和国的安全，中共中央作出了组建东北边防军的重要决策。

朝鲜战争爆发前，东北地区由于背靠苏联、毗邻朝鲜，在全国的国防部署中处于战略大后方的地位，东北军区辖属的建制部队只有6个警备师和部分地方部队，另有一个野战军部队已转入农业生产。1950年7月7日，根据毛泽东的指示，中央军委召开保卫国防的第一次会议，决定立即抽调位于中原地区的国防机动部队第十三兵团等部队北上，在中朝边界的鸭绿江一线集结，组成东北边防军，担负保卫东北边防和在必要时援助朝鲜人民的任务，并规定：一旦边防军参战，则"改穿志愿军服装，使用志愿军旗帜"。根据7月13日中央军委下达的《关于保卫东北边防的决定》，原分散在广东、河南、湖南、广西等地驻防、剿匪及从事农业生产的5个军的部队，陆续开进东北整训待命。同时，中央决定向苏联订购武器装备，加快空军、炮兵和高射炮兵等军兵种建设，制订防空计划等。

这时，朝鲜人民军正在向南顺利推进，已占领南方首府汉城，并将敌军压缩至洛东江东南只占朝鲜总面积8%的地域内。毛泽东、中共中央审时度势，清醒地认识到朝鲜问题已成为国际斗争的焦点，强调必须从应付最坏的情况出发加紧各项战争准备，以作"绸缪之计"。

8月4日，毛泽东在中央政治局会议上分析说：如果美帝得胜，就会得意，就会威胁我们。对朝鲜我们不能不帮，必须帮助，用志愿军形式，时机当然还要选择，我们不能不有所准备。当时考虑以志愿军的名义入朝作战，既可以有效地援助朝鲜人民抗击美国的侵略，又可以不使中美两国公开进入战争状态，有利于继续保持国内的和平环境。

8月下旬，毛泽东、中央军委根据各种战况分析，准确地估计到美军的下一步行动，最大可能是从朝鲜人民军侧后的仁川港登陆，即将此估计通报给朝鲜领导人金日成，建议预作防范。同时，毛泽东为中央军委拟电，要求东北边防军务必于9月底以前完成一切准备工作，待命出动作战。为此，中央军委又从中南军区增调1个军开赴东北，使东北边防军的兵力配备达到5个军26万余人。这样，就赶在朝鲜战局发生恶化之前，做好了最重要的战前准备。

随着美国空军对朝鲜北部交通沿线狂轰滥炸，朝鲜战场形势日益恶化。8月27日起，侵朝美军飞机侵入中国领空，沿鸭绿江岸扫射建筑物、车站、车辆和平民，造成了财产损失和人员伤亡，情形严重。此外，美国海军还在公海上破坏中国商船的正常航行，袭击中国渔船。为此，周恩来分别致电美国国务卿艾奇逊和联合国安理会秘书长赖依、安理会主席马立克，对美国侵犯中国主权、残害中国人民的挑衅活动和残暴行为，向美国政府提出严重抗议并由其担负全部责任及其后果；要求联合国安理会立即采取有效措施，制止美国侵朝军队扩大侵略行为，并从速撤退美国在朝鲜的侵略军队，以免事态扩大，从而有利于联合国和平调处朝鲜问题。

针对侵朝美军把战火直接烧到中国领土上的严重事态，中央军委进一步决定，抽调第九兵团、第十九兵团作为东北边防军的二线、三线部队，以便更充分地做好应付突发事变的必要准备。组建东北边防军并相应地配备二线、三线部队，是中共中央、毛泽东未雨绸缪、深谋远虑的重要举措。它不仅巩固了东北边防，做到了有备无患，而且对后来中国人民志愿军开赴朝鲜，抗击美国侵略军创造了重要条件。经过一系列的周密部署，中华人民共和国在朝鲜问题上，一开始就处于战略上的主动地位，避免了大敌当前临急被动应战。

二、抗美援朝保家卫国的决策

（一）战局逆转和战火燃向中朝边境

美帝国主义侵略朝鲜，不仅对中国的安全构成直接威胁，而且具有重大国际影响。中共中央认为，美国侵略朝鲜，是企图在朝鲜打开一个缺口，准备世界大战的东方基地。朝鲜已经成为目前世界斗争的焦点，至少是东方斗争的焦点。美国利用朝鲜战争，将联合国旗帜拿到手，以对付和平阵线，并大肆扩充军备，动员欧洲盟国，重新武装日本、西德。美国如果压服朝鲜，下一步必然对越南及其他原殖民地国家进行压服。因此，中国对于朝鲜不仅看作兄弟国家问题，看作与中国东北相连接而有利害关系的问题，而且应该看作重要的国际斗争问题。这是中国共产党对待和处理朝鲜战争问题的一个重要指导思想。

美国以"联合国军"名义扩大对朝鲜的侵略以后，朝鲜人民军长驱南进受阻，在洛东江一线与美军及南朝鲜军形成僵持，后方兵力不足，海岸防御薄弱。"联合国军"总司令麦克阿瑟孤注一掷，调集7.5万兵力，在230余艘舰艇、500架飞机的支援下，于9月15日在朝鲜西海岸仁川大规模登陆，将朝鲜人民军的后方交通线拦腰截断，开始转入全面反攻。朝鲜人民军腹背受敌，后方供应断绝，被迫向北实行退却，战局发生急剧逆转。28日，美军占领汉城，大批"联合国军"和南朝鲜军进抵三八线附近，准备越过三八线，占领全朝鲜。为此，美国国防部授权麦克阿瑟："当你在向三八线以北推进时，无论在战术上还是在战略上都不受限制。"

事实证明，美国的侵朝战争有扩展到中国境内之势。为了援朝，也为了自卫，中国不能不考虑出兵问题。9月30日，周恩来在政协全国委员会庆祝国庆节大会上发表演说指出："美国的侵略武力已经侵入中华人民共和国的版图，并且随时有扩大这种侵略的可能。"他对美国提出严重警告："中国人民决不能容忍外国的侵略，也不能听任帝国主义者对自己的邻人肆行侵略而置之不理。"

但是，美国决策者低估了中国人民的决心和力量。10月1日，麦克阿瑟向朝鲜发出"最后通牒"，要朝鲜人民军无条件"放下武器停止战斗"。当日，南朝鲜军越过了三八线。由于战场形势急剧恶化，朝鲜人民军主力仍被隔断在三八线以南撤退途中，回到三八线以北的仅有少量部队，并损失了全部的坦克及绝大部分火炮，无论在兵力上还是装备上，都难以阻挡美军和南朝鲜军的进攻。在事关生死存亡的危难时刻，朝鲜民主主义人民共和国分别向苏联和中国提出了给予直接军事援助的请求。

10月1日凌晨，斯大林收到朝鲜金日成首相、朴宪永副首相兼外务相联名求援信函后，决定撤退部分苏联专家和驻朝工作机构人员，但对于朝鲜方面要求苏联进行直接军事援助的问题，斯大林要求苏联驻朝大使和驻朝军事总顾问转告金日成："我们认为更可以接受的形式是组织人民志愿部队。关于这一问题，我们必须首先同中国同志商量。"① 当日，斯大林致电苏联驻中国大使馆转毛泽东或周恩来，建议中国派部队援助朝鲜。

---

① 军事科学院军事历史研究部著：《抗美援朝战争史》第1卷，军事科学出版社2000年版，第148页。

10 月 1 日夜，金日成紧急召见中国驻朝鲜大使倪志亮和政务参赞柴军武，正式向中国方面提出关于中国紧急出兵援助朝鲜的请求。随后，朝鲜内务相朴一禹携金日成、朴宪永联合签名的求援信函，于 10 月 3 日到达北京，当面呈交毛泽东主席。该信函详尽介绍了朝鲜极端严重的战况及人民军面临的严酷形势，最后写道："在目前敌人趁着我们严重的危急，不予我们时间，如果继续进攻三八线以北地区，则只靠我们自己的力量，是难以克服此危急的。因此我们不得不请求您给予我们以特别的援助，即在敌人进攻三八线以北地区的情况下，极盼中国人民解放军直接出动援助我军作战。"①

10 月 1 日，正是中华人民共和国成立一周年国庆日。相继接到斯大林关于中国派军队援朝的建议，以及驻朝大使倪志亮关于金日成正式请求直接军事援助的通报后，毛泽东连夜在中南海住处菊香书屋召集中共中央核心领导成员开会，紧急讨论对策。在兄弟邻邦处于危急存亡之际，在中国国家安全受到严重威胁之时，要不要出兵？敢不敢同世界上头号帝国主义强国直接较量？这个严峻的问题，刻不容缓地亟待决断。可是，新中国刚成立一周年，正致力于医治战争的创伤，恢复国民经济；新解放区的土地改革才开始进行；军队的复员工作已按计划实行。面对一场具有复杂国际背景的新的战争考验，执政党领导核心不能不慎之又慎，反复权衡。为此，中央连续几天开会讨论朝鲜战局和中国出兵援朝问题。

中朝两国是唇齿相依的友好邻邦，两国人民都有过遭受日本帝国主义侵略的共同历史命运。早在 20 世纪初期，就有许多朝鲜革命者辗转来到中国，同中国共产党人并肩奋斗。在抗日战争

---

① 军事科学院军事历史研究部著：《抗美援朝战争史》第 3 卷，军事科学出版社 2000 年版，第 149 页。

和解放战争时期，有数万朝鲜人参加了东北抗日联军和中国人民解放军。在朝鲜战争开始前，中共中央应金日成的要求，已将在中国人民解放军序列中的两个朝鲜师连同武器装备全部送还朝鲜；战争爆发后，中国也给予朝鲜以各种支持。但面对朝鲜正式向中国提出直接出兵的请求，中共中央领导核心所要慎重研究的，主要是新中国有没有力量出兵朝鲜，能不能直接与美军作战并战而胜之。

10月2日，毛泽东主持中央书记处会议，讨论朝鲜战局和出兵援朝问题。毛泽东认为出兵援朝问题已是万分火急。但会上多数人不赞成出兵。会议决定4日召开扩大的中央政治局会议，继续讨论出兵入朝作战问题。会后，毛泽东要周恩来派飞机到西安，接中央政治局委员、中共中央西北局第一书记彭德怀到北京参加会议。当日，为对斯大林关于中国派军队援朝的建议作一个回复，毛泽东为中共中央草拟了一份电报致斯大林。

电报中首先表示："我们决定用志愿军名义派一部分军队至朝鲜境内和美国及其走狗李承晚的军队作战，援助朝鲜同志。我们认为这样做是必要的。因为如果让整个朝鲜被美国人占去了，朝鲜革命力量受到根本的失败，则美国侵略者将更为猖獗，于整个东方都是不利的。"电报分析道："我们认为既然决定出动中国军队到朝鲜和美国作战，第一，就要能解决问题，即要准备在朝鲜境内歼灭和驱逐美国及其他国家的侵略者；第二，既然中国军队在朝鲜境内和美国军队打起来（虽然我们用的是志愿军名义），就要准备美国宣布和中国进入战争状态，就要准备美国至少可能使用其空军轰炸中国许多大城市及工业基地，使用其海军攻击沿海地带。"这就把出兵援朝对中国不利的方面讲清楚了。电报客观地指出，"中国人民志愿军入朝后，一面和敢于进攻三八线以北的敌人作战，一面须等待苏联援助的武器到达，并将志愿军装备起来，才能配合朝鲜人民军举行反攻，歼灭美国侵略军。由于没有制空权，志愿军目前尚无一次歼灭一个美国军的把握，需要二三千门各种口径的大炮对付美军的强大火力"。这里，毛泽东提示斯大林，苏联的武器援助和空中支援，是这场以弱战强的军事较量所必需的条件。由于中共中央还需经过更加慎重、更为周全的考虑，才能作出最后的决断，毛泽东10月2日草拟给斯大林的这封电报并未发出。

为了争取最后一线机会，尽量避免中国被迫出兵，中国政府按照"先礼后兵"的国际惯例，决定通过外交途径再一次向美国提出警告。10月3日凌晨，周恩来总理紧急约见印度驻华大使潘尼迦，请印度政府转告美国：第一，美国军队正企图越过三八线，扩大战争。美军果真如此做的话，我们不能坐视不顾，我们要管。第二，我们主张朝鲜事件应该和平解决，不但朝鲜战事必须即刻停止，侵朝军队必须撤退，而且有关国家必须在联合国内会商和平解决的办法。这个警告明白无误地表达：如果美军越过三八线，中国就会出兵朝鲜。

但是，美国政府对此却作出错误的判断，认为中国的警告只是虚声恫吓的宣传，是中国"为挽救北朝鲜政权而进行的外交努力的一部分"。他们认定：俄国人尚未做好为了朝鲜而冒险发动世界大战的准备；中国在军事上不具备单独进行干涉的能力，即使中国单独出兵朝鲜也不会给战局造成决定性的变化，反而可能遭到惨重的失败。因此，美国对中国政府的严正警告置若罔闻，坚持其占领全朝鲜的计划不变。根据杜鲁门批准的麦克阿瑟的作战计划，美军从10月7日起越过三八线，以平壤为主要攻击目标，兵分多路大举进犯朝鲜北方，把战火迅速燃向中朝边境。

（二）中国"必须参战"的决策

10月4日下午，毛泽东主持召开扩大的中央政治局会议，接着讨论出兵援朝问题。为慎重起见，毛泽东让大家尽量摆出兵的不利条件。在会上，不赞成出兵或对出兵存有种种疑虑的人，陈述的理由主要是：我们打了这么多年仗，迫切需要医治战争创伤；建国才一年，经济十分困难；新解放区农村土改和城市民主改革还没有进行；国民党留下的众多土匪、特务、反革命分子没有肃清，人民政权还没有完全巩固；人民解放军武器装备差和无制空权、制海权；等等①。在讨论中，林彪的看法有一定代表性，主要是强调美国是最大的工业强国，军队装备高度现代化，一个军就有各种火炮 1500 门，中国一个军才只有 36 门；且入朝作战既无空军掩护，又无海军支援，所以不赞成出兵，以免"引火烧身"。多数人的意见是，不到万不得已，最好不打这一仗。

实际上，在 10 月 2 日未发出的给斯大林的电报中，毛泽东已作了如下分析：最不利的情况，是中国军队在朝鲜境内不能大量歼灭美国军队，两军相持成为僵局，而美国又已和中国公开进入战争状态，使中国现在已经开始的经济建设计划归于破坏，并引起民族资产阶级及其他一部分人民对我们不满（他们很怕战争）。这说明，毛泽东对出兵问题上最坏的可能性已作了深入的考量。

毛泽东认真倾听了各种意见，认为中国确有困难，出兵确要冒很大风险，一些同志不主张出兵，是可以理解的。但中国是个大国，不打过去，见死不救，总不行。尽管有许多理由强调困难，但如果不把它同朝鲜正处于危急存亡时刻的形势及其严重后果联系起来考虑，就不免陷于狭隘民族主义的小天地，而不能成为真正的国际主义者。他提示大家只有把爱国主义和国际主义有机地结合起来，才能在出不出兵问题上得出正确的结论。因为会上未取得一致意见，毛泽东宣布明天继续开政治局扩大会议。

———————

① 参见中共中央文献研究室编：《毛泽东年谱（1949—1976）》第 1 卷，中央文献出版社 2013 年版，第 204 页。

中国要出兵援朝，就要酝酿志愿军司令员的人选。因为东北边防军大都是原第四野战军的部队，中央准备让林彪挂帅比较合适，但林彪提出身体不好，要去苏联治疗。10月5日上午，毛泽东让邓小平把彭德怀从北京饭店接到中南海，征求他的意见。彭德怀表示，昨天晚上他反复考虑，赞成毛泽东出兵援朝的决策。毛泽东对彭德怀说，出兵援朝谁挂帅合适？中央考虑这副担子，还得彭德怀来挑。彭德怀临危受命，表示服从中央的决定。

当天下午，中央政治局继续开会，讨论中仍有两种意见。周恩来支持出兵援朝的主张，他根据外电分析说，美国在最近和将来主要是从朝鲜、中国台湾、越南三个方向对中国实行进攻，与其让美国迫使我们在中国台湾、越南同它较量，不如选择在朝鲜为好。朝鲜北方多山地，对美军机械化行动不利，便于解放军打运动战；而且朝苏两国接壤，也便于获得苏联的援助。与其坐等美国打进来，不如主动打出去。彭德怀发言说，出兵援朝是必要的，打烂了，等于解放战争晚胜利几年。如让美军摆在鸭绿江岸和台湾，它要发动侵略战争，随时都可以找到借口。如等美国占领了朝鲜半岛，将来的问题更复杂。所以迟打不如早打，不同美帝国主义见个高低，要想建设社会主义是困难的。

毛泽东接着讲话，称赞彭德怀的发言很有说服力。他说：我们国内当前存在着一些困难，这是事实。现在是美国逼着我们打这一仗的，犹豫退缩、担心害怕都没有用。现在只有一条路，就是在敌人进占平壤之前，不管冒多大风险，有多大困难，都必须立刻出兵朝鲜。

当然，讨论中的不同意见是值得重视的，最重要是中美在经济上、军事上力量对比极其悬殊，的确有出兵战而不胜的危险。中央政治局全面分析了战争双方的优劣条件，认为：与美国军队在朝鲜进行较量，美国虽强也有弱点，它在军事上有一长三短：一长是钢铁多；三短是战线太长，从欧洲到亚洲，首尾难以相顾；运输线太长，要横跨大西洋和太平洋；战斗力不如德国、日本军队。此外，美国虽有原子弹，但不能轻易使用也不能决定胜负。因此，美国尽管在综合国力和军队武器装备方面占有绝对优势，但并不是不可战胜的。

中国困难虽多，但也有许多有利条件：东北边防军已做了必要准备，并已调集二线、三线部队；中国军队兵源充足，占有数量上的优势，并经受了20多年革命战争的考验，向来有以劣势装备战胜优良装备之敌的经验；中国进行的是反侵略的正义之战，有中国人民和朝鲜人民的全力支援。中国共产党和人民政府在全国人民中有极高的威望，具有强大号召力和组织动员能力；中国军队在朝鲜作战，拥有源源不断的后方支援，利于持久作战，并有苏联为后盾，可获得武器装备及物资援助。因此，中国军队在朝鲜作战有取得胜利的可能性。

综合上述分析，中共中央政治局、毛泽东认为，中国应该在朝鲜争取反美胜利，应该给美帝国主义这个世界各帝国主义侵略阵营的头子一个打击，把它的气焰压下去。尽管遇到那样多条的顾虑，但那是可以克服的困难，或者应该忍受的困难，也是为着争取伟大的胜利应该付出的代价。

10月5日的中央政治局扩大会议，明确作出了派遣中国人民志愿军出国作战、抗美援朝、保家卫国的重大决策。会议结束后，鉴于朝鲜情况已十分危急，毛泽东着彭德怀、高岗于8日先到沈阳召开东北边防军高干会议，迅速传达中央政治局的决定，督促部队立即作好入朝准备。关于志愿军部队更换苏联武器装备及要求苏联空军支援问题，由周恩来即赴莫斯科与斯大林商谈，尽快解决。

10月8日，毛泽东以中央人民政府人民革命军事委员会主席的名义，发出了《关于组成中国人民志愿军的命令》。命令的要点是：为了援助朝鲜人民解放战争，反对美帝国主义及其走狗们的进攻，借以保卫朝鲜人民、中国人民及东方各国人民的利益，着将东北边防军改为中国人民志愿军，迅即向朝鲜境内出动，协同朝鲜同志向侵略者作战并争取光荣的胜利。任命彭德怀为中国人民志愿军司令员兼政治委员。中国人民志愿军以东北行政区为总后方基地，所有一切后方工作供应事宜，以及有关援助朝鲜同志的事宜，统由东北军区司令员兼政治委员高岗调度指挥并负责保证之。同日，毛泽东将中国派遣志愿军入朝作战的决定，通过中国驻朝使馆转达金日成，请他派员到沈阳与彭德怀、高岗会商志愿军入朝作战的具体事宜。当天，彭德怀即和高岗飞到沈阳，着手运筹大军出动。

10月9日，周恩来受中共中央委托飞往莫斯科，与斯大林商谈中国出兵援朝的有关问题。出兵援朝最难决断的，是同美军进行一场现代化战争，双方武器装备悬殊太大，需要苏联提供武器装备和出动空军提供空中掩护。关于这一点，斯大林事先对中国领导人作过许诺，这是中国决定出兵的一个关键条件。周恩来到达莫斯科后，同去苏联治病的林彪一道，飞抵黑海之滨的克里米亚，同在那里休假的斯大林商谈志愿军更换苏式武器装备和空军支援等问题。

周恩来首先向斯大林说明了中国出兵援朝将面临的巨大困难，通报了中共中央政治局讨论时对出兵与不出兵的两种意见，提出如果苏联同意出动空军给予空中掩护，中国可以出兵援助朝鲜；同时要求苏联提供武器装备，包括各种类型的武器与弹药。斯大林表示：可以完全满足中国抗美援朝所需的飞机、大炮、坦克等武器装备，但苏联空军尚未准备好，须待两个月或两个半月才能出动空军支援志愿军作战。

客观地看，朝鲜战争从一开始起，就是一个必然引发国际冲突的特殊敏感问题。在美苏对峙的世界格局中，斯大林最担心的是苏联对朝鲜方面的直接援助，会给美国造成借口而将战争扩大到朝鲜境外，乃至欧洲。因此，希望由中国出动地面部队，力争把冲突限制在朝鲜境内，而苏联只出动空军予以支援。按照双方的约定，中国方面毛泽东已发布命令要志愿军即行出动，苏联方面却临战暂缓出动空军。这主要因为 10 月 7 日以后，美军竟不顾苏联可能作出的反应越过三八线大举北进，斯大林判断美国已不惜代价和风险决心向鸭绿江边中、朝、苏边境进攻，他担心苏联空军在此边境敏感地带同美国飞机和地面部队作战，很可能会导致苏美之间的直接军事冲突，有诱发第三次世界大战的危险。特别是飞机一旦到了空中，就很难划定界限，假如和美国全面冲突起来，战争就没有边缘了。如果苏军飞机被美军击落、飞行员被俘获，会在国际上造成被动影响。

由此可见，斯大林提出暂缓出动空军，是为避免苏联直接卷入朝鲜战争，但却没有考虑中国军队单独入朝同拥有绝对制空权的美军作战，将会遇到怎样的艰难险阻和付出多么大的牺牲。在会谈中，斯大林不仅不愿兑现诺言，甚至不惜放弃北朝鲜，提出在不得已的情况下，让金日成政府和军队暂时退到中国的东北地区去，组织"流亡政府"。苏联态度的突然变化，事关重大，会谈后，由斯大林、周恩来联名致电毛泽东，说明了会谈情况。

10 月 10 日，毛泽东收到莫斯科的电报，深感这个突如其来、牵动全局的变故，陡然加重了志愿军向朝鲜出动的困难。就在前一天，彭德怀、高岗还来电询问志愿军出动作战时，军委能派出多少架战斗机和轰炸机配合？何时能出动？现在，这个希望落空了。当天夜里，又收到彭德怀准备于 11 日晨入朝与金日成面商各项具体问题的电报。一边是军情如火，出兵在即；一边是迟疑犹豫，不肯出动。据此始料未及的情况，毛泽东经与代总参谋长聂荣臻商议，决定即刻通知彭德怀先不要入朝，并同高岗迅速来京，中央有要事讨论；部队暂不实行出动命令，仍就原地进行训练。

苏联在出动空军问题上临战退缩，意味着中国人民志愿军进入朝鲜后，将在完全没有空中掩护和支援的情况下，依靠劣质装备的步兵与高度现代化的美军单独作战。这不仅会给部队造成更大的损失，而且战争结果也难以预料。一旦战争扩大，美军轰炸大陆，进攻沿海，国内敌人和台湾蒋介石集团遥相呼应，民族资产阶级发生恐惧动摇，就难免引起国内政局的动荡，出现曾经估计过的最不利的情况。可是，如果因此而暂不出兵，中国仍不能摆脱近在家门口的战争威胁。

彭德怀、高岗到京后，中共中央政治局立即开会研究这一突发情况。10月13日，毛泽东致电周恩来通报会议的决定。电报说："与政治局同志商量的结果，一致认为我军还是出动到朝鲜为有利。在第一时期可以专打伪军……只要能歼灭几个伪军的师团，朝鲜局势即可起一个对我们有利的变化"。"我们采取上述积极政策，对中国，对朝鲜，对东方，对世界都极为有利；而我们不出兵，让敌人压至鸭绿江边，国内国际反动气焰增高，则对各方都不利，首先是对东北不利"。"总之，我们认为应当参战，必须参战，参战利益极大，不参战损害极大。"中央要求周恩来同苏联领导人商议：一是苏联援助中国的军事装备，能否用租借办法，以使我军进入朝鲜进行长期战争。二是苏联除于两个月或两个半月内出动志愿空军帮助我军在朝鲜作战外，可否派掩护空军驻扎于中国近海各大城市。

周恩来从黑海返回莫斯科后，接到毛泽东的电报，他立即将中共中央的意见通报给苏方。但是，斯大林要莫洛托夫转告周恩来：苏联将只派空军到中国境内驻防，两个月或两个半月后也不准备进入朝鲜境内作战。从暂缓出动到不准备出动，斯大林的承诺再生重大变故！

10月18日，周恩来返回北京，毛泽东主持中共中央会议再次研究出兵问题。会议认为，斯大林虽不同意出动苏联空军入朝掩护志愿军作战，但毕竟答应给中国提供所需武器装备等援助。

在美军大举北犯，企图占领全朝鲜，朝鲜民主主义人民共和国处于生死存亡的严峻时刻，即使没有苏联空军掩护，中国也要克服千难万险，出兵援助朝鲜，保卫中华人民共和国的安全。正是在这样复杂多变的情况下，中共中央毅然决定志愿军向朝鲜出动的计划不变。当晚，毛泽东向中国人民志愿军下达了入朝作战的正式命令。

中共中央、毛泽东对出兵援朝问题的最后决定，体现了中国方面不可移易的参战决心。这个决定同时向东西方两大阵营表明：中国共产党和中国人民在履行应尽的国际主义义务上是责无旁贷的；维护领土主权和国家安全的立场是坚定不移的。即使在困难重重的不利条件下，中华人民共和国为保卫国家安全，仍然敢于并能够迎战美国这个世界军事强国。

实际上，对于抗美援朝就是保家卫国，毛泽东有一个深刻的见解："打得一拳开，免得百拳来"。他解释说：我们急切需要和平建设，如果要我写出和平建设的理由，可以写有百条千条，但这百条千条的理由不能抵住六个大字，就是"不能置之不理"。现在美帝的侵略矛头直指我国的东北，假如它真的把朝鲜搞垮了，纵不过鸭绿江，我们的东北也时常在它的威胁中过日子，要进行和平建设也有困难。所以，我们对朝鲜问题，如果置之不理，美帝必然得寸进尺，走日本侵略中国的老路，甚至比日本搞得更凶。它要把三把尖刀插在我们的身上，从朝鲜一把刀插在我们的头上，以台湾一把刀插在我们的腰上，把越南一把刀插在我们的脚上。天下有变，它就从三方面向我们进攻，那我们就被动了。我们抗美援朝就是不许它的如意算盘得逞。"打得一拳开，免得百拳来"。我们抗美援朝，就是保家卫国。[1] 所以，中国人

---

[1] 参见中共中央文献研究室编：《毛泽东年谱（1949—1976）》第1卷，中央文献出版社 2013 年版，第 230 页。

民志愿军一定要跨过鸭绿江。这就是"以战止战"的思想，"敢打才能言和"的思想，就是在弱势条件下强势反击打怕敌人确保国家安全的思想。

斯大林得知中共中央、毛泽东的最后决定，深受感动，从而相信中国共产党人及其领袖毛泽东，不愧为真正的马克思主义者，不愧为伟大的国际主义者。这一认识的转变，使苏联加大了对中国援助的力度。在整个抗美援朝战争期间，苏联总共向中国提供了 64 个陆军师、22 个空军师的武器装备。尽管其中大部分是有偿提供的，但毕竟对中国人民志愿军入朝作战起了重要保障作用。不仅如此，苏联还积极地为中国重工业特别是国防工业建设项目提供援助，对中国奠定工业化的初步基础起了关键性作用。

三、中国人民志愿军入朝作战

（一）扭转朝鲜战局的五次战役

1950 年 10 月 19 日，中国人民志愿军遵照中央军委的命令，第一批出国作战部队以 6 个军 18 个师的兵力，分别从辑安、长甸河口、安东三个口岸，隐蔽渡过中朝边界鸭绿江，向着朝鲜境内掩蔽挺进。从这一天开始，对亚洲乃至世界政治格局演变产生深远影响的抗美援朝战争拉开了序幕。

关于志愿军入朝后的首次战役部署，毛泽东在给彭德怀、高岗的电报中指出：我们应当从稳当的基点出发，不做办不到的事。目前朝鲜战局，就军事方面来说，决定于我们能否利用敌人完全没有料到的突然性全歼 2 至 4 个伪军师；能否在敌机炸扰下仍能保持旺盛士气进行有力的作战；能否在敌人从美国或他处增调兵力到朝鲜以前多歼灭几部分敌人的兵力。总之，我们应在稳当可靠的基础上争取一切可能的胜利。遵照毛泽东和中央军委的指示，志愿军在朝鲜人民军配合下举行了入朝之后的第一次战役。

就在志愿军入朝的当天，美军和南朝鲜军攻陷平壤，即兵分多路，继续向中朝边境快速推进。鉴于志愿军掩蔽入朝尚未被敌察觉，毛泽东、彭德怀当机立断，改变原定入朝后先组织防御战的计划，决定采取在运动中各个歼敌的作战方针，利用战役上的突然性，歼灭冒进之敌，争取出国后第一个胜仗。据此，志愿军主力5个军另1个师集中于西线博川、军隅里及经北地区，寻机歼灭南朝鲜军；另以2个师在东线黄草岭、赴战岭地区阻击东线之敌，配合西线作战。10月25日，南朝鲜军先头部队自云山、温井一线北犯，志愿军出其不备，给敌人以迎头痛击，并分割歼灭之，打响了出国作战后的第一仗。这一天，后来被定为中国人民志愿军入朝作战纪念日。

这时，麦克阿瑟已发现有中国军队入朝，但错误地估计这只是象征性出兵，仍继续分兵冒进。10月31日，美军第二十四师、英军第二十七旅进至龟城、宜川地区，美骑兵第一师从平壤急驰云山为南朝鲜军解围。11月1日傍晚志愿军向云山之敌发起进攻，2日凌晨攻占云山。这是志愿军在朝鲜战场第一次与美军交锋，首战将号称美国"开国元勋师"的骑兵第一师第八团大部歼灭。自3日起，西线"联合国军"开始全线撤退，志愿军乘胜追击，于5日将敌全部驱逐至清川江以南地区。在战役过程中，东线志愿军2个师及朝鲜人民军一部，在黄草岭、赴战岭地区顽强抗击"联合国军"的进攻达13昼夜，达到预定战役目的。

志愿军入朝举行的第一次战役首战告捷，共歼敌1.5万余人，并首开一次歼灭高度现代化美军一个团大部的纪录，迫敌主力从鸭绿江边退至清川江以南地区。美方的评论承认："美军与中共军队第一次灾难性的遭遇，导致了第八集团军的全面撤退。"

这次战役粉碎了麦克阿瑟吹嘘在 11 月 23 日"感恩节"前占领全部朝鲜的计划，初步稳定了朝鲜战局，使志愿军在朝鲜站住脚跟，并取得了以劣势装备战胜优势装备之敌的初步经验。

大量中国正规部队突然出现在朝鲜战场上，令美国政府及"联合国军"总司令麦克阿瑟大吃一惊，但他们仍估计这不过是为保卫边防安全和鸭绿江上的电力设施，判断中国军队不敢也没有能力与美军较量。为此，麦克阿瑟立即从东京飞回朝鲜前线，调集 22 万余人的兵力，部署全面攻占北部朝鲜、于"圣诞节（12 月 25 日）前结束战争"的总攻势。针对美方战略上的错误判断和恃强骄傲心理，毛泽东、彭德怀决定采取诱敌深入的方针，将敌诱至预定战场，尔后突然反击将其歼灭，把战线推进到平壤、元山一线。为此，志愿军以 6 个军的兵力担负西线作战任务，以新入朝参战的第九兵团担负东线作战任务。从 11 月 7 日起，志愿军在朝鲜人民军配合下，发起了反击"联合国军"攻势的第二次战役。

第二次战役初期，志愿军主力向后转移休整，只以小部兵力按预定计划节节抗击和吸引敌人，待敌确信志愿军是"怯阵败走"，尾追至预定作战区域时，西线志愿军于 25 日发起战役反击，以两个军突破敌人薄弱的右翼，以 4 个军实施正面突破，并以一部兵力沿小路勇猛穿插，切断了美军向南逃跑之路。执行穿插任务的部队在两面受敌的情况下顽强战斗，连续打退敌人数十次进攻，使南逃北援对进之敌相距不足 1 公里，却始终无法会合，保证了主力部队围歼和重创"联合国军"。

在东线，志愿军于 11 月 27 日发起全面反击，对敌军实行分割包围。时值战区连降大雪，雪积数尺，路河冰冻，气温平均在摄氏零下 27 度。志愿军官兵衣着单薄，粮弹缺乏，爬冰卧雪，忍饥受冻，部队仅冻伤减员就高达 2000 余人。在极其艰难困苦的条件下，东线部队同拥有大量飞机、坦克支援的敌军昼夜激战，歼灭了前来接援的敌军，层层阻截和追歼突围之敌，给美军中战斗力最强的"王牌军"陆战第一师以重创，东线敌军全线败退。至 12 月 24 日，中朝军队共歼灭"联合国军"3.6 万余人，其中美军 2.4 万人，收复了平壤及三八线以北所有地区，并进至三八线以南部分地区。第二次战役打出了中朝人民的士气和中国人民志愿军的威风，迫使"联合国军"转入战略防御，从而扭转了朝鲜战局。

在连遭两次打击之后，"联合国军"营垒内部笼罩了一派失败情绪。英、法等国主张在三八线停下来，谋求通过谈判结束战争；美国为稳住阵脚，一面在联合国大会上提出"先停火，后谈判"，一面积极调整部署，重整军队，伺机再大举北犯。针对这种情况，毛泽东致电彭德怀指出："目前美英各国正要求我军停止于三八线以北，以利其整军再战。因此，我军必须越过三八线。如到三八线以北即停止，将给政治上以很大的不利。"

根据毛泽东、中央军委的指示，1950 年 12 月 31 日至 1951 年 1 月 8 日，志愿军和朝鲜人民军发起第三次战役。除夕之夜，中朝军队向"联合国军"在三八线的防御阵地发起全线攻击，一举突入敌人防御的纵深，志愿军右翼集团与朝鲜人民军一个军团，于 1 月 4 日占领南朝鲜首府汉城。"联合国军"连遭打击被迫后撤，中朝军队乘胜追击，一部分兵力渡过汉江南岸追击逃敌。第三次战役共歼敌 1.9 万余人，将战线向南推进 80~110 公里，将"联合国军"驱至三七线附近地区。为避免敌人诱我深入，陷于不利地位，志愿军适时收兵，主力后撤进行休整，准备春季攻势，只留少数部队在第一线担负警戒任务。

中朝军队向三八线以南作战取得的胜利，在国际上引起强烈震动，加重了美国政坛和"联合国军"的失败情绪，也加剧了美英两国内部的矛盾。为挽回三次失败的影响，缓和内部矛盾，美国增拨 200 亿美元的国防费用，大量运送作战物资和增补兵员到朝鲜前线。经过一番积极准备，"联合国军"趁志愿军连续作战、极度疲劳、运输线延长、补给困难之机，于1951年1月25日集结23万余人的兵力，以大量飞机、坦克、火炮支援，在200公里的宽大战线上发起全线反攻。志愿军立即停止休整，同朝鲜人民军共同进行第四次战役。

第四次战役中，中朝军队先是坚守防御，血战汉江，予敌以大量杀伤后主动撤离汉城，在向北转移中采取战役反击、运动防御等多种作战形式，继续抗击敌人。根据历次战役中志愿军只能背7天的干粮，徒步行军，实行美军所称的"礼拜攻势"，没有时间进行休整补给，被动连续作战，而敌人总是凭借机械化装备在战场上进退快、反扑也快等严峻情况，中央军委于2月上旬决定志愿军在朝鲜实行轮番作战的方针。参加轮番作战的第二批部队迅速入朝，开往第一线接替作战，第一批作战部队得以转至后方休整，补充武器弹药及装备。至4月21日，中朝军队经87天艰苦奋战，终于制止了敌人的进攻，共歼敌7.8万余人，基本上将战线稳定在三八线附近。

3月中旬后，"联合国军"积极准备在我侧后方实施登陆，企图再次以两面夹击的战法，将战线推进至平壤、元山一线。为夺取战争主动权，中朝军队迅速完成集结，于4月22日发起了第五次战役。

在战役第一阶段，西线的中朝军队分左、中、右三个突击集团，相互紧密配合，轮番进行战役反攻和进攻作战。东线的中朝军队也先后向敌发起攻击，积极地配合西线作战。在中朝军队的攻势下，"联合国军"于4月28日将主力撤至汉城以南及北汉江、昭阳江以南地区重新组织防御。4月30日，"联合国军"在东西两线向中朝军队发起猛烈进攻。

5月上旬起，中朝军队开始第二阶段作战，敌我双方争夺激烈，互有攻守进退。在达到使敌人新的登陆计划归于破产的预定作战任务后，中朝军队停止进攻作战，向北转移。这时，"联合国军"乘机快速反扑。东线的中朝军队因掩护兵力不足，一度处于被动地位，致使志愿军一个师遭受重大损失。中朝军队随即展开全线狙击，至6月上旬将敌阻止于三八线附近地区。第五次战役历时50天，共歼敌8.2万人，粉碎了"联合国军"妄图将战线推进至平壤、元山一线的计划，摆脱了志愿军在第四次战役时所处的被动地位。此后，敌我双方均转入战略防御。

从1950年10月至1951年6月，中国人民志愿军与朝鲜人民军紧密配合，历时8个月，连续发起五次大的战役，共歼敌23万余人，将以美国为首的"联合国军"从鸭绿江边赶回到战争发动时的三八线附近，充分显示了中国人民不畏强敌、保家卫国的英雄气概。

（二）政治斗争与军事斗争双管齐下

朝鲜战争一开始就带有美苏冷战的复杂国际背景，并因美国打着"联合国军"旗号而将朝鲜内部事务国际化。这一客观现实，使朝鲜战争不能不具有长期性、艰苦性。在入朝作战初期，毛泽东曾估计朝鲜战争有可能迅速解决，认为就总的方面来说，只要能歼灭伪军全部或大部，美军即陷于孤立，不可能长期留在朝鲜；如能再歼灭美军几个师，朝鲜问题更好解决。

对于朝鲜战争的艰巨性、复杂性，需要一个认识上逐步深化的过程。最初，毛泽东设想入朝参战的政治目标是"有效地解决朝鲜问题"，并据此提出了"在朝鲜境内歼灭美国军队"的作战目标。可是，美军全副现代化装备的独立作战部队有效抗御进攻的能力，远远超出了我方原来的估计。如1950年12月的长津湖之战，志愿军动用一个兵团、近十个师轮番作战，平均每天以四个整师同美军陆战第一师昼夜激战，美军虽然遭受重创，还是整建制地突围，连尸体都没留下，敌我双方伤亡比例高达一比十。

这便是现代战争的严酷现实。

第二次战役后，美国由于受到意想不到的打击，考虑将其战略意图由占领全朝鲜改为保全南朝鲜，曾要求在朝鲜立即停火，然后进行谈判。毛泽东当时估计美国可能要求停战，但认为美方必须承诺撤出朝鲜，首先撤至三八线以南，我方才能同意谈判停战。同时，他认为如果能更多地消灭敌人，首先全歼伪军，会对促使美国撤兵更为有利。为此，毛泽东致电彭德怀等要求我军必须越过三八线。这里首先考虑的是如果停止于三八线以北，事实上等于我们在政治上承认了以三八线为界，将影响以后彻底解决朝鲜问题的政治目标。

根据这个意图，中朝人民军队在第三次战役中乘胜越过三八线以南，占领了汉城等地，甚至一度前进到三七线，在世界上造成了很大的政治影响。在这样的形势下，各方面产生了轻敌速胜的心理。苏联驻朝军事顾问及朝鲜领导人认为"可以一鼓作气把美国人赶下海"；志愿军部队中也流传着"从南到北，一推就完"的盲目乐观情绪。在解放汉城时，国内舆论曾一度宣传："向大田前进！向大丘前进！向釜山前进！把不肯撤出朝鲜的美国侵略军赶下海去！"这种不切实际的轻敌思想，对于准确把握战局和战场主动权产生了不利影响。

毛泽东在1950年12月26日致彭德怀等的电报中，曾明确批评过速胜的观点。他指出："战争仍然要做长期打算，要估计到今后许多困难情况。要懂得不经过严重的斗争，不歼灭伪军全部至少是其大部，不再歼灭美英军至少四五万人，朝鲜问题是不能解决的，速胜的观点是有害的。"但另一方面，出于尽早政治解决朝鲜问题的意图，毛泽东仍要求部队经短暂休整后再向南发动1951年春季攻势，在某些作战部署上也有超出战场实际的地方。

这时，志愿军经连续作战，部队减员甚大且极度疲劳。更严重的是，美军对我军运输线不间断地轰炸，致使志愿军补充物资有 30% ~ 40% 在途中被炸毁，只有 60% ~ 70% 能到达前线。美军则抓住志愿军运输线延长、补给困难、不利有效作战的弱点，发起大规模反攻，迫使我军转入机动防御作战。例如在第四次战役中，敌方以伤亡 7.8 万余人的代价，夺回了丧失的阵地；我方也付出了很大伤亡，不得不撤离汉城，渐次移至三八线以北地区。及至第五次战役，志愿军经过艰苦奋战，达到了把战线稳定在三八线附近的目的，但正如毛泽东后来所总结的，由于战役打得"急了一些，大了一些，远了一些"，使我军的损失大于敌军，未能达到成建制歼敌的计划。这一系列战争实践表明，过去在国内采用大踏步进退的运动战，打大歼灭战的作战方法，已不适应朝鲜战场同高度机械化的美军作战的情况了。特别是在没解决空中支援和后勤保障的困难条件下，想要一鼓作气"将敌人赶下海"，是根本办不到的。

在此期间，彭德怀以坚忍的毅力指挥部队，克服难以想象的困难，全力以赴争取实现中央的战略意图。但从战场实际出发，他认为有许多问题需要亲自回国当面向毛泽东汇报请示。1951 年 2 月底，彭德怀从战火纷飞的朝鲜前线回到北京，向毛泽东详细汇报了朝鲜战场双方反复激烈争夺的战况，陈述了前线日以复加的严重困难，说明了战争不可能速胜的理由，并力主将汉江南岸处于背水不利地位的志愿军第五十军迅速撤回北岸。毛泽东认真倾听了彭德怀的意见后当即表示：能速胜则速胜，不能速胜则缓胜，不可强求。这样，就给了前线指挥员一个机动而明确的方针。

自朝鲜战争爆发始，中国政府一直主张和平调处朝鲜问题，朝鲜战事应尽快停下来。为此，中国政府、苏联政府曾再三建议，一切外国军队撤出朝鲜，让朝鲜人民自己解决朝鲜问题，但屡遭美国政府拒绝。1950 年 11 月下旬，中国政府特别代表伍修权在联合国安理会上发言，就美国侵占中国领土台湾、美国空军侵犯中国领空提出控诉，并再次提出中国政府的上述建议。但美国挟持安理会又加以拒绝。时隔不久，当第三次战役后朝鲜战场形势对美国很不利的时候，美国又转而同意就停火问题进行谈判。但在有关谈判的提案中，却对从朝鲜撤退一切外国军队、由朝鲜人民自己解决朝鲜问题的合理主张，只字不提。这显然是为了获得喘息机会，准备再战。

1951 年 1 月 13 日，联合国大会政治委员会通过一项有关解决朝鲜及远东诸问题的各项原则的决议案，其基本点仍是美国主张的先停战后谈判。其中也提出停战后外国军队分阶段撤出，设立美、英、苏、中四国机构，讨论解决包括台湾和中国在联合国的席位等远东地区的各种问题。当时，中国认为先停战后谈判的原则，只利于美国维持侵略和扩张侵略，决不能导致真正的和平。为防止美国利用停火争取喘息时间，中国经与苏联、朝鲜协商，拒绝了这一方案。同时，周恩来外长向联合国提议：以一切外国军队撤出朝鲜及朝鲜内政由朝鲜人民自己解决为和平调处朝鲜问题的谈判基础，在中国举行有中、苏、美、法、英、印度、埃及七国参加的谈判；谈判的内容必须包括美国武装力量从台湾及台湾海峡撤退和远东有关问题。但是，美国拒绝了中国为争取恢复朝鲜和平而提出的合理的、和解的新建议，并操纵联合国政治委员会否决了与中国的建议相关的"十二国提案"和苏联的修正案。在美国的压力和影响下，联合国大会于 2 月 1 日通过决议，诬蔑中国"进行侵略"。这一轮的外交较量表明，双方的主张相距甚远，停火不是近期能够解决的。

此后，经过第四次、第五次战役，战场上形成相持、胶着的局面，中共中央、毛泽东对抗美援朝战争的长期性、艰苦性有了新的认识。朝鲜战场的实践表明，志愿军虽然能够取得很大胜利，但在出国作战、远离后方、装备落后、补给困难并面对强敌等诸多不利因素下，要像在国内解放战争时期歼灭敌军重兵集团那样，消灭在朝鲜境内的美军，彻底解决带有很强国际性的朝鲜问题，是不现实的。而志愿军能将敌人赶到三八线，即可基本上达到保卫祖国安全和有关国际协定的目的。

1951 年 3 月 1 日，毛泽东致电斯大林分析前线战况时提出：朝鲜战争有长期化的可能，至少应作两年的准备。为了粉碎敌人对我进行消耗战的企图，决定志愿军采取轮番作战的方针。即将先后入朝的部队分为三番轮流作战，以坚持长期作战，达到逐步歼灭敌人之目的。鉴于美国坚持继续作战，美军继续获得大量补充并准备和我军作长期消耗战的形势，毛泽东明确提出："我军必须准备长期作战，以几年时间，消耗美国几十万人，使其知难而退，才能解决问题。"这表明，中共中央、毛泽东对同美国进行的这场现代化战争，有了更加深刻的认识。

在同中朝军队的几次大的较量中，美国决策者也被迫认识到，朝鲜战争是"在完全新的情况下，和一个具有强大军事力量的、完全新的强国进行一次完全新的战争"[①]。而麦克阿瑟却在公开场合叫嚣不惜把侵朝战争扩大到中国境内，超出了美国政府对他的约束。4 月 11 日，杜鲁门总统宣布撤销麦克阿瑟的一切职务，任命第八集团军司令李奇微为美国远东军和"联合国军"总司令。这个重要讯号，意味着杜鲁门政府最终承认在朝鲜打的是一场"有限战争"，即有限度地越过三八线，以获得有利的军事地位，并迫使朝中方面停战。这主要是因为：美国的战略重点在欧洲，主要对手是苏联。正如美国参谋长联席会议主席布莱雷德所说，如果把战争扩大到共产党中国，"这一战略将使我们在错误的地方，错误的时间，同错误的敌人打一场错误的战争"[②]。

---

① 《杜鲁门回忆录》第 2 卷，世界知识出版社 1965 年版，第 460 页。
② 《参考消息》，1951 年 5 月 17 日。

　　这时，美国政府最担心的是长期陷于朝鲜战场，与中国的军事较量消耗过大，而使苏联乘机在欧洲扩张。美国公众在第二次世界大战后厌恶战争的情绪普遍增长，不愿为侵占朝鲜而背负沉重的包袱。美国的盟国和仆从国也都反对扩大朝鲜战争，不愿为美国卖力。联合国成员国大多数反对"联合国军"再次越过三八线。这一切，迫使美国不得不检讨其朝鲜战争政策。1951年5月16日，美国国家安全委员会提交了一份关于朝鲜战争政策的备忘录，认为美国无法在朝鲜赢得一场决定性的胜利，仅凭军事手段不可能解决朝鲜问题；提出美国在朝鲜的当前目标是在三八线地区建立一条有利的防线，寻求缔结停战协定结束敌对行动。5月17日，杜鲁门总统批准了这个文件。这标志着美国基于以往的失败，被迫调整朝鲜战争政策，放弃军事占领全朝鲜的目标，并且作出愿意通过谈判，沿三八线一带实现朝鲜停战的表示。随后，美国开始就停战谈判问题同苏联方面进行接触。种种迹象表明，通过谈判解决朝鲜问题已经具备了基础和可能性，这对于中国人民和朝鲜人民显然是有利的。

　　根据形势的变化，彭德怀于5月底委托志愿军副司令员邓华等回京，向中央报告战场形势和请示今后的方针。中央专门开会研究下一步怎么办，会上大多数同志认为，当前把敌人赶出北朝鲜的政治目的已经达到，停在三八线附近，也就是恢复战前状态，这样各方面都好接受，然后边打边谈，争取谈判解决问题。

　　6月3日，毛泽东邀请金日成来到北京，共同分析了战争形势，商谈可能举行的停战谈判的方针和方案。经研究决定，实行边打边谈的方针，政治斗争与军事斗争双管齐下：一方面，准备同美国方面举行谈判，争取以三八线为界实现停战撤军；另一方面，对谈判成功与否不抱幻想，在军事上必须作长期持久的打算，并以坚决的军事打击和粉碎"联合国军"的任何进攻，配合停战谈判的顺利进行。据此，毛泽东提出了"充分准备持久作战和争取和谈达到结束战争"的指导方针。这标志着中国在抗美援朝战争战略指导上，开始从务求全歼敌人赢得战争全面胜利，向着只需达到有限目标、进行一场国际局部战争的思想转变。

中、朝、苏三方经协商之后，由苏联驻安理会代表马立克于6月23日在联合国新闻部发表演说，主张解决朝鲜武装冲突的第一个步骤是交战双方应该谈判停火与休战，把军队撤离三八线。30日，李奇微发表声明，同意进行停战谈判。7月1日，中朝方面表示同意举行停战谈判。此后，朝鲜战争转入边打边谈阶段。

四、全国人民的抗美援朝运动

（一）开展增产节约运动支援前线

抗美援朝战争，是中国人民一百多年来抗击外国帝国主义侵略的长期斗争的继续。在建立中华人民共和国、摆脱半殖民地半封建地位的新的历史条件下，中国人民比以往任何时期都大大提高了维护国家独立统一的自觉程度和组织力量。在中国共产党和中央人民政府的坚强领导下，全国绝大多数人更进一步组织在政治、军事、经济、文化及各种社会组织之内，用伟大的人民群众的集体力量，建设新中国，保卫国家安全和领土完整，从人力物力财力各个方面有力地支援和保障了中国人民志愿军入朝作战，为赢得抗美援朝战争的胜利奠定了坚实基础。

在中国人民派遣自己的优秀儿女以志愿军名义出兵援朝、抗击美国侵略者、保卫新生共和国的同时，国内开展了一场规模空前、全力以赴支援和保障抗美援朝战争的抗美援朝运动。1950年10月26日，中共中央向各中央局、各分局、各军区、各省市党委发出《关于在全国进行时事宣传的指示》，要求通过时事宣传，使全国人民对美帝国主义有一致的认识和立场，正确认识抗美援朝与保卫国家安全的关系，认清美国是中朝人民的共同敌人及其纸老虎的虚弱本质，坚决消灭亲美的反动思想和恐美的错误心理，普遍养成对美帝国主义的仇视、蔑视的态度。同日，中国人民保卫世界和平反对美国侵略委员会在北京成立，简称中国人民抗美援朝总会，负责领导全国人民的抗美援朝运动。

11月4日，中国共产党、中国国民党革命委员会、中国民主同盟等各民主党派发表联合宣言，指出：历史的事实早已告诉我们，朝鲜的存亡与中国的安危是密切关联的。唇亡则齿寒，户破则堂危，中国人民支援朝鲜人民的抗美战争不止是道义上的责任，而且和我国全体人民的切身利害密切地关联着，是为自卫的必要性所决定的。救邻即是自救，保卫祖国必须支援朝鲜人民。由此，抗美援朝、保家卫国运动在全国范围内轰轰烈烈地展开，极大地激发了中国人民的爱国主义热情。

按照中共中央的指示精神，在中国人民抗美援朝总会及各地分会的领导下，全国迅即掀起抗美援朝宣传教育运动。全国各地的报刊、电台大量刊登播放这方面的报道和有关教育材料；学校师生和文艺工作者纷纷组织宣传队上街或下乡；工厂、农村、机关或部队运用黑板报、宣传画、报告会等形式广泛进行抗美援朝的宣传活动。这次宣传教育，有力地清除了百年来帝国主义特别是美帝国主义侵略在部分人民中所造成的崇美、亲美、恐美的心理，激发了中国人民抗美援朝的爱国热情，增强了民族自尊心和自信心，坚定了中朝人民必胜、美国侵略者必败的信念，使全国人民团结一致，同仇敌忾，为支援抗美援朝战争奉献自己的力量。

在抗美援朝运动中，人民群众创造了许多把爱国热情和爱国行动结合起来的好形式。首先是订立爱国公约，在全国各界人民中得到普遍推广。1951年2月，中共中央发出指示，把订立爱国公约作为深入开展抗美援朝运动的中心工作之一。在各级政府和中国人民抗美援朝总会、各级分会的组织下，全国掀起了订立爱国公约的热潮，各地纷纷把开展生产竞赛、优待烈军属、反对美日单独媾和等列为爱国公约的重要内容。据北京、天津、上海等城市和河北省 10 月份的统计，已有 80% 以上的人口订立了爱国公约。全国邮电系统有 85% 的职工订立了爱国公约。全国农村也有 50% 的人口订立了爱国公约。全国工商界也积极参加订立爱国公约活动。各阶层人民和在各种岗位上的工作人员，以爱国公约为行动的准绳，身体力行，使爱国积极性得到持久的发挥，有力地推动了生产竞赛和拥军优属工作。

广大工人阶级以当家作主的精神，努力改善生产技术、节约原材料、提高产品质量、增加产品数量，在增产节约基础上积极为抗美援朝作贡献。工人们提出"工厂就是战场，机器就是枪炮，多出一件产品就是增强一分杀敌力量，减少一件废品就是消灭一个敌人"的口号，不断刷新生产纪录。在抗美援朝的总后方基地东北地区，到 1951 年 9 月下旬，仅东北地区 62 个厂矿的统计，就获得了增产价值相当于 162 万吨粮食的成绩。黑龙江省齐齐哈尔市机床厂劳动模范马恒昌生产小组向全国工厂职工提出生产竞赛挑战，全国共有 2810 个厂矿单位、223 万职工参加了生产竞赛，有 19854 个生产小组向马恒昌生产小组学习和应战。青岛国棉六厂 17 岁女工郝建秀，创造了一套快速细纱工作法，在全国棉纺系统推广，大大提高了细纱生产效率。城市工商业者也积极发展生产，搞活流通，交纳税金，捐献财物，体现了他们的爱国热情。

在农业战线，1951 年 3 月，山西省农业劳动模范李顺达领导的互助组，向全国农村发出爱国丰产竞赛挑战书，号召努力多产粮棉来支援前线。到 9 月底，有 30 个省（行政区）的 1.2 万多个互助组、2700 多个农业劳动模范应战。至 10 月全国有 1000 万以上农民参加了爱国丰产竞赛。爱国丰产竞赛运动的开展，大大激发了农民群众生产积极性，使 1951 年的粮食、棉花等农作物的产量都超过了 1950 年的水平。

全国人民遵照党中央的指示和响应抗美援朝总会的号召，在爱国公约运动中广泛深入地进行拥军优属活动。为了表达对志愿军的支持和拥戴之情，解除志愿军指战员的后顾之忧，争取战争的早日胜利，各级政府和有关方面把优抚工作当成重大的政治工作，列为爱国公约的一项重要内容。广大群众认为"不照顾好烈、军属，就对不起前方的志愿军"。在"先军属，后自己"的口号下，尽一切努力帮助志愿军的烈、军属，解决生产上的困难，安排好他们的生活。

在城市，优抚工作贯彻"以组织生产、介绍就业为主，物质补助为辅"的方针。凡有条件参加生产劳动或从事某职业的烈、军属，都陆续参加了生产或介绍他们就业。对于缺乏劳动能力和就业条件的烈、军属，各城市普遍给予了实物和现金补助，使他们在生活上确有保障。在农村，优抚工作首先是在分配土地改革的斗争果实中优先照顾烈、军属。绝大多数地区对烈、军属的土地实行了固定代耕制。对特别困难的烈、军属，当地人民政府拨出优抚专款予以救济，并发动群众捐助实物、现金，保证他们的生活达到当地群众的一般水平。广大人民群众对回国治疗休养的志愿军伤病员，也给予无微不至的关怀和照顾。各界群众组织慰问团到病房慰问，许多群众自发地带着各种物品到医院探望。在城乡各地，志愿军伤病员普遍受到人们的爱戴。

志愿军抗击美国侵者的英勇斗争，获得全国人民的高度崇敬，祖国人民把志愿军指战员誉为"最可爱的人"。为了更直接地向志愿军表达关怀、热爱之情和抗美援朝的坚强决心，根据中共中央的指示，中国人民抗美援朝总会先后组织了三届中国人民赴朝慰问团，到朝鲜战地进行慰问。慰问团由全国各民主党派、各人民团体、各阶层、各地区、各民族和人民解放军的代表以及文艺工作者、各界知名人士组成。各届慰问团又组成若干个分团，深入到朝鲜前线和后方，分别慰问了志愿军和人民军部队及伤病员，包括志愿援朝的铁路员工、医务工作者、民工，以及朝鲜地方党政机关和朝鲜人民。慰问团召开各种慰问会、座谈会，举办丰富多彩、形式多样的文艺、曲艺演出，组织放映电影，带去了中国人民对志愿军和朝鲜军民的亲切关怀和慰问，带去了中国人民的温暖。中国人民赴朝慰问团，极大地鼓舞了中朝军队的战斗意志，加强了中朝人民用鲜血凝成的友谊和反对美国侵略、保卫世界和平的共同胜利的信念。

为了使全国人民学习和了解志愿军在朝鲜前线反击侵略的英勇事迹，抗美援朝总会还两次邀请"中国人民志愿军归国代表团"回国内报告志愿军在前线作战的事迹。归国代表团走遍了全国 24 个省区的 172 个市、县和广大乡村，行程 5 万余里，和 1000 余万人见面，向 4475 万听众作了报告或广播讲演，并运用广播录音、报刊、小册子、开会传达等方式，向全国人民报告了中朝军民英勇斗争的事迹，使数千万各界群众受到了生动的爱国主义和革命英雄主义教育，有力地推动了国内各项事业和抗美援朝运动的发展。归国代表所到之处。受到群众热烈欢迎和慰问，仅归国代表亲手收到的慰问信即达 50 多万封、慰问品 20 余万件、慰问袋 10 余万个、慰问金 119 万元人民币，还有大批书刊与许多珍贵的礼品。

抗美援朝运动与抗美援朝战争交相互动，形成以爱国主义、国际主义和革命英雄主义为主题的时代精神，把亿万人民群众最大限度地发动起来，投身到保卫祖国、建设新国家的神圣事业中去。这一伟大群众运动所涉及的社会阶层和范围之广，各级党政领导的动员组织能力之强，普通人民群众参与程度之深，保证战争胜利的推动力之大，在中国人民反对帝国主义侵略的斗争史上是空前未有的。

（二）国内参军参战和支前的热潮

随着抗美援朝运动的蓬勃发展，在全国掀起了参军、参战、支前的热潮。为加快国防教育与国防建设，1950 年 12 月 1 日，中央人民政府人民革命军事委员会和政务院作出了关于招收青年学生、青年工人参加各种军事干部学校的决定。《人民日报》为此发表了题为《爱国青年的光荣岗位》的社论。中国新民主主义青年团中央、中华全国学生联合会、中华全国总工会先后发表了告全体青年团员书、告全国同学书、告全国青年工人书，号召青年团员、青年学生、青年工人踊跃报名参加军事干部学校，为加强国防力量建功立业。1951 年 6 月 24 日，中央人民政府政务院又一次发出关于各种军事干部学校招收学生的决定，相关工作由各级教育行政部门、青年团和学生联合会具体组织进行。广大青年经过爱国主义教育，政治觉悟大为提高，热烈响应祖国号召，踊跃报名应招。全国总计两期报名参加军事干校的青年达 58 万余人。

以军事干部学校招生为契机，在全国掀起了积极参军参战的热潮。各地出现不少父母送子女、妻子送丈夫、兄弟争相入伍的动人事迹。人民领袖毛泽东率先垂范，把自己的长子毛岸英送到朝鲜前线。毛岸英在入朝后不久，在美军飞机对志愿军总部大榆洞的一次轰炸中遇难，当时并不为人所知，但毛泽东为全国人民积极支援抗美援朝战争作出送子上前线的表率，以国家民族利益为最高利益的无私精神，永远值得敬仰。

在土地改革中分得胜利果实的青壮农民踊跃报名参军。与朝鲜隔江相望的辽东省安东（今丹东）市及附近的县，遭受到美国空军的疯狂轰炸，侵略者的血腥罪行激起群众的无比愤怒，几天之内就有 5800 多名青壮年报名参军。完成土改较早的东北、华北等老解放区，有不少区、乡的民兵还组成"子弟兵连"，要求集体参加志愿军。当时人口只有 2000 万的浙江省，报名参军的农民达 100 多万。在西北地区，1951 年有 2.4 万多名各族青年参加志愿军赴朝作战。整个战争期间，共有 200 多万祖国优秀儿女先后奔赴朝鲜前线，为抗美援朝战争的胜利提供了雄厚的兵源保证。

与此同时，全国掀起了踊跃支前的热潮。各地的农民、铁路员工、汽车司机、医务工作者，分别组成运输队、医疗队、担架队，志愿开赴朝鲜前线，担任战地的各种勤务工作。特别是总后方基地的东北人民，筹集了大批马匹、车辆、担架、医疗用品等随同第一批志愿军部队入朝，陆续参加担架队、运输队、民工队的达 70 余万人，为志愿军作战提供了重要后勤保障。

在参战初期，前方的条件非常艰苦，部队只能以炒面充干粮。为了向志愿军供应便于运输、携带的炒面，全东北地区掀起"男女老少齐上阵，家家户户忙炒面"的热潮。在志愿军入朝一个月打响第二次战役之后，就有 405 万斤炒面、58 万斤熟肉陆续运到朝鲜前线，为几十万大军初步解决了口粮问题。全国其他地方的党政军民纷纷行动起来制作炒面。随着生产的逐步恢复与好转，全国各地将饼干、猪肉、牛肉、鸡蛋、黄豆、蔬菜等制成品源源不断送到前方，使志愿军指战员的食品营养有所改善。

截至 1951 年 10 月，全国铁路系统报名志愿赴朝的员工达到铁路员工总数的 75%，其中赴朝的青年团员和青年员工达 6100 余人，入朝的铁路员工 80% 在前线立了功。许多铁路局和城市除了派出赴朝的员工外，还组织几千人到几万人的预备队，准备随时应召赴朝服务。赴朝参战的铁路员工，同志愿军的铁道兵指战员、朝鲜人民军及朝鲜人民一起，在敌人对朝鲜境内铁路无数次的轰炸破坏中英勇抢修路轨，克服千难万险把一列列满载作战物资的火车开往前线。

志愿赴朝服务的汽车司机，据东北各省、市 1951 年 6 月的统计有 5571 人，占当时东北地区司机总数的 51.6%。他们在敌机频繁的袭扰下，白天精心隐蔽车辆，夜晚驰骋在弯曲多险的山道上，将大批军需物资运上前线，又把光荣负伤的志愿军战士运回后方治疗。他们不顾自己的安危，历尽千辛万苦，机智勇敢地克服困难，创造了许多英雄事绩。

全国各地的医务工作者，在"响应祖国号召，到最光荣的岗位上去"的口号下积极行动起来，义无反顾地奔赴朝鲜战场。上海军医大学师生志愿手术队，最先前往朝鲜。接着，北京、天津、沈阳、南京、武汉、广州、重庆、西安等地的医务工作者，相继组织了志愿医疗队、手术队、公共卫生队和防疫队开往朝鲜前线。为了统一组织和领导志愿赴朝的医务人员，中国人民保卫世界和平反对美国侵略委员会和中国红十字会总会，于 1951 年 2 月 8 日联合发出了《关于组织医疗队的通知》。该通知对医疗队的任务、组成人员以及工作要求等问题，均做了明确的规定。此后，志愿赴朝的医务人员在中国红十字会总会的统一筹划下，分期分批地组成医疗队赴朝服务。截至 1951 年 10 月，志愿赴朝的医疗队达 50 余个，其中 80% 的人员在前线立了功。

抗美援朝运动的蓬勃发展，大大激发了中国人民的爱国热情和工作积极性。志愿支前的担架队、运输队和民工队，担负着运送弹药、物资、伤员等各种战地勤务工作，大大增强和改善了志愿军的后方勤务体系。全国各方面的力量融汇在一起，有力地支援了志愿军在战场上的作战，同时也有力地促进了国内各项建设的恢复，加强了国防力量建设。

（三）踊跃捐献飞机大炮运动

到 1951 年 5 月，中国人民志愿军已在朝鲜作战 7 个月，取得了抗美援朝战争的重大胜利。但由于武器装备处于悬殊的劣势，特别是没有空军参战，没有坦克参战，大炮数量也十分有限，作战中实际困难很多。5 月中旬前后，第一届赴朝慰问团完成任务回国后，先后反映了志愿军在作战中的这些困难情况。然而中国进行抗美援朝战争和恢复国内建设，财政负担很重，不可能再从财政上临时拨出更多款项购买作战所需的武器装备。

为此，中国人民抗美援朝总会于 6 月 1 日发出《关于推行爱国公约、捐献飞机大炮和优待烈属军属的号召》，指出：根据前线的报告，根据赴朝慰问团回来的报告，中国人民志愿军和朝鲜人民军的战斗力，在一切方面都能完全压倒敌人，困难的只是飞机大炮等武器还不够多。为了使志愿军能够以更小的牺牲，消灭更多的敌人，早日取得战争的最后胜利，必须迅速以更多的飞机、大炮、坦克、高射炮、反坦克炮等武器供给前线。该号召建议，全国各界爱国同胞们，不分男女老少，都开展爱国的增加生产、增加收入的运动，用新增加的收入的一部或全部，购置飞机、大炮等武器，捐献给志愿军和解放军，来加强他们的威力，巩固中国国防。这项捐献活动为期半年。各地捐献的飞机、大炮、坦克等，将冠以捐献单位的名字，作为光荣的纪念。

同日，中共中央为此发出指示，指出捐献武器运动必须与增加生产或其他增加收入运动结合起来，这对于前线和国家财政将是一个很大的帮助。根据中共中央的指示，抗美援朝总会专门就捐献武器的具体办法发出通知，其中规定了捐献必须自愿的原则；捐献人民币 15 亿元（旧币，其币值 1 万元等于新币值 1 元。下同）计为一架战斗机，25 亿元计为一辆坦克，9 亿元计为一门大炮，8 亿元计为一门高射炮；所有捐款均委托各地人民银行代收，不得挪作他用等。

在中国人民抗美援朝总会、各总分会、分会的组织领导下，抗美援朝捐献武器运动迅速在全国展开。全国各地、各族、各界人民及机关团体、民主党派等采取多种方式，为捐献筹集资金。中国驻外使领馆工作人员、归国华侨和海外侨胞也积极作了捐献。至6月底，北京、天津、沈阳、武汉工商界已各认捐30架战斗机；南京商界认捐10架；东北人民认捐203架；华北人民认捐234架；湖北人民认捐100架；山东人民认捐"山东空军师"120架至130架；江西人民认捐"八一空军师"81架；苏南人民认捐"苏南空军师"120架；等等。

许多倡议发起人在发起倡议的同时进行了捐献。获得斯大林文学艺术奖的作家丁玲、周立波，电影工作者徐肖冰、苏河清等，民主人士李济深、张澜、陈铭德、柳亚子等，在倡议捐献"鲁迅号""人民电影号""民盟号"飞机时，都带头作了捐献。北京归侨发起捐献"华侨号"飞机，许多归侨当场捐献2亿多元。广东汕头、台山等地归侨也做了大量捐献。中国驻外使领馆工作人员共捐献15.6余亿元人民币。藏传佛教领袖班禅额尔德尼·确吉坚赞一次捐献1.3亿元；青海湟中塔儿寺和大通广慧寺的全体僧众捐献1.3亿元。各地少数民族人民积极捐献的生动事例也数不胜数。

全国的工人大部分每月捐出一至三个或五至六个工作日的工资，捐出奖金的一部或全部，还参加义务劳动和加班生产作捐献，有的表示一直捐到抗美援朝战争取得最后胜利。农民靠节衣缩食、进行副业生产等办法作捐献。工商界捐出营业额的1%~5%。大中学校学生以至小学生，利用假期勤工俭学或节省父母给的零用钱捐献。许多作家捐出创作稿酬的一部或全部。艺术家主要通过进行义演、义卖（书画等）、义展（工艺美术品等）活动，将所得全部捐献。

著名京剧艺术家梅兰芳在汉口进行两场义演，得款1亿元全部捐献。已退出艺术舞台多年的京剧老前辈王瑶卿、尚和玉、谭小培、刘喜奎等，也重新登台举行多场义演。上海戏曲界有13个剧种共义演200余场，收入15亿元全部捐献。豫剧演员常香玉带领香玉剧社在半年内，先后在陕、豫、鄂、湘、粤、赣6省巡回义演 170 余场，捐献"香玉剧社号"飞机 1 架，在全国传为佳话。

捐献武器运动至 1951 年 12 月底结束，抗美援朝运动转入以开展爱国节约为中心的各项工作，全国人民仍继续有所捐献。自 1951 年 6 月 1 日至 1952 年 5 月 31 日，全国各省市人民银行汇给抗美援朝总会的武器捐款共为 55650 余亿元人民币，以每架飞机 15 亿元计算，共折合 3710 架战斗机，尚余 6230 余万元。①

献飞机大炮运动，又一次在全国人民中进行了一次抗美援朝、保家卫国的动员和教育，极大地激发了全国人民的爱国热忱，给予在朝鲜作战的中国人民志愿军以巨大的精神鼓舞和物质支援，使志愿军的武器装备得到改善和加强，同时也减轻了国家的财政负担。全国人民捐献飞机大炮运动，有力地支持了我军迅速建立起一支强大的空军和炮兵。在朝鲜战争中，年青的志愿军战鹰创造了令第二次世界大战中称雄一时的美国王牌飞行员心惊胆寒的骄人战绩。这里也凝聚着中国各阶层人民和海外侨胞的高度爱国热情和无私奉献。

总的来看，抗美援朝战争开始后，中国共产党的领导、人民民主专政的国家政权和广泛的爱国统一战线，有效地把群众分散的、个别的意志和力量凝聚转化为国家的整体意志和整体力量，显示了中华人民共和国国家动员体制的高度组织能力。这种强大的政治优势，不仅为抗美援朝战争提供了稳固的后方环境，而且同民主建政、恢复发展国民经济及各项社会改革齐头并进，相辅相成，几套锣鼓一起敲，进行得有条不紊，有声有色。前方和后方两条战线相互激励，彼此推动，使敌我军力与经济实力对比极不平衡的状况有所改观。有祖国人民作为坚强后盾，志愿军克敌

---

① 参见《中国人民抗美援朝总会关于全国人民捐献武器运动的总结》，《人民日报》1952 年 6 月 25 日。

制胜，愈战愈强，最终打破了世界头号强国美帝国主义不可战胜的神话。正如毛泽东在总结抗美援朝运动经验时所指出："依靠人民，再加上一个比较正确的领导，就可以用我们的劣势装备战胜优势装备的敌人。"

五、"打谈结合"与朝鲜战争的结束

（一）"争取和，不怕战，准备拖"

朝鲜停战谈判从 1951 年 7 月 10 日开始。谈判地点最初设在开城，10 月 25 日起移至板门店。根据双方协议，谈判只涉及军事方面而不包括政治方面。要解决的主要问题是：第一，设立军事分界线；第二，停战监督和战后限制朝鲜境内军事设施；第三，交换战俘。谈判拖延两年之久，中间打打谈谈，直至 1953年 7 月才结束。

在谈判之初，毛泽东即充分估计到美方在谈判期间，可能对我发起大的攻击，并在我后方举行大规模的轰炸，以期迫我订立"城下之盟"。为此，他要求在敌军大举进攻时，我军必须大举反攻，将其打败。中朝方面谈判的基本方针是："政治斗争与军事斗争双管齐下""争取和，不怕战，准备拖""谈要耐心，打要坚决，据理力争，直到取得公平合理的停战"①。根据毛泽东的指示，我方一面进行有理有礼有节的谈判斗争，一面坚决粉碎敌人连续发起的夏季攻势和秋季攻势，迫使美方在无理中止谈判之后，又不得不重新回到谈判桌前。

停战谈判开始后，美方拒绝朝中方面提出的以三八线为军事

---

① 《中华人民共和国外交史（1949—1956）》，世界知识出版社1994 年版，第 199 页。

分界线的建议，要求将分界线划至朝中军队阵地的后方，即三八线以北的 1.2 万多平方公里，以"补偿"美国在朝鲜的所谓"海、空军优势"。这种强词夺理的"优势补偿论"被中朝方面严正拒绝。随后，美方公然散布"让炸弹、大炮和机关枪去辩论吧"的论调，于 1951 年 8 月在东线发起夏季攻势；接着于 9 月又在西线发起秋季攻势，企图以军事压力获得谈判桌上得不到的东西。志愿军和朝鲜人民军坚决予以抗击，采取阵地防御和运动反击相结合的作战方法，粉碎了敌人的攻势，共歼灭美军和南朝鲜军 15.7 万余人，取得消灭敌人有生力量的重大胜利，有力地配合了谈判桌上的斗争。

为了在谈判中获得更多的筹码，美军策划进行了旨在摧垮志愿军后勤补给线的疯狂的"绞杀战"，其核心要点是出动大量飞机，全面轰炸志愿军后方运输线，封锁北朝鲜蜂腰部的铁路、公路咽喉地带，企图迫使志愿军因粮弹不济而屈服。针对敌人的"绞杀战"，在中央军委副主席周恩来统筹和指导下，东北军区在沈阳召开志愿军后勤工作会议，成立志愿军后方勤务司令部，专事负责战场后勤保障；并采取了一系列重要措施，加强部队后方基地建设工作，全力解决志愿军的战场运输问题。

在反"绞杀战"中，中国国内部队作为后备军轮番入朝作战，迅速取得对美军作战的经验，大大增强了志愿军的有生力量。在空中支援方面，苏联原为避免与美军直接交战而不愿出动空军，后因美军飞机沿苏联边界轰炸海参崴附近的空军基地，使苏联自身的安全受到直接威胁。至此，斯大林在要求高度保密的前提下，下达了苏联空军参战的命令。1950 年 11 月，首批苏联航空团秘密飞抵中国丹东浪头机场，帮助年轻的志愿军空军进行参战训练准备。在苏联空军的带领下，志愿军空军采取轮番作战的方针，以师为单位陆续投入反"绞杀战"和掩护平壤以北机场修建的作战。1951 年 9 月起，志愿军空军即参加了敌我双方共

200 余架飞机的大规模空战。至当年年底，共出动战机 5287 架次，空战 45 次，击落美机 72 架、击伤 25 架。

1952 年 1 月起，志愿军空军开始进行独立作战，轮番参战的各飞行师歼击机部队和轰炸机师频繁出动，有力地保卫了重要目标和交通枢纽。2 月 10 日，志愿军空军四师大队长张积慧在僚机的配合下，经顽强激战，将美空军号称"成绩最高的喷气式飞机王牌飞行员"乔治·戴维斯及其僚机击落，在美国和"联合国军"中引起震惊。美远东空军副司令威兰中将在一项特别声明中哀叹：这是"对远东空军的一大打击""是一个悲惨的损失"。在志愿军空军的英勇抗击下，美空军损失惨重，使美军的空中优势受到很大削弱，被迫放弃对新安洲、西浦、价川三角地区的封锁。至 6 月，美海军陆战队司令薛佛德不得不承认"绞杀战是失败了"。整个抗美援朝战争中，志愿军空军共击落敌机 330 架，击伤 95 架，为支援地面部队作战，粉碎美军的"绞杀战"作出了重大贡献。美国空军参谋长范登堡不禁惊呼："共产党中国几乎在一夜之间变成了世界主要空军强国之一。"

在空中作战的支援下，志愿军以高射炮兵、铁道兵、工兵、运输兵等地面部队协同作战，以顽强的斗志、忘我的牺牲精神，创造出多种灵活应变，突击抢修、抢运等方法，进行了英勇的反轰炸、反"绞杀战"斗争。经过 10 个月坚韧不拔的努力，终于建成了一条"打不烂、炸不断的钢铁运输线"。1952 年年初，中朝方面发现，美国侵略者竟不顾国际公法，在朝鲜战场和中国边境海防地区实施灭绝人性的细菌战。中朝军队和两国人民全面开展了反细菌战斗争，世界进步舆论对美国予以强烈谴责。1952 年 5 月起，美国空军已基本停止了对朝鲜北方铁路的空中封锁行动。6 月，美军的"绞杀战"终于以失败而告结束。

中朝人民军队强有力的军事斗争，终使美方不得不回到谈判桌前。根据中共中央、毛泽东的指示，以李克农为首的志愿军谈判代表团与朝方共同行动，主动提出以现有实际接触线为军事分界线，并由此线各后退 2 公里以建立非军事区的建议，以解除美方在军事分界线问题上无理纠缠的借口。经反复斗争，1951 年 11 月 23 日，谈判双方就"作为在朝鲜停止敌对行为的基本条件，确定双方军事分界线，以建立非军事区"达成原则协议。随后，双方人员对现有实际接触线进行了校对和认定。11 月 27 日，双方代表团批准了根据实际接触线确定军事分界线，之后又划出了非军事区的南北缘。

至此，谈判双方终于在实质性问题上初步达成第一个协议。这条分界线与中朝方面原来主张的三八线相差不多。1952 年 5 月，双方又解决了停战监督和战后限制朝鲜境内军事设施等问题。但是，在战俘问题上双方的主张截然对立，这是战争迟迟不能结束的主要原因。

按照国际惯例和《关于战俘待遇之日内瓦公约》的有关条款，中朝方面坚持遣返全部战俘。但美方却蓄意刁难，拒绝按国际公约实行遣返，提出所谓的"自愿遣返"。与此同时，新任美国远东军和"联合国军"总司令克拉克，继续不断施加军事压力，加强对朝鲜北部战略要地的轰炸，并采取强行扣留中朝被俘人员，停止谈判等手段，企图迫使中朝方面屈服。

在此期间，中朝方面一边在谈判中进行针锋相对的斗争，一边构筑大规模的坑道工事和坚固防御体系，以"零敲牛皮糖"的战法开展战术反击，予敌以重大杀伤。10 月 14 日，克拉克在金化郡地区发动自 1951 年秋季以来规模最大的所谓"金化攻势"，对处于战略要冲的上甘岭阵地实施猛烈进攻，最多时一昼夜发射 30 万发炮弹、轰炸机投掷 500 多枚重磅炸弹，以致山头几乎被削低两米。志愿军依托坑道工事顽强抗击，与敌反复争夺阵地，使敌军付出伤亡 2.5 万人的惨重代价，上甘岭要地依然牢牢控制在志愿军手里。

在持续两年的打打谈谈中，美国不断向中、朝方面施加军事压力，将其全部陆军的三分之一、空军的五分之一和海军的近半数投入朝鲜战场。中朝人民军队针锋相对，以打促谈，使敌人在谈判桌上得不到的东西，在战场上也同样得不到。停战谈判所取得的每一步进展，事实上都是中朝军队在战场上给予敌人进攻以沉重打击的结果。对于朝鲜停战谈判的前景，毛泽东在 1952 年 8 月全国政协常委会议上分析说："谈还是要谈，打还是要打，和还是要和。"① 为什么和还是要和呢？因为长期打下去对美国很不利。一要死人；二要用钱；三他们国际国内都有难以克服的矛盾；四受制于以欧洲为重点的全球战略。总之，对美国来说，大势所趋，不和不利。

1952 年 12 月，美国新当选总统艾森豪威尔到朝鲜考察军事形势，不得不承认美国没有什么简易的办法迅速而胜利地结束这场战争。随后，毛泽东主席在全国政协一届四次会议的讲话中表明了中国人民的大无畏气概："美帝国主义愿意打多少年，我们也就准备跟他打多少年，一直打到美帝国主义愿意罢手的时候为止，一直打到中朝人民完全胜利的时候为止。"② 面对中国方面的强硬立场，美国政府深感一切压力都行不通，只好下决心在朝鲜停战。

1953 年 2 月 22 日，"联合国军"总司令克拉克致函朝中方面，建议在战争期间首先交换伤病战俘。毛泽东估计，美国艾森豪威尔上台后，企图从杜鲁门造成的束缚中解脱出来，美方的建

① 中共中央文献研究室编：《毛泽东年谱（1949—1976）》第 1 卷，中央文献出版社 2013 年版，第 582 页。

② 《人民政协第一届全国委员会第四次会议闭幕　毛泽东主席作了三点重要指示　加强抗美援朝斗争、学习苏联、反对官僚主义》，《人民日报》1953 年 2 月 8 日。

议可能是在板门店转弯的一个试探。3 月 5 日，斯大林逝世。苏联新领导人为稳住国内局势并缓和东西方紧张关系，希望尽快实现朝鲜停战。他们向前来参加斯大林葬礼的周恩来表示，朝鲜战争拖下去对苏联和中国都不利；为掌握和平的主动权，应准备在战俘问题上求得妥协。此后，经仔细研究，中朝方面于 3 月 28 日复函克拉克，同意首先交换伤病战俘，并指出这一问题的合理解决应引导到全部战俘问题的顺利解决。

3 月 30 日，周恩来外长发表声明，提议参战双方应保证在停战后立即遣返其收容的一切坚持遣返的战俘，而将其余战俘转交中立国。这一建议迅即在国际上产生重要反响，使谈判出现转机。美国政府认为，周恩来有关战俘问题的新建议，虽然需要美方从原来的立场让步，但基本不违反美方"自愿遣返"的原则，于是转到力求迅速谋和的立场上来。在接下来的谈判中，中朝方面共同努力，否定了美方、南朝鲜方提出的将一切不直接遣返的朝鲜战俘在停战生效后"就地释放"的无理方案，并适时地发起 1953 年夏季反击战役，推动了谈判的进行。6 月 8 日，板门店谈判终于达成并签订了《中立国遣返委员会的职权范围》文件。一年多来唯一阻碍停战达成协议的交换战俘问题获得解决。至此，关于朝鲜停战的全部议程均已达成协议。6 月 17 日，双方人员对军事分界线进行了第二次校正。

这时，南朝鲜李承晚集团仍坚持其所谓"就地释放"的立场，蓄意破坏战俘遣返协议，于 6 月 18 日出动军队胁迫 2.7 万名朝鲜人民军被俘人员离开"联合国军"战俘营，押解到南朝鲜军营中强行扣留，并叫嚣不惜将战争"继续打下去""打到鸭绿江"。此举立即引起强烈反响，英国等美国的盟国纷纷向华盛顿提出抗议，谴责李承晚的"背叛行为"。美国总统艾森豪威尔不得不急电李承晚，要求他"立即毫不含糊地接受联合国军的指挥，处理并结束目前的敌对行动"。

这一严重事件发生后，志愿军司令员兼政治委员彭德怀立即从北京动身返回朝鲜。他认为，如果在军事上不给予敌人以惩罚性的痛击，不仅会拖延停战的早日实现，而且也将影响停战后朝鲜半岛和平局面的稳定。6月20日抵达平壤后，彭德怀马上同在桧仓指挥部的志愿军代理司令员邓华、副司令员杨得志直接通话，掌握了战场上的实际情况和志愿军总部近期的军事部署。当晚10时，彭德怀致电毛泽东，建议推迟停战协定签字时间，以加深敌人内部的矛盾，再给李承晚伪军以惩罚性的打击。毛泽东复电指出：停战签字必须推迟，再歼灭伪军万余人，极为必要。

经中央批准，志愿军于6月26日发动夏季反击战役第三阶段的金城战役，经过20多天的战斗，共毙、伤、俘敌7.8万余人，再次给南朝鲜军以沉重打击。同时，收复土地178平方公里，将我军防线从金城附近向南推进，拉直了金城以南的东西战线，使我方处于更有利的战略态势。金城反击战作为停战前的最后一仗，对停战协定的早日签字起到重要促进作用。

7月10日，板门店谈判代表团大会复会。在再次遭到失败后，美方首席代表哈里逊不得不认真听取和回答朝中方代表的一系列质问，最终就"如果韩国破坏停战，采取进攻行动时，（美国）将不再给予武器装备、物资供应的支援"作出完全的保证。尽管这时我军还可以乘胜前进，取得更大的胜利，但是为了全世界的和平事业，同意了美方希望尽快签字结束朝鲜战争的要求。为此，双方商定在过去两次的基础上，第三次校正军事分界线，并于7月22日确定了最后军事分界线。

这次的校正表明，在最近1个多月里，朝中军队较之1953年6月17日划分的军事分界线，又向前推进了192.6平方公里；而较之1951年11月27日第一次协议的军事分界线，共向前推进了332.6平方公里。曾几何时，美军气势汹汹地越过三八线向北进攻，如今，美方却不得不在朝中军队向三八线以南地区推进的态势下接受停战。这对于一向炫耀武力的美国来说，是十分难堪的。

（二）朝鲜停战协定的签订及战争的影响

1953 年 7 月 27 日上午 10 时，朝鲜停战协定在三八线以南的板门店举行签字仪式。双方的军事分界线，正从板门店由朝中方面建造的签字大厅中间穿过。按照事先商定，双方首席代表南日大将、哈里逊中将，同时在朝鲜停战协定的 18 个文本上签字，整个仪式只用了 10 分钟。

根据停战协定，双方控制下的一切武装力量，包括陆、海、空军的一切部队，于双方首席代表签订停战协定后 12 小时起，即 7 月 27 日朝鲜时间晚上 10 时起，完全停止一切敌对行为；在停战协定生效后 72 小时内，双方自非军事区撤出一切军事力量、供应与装备。在停战协定生效后 10 天之内，"联合国军"从朝鲜半岛西海岸和东海岸的有关岛屿撤退。

朝鲜人民军最高司令官金日成元帅，当晚于平壤首相府在由板门店送达的停战协定上签字。"联合国军"总司令、美国陆军上将马克·克拉克，于汶山的野战帐篷里在停战协定上签字。中国人民志愿军司令员兼政治委员彭德怀，于 28 日上午在首开谈判的开城来凤庄志愿军代表团的会议室里，签署了停战协定全部 18 个文本。对于朝鲜停战的实现，克拉克在他的回忆录中沮丧地写道："在执行我政府的训令中，我获得了一项不值得羡慕的荣誉，那就是我成了历史上签订没有胜利的停战条约的第一位美国陆军司令官。我感到一种失望和痛苦。我想我的前任麦克阿瑟，李奇微两位将军一定具有同感。"[1]

---

[1]　（美）马克·克拉克：《从多瑙河到鸭绿江》，英国哈普公司 1954 年版，第 11 页。

朝鲜战争是第二次世界大战之后发生的一场时间较长、具有相当规模的国际性战争，参战国家很多，实际是当时东、西方两大阵营的一次全面性的对抗，其影响远远超出局部战争的范围。中国人民的抗美援朝战争，是中华人民共和国成立后经历过的最大的一场战争。中国人民一向是积极维护和平、坚决反对战争的。这场战争完全是帝国主义侵略者强加给中国人民的。在朝鲜战场，美国自恃为世界头号军事强国，使用了除原子弹以外所有的现代化武器，但是从鸭绿江到板门店，美军最终还是被推回到战争的起点——三八线。这个事实戳穿了美帝国主义不可战胜的神话。战争的最终结果是，以美国企图霸占全部朝鲜的野心遭到彻底破产、中国的国家安全得到有力保障而告结束。无论从政治上还是从军事上看，中国人民都取得了伟大的胜利。

在抗美援朝战争中，中国人民志愿军代表着祖国人民和世界爱好和平人民的意志和愿望，执行着保卫祖国安全，保卫远东和世界和平的伟大光荣任务。在中共中央的领导下，志愿军充分发挥政治优势和解放军的优良传统，面对世界上最强大的敌人，在极为艰难的条件下，扬长避短，以灵活机动的战略战术和一往无前的英雄气概，进行了艰苦卓绝的作战。志愿军指战员始终发扬祖国和人民利益高于一切、为了祖国和民族的尊严而奋不顾身的爱国主义精神，英勇顽强、舍生忘死的革命英雄主义精神，不畏艰难困苦、始终保持高昂士气的革命乐观主义精神，为完成祖国和人民赋予的使命，慷慨奉献自己一切的革命忠诚精神，以及为了人类和平和正义事业而奋斗的国际主义精神。这种抗美援朝精神，极大地鼓舞了全中国人民。在志愿军行列中，先后涌现出杨根思、黄继光、孙占元、杨连第、邱少云等30多万名英雄功臣和近6000个功臣集体，以及罗盛教这样舍身抢救朝鲜落水儿童的国际主义战士。在抗美援朝战争中，志愿军指战员遵照中共中央关于"爱护朝鲜的一山一水一草一木，不拿朝鲜人民一针一线"的指示，增强了同朝鲜人民的深厚友谊。

1953 年 9 月 12 日，中央人民政府委员会在中南海怀仁堂举行扩大的第 24 次会议，听取志愿军司令员彭德怀作《关于中国人民志愿军抗美援朝工作报告》，会议由毛泽东主席主持。彭德怀详细叙述了中国人民志愿军英勇作战及朝鲜停战谈判的过程，指出从总的方面来看，朝鲜停战反映了当前国际形势中的真正力量对比，有利于和平民主阵营而不利于帝国主义阵营。他坚定有力地说："在三年激战之后，资本主义世界最大工业强国的第一流军队被限制在他们原来发动侵略的地方，不仅不能越雷池一步，而且陷入日益不利的困境。这是一个具有重大国际意义的教训。它雄辩地证明：西方侵略者几百年来只要在东方一个海岸上架起几尊大炮就可霸占一个国家的时代是一去不复返了，今天的任何帝国主义的侵略都是可以依靠人民的力量击败的。它也雄辩地证明：一个觉醒了的、敢于为祖国光荣、独立和安全而奋起战斗的民族是不可战胜的。"[1]

朝鲜停战初期，鉴于停战局面尚未巩固，1953 年志愿军先从朝鲜撤出 6 个军。1954 年和 1955 年两年内，因国际紧张局势趋于缓和，美国也减少了在朝鲜的驻军，志愿军又从朝鲜撤出了 8 个军，只留下志愿军领导机关和 5 个军在朝鲜，并准备在 1956 年完成撤军。开城志愿军代表团的工作，也于 1954 年末交由朝鲜人民军负责。1956 年出现波兰、匈牙利事件后，一度影响了志愿军的撤军工作。1957 年 11 月，毛泽东访问苏联时，同正在苏联访问的金日成商定，1958 年内撤出在朝鲜的全部志愿军。1958 年春季起，在朝的志愿军 5 个军 21 万人开始分批回国。同年 10

---

[1]　中共中央文献研究室编：《建国以来重要文献选编》第 4 册，中央文献出版社 1993 年版，第 379 页。

月 25 日志愿军入朝作战八周年纪念日这一天，最后一批志愿军从平壤乘火车回国。朝鲜停战委员会中的志愿军代表继续留驻开城，和朝鲜人民军代表一起出席停战委员会会议。中国政府在短期内分期分批从朝鲜撤军，向全世界表明了中国人民希望和平解决朝鲜问题的诚意和中国无意在外国驻军的立场。

朝鲜战争总体上是一场交战双方的目标和行动都有一定限度的局部战争，但其规模仍然是十分宏大的。战争期间，交战双方投入兵力总计不下 500 万人。美军以轮战形式先后共有 120 万人参加过这场战争。中国方面也以轮战方式投入了主力部队入朝参战，陆军以志愿军名义先后入朝参战的部队共有 25 个军（79 个步兵师），16 个炮兵师，10 个坦克团，10 个铁道兵师；空军有 12 个航空兵师参战。此外，还有一部分部队入朝担任后方支援。上述部队连同战争中陆续补充的兵员，总计有 200 多万人。此外，还有 70 万民工入朝出战勤。

在朝鲜战争中，美国开支战费 400 亿美元，消耗作战物资 7300 万余吨。中国开支战费 62.5 亿元人民币，消耗作战物资 560 万余吨。在国力和经济实力相差悬殊的条件下，志愿军以劣势装备同拥有世界上最先进装备的敌军作战，以相对较小的代价取得了辉煌的战果。据朝中方面 1953 年 8 月 14 日公布的战绩，战争中朝鲜人民军和中国人民志愿军共毙伤俘敌 109.3 万余人，其中美军 39.7 万余人，南朝鲜军 66.7 万余人，英、法等其他国家军队 2.9 万余人。据美国官方公布的数字，在战争期间"联合国军"和南朝鲜军共伤亡 46 万人（另据美联社发表的数字为损失 1474269 人），失踪在 10 万人以上。其中，美军阵亡 3.36 万余人，战伤 10.32 万余人，失踪和被俘 5100 余人，共 14.2 万余人；另外还有 2.06 万人因事故或伤病等原因死亡，总计美军在朝鲜共死亡 5.42 万人。

中国人民志愿军在两年零九个月的抗美援朝战争中，共毙伤俘敌 71 万余人，自身作战减员 36.6 万余人，其中阵亡 11.6 万余人，战伤 22 万余人，失踪和被俘 2.9 万余人。① 志愿军失踪人员中，被美方证实为战俘的 2.1 万人（其中有 7100 人得到遣返，1.4 万人被美方送往台湾），还有 8000 余人下落不明。

战争取得了伟大的胜利，但是为赢得这场战争，中国政府和中国人民付出了沉重的人员牺牲和物资损失，被迫推迟了部分国内建设。更为重大而长远的影响是，由于美国借朝鲜战争之机侵入台湾，中国人民被迫搁置了解放台湾的计划，使实现国家统一大业的时间大大地向后推迟了。

历史地看，从全局来衡量，抗美援朝战争的意义和影响是巨大和深远的。战争的胜利，为迅速恢复和发展国民经济，进而开展大规模经济建设提供了必要保障。抗美援朝战争使中国人民解放军经受了现代战争的洗礼，锻炼出一大批适应现代战争需要的军事人才，创造了依靠劣势装备打赢现代战争的一系列新经验、新战法，促进了中国军事思想和军事科学技术的发展，推动了人民解放军由单一兵种向多军兵种联合作战的转变，使国防军队建设向着现代化方向迈进了一大步。这场战争比中国近代史上任何事件都更有力地激发了中国人民的民族自豪感和自信心，从根本上改变了旧中国在世界上留下的软弱可欺的形象。

早在 1951 年 10 月 23 日，毛泽东主席就在全国政协一届三次会议的开幕词中指出："我们的敌人眼光短浅，他们看不到我们这种国内国际伟大团结的力量，他们看不到由外国帝国主义欺负中国人民的时代，已由中华人民共和国的成立而永远宣告结束

---

① 参见军事科学院军事历史研究部著：《抗美援朝战争史》第 3 卷，军事科学出版社 2000 年版，第 461 页。

了。"① 经过中国人民的抗美援朝战争以后，美国及其盟国都不敢轻举侵犯中国之行动，包括苏联在内的世界各国，都感到有必要重新估计中国在世界上的分量，中华人民共和国在国际战略格局和国际事务中日益成为不可忽视的重要因素。

---

① 《中国人民政治协商会议　第一届全国委员会第三次会议的开会词》，《人民日报》1951 年 10 月 24 日。

第四章　土地改革运动和社会民主改革

一、新区土地改革的准备阶段

（一）减租退押与反恶霸斗争

在中国人民志愿军、抗美援朝、保家卫国的同时，国内按照中共七届三中全会既定的部署，有计划、有步骤地开始了新解放区的土地改革运动。废除封建剥削的土地制度，没收地主阶级的土地无偿地分配给农民，这是中国新民主主义革命的历史任务和基本纲领之一。中华人民共和国的成立标志着民主革命在全国取得了基本胜利，但新民主主义革命的纲领尚未彻底实现，最根本的是占全国面积2/3的新解放区尚未废除封建土地制度。从1950年到1952年，中国共产党和人民政府在占全国人口大多数的新区领导了挖掉封建根基的土地改革运动。这样大规模的革命运动，不能笼统地解释为顺带完成民主革命的"遗留任务"。

早在土地革命战争时期，中国共产党就在农村根据地实行土地革命。解放战争时期，中国共产党在更大的范围里领导和发动解放区农民实行土地改革。到中华人民共和国成立前，在全国1.34亿总人口的老解放区和半老解放区中，已有1.19亿农村人口完成了土地改革。而在华东、中南、西南、西北的新解放区和待解放区，还有大约2.9亿农村人口尚未进行土地改革。在广大新区，封建性的地主土地所有制仍然严重地束缚着农村生产力的发展。

根据国家统计局公布的统计资料，土地改革前农村各阶级占有耕地的情况是：占全国农户总数不到 7% 的地主、富农占有耕地总数的 50% 以上，而占全国农户 57% 以上的贫农、雇农仅占有耕地总数的 14%，地主户均占有耕地是贫农、雇农的 40 倍。由于土地主要集中在地主富农手中，农村存在大量无地和少地的农民。从新区农村总的情况来看，贫农、雇农和中农虽然耕种着 90% 的土地，但只对少部分土地拥有所有权，承受的地租剥削是很严重的。封建性的土地制度是造成农民贫穷和农业生产落后的总根源，是中国实现工业化的根本障碍。因此，在新解放区实行土地制度的改革，是继续完成民主革命的基本任务，也是恢复和发展农业生产以至整个国民经济的根本条件之一。

根据上述情况，1949 年 9 月《中国人民政治协商会议共同纲领》规定："凡已实行土地改革的地区，必须保护农民已得土地的所有权。凡尚未实行土地改革的地区，必须发动农民群众，建立农民团体，经过清除土匪恶霸、减租减息和分配土地等项步骤，实现耕者有其田。"

中央人民政府成立以后，由于广大新解放区残敌尚未肃清，各地匪患严重，社会秩序很不稳定，城市工作又很繁重，1949 年冬到 1950 年春，只在华北各城市近郊和河南部分地区 2600 万农村人口中进行了土地改革。在大部分新解放地区，各级人民政府按照《共同纲领》的规定，主要在农村领导清匪反霸斗争。首先，依靠人民解放军消灭国民党残余武装力量，剿灭股匪，创造安定的农村社会环境。同时，发动农民群众开展反霸斗争，打倒地主阶级的当权派，包括倚仗反动势力，称霸一方，用暴力和权势欺压与掠夺人民的乡村恶霸。

在反恶霸斗争中，最先打击的对象，集中在那些罪大恶极、民愤极大、危害范围最广，在全乡、全区甚至全县有重大影响的统治人物；或者拥有武装，对抗人民政府，继续欺压人民的恶霸分子。对于罪大恶极、不杀不足以平民愤的大恶霸，经过农民群众检举揭发斗争之后，由人民法庭判处死刑；一般恶霸分子，经过群众斗争，低头认罪，并赔偿受害群众经济损失之后，可在区乡集中管训，或交由群众管制，监督劳动，给予生产自新之路。通过反霸斗争，推翻地主阶级在农村基层的政治统治，废除旧的保甲制度，改造旧政权，建立起新的农民基本群众占优势的基层民主政权，同时建立农民协会和民兵组织，培养和选拔贫雇农积极分子和农村基层工作骨干，为下一步减租退押准备前提条件。

减租是在土地改革运动开始之前，减少一部分农民交给地主的地租额，一般规定为"二五"减租（即25%），并取消地租以外的额外剥削。退押是根据江南土地租佃关系中广泛存在的押租制提出的，即农民在租佃地主的土地时，必须预先向地主交纳押租金。针对这种双重榨取农民的手段，人民政府规定在原则上地主应将押租金退给农民，但不应翻老账，不应计算利息。开展减租退押斗争，从经济上反对地主阶级的地租剥削，减轻了农民所受地主剥削的程度，有利于提高农民的生产积极性。农民索回押租金，可以用来增加对生产的资金投入，使长期受封建土地制度束缚和战争破坏的农业生产得到较快恢复和发展。

各地减租退押运动的实践表明，大多数地主开始都不肯减租退押，抱有侥幸心理，或软拖抵赖，有的采取埋藏、转移粮食和其他财物，施展小恩小惠软化佃农等伎俩，对抗减租退押。各地政府充分发动农民群众，组织佃农同地主谈判，提出应减地租和应退押金的数额；如发生纠纷或争执，由农民协会出面根据政策进行调解和说服。如果地主继续抵抗，就开展必要的说理斗争，揭露顽固地主剥削压迫农民的事实和对抗违法行为，使其低头认错，接受农民的减租退押的要求。对顽抗到底、引起公愤者，则上诉人民法庭，经判决后强制执行。

在减租退押斗争中，有的地区出现对不同地主未区别对待，不分恶霸非恶霸，不分守法与违法，不分大小，不论有无困难，一律实行急退、全退；或者无限制清算，退租不按年限，笼统算剥削账，追挖地财，打击面过宽，乱打乱罚等偏差，有的地方还发生进城追索工商业者兼地主，侵犯工商业的偏向。对此，各大区根据中央关于减租退押实行区别对待的政策，及时予以纠正，要求严格区别对待恶霸地主与一般地主，争取开明地主，缩小打击面；严格实行中立富农的政策；严禁乱斗、乱打、乱罚和变相肉刑等过激行为。中共中央还向各地转发了中南局制定的关于限制农民在减租退押中侵犯工商业的办法。经过纠偏，保证了减租退押运动沿着中共中央、中央人民政府所规定的政策轨道发展。

减租退押运动的开展，使新区广大佃农获得了经济利益，有50%～70%的农户增加了收入，进而增加了对生产的投入，初步改善了生活；同时，提高了农民的阶级觉悟和政治觉悟，建立了一批以农民积极分子为骨干的具有战斗力的农民协会组织，包括青年团、妇女联合会、民兵组织，从而进一步加强了农民的政治优势，为在新区实行土地改革准备了基础条件。

为了充分做好土地改革的准备工作，中共中央对土改的指导机构进行了研究部署。1950年1月24日，中央致电中南局并告华南分局、华东局、西南局、西北局并转各省委，明确提出：关于今后土地改革，以各级人民政府以及其所组织的土地委员会和各级农民代表大会所选出的农协委员会来直接指导执行，比较由各级共产党的委员会来直接指导执行为好。高级政府的土地委员会可以和应该包括各党派的民主人士，但主要领导应由共产党及农民代表来掌握，它的任务是制订和提出土地改革中的各种法令和办法并处理土地改革中的各种问题。为了动员、组织与指导农民群众去实行土地改革，还应组织各级农民协会即农民代表大会及其所选举的委员会作为土地改革中农民群众的直接指挥机关。

关于准备群众，准备干部，运用策略以及没收分配中各种具体事务的处理，中共中央指出：应根据法令，均由农协委员会及人民代表大会实行。在尚未进行土地改革的地区，在一个时期内，农民协会应该成为乡村中一切组织的中心，乡村中的重要事务均应由农民协会来处理。这也是彻底改革乡村政权的关键。①

（二）保存富农经济的社会政策

根据中华人民共和国成立后的新形势、新情况，中共中央在总结历次土改经验的基础上，制定和执行了一系列新的政策，其中最重要的一项就是保存富农经济，相应地在政治上实行中立富农的政策。

中国的富农是传统农业和近代社会历史条件的产物。这个阶层的人数不多，据中南各省土改复查后对新解放区 100 个乡的典型调查，土改时富农户数占农村总户数的 2.85%，富农人口占农村总人口的 3.77%。中国的富农阶层经济上并不重要，但是对富农采取什么政策，对农民中的其他阶层有着直接影响，同时对地主阶级，对与土地有着千丝万缕联系的民族资产阶级，也会产生重要影响。

早在 1949 年 11 月中央政治局会议讨论新区农村政策时，毛泽东就提出，江南土改时，要慎重对待富农。毛泽东结束访苏返回北京后，即于 1950 年 3 月 12 日致电邓子恢，并告林彪、饶漱石、叶剑英、彭德怀、邓小平等各中央局负责人，重点请他们就正在召开的各省负责同志会议广泛征询对待富农政策的意见，并要求电告中央。毛泽东在电报中说："在今冬开始的南方几省及西北某些地区的土地改革运动中，不但不动资本主义富农，而且

---

① 参见中共中央文献研究室编：《建国以来刘少奇文稿》第 1 册，中央文献出版社 2005 年版，第 406 页。

不动半封建富农，待到几年之后再去解决半封建富农问题。请你们考虑这样做是否有利些。这样做的理由：第一是土改规模空前伟大，容易发生过左偏向，如果我们只动地主不动富农，则更能孤立地主，保护中农，并防止乱打乱杀，否则很难防止；第二是过去北方土改是在战争中进行的，战争空气掩盖了土改空气，现在基本上已无战争，土改就显得特别突出，给予社会的震动特别显得重大，地主叫唤的声音将特别显得尖锐，如果我们暂时不动半封建富农，待到几年之后再去动他们，则将显得我们更加有理由，即是说更加有政治上的主动权；第三是我们和民族资产阶级的统一战线，现在已经在政治上、经济上和组织上都形成了，而民族资产阶级是与土地问题密切联系的，为了稳定民族资产阶级起见，暂时不动半封建富农似较妥当的。"①

征询意见的电报发出后，各中央局都非常重视，立即组织讨论或作专门的调查研究，并将讨论意见书面报告中央。总的来看，同意不动富农的土地包括其出租土地的意见占多数，其理由主要是两点：第一，富农的出租土地数量不大，动与不动，所得相差无几。第二，不动富农的出租土地，除个别地区外，无地少地农民所需的土地亦可大体解决。不会给土地分配带来大的障碍，同时可防止把有轻微剥削的富裕中农错划成富农，有利于发展农业生产。

中南局根据江南的实际情况，反复讨论研究，提出对征收富农出租土地的不同意见。4月25日，中南局第三书记邓子恢致电毛泽东说：江南各省土地占有情形，已不像大革命以前那样集中，特别是老苏区及其周围土地更加分散，地主富农土地只占1/3左右。在土改中如果连富农的出租土地都不动，则贫雇农所得，比之按人口平分标准要少20%以上。同时，由于划分阶级的

---

① 《毛泽东文集》第6卷，人民出版社1999年版，第47—48页。

界限难明，估计许多中小地主会混到富农中农里面来，这就更缩小了没收范围，而佃富农、佃中农又需要多分一点，贫雇农实际所得土地会更少。另外，对富农的出租土地现在不动，一两年后再动；或者法令上规定不动，农民起来后再经调解来动，就容易乱，使中农产生"割韭菜"的疑虑，则将影响生产。

综合各中央局的意见，毛泽东认为两种意见中以华东局、中南局具有代表性。5月1日，他复电邓子恢并告华东局第一书记饶漱石，指出：鉴于富农出租地数量不大，暂时不动这点土地影响贫雇农所得土地的数量也不会大，现在我的意见仍以为暂时不动较为适宜。但你们可根据自己的意见各起草一个土改法令草案，以便在中央会议上作最后的讨论和决定。

6月6日至9日，中共七届三中全会在北京召开。会议在审议中共中央起草的土地改革法草案时，讨论较多的是富农政策问题。中南局的同志仍坚持应征收富农出租土地的意见，并说明：在中南地区，各地的土地占有情况是不同的。在土地比较集中的地区，一般说来，不动富农的出租土地，也可以适当满足贫雇农的土地要求，还能解决其他失业人员的问题；但在土地比较分散的地区（特别是经过土地革命的老苏区），如不动富农的出租土地，就会使贫雇农分得土地的数量减少很多，差不多要减少10%到20%。他们建议：不要把不动富农的出租土地说死，应该机动一些。如有的地区的土地特别少，不征收富农的出租土地就无法解决大多数贫雇农最低限度的生活，可以经过省人民政府的批准，允许在这些地区实行征收富农出租土地的政策。

经过深入讨论，全会接受了中南局的这个建议，将原来土地改革法草案中规定"不动富农的土地财产"，改成"保护富农所有自耕和雇人耕种的土地及其他财产，不得侵犯。富农所有之出租的小量土地，亦予保留不动，但在某些特殊地区，经省以上人民政府的批准，得征收其出租土地的一部或全部"。

　　这样，经过充分讨论，听取各方面意见，中共中央确定了在新区土地改革运动中保存富农经济的政策，并从不同地区不同的实际情况出发，规定了相应的具体政策，不搞"一刀切"。这项政策不仅有利于从政治上中立富农，更加孤立地主阶级，减少土地改革的阻力，而且有利于鼓励中农发展生产的积极性，稳定民族资产阶级的情绪，防止出现"左"的偏差。

（三）土地改革法令的制定及新规定

　　1950 年 6 月 14 日至 23 日，全国政协一届二次会议在北京召开，讨论由中共中央建议的《中华人民共和国土地改革法》（草案）。会上，刘少奇代表中共中央作了《关于土地改革问题的报告》，对新区土地改革的重要意义、土地改革法草案中有关政策的提出依据以及进行土地改革时应该注意的事项等作了说明。

　　刘少奇在报告中指出：中国原来的土地制度极不合理，是我们民族被侵略、被压迫、穷困及落后的根源，是我们国家民主化、工业化、独立、统一及富强的基本障碍。这种情况如果不加改变，中国人民革命的胜利就不能巩固，农村生产力就不能解放，新中国的工业化就没有实现的可能，人民就不能得到革命胜利的基本的果实。而要改变这种情况，就必须按照土地改革法草案第一条的规定：废除地主阶级封建剥削的土地所有制，实行农民的土地所有制，借以解放农村生产力，发展农业生产，为新中国的工业化开辟道路。这就是我们要实行土地改革的基本理由和基本目的。这个基本理由与基本目的可以驳倒一切反对土地改革、对土地改革怀疑以及为地主阶级辩护等所根据的各种理由。①由于土地改革的基本理由和基本目的，是着眼于解放生产力的，土地改革的每一个步骤，必须切实照顾并密切结合于农村生产的

---

① 《刘少奇选集》下卷，人民出版社 1985 年版，第 32—33 页。

发展。有鉴于此，中共中央提议在今后的土地改革中保存富农经济不受破坏。因为富农经济的存在及其在某种限度的发展，对于国家的人民经济的发展是有利的，因而对于广大的农民也是有利的。①

毛泽东在全国政协一届二次会议上致开幕词和闭幕词。他指出："中国的主要人口是农民，革命靠了农民的援助才取得了胜利，国家工业化又要靠农民的援助才能成功，所以工人阶级应当积极地帮助农民进行土地改革，城市小资产阶级和民族资产阶级也应当赞助这种改革，各民主党派、各人民团体更应当采取这种态度。"他号召各民主党派、民主人士和政协各界"打通思想，整齐步伐，组成一条伟大的反封建统一战线"，像过好战争关一样，过好土改关。②

全国政协一届二次会议经过审议，同意刘少奇所作《关于土地改革问题的报告》和中共中央提出的土地改革法草案，并对草案作了若干修改和补充，建议中央人民政府采纳实行。6月28日，中央人民政府委员会第八次会议通过了土地改革法草案。6月30日毛泽东主席签署命令，正式颁布《中华人民共和国土地改革法》，作为在全国新解放区开展土地改革运动的法律依据。同1947年9月中国共产党全国土地会议通过的《中国土地法大纲》相比较，《土地改革法》在若干政策上有了较大的改变：

一是由征收富农多余的土地和财产，改变为保存富农经济。按照《土地改革法》的规定，不仅富农所有的自耕和雇人耕种的土地得到保护，而且对富农的其他财产也不得侵犯。对富农出租的小量土地，原则上保留不动。如果要动，也要实行有条件的征收。同时规定：半地主式的富农出租大量土地，属于封建剥削性

---

① 《刘少奇选集》下卷，人民出版社1985年版，第34—35页。
② 《毛泽东文集》第6卷，人民出版社1999年版，第79—80页。

质，凡超过其自耕和雇人耕种的土地数量者，应征收其出租的土地。这些规定有利于从政治上中立富农，更好地保护中农和小土地出租者，彻底孤立地主阶级。

二是由没收地主在农村中的一切财产，改变为只没收其"五大财产"，即"没收地主的土地、耕畜、农具、多余的粮食及其在农村中多余的房屋。但地主的其他财产不予没收"。根据过去的经验，如果没收和分配地主的货币、金银首饰、衣物及其他细软物件等，势必导致地主对这些财产的隐藏分散和农民对这些财产的追索，容易引起混乱，并造成对社会财富的浪费和破坏。而对地主的其他财产不予没收，就把土地改革的着眼点放在改变封建土地制度上，而不是注重于地主个人保存的暗财。将这些财产保留给地主，一方面可以维持他们的生活，另一方面可以投入农业生产或投资工商业，这对稳定社会秩序、发展生产有利。另外，对地主兼营的工商业及其直接用于经营工商业的土地和财产实行不没收的政策，就把打击的重点集中于封建剥削的部分，而不是资本主义部分。因为这部分私有财产，是《共同纲领》明令保护的。

三是增加了对小土地出租者的政策规定。《土地改革法》规定："革命军人、烈士家属、工人、职员、自由职业者、小贩以及因从事其他职业或因缺乏劳动力而出租小量土地者，均不得以地主论。其每人平均所有土地数量不超过当地每人平均土地数量200%者……均保留不动。超过此标准者，得征收其超过部分的土地。如该项土地确系以其本人劳动所得购买者，或系鳏、寡、孤、独、残废人等依靠该项土地为生者，其每人平均所有土地数量虽超过200%，亦得酌情予以照顾。"对小土地出租者不超过平均标准的土地不加征收，是因为这部分土地所占比重很小（一般不超过3%至5%）。基本不动这部分土地对于满足贫苦农民的土地要求和发展农业生产没有大的不利，而照顾这些人，尤其使他们当中的生活困难者得维持生计，可起到社会保险的作用。这对于安定社会秩序、减少土地改革阻力是有利的。

此外，《土地改革法》规定在土地改革中必须注意团结和保护中农，团结一切可以团结的力量，组成广泛的反对封建主义的统一战线。明文规定保护中农（包括富裕中农在内）的土地及其他财产不受侵犯，对少数中农附带出租的土地亦不加没收或征收；规定农会组织要积极吸收中农积极分子参加领导工作；在农会召集贫农、雇农或手工工人的会议或代表会议时，要吸收中农的代表参加。同时，还要注意团结农村中贫苦的革命知识分子和其他劳动人民，及时吸收他们参加农会。对地主阶级中的开明绅士也要采取争取和团结的政策，在他们交出土地以及其他应交出的财产后，应予以适当照顾。

《土地改革法》的制定和颁布，标志着中国共产党解决土地问题的政策，经过长期的摸索和实践而臻于完善，并上升为代表国家意志的法律。《土地改革法》在废除封建土地制度的前提下，对于应有的照顾在政策法律上都作了必要和周到的规定，这对于保证土地改革的顺利进行，以及国民经济的恢复和发展，具有重要的意义。

由于《土地改革法》主要是针对尚未进行土改的新解放区制定的，在若干规定上比老解放区的土改要宽得多，它的颁布受到新解放区各阶层的欢迎。有的贫雇农高兴地说："这是我们穷人翻身的印把子，只要掌握了这个法宝，我们就能和地主进行说理斗争。"中农对保存富农经济的规定，普遍表示欢迎。有的中农说："富农都不动了，我们睡觉都安稳。"许多中农打消了怕将来变成富农而被平分的顾虑，生产积极性大为提高。富农对土改法表示欣喜，有的富农说："从前说富农不动以为是欺骗我们，今天土改法公布，才相信是真的。"不少富农跑去购买肥料和农具，积极投入生产，表示一定要安心生产，搞好生产。也有一部分富农还存有疑虑，不相信真的不动和长期不动富农，担心三年之后还会再来一次土地改革。农村中的小土地出租者对土改法给予他们的照顾，也感到"很周到"。

作为土地改革的主要对象，地主的反映比较复杂。一部分较开明的地主，表示拥护土改法和政府的其他法令，希望赶快实行土改，早日放下包袱。一些兼营工商业的地主，看到关于保护工商业的法律规定，感到"心里好像放下了一块大石头"。还有一部分地主对土改法抱有敌对情绪，他们转移土地和变卖房屋、农具、家具，出卖田契等；有的则铤而走险，破坏生产，同土地改革相对抗。

在城市中，各界人士纷纷举行座谈会，畅谈对《土地改革法》的认识。会上，有的民主党派负责人说："土地改革法合情合理，我们坚决拥护。"有的工商业资本家表示："我们应该以行动来拥护土地法，自己在乡下有土地的，首先把土地交出来，并且动员自己的亲友拥护土改法令。"为了能更好地贯彻实施《土地改革法》，有多年同共产党合作的朋友还向政府提出宝贵建议和意见，如应迅速成立县以上的各级土改委员会，健全与纯洁农民队伍，设立各县土改人民法庭，大量整训干部，吸收大学师生参加土改，等等。

《土地改革法》颁布后，政务院相继制定和公布实施与之相配套的法规、政策，包括《农民协会组织通则》《人民法庭组织通则》《政务院关于划分农村阶级成分的决定》等。根据新中国成立后农村的新情况，政务院明确提出了划分地主、富农、中农、贫农、工人等成分的标准，规定"知识分子的阶级出身依其家庭成分决定，其本人的阶级成分依本人取得主要生活来源的方法决定"。对小手工业者、自由职业者、手工业资本家、手工业工人、小商小贩、开明士绅的阶级成分划分以及地主成分的改变等问题，也分别作了规定。其中，明确规定了划分富农与富裕中农的界限的五项具体的计算标准，主要是计算其剥削收入是否超过其总收入的25%，超过者为富农，未超过者为中农或富裕中农。通过切实计算剥削的分量，能有效地防止把富裕中农错划为富农。

为加强对土地改革的统一领导，中央人民政府成立了以刘少奇为主任的中央土地改革委员会，负责指导全国的土地改革工作。各大区、省、专区、县人民政府分别成立土改委员会。《土地改革法》公布以后，党和人民政府采取各种形式，在农村和城市各界人民中广泛宣传土地改革的正义性、必要性和目的性，解释土改法令和方针政策，做到家喻户晓，深入人心。

为保证《土地改革法》的正确实施，从中央到地方都训练了大批土改工作干部，组织了土改工作团和工作队，其中吸收了相当一批来自新解放城市的青年和学生。全国各军政学校、专科学校、文工团等单位的学员、团员，积极响应党发出的"到农村去，开展农村工作"的号召，踊跃参加土改工作团（队）。在新区实行土地改革的三年中，每年的土改工作队员都在30万人以上。各地土改工作队都经过集中培训，认真学习和研究如何发动群众、民主反霸、剿匪肃特、合理负担等各项政策，使工作队员提高政治觉悟和政策水平，学会团结群众、走群众路线的工作方法，掌握中央有关土改的政策法令及当地制定的具体实施办法。

经短期训练后，各土改工作团即下到农村，分期分批开展土地改革。工作中实行"由点到面，点面结合"的方法，每一批都是经过试点，取得经验，再推广到面。第一批将要完成，即抽出力量开展第二批。这样一批批地分赴农村，帮助和带领广大农民进行土地改革。许多来自城市的青年知识分子，过去几乎从未到过农村，对农民的贫苦状况并无了解，经过参加土改工作队，和农民一道同地主阶级作坚决斗争，深获教益，经受了锻炼和考验，增长了才干，有一大批人成长为懂政策、有能力、密切联系群众的干部。

二、中国土地制度的变革

（一）新区土地改革分阶段进行

土地改革是最后消灭封建剥削制度的深刻社会变革。封建剥削制度在中国延续两千多年，尽管它的政治代表国民党反动政权已在大陆被推翻，新中国建立后也有一部分中小地主和开明绅士表示愿意服从土改法令，但就整个地主阶级来说，仍企图维护其原来的统治地位和经济剥削，少数顽固地主甚至以各种手段对抗土改。

当时共产党内有些干部，包括部分社会人士认为，革命已经在全国取得胜利，工人阶级及其政党已经掌握了国家的领导权，只要政府颁布法令，不用发动群众斗争，把地主的土地没收分配给农民就行了。对于这种简单依靠行政命令，"恩赐"给农民土地的"和平土改的思想办法"，中共中央及时提出了批评，指出：在人民民主专政条件下的土地改革，仍然是一场激烈的阶级斗争，即将灭亡的地主阶级绝不会自动放弃剥削和交出土地财产。因此，必须坚决执行毫不动摇地依靠农民的政治觉悟和组织力量，发动农民自己救自己、自己打倒地主、取得土地、保卫土地的群众路线的方针。

在土地改革中，一些不法地主将土地及其他应被没收的财产，或者分赠亲友，以逃避没收；或者分散给老佃户、老长工，以待土改过后再胁迫追回。他们有的杀害耕牛、毁坏农具、拆毁房屋、砍伐山林，蓄意破坏农业生产；有的以金钱女色收买干部和农民积极分子以求庇护，或派亲信、代理人混进农民协会进行破坏；有的散布谣言，蛊惑农民，以至阴谋杀害农会干部的农民积极分子；或者勾结土匪，组织武装叛乱；有些地主还留下"变天账"，准备以后反攻倒算。由于农民长期被压迫被剥削，不少人形成逆来顺受、不敢反抗的心理，有的地主就利用宗族、迷信等封建观念来束缚农民。

根据各地出现的上述情况，中共中央、中央人民政府认为，新区土改仍然是一场激烈的阶级斗争。封建剥削制度绝不会凭着人民政府的一纸法令而退出历史舞台。地主阶级不会顺从地交出土地，农民也不能简单地靠"恩赐"获得土地。为此，党和政府明确规定了土地改革的总路线和总政策，即依靠贫农、雇农，团结中农，中立富农，有步骤、有分别地消灭封建剥削制度，发展农业生产。这条总路线是多年来中国共产党进行土地改革运动经验的总结，是新区土地改革中各项具体政策和措施的总依据。

根据土地改革的总路线和总政策，新区各级党委和政府始终贯彻党的群众路线，依靠贫农、雇农，团结中农，把广大农民充分发动起来，使他们在打倒地主阶级的斗争实践中提高觉悟程度和组织程度，真正相信自己的力量，实现当家作主。同时，对群众运动又不放任自流，注意把放手发动群众同用党的政策去武装群众、引导群众结合起来，使土地改革运动沿着健康的轨道发展。

在做好一系列准备的基础上，一场空前规模的土地改革运动，在涉及 2 亿多人口的广大新区农村有领导、有步骤、分阶段地展开。按照中央的统一部署，1950 年冬至 1951 年春，新区的土地改革首先是在条件已经或基本成熟的华北、华东、中南、西北约 1.28 亿农业人口的地区展开；1951 年冬至 1952 年春，在上述四个大区和西南约 1.1 亿农业人口的地区进行；1952 年冬至 1953 年春，在中南、西南、西北剩余的约 3000 万农业人口的地区进行。为了不影响农业生产的正常进行，各地的土改运动一般在冬春的农闲时节进行。

新区的土地改革基本分五个阶段进行，即发动群众；划分阶级成分；没收征收土地财产；分配土地和财产；最后是进行复查和动员生产。

第一阶段，是把全体农民群众充分地发动起来，组织阶级队伍。各地的土地改革工作队一进村，首先对当地农村的基本情况进行全面的调查研究，摸清各阶级的土地占有关系、群众的组织状况和觉悟程度等。为了把农民真正发动起来，工作队员发扬老区党员干部密切联系群众的优良传统，深入到农户特别是贫雇农家中访贫问苦，与他们同吃同住同劳动，启发他们倒苦水、挖穷根，帮助他们算两笔账——地主的剥削账和农民的翻身账。在解放前后阶级地位、生存状况的对比中，使许多苦大仇深的农民迅速觉悟起来，同地主进行面对面的控诉和说理斗争。这样，很快就把农民群众发动起来，并吸收斗争中涌现的农民积极分子和各方面代表人物建立和健全村农民协会，使之成为当地土改的合法执行机关。

在实行土地改革的农村，极少数不法地主和反革命分子施以各种手段，如造谣煽惑群众，隐藏财产，杀害耕畜，有的甚至纵火、放毒等，阻挠土地改革的开展。据中南区124个县的不完全统计，从1950年11月至1951年4月，土改人民法庭共收到案件14.37万件，经依法审理，打击了破坏土地改革的反革命分子及不法地主的凶焰，原来分散财产的地主交出了隐藏的财物。各地人民法庭还惩治了一批罪大恶极、为群众所痛恨的恶霸地主及地主中的破坏分子，鼓舞了农民的斗志。各地农民对人民法庭"就地审判，巡回审判"的办法尤为欢迎。不少人民法庭吸收当地有威信的群众、贫雇农代表及苦主参加审判，这不但教育了群众，使他们懂得运用政权力量进行斗争，而且为法庭提供了充分的人证物证，使被告无法狡赖诡辩，只能接受法律的惩处。经过广泛深入的宣传以及依法对地主进行斗争，地主阶级原有的统治威风完全被打落，农民阶级的统治权力牢牢地树立起来，广大农民群众真正发动起来，土地改革运动进入下一阶段。

第二阶段，划分阶级成分。按照中央的要求，首先由土改工作队向农民讲清划阶级的主要标准，是以人们对生产资料的占有状况和剥削与被剥削关系为依据，不能以政治态度、吃穿好坏为标准，纠正农民中存在的以为划阶级就是划分贫富、越穷越光荣、成分划得越低越好等模糊认识。在此基础上，开始群众评议。先是由地主本人在村民大会上自报成分、财产、剥削量及有无参加劳动等，然后由农民用算剥削、算细账、比劳动的办法，进行说理斗争，揭露地主的隐瞒谎报行为。在划分中，重在把握既不漏掉一个地主，又要防止把富农错划为地主，把中农错划为富农。对于农村中有雇工、放贷情形者，严格按照有关法令计算其每年总收入中的剥削量，凡超过 25% 者，划为富农；未超过25% 者划为中农或富裕中农。对中农、贫农、雇农以及小土地出租者的评议，也采取自报公议办法，在农民内部进行。评议阶级有了初步方案后，召开乡农民大会予以通过，经报区人民政府批准，张榜公布。阶级成分划定、阶级阵线明确后，各地开始调整健全农会组织，命令地主交出占有土地、房屋的红白文契，将土改运动推向深入。

第三阶段，进行没收征收工作。首先在乡农民协会的统一领导下，各村成立没收征收委员会，召开农代会、贫雇农代表会等，根据《土地改革法》规定的没收和征收的范围，订出有关纪律和公约，有区别地没收地主的土地及耕畜、农具、多余粮食、多余房屋等五大财产；依据情况征收富农超出规定范围以上的出租土地以及公地。接着，进行查实田亩，评实产量。在农民内部，动员农民插标自报田亩和常年产量，验田公议，由农会派人到田里核实，张榜公布。在村与村之间，互派代表交叉审查后定案。在评定工作中，要求切实防止过高或过低评定田亩及产量，以便公平合理地分配土地和征收公粮。

第四阶段，按照《土地改革法》及有关政策规定并结合当地实际分配土地和财产。首先确定分田标准，一般是以分配单位每人所得田地的平均数为基础，算出每人分得的最高与最低数量。原耕农民按最高标准分配田地，地主一般按最低标准分田。确定分田标准后，政府在具体分配时通常采取自报公议，先确定应分的土地亩数，后确定地段；先确定住房，后确定土地；山林果树随田地、住房分配，不强调平分；土地房屋等不动产分配后，再分配耕畜和农具。各地在分配土改胜利果实的过程中，注意把放手发动群众同用土改政策引导群众结合起来，力求做到公平合理和秩序井然，防止在土地财产分配中的绝对平均主义倾向，避免对农村生产资料、生活资料的破坏和浪费。

第五阶段，进行复查，动员生产。在完成没收和征收土地财产的分配工作之后，各地组织农民销毁封建性的旧地契。在确定地权后，各地政府及时把农民的政治热情引导到发展生产上去，动员广大翻身农民发展生产，争取丰收，改善生活，支援国家经济建设。结束了土地改革的地区，经过一段时间后还要进行复查。由当地政府派出工作组，深入各村听取农民群众的意见，检查在划分阶级成分上有无漏划和错划，在土地、耕畜、农具、房屋的分配上是否公平，发现错误立即纠正。同时防止和惩处地主向农民进行反攻倒算。复查之后，政府向分得土地的农民颁发土地证，从法律上保障农民对已分得的土地的所有权，使广大农民安心发展生产。

（二）团结民主人士参加和参观土改

土地改革不仅是农村的变革，而且关涉到全社会与农村有着千丝万缕联系的人们。因此，在新区土地改革运动中，必须团结一切可以团结的力量，建立起全社会各界人民最广泛的反对封建主义的统一战线，才能减少阻力，促进这一深刻的社会变革顺利进行。

　　从基本方面看，中国各民主党派是赞同孙中山先生提出的"耕者有其田"口号的。但由于历史的原因，他们之中有些人就是从地主演化来的，有些人是工商业者兼地主，或是地主兼工商业者，还有少数是从地主阶级分化出来的开明士绅和起义将领。这些人同地主阶级都有着不同程度的联系，有的关系还相当密切。许多人对土地改革曾怀有不同程度的疑虑，甚至持很大保留或抵触态度。解决这些人的思想问题，是建立反封建统一战线的重要条件。

　　在1950年6月为土地问题召开的全国政协一届二次会议上，一些民主人士发表了对土地改革的不同意见，表露出害怕群众斗争的情绪，幻想进行"和平土改"。他们中有的提出"江南无封建"观点；有的说是"地主养活农民""地主和佃农相依为命，谁也离不开谁""地主的好处不能一笔抹杀"；有的认为"土改偏差很大""斗争过火"；等等。在会议过程中，政协全国委员会的中共委员对上述错误言论进行了辩驳。中共中央有关负责人对这些错误言论和思想进行了耐心的说服教育工作，特别约请各民主党派、无党派民主人士和一些从地主阶级中分化出来的爱国民主分子的代表人物，征求意见，座谈协商，统一思想；在分组会和大会上，用事实说话，晓之以理，以在《共同纲领》的基础上达成一致，使民主人士基本上分清是非，统一认识，会议通过了土地改革法草案。

　　6月23日，毛泽东在会议闭幕式上讲话，肯定了民主人士对土地改革法草案的态度，认为不管从哪方面说，各阶层人士都应赞助土地改革，并把土地改革当作考验每个中国人（实际主要指民主人士）的一个"关"。他说："战争和土改是在新民主主义的历史时期内考验全中国一切人们、一切党派的两个'关'"。战争关大家过得很好，全国人民是满意的，"现在是要过土改一关，我希望我们大家都和过战争关一样也过得很好。"① 这次会议解决了民主党派上层人物的思想认识问题，通过他们去做其本党派成员的工作，反封建统一战线很快建立起来。

为了把反封建的统一战线工作真正落到实处，中共中央早在1950 年 1 月就根据党外民主人士的意见公布了各地进行土地改革的时间表，《土地改革法》颁布以后，各民主党派要求派人参加土改工作，中共中央、中央人民政府专门就此向各地方党委和政府发出指示，指出各民主党派派人参加土改一般是希望对土改有所尽力，并使他们的党员在实际斗争中得到考验和教育，故应给以热诚的欢迎和积极的帮助。对他们的意见要虚心听取，凡正确的均应采纳，不正确的或错误的，则给以解释。

为了让民主人士能直接看到和听到各级领导（上至大行政区下至乡）及各方面（上至雇农下至地主）的情况和意见，了解土地改革的真实情况，毛泽东特别强调要让民主党派和民主人士前去参观视察农村土地改革。在 1951 年 1 月第二次全国统战工作会议上，毛泽东同各中央局、大城市党委统战部负责人谈话时说，要让民主党派和民主人士到各地去参观视察，各地不要以此为累赘。让他们去听一听农民的诉苦，看看农民的欢喜。我们有些什么缺点和错误，也可以让他们看看，这是一件有益的事情。②

随后，毛泽东在给各中央局负责人，并转分局、省委、区党委、大中城市市委及地委的电报中，反复强调说：民主人士及大学教授愿意去看土改的，应放手让他们去看，不要事先布置，让他们随意去看，不要只让他们看好的，也要让他们看些坏的，这样来教育他们。要将这样的事例教育干部，打破关门主义的思

---

① 《毛泽东文集》第 6 卷，人民出版社 1999 年版，第 80 页。

② 参见中共中央统战部研究室编：《历次全国统战工作会议概况和文献》，档案出版社 1988 年版，第 43 页。

想。毛泽东还要求从各大城市、中等城市分几十批组织各民主党派、民主人士、教授、教员、资本家下乡去参观，或参加工作。只要他们愿意去，就要欢迎他们去；不要怕他们去，不要向他们戒备；好的坏的，都让他们去看，让他们议论纷纷，自由发表意见，只有好处，没有坏处。

在中国共产党和人民政府的支持协助下，各民主党派及其在各地的组织抽调了大批人员参加或视察土地改革运动。他们一方面帮助农民进行翻身斗争，一方面通过斗争提高了自己的政治觉悟。这一重要举措，既消除了社会各界人士对土地改革运动的疑虑，又便于发现和纠正土改工作中的缺点偏差，使地主阶级在全社会彻底陷于孤立，大大有利于土地改革运动的顺利进行。

1951 年 2 月 8 日，北京市组织了首批北京大学、清华大学、北京师范大学、燕京大学、北京农业大学、辅仁大学、华北大学工学院、中央美术学院等高校 63 名教授，组成三个土改参观团，从北京出发，分赴华东、中南和西北等地区，参观正在进行的土地改革运动。这些教授表示将从参观土地改革中学习，时间约 1 个月。随后，北京、天津、上海、武汉、广州等大城市均分期分批组织社会各界人士的土改参观团，分赴各新解放地区参观、参加土地改革。

到 1952 年春季，仅北京和天津两市就有各界民主人士 7000 多人参加或参观了各地的土改工作。全国政协也组织了土改工作团，远赴西南各地参加土地改革工作。该工作团成员有各民主党派中央委员和高层干部，科学工作者，京津两市民主党派的负责人，大学教授，文教界、工商界和宗教界的人士以及中央人民政府若干部门的司局长以上干部，共 99 人。团长为民主建国会常委会召集人之一章乃器，副团长为民主同盟中央委员胡愈之和北京燕京大学校长陆志韦。

各界人士组成的土改参观团、工作团受到各地党委、政府的热情欢迎和高度重视。参观团、工作团成员积极参加当地农民群众的反封建斗争，努力站稳人民立场，在生活上思想感情上与农民打成一片，放下架子，虚心老实地向农民学习，依靠贫农雇农与地方干部，调查研究农村问题，搜集情况资料，主动提出意见和建议，对于土地改革工作起到了促进作用。

清华大学教授潘光旦、教员全慰天参加土改归来后，在《人民日报》发表了《谁说"江南无封建"?》的农村访问记，文章以在苏南无锡、苏州、常熟、吴江等地农村一个半月的深入观察和了解，详尽介绍了苏南农村中的土地占有情况：只占全人口2%的地主所占有的土地，包括公地堂地在内，共占耕地总面积的40%；其中比较集中的地区如常熟，地主人口占总数的5.6%，而其土地却占总数的65.4%。文章揭露了江南地主封建剥削的事实，例如采用"坐簿"（掌握在自己手里）、"追簿"（交账房管理）、"追折"（由催丁带在身边随时催索）等方式，向所有佃户收取高额地租，等等。农民由于"租米重，利钱高"，受尽地主的逼迫，有的被迫卖掉农具、家具及耕牛，有的被迫卖田、卖儿女或被迫当雇工，以至遭毒打、坐监牢、被逼自杀。这些事实说明，"苏南不但有封建，而且封建得厉害"。地主们占有大量的土地，豪夺的不少，巧取的更多。土地所有权集中的结果，是财富向少数人的集中和绝大多数人的贫困。在这种恶性循环的影响下，生产力的提高与发展是不可能的。这就是为什么要在苏南实行土地改革所构成的肯定的答案。① 这篇农村访问记在社会上引起很大反响。

参加参观土改的各界人士，在总结报告和体会文章中，以他们亲眼看见的事实材料，从根本上驳倒了对于土地改革持怀疑的各种见解，以及为封建剥削制度和地主阶级辩护的各种议论。他

---

① 参见《人民日报》1951年5月7日、5月9日。

们亲身感受到农民团结起来的伟大力量，党的干部对人民事业的忠诚，深入联系农民群众、不辞劳苦、脚踏实地的工作作风。通过参加和参观土改，他们在土地改革的实际斗争中经受了难得的教育和考验，在思想感情上向着人民的立场前进了一大步。

在新区土改中，一些著名民主人士经历了思想认识转变的过程。如民主建国会的黄炎培先生，同江南的地主和资产阶级的历史联系较多，对于征粮、征税和土改政策的执行有许多意见。当时，他收到家乡一些地主的"告状"信，准备去苏南实地看看土改。毛泽东得知后，嘱华东局和苏南区党委领导同志妥为接洽，向他详细介绍全面情况。通过实地考察，黄炎培认为地主的叫喊是不属实的，群众的意见是民主的，农民的行动并非过分，苏南地方首长对于政策法令掌握得很好，对政策的宽与严把握得恰到好处，看了以后确实觉得不差。这些现身说法，对资产阶级中一部分心存疑虑的人，是很有说服力的。

知名人士梁漱溟参加了西南土改工作团，回来后向毛泽东反映四川土改有不少过火现象。毛泽东说，你说的情况别的地方也有发生，但我们总的政策是斗倒地主，分田分财，给他出路。大多数地主有活路，不会自杀，也不会反抗。问题是贫雇农受苦受压多少年了，怒火一点着，就难以控制。我们应该认真贯彻执行政策，努力说服教育农民。关键是土改工作队的干部，只要他们能执行好政策，就出不了大的偏差。①

在新区土地改革运动中，从中央到地方不仅动员组织各民主党派人士和广大知识分子下乡参加或参观土地改革，而且在城市严格执行保护工商业的政策，把许多同封建土地剥削有联系的资本家吸收到反封建的统一战线中来。为了彻底地孤立地主阶级，

① 参见《毛泽东年谱（1949—1976）》第 1 卷，中央文献出版社2013 年版，第 392 页。

对于曾经拥护民主革命又赞助土地改革的开明绅士，党和政府在他们交出土地及其他应交出的财产后，也吸收他们参加土改或其他工作。这样，就充分发挥了反封建统一战线的作用，有力地促进了土地改革的顺利进行。全国各民主党派、工商界及社会各界人士基本上赞成和支持土地改革，并在废除封建土地所有制的斗争中经受住了考验，比较顺利地过了"土改一关"。

（三）城郊侨乡和少数民族地区的土改

新区的土地改革不仅在农村进行，而且还在许多大城市的郊区进行。中国城市郊区的土地关系带有浓厚的封建性，但因它与城市直接相联，土地占有与租佃关系比一般农村复杂。其中消费城市与工业城市、内地城市与沿海城市郊区土地占有情况又有很大差异。许多土地同城市工商业相关联，具有非农化的特殊用途；土地和农产品商品化程度较高；地主兼工商业和工商业者兼地主的情况同时存在；城市中一些劳动者在郊区也有少量土地出租；等等。

根据这些情况，《土地改革法》作出了部分土地收归国有的规定。如第十五条规定："分配土地时，县以上人民政府得根据当地土地情况，酌量划出一部分土地收归国有，作为一县或数县范围内的农事试验场或国营示范农场之用。"第十九条规定："使用机器耕种或有其他进步设备的农田、苗圃、农事试验场及有技术性的大竹园、大果园、大茶山、大桐山、大桑田、大牧场等，由原经营者继续经营，不得分散，但土地所有权属于地主者，经省以上人民政府批准，得收归国有。"

根据上述条款，1950年11月，中央人民政府政务院颁布了《城市郊区土地改革条例》。条例规定："城市郊区所有没收和征收得来的农业土地，一律归国家所有，由市人民政府管理"。"城市郊区土地改革完成以后，对分得国有土地的农民，由市人民政府发给国有土地使用证，保障农民对该项土地的使用权。对私有农业土地者发给土地所有证，保障其土地所有权。"所没收来的农具、耕畜、粮食等生产资料，由乡农民协会接收，统一地、公平合理地分配给缺乏这些生产资料的贫苦农民所有，以解决农民生产资金的困难；所没收来的房屋，除大建筑及风景区的别墅等不适合于农民居住的房屋应留作公用外，其余均应分配给农民所有。使用城市郊区国有土地从事耕种者，须依法向国家缴纳农业税，一律不再交地租，经营人也不能以国有土地出租、出卖或荒废，不需用时应交回国家。

条例明确保护私营工商业者在郊区用于经营工商业的土地财产及其对农业的合法经营。规定：对于工商业家在城市郊区的农业土地和荒地及原由农民居住的房屋，予以征收，但其在郊区的其他财产和合法经营，如私人住宅，厂房、仓库以及在农村中有处于生产的投资等，应加保护，不得侵犯。

对于革命军人、烈士家属、工人、职员、自由职业者、小贩以及因从事其他职业或因缺乏劳动力而在城市郊区出租的小量农业土地，条例规定，这些人均不得以地主论处，应酌情给予照顾。对于别无其他收入或其他收入甚少而不足以维持生活的地主，条例规定，对这些地主也应该分配与农民同样的一份土地给他们耕种使用，并配以必要的生产资料。对于城市郊区使用机器耕种或有其他进步设备的农田以及农场试验场、菜园、果园等，条例规定，这些场地应由原经营者继续经营使用。

对于城市郊区一切可耕荒地，条例规定在不妨碍城市建设及名胜古迹风景的条件下，经市人民政府批准，分配给无地少地的农民耕种使用，垦种荒地者，免征农业税一至三年。此外，条例还规定了国家为市政建设及其他需要收回农民耕种的国有土地、征用私人所有农业土地的补偿办法。

《城市郊区土地改革条例》的颁布，保障了城市建设与工商

业发展的需要，适应了城市郊区农业生产的特殊情况。根据上述
条例，全国各大中城市陆续制定了本辖区农业土地问题的决定或
实施办法。如北京市制定的有关规定，就体现了京郊土地紧靠大
城市的特点，即在消灭封建土地制度的原则下，注重保护现有的
农村商品经济和先进生产力，突出强调"四个不动"，即：中农
的土地绝对不能动；为供应城市人民蔬菜的园艺生产土地不能
动；有进步和改良设施的农田不能动；分到土地的雇工愿意合伙
集体耕种可以不动。对于城郊土地国有的政策，北京市市长彭真
解释说，在城市郊区，土地的所有权和使用权，对农民来说没有
多大差别。因为分配给农民的土地，一不要交租，二不要花钱
买。如给所有权，非农业人口也要分土地，分了再出卖，农民分
得的土地就更少了。把土地所有权归公，将来国家建设用地时，
可以随时收回。收回建工厂，则需要大批工人，农民就可以进工
厂做工，待遇较农民的收入高，对他们的好处更大。到那时郊区
农民的生活会普遍提高。根据政务院颁布的《城市郊区土地改革
条例》和地方实施办法，从1950年下半年到1951年上半年，全
国各地的城市陆续完成了郊区农村的土地改革。

中国的广东、福建两省有着众多的侨乡，因出国华侨较多，
归侨及侨眷集中而情况特殊：侨乡人均占有土地数量较少，且比
较分散；土地购置的资金主要不是来源于封建剥削，而是华侨在
海外辛劳多年的积蓄；侨眷的生活主要不是依靠出租土地而是靠
侨汇来维持。根据侨乡的土地占有关系和使用状况的特点，1950
年11月政务院颁布了《关于土地改革中对华侨土地财产的处理
办法》，规定侨乡土改在没收、征收和分配土地时，应对华侨地
主、华侨小土地出租者、无地少地的归侨和侨眷等三种人，分别
给予照顾。《办法》将华侨地主分成"本人出国前，家庭原系地
主者"及"本人原系劳动人民，出国后上升为兼地主者"两种情
况，并分别给予不同的照顾。对前一种华侨地主，规定只没收其

土地和耕畜、农具以及多余的粮食，对其在农村的多余房屋，只没收"原由农民居住"的部分，而由华侨和侨眷自己居住的"其他房屋不动"。这就保护了华侨在国内财产的主要部分。对后一种华侨地主，则有更多的照顾，即只没收其出租的土地和在农村中原由农民居住的房屋，对其耕畜、农具、多余粮食等其他财产，"一律保留不动"①。

为了防止把华侨在国外的经济收入多少作为划分阶级的标准，1952年中央人民政府华侨事务委员会颁发《对土改中华侨土地财产处理的九点办法》，明确规定归侨和侨眷虽有出租土地但不能构成地主的三条界限：一是"绝不能把许多侨眷因主要劳动力在国外而出租小量土地者简单划为地主"；二是"不要把出国后因在国外从事其他职业，积蓄点钱汇回国内购置少量土地出租者划为地主"；三是"即令其国内眷属的主要生活来源是靠土地生活，只要他占有土地的数量在当地小土地出租者的最高标准以下，均不应划为地主"。九点办法还严禁因侨汇收入较多就任意提高侨眷成分的错误做法。

根据上述条例和办法，广东、福建两省都以尽量照顾华侨和侨眷的利益为原则，对侨乡土改中划分阶级成分和华侨土地财产的处理，制定了若干切合侨乡实际的实施办法，既达到了废除封建土地制度，解除对农民的封建剥削，解放农村生产力，实现土地改革的基本目的，又注意团结了全体人民，给予需要照顾者以必要的照顾，稳定了各阶层人民的情绪，有利于促进生产恢复发展和其他建设工作。由于在侨乡土改中，正确执行了保护华侨利益的方针，并纠正了若干地方一度侵犯侨眷收取侨汇经济权益的错误，在土地改革期间，中国的侨汇收入不仅没有减少，而且逐年有所增加。1950年至1952年间，侨汇收

① 《中国土地改革史料选编》，国防大学出版社1988年版，第680页。

入分别为1.18亿美元、1.68亿美元和1.7亿美元，土地改革三年间的侨汇总和相当于解放前两年总和的7倍。① 这些侨汇收入，在外汇储备极为拮据的建国初期，对于国家的经济恢复工作起了不可忽视的作用。

中国是一个多民族融合的统一的国家。在约有3500万人口的少数民族地区，由于经济结构、政治状况和社会、历史条件都有许多不同于汉族地区的特点，土地关系中存在复杂的民族关系和宗教关系。因此，新区土改中尤须慎重处理少数民族地区的民主改革问题。1950年6月，毛泽东在中共七届三中全会上明确指出：少数民族地区的社会改革，必须谨慎对待，无论如何不能急躁；条件不成熟，不能进行改革，一个条件成熟了，其他条件不成熟，也不要进行重大的改革。为此，中共中央决定分别不同的情况，用更长的时间来完成少数民族地区的民主改革，即在统一的土地改革总路线下，坚持实行"民族团结、慎重稳进"的方针和更加缓和的步骤，务须采取适应各民族特点和有利于民族团结的政策和办法。

按照中央确定的方针，从1951年下半年起，首先在与汉族地区社会经济结构相同或相仿的蒙古族、壮族、回族等少数民族聚居区、部分杂居区进行了土地改革，并采取与汉族地区有所不同的政策。

首先，在政策上宽松，如在划分阶级政策上，规定凡收入相当于当地汉族一般地主者为小地主；相当于当地一般大地主者为中等地主。在没收政策上，规定除大地主外，对中等地主只没收其土地，其他财产一般保留不动；对小地主的土地原则

---

① 参见人民银行党组、中侨委党组：《关于三年来侨汇和华侨投资的报告》，1952年12月10日。

上不动，其他财产不分①。在民族杂居地区，规定应特别注意民族关系。在斗争本民族的地主时，应以本民族的农民为主，由本民族的干部领导去作。在分配土地、房屋及其他果实时，要注意民族间的公平合理。另外，根据中共中央的指示，在少数民族农业区开始土地改革时，即明确宣布：在牧区不搞土地改革，"不斗、不分、不划阶级"，实行"牧主牧工两利""发展畜牧业生产"的政策。

其次，在方法上和缓。如规定，对地主、领主和奴隶主等一切剥削阶级的斗争方法，不搞面对面的斗争，而采取背靠背的诉苦，有的甚至连诉苦也不搞，只进行正面教育；在具体政策上（特别在没收方面）的规定，更为宽松，如对不动土地以外的生产资料实行赎买政策等。这些政策的制定和实施，有利于争取少数民族的上层，也有利于增强民族间的团结，对进一步建立平等、团结、互助的新型民族关系具有重要意义。

对处在封建农奴制，甚至奴隶制阶段的傣、彝、哈尼、傈僳、景颇、布朗、佤、怒等少数民族地区，采取了更加慎重的步骤，直到1955年春才有准备、有计划进行了以土地改革为中心的民主改革。西藏民族地区由于情况最为特殊，中央同意在第二个五年计划期间（1958—1962年）仍可以不进行民主改革。后因1959年西藏上层统治集团发动武装叛乱，中央在平叛的同时，应广大农奴和上层爱国人士的要求，才开始在西藏地区进行民主改革，废除封建领主、奴隶主所有制及其一切特权，解放农奴和奴隶，至1960年10月基本完成。这标志着中国少数民族地区以土地改革为中心的民主改革在全国范围内胜利结束。

---

① 参见《中国土地改革史料选编》，国防大学出版社1988年版，第796、765页。

三、全国土地改革的基本完成

（一）对封建性土地财产的没收和征收

废除封建土地剥削制度，必须打破土地财产的封建性占有，这项任务主要是集中在土地改革的没收征收阶段完成的。整个没收征收工作是按照程序有区别地进行的：先是没收地主的土地和其他四大财产，然后征收富农的出租土地和公地。对地主，又是先没收大地主、恶霸地主，再没收一般地主。

对于没收地主的土地财产，各地由乡、村农民协会主持召开农民大会、农民代表会议和贫雇农代表会议，宣读和讲解土地改革法关于没收和征收的政策。有的地方为便于贯彻，将政策内容概括为"六要""四不要"，即：要土地，要耕畜，要农具，要多余粮食，要多余房屋与家具，要田地房屋契约；不要乱抓、乱罚、乱打，不要浮财底财，不要扫地出门，不要侵犯工商业。同时召集地主开会，对他们进行教育，警告他们不得进行破坏，要把应没收的土地和其他四大财产，开具清单送农会审查，听候处理。

在对地主应没收的土地财产数目调查核实之后，在乡、村两级召开没收土地大会。会上，由农协或没收征收委员会宣布没收方案，令地主当众交出土地和房屋契约。大会结束后，即开始进行没收。一种方式是在全村组织群众，对地主逐户进行没收。另一种方式是由农协和没收征收委员会组织专人进行没收。整个没收工作，严格按照土地改革法所规定的没收政策进行。

没收土地，主要包括地主的田、地、山及与之毗连的塘、堰、堤、坝和各种林木等。对地主的坟地及坟场上的树木，按照《土地改革法》一律不动。对地主家庭中有人常年参加主要农业劳动者，其自己耕种部分土地，基本上予以保留。

没收耕畜，主要是地主所有用于农业耕作及以收取租金为目的出租给农民的耕畜等。对地主与农民合养的耕畜，属于地主的部分，予以没收。但对地主主要用于运输业、手工业、作坊或经营畜牧业以贩卖为目的之大牲畜及其他家畜等，均不没收。

没收农具，主要是没收地主所有用于农业生产之工具，但对地主所有的抽水机等进步的农业生产设备及碾米机、织布机等副业和手工业生产工具，都不没收而给予保留。

没收多余粮食，主要是没收扣除应减租粮、应缴公粮，以及按当地一般农民生活水平留给地主全家至下季收获以前所需口粮以外的多余粮食。此外，地主收租及雇人耕种所得的各种农业经济作物（如烟叶、棉花、花生、麻、桐子、茶叶、茶子、甘蔗等），均折合主要粮食计算，除留其自己所必需者外，亦随粮食给予没收。

没收多余房屋，地主原住房中除留下足够其本人与家属居住的以外，其余所有在农村中的房屋（包括其在集镇中的适合于农民居住的房屋在内）均予没收。此外，对于地主在城市中的房屋以及在农村和集镇中直接用于工商业的房屋，均不在没收之列。

关于征收富农出租土地和公地，按照《土地改革法》的规定，首先是征收半地主式富农的大量出租土地。对一般富农的小量出租土地，各地执行情况略有不同。多数地区（主要是南方地区），由于人多地少，不征收富农的小量出租土地，难以满足广大贫雇农的土地要求，中央同意中南局的意见：凡当地贫雇农分到土地后，其土地数量仍不到当地平均数的80%者，即征收富农之小量出租土地。在新区土地改革中，中南区以及华东区、西南区，基本上是根据这个意见贯彻的。也有少数地区，如陕西省的关中地区，因富农出租的土地数量很小而采取了保留不动的办法。个别地方曾出现没收富农的耕牛等现象，后来得到纠正。

关于公地（亦称公尝地）的征收，按照《土地改革法》的规定，征收的公共土地中包括祠堂、庙宇、寺院、教堂、学校和团体等在农村中的土地。在旧中国农村，这些公共土地所占有的数量较大。据中南区的调查统计，公地占当地耕地的百分比为：广东省一般占到30%，个别的多达60%；湖南、广西省占到15%~20%；江西省约占15%；湖北省占10%左右。① 对公地的征收，比起没收地主的土地，以及征收富农的小量出租土地，相对简单一些。

在征收公地的实施过程中，也发生过一些问题，主要是个别地区在征收庙宇、寺院、教堂土地时，没有坚持贯彻只征收其土地、其他财产一律不动的原则，而将其用具和食物等也给没收了；甚至还发生了焚毁佛像、强迫僧尼还俗或结婚、禁止和尚念佛等情况。这些违背《土地改革法》和国家宗教政策的行为被发现后，上级领导机关都非常重视，并及时采取措施加以制止。凡是征收了属于不应该征收的财产，明令全部退回，并查清责任，从中吸取教训。对于寺庙中的佛像及其他设施，中共中央明确规定：必须注意保护，任何人不得毁坏或拿走。还提出，僧尼除自愿还俗与结婚者外，不得加以强迫。②

在征收富农小量出租土地和公地的同时，对农村中小土地出租者超过当地每人平均土地200%者，其超过部分，也给予征收。没收征收工作结束后，一般都要进行一次检查。其检查的主要内容为：应该没收征收的是否已经没收征收；有无违反没收征收政策的地方等。一旦发现问题，立即进行弥补或纠正。

---

① 参见中南土地改革委员会调研处编：《中南区各省农村特殊土地问题调查》，1950年11月17日。

② 参见《中共中央华东局关于土地改革中若干问题的通报》，1951年4月。

（二）亿万农民获得巨大的经济补偿

中国农民长期遭受沉重的封建剥削，最终通过分配地主土地财产的斗争果实获得了应有的经济补偿，这是土地改革全部政策的落脚点，也是解放农村生产力的关键所在。这项工作如果做得不好，就会挫伤农民的积极性，引起农民内部的不团结，给农业生产带来不利的影响。因此，各地在正式分配土地斗争果实之前，一般都做了必要的准备工作。

首先是核实田亩和产量，即对没收征收的土地进行一次彻底的清点登记，重点检查有无遗漏。在此基础上，精确统计出出租土地、自耕土地、属于本乡分配的土地、属于外乡分配的土地等各类土地的数目。然后核实土地产量，以便根据土地的好坏和肥瘦，公平分配，坚持以产量分田。由于核实土地产量涉及农村各家各户，政策性很强，一般是在农协小组内或农民中实行自报公议，民主评定。评定时既不能过高，也不能过低，以适合常年产量为原则。为了便于评定，有的地区把土地按产量分成若干等级。小组自报公议后，提交乡村农民代表大会或由专门选出的评议委员会审议，通过后即出榜公布。同时，将应参加分配土地的人数核对清楚，按农业人口、非农业人口，有劳动力、无劳动力等项，出榜公布。

然后是按照"公平合理、有利生产、民主讨论"的原则，制定分配方案。公平合理，就是首先满足广大贫雇农的土地要求。有利生产，就是土地斗争果实的分配不能从单纯的救济观点和绝对平均主义出发，而要从有利于生产出发，如对单身汉和劳动力较强的佃农在分配数量上适当加以照顾等。民主讨论，就是分配方案的提出，不能由少数人说了算，尤其反对那种由"干部定方案，群众通过"的做法，而是广泛征求群众意见，充分酝酿，反复协商。协商的意见，都要拿到农民代表大会进行充分的讨论和最后通过。分配方案经区人民政府批准后，向全体农民正式公布。此外，各地还成立了以贫雇农为主、吸收中农参加的分配委员会，下设若干小组，负责进行土地、财产分配的具体工作。

土地的分配，一般是以乡为调剂单位、村为分配单位，在原耕的基础上进行抽补，实行好坏和远近搭配，既大体按人口平均分配，又不搞绝对平均主义，坚决不动中农的自有土地。无论土地的抽或补，都要进行自报公议。先由小组或家庭进行自报；然后是大会自报，小村以村为单位，大村以组（或联组）为单位，在自报的基础上实行民主评定；最后是大会通过，张榜公布。自报公议结束后，由农民协会或分配委员会先找抽出户，即租种土地较多，其土地超过全乡每人平均数的原耕农民进行协商，确定自留哪几块，交分配委员会分配哪几块。接着是同分进户，即无地和少地的农民协商，解决如何抽补和具体搭配的问题。协商后的意见，经乡农民代表会议批准后实施。

新区土地分配中，由于乡与乡、村与村之间拥有的土地量不平衡，需要进行适当调剂。为了解决有的乡村土地不敷分配的矛盾，各地采取了拨地、地多的村留出一定数量的机动地，以及移民等办法。针对田多的乡村一般不愿接受外来移民，而移民户也担心分坏田、怕受气等情况，各地在进行土地调剂时，大都比较谨慎。凡是需要发动一部分农民搬到田多村去的，都要通过农民代表会认真讨论，并在农民中进行"村帮村，邻帮邻，团结起来对敌人"的教育。为了消除移民的顾虑，有的乡村还专门组织欢迎和欢送会，妥当解决他们的土地分配问题。

新区土改实行保存富农经济的政策，对富农的多余财产是不能动的。对耕畜、农具、多余粮食和房屋等其他财产的分配，改变了老解放区土改时彻底平分四大财产的"填坑补平"的做法，而坚持贯彻"填坑补缺"的原则，即缺啥补啥、缺多补多、缺少补少、不缺不补。这不但有利于克服平均主义，而且能首先满足广大贫苦农民的要求。因为他们原来的底子薄，分得的土地较多，所需要的耕畜和农具等生产资料也相应多一些。新区对耕牛、农具、多余粮食和房屋的分配，同分配土地一样，均采取自报公议、反复讨论、民主评定、三榜定案的方法。这样做，既防止分配中的徇私舞弊，又基本上做到公平合理，使大多数农民满意。有的贫农在分配胜利果实后感慨地说："从前我认为神仙都分不公平，谁知分得这么好，还是共产党有办法！"

新区在分配果实的过程中，有的地方出现过一些不正确的做法。例如，有的将"公平合理"错误地理解为"一人一份"；分土改果实主要不是根据实际需要，而是实行平均摊分。有的把团结大多数与分配果实相混淆，以为分配果实的面越大越好，越平均越好。有的还采用站队排号、分等评级，或抓阄、抽签等方式来分配果实。这些做法，主要是少数土改工作队和乡村干部的绝对平均主义思想和包办代替作风造成的。各地及时做了纠正，推动了分配工作顺利进行。

在没收和分配地主土地财产的阶段，各地有些不法地主对农民实行了夺田、夺屋和夺取其他财产的行为，经说理斗争后，令其将所夺财物退还给农民。为集中打击不法地主，各地对一般地主采取了区别对待的政策。对分地后能积极参加劳动、遵守政府法令、没有反攻倒算行为的地主，鼓励其继续进行劳动改造。对分地后讲过一些不满言论，但情节并不严重的地主，不以不法地主对待，让其认识改正错误。对于土改前或土改中分散、隐藏应没收财产而又一直没有偿还的地主，只要他们没有其他不法行为，也不再进行斗争，令其缴清应偿还的财产。这样做起到了分化地主内部、进一步孤立不法地主的作用。在同不法地主的斗争中，政策上强调主要从政治上进行清算，防止单纯的经济观点，特别是防止挖底财等过火行为。各地还认真吸取土改前期工作中的经验和教训，坚决反对乱捕、乱打、乱罚及使用肉刑或变相肉刑，使土改运动健康发展。

为了彻底消灭封建势力，妥善解决运动中的遗留问题，各地在结束土地改革后，一般都安排一个阶段进行复查。在复查中，错划阶级成分的，主要是将富农和小土地出租者划成地主，或将中农划成富农；也有少数将富农划成中农，或将中农定为贫农的情况。其结果，一方面是属于应该没收征收的土地财产没有被没收或征收；另一方面是属于不应该没收征收的土地财产而被没收征收了。对于错划地主的处理，基本上是查出一个、纠正一个，并公开在群众大会上宣布摘掉其错戴的地主帽子。对其已被没收的财产，如尚未处理者，一律原物退还；如已分配给农民者，原则上不再变动，而由剩余或新没收的财产中适当退补。但对于被错划为地主的中农，尽可能退还给原物。对于退出财产的农民，则从别的财产中予以补偿。对于被错划为地主的富农，除了退还其被没收的财产外，还退还被没收的自耕和雇工土地。对于中农、贫农被错划为富农或小土地出租者的，坚决予以改正。

复查中，一些地方存在着土改斗争果实分配不公的情况。首先是乡村干部多分田、分好田，以及多分其他财产，农民对此意见很大。其次是机动田留得过多，积压了一些土改果实（如农具、房屋、鱼塘等）未分或未分配完毕，直接影响了贫雇农的生产和生活，并容易造成乡村干部的贪污和浪费。这些偏差一经发现，大都得到了纠正。

（三）农村生产力大解放和农村新气象

由于有全国性人民民主政权的基本政治条件，有民主革命时期20多年积累的成熟经验，尤其是制定了比较完善的法律、法规和政策，坚定地实行"依靠贫农、雇农，团结中农，中立富农，有步骤地有分别地消灭封建剥削制度，发展农业生产"的土地改革总路线，坚持放手发动农民群众自己起来解放自己，建立和巩固了包括全社会各阶层人士在内的最广泛的反封建的统一战线，采取了比较稳妥的步骤和方法，建国后这次历史上最大规模的土地改革运动进行得比较顺利。

按照中央人民政府的总体部署，从 1950 年冬到 1952 年年底，除西北、西南一些少数民族地区及尚待解放的台湾省以外，土地制度的改革已在全国范围内基本完成。从长江三角洲到西北高原，从湖广通衢到大西南腹地，到处都有兴高采烈的农民在丈量土地，各家各户的田头地垄，插上了祖祖辈辈梦寐以求的标明地权的界桩。各级人民政府抓紧完成土地复查，确定地权，发放土地证，动员农民在新分的土地上安排备耕和播种，推动农业生产的恢复和发展。

在新区土地改革中，占农业人口 60%~70% 的农民分得了土地和财产，连同老解放区在内，全国分得土地和财产的农民约有 3 亿人口，共分得了 7 亿多亩土地和大批生产资料和生活资料，免除了佃农过去为耕种这些土地而被迫向地主交纳的相当于农作物生产量一半左右的地租。土地改革的完成，使中国农村土地占有关系发生了根本的变化。根据国家统计局的调查资料，全国土地改革结束后农村耕地各阶级占有的结构是：占农村人口 52.2% 的贫雇农，占有全部耕地的 47.1%；占农村人口 39.9% 的中农，占有耕地的 43.3%；占农村人口 5.3% 的富农，占有耕地的 6.4%；占农村人口 2.6% 的地主，占有耕地的 2.2%。① 这样，在中国延续了两千多年的封建土地所有制被送进历史博物馆。孙中山先生提出的"耕者有其田"的理想，在中国共产党的领导下变成了现实。封建剥削制度的被消灭，挖掉了帝国主义和国民党反动势力残存在大陆上的最重要的社会基础，使中国长期被束缚的

① 参见《1949—1952 年中国经济分析》，中国社会科学出版社 1996 年版，第 317 页。

农村生产力获得了一次历史性的大解放。

土地改革中，广大农民不仅获得了土地，还分得了耕畜297万头、农具2954万件、房屋3870万间、粮食105亿斤。这一中国历史上前所未有的巨大经济补偿，极大地激发了亿万中国农民的生产积极性。随着新区土地改革的陆续完成，国家从经济上对翻身农民给予扶持，实行一系列有利于促进农业生产的政策措施，广大农民生产积极性空前高涨，普遍把分得的生产资料用作添置大量的耕畜、水车及新式农具，改善和扩大自己的经营，掀起群众性的生产热潮。以农民个体所有制为基础的小生产，如当时人们所形容的那样，"像千年古树开花"，一般在土地改革完成后的第一年都获得了丰收，如粮食、棉花、油料等主要农产品的产量，1951年比1950年分别增长8.6%、44.8%、21.8%；1952年又比1951年分别增长14.1%、26.5%、15.8%，显示了土地制度改革对解放农村生产力，恢复和发展农业生产的巨大推动作用。

在生产发展的基础上，农民收入普遍增加，生活明显改善。以全国土地改革基本完成的1952年同1949年相比，三年来，农民净货币收入增长86.7%，农民人均货币收入增长79.8%。随着农民货币收入的增长，农民在增加生产投入的同时，消费品购买力也有所提高，由1949年的65.3亿元增加到1952年的117.5亿元，三年增长79.9%，年平均增长26.6%。按人平均消费品购买力从1949年的14.2元增加到1952年的24.6元，三年增长73.2%，年平均增长24.4%。① 农村居民购买力的提高有两个特点：一是提高幅度最大的是贫农和雇农，他们是土地改革的最大受益者，其次是中农。二是农民增加的收入中，用于购买生产资

————————

① 参见《中华人民共和国经济史》第1卷（1949—1952），中国财政经济出版社2001年版，第927、937页。

料的开支一般高于购买生活资料的开支。这也是农民收入增加的幅度大于消费品购买力增长幅度的原因。

摆脱了封建土地制度束缚的农民，在土改后短短的几年内，就用自己的辛勤劳动开创了崭新的生活，并向城市供应较多的粮食和工业原料，使长期停滞的农村经济顿时活跃，为新中国的工业化开辟了道路。工业原料作物的迅速增长和农民购买力的提高，直接促进了工业生产的发展，进而对整个国民经济的全面恢复和发展起了重大作用。

土地改革是一场涉及几亿农业人口和广大社会范围的民主改革运动。全国土地改革的基本完成，对中国经济、政治、文化和城乡社会都产生了极为深刻的影响，首先使中国农村贫穷落后的面貌有了很大改观。

广大农民获得土地等基本生产资料的巨大补偿之后，不仅迅速提高了经济地位，而且经过土地改革斗争的锻炼，增强了农民的阶级自觉和组织力量，形成了有觉悟有组织的阶级队伍，中国农民真正成了农村的主人。据 1951 年 10 月统计，华东、中南、西南、西北四大行政区农民协会会员达 8800 万余人，其中妇女占 30% 左右。农民积极分子从土改斗争中大量涌现出来，参加农村基层政权组织，使之成为农村人民政权的支柱，从而实现了对旧的基层政权的改造。翻身农民在每个乡村都组织和建立了自己的武装力量——民兵组织，对不服从劳动改造的地主实行管制，从根本上巩固了工农联盟和人民民主专政政权。四大行政区的民兵已有 750 余万，加上其他地区，全国民兵发展到 1280 万余人。这是巩固人民民主专政和保卫"翻身果实"的重要力量。土地改革作为亿万人民群众争取民主的伟大运动，为新中国的经济恢复发展与社会进步奠定了深厚的群众基础，这是近百年来中国人民反封建斗争的一个历史性界碑。

土地改革运动大大促进了农村文化的发展。随着土改后农村经济的恢复，农民的文化需求日益增加。为了满足农民学习文化的迫切需要，各地农村普遍利用冬季农闲时间，组织农民学习文化、学习政治，提高农民的素质。1950 年全国农民上冬学的达2500 万人以上，1951 年上常年夜校的农民有 1100 万余人。新的科学知识在开始传播。劳动光荣逐渐成为风气。同时，翻身农民的子弟开始大量进入学校，接受文化知识教育。农村小学数和学生数的增加，使全国小学学生数有显著增加，1952 年下半年达4900 万人，占学龄儿童总数 7500 万的 60%。与 1949 年相比，农村在校小学生数增加 111.8%，中学生增加 186.2%。随着国家颁布新婚姻法、开展扫盲运动等民主改革法令的宣传和实施，农村中普遍进行了扫除封建迷信、改革陈规陋习等移风易俗活动。农村文化热潮的初步兴起，使各地农村出现了许多深入民主改革的新风气、新气象。占全国人口绝大多数的农民的素质逐渐提高，对农村经济的发展和农村社会的稳定都起到了重要作用。

　　清华大学教授朱光潜亲历土改之后，对中国农村的巨大变化有一个中肯的评价：现在的农民已成为有组织的群众，明白政治就是自己的事，对于开会、发言、选举、检讨、批评等都能做得很熟练。他们有自己选举的乡村政府，有自己组织的民兵队伍，有自己办的夜校和识字班，有自己商议定的生产计划，使观察者深切地感觉到在今日中国，一个乡甚至于一个村，就是一种小型的国家，凡是整个国家机构的功能，一个乡村也在具体而微地行使着。土地改革使农民翻了身，这"翻身"的意义在政治方面比在经济方面还更为重要。农民占中国人口 80% 左右，至少在 3 亿人以上。他们在大体上已经树立民主政治的基础，民主政治在中国可以说已"生了根"。朱光潜感慨地说："试想一想这个力量是多么伟大！"[1]

---

[1]　见《人民日报》1953 年 3 月 27 日。

　　总的来看，土地改革在全国范围内的基本完成，是中国共产党领导中国人民反对封建主义的长期斗争取得的具有历史意义的伟大胜利。中国半殖民地半封建社会的性质从此彻底改变，新民主主义革命的最基本的历史任务胜利完成。同时，大规模的土地改革运动，对于彻底镇压反革命，巩固人民民主政权，为抗美援朝战争提供稳定的后方和雄厚的物质支援，都具有重大影响。全国土地改革的基本完成，带来了农村生产力的大解放，农村经济的大发展和农村社会的稳定和进步，进而促进了整个国民经济的全面恢复和发展，为中国进行大规模经济建设和逐步向社会主义过渡创造了根本的条件。从彻底完成反封建的任务来看，继续肃清封建主义及小生产的政治和传统思想的影响，仍将是中国相当长时期的历史任务。

　　新区土地改革也有一些经验教训值得总结、记取。在土地改革中，由于允许在人均耕地面积少的地区，经省一级政府批准得征收富农的小量出租土地，有相当一部分省区实际上都动了富农的出租土地，有的地方甚至连富农耕畜、农具等生产资料也征收了，《土地改革法》规定的保存富农经济的政策未能得到全面贯彻。经过土地改革运动，富农经济的生存基础受到很大的削弱。随着农村互助合作运动的兴起，中国的富农阶层很快归于消亡。

　　另外，广东、福建等省因城镇较多、工商业比较发达，许多工商业者与港澳有密切关系，所以在土改中实行了注重保护工商业者和华侨利益的慎重政策。后来一段时间，这些审慎的做法却被错误地批判为"和平土改"，使工商业者和华侨侨眷的利益受到了损害。

　　更深层的问题是，在已建立全国政权的条件下，新区土地改革总体上仍以"激烈的阶级斗争"来部署，虽然在划分阶级、组织阶级队伍等方面做了较明确的政策规定，但在实际斗争中，仍不免在对地主成分的划分上，对恶霸地主与一般地主的区别对待上，包括对不法地主的判定、量刑及处罚，对地主及其家庭的生活出路的安排，以及对待地富分子及其子女的社会政策等方面，出现了一些过火斗争、不公平对待等偏向，有的地区情况还很严重，虽经纠正，仍然遗留了不少历史问题。随着后来出现"以阶级斗争为纲"的"左"倾错误，对土改遗留的原地富分子及其家庭子女的政策又发生更严重的偏差。直至 1978 年十一届三中全会以后，中共中央决定全部摘掉原地富分子的帽子，土改遗留问题才得到基本解决。

四、恢复城市生产与工矿企业民主改革

（一）依靠工人阶级恢复城市生产事业

中华人民共和国成立后，在有步骤地进行土地制度改革的同时，还在全社会范围开展了包括社会生活许多方面的民主改革。随着民主改革向社会领域的深入，从农村到城市，从工厂、学校到社会各界，整个社会都在发生着深刻的变化。各阶层人民的政治觉悟、组织程度有了很大提高，精神面貌焕然一新，为恢复和发展国民经济创造了良好的群众基础和社会环境。

在新国家、新社会，中国工人阶级成为领导阶级、领导力量，不仅政治地位提高了，而且在国营经济、国营企业中，实现了劳动者与生产资料占有者的统一，经济上成为企业的主人，这就为解放和发展生产力创造了前提条件。

中国共产党作为中国工人阶级的先锋队，早在新中国成立前夕确定工作重心由乡村转移到城市的时候，就鲜明地提出：在城市斗争中，必须全心全意地依靠工人阶级，团结其他劳动群众，争取知识分子，争取尽可能多的能够同我们合作的民族资产阶级，以便向帝国主义、国民党残余、官僚资产阶级作坚决的斗

争，同时即着手经济建设事业，一步步地学会管理城市，恢复和发展城市中的生产事业。

城市解放以后，生产事业的恢复是在极其困难的情况下开始的。许多城市刚解放的时候，工厂机器设备大多被严重破坏或拆毁；不少矿山变成一片废墟；一般工矿企业都处于人员离散、生产瘫痪状态。在严重困难的局面下，各级党的领导机关和人民政府依照全心全意依靠工人阶级的方针，把恢复和发展国营工业的生产放在第一位。

全国最早获得解放的东北大工业基地，从 1949 年春起，就在各厂矿形成努力恢复生产的热潮。在党组织的领导和动员下，工人群众以高涨的劳动热情和主人公精神，不计工时，不计报酬，献交器材，投入到抢修设备、修复矿井的紧张工作中。因战乱沉寂多年的工厂、矿山又响起机器的轰鸣。鞍山钢铁公司是包括 29 个厂矿的大型国营企业，率先发起恢复生产和立功运动，职工们纷纷赶回工厂，尽管没有工资，每人只发给微薄的口粮，干部、共产党员和工人群众同心同德，不分昼夜努力奋战，大大加快了修复的进度。仅两三个月，中板厂、焊接钢管厂、第一初轧厂等主干厂相继修复，投入生产。6 月初，鞍钢炼铁厂二号高炉流出了解放后的第一炉铁水。

城市解放之初，按照"机器照常运转，人员照常工作"的方针，第一急务是恢复城市生产。在城市军管会和接收部门的有力动员下，天津市原中纺系统所属七个纺纱厂，在接管后的第二天就有 90% 以上的职工到厂报到，照常开工生产。天津被服厂在接管后的 15 天内，就完成了几十万条军裤的生产，及时支援了解放大军南下作战。北京石景山钢铁厂等国营厂矿，克服机器、设备失修等重重困难，不到半年时间就恢复了生产，还创造了历史上最好的生产成绩。在中国最大的工业城市上海，原中纺公司各厂在解放后三天内全部复工；市内公共汽车大部分恢复行驶；水电燃气供应和市内电话一直没有中断。江南造船所被炸毁的三座船坞，全体职工只用一个星期就修好被破坏的陆上设备，一个半月即把船坞全部修复。在铁路职工的奋力抢修下，多处中断的沪宁线顺利恢复通车。

为了更好地发挥解放后广大工人在企业中当家作主的作用，1950年2月6日，《人民日报》发表《学会管理企业》的社论指出：接收官僚资本企业时"不要打烂旧机构""保存原职原薪原制度"的口号是必要的，但也把过去在国民党反动统治时代在企业内造成的不合理、无组织的混乱状态和某些腐败制度暂时地继承下来；而国营企业建立起来后，由于干部缺乏管理生产的知识和经验，这种现象在许多企业中仍未改变。为此，社论提出："学会管理企业，把官僚资本主义企业改造成为新民主主义企业，就应成为中国工人阶级目前的中心口号"；"以统一的、合理的、科学的制度，逐渐代替国民党遗留下来的混乱的、腐败的、不合理的制度，是目前管理好企业所必须采取的一个重要步骤"。

2月12日，中共中央发出指示，要求各级党委把《人民日报》社论作为目前管理企业和提高生产的指导方针，指令和督促企业管理部门及企业中的行政、党和工会组织负责人召集共同的会议，切实检讨，根据企业情况，定出具体执行办法，并督促其切实执行。2月28日，中财委也发出指示，指出当前的中心任务是恢复与发展生产，为达成这一任务，必须在国营工矿企业中，对原来官僚资本统治时代遗留下来的各种不合理的制度进行一系列的改革；改革的中心环节是建立工厂管理委员会，实行工厂民主管理，使工人亲身感到自己是企业的主人，而改变劳动态度，发挥生产积极性和创造性。因此，必须督促所有工厂企业行政人员，认真联系实际，批判各种不依靠工人群众管理企业的观点和单凭依靠行政命令来完成生产任务的错误思想，并协同工会讨论实行民主管理的具体办法和步骤。只有这样，才会对发展生产有利，才符合于整个工人阶级和全国人民的远大利益。

1950 年 6 月 28 日，中央人民政府委员会第八次会议通过《中华人民共和国工会法》，次日由毛泽东主席发布命令公布实施。《工会法》是中华人民共和国成立后第一批公布施行的重要法律。它明确规定了工会组织在新民主主义国家政权下的法律地位，规定工会在国营及合作社企业和在私营企业中，有代表受雇工人、职员群众参加生产管理及与行政方面缔结集体合同，或与资方进行交涉、谈判，参加劳资协商会议并与资方缔结集体合同等职权；有保护工人、职员群众利益，监督行政方面或资方切实执行政府有关劳动法令条例，并进行改善职工群众的物质生活与文化生活的各种设施的责任。《工会法》将在一切企业、机关和学校中以工资收入为其生活资料之全部或主要来源的脑力雇佣劳动者视为职员。8 月，政务院公布的《关于划分农村阶级成分的决定》明确指出："职员为工人阶级中的一部分。"[1] 这是政府文件中最早将从事脑力劳动的知识分子当作工人阶级的组成部分的范例。

根据《工会法》的规定，各地国营工矿企业迅速建立和健全了基层工会组织，并开始组建全国性的各种产业工会，如机械、煤炭、铁路、纺织、交通、化工等产业工会。在工业生产的恢复中，全国总工会和各级工会组织对企业行政部门或资方执行劳动保护、劳动保险、工资支付标准、工厂卫生与技术安全法令条例等情况实行严格监督，切实保护职工群众的利益；另一方面，对职工进行维护政府法令、执行政府政策、遵守劳动纪律等教育，通过组织生产竞赛、增产节约运动，保证生产计划的完成。同时，还为改善工人物质文化生活做了大量建设性工作。为进一步

---

① 《建国以来重要文献选编》第 1 册，中央文献出版社 1992 年版，第 399 页。

领导和支持工人群众实现当家作主，党和政府在国营工矿企业深入开展了民主改革运动。

（二）分步骤完成工矿企业的民主改革

在旧中国，帝国主义、封建主义、官僚资本主义在工矿企业中对广大工人职员群众的统治与管理，除了依靠他们反动的政权力量（如反动的军队、宪兵、警察、法庭，监狱等）外，还要依靠一种反动社会力量——封建把头。这种反动社会势力，名称有所不同，如武汉叫"头佬"、上海叫"纳摩温"、青岛叫做"把头"，其实质是一样的。他们中的许多人，往往就是反动党团特务组织（中统、军统等）、反动会道门（一贯道、九宫道等）、封建帮派（青红帮、哥老会等）及黄色工会在工矿企业中的组织者、头子与骨干，或者一人兼有几个身份。在国民党统治时代，这些封建把头在工矿企业中所起的作用，与农村中的反动保甲长相类似。

在城市刚解放的时候，为了不打乱原有的生产机构、便于接收，对工矿企业的封建把头势力大都未及清理。随着国营经济的建立，一些厂矿企业经过登记反动党团员、人事调整，用行政力量进行过一些调整，触动了工人群众深恶痛绝的把头制、侮辱工人的搜身制等。但一般来说，由于工矿企业中党、团、工会组织还不健全，不具备较有力的组织基础和群众基础，绝大多数厂矿未能在放手发动群众的基础上，自下而上地进行系统的、彻底的民主改革。

1950年3月24日，中央人民政府政务院颁布《关于废除各地搬运事业中封建把持制度暂行处理办法》，首先在搬运事业中开展废除封建把持（亦即把头）制度的斗争。广大搬运工人群众在各地党委的领导下，先后经过有组织的训练，提高阶级觉悟，划清阶级界线，进行控诉、检举斗争。经过同长期欺压工人的封建把头做面对面的斗争，北京、天津、沈阳、武汉、南京、重庆、广州等128个大、中城市搬运事业中的封建把持制度基本上被摧垮。反对封建把头制度的运动，迅速扩展到全国各地，也扩展到其他工矿企业。东北的鞍山、抚顺、哈尔滨、吉林、长春、齐齐哈尔、四平，华北的新乡、太原、石家庄，中南的南昌、长沙、衡阳、南宁，华东的温州、宁波、福州等城市，都先后开展了反封建把头的斗争。在搬运事业中，各地政府接受广大搬运工人群众的要求，对一些封建把头按犯罪大小分别进行了处理。经过一年多的斗争，广大搬运工人翻了身，感觉扬眉吐气了，称赞"咱们工人当了家"。

然而，在基本上废除封建把头制度的城市，民主改革工作还不算彻底。有些城市过去对封建残余势力认识不足，对这些把头、反革命分子没有严厉镇压和处理，造成工人群众的顾虑，助长了封建把头和反革命分子的气焰。有些把头自称"三朝元老"（即国民党、日本人、共产党来了都"吃得开"），指着工人说："走着看吧，最多公安局住几天！"除了这些把头，还有少数反动党团分子、会道门分子、特务、逃亡地主等混入工人队伍，潜藏在厂矿企业中。有的还伪装积极，欺骗组织，混入青年团，当上了工会干部，有的甚至被评为"劳动模范"。所以，厂矿企业建立工会组织，必须加强审查，把混迹其中的反动分子坚决清除出去。

经过一年来的镇压反革命运动，那些浮在面上、罪行突出的反革命分子，多半已被逮捕或镇压。但是，过去骑在工人头上作威作福、仗势欺人的中小把头，有许多并未受到处理。虽然解放后他们不能像过去那样肆无忌惮地欺压工人，但仍有不少劣行，如打骂工人，克扣工资，敲诈勒索，贪污受贿；调戏或强奸女工，霸占工人妻女，强迫打胎；结拜厂内外的坏分子，拉帮结派，造谣生事，威胁工人；挑拨离间，播弄是非，破坏团结，消极怠工，妨害生产和工作；利用帮会、行会等封建关系拉拢落后群众，打击积极分子；利用厂方工作中的缺点，煽动群众的不满，不时制造政治性事故；等等。这些情况，在民主改革中明显暴露出来。许多厂矿企业中工人的政治热情和生产积极性受到压制。

随着各地厂矿陆续建立健全了党、团、工会组织，工人政治觉悟有了很大提高，基本具备了进行民主改革的必要条件。在镇压反革命运动深入开展后，中共中央于1951年11月5日发出《关于清理厂矿交通等企业中的反革命分子和在这些企业中开展民主改革的指示》，要求各地必须用足够的力量，发动和依靠工人群众，有领导、有计划、有步骤地对工厂、矿山和交通等企业部门内的残余反革命势力加以系统的清理，并对国营企业内所遗留的旧制度，进行或者进一步完成必要的和适当的民主改革。

民主改革的要求与目的，是在有组织、有领导，放手发动群众的基础上，对帝国主义、封建主义、官僚资本主义在工矿企业中有意识地建立与培养并用以统治工人群众的把头制度，按照生产的需要与群众的要求，采用民主的方式，加以彻底的改革。在去掉阻碍工人群众团结进步的把头制度与破坏分子之后，对于过去在国民党反动统治之下，在工人群众中所造成的各种思想包袱与各种不团结的现象，采用忠诚老实、坦白、检讨、交代问题、批评与自我批评等方式加以解决，借以提高工人群众的阶级觉悟，加强工人阶级的团结，然后在工人群众自觉自愿的基础上，树立起新的劳动态度，建立各种有利于生产建设与生活改善的组织与制度，为顺利地开展爱国主义的劳动竞赛、实行经济核算制、迎接大规模的生产建设创造有利的条件。

鉴于工矿企业的情况，较党政军民机关为复杂，共产党的领导力量和群众基础较弱，各地在党委的统一领导下，从各方面抽调得力干部，结合企业中原有干部组成专门领导机构，首先对企业的情况进行有系统的调查研究，训练组织职工中的积极分子。再由行政、党、工会、青年团的干部，按照本单位群众的思想状况，有的放矢地在工人职员中进行深入的思想动员，号召工人群众分清敌我，整顿自己的队伍，从思想上、组织上提高工人阶级的纯洁性；号召一切有问题的人，向国家忠诚老实地交清自己的历史。只要忠诚坦白，罪重的可以减轻，罪轻的可以免罪，无罪的可以卸掉包袱。党和人民政府在民主改革中的政策，主要归结为四点：反封建不反资本；反封建不反技术；要斗首不斗一般；在经济上重点清算，分别处理。厂矿企业民主改革运动的进程，大体上分为三个步骤。

第一步是民主斗争。采用回忆、对比诉苦的方式，对那些"不问能力问来历"，不参加劳动或者不大参加劳动，天天骑在工人头上进行封建压迫、剥削的"把头"、"头佬"、"纳摩温"、反动会道门头子、帮派头子、反动党团的骨干分子等，在车间群众大会或全厂大会上进行说理斗争。然后，按他们过去罪恶的大小、生产技术、解放后的劳动态度与低头认错的程度分别予以处理——降职、降薪、调动工作、群众管制、停止工会会籍；对个别罪恶太多、民愤太大的，应群众要求送法院法办或开除厂籍。这是民主改革中发动群众的最重要的阶段，工人群众把这种斗争会称为真正的"翻身会""解放会""见太阳会"。在这方面，武汉第一纱厂、上海申新纱厂、济南成大纱厂、山东造纸厂与第四机器厂的经验中，最主要的一条就是详细地讲明政策，解除顾虑，为群众撑腰，放手发动群众。

第二步是民主团结。由于长期受反动统治的影响，工人队伍内部也存在一些问题亟待解决，如有的职员和工人曾被胁迫加入过反动党团；少数职员和技术人员有过压迫工人的行为；在工人之间还存在旧的行会帮派和狭隘地域观念；等等。对此，各厂矿在工人群众中间进行了思想教育和自我教育，消除工人内部因封建行帮、地域观念所造成的隔阂，加强工人内部包括工人与职员、技术人员之间的团结。对曾经有过压迫工人行为或其他轻微劣迹但并非反革命分子的职员和技术人员，根据以团结为主的原则，作为工人阶级内部的问题处理。在民主改革中，通过召开座谈会、谈心会，开展批评和自我批评，职工群众相互克服旧思想、旧作风，主动消除以往工人与工人之间、职员与工人之间、干部与群众之间（即党、行政、工会、青年团，主要是行政、工会的领导干部与工人群众之间）、这部门工人与那部门工人之间、这地区工人与那地区工人之间的隔阂，加强工人阶级的内部团结。这样，就使企业在收归人民所有的基础上，逐步建立起国营企业内部团结协作的新型生产关系。经验证明：放手让群众提意见的结果，工人很少提出过高的要求，大多数意见对领导干部的帮助很大。

第三步是民主建设。在"搬掉石头"后，广大工人、职员群众的主人翁责任感大大增强，在提高觉悟、加强团结的基础上，真正自觉自愿地进行有利于生产建设与生活改善的各种组织与制度的建设工作。各厂矿在讲明政策、办法之后，放手让群众自下而上地讨论，充分发表意见，由此建立了生产上的责任制、合同制、检查制，成立工会委员会，进行工厂管理委员会的改选，劳动保险卡片的登记或复查等。经过民主改革，大批新的积极分子积极要求加入共产党、加入青年团。各厂矿着手对劳动组织进行整顿，建立新的劳动制度和劳动组织，把一批在生产上有经验、在群众中有威信的工人和职员提拔到行政和生产管理岗位上来，使企业管理层的领导权力牢牢掌握在工人阶级手中。据华北、中南 9 个产煤区的统计，在民主改革中，有 2000 多个有各种罪恶和劣迹的封建把头受到不同情况的处理；同时，有 1.2 万余名工人被提升为班组长、井长、矿长或技术员。

在此基础上，根据中央指示，国营工矿企业有步骤地开展了生产上的民主改革,逐步建立起有厂长、总工程师等生产负责人和同等数量的职工代表参加的工厂管理委员会,使广大职工通过自己的代表,参加对厂内重大问题的讨论并参与生产管理。同时,各工矿企业还通过民主选举,建立职工代表会议,听取工厂管委会的报告,检查工厂经营管理情况和领导作风,并提出批评和建议。通过这些改革,工人阶级的领导地位在企业中得到确立,更有力地调动了广大工人搞好生产的积极性和主动性。在增产节约运动中,广大职工为了增加生产、提高质量、降低成本提出大量的合理化建议,大都为工厂管理委员会所采纳。职工代表会议作为联系工人群众、组织工人参加管理的群众组织,在企业民主管理进程中日益发挥着重要作用。这样,就为开展爱国主义劳动竞赛、实行经济核算制、迎接伟大的生产建设工作创造了有利的条件,同时也为在工矿企业中进行整党建党、整顿和建设工会、青年团的工作创造了有利条件。

1952年下半年,结合在私营工商业者中进行"五反"运动,各工业部门在私营企业中也开展了民主改革,基本要求是:第一步提高工人阶级觉悟,纯洁工人队伍,加强职工团结,改革不合理的制度;第二步开展增产节约运动,适当地进行生产改革,逐步实行工人监督生产。国营工矿企业、私营工业企业的民主改革与生产改革相辅相成,交互进行,到1952年年底基本结束。

由于正确贯彻了全心全意依靠工人阶级的方针,通过民主改革肃清了反动统治的长期影响和残余势力,纯洁了工人阶级的队伍,各厂矿企业在政治上和生产上都出现了前所未有的新气象。工人群众反映说,通过民主改革"吐了苦水,搬掉了头上的石头,彻底翻身见了青天,身上有使不完的劲"。有的职工高兴地说:"毛主席的太阳照到工厂里来了。"

在民主改革和生产改革的推动下,工业生产的恢复在短时期内取得了引人瞩目的成绩:1950年全国工业总产值比1949年增长 36.4%；1951 年比 1950 年增长 38.2%；1952 年又比 1951 年增长 29.9%。工业生产迅速恢复的事实证明，具有光荣革命传统的中国工人阶级，是恢复城市生产事业的主力军，完全能够担负起建设新中国的领导责任。

五、扫除旧社会病害与净化社会环境

（一）取缔为祸社会的娼妓制度

旧中国长期受黑暗势力统治，社会上遗留了大量痼疾。随着城市的解放和接收，旧时代盛行的卖淫嫖娼、贩毒吸毒、设局赌博等社会病害一时未来得及清除，严重毒化社会环境和人们的心灵，扰乱社会秩序的安定。新中国成立后，党和人民政府集中力量，迅速开展了扫除各种社会病害的斗争。由于这项斗争打击的对象——娼馆妓院、贩毒团伙、赌场赌头等，大都属于封建恶霸势力，因而清除旧社会的遗毒与反恶霸斗争有着密切联系，在当时带有鲜明的民主改革的性质。

娼妓制度是私有制社会畸形发展的产物。在旧中国，娼馆妓院如城市的癣疥散布于社会角落，这不仅是进行淫乱的罪恶场所，而且是社会上偷盗抢劫、吸毒贩毒、拐卖人口、敲诈勒索等犯罪活动藏污纳垢的渊薮，更有难以数计的妇女被迫沦为妓女，经受着人间地狱的苦难。罪恶的娼妓制度致使道德沦丧，性病蔓延，殃及后代，为祸社会。

在城市解放之初，由于社会的组织动员、医疗卫生等方面的条件还不具备，人民政府对卖淫嫖娼等社会丑恶现象未立即明令禁止，而是着重清理清查隐藏在这些场所的反动党团骨干人员、逃亡地主、潜伏特务等反动分子，清除了阴暗角落里的反革命隐患。同时，一些城市对妓院加强管制，申明保护妓女的人身权利，暂时采取"斩断来源，管制老鸨，教育妓女，麻烦嫖客"的办法。至社会秩序基本稳定，在社会组织、医疗卫生等方面做了必要的准备工作之后，首都北京率先发动了取缔娼妓制度的集中行动。

在欢庆解放的日子里，老北平人民没有忘记那些仍处在水深火热之中的妓女的命运。1949年8月召开的北平市第一届各界人民代表会议上，有两位代表提出了改造妓女的提案，建议政府制定方案，协同群众组织妓女习艺所，分批收容妓女，加以教育，并授以适当技术，使其能谋生。经大会讨论通过后，提请市政府拟订具体办法解决。后经多次调查研究，由市第一届各界人民代表会议协商委员会拟出方案，提交北京市第二届各界人民代表会议讨论。

11月21日，中央人民政府成立的第二个月，北京市召开第二届各界人民代表会议。在通过的众多议案中，有一项就是第一届各界代表会议协商委员会关于封闭妓院的议案。代表们在发言中纷纷提出，在新民主主义社会中，特别是在人民的首都北京，绝不能允许这种野蛮的娼妓制度继续存在，必须坚决取缔。大会通过了以下决议：查妓院乃旧统治者和剥削者摧残妇女精神和肉体，侮辱妇女人格的兽性的野蛮制度的残余，传染梅毒、淋病，危害国民健康极大。而妓院老板、领家和高利贷者，乃极端野蛮狠毒之封建余孽。兹特根据全市人民之意志，决定立即封闭一切妓院，没收妓院财产，集中所有妓院老板、领家、鸨儿等加以审讯和处理，并集中妓女加以训练，改造其思想，医治其性病，有家者送其回家，有结婚对象者助其结婚，无家可归、无偶可配者组织学艺，从事生产。此系有关妇女解放、国民健康之重要措施，本市各界人民应一致协助政府进行之。

这个决议代表了全市人民的意志，受到全场代表的热烈拥护。决议通过后，聂荣臻市长郑重宣布，立即执行这项决议。由于在各方面已经做了充分的准备，从当天下午5点半开始，由公安局、民政局、卫生局、市妇联等单位，动员干部、干警2400多人，经过一整夜的紧张工作，到22日凌晨5时止，将"八大胡同"等分布在全市各处的224家妓院全部封闭。妓院老鸨、领家共400余人均集中于市公安局，经审查后，按其罪恶轻重分别依法处理。

这次集中行动，共收容妓女1286名，年龄最小的13岁，最大的52岁，大多是18岁至25岁的青年妇女，有的因天灾人祸从小就被卖到妓院，连亲生父母都不认识；有的被人贩子转卖多次，被折磨得几乎送命。她们在心狠手辣的老鸨、领家的残酷剥削和压迫下，饱受欺凌和蹂躏，要不是解放，她们一辈子也翻不了身。北京市政府专门成立了妇女生产教养院，向被解救的妓女们表示慰问，讲解封闭妓院的意义和政府的政策精神，对她们进行教育改造，并帮助她们学习从事生产劳动。

北京市封闭妓院的消息公布后，广大群众拍手称快，特别是妇女群众，反应尤为强烈。北京大学的全体女同学，看到这些被侮辱、被损害的姊妹们得到解放，感慨地说："这是我们女同学早就关切的事情，记得《共同纲领》上说要解放妇女，现在得到了事实证明，共产党是说到做到的。"被解救的妓女也感动地说："过去我们死了也没有人埋，现在政府救我们出苦海，共产党是我们的大恩人！"一些外国朋友惊叹中国封闭妓院的举措，他们不能理解为什么在新中国刚刚成立后，北京就能如此迅速地消灭娼妓制度。其实，按照《中国人民政治协商会议共同纲领》的明文规定，废除娼妓制度完全属于"中华人民共和国废除束缚妇女的封建制度"之列。在共产党领导下的人民中国，是绝不允许侮辱妇女人格、摧残妇女精神和肉体的野蛮制度存在的！

继北京市之后，上海、天津、武汉、南京等大中城市都采取果断措施取缔娼妓制度。全国各地城市共查封妓院8400余所，惩治了一批作恶多端的妓院老板，挽救了一大批被迫为娼的妇女脱离苦海。各地妇联在党的领导下，对这些饱受摧残、心灵扭曲的妇女进行耐心细致的思想工作，启发她们控诉旧社会的罪恶，帮助她们医治性病，组织她们学文化、学生产技术、学会自立的本领，使她们中的绝大多数后来成为自食其力的劳动妇女，有的还择偶成家，过上正常人的生活。查禁封闭妓院、取缔卖淫嫖娼的斗争，使党和人民政府一开始就树立了良好的社会形象，旧社会严重摧残妇女的丑恶现象，在共产党的领导下很短时间内便基本绝迹。

应该指出，卖淫嫖娼制度现象，属于历史遗留的社会问题。一方面，这是旧中国社会结构、社会环境失调而产生的多种障碍因素，如男尊女卑、一夫多妻等封建恶习及规制所导致的历史产物；另一方面，这种社会失调又影响了许多人的社会生活，引起社会公众的严重关注。对此，必须从铲除其社会历史根源入手，关键是废除封建剥削的土地制度、经济制度以及封建宗法的旧婚姻制度，运用有组织的社会力量，建立起新民主主义的经济制度、男女权利平等的民主婚姻制度等，并迅速恢复生产事业，大力发展社会经济，不断促进社会进步，旧社会的各种丑恶现象才能得到彻底根除。

（二）救济和治理城市无业游民

在城市解放之初，由于帝国主义、封建主义、官僚资本主义长期的反动统治，加上连年战祸绵延，水旱灾害肆虐，造成大批的灾民、难民流离失所，涌入城市，他们跟城市失业者、国民党散兵游勇、乞丐、盗贼、小偷等，麇集于大中城市的公共场所，充塞于大街小巷，其中又有很多是无依无靠的孤老残幼，遭受着贫困、饥饿、瘟疫和死亡的威胁。大量的游民充斥城市，尤其是乞丐、小偷扒手等，吸附在每一条街道、路段和各类公共场所，或黑偷，或明抢，或强夺，助长了社会上不劳而获的恶劣风气，直接影响了社会安定，妨碍正常工商业经营，并有碍市面观瞻，给城市生活带来很多不便。对于这一旧社会遗留的病害现象，各级人民政府及时采取对策，采取分别不同对象、区别对待、妥善安置的措施，并进行了紧急救济和收容遣送工作。

仅 1950 年，中南、西南、西北三大区，共收容和遣送国民党散兵游勇 120 万余人；华东、中南两大区收容遣送灾民、难民 75 万余人；北京、武汉、西安、青岛等 7 个城市收容遣送无业人员 110 万人。与此同时，各级民政部门，对收容的无依无靠、无法维持生活的老弱残人员和流浪儿童，分别送到生产教养院、儿童福利院进行了妥善安置。到 1952 年，城市中的流浪乞讨人员、无业人员大大减少，社会秩序日趋稳定，对新社会秩序的建立起到了良好作用。

对城市游民的治理，实际上是一个长期的社会改造工作。在城市解放之初，为了迅速肃清城市在未解放之前聚集的大量游民，各地区都根据需要，设立了若干临时收容所。如北京市由民政、公安两部门负主要责任，与其他有关部门合作组成收容管理处，协调开展对城市游民、乞丐的收容遣送工作。具体分工是：公安局负责收容、集中、遣送、管理；民政局除了管理安老所、育幼院、习艺所、妇女教养所外，还负责甄审分配；卫生局负责收容处所的卫生防疫及被收容人员疾病的医治；财政局负责对于收容费用的支付与调配；纠察队负责收容行动的具体实施；法院负责对收容的小偷扒手、流氓、兵痞等犯罪嫌疑人的审理；工务局负责安排有劳动能力者的生产劳动。这样形成了有效改造城市游民的工作系统。

根据民政部门制定的《处理乞丐暂行办法》等规定，各地对于收容人员按照不同情况分别处理。如：家在城市以外者动员返乡生产，组织成队，由沿途各县招待食宿，遣送回籍；查明为散兵游勇者，由纠察队送游散人员处理委员会处理；无家可归有劳动力之男子，编成劳动大队送工务局，按照"以工代赈"原则参加劳动；无家可归之老幼残疾或妇女，送救济院特设之安老所、妇女教养所等安置，经教育后可参加适当劳动；无家可归之青年可学习技艺者，施以较长期之技艺训练，使能有一技之长自谋生活；业经改造，有谋生能力者，可以准许其自由就业，各市政府得予以就业之便利；家在本市内居住者，经短期教育后，交由其家人取保领回从事生产；职业乞丐及乞丐行业授徒者，严加管理，强制劳动。

人民政府加强对收容所的管理，制定纪律教育游民乞丐，树立"自食其力最光荣"的思想，养成劳动习惯，学习生产技能，并由卫生局负责收容所的卫生及医疗问题。乞丐在收容所期间的生活费用，供给标准为"每人每日以一斤二两小米（市秤）计""凡住留较久者，均应按其体力从事各种生产，以求自给"；乞丐收容所及救济院的经费，由财政开支，由市政事业费内报销。①

由于这一时期游民乞丐众多，各城市基本上是按照分批、逐步处理的方式，分别采取收容处理、思想教育、劳动改造、移民生产的救助措施，对有劳动力的给以训练、教育，使他们参加生产；同时，对无依无靠的老弱残疾及幼童，施以收容、长期救济的方针。总的来说，是从有劳动力又影响社会秩序的青壮年乞丐开始收容治理，"随时收容，随时安置，以达到逐渐肃清的目的"。②

移民屯垦，是人民政府治理和解决城市无业游民问题的一个

① 参见《处理乞丐暂行办法（草案）》，北京市档案馆馆藏档案 196-2-191。

② 《对于华北人民政府处理乞丐暂行办法草案之意见》，北京市档案馆馆藏档案 196-2-191。

重要举措。例如上海解放之初，聚集在上海的各省难民，加上小偷、惯匪、"黄牛"（银元贩子）、乞丐、游方僧道、逃亡地主、流浪儿童等各类无业游民，将近60万人，约占当时上海总人口的十分之一。面对旧上海留下的这份社会病害"遗产"，上海市商请华东局，决定动员无业、失业游民到苏北、皖北黄泛区去垦荒生产。这样，一可以大量安置无法遣送的无业游民，把他们改造成用自己的双手吃饭的劳动者；二可以开垦大片荒地，种稻，植棉，为国家提供更多的粮食和纺织原料。

根据《中共中央华东局关于上海市疏散难民回乡生产的指示》，除动员一般难民各返原籍分别安排就地生产外，还应从发展华东垦区生产着眼，有计划地动员和组织一批难民前往皖北黄泛区及苏北垦区，从事垦殖生产原料（如棉花、粮食等），这对于此后经济生产有极大的意义。据此，上海市各界代表会议通过了《疏散难民回乡生产救济方案》，即把长期以偷盗、抢劫、敲诈、乞食、贩卖违禁品、赌博维持生活的游民强制其离开上海市，送到农村中生产劳动，在生产教育中改造他们成为劳动人民。经过半年多教养机关进行生产教育的准备，1950年3月，上海市第一批各类无业游民7500余人踏上了开赴苏北垦区的征途，此后陆续有多批游民分赴苏北及皖北黄泛区垦区。中华人民共和国的垦区事业，以安置无业游民、改造社会渣滓为起点，进入了它的开创期。

还有一项移民边疆政策也在实施。在旧城市改造中，有许多被收容的游民、乞丐经过短期教育改造重新回到社会，但因无一技之长而无法谋生，常常重新沦为乞丐流浪街头。为了妥善安置这些人今后的生活，使他们经过改造后能够重新回到社会，从事生产，做一名新社会自食其力的劳动者，北京市政府有计划、有步骤地组织部分收容人员，按照自愿的原则，移民边疆从事当地的生产建设。为了有准备地做好移民安置工作，北京市还组织了移民前的游民训练班，旨在改造乞丐的游民惰性，针对学员中浓厚的寄生思想，进行初步的阶级教育、爱国主义教育，鼓励他们用自己的双手自食其力开始新生活。经过短期培训后，学员们的思想认识有了不同程度的提高，许多人表示了长期从事农垦安家立业的决心。①

自 1949 年 10 月第一批组织向察哈尔北部移民之后，1950 年至 1953 年，北京市先后四次，移民 27356 人到青海、甘肃、内蒙古等地参加农业生产。其间，1952 年分别遣送两批共 657 人移民宁夏，从事农业生产。这样，不但从根本上解决了这批人的生活和就业问题，而且扩大了国家耕地面积，增加了粮食生产，对支援国家经济建设起了积极作用。② 同时，也为逐步地使旧时代遗留的游民乞丐走向长期安家立业，进而有效地治理城市生活中备受困扰的社会问题，开辟了一个新的途径。

（三）禁绝鸦片毒品及赌博恶习

中华人民共和国成立后，共产党和人民政府在十分困难的条件下，领导人民医治战争创伤，重建家园，恢复国民经济。但历史上遗留的鸦片毒品造成的祸患，却严重地影响着经济恢复和社会安定。鸦片对中国的严重危害，自 18 世纪始。清代林则徐厉行禁烟，西方列强却用坚船利炮向中国强制输入鸦片。在封建买办官僚军阀的反动统治下，鸦片烟毒在中国土地上肆虐蔓延，戕害人民生命、损耗人民财产，其恶不可胜数。蒋介石统治中国时期，曾宣称搞所谓"新生活运动"，但对禁毒全无有力措施，未

---

① 参见《训练游民乞丐工作总结》，北京市档案馆馆藏档案 9-1-75。

② 参见《北京市社会救济福利工作情况》，北京市档案馆馆藏档案 9-2-96。

见任何收效。鸦片烟毒在中国的泛滥，向来是同帝国主义侵略、封建军阀割据、工农业生产凋敝、社会动荡不宁联系在一起的，这也是中国长期陷于贫穷落后的原因之一。近代中国的历届政府，也曾发布过禁烟禁毒的法令，但由于反动统治阶级的历史局限性，烟毒屡禁不止，甚至愈演愈烈。以至国民党政府垮台前夕，已达到积重难返的境地。

中华人民共和国成立后，共产党和中央人民政府决定彻底地根绝烟患，医治旧中国的痼疾。但在建国之初，烟毒泛滥的形势是十分严峻的。

首先，种植、贩运、吸食烟毒的活动，仍有蔓延之势。在国民党统治时期，曾推行过烟土公卖、寓禁于征等政策，一些地方军阀视"特税"（即鸦片税）为禁脔，在其所统治的地区，强迫农民种烟，如同收租一样，年年向百姓公开勒索。至全国解放后，在一些有种烟历史的地区，烟地面积仍占相当大的比例。据统计，云南省的烟地占耕地面积的 20%～30%；西康省的烟地占耕地面积高达 48%以上；贵州的安顺，几乎无户不种烟，习水县 8 个区因普遍种烟，被称为"烟乡毒地"。西南全区种烟土地曾达到 1545 万余亩，如以每亩约产粗粮 230 斤计算，则减少粮食产量在 35 亿斤以上。因烟多粮少，人民生计十分困难，以致时有饥荒出现。1950 年春，西康及川南部分地区，因种烟过多、粮食匮乏而造成严重的灾荒。

解放初期，贩卖、制造毒品的活动也相当猖獗，几乎遍及全国。东北区几个大城市，特别是中朝边境的县镇，热河、松江、龙江等过去的烟毒产地，以及铁路沿线的 55 个县城，从事制造、贩运的毒贩约 1 万余人。据统计，华北的察哈尔、山西、绥远、河北省及京津两市，有毒贩 1 万余人。华东的福建、皖北、苏南、苏北、上海等地，有毒贩 3000 多人。华中的武汉市，是旧中国三大烟毒运销中心之一，有毒贩近 4000 人。吃"黑饭"（即烟毒行业）的行商户和从业人员及其资本，均超过粮食业。有大毒贩的贩运线路、推销网络，遍及上海、重庆、昆明、西安、兰州、衡阳、广州等各大城市。贵州全省曾出现过"无商不烟"的局面，各地的烟贩成帮结伙，大肆贩运，牟取暴利。贵阳、安顺、遵义、铜仁是烟毒集散地，终年烟商云集。西北的古城西安，原是西北制贩毒品的中心，一些药房诊所、客栈旅社、手工百货等业，几乎行行都有贩毒业务。

在吸毒方面，新中国成立以后不少地区依然是烟馆林立，"生意"兴隆。如昆明一市即有1100多家，贵阳有1000多家，成都有700多家，重庆有270多家。川北的广元城区，几乎每一杂院即有两三户小烟馆。至于吸食鸦片等毒品的烟民，据初步统计，全国约有2000万人，占当时总人口的4.4%；西南区约有烟民600余万，占全区总人口的8%；云南一省吸食烟土者占全省总人口的1/4；贵州省总人口1400万人，其中吸毒者有300多万，占21.43%。众多的烟民不事生产，终日吞云吐雾，晨昏颠倒，形体枯槁，以至为吸毒不惜倾家荡产，卖儿鬻女，道德沦丧，进而沦为盗匪，为害社会。

更严重的是，残留在大陆的一些反革命分子，疯狂地进行罪恶的制毒、贩毒活动，借以拼凑其反革命经费，妄图负隅顽抗，颠覆人民政权。一些大毒犯，都是历史性的职业犯，而且大多具有反动的政治背景。他们用贩卖烟土所得大笔毒款，充作反革命活动的经费，成立"反共救国军"与政府对抗，以全贩卖毒品成为新中国成立初期国民党匪特、反革命分子进行破坏活动的重要手段之一。

烟毒的蔓延，不仅戕害人民群众，还毒化新生共和国的党政干部队伍，成为一些公务人员腐化变质的触媒。新中国成立初期，有些党政干部不顾党中央、毛泽东的多次告诫，居功自傲，丧失警惕，不能抵制资产阶级生活方式和思想的侵蚀，逐渐蜕化变质，甚至堕落为人民的罪人。在这些人违法乱纪的案例中，有相当部分与烟毒有关。1951年揭发出来并震惊全国的刘青山、张子善贪污巨款案，其中身为共产党地委书记的刘青山，进城后竟吸食毒品，借口有病长期休养，实则被海洛因所困。他与张子善合谋侵吞救灾粮、治河款等，挥霍浪费，腐化无度，与吸毒不无关系。吉林省的蛟河县，由于县党委书记殷子华、县团委书记崔晓光与一名毒犯合伙贩毒牟利，诱使该县的主要领导干部包括公安局长、税务局长、县委组织部长等，沆瀣一气，成为一个令人发指的贪污集团。烟毒竟然摧毁了共产党的整个县委组织，令人触目惊心。此外，在铁路沿线、航运系统，有少数干部职工也利用交通之便卷入贩毒活动。

上述情况表明，烟毒的蔓延在政治上、经济上都造成了严重的后果。为此，中共中央和中央人民政府十分重视禁毒工作，把禁绝烟毒作为当时社会改革的一项重要内容，以最大的决心动员组织群众，开展了一场大规模的史无前例的禁毒运动。由于烟毒问题是一个极为复杂、涉及面较广、政策性很强的历史遗留问题，党和政府对禁绝烟毒的态度是坚决的，部署是周密的。

1950年2月24日，中央人民政府政务院第二十一次政务会议通过了《政务院关于严禁鸦片毒品的通令》。通令指出：自帝国主义侵略我国，强迫输入鸦片，为害我国已百有余年。由于封建买办官僚军阀的反动统治，对于烟毒，不但不禁，反而强迫种植，使中国受鸦片烟毒的危害。现在全国人民已得解放，为了保护人民的健康，恢复与发展生产，必须严厉禁绝。通令要求各级人民政府应协同人民团体，作广泛的禁烟禁毒宣传，动员人民起来一致行动。在烟毒较盛地区，各级人民代表会议应把禁烟禁毒工作作为专题讨论，定出限期禁绝的办法。为了加强对禁毒运动的领导，各级人民政府得设立禁烟禁毒委员会，由民政、公安部门及各人民团体派员组成，以便从组织上保证禁毒工作顺利进行。

通令规定了禁毒的政策和措施，宣布从通令颁布之日起，全国各地不许再有制造、贩运及销售烟土毒品之情事，犯者不论何人，除没收其烟土毒品外，须"从严治罪"。对"散存于民间之烟土毒品"，限期交出，"为照顾其生活，得分别酌予补偿"，如逾期不缴出者，除查出没收外，并按其情节轻重"分别治罪"。对吸食烟毒的人民，限期向有关部门登记，并定期戒除，如隐不登记，或逾期而犹未戒除者，则"予以处罚"。各级卫生机关，应配制戒烟药，宣传、推广有效的戒烟药方，对贫苦瘾民得"免费或减价医治"；在烟毒较盛的城市，得设立戒烟所。戒烟戒毒药品的供应，应由卫生机关统一掌握，严防隐蔽形式的烟毒代用品。通令要求，对毒贩和众多吸食者，采取区别对待的政策。在军事已结束的地区，应禁绝种烟；在军事尚未完全结束的地区，军事一经结束，立即禁绝种烟；在某些少数民族地区如有种烟者，应斟酌当地实际情况，采取慎重措施，有步骤地进行禁种。①

政务院的禁毒通令，全面阐明了党和政府关于禁绝烟毒的意义、目的、方针和政策，获得人民群众的热烈拥护。同时，也解除了众多烟民的疑虑，减少了禁毒的阻力，指导了全国禁毒运动的顺利开展，对迅速根绝烟患具有重要意义。

1951年2月6日，针对有的地方禁毒不严的情况，周恩来总理又签发了《政务院重申毒品禁令》。严格规定：所有机关、部队、团体，均不得在国内外买卖毒品，违者受国家法令处分；旧存毒品，一律无偿地上交当地财委转送中央财政部保管，不得隐瞒不交，违者受国家纪律处分。如因零星分散，不便集中保管，可由当地人民政府指定监察或其他现任机关监督焚毁。政府和部队的卫生机关，须用鸦片作制药原料者，须编造预算，经中央财

---

① 参见《人民日报》1950年2月25日。

政部批准拨付。① 周恩来这一命令，堵塞了机关团体和部队毒品管理不严的漏洞，这在当时是极为重要的措施。在党和政府禁毒政策的感召下，不少毒贩和烟民，开始改业和戒毒，禁毒运动在全国范围内逐步开展起来。

由于禁绝烟毒是一场极其复杂、涉及社会层面很广的斗争，不可能孤立地进行。在 1950 年到 1952 年期间，党和政府使禁毒和其他各项社会改革运动密切结合，收到了相互推动之效。在种烟较多的农村，各级政府通过清匪、反霸、减租、退押以及土地改革运动，向群众深入宣传禁绝烟毒的意义，并着重进行了积极分子的工作，使禁种收到较大成效。一些地区的农民，自觉不种甚至铲除了已种的烟苗，改种农作物。当地政府一面耐心地向群众进行禁绝种烟的教育，一面向原种烟农户无偿借给稻谷，解决改种粮食的种子困难。在政府的教育和帮助下，到 1951 年 3 月，西南多数地区的烟田已基本铲除。

在旧中国，妓院是罪恶的渊薮，与烟毒有着不解之缘。全国解放后，一些毒贩混迹于嫖客之中，把妓院作为逃避惩处的避风港。1949 年年底到 1950 年年初，各地人民政府封闭了全部妓院，对毒贩是一次沉重打击。随着镇压反革命运动的深入开展，又清除了一批兼有反革命身份的毒犯。一些罪大恶极的反革命兼大毒犯，在镇反运动中受到了人民政府的严惩。1950 年，在各项社会改革运动中，仅在北京、天津等 6 大城市破获的烟毒案，就达 8156 起之多。②

贩毒作为旧中国社会遗留下来的一种污毒，虽然全国解放后在许多地区有所减少，但就总的情况看，问题依然严重。在 1952

---

① 参见《周恩来年谱》上卷，中央文献出版社 1998 年版，第 128 页。
② 参见罗瑞卿：《一年来人民公安工作的成就和今后任务》，《人民日报》1951 年 1 月 1 日。

年开展的"三反""五反"运动中，全国各地又先后破获了一批与走私贩毒有关的大案、要案。如在"五反"运动中，揭发出武汉大资本家贺衡夫，利用其人民代表、市府委员、中南军政委员等身份，组织了一个规模庞大的盗窃集团，除盗窃其他物资，盗运巨额黄金出口外，还贩卖大宗吗啡、海洛因等毒品，坑害国家和人民。当时，广州的毒品走私集团十分猖獗，他们以香港、澳门为基地，以广州为转运站，从水陆两线进行走私贩毒罪恶活动。在陆路方面，多利用广州、深圳铁路线进行毒品走私。据统计，从全国解放到1952年年初，活动在该线上的大走私集团不下15个，走私进口货物中，包括大量吗啡、鸦片约在4000两以上。在水路方面，则利用渔船和机帆船，从港澳将毒品偷运到广东沿海各地，然后汇集到广州和江门，再转运至全国。① 此外，上海、武汉等口岸也有大量的走私活动。在"三反"运动中，从全国铁路、航运、邮政、公安、司法、税务等部门，并从许多地区，暴露出为数甚多的国家机关内部人员包庇或勾结奸商、毒贩，非法贩运毒品、金银及走私品等各种罪恶活动，给予国家和人民造成的损失是相当惊人的。

为了根除旧社会遗留下来的这种遗毒，中共中央于1952年4月15日发出《关于肃清毒品流行的指示》，要求"在全国范围内有重点地大张旗鼓地发动一次群众性的运动，来一次集中的彻底的扫除"。中央指出，贩卖毒品、贩卖金银、走私三者虽互相牵涉，但以毒品流行对国家的损害最大，对人民的毒害最深，因此，在这次运动中应集中解决贩卖毒品问题。对以反革命为目的的毒犯，应以反革命论处。中央要求，必须依靠广大群众的觉悟程度和斗争积极性，根绝制造、贩卖毒品或包庇掩护毒犯现象。要有重点地在机关和社会上，运用现有的"三反""五反"的队

———————

① 参见《人民日报》1952年4月13日。

伍开展一场肃清毒品流行的运动。①

中共中央高度重视国家机关内部人员与毒品流行的联系，在指示中强调指出：铁路、交通是毒贩借以偷运毒品的线路；公安、司法、税务等部门是毒贩勾结收买内部人员求得包庇掩护的主要对象；边防、海关是毒品出入国境的要隘。所以这次运动应以铁道、公路、海运、河运、邮政、海关、公安（包括边防）、司法、税务等部门作为重点，在各级人民政府集中领导下，认真进行，务将一切毒犯肃清；各地区应以大中城市、边防口岸，以及过去烟毒盛行的地区为重点，即以毒品的主要产地，毒品的集散枢纽和出入国境的"关口"，为展开运动的重点地区。② 显然，这是在政务院禁毒通令的基础上，进一步作出的严密部署，天网恢恢，疏而不漏。

根据中共中央的指示，5月21日，政务院又发布《严禁鸦片烟毒的通令》，指出，1950年2月24日政务院颁布《严禁鸦片烟毒的通令》后，禁烟禁毒工作取得很大成绩，全国范围内基本禁绝了种植烟毒，吸食者也已大量减少。但这一旧社会的恶劣遗毒尚未根除，因此，各级人民政府应在"三反""五反"运动后的有利条件下，有重点地大张旗鼓地开展一个群众性的反毒运动，粉碎制毒、贩毒的犯罪分子及反革命分子的阴谋，根除这一遗毒。7月，中共中央宣传部、公安部联合发出《关于禁毒的宣传指示》，强调指出，为了使群众充分了解禁毒的意义，动员他们积极地与贩毒、制毒的罪恶活动作斗争，协助政府检举毒贩，以达到根绝烟毒的目的，必须在人民群众中进行广泛的强有力的宣

---

① 参见《建国以来重大文献选编》第3册，中央文献出版社1992年版，第152—153页。

② 参见《建国以来重要文献选编》第3册，中央文献出版社1992年版，第153—154页。

传。明确指出，在这次禁毒运动中，打击的重点是制毒、贩毒的主犯、惯犯、现行犯和具有反革命身份的毒犯，以及严重违法的工作人员。

根据中共中央的指示和政务院的通令，全国各地广泛深入地发动人民群众，组成声势浩大的查禁烟毒的群众队伍。广大群众积极行动起来，协助政府开展禁毒斗争。北京市在集中动员的 10 天内，就收到群众检举毒犯的材料 3 万多件；南京市在运动中收到的检举信有 5 万多封。据统计，全国共收到群众揭发毒犯的材料共 131 万多件，检举的毒犯有 22 万余人。有的群众主动监视毒贩的活动，及时向政府反映；有的协助政府查证材料；有的当面控诉并揭发毒犯的罪行。还涌现出许多妻子检举丈夫、子女劝导父母、弟妹动员哥嫂交代罪行的生动事例。群众的广泛发动，形成极大的威慑力量，使毒犯终日惴惴不安。特别是有的省市通过召开万人以上的大会，对坦白彻底、检举立功的毒犯，当场予以释放；对罪行严重、抗拒登记的则予以逮捕，并当场焚毁收缴的毒品。这样体现了宽大与镇压相结合的精神，进一步交代了政策，收到了很好的效果。有的群众深有感触地说："空口说话不如现身说法，现身说法不如当场执法。"而毒犯则惊恐万状，纷纷向公安机关主动登记、坦白悔过。据统计，在这场禁毒运动中，全国坦白登记的毒犯约有 34 万多人，数量惊人。

自 1950 年政务院发布《严禁鸦片烟毒的通令》之后，据东北、华北、华东、西北四区不完全统计，已收缴毒品折合鸦片 2447 万余两。在这个基础上，1952 年春夏之交开展的大规模的禁毒运动，把禁绝烟毒的斗争推向了高潮。各地经过周密计划，充分准备，集中力量，在全国 1200 多个禁毒重点地区，发动群众，集中破案，共发现制造、贩卖、运送毒品的毒犯 36.9 万余人，共逮捕 8.2 万余人，其中判刑、劳改、管制 5.1 万余人，处决民愤极大的毒犯 880 人，共收缴毒品折合鸦片近 400 万两，毒品制造机器 235 部，贩卖、运送、藏匿毒品的工具 26 万余件，并缴获大量武装走私毒品的枪炮武器和发报机，给猖獗活动的毒犯以摧毁性打击。① 在"三反""五反"运动中，对业经查实的毒品走私集团进行了严厉打击，各地毒品走私贩一一落入法网。由于海关缉私人员的努力，基本上控制住了沿海地区的走私贩毒活动。这充分显示了大规模禁毒群众运动的威力以及共产党、人民政府坚决禁绝毒品的魄力和决心。

依据中央的要求，这场禁毒运动打击的重点是制造、贩运毒品的毒犯，具体政策是：过去从宽，今后从严；坦白从宽，抗拒从严；小犯、偶犯、从犯从宽，大犯、主犯、惯犯从严。总的精神是严查宽办，惩治与教育相结合，以争取改造大多数，有利于争取协从、偶犯和毒犯家属，以及为数众多的吸毒烟民。在定案处理的中，也体现了区别对待的政策。从全国来说，处决的少数大毒犯，一般是具有反革命身份而且民愤极大的分子。对逮捕的毒犯，大多通过管制或劳动改造，使他们改恶从善，重新做人。有的省市，对一般毒犯年龄在 60 岁以上者，或家中有小孩无人照顾的女犯，也采取轻判管制的处理办法。

在基本断绝毒品来源之后，各地有关部门采取多种办法开展戒毒工作，帮助旧社会过来的吸毒者逐步戒掉毒瘾。对于众多的吸毒者，一般以"受害者"对待，由其本人具结自行戒除，并依据"政府管理，群众监督，集中或分散进行戒除，年老体弱者暂缓"的方针，由公安、民政、卫生三部门密切配合，设立戒烟所，配制戒烟药，负责戒毒工作。各级组织召开群众会、吸毒者学习会及其家属座谈会等，进行广泛动员，号召"烟民自戒为之"；同时，动员带头戒毒的吸毒者现身说法，打消其他吸毒者

---

① 参见罗瑞卿：《关于全国禁毒运动的总结报告》，1952 年 12 月 14 日。

的顾虑。由于进行了深入细致的思想工作和组织工作，过去数以千万计的吸毒者纷纷戒除了吸毒恶习。

在取缔卖淫嫖娼、查禁烟毒的同时，各级人民政府还动员人民群众广泛开展禁赌斗争。各地对各种公开的赌博场所一律查封，对聚众赌博的赌头、屡教不改的赌棍，包括为赌徒提供赌资的高利贷者，严加打击、制裁，对一般参与赌博的人施行教育和劝导，从而使在旧社会十分盛行的赌博恶习很快得到扫除。

从人民政府严禁鸦片烟毒到发动大规模群众性的禁毒运动，大体经历了三年左右的时间，到1952年年底，基本消灭了肆虐百年的种植、贩运、吸食毒品的活动，创造了举世瞩目的奇迹，充分显示了共产党和人民政府改造社会的决心和重塑民族自信的历史使命感，显示了人民民主制度的优越性和人民政权的勃勃生机。禁毒运动在十分广大的范围改善了社会风气，净化了社会环境，巩固了人民政权，振奋了民族精神，提高了党和政府的威信，使人民群众受到了深刻的教育。

应该指出，毒品流行作为一个带有国际性的社会问题，它的蔓延危及一个民族的整体素质，直接影响着社会的安定，国家的繁荣和人民的根本利益。为了禁绝烟毒，必须深入持久地发动并依靠群众，不断增强全民的反毒意识。除颁布严厉的禁毒法令外，还须上下一致，群策群力，各条战线密切配合，并运用行政的、法律的、经济的手段和宣传教育的方法，从多方面进行综合治理，才能达到长治久安之效。

总之，在从旧中国到新中国的社会转型的民主改革运动中，禁娼、禁毒、禁赌斗争受到人民群众和社会各界人士的热烈拥护和普遍好评。经过全体人民三年左右的努力，曾在旧中国屡禁不绝、在西方国家也视为不治之症的娼、赌、毒等社会痼疾，在共产党和人民政府领导下被基本消灭，取得了净化社会环境，建立新的道德文明的显著成果。经过围绕新区土地改革这一中心任务进行的各项民主改革和社会改革，中国顺利地实现了由半殖民地半封建到新民主主义的伟大社会变迁，从而为开展经济、政治、文化等多方面的新民主主义建设，提供了良好的社会环境。

六、废除封建婚姻制度和移风易俗

（一）制定实施新婚姻法和保护妇女权益

中华人民共和国的成立，标志着中国社会开始进入新民主主义即人民民主的时代。过去世代封建主义的畸形的社会道德、社会习俗以及半殖民地的萎靡社会风气，均在共产党和人民政府有领导、有步骤地扭转与扫除之列。同时，要依靠广大人民群众逐步地建立起与新国家、新社会相适应的新型社会关系和道德风尚。这项工作，在社会秩序初步稳定的基础上很快在全国范围内展开。

旧中国封建桎梏的一个集中表现，是封建主义的家庭婚姻制度。这种以夫权为中心、压迫妇女并剥夺男女婚姻自由的落后、野蛮的婚姻制度，在中国世代相袭，造成对人性和个性自由发展的严重束缚和摧残，酿成无数的人生悲剧。它不仅是中国社会家庭痛苦的根源之一，把占人口半数的大多数妇女投入被奴役的深渊，而且严重阻碍了社会的向前发展。如果不从根本上对旧的家庭婚姻制度进行改革，势将影响建设新中国的事业。为此，全国解放以后，废除旧的封建婚姻制度成为党和政府领导进行民主改革的一项重要内容。这是建设新社会的需要，也反映了广大人民群众特别是劳动妇女的迫切要求。

《中国人民政治协商会议共同纲领》规定："中华人民共和国废除束缚妇女的封建制度。妇女在政治的、经济的、文化教育的、社会生活的各方面，均有与男子平等的权利。"为了有准备地废除封建的婚姻制度，早在新中国成立之前，1948 年冬，中共中央妇女运动委员会和中共中央法律委员会即着手进行新婚姻法的起草工作。中央人民政府成立后，由政务院法制委员会会同全国民主妇女联合会，以及民政等各部门召开联席会议，多次就婚姻法草案的各章各条进行研究、讨论，经过听取各方面的意见，反复修改之后，于 1950 年 3 月提交中央人民政府委员会讨论。4 月 30 日，中央人民政府委员会第七次会议讨论通过了《中华人民共和国婚姻法》，毛泽东主席签发命令从 5 月 1 日起公布施行。这是中央人民政府成立后，先于《土地改革法》《工会法》而公布的第一部国家基本法律。

婚姻法首先在原则部分里规定："废除包办强迫、男尊女卑、漠视子女利益的封建主义婚姻制度。实行男女婚姻自由、一夫一妻、男女权利平等、保护妇女和子女合法权益的新民主主义婚姻制度。""禁止重婚、纳妾。禁止童养媳。禁止干涉寡妇婚姻自由。禁止任何人借婚姻关系问题索取财物。"这就确立了新中国处理婚姻家庭关系的基本原则，反映了新民主主义婚姻制度的特征，从根本上打破了旧的封建主义婚姻制度对新社会下人们的束缚。

婚姻法明确规定："结婚须男女双方本人完全自愿，不许任何一方对他方加以强迫或任何第三者加以干涉。"这是对几千年来中国社会普遍存在的包办婚姻和干涉婚姻自主的旧制度的彻底否定。婚姻法对夫妻间的权利和义务、父母子女之间的关系、离婚、离婚后子女的抚养和教育、离婚后的财产和生活等，作了明确具体的规定。这些规定贯彻了男女权利平等的原则，成为建立新式夫妻关系和幸福家庭的基础。为进一步保障男女婚姻自由特别是保护劳动妇女的合法权益，婚姻法作了有关离婚自由的规定，这对于解除为数众多的封建包办婚姻，特别是推动妇女解放起了重要历史作用。

新中国的第一部婚姻法，以调整婚姻关系为主，同时涉及作为社会细胞的家庭关系的调整，因而十分贴近人民群众的实际生活，为社会各界所关注。它的颁布实行，为占全国总人口半数的广大妇女从封建婚姻制度的束缚压迫下解放出来，投入革命和生产建设事业，提供了法律上的保障。为此，党和人民政府十分重视婚姻法的贯彻执行问题。在婚姻法通过的当天，中共中央发出了《关于保证执行婚姻法给全党的通知》；中央人民政府法制委员会随后做出《就有关婚姻法施行的若干问题的解答》。政务院、内务部和司法部也先后发出关于检查婚姻法执行情况的指示。

婚姻法公布之后，各地运用报刊、文艺、戏剧、图片、宣讲会等多种方式，在全国城乡开展了广泛的宣传活动，使新型婚姻制度的有关法律规定能做到家喻户晓，成年人能人人明白。具有浓郁乡土气息的作家赵树理写的一部《小二黑结婚》，被改编为各种戏曲，用群众喜闻乐见的形式，讲述了青年男女冲破封建包办婚姻的陈规旧习，在共同劳动基础上自由恋爱结婚的故事，在全国广大城乡尤其是农村群众中广为传诵。随着婚姻法的普及宣传和贯彻实施，人们逐渐摆脱封建主义婚姻制度的束缚，长久以来习以为常的旧的婚姻家庭关系开始发生变化。

然而，由于中国社会有着几千年的封建传统，婚姻家庭方面的旧制度、旧思想、旧观念在解放后还有很强的社会影响。再加上全国各地方解放的早晚不同，经济发展、干部水平和群众觉悟程度很不平衡，自婚姻法公布实施后一段时间里，包办、强迫与买卖婚姻在许多地方特别在农村中依然大量存在，干涉婚姻自由与侵害妇女权益的事件时有发生，各地都有不少妇女因婚姻不自主而受到家庭或男方的虐待，有的甚至被逼自杀或被杀害。

针对上述情况，政务院于1951年9月26日发出《关于检查婚姻法执行情况的指示》。10月下旬，由最高人民法院、最高人民检察署、中央人民监察委员会、司法部、内务部、公安部、文化部、教育部、法制委员会、中共中央组织部、全国民主妇联、中共中央华北局、青年团中央委员会、新华社、新华社华北总分社、人民日报社、光明日报社、新民报社、中国青年报社等 19 个单位派人组成中央检查组，分四个分组，分赴华东、中南、西北、华北大行政区。各分组又结合大行政区以下各级人民政府派出的小组或干部共同进行工作，历时近两个月。

中央检查组到达各地后，一般请当地党政负责人主持，召开研究如何贯彻政务院指示的专门会议，借以层层推动各地的检查工作。中央各检查组还结合地方检查组，以调查研究、帮助处理婚姻问题及案件（包括召开公审大会）等方式了解情况，检查工作。有的检查小组采用座谈会、家庭访问、诉苦会以及修订爱国公约等方式，做了发动群众贯彻婚姻法的典型试验，收到较好成效。

从一年多来各地执行婚姻法的情况看，大致可分为三种类型：一种是较好的地区。如在抗战初期即已建立民主政权的山西武乡县、山东文登县的乡村中，包办买卖婚姻已经绝迹；又如解放四年的河南鲁山县的一等乡，包办买卖婚姻也已绝迹，妇女离婚和再嫁都有自由，早经父母包办订婚的青年男女也互相见了面，由自己决定是否同意订婚。在这些地区，人们选择结婚对象的标准是：生产勤劳，思想进步，结婚仪式也很朴素，克服了过去铺张浪费、摆排场等不良现象。民主和睦的新家庭到处出现，已明显看出新的婚姻关系对于生产的推动作用。这种类型的地区在全国来说虽然是少数，但正在兴起，成为人民群众建立新型夫妻关系和新的幸福家庭的先导。

另一种是中等的地区。如在河南商邱县的一等乡中，在一部分群众中已实现了婚姻自由，买卖婚姻也已绝迹，但包办婚姻和早婚的现象仍相当普遍地存在着。寡妇自由改嫁的还不多。在这种地区，过去对婚姻法多未作过有系统、有计划、有组织的宣传。到 1951 年秋，中央和各大行政区发布指示后，一般都已重视了这一工作。中南和华东的许多地区都属此类。

再一种是贯彻婚姻法很不够的地区。如山西河津、西北大部地区、广东兴宁、浙江及山东新区等地，包办婚姻和早婚的现象还严重地存在着。陕西华县高塘区县立中学 345 名学生中，已订婚者 135 人，已结婚者 118 人，其中仅有一人是达到婚龄后才结婚的。旧社会野蛮的童养媳制度大多原封未动，在广东有些地方甚至仍有蓄婢纳妾的恶习。这种地区的人民政府和党组织对贯彻婚姻法的工作尚未予以应有的重视，直至中央及大行政区发布指示后才有改变。也还有部分地区、部分干部直到检查组下去时，对于贯彻婚姻法的工作仍未好好进行，或者以敷衍的态度对待这一工作。如有的县负责干部不愿在各界人民代表会议中讨论贯彻婚姻法的问题，说"贯彻婚姻法就会影响中心工作""怕离婚多了会造成天下大乱"，不了解实行婚姻法是当时一项重大的社会改革，是极其必要的反封建思想斗争的革命任务，更不了解婚姻法的贯彻，将使新中国的男女特别是深受压迫的妇女群众，在得到婚姻自由和男女平等的权利之后，更积极地参加新社会的各种政治、经济、文化活动，从而推动祖国建设的迅速发展。

在上述的后两种地区，由于还残存着封建恶习，妇女被虐待的事实仍大量存在，还严重地存在着妇女因婚姻问题（或因被奸、被诬通奸）而自杀和被杀的现象。据中南区 1951 年 9 月份以前一年中的统计，因婚姻不自由而自杀和被杀的男女达 1 万人；华东地区自婚姻法颁布以来至 1952 年年底不完全的统计，因婚姻不自由而自杀和被杀的男女共 1.15 万人。同时，由于在土地改革及其他民主改革中，广大的青年男女和广大妇女群众的觉悟不断提高，他们对争取婚姻自由和男女权利平等的斗争也十分激烈。从全国各地法院受理的离婚案件来看，1950 年为

186167 件，1951 年为 409500 件，1952 年上半年为 398243 件。①
这些情况引起党和人民政府的高度重视。

1952 年 11 月和 1953 年 2 月，中共中央和中央人民政府政务
院先后发出指示，规定在全国范围内，开展一个大规模地宣传婚
姻法和检查婚姻法执行情况的群众运动，经过这个运动划清新旧
婚姻制度的界限，批判旧思想、旧制度、旧习惯，树立新思想，
建立新制度，打下以后贯彻婚姻法的良好基础。从一定意义上
讲，这是一个涉及广大社会范围、大多数社会成员的移风易俗
运动。

中共中央在指示中指出，婚姻制度的改革，不同于农村中的
土地改革和其他社会改革，而完全是人民内部、各阶级各阶层内
部的事情。要克服人民中关于婚姻方面的封建的思想意识形态，
改善家庭中的夫妇、婆媳之间的关系，需要有长期耐心的工作，
而不能采取粗暴急躁的态度与阶级斗争的方法。按照中央的指
示，各地一方面展开群众性的宣传婚姻法及检查婚姻法执行情况
的运动，在广大人民群众和干部中划清思想界限，以摧毁几千年
相沿的旧婚姻制度和封建陋习；另一方面坚持教育的方针，对一
般干涉婚姻自由和有违反婚姻法行为的干部或群众，主要进行批
判和教育，对极少数虐待虐杀妇女以及干涉婚姻自由造成严重后
果的犯罪分子，则依法予以惩处。

（二）形成民主的新型婚姻家庭关系

自中央发出关于贯彻婚姻法的指示以来，全国各地都进行了
积极的准备工作，并在各大行政区和各省（市）领导机关的直接
领导下，在农村、工厂、街道举办了 2400 多处典型试验工作。

---

① 参见刘景范：《贯彻婚姻法是当前各级人民政府和全国人民重要
的政治任务广播词》，《人民日报》1953 年 3 月 20 日。

这些典型试验中所取得的经验和暴露的问题表明：由于过去一段时间没有认真正确地进行贯彻婚姻法的宣传教育，有许多干部和群众对婚姻法还不了解或有误解，说婚姻法是"离婚法""妇女法"等，甚至听信坏分子造谣说"包办的婚姻都要离婚，自由婚姻离婚的都要恢复""虐待过妻子的都要惩办，处理婚姻问题有错误的干部都要受处分""寡妇必须改嫁，重婚者必须受罚"等，因而引起怀疑与顾虑。但经过认真地宣传教育、检查处理和具体地交代了贯彻婚姻法的政策之后，很快消除了误解，粉碎了谣言，许多干部和群众的情绪扭转了，顺利开展了宣传婚姻法和检查婚姻法执行情况的群众运动。运动中又经过反复地有系统地宣传婚姻政策和婚姻法，反复地有系统地批驳封建婚姻制度，结果打通了干部和群众的思想，提高了他们的政治觉悟，使他们在思想中划清了新旧婚姻制度的界限。

例如江西玉山县湾村乡在运动前，拥护婚姻法的群众只占该乡群众总数的20%，运动后拥护者达到了80%。四川绵阳县塘泛乡在运动后经测验有92%的群众拥护婚姻法。这些地方，群众普遍反映婚姻法有五好："对男人好，对女人好，对老人好，对孩子好，对生产好。"又说："毛主席真想得周到，土地改革了，还给我们解决家务事。"由于群众思想认识的提高，自动地起来"解疙瘩"，改善家庭关系，因此，很多父母表示不再包办儿女的婚事了，很多夫妻或婆媳关系不和的，现在也和睦了。如四川资中县成渝乡在运动中有185户改善了家庭关系，占全乡不和睦家庭的92%。由于婚姻自由和家庭和睦，提高了生产积极性，如福建闽清、湖南安仁、浏阳等县等某些地区，经过贯彻婚姻法运动，群众的生产积极性都明显提高了。

试点工作的结果还表明：有许多干部对有长久历史的封建婚姻习惯的影响估计不足，他们抱着急躁情绪，企图在这次运动中彻底解决一切问题，因而采取阶级斗争的方法，甚至有人错误地提出"依靠寡妇、光棍、童养媳，团结未婚的青年男女"，把父母作为斗争对象，并召开"斗争会""坦白会"，提出所谓"查虐待、查包办、查限制"的"三查"口号，把贯彻婚姻法运动扩大到一般男女关系和家庭纠纷方面去，在社会上曾引起一些恐慌与混乱，甚至发生自杀的现象。

对于这些错误做法，中共中央在《关于贯彻婚姻法的补充指示》中作了批驳与纠正。《指示》指出，这些急躁和粗暴的做法，主要在于对贯彻婚姻法运动是人民内部的思想改造运动的性质认识不够，不了解封建婚姻制度还能够存在的原因，是由于人民头脑中封建思想意识的支持，要改变这些思想意识，单靠惩罚是不行的，必须进行长期的耐心的说服教育，使群众通过实际生活中的体会，逐渐地提高觉悟程度。惩罚极少数严重的犯罪分子，也是为了达到教育干部和群众，提高他们觉悟的目的。

按照中央指示的精神，各级国家机关的工作人员，不仅应该把遵守国家的婚姻政策和婚姻法当作自己的义务，而且有宣传婚姻政策和婚姻法的义务。婚姻法颁布后，由于许多工作人员未认真地进行学习，不了解婚姻法，不积极地向人民宣传婚姻法，甚至有些人员在日常言论中和实际行动中违反婚姻法，这是一种错误的行为，应立即加以纠正。中央要求，此后一切工作人员必须积极地宣传国家的婚姻政策和婚姻法，在有关婚姻问题的一切言论中和对群众婚姻问题的处理时，都必须遵守婚姻法的规定，如有违反和故意歪曲，应给以批评甚至给以法律处分。

除了按照中央人民政府的规定暂不实行婚姻法的若干少数民族地区以外，各地在宣传贯彻婚姻法时，注意充分地发动群众，开展一个大规模的宣传运动，运用各种方法进行宣传，并按照婚姻法宣传提纲全面地、正确地说明婚姻法的基本精神，务使旧婚姻制度的坏处和婚姻法的好处家喻户晓，深入人心。例如，宣传婚姻自由，着重说明婚姻自由对男女本人、对父母、对家庭、对子女、对生产等方面的好处，婚姻不自由对这些方面的坏处。说明只有结婚出于双方的自愿，夫妻才能互爱、和睦，才能避免或减少中途离婚；同时，离婚自由也必须得到切实的保障。夫妻一方受虐待，或感情恶化，再也不能共同生活下去的时候，不许离婚，是不合婚姻自由的原则的。既宣传婚姻由子女自主的好处和父母强迫包办的坏处，同时又说明子女有尊重和赡养父母的义务。一方面，用各种事例反复地说明婚姻自由、男女权利平等，以及保护妇女、子女的合法利益，对人民对国家的好处；另一方面，严肃批判在婚姻问题上的旧思想旧制度给人民群众特别是妇女群众带来的痛苦，并坚决地揭发和批判封建婚姻制度危害妇女人权、生命的罪恶，全力制止伤害和杀害妇女的现象。

为了切实贯彻婚姻法，各级妇女联合会、青年团组织与民政、司法部门共同配合，同一些地方仍旧维护包办婚姻的顽固习惯势力，以及某些基层干部漠视妇女权利、容忍买卖婚姻的错误行为作斗争，在保障男女的婚姻自由，特别是保护广大劳动妇女的合法权益，包括通过离婚自由，解除封建包办婚姻，建立新型婚姻家庭关系等方面，做了大量艰巨、复杂、细致的工作，使婚姻制度的民主改革逐步取得明显成效。

在现实生活中，有大量既成的包办婚姻，其中确有许多在夫妻关系上不很和睦，但尚未到非离婚不可的程度。鉴于他们经过多年的共同生活和生产劳动，在夫妻和家庭之间都建立了一定程度的感情，对这种夫妻关系和家庭关系，主要采取说服教育，劝其改善不民主、不和睦的家庭关系，成为民主和睦的家庭，而不轻易拆散他们的婚姻。有些夫妻关系十分恶劣，确实无法继续维持的，经劝解无效应准许离婚，以维护女方争取婚姻自由的权利，制止虐待妇女的气焰。由于旧的封建婚姻制度在中国农村根深蒂固，婚姻法颁布的最初两年，男女群众因婚姻不自由而被杀害或伤害的现象还很严重，这种对人民生命的严重摧残，是封建思想最凶恶最突出的表现，是封建婚姻制度的最大恶果，也是严重犯罪行为。各级政府部门、妇联等单位对此进行了严格制止。

首先，在干部中清除轻视妇女生命、认为"死一个女人有什么"的重男轻女的封建思想。其次，普遍地宣传坚决保障人权，使人人皆知"谁逼死人命就要抵命"，伤害人身就是犯法，一定要受到政府的惩办。再次，广大乡村干部生活在群众之中，了解每个家庭的情况，对于可能发生杀人的现象必须充分估计，注意防止。已经发生此类事件，能救者必须救；对杀人凶犯，应立即捕送人民法院法办。绝不容许采取见死不救、死了不问的错误态度。各级人民法院对杀人罪犯要认真地、及时地进行审理，使他们受到国法的制裁；在审理时注意加强调查研究，掌握实事求是的原则；在处理时，要与宣传工作密切结合，达到教育干部和群众的目的。人民法院在审理离婚案件时，特别是在男方思想未通而批准离婚时，要注意对妇女加以保护，以防止离婚后妇女被杀事件的发生。各地工作干部要切实地告诉遭受压迫的妇女，不应该屈服，更不应有自杀的念头，无论她们有什么困难，人民政府是支持她们的。宣传贯彻婚姻法的运动，要以制止杀害和伤害事件的发生为取得重大胜利的标志之一。

在运动中，对过去的重婚、纳妾问题，只要他们自己能够相安无事、和平共居，而妻或妾又没有离婚的要求，不应强制他们离婚，以免违反他（她）们的志愿和利益，给社会增加困难。但如果妻、妾一方因不堪同居提出离婚要求时，政府就应该支持和准许离婚，以保障她们的自主权利。对于童养媳，已经结婚的，不再作童养媳问题看待。尚未结婚的，应以童养媳本人的志愿来决定。如果她在男家相处的关系很好，对未婚夫也满意，就不应该强制她另择配偶或回家；如果童养媳遭受迫害，本人要求回家或另择配偶者，则应准许她回家或自由结婚，不能以任何借口而留难。

关于革命军人的婚姻问题，是一个特殊问题，不应和一般干部与群众的婚姻问题同样看待。遵照中央人民政府政务院关于贯彻婚姻法的指示中的规定，对革命军人的婚姻，必须采取切实保护的政策，不容许第三者或其他方面因素的破坏。在这方面，重要的是纠正干部"怕麻烦"的情绪，要求必须认真地向群众，特别是军属进行爱国主义的宣传教育，说明革命军人为了国家和人民的利益而不惜牺牲一切，他们是最光荣和最可爱的人；对于他们的婚姻，必须保护，不准破坏。要帮助军属解决困难，提高其政治地位，使其认识到军属的光荣，了解小利益应当服从大利益，眼前利益应该服从长远利益的道理，自觉地遵守政府法令。

对于人民群众中的其他一般婚姻与家庭纠纷，运动中只以宣传教育为限，尤其对男女间不正常的两性关系，不许追查，更不许"斗争"。因为这种现象固然是不好的，但它一定程度上是过去封建婚姻制度、婚姻不自由的产物，封建的婚姻制度不彻底改革，这一现象是不可能彻底消除的。许多材料证明：越是封建婚姻制度严重存在的地方，男女两性关系不正常的现象就越严重。地方实行了婚姻自由，这种不正常现象就大大减少或销声匿迹了。因此，各地要求一定要抓住问题的本质，才能正确地解决问题。如果不把注意力集中在改革封建婚姻制度，而去"反对"男女间不正常的两性关系，是舍本逐末的办法。这样不但不能解决任何问题，反而为运动制造障碍，为社会制造混乱。有些基层干部在"男女授受不亲"的封建思想下，干涉恋爱自由；或从低级趣味出发，喜欢翻腾这些问题；有的假借"通奸"罪名，实行"捉奸"斗争，甚至吊打，致逼人自杀。对于这种不健康的有害的思想和做法，各地作为贯彻婚姻法中需要注意的问题进行了纠正。

总之，经过广泛深入宣传贯彻婚姻法运动，使全体干部和全国人民认识到，贯彻实施婚姻法是当前政治生活中的重大事件之一，是对生产建设有重大意义的事件之一。各地政府注意纠正任何脱离生产、妨害生产而孤立地搞运动的做法，在运动中有计划地与生产密切结合，使运动成为推动生产的动力。同时，各级妇女联合会注意把贯彻执行婚姻法当作保护妇女切身利益的主要环节，当作责无旁贷的一个重要任务。根据中央指示关于"在争取工农劳动群众的共同解放中，求得妇女自己的解放"的总精神，积极组织广大妇女参加剿匪、反霸、减租、退押、土地改革、抗美援朝各种运动，使妇女成为民主改革运动中一支不可缺少的重要力量。实践证明，没有反霸减租斗争的胜利，没有土地改革斗争的胜利，就不会有千千万万妇女的解放，也没有妇女自主自愿婚姻的逐渐增长。

由于妇女群众在工农群众中所受的压迫与痛苦更多一层，为了切实有效地动员与组织妇女参加共同斗争，全国民主妇女联合会提出关于保护妇女切身利益的口号，在斗争中除了同男性工农群众取得共同的收获之外，努力争取妇女应有的特殊收获。这样才能真正代表妇女群众的利益，才能成为名副其实的妇女团体，才能真正团结妇女群众支持人民民主专政，成为人民政权联系妇女群众的纽带。尽管妇女群众的斗争遭遇到许多困难、阻碍、打击、摧残，甚至不少妇女为争取婚姻自由牺牲了生命，但在共产党和人民政府的正确领导和各级妇联的有力支持下，随着土地改革运动的开展，妇女群众更加顽强地继续向封建宗法残余思想，向压迫妇女、摧残人民幸福的封建婚姻制度进行着坚决的战斗。由于共产党和人民政府的领导与支持，由于广大妇女的团结奋斗，废除封建婚姻制度的民主改革取得了历史性的胜利。

应该指出，中国的封建社会沿袭了两千多年，封建婚姻制度在整个社会的影响是根深蒂固的，牵涉到思想、观念、宗法、习俗等方方面面。经过一场大张旗鼓地宣传贯彻婚姻法和检查婚姻法执行情况的群众运动，封建婚姻制度和旧的家庭关系的根基已经受到强烈的震撼，为继续贯彻婚姻法的工作建立了良好的开端。但在全社会，尤其是广大农村和偏远落后地区，有关婚姻家庭方面的许多封建观念和不良习俗，不是经过一两次群众运动所能够根本改变的。必须经过一个长期的艰苦的宣传教育过程，不断地提高干部和群众的觉悟，才能逐步地清除封建残余思想和男尊女卑的封建婚姻恶习。中国人民要彻底废除旧的婚姻制度，建立合乎新时代道德标准的新型婚姻制度，特别是占总人口半数的广大妇女真正获得彻底解放，还须经过长期的艰苦努力。

第五章　新民主主义经济政策的实施

一、合理调整城市工商业

（一）加强国营经济的领导力量

中华人民共和国成立后，通过没收官僚资本建立起来的国营经济，是社会主义性质的经济。按照《共同纲领》的规定，凡属有关国家经济命脉和足以操纵国民生计的事业，均应由国家统一经营；凡属国有的资源和企业，均为全体人民的公共财产，为人民共和国发展生产、繁荣经济的主要物质基础和整个社会经济的领导力量。国营经济的产业结构及其在关键性产业中的比重，决定了它一经建立即在整个国民经济中处于"控制经济命脉"的地位。在建国初期，人民政府为了稳定市场、恢复经济秩序，需要通过国营经济来控制局面，因此在实际经济运行中，采取了各种政策和措施，创造条件优先发展国营经济。

国营经济领导地位的确立，首先在于国营经济控制了国民经济命脉，即国营经济在金融业、重工业、现代交通运输等产业中占有绝对优势；其次，国营经济在主要工农业产品的批发和对外贸易方面占有绝对优势，可以通过调控市场来领导其他经济成分。在国民经济恢复时期，按照《共同纲领》中关于国营经济领导地位和优先发展的政策，国营经济的比重和地位迅速上升，有力地控制了金融业、进出口业、电力工业、钢铁工业、铁路、航空、港口以及采矿和重型机械制造业。同时，通过打击投机资本、统一全国财经，基本控制了商品市场，能够有力地调控重要商品的价格和供求关系。

在中华人民共和国成立之初，国营经济在工农业总产值中，以及在商业批发零售中的比重，低于私营经济和个体经济。如1949年至1951年，国营工业在工业总产值中的比重分别为34.2%、44.5%和44.9%；1950年和1951年，国营商业在全国纯商业机构批发与零售总额中所占比重，分别为23.2%和33.38%。① 但是，由于国营工业控制着有关国计民生的重要行业和产业部门，国营贸易公司掌握了主要工业原料和农产品，控制着市场，并且随着全国财经工作的统一，中央集权的计划管理在经济运行中发挥了越来越重要的作用，国营经济的领导地位不断得到加强。因此，尽管个体、私营经济仍在工农业总产值和商业中占有较大比重，但由于私营企业规模狭小，个体经济有很大的分散性，它们在国民经济中只能处在从属地位。

由于国营经济在经济运行中处于主导和优先发展地位，国营经济在整个国民经济中的比重迅速增长。在工业方面，1952年国营工业在重工业中所占比重约为80%，在电力、原煤、钢、生铁、钢材等主要重工业产品产量中，占有83%至96%；在轻工业产品产量中所占比重低一些，约为40%。在交通运输方面，国营经济不仅在主要现代运输方式与设施如铁路、海运和港口方面处于绝对优势地位，而且在内河航运和公路方面占有很大的比重。据统计，在现代交通事业中，除铁路完全由国家经营外，在

---

① 参见吴承明、董志凯主编：《中华人民共和国经济史》第1卷（1949—1952），中国财政经济出版社2001年版，第251、252页。

沿海和长江的航运中，国营经济约占60%①。

在商业方面，国营经济对私营工商业的领导，主要表现在对市场的控制力方面。一方面，国家银行（包括公私合营银行）掌握了工业信贷；另一方面，国营贸易公司掌握了主要工业原料和农产品，并对市场短缺的产品实行加工订货、预购或者统购；同时，国营商业还通过颁布牌价和利用供销合作社，控制城乡商品市场的供求关系，使得私营和个体商业在资金市场和商品市场里处于被领导的地位。

国营商业不仅在批发和零售方面所占比重迅速增长，更重要的是国营商业所经营的商品大多是有关国计民生或短缺的重要的工业原料、器材和消费品，如粮、棉、布、纱、油（包括食油和煤油、汽油等）、煤、钢材、水泥，以及主要出口和进口物资。

在对外贸易方面，一方面，国家实行统制对外贸易政策；另一方面，由于西方国家的经济封锁，对外贸易的重心向苏联及其他人民民主国家转移，国营贸易公司日益成为对外贸易的主体。在进出口总额中，国营所占比重由1950年的66.5%上升到1952年93%，其中进口由77.5%上升至95%，出口由54.9%上升至90.3%。②

在金融方面，人民政府通过建立人民银行的分支机构和没收金融业中的官僚资本，迅速建立起国营银行和国家控制的公私合营银行体系，并通过控制存贷款利率、增资验资、联合放款、扩大公私合营等措施，确立了国营经济在金融业的主导地位。1950

---

① 参见中国社会科学院、中央档案馆编：《1949—1952 中华人民共和国经济档案资料选编·工商体制卷》，中国社会科学出版社1993年版，第967页。

② 参见吴承明、董志凯主编：《中华人民共和国经济史》第1卷（1949—1952），中国财政经济出版社2001年版，第253页。

年统一财经以后，国家银行和公私合营银行已经控制了存贷款总额的90%以上。到1952年，国家对难以为继的私营金融业率先实行了全行业公私合营，私营行庄取消原有名号，并入合营银行。公私合营银行除保留有资本家参加的董事会、监事会的组织形式外，完全由国家统一经营和管理。

国营经济的主导地位，是国家控制市场，实施必要的计划管理的基础，因而是战后经济迅速恢复增长的重要保障。同时，国营经济控制着整个国民经济的命脉，又为后来向社会主义计划经济的过渡奠定了基础。

（二）经济改组中的统筹兼顾方针

中华人民共和国经济建设的根本方针，载于《中国人民政治协商会议共同纲领》，其基本精神是照顾四面八方，实行"公私兼顾，劳资两利，城乡互助，内外交流"的政策，以达到发展生产、繁荣经济的目的。在新民主主义经济发展中，公私、劳资、城乡、内外这八个方面、四种关系，是紧密联系在一起的，必须统筹兼顾，缺一不可。在新民主主义经济的构成中，国营经济、合作社经济、劳动人民的个体经济、私人资本主义经济和国家资本主义经济五种经济成分同时并存，而国营经济是领导成分，是主导社会发展方向的决定性力量。新民主主义经济的一个重要特征，就是在国营经济的领导下，紧紧围绕恢复和发展生产事业这一中心，适时地调整各种经济成分之间的关系，以便充分利用既有的生产力和一切社会经济力量，促进整个国民经济迅速恢复和发展。

在中华人民共和国建立时，私人资本主义在全国经济中占有举足轻重的地位。据1949年统计，资本主义工业的产值占全国工业总产值的63%，在各种主要工业品的总产值中所占比例分别为：电力36%、煤炭28%、硫酸27%、烧碱59%、水泥26%、机器及机器零件 50%、棉纱 47%、面粉 79%、卷烟 80%、火柴 81%、纸张 63%。私营商业所占比重更大，1950 年，私营商业在社会商品批发总额中占 76.1%，在零售总额中占 85%。由此可见，私营工商业在为社会提供产品，实现商品流通，增加社会就业，促进国民经济尽早恢复和发展方面具有重要作用。

毛泽东早在中共七届二中全会上强调说：中国的私人资本主义工业，占了现代性工业中的第二位，是一支不可忽视的力量。在革命胜利以后一个相当长的时期内，还需要尽可能地利用城乡私人资本主义的积极性，以利于国民经济的向前发展。这个时期内，一切不是于国民经济有害而是有利的城乡资本主义成分，都应当容许其存在和发展，但需要在几个方面，按照各地、各业、各个时期的具体情况，对于资本主义采取恰如其分的、有伸缩性的限制政策。①

以七届二中全会决议为政策基础，《共同纲领》第三条规定：中华人民共和国必须保护"小资产阶级和民族资产阶级的经济利益及其私有财产"；第二十六条规定："国家应在经营范围、原料供给、销售市场、劳动条件、技术设备、财政政策、金融政策等方面，调剂国营经济、合作社经济、农民和手工业者的个体经济、私人资本主义经济和国家资本主义经济，使各种社会经济成分在国营经济领导之下，分工合作，各得其所，以促进整个社会经济的发展"；第三十条规定："凡有利于国计民生的私营经济事业，人民政府应鼓励其经营的积极性，并扶助其发展"；第三十一条规定："国家资本与私人资本合作的经济为国家资本主义性质的经济。在必要和可能的条件下，应鼓励私人资本向国家资本主义方向发展，例如为国家企业加工，或与国家合营，或用租借形式经营国家的企业，开发国家的富源等"。

———————

① 《毛泽东选集》第 4 卷，人民出版社 1991 年版，第 1431 页。

中央人民政府成立后，那些有利于国计民生的私营工商业得到了政府的大力扶持。据统计，1949 年，各大城市人民银行对私营工商业的贷款，一般占到国家对工商业贷款总额的 20%～25%，其中上海高达 52.3%，天津也达到 46.9%。国家还通过加工、订货、收购等方式帮助私营工商业。据天津从 1949 年 1 月解放到 12 月一年间的统计，私营工商企业由 9873 户发展到 12311 户，职工由 71863 人增加到 85385 人。另据 110 个机器厂调查，1949 年的产量平均较上年增加 88%。

1950 年上半年全国财经工作的统一，取得了稳定物价、增加税收、制止通货膨胀的显著成效，但随之出现市场萧条，商品滞销，以致私营工业生产减少，开工不足；私营商业歇业增多，开业减少。由此带来城市失业人数大量增加等社会问题。伴随着中国经济由半殖民地半封建轨道向新民主主义转轨，私营工商业发生的困难是全面和深刻的。从市场总的情况看，大致有以下几个特点：

（1）商品滞销，价格倒挂。随着物价的回落和稳定，经济中开始出现工厂产品积压、商店的商品找不到销路、市场成交量远远低于商品上市量的现象。据估计，北京市 1950 年 3 月下旬上市粮食 7000 余万斤，成交量仅 1000 余万斤，是上市量的 14%；面粉上市 28 万余袋，成交量为 2 万余袋，仅为上市量的 7%。重庆市私营商业几种主要商品的销售量，4 月份与 3 月份相比，食油、煤炭减少 50%，布匹减少 70%，棉纱减少 92.5%，棉花减少 93.5%。上海市批发市场交易量，如以 1 月份为 100，到 4 月，棉纱只有 53%，大米只有 17%，面粉 56%，卷烟仅有 5%。上海六大百货公司的营业额，3 月份比 1 月份减少 50% 左右，其他小型百货企业则减少了 90%。此外，商品价格出现产地高于销地的不正常现象，如产地上海的纱价高于南昌、杭州、蚌埠、无锡、芜湖等其他地区，使上海产品很难向外流通。

（2）开工不足，生产锐减。由于市场疲软，销售大幅萎缩，导致全国私营工业的产量大幅度下降。从行业的情况看，商业的困难比工业的困难重；在工业中，轻工业又比重工业困难重。最为困难的是面粉业和纺织工业。1950 年 5 月主要产品产量同 1 月相比，棉布减少 38%，绸缎减少 47%，呢绒减少 20%，卷烟减少 59%，烧碱减少 41%，普通纸减少 31%。从地区的情况看，东部沿海私营工商业较发达的省、市，如上海、天津、江苏、广州、武汉、重庆等大城市的困难，比东北地区、内陆省、市及小城镇要严重。1950 年 4 月同 1 月相比，上海的火柴产量下降了 5/6，面粉、卷烟、毛纱、化学胶、玻璃等的产量也下降 60%～80% 之多，工厂开工率很低，许多工厂处于半开工状态。

（3）大批工厂、商店歇业倒闭，社会失业严重。1950 年 1 月至 2 月，私营工商业开业户数多于歇业倒闭户数，从 3 月开始，歇业骤增而开业者锐减。进入第二季度，形势更为严重，据上海、北京、天津、武汉、广州、重庆、西安、济南、无锡、张家口 10 个大中城市的调查，私营工商业开业 5903 家，歇业 12750 家，后者多于前者 6847 家，其中以上海最为严重。另外，在这半年时间里，全国私营银行、钱庄有一半倒闭。由于私营工商业的大量歇业、倒闭，社会失业人数迅速增加。据统计，全国 29 个城市的失业、半失业人数达 166 万，仅上海一地，失业工人就超过 20 万。

（4）私营工商业的经营环境有恶化之势。建国之初，一些政府部门在处理公私关系问题上，歧视私营企业，极力用国营经济排挤、代替和限制私营经济。一是国营商店和合作社经营的商品范围和数量太宽、太大，如粮食、棉花、纱布、煤炭、煤油、食盐等主要商品，有 80% 为国营与合作社商业经营，在其他日用品方面也同私商争抢阵地。二是在价格政策上批发与零售价不分，有意缩小地区差价，原料与成品的差价限制在很小的幅度内，使私营工商业难以进行经营和生产。三是税收重，税目多，私营工商业难以承受。四是在原料采购、分配方面限制私商。五是在加工、订货和成品收购上，条件过分苛刻，使私营厂商仅得微利等。在这样的经营环境下，许多私营工商业者无心经营，也很难经营下去。

在"整个旧的社会经济结构在各种不同程度上重新改组"的历史转折时期，私营工商业发生的严重困难是难以避免的。长期在旧社会金融混乱、投机盛行的环境里求生存的私人经济，对于新的经济秩序需要有一个逐渐适应的过程。正如陈云在全国政协一届二次会议上分析的：我们国家的经济，目前正处在一个重大的历史转折点。这就是在全国范围内改造半殖民地半封建经济而为独立自主的新民主主义经济的历史转折点。上述这些问题现在这样突出，是因为长时期存在的半殖民地半封建的经济性质已经发生了根本的变化。变化虽然有痛苦，但这种变化并不是坏的，"它将走向新生，走向重建，走向繁荣，走向健全的新民主主义经济的建立"；"在经济问题上的一切悲观论点都是毫无根据的"[①]。

从执政党和人民政府的角度来看，在整个社会经济结构重新改组和转轨的紧张时期，一些干部忘记了新民主主义经济的指导方针是公私兼顾、劳资两利，忘记了党对资产阶级又团结又斗争，以斗争求团结的政策，在实际工作中采取挤垮私营工商业的错误做法，在公私关系处理上往往是"先公后私"或"只公不私"，不能两利兼顾。这样就使如何对待民族资产阶级成为一个有相当普遍性的问题。

例如，1950年三四月间，在中共中央统战部召开的第一次全国统战工作会议上，对民族资产阶级的政策是斗争为主还是团结

----

① 《陈云文选》第2卷，人民出版社1995年版，第102页。

为主，争论较多。有一种意见认为：今天斗争的对象，主要是资产阶级，国营经济要"无限制地发展""越发展就越要排挤私营。例如，火柴工业，是有利于国计民生的，国营生产很多，对私营的即可不必扶持，甚至禁止"。对有利于国计民生标准的解释权一定要掌握在我们手上。对资本家提出的"不要与民（指民族资产阶级）争利"，我们要反其道而行之，我们就是"只许州官放火，不准百姓点灯""大资本家要停工，就让他停工"，等等。

毛泽东看了会议发言记录后，分别作了批语。一是关于斗争的主要对象。今天的斗争对象主要是帝国主义、封建主义及其国民党反动派残余，而不是民族资产阶级。对于民族资产阶级是有斗争的，但必须团结它，是采用既团结又斗争的政策以达到团结它共同发展国民经济之目的。二是关于对私营工商业的限制和排挤。应限制和排挤的是那些不利于国计民生的工商业，即投机商业、奢侈品和迷信品工商业，而不是正当的有利于国计民生的工商业，对这些工商业当他们困难时应给以扶助使之发展。三是关于国营经济无限制地发展。这是长远的事，在目前阶段不可能无限制地发展，必须同时利用私人资本。四是关于不允许私营工商业"要求划分阵地"。应当划分公私阵地，即划分经营范围。"与民（指民族资产阶级）争利""只许州官放火，不准百姓点灯"，是完全错误的说法。"大资本家要停工，我们就让他停工。我们有钱，就接收过来"，这是不对的。建立百货公司也不是代替全部私营商业。我们只能控制几种主要商品（粮布油煤）的一定数量，例如粮食的三分之一等。除盐外，应当划定范围，不要垄断一切。

4月13日，针对党内在统一战线问题特别是对待民族资产阶级问题上存在的错误看法，周恩来在全国统战工作会议上的讲话中强调说：今天我们中心的问题，不是什么推翻资产阶级，而是如何同他们合作。现在资本家对政策有疑虑，有些人把资金弄到外面去，采取观望态度。今天条件不成熟，就要急于转变到社会主义，这说明一些同志对新民主主义缺乏切实的认识。社会主义是依社会发展必然的规律实现的，用逼的办法，也逼不出社会主义来。大的企业，你一挤，会跑到香港，资本家把一大笔美金转移到了香港，使我们不能利用这些资金发展生产。小的，你一挤，就变成了一大批失业军。所以挤是不对的。不论大的或小的，今天社会都需要它。周恩来指出："现在鼓励私人企业发展的问题，已摆在我们议事日程上了"①。

鉴于私营工商业在经济恢复中具有不可忽视的地位和作用，私营工商业的状况如何，对整个国民经济的影响举足轻重，党和政府高度重视私营工商业遇到的困难，并迅速研究调整措施和解决办法。4月12日，中财委党组会议决定把工作重心从财政方面转到恢复发展经济上，首先抓好现有工商业的调整工作，按照公私兼顾的原则，从贷款、税收、原材料供应、运输等方面扶持私营工商业的发展。这次会议之后，在中财委的组织领导下，召开了一系列有私营工商业者参加的工商、税务、贸易、油脂、火柴、橡胶、机械、纺织、造纸、印染等专业会议，以摸清各行业和市场情况，并初步制定出本行业的发展方向和调整政策。

在召开各种专业会议的同时，5月8日至26日，中财委召开了七大城市工商局长会议。这次会议的目的是为了详细了解资本主义工商业的困难，确定落实调整工商业的措施。参加会议的有上海、天津、北京、武汉、重庆、西安、广州7个城市的工商局长，有工商界代表人士：天津市副市长周叔弢、上海市副市长盛丕华，中财委委员章乃器、俞寰澄等，以及中央贸易、银行、劳动、税务、轻纺、私营企业管理局等部门的负责人。

会议听取了各地工商业的情况和参加会议的私营工商业代表人士的意见，讨论了调整工商业、克服稳定物价以后工商业困难

---

① 《周恩来统一战线文选》，人民出版社1984年版，第168—170页。

的具体措施。会议分析了私营工商业产生困难的原因：一是物价稳定以后，市场上虚假购买力消失，造成若干物资一时供过于求；二是过去适应半封建半殖民地经济的一些工商业，现在失去了市场；三是许多私营企业机构臃肿，经营不善；四是同一行业内部盲目竞争，地方与地方之间供应不协调。

陈云在会上作了关于调整工商业的讲话。他形象地比喻说：现在政府挑的是两筐鸡蛋，不要碰破一头。要照顾到各个方面，不要顾此失彼，"按下葫芦又起瓢"。在综合大家意见的基础上，陈云提出了解决工商业困难的办法。这些办法包括：一是重点维持生产。在华东，最重要的是纺织工业，拟采取国家拨给原料、私营工厂加工的方式。部分工业，如机器制造工业、橡胶工业及一部分造纸厂，拟采取国家对私营工厂订货的办法。二是开拓工业品的销路。分两方面，一方面是以收购农产品来增加农民购买力；另一方面是政府给予优惠条件，组织目前暂时难于出口的工业品出口。三是联合公私力量，组织资金周转。四是帮助私营工厂改善经营管理。五是重点举办失业救济。① 会议同意陈云提出的意见，确定五种经济都要统筹兼顾，不能只顾公营经济一头，这是此后几个月内全国财经工作的重点和克服目前工商业困难唯一可能的办法。

会议着重研究了调整工商业的公私关系问题，规定：一是调整公私关系的原则是五种经济成分统筹兼顾、各得其所、分工合作、一视同仁。二是对私营工业企业，根据国家的需要与可能，一年组织两次加工订货，鼓励出口滞销物资，指导私营企业联营，国家根据可能进行必要的收购，并根据不同情况确定工缴费标准。三是在国营商业指导下，允许私营商业的存在，保持合理的批零差价，使其有利可图；国营零售店的存在只是为了稳定零

① 参见《陈云文选》第 2 卷，人民出版社 1995 年版，第 90 页。

售价格，目前一般只经营粮、煤、纱布、油、盐、煤油六种商品；国营商业应组织私商进行城乡物资交流。四是私人行庄仍可保留，但营业范围应有所限制，国家银行可与之联合放款；对投资信托公司，国家可参加资本 20%～30%。五是在税收方面，一律按税率征收，并简化税目，改革征税办法。

6月，中共七届三中全会把合理调整城市工商业，正式列为争取国家财政经济状况根本好转的重要条件之一，就是在统筹兼顾的方针下，逐步地消灭经济中的盲目性和无政府状态，合理地调整现有工商业，切实而妥善地改善公私关系和劳资关系，使各种社会经济成分，在国营经济领导之下分工合作，各得其所，以促进整个社会经济的恢复和发展。三中全会还批评了"认为可以提早消灭资本主义实行社会主义"的思想是错误的，是不适合中国的情况的。按照三中全会的总体部署，合理调整工商业的工作在全国范围内全面展开。

（三）重点调整公私工商业的关系

调整城市工商业涉及的范围很广，如调整公营与私营的关系、公营与公营的关系、私营与私营的关系、工业与商业的关系、金融与商业的关系、城乡关系、各地区间的关系、各企业内部关系和进出口关系等。其中最突出的是四个基本环节：调整公私关系，调整劳资关系，调整产销关系，调整私营金融业。

第一，调整公私关系。

这是整个调整工作的重点。其中心内容是调整公私工商业的关系。它的实质是：一方面确立国营经济的领导地位，一方面要使私人资本主义经济在国营经济的领导下各得其所。任何违背这个原则的简单的片面的做法，都是行不通的。为此，国家采取了以下重要措施。

（1）扩大加工订货和收购包销。这是调整公私工商业关系中最重要的一项措施。通过这种办法，国家一是可以充分利用资本主义工业的生产能力，增加商品生产；二是切断资本主义工业在原料收购和成品销售方面同市场的联系，使之受到国家计划的控制，逐步纳入国家计划的轨道；三是通过这种办法，帮助私人资本主义走向国家与私人合作的国家资本主义的初级形式。在当时工业严重缺少原料和商品普遍滞销的情况下，这是国家对私营工业的有效扶助。加工订货和收购包销的方针是，重点选择和重点维持生产。并不是对任何一家工厂都采取加工订货和统购包销，而是重点扶植那些为人民生活和经济建设所急需、困难又较大的行业，如纺织工业、机械工业等；对某些不适应国家建设的企业，帮助其转产；而对不利于国计民生的行业，则不予扶持。为使加工订货的订单适当分配于各公私工厂，中财委规定，凡属政府和各国营企业的加工订货单，均需经过当地人民政府工商局的经管分配，并需由当地的工商联、总工会、同业公会、产业工会协助进行，保证履行合同，按时、按量、按质实行货款两清。

按照调整公私关系的精神，尤其是为满足 1950 年 10 月抗美援朝战争开始后大量支前物资的需求，国家对私营工厂的加工订货迅速扩大。在上海，1950 年下半年私营棉纺、织染工厂为国营花纱布公司代纺棉纱的数量比 1949 年同期增加 17 倍多，国营百货公司收购私营企业的产品金额比 1949 年增加了 40 倍。私营企业同国营企业的合作有了显著增加，如私营造纸、搪瓷行业与国营同行业建立了加工订货关系。棉纺工业在私营工业中占有很大比重，在开工的 39 家私营棉纺工厂中，有 37 家部分或全部承接了国家加工订货任务。上海的这一情况在全国具有代表性。1950 年全国私营工业产值中，加工、订货、包销、收购部分所占的比重从 1949 年的 11.5% 上升到 27.3%。占全国私营工业总产值比重将近 1/3 的棉纺业，1950 年下半年，为国家加工的部分占其生产能力的 70% 以上。到 1951 年 1 月，政务院《关于统购棉纱的决定》正式实施，私营棉纺厂的生产全部纳入了国家计划的轨道。其他工业的加工订货工作也有了很大进展，大部分私营企业的生产得以维持或恢复，同时，私营企业的好转对国有企业也是一种良好的充实。

（2）收购农副土特产品。由国营商业牵头，组织合作社商业、私营商业深入广大农村，收购农民手中的农副土特产品，通过这个办法，向农村投放货币，以提高农民的收入水平和实际购买力；再通过大力开展城乡交流，增加农民对工业品的有效需求，促进城乡贸易购销两旺。这样，一方面为私营工商业的商品开拓了广阔的农村市场，另一方面调整了私营工业的生产方向，使之适应消费结构的变化，生产适销对路产品，以满足社会各方面的需要；同时，私商通过积极参与城乡交流，也获得了合理的商业利润。这不单纯是调整工商业的措施，更是着眼于照顾四面八方的利益，从总体上活跃中国经济的一项带根本性的政策。

（3）放松银根，刺激需求。针对私营工商业的困难在于流通中缺乏应有的货币量，政府在制定调整对策时，首先提出要放松银根，通过各种渠道投放货币，起到刺激消费需求的作用。除了通过扩大加工订货和收购包销，收购农副土特产品，实现投放货币的目的以外，政府决定对那些有利于国计民生的私营工商业，由国家银行增加贷款，并调整贷款的使用方向，对工业的放款主要结合加工订货等任务来进行，对商业的放款主要用于扩大城乡贸易，以促进商品流通。据不完全统计，国家银行对私营工商业贷款的金额，1950 年 5 月为 2186 万元，9 月份增加到 4963 万元①，增长 1.2 倍。同时，政府连续两次降低贷款利率，帮助私

----

① 本书引用的统计数据中的人民币数额，在 1955 年 3 月以前均为旧币制。为方便读者阅读，文中按 1955 年 3 月发行新币所规定的 1 元新币兑换 1 万元旧币的兑换率，全部换算为新币表述，下同。

营工商业加快资金周转。国家银行还为在购销中有困难的私营厂商举办押汇等业务，并在贷款的金额、期限、条件、方式以及抵押品保证制度等方面适当放宽。这种直接的放松银根的货币政策，对于私营经济走出困境起了很大作用。

（4）划分公私经营范围。国营商业把主要力量集中在批发上，扩大批发阵地，适当缩小零售范围。1950年6月以后，减少了国营零售商店经营品种，规定国营零售业务只经营粮食、煤炭、油品、布匹、食盐等少数重要物资，其他的零售业务则让给私营商店或小商贩经营。农副产品的收购，国营商业只经营主要的大宗的农产品和外销农产品的一部分，其余则组织合作社或由私商收购、贩运。此外，国家还对国营交通运输业、零售业等机构进行了紧缩，以利于私营工商业的正常发展。这样，就使国营商业与私营商业之间的矛盾得到了缓解。

（5）调整价格政策。在兼顾生产、贩运、销售三者的利益前提下，保持批发价格与零售价格之间，各种物资产区与销区之间的合理差价，使私营商业者有利可图，以鼓励私商的经营积极性，达到活跃市场的目的。以上海为例，曾先后两次对米、盐、糖、布等商品的商品批零差价进行调整，大米的批零差价每担由0.5元扩大为1.5元，一般商品的批零差价提高了6%～20%，私营零售商一般可获2%～10%的利润。又如浙江，龙头细布批零差价从4%提到9.3%，棉纱从无差价调为2.9%，中白米由3.7%调为5.9%，食盐由1.3%提到12%，白糖由1%调为12.8%，香烟由无差价调为0.5%，土产品由5%调为10%～15%，地区差价也有所扩大。

（6）调整税收政策。首先，针对农业税畸轻畸重的问题，进行适当的调整。如只向农业正产物征税，并且将正税的负担率由原来的平均17%减到13%。农民税赋的减轻等于提高了农民的购买力，最终起到刺激对工业品需求的作用。其次，调整城市工商业税收。主要是修正工商税法，减少税种税目，降低税率，改变征收办法。如工商税税种由原来的 14 种减为 11 种；对有利于恢复、发展生产和保证人民生活需要的 387 种市场急需产品，全部免征货物税，并对部分工业品的货物税合并征收。经过调整以后，原来的 1136 个税目减为 358 个；印花税税目由 30 个减为 25 个。多数税率调低，如利息所得税由 10% 降到 5%。并规定工商业税收严格依率计征，不得超过应征税率。另外，政务院还作出减半征收盐税的决定。调整税赋不但保证了国家财政收入，而且调整了公私关系，发挥了私营工商业的积极作用。

（7）在保护正当贸易、打击投机倒把、稳定物价的前提下，适当放宽市场管理，取消初级市场上一切不利于物资交流的人为障碍和某些不必要的限制，便于鼓励私营者下乡采购，活跃城乡交流。例如，中南军政委员会贸易部曾宣布取消各地规定的限制私商贸易的一切路单、采购证等。小麦上市时，中央贸易部也指示各地工商部门对私商下乡采购贩运小麦不得以证照、数量进行限制。对于私营工业企业的原料供应、产品定价等方面，实行公私大体平等的原则。这些措施对于改善私营工商业者的经营环境，活跃城乡物资交流，是非常必要的。

第二，调整劳资关系。

这是合理调整工商业的重要一环，其主要内容是改善私营工商企业的经营管理。新中国成立后，由于工人阶级地位的提高，私营工商企业中劳资关系是比较紧张的，并影响到企业的劳动生产率。据天津私营恒源纺织厂的资料，该厂 1949 年 12 月的劳动生产率与新中国成立前相比，纺纱降低 4.8%，织布降低 3.1%，从而使生产成本上升。这种因劳资关系紧张而造成企业效率降低的现象，在新中国成立初期是十分普遍的。1950 年 5 月 20 日，中华全国总工会在《关于工会工作面向生产的决议》中指出："发展生产就是工人阶级的最高利益"。因此，调整劳资关系的原则是：必须确认工人阶级的民主权利；必须有利于生产；劳资间的问题，用协商方式解决，协商不成，由政府仲裁。总之，要劳资两利，既要保障工人群众的民主权利，又要使资本家能获得合理利润，以利于恢复和发展生产。调整劳资关系的具体做法有：

（1）建立劳资关系协商机制。1950年4月29日，政务院发布《劳动部关于在私营企业中设立劳资协商会议的指示》，指出，在私营工商企业中，为了便于劳资双方进行有关改进生产、业务与职工待遇各项具体问题的协商，在劳资双方同意之下，得设立劳资协商会议的组织。在同一城市的同一产业或行业中劳资双方均认为有必要时，亦得设立该产业或行业的劳资协商会议。协商会议要根据劳资两利和民主的原则，用协商的方法，解决企业中有关劳资双方利益的各种问题。

根据这个指示精神，在各地工会的推动下，私营企业纷纷建立了劳资协商会，由劳资双方直接见面商议克服困难的办法。这样，既保障了工人的民主权利，又让资本家获得了合理的利润，从有利于发展生产出发，用协商的方式解决劳资问题，然后过渡到更固定的合同关系上。据统计，到6月底，北京、天津、上海、武汉、广州、济南等地已建立了923个劳资协商会议，其中270个是产业或行业协商会议。同业劳资协商会议在协商个别企业的劳资争议时，由于同业双方对生产情况熟悉，容易取得协议；厂店劳资协商会议一般都能从生产着眼，解决生产经营上的问题。在劳资协商过程中，民主、平等、自愿、两利的精神起着主导作用，一方面责成资方积极改进经营，精减冗员，节省开支，降低成本，反对他们抽调资金、躺倒不干；另一方面，在保证工人民主权利的前提下，要求工人严格遵守劳动纪律，努力提高劳动生产率，或担负更多的劳动任务。

据沈阳、北京、武汉、天津四大城市劳动局的统计，1950年上半年处理的2199件纠纷案件中，经协商解决的占27.5%，经调解解决的占 57.9%，经仲裁解决的占 1.85%，经法院处理的只占 7.5%。实践表明，只有厂店的生产或营业搞好了，劳资关系才可能纳入正常轨道。这样，工人的生产积极性有所提高，资方也主动调回资金投入生产。与此同时，政府还帮助那些在经营管理上存在问题的私营企业改善经营和管理，精减冗员，废除不合理的制度，从而提高私营企业的生产效率和竞争能力。

（2）从有利于改善同资方的关系出发，劳方普遍主动压低或暂时压低新中国成立后不适当提高的工人工资。如北京的经纬织布厂，将工人工资压低 19%~39%；瑞蚨祥绸布庄将店员的月薪从 290 斤米压低到 190 斤米①。当时有个口号叫"降低工资，劳资团结，渡过难关"。有些私营工厂商店的工人、店员，除由资方供应伙食外，自动停领工资，或缓领工资，有的自动降低了伙食标准，有的决定暂时轮流回家，以减轻资方的负担。为了维持私营企业的生产经营，广大职工群众作出了很大牺牲。

另一方面，私营工业在普遍获得好转后，大部分行业也根据营业情况，通过劳资协商，在困难期间暂时降低的工资全部或部分恢复了原来的水平。如 1951 年 1 月，天津市全部恢复工资的有棉织、橡胶、机器染整、丝织、翻砂、拔丝、机器等十五个行业；部分恢复的有火柴、化学染料等业。在营业情况较好的棉织、机器染整、料器等行业的部分工厂中，除恢复职工原薪外，还将过去不合理的工资做了适当调整。此外，营业情况初步好转而尚无力恢复工人原薪的工厂，一般也都在可能范围内增加了工人福利，使劳资关系得以保持正常。②

为了大力救济失业工人，国家有重点地把失业工人组织起

---

① 参见中国社会科学院、中央档案馆编：《1949—1952 中华人民共和国经济档案资料选编·工业卷》，中国物资出版社 1996 年版，第 421 页。

② 参见《人民日报》1951 年 1 月 17 日。

来，尽量参加公共工程建设，如兴修水利、修建市政工程等，帮助他们渡过难关。

第三，调整产销关系。

产销关系的调整，主要是解决当时私营工业生产中的无政府状态，使生产和销售之间尽量取得平衡。调整的一个重要措施，是公布产销信息。在新民主主义经济条件下，政府不能对私营工商业下达指令性计划，只有通过召开各种专业会议、产销会议和及时发布全国的产销公告，来间接指导私营工商业的生产和经营。

首先，从1950年1月开始，政府陆续组织召开重化工、能源、轻纺、食品等各大行业里众多中小行业的专业会议，如粮食加工、食盐、百货、煤炭、火柴、橡胶、毛麻纺织、印染、卷烟、金融和进出口贸易等全国性专业会议，由公私代表共同协商，具体议定各行各业的产销计划，合理分配生产任务，制定调整对策。这对于指导私营企业的生产和经营，克服无政府状态，起了良好作用。

政府还利用掌握全国生产经营状况的便利条件，及时向全国通报各种产品的生产状况。如1950年7月5日，政务院财政经济委员会向社会发出公告，指出有些产业已经严重过剩，如火柴、卷烟、肥皂等；有些外销的工业品超过国外市场的需要，如地毯、丝织、针织、干蛋业等；有些产品已达饱和状态，如橡胶、玻璃、染织、灯泡、毛巾、被单、干电池等。公告提醒各生产厂商注意生产经营的动向，避免盲目性。

其次，针对私营工商业的投机性、依赖性，过分集中于商业等特点，政府本着面向生产、面向农村和人民大众、面向原料产地和销售市场的原则进行产销关系的调整。面向生产的调整，一是疏导，使私营工商业将过去90%的资本和精力用于商业、金融业等高投机性行业引导到生产领域，以改变整个工商业的结构；

二是坚决关闭那些社会和人民不需要的行业，使这部分资金转向有利于国计民生行业的生产。面向农村和面向大众的调整，主要是引导以前服务于高消费的产业，如首饰店、珠宝店、绸缎店、时装店、豪华旅社、舞厅等，转向农村市场和城市居民所需的必需品生产上。面向原料和市场的调整，以上海为例，一方面改变采用工业原料的立足点，棉纺、毛纺、胶木、化工、电器和铅笔等工业逐步用国产原材料代替进口原料；另一方面，为了轻工业能够得到比较充足的原料，向内地搬迁了若干工厂。这样，就使产业结构进行了一次大改组，基本上适应了已经变化的消费结构，从而使工商业的运行逐步走向正常。

再次，在这次调整中，政府针对产品滞销的困难，采取了一系列鼓励性措施，开拓边疆少数民族市场和以苏联及东欧社会主义国家为主的国外市场，起到了较好的效果。

第四，调整私营金融业。

旧中国的私营金融业是在半殖民地半封建政治经济环境中产生和发展起来的。其特点为：私营行庄的数量大大超过了社会正常生产和流通的需要；脱离正常业务，将大部分资金和业务转向获利丰厚的商业和金融投机；人事臃肿、开支浩大等，处于与生产力发展水平和要求不相适应的畸形状态。

新中国成立后，鉴于金融业在社会经济中的重要地位，人民政府立即采取措施。对旧中国严重畸形发展的私营行庄进行清理整顿。经过严厉打击金银外币投机活动、取缔地下钱庄；规定增资验资，淘汰资金少、信用低的行庄；颁布对私营金融业的暂行管理法规，加强行政管理，限制其经营范围，监督其业务活动等一系列清理整顿措施，到1949年年底，全国的私营行庄数量由解放时的1032家减为833家，并堵塞了私营行庄直接从事金融投机和商业投机活动的途径。但是，私营行庄尚未得到根本改造，仍可以利用物价上涨之机，通过资助工商业中的投机性经营活动来分取投机利润。

1950 年 3 月以后，统一全国财经工作有效地控制了通货膨胀。这不仅使工商业失去投机基础，而且使贷款利率下降，私营行庄收入减少。由于物价趋于平稳和银根抽紧，市场呈现疲软，许多私营企业陷入困境甚至停业关门，这又使私营行庄的不少贷款成为"呆账"。私营金融业又一次出现倒闭浪潮。到 1950 年 6 月底，全国私营行庄数量由 833 家减为 387 家。这种集中倒闭，是畸形的投机金融业进入物价稳定的经济环境后不可避免的结果，但也导致一部分职工失业和存款人利益受损，引起社会不安。因此，人民政府决定在调整工商业的同时，适当地调整金融业的公私关系，帮助私营行庄渡过难关。

1950 年 8 月，人民银行总行牵头在北京召开全国金融业联席会议。在参加会议的人员中，私营行庄的代表占了将近一半。会议根据《共同纲领》的有关规定，着重商讨如何调整金融业的公私关系、劳资关系以及金融业与工商业的关系。会上有私营行庄的代表认为，社会存款就那么多，国家银行业务发展太快，抢了他们的业务，提出"一碗饭该谁吃"的问题。私营行庄代表要求在业务上与国营、公私合营银行"分疆而治"，即国家银行只管国营企事业的存贷业务，公私合营银行管公私合营企业的存贷业务，而由私营行庄负责私营企业和个人的存贷业务。这种所谓"分疆而治"的要求，既违背《共同纲领》，也不符合公平竞争的原则，会议对此进行了辨析和澄清。

根据公私兼顾的原则，会议通过讨论，使与会代表认识到公私银行应该共同发展、互相照顾，国家银行负有稳定金融、发展生产的领导责任，不可能与私营行庄实行"分疆而治"。同时，政府也要给予私营行庄一定的照顾，帮助其摆脱困境，走上为生产服务的正轨。会议决定：适当扩大私营行庄的业务活动范围；私营行庄可办理人民银行委托的业务；私营行庄因资金信用阻滞而一时不易贷出时，可转存人民银行；当贷款发生周转不灵时，可向人民银行申请转抵押、转贴现等。

在调整金融业与工商业关系方面，私营行庄希望存贷利率下降不要太急，利差大些，贷款期限短些；而工商业者的要求则相反，希望贷款利率再低些，利差小些，贷款期限长些，数额大些。针对这个矛盾，会议明确了金融业应为工商业服务的基本方针，提出私营行庄应降低利率，面向工商业，加强与工商业的联系。同时，会议根据实际情况，决定采取缓和的步骤，逐步地调低存贷利率和利差，并通过采取公私银行联合放款和成立股份制投资公司，来满足工商业希望贷款期限长、数量大的要求。

经过对金融业公私关系的调整，私营行庄自 1950 年下半年逐渐稳定下来，经营情况趋于好转。但是，私营行庄冗员过多、开支浩大的问题并没有解决。在业务方面，私营行庄的人均吸收存款额仍然很低，不少行庄的存放款利差还不够支付员工平均月工资，更不用说纳税和业务费了，不得不靠变卖资产乃至挪用存款来弥补亏空。1951 年是私营经济发展的黄金年，私营工商业获利较丰，但私营金融业却被冗员和开支问题所困扰，潜伏着严重危机。私营行庄不适应社会经济发展客观需要的问题，直到 1952 年下半年，国家对私营金融业率先实行全行业的社会主义改造，将私营行庄全部改为公私合营，才得到有效的解决。

（四）城市工商业调整成效显著

经过人民政府对城市工商业的公私关系、劳资关系及产销关系的大力调整，私营工商业从 1950 年 6 月开始有了起色，并很快进入正常的发展轨道。

第一，私营工商企业开业、复业户数增加，停工、歇业户数减少。据北京、上海、天津、武汉、广州、重庆、西安、济南、无锡、张家口 10 个大中城市的统计，1950 年第三、第四季度，私营企业开业 32674 家、歇业 7451 家,开业户超过歇业户 25223 家。上海最为突出,8—10 月,工业的申请开业户月均比 4 月份增加了 28 倍,商业的申请开业户是 4 月份的 17 倍,而同期的申请歇业户仅为 4 月份的 1.2%。到 1950 年 9 月,其他中小城市的开歇业趋势也同大城市一样,开业增多,歇业减少。全国经济形势大为改观。

第二,市场活跃,成交量增加,城乡物资交流进一步扩大。据统计,北京、天津、上海、武汉四大城市的面粉、大米、棉纱、棉布四种重要物资的市场成交量,1950 年 10 月同 4 月相比,分别增加了 54%、289%、128% 和 133%。上海的米、面、棉、布、煤和食油的市场成交量,10 月同 5 月相比,增加了近十倍。私营工商业的复苏还可从当时票据交换额的增加反映出来。据统计,1950 年 9 月同 3 月相比,天津的票据交换额增加 2 倍多。上海市 1950 年 7 月同 4 月相比,票据交换的张数与金额高出 53%,8 月又比 7 月高出 23.6%。城市与城市、城市与乡村之间的物资交流趋于活跃。北方各路局铁路运货量 10 月同 7 月相比,增加 1 倍以上,南方路局同期增加了 3 倍以上。华北公路运量(只国营部分)9 月比 7 月增加 38%。汇兑方面,全国汇兑总额(只国营银行部分)11 月份比 3 月份增加了 36.7%。

第三,私营工业的产量有明显增加,工商业经营已有相当利润。以上海为例,七种主要工业产品的生产指数,都以 1950 年 4 月份为 100,8 月份的指数为:棉纱 112;毛纱 201;火柴 386;水泥 218;面粉 524;化学碱 221;白报纸 571。除棉纱外,均有成倍增长。1951 年同 1950 年相比,全国私营工业总产量增长了 39%。有不少工商业者认为,市场繁荣的情况是抗战以来十余年所没有的。

私营工商业的复苏带动了金融业的活跃。全国七大城市公私合营银行及私营行庄,1950 年 10 月份比 4 月存款余额增长 50%,

放款余额增加 1.5 倍，汇出入总额增加近 3 倍。国家税收也大量增加，全国十大城市的私营工商业税收，1950 年第三、第四季度比一季度分别增加了 90% 和 80%。

总之，合理调整工商业不仅帮助私营工商业渡过了困难，繁荣了经济，而且限制了资本主义企业的生产盲目性和无政府状态，把它们在一定程度上纳入了国家计划的轨道，使国营经济的领导地位更加巩固。同时，有助于实现国家财政经济的根本好转。

私营工商业的这次困难及其合理调整，对经济改组和产业结构的调整具有重要意义。经过这次调整，许多在旧社会服务于统治阶级的奢侈品产业和迷信产业被有效地抑制，而那些有市场、有原料、有销路，特别是符合国家产业政策的产业，如重化工业、基本消费品工业，得到了进一步的发展。

合理调整城市工商业，对稳定社会、稳定人心具有积极意义。新中国成立之初，人民政府不仅在经济上接收的是一个烂摊子，而且由于美国与台湾国民党集团联手对新中国施行封锁、轰炸及特务的破坏，整个社会还处于不稳定状态。私营工商业的困难，给社会政治稳定造成十分不利的影响。而合理调整工商业的成功，不仅稳定了资本家的心理，同时对稳定整个社会的心理起到了非常重要的作用。

经过 1950 年下半年的调整，城市工商业很快由萧条转为复苏和增长，私营工商业开业户净增加快，社会所需的各类商品的产量和销售量大幅度增加，市场很快出现繁荣景象。陈云生动地描述了合理调整城市工商业的成效，他说：1950 年在经济战线上，我们是税收、公债、货币回笼、收购四路"进兵"，一下子把通货膨胀制止了。3 月物价稳定，5 月中旬全国各地工商业者都叫喊货卖不出去。于是我们发了两路"救兵"，一为加工订货，一为收购土产。起决定作用的是收购土产，因为收购土产，就发出了钞票，农民有了钱就可以买东西。到 9 月"全国情况就改观了，霓虹灯都亮了"①。

调整工商业的各项措施收效以后，中国经济在经历重建和改组的一系列步骤之后，开始步入新民主主义经济轨道。到 1951 年，城市工商业的形势进一步好转，私营工业产值和商业批发零售额的增长幅度，在历史上是从未有过的。私营工商业的复苏，增加了社会财富，扩大了就业，活跃了市场，增加了国家的税收。资本家也为工商业调整带来的市场兴旺和丰厚利润而振奋，称 1951 年是私营工商业发展的"黄金年"。对于 1950 年的财经工作，陈云做过一个精辟的概括。他说：当时我们主要抓了两件事，一是统一，二是调整。统一是统一财经管理；调整是调整工商业。一统一调，"只此两事，天下大定"②。

二、增加财政收入与扩大城乡交流

（一）财经工作的重点在城乡交流

1950 年 6 月中共七届三中全会原计划用三至五年的时间恢复生产，然后进行大规模的经济建设。准备从 1951 年起，在财政安排上大幅度减少军费和国家机构的行政开支，尽可能增加经济建设费和文教事业费。这是中国共产党从领导革命战争向领导和平建设转变的一项重要决策。可是不久，美国武装干涉朝鲜和侵占中国领土台湾，迫使中国不得不进行抗美援朝战争，党和人民政府在财政经济安排上也必须做出相应的调整。

为了确定抗美援朝开始后的财经工作方针，经中央同意，

---

① 《陈云文选》第 2 卷，人民出版社 1995 年版，第 128 页。

② 《陈云文选》第 2 卷，人民出版社 1995 年版，第 138 页。

1950 年 11 月 15 日至 27 日，政务院财经委员会在北京召开第二次全国财政会议。会议估计了美帝侵朝战争扩大的时局变化，以"邻境战争，国内被炸"的情况为考虑对策的基点，决定把 1951年财经工作的方针放在抗美援朝战争的基础之上。表现在财政上，就是增加军费及与军事有关的支出，同时各种收入也必然要减少。为此，财政工作的部署概括地说，就是："战争第一，稳定市场第二，其他第三"。

陈云在会议的报告中解释说，战争第一，这是毫无疑问的。一切服从战争，一切为了战争的胜利。没有战争的胜利，其他就无从谈起。第二是维持市场，求得金融物价不要大乱。从统一财经到调整工商业初见成效，证明了在一个统一的国家内，力争市场物价稳定，非常重要。因此要把市场列在第二，而且宁可削减经济和文化的支出以就市场。第三才是带投资性的支出，剩下多少钱，就办多少事。在抗美援朝开始的条件下，经济建设的投资原则是：对直接与战争有关的军工投资，对财政收入直接有帮助的投资，对稳定市场有密切关系的投资，这三者应予以满足。除此以外，应加以削减和收缩。陈云指出：推迟经济建设是不得已的，是美帝国主义不许我们建设。任何一个国家在财政方针上，都不可能把战争和建设两者并列，两头兼顾。我们不能搞"情绪投资"，即以国家投资去照顾某些人的情绪，这是完全违背经济建设的目的的。[①] 总之，来日方长，等战争结束以后，才能集中力量搞经济建设，现在可以做准备工作。

11 月 27 日，陈云在全国财政会议结束时的讲话中，提出了必须扩大城乡交流的问题。他指出：这次会议讨论确定的 1951年的财经工作方针，中央已经基本上同意。会议所确定的财政增收的措施，如适当提高农业税地方附加，对土改后农民分得土地

---

① 参见《陈云文选》第 2 卷，人民出版社 1995 年版，第 112—116 页。

房屋的所有证征收契税，比上年多收入几十亿斤粮食，增收若干种货物税、进出口税等，大都要落在农民头上，农民是否负担得起？这是必须考虑的。要农民拿得起，我们要做一件工作，就是实行近地交流、全国交流、内外交流，让农民销出农副土产品。只要能够把农副土产品销出去，农民就可以负担得起。这是完全可以办得到的。帮助农民销出农副土产品，是国家取得税收的前提。

陈云分析说：半年多来的财经工作完全证明，城市的繁荣是农村经济转动的结果。农副土产品卖出去了，就增加了农民的购买力，促进城市工商业的发展，减少或消灭城市的失业现象，城市购买力也跟着提高。工商业繁荣，又增加了国家的税收，减少了财政上的困难，物价更趋稳定。这样，可以进一步促进正当工商业的发展，打击投机，使城乡交流更趋活跃。这是一连串的收获。因此，我们说，扩大农副土产品的购销，是中国目前经济中的头等大事。①

第二次全国财政会议后，各地财政部门均以战争第一的原则展开工作。随后，中财委又下发通知，要求各地的战略性物资的分配均由中财委统一掌握。1951 年，国家财政用于抗美援朝的支出占全年收入的 57%，比上年有大幅增加。为了平衡收支，中央采取一系列有力措施增加财政收入：除增加公粮附加等措施外，通过对民用必需品纱布实行统购统销，在保证资本家有一定利润的情况下，增收了一大笔统购税；各地大力开展近地交流、城乡交流和内外交流，帮助农民推销农副土产品，通过提高农民的购买力促进工商业繁荣，增加国家税收；督促各地税务机关抓紧工作，堵塞漏洞，将以往地方 15%～30% 的漏税收上来。在财政工作上，用"削萝卜"的办法削减支出，用"挤牛奶"的办法增

———————

① 参见《陈云文选》第 2 卷，人民出版社 1995 年版，第 118—119 页。

加收入，使1951年国家财政保持了收支平衡、略有节余的有利局面，保证了全国市场物价基本稳定。

在抗美援朝保家卫国热潮的推动下，全国人民迅速投入支援前线的爱国增产运动。由于土地改革陆续完成，基本建设投资增加和抗美援朝开始后军需订货大增，全国工农业生产大幅度上升，在财政和经济上都取得明显成效。总之，坚持"战争第一，稳定市场第二，其他第三"的方针，有力地保证了抗美援朝战争的需要，对于扭转朝鲜战局，迫使美国走到谈判桌前，具有至关重要的保障作用。

根据中国人民志愿军在朝鲜胜利举行三次战役，将战线稳定在三八线附近的情况，1951年2月中旬，中共中央政治局在北京召开有各中央局负责同志参加的政治局扩大会议，通盘部署党的各项重要工作。毛泽东在会上明确提出"三年准备，十年计划经济建设"的思想。这个中长期发展的计划，是基于朝鲜战局趋于稳定，国内各项工作进展顺利的形势，表明用三年时间恢复发展国民经济的任务是有把握完成的。在此形势下，中央认为有必要把进行有计划的经济建设这一前景，更贴近地提到党的领导干部面前，以期勿失时机，思想上预作准备。为此，中央政治局扩大会议决议强调："三年准备十年计划经济建设"的思想，要使省市以上干部都明白。准备时间，从现在起，还有22个月，必须从各方面加紧进行工作。

4月4日，陈云在中国共产党第一次全国组织工作会议上的讲话中，进一步阐述了1951年财经工作的重点：第一，城乡交流；第二，农业增产；第三，经济核算；第四，统一管理下的因地制宜；第五，经济建设的准备工作；第六，整顿财经队伍。陈云着重讲了为什么把城乡交流摆在第一位？这是因为，农业经济在中国整个国民经济中占主要地位。所谓城乡交流，一是将农产品、土产品收上来，二是将城市工业品销下去。城乡交流有利于农民，有利于城市工商业，也有利于国家。这是历史上没有一个政府提出过的，但却是关系全国人民经济生活的一件大事，我们如果不管，怎么能算人民政府呢？

中国农村每年都有大宗农副土产品需要推销出去，仅猪鬃、桐油、茶叶、鸡蛋、药材等项，平均约占农业收入的10%，有的地方占20%，甚至更多。如果帮助农民把土产推销出去，农民的收入就相当于交公粮的数量。土产推销不出去，还要交公粮，老百姓就会有困难。陈云指出，中国有几亿农民，有几千万手工业者，有几百万产业工人，政府每件工作都要对他们有利益。如果没有廉价的工业品供应农民，并且把他们的土产推销出去，那么工农联盟就不能巩固。农民就会说："打倒帝国主义、封建主义、官僚资本主义都很好，但是鸡蛋卖不出去，桐油跌价，那就不好。"所以城乡交流是一件大事，要动员全党的力量去做。"解决这些问题就是为人民服务，不解决实际问题谈为人民服务，则是空话一句。"①

这样，随着抗美援朝战局的稳定，中央人民政府及时总结调整城市工商业经验，以疏通商品流通渠道为先导，把扩大城乡交流摆在财经工作的第一位，作为恢复与开拓市场、活跃经济的关键。各级政府采取恢复和发展交通运输，积极鼓励各种经济成分特别是私商从事城乡间的商品购销，举办城乡物资交流会、展销会，发展农村集市贸易等项政策，大力拓展了商品流通渠道，活跃了城乡市场，对促进工农业生产的恢复和发展起到了重要推动作用。

（二）四面八方疏通渠道开拓市场

稳定国内市场，城乡经济的活跃和繁荣是至关重要的环节。

---

① 《陈云文选》第2卷，人民出版社1995年版，第128页。

1950年调整工商业的经验证明，城市工商业复苏得这样快，起决定作用的是收购土产。但当时的情况是，中国经历长期战争和剧烈通货膨胀以后，道路交通不畅，流通环节梗阻。加上帝国主义的封锁，导致城乡、内外商品交换滞塞。1950年3月以后，全国市场萧条和工商业生产经营的困难，一方面表现在城市工业品滞销，农副产品不足；另一方面表现在农村农副产品积压，工业品缺乏。各地普遍反映城乡物资交流阻滞是影响经济恢复和发展的最突出的问题。在制止了长达12年的恶性通货膨胀之后，党和人民政府面临的迫切任务之一，就是为国民经济的恢复和发展创造有利的市场条件。

据各大区给中央的报告和各地报纸报道，在东北，由于城乡物资交流滞塞，各省国营、合作社商业和农户共约存粮54万吨，其中有36万吨在农户手中。农民粮食卖不出，就买不到生产资料，无钱修车、买马、购置农具，直接影响农业生产；有些地方已有农民用高粱、玉米喂牲口的无奈现象。

西北地区反映，投机市场不存在了，投机家不但不买物品，反而把囤积的物资也送到市场上来了，卖东西的人多，买东西的人少，于是商品停滞。

在西南地区，土产卖不出去，农民的货币收入少，工业品不能很好地下乡，三者相互影响，形成农村经济呆滞现象。如贵州大批桐油、菜油、烟叶弃之于地，四川丝绸、夏布滞销。这种情况，使赖以为生的数百万人民生活无着。

在华北地区，农民迫切需要出售农副产品，以换取生产资料和生活资料。据察哈尔省14种农副产品统计，需输出的产品约值2800余万元。山西1950年冬需输出余粮4亿斤，棉花4500余万斤，油料、麻皮、山货药材等1亿余斤，全省需要换回布匹仅1950年第四季度即达25万余匹。

在中南地区，历年土产总值达10亿元以上，约等于农民总收入的 20%。往年春节前后，正是土产大量上市与旺销季节，其收入通常成为农民换取春耕生产资料与渡过春荒的主要依赖。但由于新区农村进行土改以及西方帝国主义国家的封锁，土产运销受到相当影响。①

上述情况的出现并不是偶然的，其主要原因，一是长期战争造成的破坏和地区分隔，阻断了地区之间、城乡之间的流通渠道。而新中国成立后经济改组工作头绪繁多，国营商业和供销合作社还没有深入到广大农村去替代原有的商业渠道严重萎缩后留下的空缺。二是许多地区被破坏的商品流通渠道及设施，如商业仓库、贸易货栈等尚来不及恢复，各地从事商业经营的人员有所减少，包括私商都很少下乡收购和推销。结果使部分城市和工矿区农副土特产品断档脱销，许多工业品因在农村打不开销路而不能扩大生产，甚至因生产过剩不得不缩减生产。三是到 1950 年年初，不仅老解放区的农业生产早已恢复，包括江南新解放区农村，农业生产都有所恢复，农副土特产品产量普遍增加，这就使流通渠道不畅的问题更为突出。

据中国土产公司调查：华东全区 1950 年土特产品及手工业的生产占全区粮食生产 36%，总值人民币 15 亿元上下。华北区 1950 年土产除商品粮、棉花、烤烟叶、花生经济作物外，据不完全统计，总值折合约 70 亿斤原粮，占华北全区粮食总产量的 25% 左右。中南全区土特产总值占农民总收入 30% 多。西南全区 1950 年 27 种主要土产生产总值约 3.5 亿元，占该区农民收入的 30% 至 40% 左右。依靠土产为生活的估计有一千数百万人。东北全区 1950 年土产总值折合高粱 470 万吨，占农业生产的 26.2%。

① 参见中国社会科学院、中央档案馆编：《1949—1952 中华人民共和国经济档案资料选编·商业卷》，中国物资出版社 1995 年版，第 420—421 页。

西北区土产收入占 30% 左右。①

中国农村的农副土特产品，大部分是作为商品生产的，需要通过市场来实现其价值，这是农民增加收入的主要途径。商品流通渠道不畅，使大量农副土特产品积压。沿海地区有些土特产品历来以外销为主，如广东、广西生产的篱竹、罗汉果和苏木等。面对帝国主义的经济封锁，也只能转向寻求、扩展国内市场。大量农副土特产品积压滞销的结果，一方面减少了农民的货币收入，使农民没有力量增加对生产的投入；另一方面，使以农副产品为原料的轻工业因缺少原料而开工不足，由于工业品缺乏市场，影响了工业生产的恢复和发展。因此，疏通商品流通渠道，发展城乡物资交流，成为恢复和发展国民经济的中心环节。而当时最紧要的是打开农村土特产品的销路。农民只有首先卖出自己生产的农副土特产品，取得货币收入，才能从市场上购买自己所需要的生产资料和生活资料，为工业生产发展开辟广阔的市场。

为了疏通商品流通渠道，发展城乡物资交流，人民政府采取了许多政策措施，主要有以下几个方面：

第一，恢复和发展交通运输。

交通运输和邮电业的恢复与发展得到政府的充分重视。恢复时期，交通运输和邮电业的投资占了三年基本建设总投资的22.7%，在整个经济建设投资中占据了首要地位。在交通运输业的投资中，又主要投资于铁路建设。铁路运输业的快速恢复和发展，沟通了全国各大行政区、大城市，促进了全国的物资交流。全国铁路货运量 1950—1951 年增长 11%，1951—1952 年增长19.3%。公路与水路的恢复比铁路的投资相对较少，恢复速度更

---

① 参见中国社会科学院、中央档案馆编：《1949—1952 中华人民共和国经济档案资料选编·商业卷》，中国物资出版社 1995 年版，第 427—428 页。

快，从而使货运量大幅度增长：全国公路货运量由 1949 年的 7963 万吨增加到 1950 年的 8887 万吨，增长 11.6%；1950—1951 年增长 53.3%，1951—1952 年增长 56.5%。全国水路货运量也有明显的增长，由 1949 年的 2543 万吨增加到 1950 年的 2684 万吨，增长 5.54%，1950—1951 年增长 43.8%，1951—1952 年增长 33.2%。

除了铁路、公路和轮船等现代运输的恢复和发展之外，各地还广泛发展木船、大车、板车、小推车以及马驮、肩挑等民间传统运输，并恢复和发展了各种运输公司，使零散货物集中装卸，以提高货物运输效率。特别是在山区和少数民族地区，发动民众修建山路和疏通水运航道，改善交通运输条件，组织短途运输，以促进城乡物资交流的全面开展。

第二，国营商业和供销合作社商业积极经营土特产品。

国营商业在城乡物资交流中发挥着领导作用。1950 年 4 月中国土产公司成立，其任务为：收购农民生产的副产品及土特产品，办理各地区间调剂余缺的业务，把土特产品由生产区运输到消费区；为其他公司代理收购业务，并经营一部分土特产品的出口业务。中央及大区、省、市各级土特产贸易公司成立后，积极召开土特产品流通调查会，举办土特产品展销会，组织私商联营下乡收购土特产品，向外地拓展土特产品销路。土产公司还邀请有经验的老商人、老工匠开座谈会，了解大宗土产的种类、数量、质量和季节性，研究历史上商品流通的路线，派遣有老商人和内行参加的商业访问团、土特产推销组到生产地和销售地接洽业务，找回过去的老的营运线索，开辟新的供销业务，积极打开土特产品的销路。

各地土产公司投入了大量资金收购运销土产品。在中南区，1950 年 4 月至 7 月，国营土产公司投放收购土产的资金达 2000 万元以上，仅河南土产公司收购各种土产的总值即达 690 多万元。湖南省土产公司自 4 月份以来，收购土产投资 300 万元。其他国营专业公司如油脂、蛋品、猪鬃、茶叶等公司也积极进行收购。各地人民政府拨出大批粮食，结合农民需要，换购土产。通过各级国营专业公司的积极努力，土产销路转旺，沉寂的农村市场开始活跃。土特产公司与其他各国营专业公司密切配合，在土特产品集散市场收购产品的同时，及时供应农民必需的日用消费品，特别是粮、盐、布、纱、日用百货，使农民在出售土特产品后能立即购买到这些商品。

农村供销合作社是沟通城乡关系的又一条重要渠道。1950 年 7 月，中央人民政府制定的《中华人民共和国合作社法（草案）》规定：农村供销合作社的任务之一，就是推销农民生产的多余农产品及其他副业产品，使农民比较廉价地买到消费品和生产资料，以避免商人的中间剥削。各地积极发展供销合作社，基层供销社遍布广大农村和集镇，成为推动城乡物资交流的重要力量。一方面，供销合作社普遍设立农副土产品收购门市部，开展农副土产品购销业务；另一方面，供销合作社通过与农民广泛签订农副土特产品购销合同，并及时供应农民所需要的农业生产资料和消费品，活跃农村市场。

1950 年 11 月 14 日全国合作总社作出《关于组织东北、华北、华东合作社几项主要物资交换的决议》，决定在全国总社统一领导下，由东北总社组织运销豆饼 10 万吨、大豆 10 万吨、高粱玉米等 10 万吨供给华北、华东社员的需要；同时由华东总社及华北各省（市）社组织皮棉 200 万斤、各种布 60 万匹，供给东北社员需要。这次由全国合作总社组织的三大区物资交流业务，总计购销粮食、豆饼近 29 万吨，完成计划数的 96.7%。华北、华东运往东北的大布 49 万匹、皮棉 197 万斤，以及土产品和手工业产品等共 11 种。以上物资按实际批发价格计算，总值共计 4748 万元，部分地满足了东北及关内社员互换粮、棉、布及土产、手工业品的生产、生活要求。这次物资交流，在数量上、时间上、地区上、物品种类上，均比以往规模大而复杂。这在合作社系统中是第一次大规模的城乡交流活动。①

为了促进城乡物资交流，解决农副土特产品收购资金的困难，国家银行从 1950 年 4 月到 10 月的半年时间里，各项贷款总额增加了 139%，其中对贸易部门的贷款即占贷款总额的 80% 以上。1950 年，银行贷款比 1949 年增加了 1 倍，其中对国营商业部门的贷款占增加额的 83.3%②。同时，银行普遍举办押汇业务，加速资金周转；扩大国内通汇网点，畅通资金流通渠道，以利于活跃城乡交流。各地还普遍建立和发展农村信用合作社，以提高存款利率吸收农民存款，又用增加的存款作为收购土特产品的贷款。政府并鼓励私营行庄贷款给私商下乡收购土特产品。

第三，鼓励私商从事城乡间的购运业务。

人民政府实行鼓励私商贩运的政策，采取多种具体措施，组织私营商业和小商小贩从事城乡之间的农副土特产品的购销业务。1950 年 4 月，中国土产公司召开全国土产会议，确定公私统筹兼顾、鼓励私商经营运销的方针。会后，各地采取种种措施，组织和鼓励私商参加土产品运销。

据 1950 年 10 月 15 日新华月报社刊载的《全国组织土产购销的成绩》报道：中南区，湖北土产公司已在汉口、上海、广州、天津等地，与私人油行、药材、杂货等业建立代销关系。在该省襄阳、樊城等县，国营贸易公司与私商合组土产购销委员

_____

① 参见中国社会科学院、中央档案馆编：《1949—1952 中华人民共和国经济档案资料选编·商业卷》，中国物资出版社 1995 年版，第 462、467—468 页。

② 参见尚明主编：《当代中国的金融事业》，中国社会科学出版社 1989 年版，第 64—65 页。

会，以联购联销办法，统一解决各种业务困难。河南蛋品公司以委托代购方式，鼓励私商下乡收购。6月份私商代销的蛋品即占该公司全月收购总量的46%。湖南土产公司尽量让私商先购、多购。例如鸭毛一项，私商收购量即占市场总成交量的80%。江西萍乡等县国营公司为大量推销陶瓷、棉布等土产，与私商联合成立土产运销股份有限公司，其中私股占60%。此外，各地国家银行对私营土产业的加工、出口等予以贷款扶持。

华东区，确定了国营专业公司和私商经营的比重和方向。如麻皮、烟叶等八种主要产品，国营土产专营公司经营的比例只占市场成交数的30%～40%，豆类、山货类、药材等近百种产品，则全部由私商经营。在价格方面，尤其是地区差价，已作出原则规定，务使私商有利可图。上海市工商局、工商联及国营土产公司召集土产业代表举行动员收购土产大会，说明政府的政策，鼓励私商集资下乡。南京市土产公司积极采取"精确计算运输成本""合理调整产销地区差价"等各种方法，协助私商集资经营土产品，并使贩运商有利可图。

华北区，北京市土产公司"主动联络私商，用委托代销及赊销等方式，解决部分私商资金缺乏的困难，并使其获得适当利润，来推销外地土产品"。如浙江来京的4万多领草席，大部批发给私商经营，并和30家干鲜果商组织联营社，订立赴广州采购水果合同，合同规定由广州土产公司垫款代购，北京干鲜果联营社派人收货、装箱、起运，价格由北京土产公司掌握。既解决了私商缺乏资金的困难，也解决了土产公司技术上的困难。天津市土产公司根据中央贸易部指示的"有重点经营土产"的方针，适当缩小了经营范围，将原计划经营的88种土产，缩减为43种（其中包括药材27种），并只经营其中的一部分。只要私商能担负推销某种土产的任务，在一定的价格限度内，尽量让给私商去经营。①

各地土产公司在为工业服务的方向下，积极采取多种方法给予私商适当的协助。如天津市土产公司用短期赊销供给原料的方式，帮助若干私营厂商解决了缺乏原料和资金的困难。广东省土产公司在收购大宗土产时，都通过联营、押汇、联购等方式吸收私商投资。江西省土产公司为了推销景德镇瓷器，和上海、无锡、苏州、广州、芜湖、安庆、汉口等地的私商订立了代销合同。江西南城等县土产公司还用赊销方式，组织私商购运食盐等日用必需品下乡贩卖，换回各种土产折价抵交货款。在大力推销土产的过程中，各级土产公司还注意领导私商提高土产的质量，统一规格，使土产销路日广。如广东省所产的松香，过去用土法制造，苦无销路，经土产公司领导私商改良加工技术和统一规格以后，已可销往天津、上海、北京等地。湖南省土产公司领导私商改良造纸技术，使浏阳所产土纸可以印书印报，为土纸打开了销路。②

为了调动私营商业经营土特产品的积极性，政府在税收上对从事城乡间贩运农副土特产品业务的私营商业实行减税或免税的政策；规定降低城乡间农副土特产品的运输费用；公私银行给从事城乡物资交流的私营商业以联贷、押汇的便利；在农副土特产品价格（如地区价格差别、批发零售价格差别）规定上使从事经营的商人有利可图。在促进城乡物资交流的过程中，私商得到了

---

① 参见中国社会科学院、中央档案馆编：《1949—1952 中华人民共和国经济档案资料选编·商业卷》，中国物资出版社 1995 年版，第 447—448 页。

② 参见中国社会科学院、中央档案馆编：《1949—1952 中华人民共和国经济档案资料选编·商业卷》，中国物资出版社 1995 年版，第 448—450 页。

较快发展，其销往农村的营业额也较销往城市的营业额增长更快。

第四，举办物资交流会，发展农村集市贸易。

为了给各贸易公司、供销合作社及私商提供充分的活动空间，使滞销的农副土特产品打开销路，在国营商业领导下，开辟了多条流通渠道。各大区、省、县人民政府组织召开了各级土特产品交流会议；举办以销售为主的土特产品展销会；恢复和发展农村集市、庙会和骡马大会，组织农民开展短距离的物资交流；普遍建立贸易货栈和农民交易所、农民购销服务部，等等。其中，召开各级物资交流大会、展销会是主要形式。这些措施为许多长期滞销的土特产品打开了销路。

华北区最早成功地举办了土产交流会，打开了土特产品的销路。1950年冬至1951年春，华北5省2市和内蒙古自治区都举办了土产交流会和展销会。在这些交流会和展销会上，除了商品粮和棉花、花生、烤烟等经济作物外，还销售了总值约合70亿斤粮食的土特产品，相当于华北粮食总产量的1/4强。到1951年2月底，全部土特产品已经销出70%，其价值超过了华北1950年全年公粮数。[①] 政务院财经委员会立即总结和推广了华北地区的经验，号召在全国各地举办土产交流会和物资交流会，掀起了城乡物资交流的第一个高潮。

1951年3月，中国土产公司在天津召开第三次经理联席会议。会议期间，东北、华北、中南、华东、西南、西北各大区和内蒙古自治区在区与区、省与省、省与市之间相互订立土特产品交换协议。在交换协议中，大区之间交流的土特产品种类繁多，

---

① 参见中国社会科学院、中央档案馆编：《1949—1952中华人民共和国经济档案资料选编·商业卷》，中国物资出版社1995年版，第442页。

数额巨大。

例如，华东区流入西南区的有海参、海米、海蟹、药材等 7 种，计 16.4 万斤；流入中南区的有明矾、火腿等 17 种，计 77.5 万斤；流入华北区和西北区的有明矾、海参、竹器等 29 种，计 252.6 万斤；流入东北区的有红糖、竹器等 25 种，计 600 万斤。西南区流入华东、中南、西北、华北地区的有榨菜、桐油、蓓子、药材、土烟叶等 54 种，计 1760 万斤。华北区流入中南、东北、西北 3 区的有药材、粉丝、粟子、花椒、红枣、乌枣等 50 种，达 1110 万斤。东北区流入中南、华东、华北等区的有猪油、豆油、水果、药材等 20 余种，达 438 万斤。西北区流入中南、华北、华东、西南的有木耳、生漆、杏干、葡萄干等 40 种，计 310 余万斤。内蒙古流入华东、中南、华北的有杏仁、瓜子、天然碱、奶油、苦杏等 10 余种，达 110 万斤。这次规模空前的交流，使各地区长期滞销的土特产品有了销路，开拓了市场。如偏僻的贵州省产的茅台酒、朱砂、片砂、银耳、雄黄等产品均通过交流打开了销路。这次会议还决定组织全国性的土特产品交流。①

1951 年 4 月，中华全国合作社联社召开了供销合作社系统的土特产品交流会议。在此基础上，各大区也分别召开土特产品交流会。6 月 10 日，华东地区土产会议结合上海市土产展览交流大会开幕，设有 16 个展览馆，200 多个展览商场。历时两个月的展览交流，成交合同 2218 件，成交总金额 6824 万余元，零售总金额 34 万多元。通过展销，出售了 90% 以上滞销的土特产品。

6 月 28 日，中南地区在汉口市举办土特产品展销大会，历时 75 天，大会分设 15 个展览馆，交易总金额达 8129 万元，许多滞

---

①　参见中国社会科学院、中央档案馆编：《1949—1952 中华人民共和国经济档案资料选编·商业卷》，中国物资出版社 1995 年版，第 441—442 页。

销的土特产品打开了销路。这次展销大会还疏通了中南地区与东北地区阻塞多年的商品流通渠道，仅东北地区工商代表团在展销会上采购各种土特产品总值即达290万元。

9月，东北地区在沈阳市举办物资交流大会，历时3个月，共设16个展览馆，还设立友谊馆和交易处，在交易处下设3个交易所和1个零售商场，大会成交总金额达2.3亿元。10月5日，华北地区在天津市举办第二次城乡物资交流展销会，历时45天。大会提出了"会场就是市场"的方针，设有土特产、畜产、水产、日用百货、工业品4个交易所和包括200多个商店的零售商场，大会期间成交总金额达1.5亿元。①

在各地政府的精心指导和组织下，全国各级各类物资交流大会此呼彼应，盛极一时。许多地区还注意发展经常性的集市贸易、山会、庙会、骡马大会等近地物资交流；或在传统的物资集散地，增设国营土产公司，鼓励私人开办贸易货栈，形成工农业产品双向流动的吞吐站，将收购土产品、推销工业品的业务范围，沿水陆交通线扩展到全国四面八方，形成东西南北中、货畅其流的市场繁荣局面。

土产一动，百业俱兴。城乡交流的活跃，打破了过去地区间、城乡间、行业间的封闭状态。许多过去滞销的农副土产品，通过交流大会开辟了新的市场，变为畅销货。如华北的核桃仁过去曾远销欧美国家，因美国对中国进行封锁而一度滞销，自从开辟了广州和上海的市场，又远销到苏联和东欧国家，并且供不应求。绥远的鸡毛、废骨、烂皮、烂毡等过去从来没有卖过钱，现在大量地运到城市里来，工厂把这些废物变成有用的东西。此外，广东的香蕉、四川的榨菜、贵州的竹篾子，大量行销于东

---

① 参见《人民日报》1951年6月19日、8月16日、9月16日、11月21日、12月19日。

北。东北的土碱、黄烟过去是滞销的，现在畅销于关内。江西的瓷器和湖北的土布重新销到西北。两广的片糖和砂糖重新销到内蒙古，云南的黄姜销到上海和天津。外销方面，广东的桂皮、八角销到了苏联，松香和椰子油销到了波兰、捷克和匈牙利。猪鬃、茶叶和刺绣远销到了苏联和东欧。①

在各地举办的物资交流展览会上，新式农具和日用工业品备受农民的青睐；上海、天津生产的毛巾、袜子、胶鞋、毛衣、绒衣、搪瓷用品、暖水瓶、手电筒乃至自行车，在农民那里都成了抢手货。如盛产棉花的河北省成安县魏西村，有400户人家，在秋后两个多月内，平均每户新买了两个手电筒，每4户新买了一辆自行车。这对于那些收入两三千斤籽花的棉农来说，并不是一个太了不起的数目。人们随时会说起这样的事：某一个村子原来一辆自行车也没有的，现在有了好几十辆。此外，价钱并不便宜的上海上等毛巾、头油、香皂、雪花膏，许多青年农妇也买起来。这显示了中国农民购买力增长的巨大潜力和农村市场的广阔前景。

（三）城乡市场活跃与财经方针调整

城乡物资交流的开展，活跃了城乡市场，对国民经济的恢复和发展起了重大作用。这是中华人民共和国成立后，在党和政府的高度重视和密切指导下，大力推动城乡商品经济大发展的一次伟大的经济实践。

城乡物资交流沟通了全国各地区及城乡间的经济联系，拓展了商品流通渠道，增加了商品流通数量，活跃了城乡市场。通过物资交流，沟通了远距离物资流通，同时又大力发展了短

————————

① 参见李普著：《开国前后的信息》，新华出版社1982年版，第263页。

距离的交流，建立了许多新的商业网点，扩大了工业品在农村的销售市场。在物资交流会和展销会上广泛推行了现购、预购、代购等各种合同购销制度，简化了税收手续。全国范围的城乡交流还推动了各地区间的水路和陆路建设，方便了商品的远途购销。

在多种经济成分的共同参与和努力下，城乡间的流通渠道得到疏通和拓展。据统计，1951 年，全国通过物资交流会销售土产品价值总额 10.4 亿元。1952 年，各地在推广大区和省级城乡物资交流大会经验的基础上，普遍召开了专区、县的物资交流会，以及根据群众需要和习惯召开区乡之间小型集镇等交流会。1952 年，全国各地共举办物资交流会议 7738 次，总成交金额达 16.38 亿元，比 1951 年增长 62% 以上。这一时期，商业部门的购销总额显著增长。1952 年与 1950 年相比，全国商品零售总额增长 62.3%；农副产品采购额增长 62.16%；农业生产资料供应总金额增长 91.15%。[1] 这样大规模的城乡交流，在旧社会历史上是从未见过的。

在城乡物资交流过程中，各类成分的商业组织与经营业务都得到发展。首先，国营商业得到迅速发展。国营商业企业数从 1950 年的 7638 个增加到 1952 年的 31444 个。国营商业上缴利润和税收 1952 年比 1950 年增长 3.02 倍。国营商业国内商品销售额从 1950 年的 34.42 万元增加到 1952 年的 155.08 万元；国内商品购进额从 1950 年的 45.55 万元增加到 1952 年的 140.58 万元。

其次，供销合作社商业也有了很快发展。供销合作社数由 1949 年的 2.28 万个增加到 1952 年的 33.5 万个。合作社商业国内商品购进额从 1950 年的 12.29 万元增加到 1952 年的 86.84 万

---

[1] 参见吴承明、董志凯主编：《中华人民共和国经济史》第 1 卷（1949—1952），中国财政经济出版社 2001 年版，第 400—401 页。

元，增长 606.6%；农副产品采购额由 1950 年的 5.1 万元增加到 1952 年的 38.83 万元；国内商品销售额由 1950 年的 8.46 万元增加到 1952 年的 54.79 万元，增长 547.6%。

在统筹兼顾的方针下，私营商业也得到了一定的发展。私营商业和饮食业企业由 1950 年的 477 万个增加到 1952 年的 515 万个，增长 8%。私营商业的商品零售总额由 1950 年的 100.89 万元增加到 1952 年的 120.4 万元，增长 19.3%。①

更重要的是，人民政府把国营商业、供销合作社商业和私营商业这三种力量组织起来，根据土产种类繁杂，数量庞大，有些可以远销，大部分只能在近地销纳的特点，使这三种力量分工合作，各得其所，充分发挥各自的积极性和主动性，通力开拓城乡商品市场，为各种工农业产品开拓销路。这样，商业振兴了，商业网不仅恢复了，而且空前地扩大了。商业既联系了工业和农业，又帮助了城市面向农村，帮助了农村面向城市。工业和农业、城市和农村互为市场，初步形成促进商品流通的市场格局。进一步说，工农在政治上的联盟推动了经济上的联盟，经济的联盟又更加巩固了政治的联盟，使工人和农民以及全体人民在更巩固团结的基础上，共同为建设新中国而努力奋斗。

扩大城乡物资交流，促进了农副土特产品生产的发展。农副土特产品的销售，增加了农民的货币收入，提高了农民的购买力。据河北玉田县四个基点村调查，1950 年冬至 1951 年冬，农民在卖出土产和一部分粮食、棉花之后，买了 120 头牲口和 1900 件农具。察哈尔怀仁县三个村的农民，1951 年上半年推销了 6 种土产，其收入全部买了布匹、农具和牲口。山西省农民的购买力

---

① 参见吴承明、董志凯主编：《中华人民共和国经济史》第 1 卷 (1949—1952)，中国财政经济出版社 2001 年版，第 400—401 页。

1949 平均每人只有 62 斤小米，由于各种农产品的畅销，1951 年提高到 248 斤。随着新式农具在 240 个县里有重点地推广，1951年全华北推销了各种新式农具 2.3 万件，喷雾器 5 万多架。据粗略估计，随着购买力的增长，1952 年新式农具至少将增加 2.33倍，喷雾器需要得更多。尤其在春耕时节，农民对生产资料的需求十分迫切，急需大量的肥料、农具和农药。这表明，农民购买力的提高，导致对农业生产投入的增加，直接促进了农业生产的恢复和发展。

城乡物资交流发挥了城乡市场对工农业生产及对整个国民经济的调节作用。这就是从打开农村土特产品的销路入手，进而打开了工业品在广大农村的市场，包括农业生产资料和消费资料市场。在商品流通购销两旺的形势下，手工业得到了快速的恢复和发展。按 1952 年不变价格计算，全国手工业生产总值从 1949 年的 32.4 亿元增加到 1952 年的 72.9 亿元，3 年中增长了 1.25 倍。轻工业生产由解放初期的萧条、萎缩，转到恢复和发展。由于增加了农副土特产品中的工业原料，如棉花、麻类作物、烤烟、甘蔗、甜菜、蚕茧等的收购量，直接促进以这些产品为原料的工业生产的发展，纱、布、麻布、麻袋、卷烟、糖、丝及丝织品等工业品生产均大幅度增长。3 年间，轻工业生产总值由 1949 年的103 亿元增加到 1952 年的 225 亿元，增长 1.18 倍。重工业生产总值由 1949 年的 37 亿元增加到 1952 年的 124 亿元，增长 2.35倍以上。工业总产值由 1949 年的 140 亿元增加到 1952 年的 343亿元，增长 1.45 倍。

此外，城乡物资交流增加了农村土特产品的收购量，为外贸部门增加了出口货源，从而促进了对外贸易的发展。农副土特产品出口总金额从 1949 年的 3.18 亿美元增加到 1951 年的 4.13 亿美元，增长 29.87%；1952 年更增加到 4.88 亿美元，比 1949 年增长 53.46%。农副产品加工品出口总金额也有所增加，从 1950

年的 1.83 亿美元增加到 1951 年的 2.38 亿美元，增长 30%。①

　　同时，由于城乡物资交流的扩大，增加了工商税收，从而增加了国家的财政收入。1952 年和 1950 年相比，工商税收增长60%；商业部门上缴国家财政收入增长了 289.6%；国家财政总收入增长了 181.8%。②对于扩大城乡交流所形成的货畅其流的生动局面，陈云有一个透辟的概括，他指出："扩大农副土产品的购销，不仅是农村问题，而且也是目前活跃中国经济的关键。"③

　　扩大城乡交流，不仅促进工农业生产的恢复和发展，还推动了国家财经工作方针的调整。根据 1951 年 2 月中央政治局扩大会议决议关于"三年准备，十年计划经济建设"的要点，一方面抗美援朝战争进入边打边谈，以打促谈阶段；另一方面，国内城乡交流日益活跃，市场稳定繁荣，基本建设和地方工业提上议事日程，水利设施、铁路交通、纺织轻工等项建设得到进一步加强，编制第一个五年计划的工作也着手进行。1951 年下半年，陈云、李富春等就《1952 年财经工作的方针和任务》向中共中央报告，提出 1952 年财政概算方案，"应该放在和谈可能拖延并能继续应付战争这个基点上"；"财经工作的重点，应在不放松收入的条件下，转向管理支出；在不放松财政、金融和市场管理的条件下，转向工业、农业、交通等方面"④。

　　1952 年 1 月 17 日，中共中央批示同意这一方针，又于 5 月

①　参见中国社会科学院、中央档案馆编：《1949—1952 中华人民共和国经济档案资料选编·对外贸易卷》，经济管理出版社 1994 年版，第1029 页。

②　参见吴承明、董志凯主编：《中华人民共和国经济史》第 1 卷（1949—1952），中国财政经济出版社 2001 年版，第 405 页。

③　《陈云文选》第 2 卷，人民出版社 1984 年版，第 118 页。

④　《陈云文选》第 2 卷，人民出版社 1984 年版，第 157 页。

对它作了新的概括，正式确定了"边打、边稳、边建"的财经工作方针。这样，抗美援朝初期以"战争第一，稳定市场第二，其他第三"的财经工作方针，便不失时机地转变到国防需要、稳定市场和经济建设三方面兼顾，并把经济建设日益摆在更首要的位置。1952年6月全国财经会议确定：编制财政预算要以建设为第一位，军事为第二位，行政为第三位。

从中华人民共和国经济史的角度看，1950年至1952年，不仅是战后中国国民经济迅速全面恢复的时期，而且是独具中国特色的新民主主义经济走向健全发展、成绩斐然的最好时期。

三、反对西方国家的经济封锁和禁运

（一）把突破封锁建立在可靠的基础上

发展内外交流，是新民主主义基本经济方针的一项重要内容。中华人民共和国成立后，在实行对外贸易统制和保护民族工业的方针下，积极同苏联和其他人民民主国家建立和发展经济贸易关系，并寻求同西方资本主义国家做生意。抗美援朝战争开始后，针对美国等西方国家对中国的封锁和禁运，中共中央和中央人民政府采取了一系列有力措施，通过反封锁、反禁运斗争，缩短了中国在经济上获得完全独立自主的过程，为开始大规模经济建设准备了有利的条件。

中华人民共和国成立前后，遇到来自两个方面的封锁：一是随着人民解放战争向南方推进，国民党军队在沿海进行军事封锁。1949年5月上海解放后，国民党在美国的支持下，出动军舰封锁各海口，袭击、掠夺商船，使华北的物资不能经海运到达华东；并多次派飞机轰炸上海等华东沿海城市，给城市生产的恢复和经济生活的正常运转带来很大困难。二是随着中央人民政府成立，尤其是朝鲜战争的爆发，以美国为首的西方资本主义国家对中国实行经济封锁和物资禁运，给国民经济恢复和对外贸易发展造成严重的影响。

早在全国解放前夕，中共中央就对帝国主义的封锁有清醒的估计。毛泽东在确定"一边倒"的外交方针时，明确把它看作"打破帝国主义封锁之道"。但在内部政策上，则强调"认真地从自力更生打算，更主要的是从长远的新民主主义建设着眼来提出这个问题"。毛泽东说：有了这两条，我们"不但可以立于坚固的基础之上，而且才有可能迫使帝国主义就我之范"[①]。

1949 年 8 月，陈云在上海主持财经会议，就全面分析了军事和经济的基本形势，带预见性地指出：要准备帝国主义的长期封锁，不仅是目前的军事封锁，在经济上也要准备他们不买我国出口的货物，不卖给我们需要的东西。当然，他们不可能把中国完全封锁死。从香港多少可以进出一些。广州解放后，南边即可有一条出口通路。帝国主义之间有矛盾，可以利用，你不做生意，他还要做生意。北方也有通路，天津可以出，大连可以出，满洲里也可以出。有些东西可以让外商代销一下。在财力许可的条件下，要从农村收购主要的出口物资。[②]

中国国家大，南方北方都有出口通路，帝国主义不可能把我们完全封锁死，因此，突破封锁是完全可能的——这是中共中央的一个基本判断。在这里，还包含着一个带战略性的抉择，就是不急于收回香港。对香港（包括澳门）"暂时维持现状""长期打算，充分利用"的政策，是通观战后国际格局的演变，利用帝国主义之间的矛盾，具有长远战略眼光的正确决断。

1949 年 11 月，由美国提议，经北大西洋公约集团开会通过，

---

① 《邓小平文选》第 1 卷，人民出版社 1994 年版，第 134 页。

② 参见《陈云文选》第 2 卷，人民出版社 1995 年版，第 2 页。

决定成立一个对苏联和东欧等国家实行禁运的国际机构。该机构于 1950 年 1 月 1 日在巴黎正式成立，即"向共产党国家出口统筹委员会"（COCOM），简称"巴统"。最初参加"巴统"的有美国、英国、法国、联邦德国、意大利、荷兰、加拿大、比利时、卢森堡、丹麦、挪威、葡萄牙 12 国。后来，日本、希腊和土耳其相继加入"巴统"。

中华人民共和国成立后不久，美国即把中国列入"巴统"管制的国家。1950 年 2 月，美国要求英国对中国禁运战略物资。3 月，美国宣布"战略物资管制办法"，被管制的物资共计 660 余种，包括机器、交通工具、金属制品、化工原料等。4 月，美国以削减贷款为要挟，督促所有受"马歇尔计划"援助的国家禁运战略物资至中国。5 月，美国颁布了"1946 年禁止输出令"的修改法令。6 月，朝鲜战争爆发后，美国开始对中国进行部分物资禁运。10 月，中国人民志愿军赴朝作战，11 月 17 日，华盛顿终止了美国与中国的商务往来，正式对中国实行全面禁运。总之，美国坚持敌视新中国的态度，利用"巴统"这个国际组织，胁迫主要西方国家对中国采取禁运措施，企图阻碍中国开展对外贸易，进而扼杀刚刚诞生的中华人民共和国。

中国人民不怕并完全有办法对付帝国主义的封锁，但封锁、禁运毕竟造成运输及物资往来困难，这对中国经济的恢复是极为不利的。为此，中央人民政府成立后，本着《共同纲领》关于"在平等和互利的基础上，与各外国的政府和人民恢复并发展通商贸易关系"的精神，积极采取措施，开展对外贸易，包括同资本主义国家的贸易，努力扩大可输出品的出口，争取必需品进口。

1949 年 12 月 22 日，毛泽东在访苏期间就"准备对苏贸易条约问题"给中共中央的电报中说，波兰、捷克、民主德国都想和我们做生意，此外，英国、日本、美国、印度等国或已有生意或即将做生意。因此，"在准备对苏贸易条约时应从筹统全局的观点出发，苏联当然是第一位，但同时要准备和波捷德英日美等国做生意，其范围和数量要有一个大概的计算。"1950年1月7日，毛泽东又致电准备前往莫斯科参加对苏谈判的周恩来说："关于出入口贸易问题，务请注意统筹苏波捷德匈及英法荷比印缅越罗（指暹罗，泰国的旧称）澳加日美各国在1950年全年出入口的种类及数量，否则将陷入被动。

按照中共中央和中央人民政府的方针，中央贸易部于1949年年底至1950年年初，连续召开有关猪鬃、皮毛、丝绸、茶叶、钨、锑、锡等一系列全国性外贸专业会议，研究大宗出口产品的产销情况，掌握国际贸易的商情动态，制定出口计划及保证措施，并根据国内需要控制生活消费品的进口，努力在同各国发展贸易关系中处于主动地位。

从中央人民政府成立到朝鲜战争爆发前的半年多时间，中国继续同一些西方国家保持既往贸易关系，有些国家的对华贸易有了较大恢复和增加。1950年，中国与资本主义国家的贸易额达到27.6亿元，占进出口总额的66.5%，其中对西方资本主义国家的贸易额为14.9亿元，占对资本主义国家贸易总额的54%。香港是重要的转口贸易基地，是华北、华中、华南进出口贸易的主要集散地区。特别在推销出口产品方面，香港市场起了重要作用①。华北的水泥、烟、杂粮、酒、豆及豆饼、药材、煤、茶、工艺品、猪鬃、盐、草帽辫等产品，绝大部分通过香港转口。

---

①　当时大陆对香港、澳门的贸易，在统计上被列入对资本主义国家贸易的一部分。

1949 年 3 月至 12 月，华北对香港地区的出口额占出口总值的 42.04%。①

　　鉴于西方资本主义国家的政府不可能很快改变对中国的敌对态度，中共中央在新中国成立前夕确定了将对外贸易的重点转向以苏联和东欧国家为主的基本方针。1949 年 2 月，中共中央在关于对外贸易方针问题的指示中指出：凡是苏联和东欧各新民主国家所需要或能够供给的货物，应尽量向其出口或进口，只有国家不需要或不能供给的货物，才向资本主义国家出口或进口。这是一个防范性的方针，为了防备对资本主义国家的贸易随时可能出现逆转，尽量避免过于依赖资本主义国家而可能造成的损失。

　　中华人民共和国成立后，立即开始加强对苏联及其他各人民民主国家的贸易。1950 年 2 月，中苏双方签订《中苏友好同盟互助条约》，双方签订了关于苏联对中国的贷款协定，贷款总数为 3 亿美元。中国则以原料、茶叶、现金等偿付苏联交付的机器设备及其他器材。同年 4 月，中苏签订两国政府间的贸易协定，同时，中国出进口贸易公司与全苏出进口贸易公司签订了贸易合同，计易货合同 26 种，总值约 3.29 亿卢布；贷款合同 21 种，总值约 2.22 亿卢布。根据协定，中国向苏联输出粮食、肉、油、蔬菜、煤、镁、盐、丝、皮毛、猪鬃、活牲畜等，苏联向中国提供设备、原料、石油、五金器材、交通工具等。1950 年，中国与苏联的贸易不仅在数量、内容上发生了变化，也改变了旧中国长期以来主要以资本主义国家为贸易对象的对外贸易格局。据海关统计，中国对苏联的贸易额，1949 年为 2630 万美元，占对外贸易总值的 8%；1950 年为 24190 万美元，约占对外贸易总值的

---

① 参见中国社会科学院、中央档案馆编：《1949—1952 中华人民共和国经济档案资料选编·对外贸易卷》，经济管理出版社 1994 年版，第 1053、589 页。

1/4。中苏贸易的发展，不仅使中国获得了生产建设所需要的器材装备，扩大了滞销物资的销路，也有效地抵御了西方国家的经济封锁。

除苏联以外，1950 年中国还与波兰、捷克、朝鲜、民主德国签订了政府间贸易协定。中国的出口物品主要是油料油脂、皮毛、猪鬃、矿砂、粮食等，进口物品主要是各种机器、器材、设备、科学仪器、钢材等。1950 年，对波兰的贸易额，由 1949 年的 10 万美元增加到 860 万美元，占当年全国外贸总额的 0.8%。对捷克的贸易额，也由 1949 年的 30 万美元增加到 350 万美元。

据海关总署的统计，1950 年中国的对外贸易，自 1895 年半个多世纪以来，第一次实现出超，开始改变旧中国作为西方国家商品倾销地的境况。同时，在出口方面，提高了出口货价格和收购农副产品的价格；在进口方面，为恢复国民经济所必需的工业器材和工业原料的比重大大增加，改变了国民党时代输入非必需品为主的情形。尽管美国政府对新中国持敌视态度，国民党军舰在沿海进行封锁，但美、英等国仍有不少商人在利益的驱动下，继续同中国做生意。1950 年，新中国对外贸易总额为 11.35 亿美元，超过 1931 年九一八事变以来的任何一年。

（二）针锋相对开展反封锁反禁运斗争

1950 年 6 月 25 日，朝鲜战争爆发。同年 10 月 25 日，中国人民志愿军赴朝作战。在此期间，美国加强了对输出物资的管制，加紧在国际市场上抢购战略物资，同时对中国的封锁禁运步步升级。

6 月 29 日，美国颁布了《1950 年输出统制法令》，规定煤油、橡胶、铜、铅等 11 种货品除非有特别输出许可证，不得输往中国大陆和澳门。7 月 20 日，美国宣布撤废美货输往中国的出口许可证，已签发的一律缴回重新审查。

8月中旬，美国颁布了《1950年特种货物禁止输出令》，包括金属母机、非铁金属、化学药品、化学用器材、运输器材、电讯器材、航海设备等16类，同时规定：凡输往苏联、中国及东欧新民主主义国家的货物一律须领取出口许可证。9月，美国加强了棉花输出的管制，禁止钢铁、铁道用品等20余种物资输出；对香港、澳门输出商品，凡具有战略性质的，也一律须领取许可证。

10月，美国减低棉花出口限额，对铜及铜制品、锌及锌制品、铅等物资的出口采取限额办法。美国海关人员检查停泊在费城口岸的美国商船，凡驶往中国的商船上有禁止出口物资的，即予以扣留。11月，美国商务部将对中国管制的战略物资由600余种增加到2100余种。

12月2日，美国公布了"有关管制战略物资输出"的加强命令，所有输往中国大陆、香港、澳门的物资，不论是否为战略物资，一律纳入管制。8日，又公布了《港口管制法令》，不但禁止美籍船只开往中国，而且凡是经过美国辖区口岸转口的外国商船，必须把运载的战略物资向港口管制机构申请批准，凡是以中国大陆、香港、澳门为目的地的货物，即予扣留。

1951年5月18日，第五届联合国大会在美国的操纵下，通过了《实施对中国禁运的决议》，参照美国对华禁运的货单，强迫与会各国对中国实行禁运武器、弹药、战争用品、原子能材料、石油、具有战略价值的运输器材等，品种多达1700多种。由此，以美国为首的资本主义国家开始了对中国的全面禁运，先后参加禁运的国家共有45个。至1952年9月，美国又在"巴黎统筹委员会"下设立"中国委员会"，专门负责管制对中国的贸易，并制定了更加严格的"中国禁运单"。

除了封锁、禁运以外，1950年12月16日，美国宣布管制中国在美辖区的公私财产，并禁止一切在美注册的船只在另有通知以前前往中国港口。这样，不仅中国原有的存款、物资被冻结扣留，来华货物遭到美控口岸拦扣，而且中国的近海航轮也时遭炮击、劫掠等。面对这些危害中国人民利益的"禁运"行为，为防止"禁运"国家主要是美国在中国境内从事经济破坏活动，中国政府采取了针锋相对的措施。

12 月 28 日，政务院发布《关于管制美国财产冻结美国存款的命令》，宣布"中华人民共和国境内美国政府和美国企业的一切财产，应即由当地人民政府管制，并进行清查"；"中华人民共和国境内所有银行的一切美国公私存款，应即行冻结"。遵此命令，中国对在华的美资企业开始进行处理。12 月 30 日，中国政府宣布对上海德士古石油公司、上海电力公司、美国商业银行等115 家美资企业实行了军管。

1951 年 5 月美国操纵第五届联大通过对中国的禁运案，进一步损害中国的权益，中国政府遂将处理外资工作推进一步，改管制为征用。7 月 11 日，中国宣布征用已被管制的美商美孚、德士古、中美等三家石油公司除其总公司和分支机构之办公处以外的全部财产，并征购其所存油料。鉴于英国政府追随美国向中国禁运，征用停靠香港修理的中国"永灏"油轮，扣留属于中国财产的民航飞机等行为，中国政府相继征用了英商在大陆各地的亚细亚火油公司、英联船厂、马勒机器造船厂、上海电车有限公司、上海自来水股份有限公司、上海煤气股份有限公司、隆茂股份有限公司以及广州太古轮船股份有限公司的全部财产。这些措施，是在中国经济权益受到严重损害时，被迫采取后发制人的回击行动，表明了中国坚决斗争的正义立场，也为反禁运斗争开了一个好头。

旧中国的经济带有对资本主义国家的严重依附性。工业方面，不仅机器、设备和技术依附外国，而且部分工业原料、材料、燃料也要从外国进口。农业方面，农副产品出口的价格种类、价格、数量也受到外国的控制。资本主义国家的全面禁运，更使中国必需的工业原材料、设备器材因进口困难而处于紧缺状态。由于财产冻结，中国在美、日的 2700 万美元的公私定货被扣留禁运，中国国家银行在美国的 500 万美元未到期汇票被冻结。中国在欧洲经日本、菲律宾运回的定货在美控海岸被扣。在日本，一些已装船的货物被迫卸下，已在码头待装运的货物遭到禁运。封锁禁运对中国国内市场造成极为不利的影响。自 1950 年年底至 1951 年 7 月，上海市场上的进口原料、器材价格上涨了 1~4 倍。部分过去出口英美的土产销不出去而不得不转为内销。封锁禁运给中国的进出口贸易造成一定损失，为进一步开展对外贸易制造了障碍。

为改变这种不利状况，中国政府坚定不移地贯彻独立自主的原则，采取一系列对策，展开了针锋相对的反封锁、反禁运的斗争。

第一，抢运抢购物资。

朝鲜战争爆发后，因预计美国可能会冻结中国的财产，从 1950 年 7 月起，中央贸易部就布置大力抢购物资。到 1950 年 12 月，共定购物资约 2 亿美元，已抢运回国的约有半数。针对日益升级的封锁禁运，中财委于 1950 年 12 月制定了抢运抢购物资以减少外汇损失的具体对策：命令各地立即停开一切向美、日的购买证及许可证；命令中央贸易部限期退购一切已开出的美、日两国的购买证；将撤回的外汇经转存别国后，立即抢购任何物资运回；对装运在途的美货，与原代理商接洽，由银行担保，转装远东其他口岸，或转售退回外汇；尽速抢运向欧洲其他国家的定货及英镑区的定货，否则撤汇，或改买其他现货立即运回；在中立国的存款应即购货运回；暂停签发出口许可证，以免外汇遭受冻结。

1950 年 12 月美国冻结中国的资金后，贸易部即命令取消已经发出的出口许可证，暂时一律停止输出。中国银行采取急救措施，派人到有关国家交涉，将美金购买证项下的资金或物资以各种办法尽可能地抢救出来；将现存外汇（包括已开英镑购买证）全部用掉，买成物资运回；将在途货物在适当港口卸货，通过各地中国银行的分支机构协助提取保管，以便抢运回国。

据中央贸易部1951年12月的报告，贸易部系统从1950年年底到1951年12月，将禁运后有被冻被扣危险的外汇和物资约2.4亿余美元（其中外汇8000余万美元，物资1.6亿余美元）经抢运抢购，绝大部分运抵国内。到1951年年底，仍被冻被扣的外汇和物资总数约2000余万美元，不到原数的1/10。又据中财委1952年6月的报告，经多方抢救外汇，仍被冻结的中国人民银行、中央贸易部、各中央采购部门、地方企业等部门的外汇资金有4250多万美元。对这部分资金，中财委要求各部门随时注意时机，利用一切有利条件，争取解冻复活，使经济损失减少到最低限度。[①]

第二，改变对资本主义国家的贸易方式。

新中国成立后，为扩大对外贸易，大量掌握并有计划地集中使用外汇，中财委取消了过去解放区对外贸易采取的易货方式，改为国际上惯用的结汇方式，一切出口货均应办理结汇手续。朝鲜战争爆发及美国对中国全面封锁禁运、冻结财产之后，考虑到国际市场上战略物资日趋紧张、价格上涨的局势，为保证能够交换到中国所需要的物资，保障公私进出口商的利益，避免因外汇贬值而遭受损失，1950年12月，中财委决定改变对资本主义国家的结汇贸易方式，一般的暂时改用易货办法，先进后出，或进

---

① 参见中国社会科学院、中央档案馆编：《1949—1952 中华人民共和国经济档案资料选编·对外贸易卷》，经济管理出版社1994年版，第468、480页。

出同时，凡需现汇购买者，须货到付款，否则宁愿不做。1951 年
1 月召开的对外贸易管理会议，确定了以易货为主的外贸方针。

根据这一方针，中央贸易部制定了《易货贸易管理暂行办
法》，将易货的进出口货物按照重要程度分为甲、乙、丙三类，
严禁甲类重要战略物资向资本主义国家输出；争取用国外短缺的
乙、丙类次要物资，换回国内急需的汽油、钢铁、药品等重要物
资。总的精神是以出口货换回进口货，以冷货或次要货物换回热
货或重要货物。为了解决易货贸易中资金周转、寻找易货对象等
方面的困难，国家指导进出口商加强同出口与进口专业小组之间
的联系，联合起来开展易货贸易。中国银行在天津、上海、广州
等一些大的口岸组织易货交易所，设立国际贸易服务部；对联营
组织进行资金扶持；提供国际金融贸易方面的情报等。中国私营
进出口商同国外厂商有着较好的历史联系和信用关系，在国家的
支持下积极开拓进出口业务，取得良好业绩。1951 年，公私营易
货贸易的比重，呈现私营大于国营的局面：私营易货进口占
37%，出口占 32%；国营易货进口占 3.3%，出口占 24.5%[①]。

在以易货贸易为主的情况下，中财委规定，对资本主义国家
的贸易，可根据需要外汇的程度，进行部分结汇贸易。易货与结
汇两种不同手段，可以灵活运用，以不积压、不落空、有利交换
为最高原则。在这个原则下，易货有利则易货，结汇有利则结
汇。因此，即使在强调易货贸易的时期，中国仍保持了一定比例
的结汇贸易。1952 年，封锁、禁运有一定缓和，国家及时扩大了
结汇范围，加上其他措施，使对资本主义国家的贸易开始活跃。

坚持先进后出、易货为主的贸易原则，使中国在对资本主义

---

① 参见中国社会科学院、中央档案馆编：《1949—1952 中华人民共
和国经济档案资料选编·对外贸易卷》，经济管理出版社 1994 年版，第
951 页。

国家的贸易中掌握了主动，争取了急需物资的进口。据中央贸易部1951年1月至10月的统计，进口方面，甲类货物占73.93%，乙类货物占16.05%，丙类货物占10.03%。在进口货中，仅橡胶、棉花、轮胎、肥田粉、麻袋几项，即占由资本主义国家进口总值的38.84%；而出口方面，丙类货物占48.69%，乙类货物占25.73%，甲类货物只占25.58%。这样，基本实现了以冷货换热货的目标。

第三，贸易重心以苏联和其他新民主国家为主，并在东南亚打开突破口。

西方国家的封锁禁运，使中国输入建设器材、原料等物资日益困难。1951年1月召开的全国贸易会议确定，要积极扩大对苏联及其他新民主国家的对外贸易，一方面，主动并有步骤地改组国内出口物资的生产，如棉花、烟叶、红茶、皮毛及各种矿砂等，以适应苏联等国的需要；另一方面，积极提出此后数年中国对工业器材与原料的需求，以便苏联等国扩大这方面的生产，逐渐解决封锁造成的进口物资不能满足工业需要的困难，改变长期依赖资本主义国家的外贸局面。同年8月，中财委规定，凡国内能生产自给，国内市场公私存货能供应，以及苏联和其他新民主国家能供应的物资，除特许外，一般不得再由资本主义国家进口。

1951年到1952年，中国与匈牙利、越南、保加利亚、罗马尼亚、蒙古签订了政府间贸易协定或经济合作协定，同苏联和其他新民主国家的贸易关系日益加强。1952年，国营贸易对苏联和其他新民主国家的进出口比重，出口占79%，进口占66%。中国出口的全部战略物资及大部分主要物资，都是供给苏联和其他新民主国家。中国所需的工矿、交通、建设器材，主要是由苏联和其他新民主国家供应。

印度、缅甸、巴基斯坦、马来亚、锡兰（现斯里兰卡）等国家在美国的胁迫下，不得不对中国实行禁运。但禁运使这些国家出口物资价格下跌，工人失业，经济发生危机，因而迫切需要与中国进行贸易。中国充分利用这个机遇，在东南亚、南亚国家打开了封锁禁运的缺口，争取到一部分战略物资和重要物资的进口。从 1950 年起，中国与缅甸、巴基斯坦开展贸易，用大米、丝、手工业品、煤等换回轮胎、汽油、棉花、麻等物资。锡兰政府也不顾美国的禁运规定，与中国进行橡胶贸易。1951、1952年，中国向印度大量输出大米、高粱及丝织品等，从印度大量购进麻袋、棉纱、棉布等，两国贸易额增长较快。中国与菲律宾、马来亚、泰国、新加坡、印度尼西亚等国的直接贸易关系虽然中断，但经由香港进行的转口贸易仍在进行。

第四，积极开拓与日本和西方资本主义国家的贸易关系。

在扩大对苏联和其他新民主国家贸易的同时，中央强调"资本主义世界不是铁板一块"，要求采取积极措施，发展对日本和西方资本主义国家的贸易，争取重要物资进口。一些资本主义国家在参加禁运后，打乱了国内的贸易秩序，经济遭受损失。为了自身利益，英国、法国、比利时、加拿大等国不断寻求非正面与中国进行交易的途径。法国声明对中国的禁运只是采取输出证制，加拿大则宣布放宽对港澳的输出。由于香港在对外贸易方面对中国大陆有很大依赖性，港英政府即使有美国的压力，也不愿断绝与大陆的贸易关系。

经中央人民政府在香港、澳门设立的贸易机构——华润公司和南光公司的积极组织，港澳两地爱国工商业家不惧风险、多方筹措，内地生产建设所需的许多货物如橡胶、钢铁、棉花、机器、器材等，包括志愿军在朝鲜前线急需的药品、油料、轮胎等"禁运"物资，被秘密运往大陆。内地出口货物主要是大米、活禽、蔬菜、鲜蛋、水果、鱼类、烟叶等农副产品，大都通过香港转口。大陆对香港地区的进出口总值占对资本主义国家贸易总值的比重，1951 年为 62%，1952 年为 53.41%。在帝国主义实行经济封锁时期，香港、澳门名副其实成为中国同资本主义国家进行转口贸易的重要通道。

为了弥补对西方国家贸易额的锐减，中央人民政府派代表团参加在莱比锡、布拉格举办的国际博览会，积极宣传中国进出口贸易及市场情况。特别是在 1951 年 4 月莫斯科举办的国际经济会议上，中国代表团同到会的 30 个不同社会制度国家的 100 多个工商团体和企业进行了广泛接触和洽谈。会议期间，中国与英国、法国、瑞士、荷兰、比利时、芬兰、意大利、联邦德国、锡兰、印尼、巴基斯坦 11 个国家的 50 多个工商企业签订了总值达 2.24 亿美元的贸易协定，从而在西方封锁禁运的壁垒上打开了缺口。同时，中国积极发展同日本的民间贸易，签订了价值 6000 万英镑的贸易协议。到 1952 年年底，以上贸易协定按合同共完成进口贸易值 7000 万美元，出口贸易值 1200 余万美元。虽然这些协议由于美国及外商所在国政府的阻挠干涉而未能完全实现，但中国的经济潜力已为各国工商界所了解和认识。

总的来说，以美国为首发动的封锁禁运，虽然给中国的经济恢复带来许多困难，但也促使中国人民发扬独立自主、自力更生的精神，主要依靠自己的力量建设新国家。在封锁禁运的压力下，党和人民政府更加注重挖掘内部的潜力，一方面通过土地改革和兴修水利，促进农业的恢复和发展，使粮食、棉花、烟草等农作物的产量迅速提高，相继达到基本上满足国内需要的水平，不再依赖从西方国家进口。另一方面，国内大力开展城乡物资交流，积极扩大内需，为一时难以出口的外销产品找到出路，有效地化解了西方国家对中国出口产品的遏制。

事实上，资本主义国家并未从对中国封锁禁运中得到好处，相反却失去了中国这个大市场和重要的原料来源地。随着朝鲜战局的稳定，西方各国商人要求缩减禁运物资范围的呼声渐高，美国对中国的封锁政策越来越不得人心。1952 年下半年，国际贸易形势出现有利于中国开展对外贸易的积极变化，中国政府适时地提出了扩大进出口贸易的各项措施，为即将开始的大规模经济建设做了准备。

在建国初期，对外贸易的基本问题，是如何逐步把半殖民地的贸易改变为独立自主的贸易。反对封锁禁运斗争，积极开展内外交流的一个胜利成果，是使中国的对外贸易从机构、管理、进出口经营，包括外贸商品生产以及内外商业联系等各个方面，加快了经济上实现独立自主的步伐。在西方"禁运"最猖獗的1951年，中国对外贸易总额达19.55亿美元，超过了解放前的最高年份1928年的15.53亿美元，并呈继续增长之势。旧中国对外贸易长期入超的状况逐渐转变为进出口大体平衡。中国的对外贸易总额稳定增加，进出口商品品种较解放前有显著变化，迅速摆脱了旧中国对外贸易的半殖民地的依附性。

政务院总理周恩来对这一时期反对封锁禁运的斗争有一个很透彻的评价。他说："愚昧无知的帝国主义者满以为'封锁'和'禁运'一定能给我国以沉重打击，但是他们完全错了。帝国主义者的'封锁'和'禁运'正好被我们用以肃清在中国经济中半殖民地的依赖性，缩短我们在经济上获取完全独立自主的过程，而真正受到打击的反而是他们自己。"[①]

四、农业的恢复与互助合作事业

（一）土改后农村出现的新情况新问题

在整个国民经济的恢复中，农业的恢复占有重要地位。中国

---

① 转引自叶季壮：《在全国政协一届三次会议上的报告》，载《中央财经通报》第13期，1951年10月。

是一个农业大国，但在解放前还要进口粮食、棉花。这个情况如果不改变，那就会出现卖出去的是猪鬃、桐油，买进的是粮食而不是机器的不利情形。解放后虽然情况比过去好多了，但由于长期战争对生产和水利设施的破坏，水旱灾情很严重，1950年全国被水淹的耕地就有5000万亩到7000万亩，至少要损失50亿斤粮食，这是一个很大的数量。全国大牲畜的损失也很多，给恢复生产带来困难。农业发展不起来，工业就很难发展。

中华人民共和国成立时，东北、华北等老解放区，因为进行了土地改革，并鼓励农民组织互助合作，改良农业技术，提倡选种，举办水利，恢复和发展农业生产，有一部分地方已经达到或超过战前的水平，还有一部分地方也接近战前的水平。在新解放区，随着土地改革的陆续完成，农村经济也出现了迅速恢复和发展的局面。这主要是由于土地改革解放了农村生产力，即免除了地租剥削，广大农民从几千年的封建桎梏中得到了解放。战争结束后，农民负担减轻，国家投资和组织农民兴修水利、增加农业投入等，也促进了农业生产的迅速恢复和发展。

中国作为一个农业大国，随着战争的结束，农村经济的恢复和发展成为党和政府的"头等大事"。特别是在土地改革完成的地区，引导和扶持农民发展生产成为政府制定农村政策的出发点。1950年2月，农业部发出《关于1950年农业生产方针及粮棉增产计划的指示》，指出1950年农业生产的中心是增产粮食和棉花，为此必须深入地进行宣传动员工作，贯彻奖励生产的政策，提倡劳动发家。

1951年2月2日政务院发布《关于1951年农林生产的决定》，明确提出十项经济政策，其主要内容有：一是土地改革已经完成的老解放区，切实保护人民已得的土地财产，不受侵犯。新解放区在土地改革完成后，立即确定地权，颁发土地证。在尚未进行土地改革而只实行减租的地区，切实保障谁种谁收和农民的佃耕权。二是贯彻合理负担的农业税政策，对因善于经营、勤劳耕作和改良技术而超过常年应产量者，其超过部分不增加公粮负担。其产量显著超过当地一般生产水平者，政府得以物质的或名誉的奖励，开展群众性的劳模运动和生产竞赛。三是劳动互助组，应受到政府的各种奖励和优待，享受国家贷款、技术指导、农用药械和新式农具的优先权，以及国家贸易机关推销农副产品、供给生产资料的优先权。四是农民相互间临时雇佣短工，可予提倡。允许富农经济存在，雇佣劳动自由。五是鼓励农民投资扩大再生产。提倡互助会，信用合作。提倡自由借贷，必须有借有还。恰当地使用国家投资和贷款。凡为发展农林水利事业的私人投资和帮助农民发展生产的私人借贷，人民政府应给以方便和保障。[①]

根据中央的政策精神，各大行政区都相应地制定了具体的农村经济政策。如经政务院批准，华东局发布了《发展农业生产十大政策》布告，一方面强调了"根据自愿和等价交换的原则，因地制宜，发展农村中的劳动互助；并按自愿互利原则，发展合作供销事业"；一方面也强调了"借贷自由，有借有还，利息由双方自行议定，并奖励城市资金下乡，保证其合法经营及利得""允许富农经济发展，劳动雇佣自由，工资待遇应根据两利原则和政府法令双方协议"等。1951年4月1日，中南局、中南军政委员会联合发出的指示，还号召富农"敢于雇工经营、敢于贷出多的粮款、敢于出租耕牛、敢于收屯土产、经营工商业"[②]。

---

① 参见中共中央文献研究室编：《建国以来重要文献选编》第2册，中央文献出版社1992年版，第29—31页。

② 参见中国社会科学院、中央档案馆编：《1949—1952 中华人民共和国经济档案资料选编·农业经济体制卷》，社会科学文献出版社1992年版，第456—457页。

人民政府不仅采取一系列鼓励和帮助农民发展生产的政策，而且每年投入很大一笔钱（1950 年折合粮食 27 亿斤）用在泄洪排涝、蓄水防旱和兴修水利、改善农业生产条件方面，并大力疏导农副土产品的收购和工业品的供销，活跃城乡交流，开展群众性的爱国增产竞赛，奖励丰产劳动模范等。土地改革后，经济上政治上获得解放的广大农民第一次劳动在自己的土地上。他们精打细算，辛勤耕作，表现出前所未有的生产热情。1950 年，农业的恢复是比较快的，与 1949 年相比，粮食总产量增产 379 亿斤，棉花增产 491 万担，农业总产值增长 58 亿元，增长 17.8%①。

但整体上，中国农村的生产力水平还很低，使用着传统的手工工具，靠人畜耕种，农业收成很大程度上还是"靠天吃饭"，农产品的商品率很低，许多地区基本上还处在自给半自给经济状态。因此，千方百计增加农业生产，提高农业的技术水平和抗灾能力，扩大城乡交流促进农产品与工业品的商品交换，始终是党和政府在农村工作中的根本任务。

在农业恢复和发展的过程中，中国农村出现了一些新情况和问题。

第一，土地改革完成后，农村出现了中农化趋势。

随着分配土改胜利果实，广大农民获得相应的经济补偿，农民的生产、生活条件普遍有了明显改善。原来的贫农和雇农中很大一部分，已开始过上相当于土地改革以前中农的生活，拥有与那时中农相当的生产条件。根据土改完成较早的东北、华北地区1950 年作的典型调查，中农占农村总户数的比例，分别为 63.8% 和 86%，中农占有的土地分别占土地总量的 75.7% 和 88.7%，

---

① 参见国家统计局编：《中国统计年鉴（1984）》，中国统计出版社 1984 年版，第 25 页。

所占有的耕畜分别占耕畜总头数的 87.5% 和 84.6%。① 在这些农村里，中农已逐渐成了"中心人物"。在全国解放后实行土地改革的江苏省，据 1951 年苏南 9 个县的典型调查，中农也占总农户的 60.4%②。这表明，土改后的中国农村出现了中农化的趋势，中农已成为农村中人数最多的阶层。东北、华北老解放区经济生活上升到中农的个体农民，凭着较好的生产条件和劳动技能，开始向"三马一犁""三十亩地一头牛"的发家致富目标迈进。这是土地改革完成后农村出现的一个新情况，总的来说是有利于恢复和发展农业生产的可喜现象。

第二，农村出现土地买卖现象。

据 1950 年冬季调查，东北吉林舒兰天德地区，一年农民出卖土地达 14.67 垧（一垧一般等于 10 亩）。有的村有二三十户人家出卖土地。另据山西省忻县地委 1952 年对 143 个村的调查，1949 年以后，有 8253 户农民出卖土地 3.99 万亩。随着各地土地改革陆续完成，农村中出卖土地的现象有逐年增加的趋势。

据山西省忻县地委对卖地户的调查分析，出卖土地大体上有六种原因：一是为了调整地块而卖地者占 19.15%；二是因转移行业而卖地者占 3.38%；三是因生产、生活困难被迫卖地者占 50.36%；四是因办婚丧大事、遇有疾病和其他突然灾害袭击而卖地者占 12.51%；五是懒汉二流子好吃懒做把土地挥霍掉者占 6.26%；六是其他特殊原因，如农民怕变天把分到的土地出卖等情况占 8.34%。从调查可以看出，农村出卖土地的原因是多方面的，其中，因生产生活困难、天灾人祸袭击等因素出卖土地者占

① 参见《当代中国农业合作化》编辑室编：《建国以来农业合作化史料汇编》，中共党史出版社 1992 年版，第 27、29 页。

② 参见中共江苏省委农村工作委员会编：《江苏省农村经济调查资料》，1953 年 2 月 20 日，第 6 页。

半数以上，这是当时出卖土地的一个重要原因。但也有相当一部分卖地户是因为要调整地块和转移行业，这在有些地区所占比例更大一些。

据《中南区 35 个乡 1953 年农村经济调查》，全区有 1% 至 2% 的农户出卖土地。出卖土地的原因：一是疾病、自然灾害、负债等严重困难，占卖地总户数的 56%；二是二流子卖地占卖地总户数的 4% 左右；三是调换、妇女出嫁、地多、职业变动等属于调剂性质的占卖地总户数的 40%。这部分调剂性质的土地买卖，应该是土地资源的一种合理的流动和配置，对发展农业生产是有利的。

按照当时党和政府的政策法令，是保护农民土地所有权，允许土地买卖的。《共同纲领》在原则上规定："凡已实行土地改革的地区，必须保护农民已得土地的所有权。"《土地改革法》明确规定："土地改革完成后，由人民政府发给土地所有证，并承认一切土地所有者自由经营、买卖及出租其土地的权利"。事实上，如果在法律上禁止土地买卖和出租，势必会出现一些土地抛荒的现象，影响农业生产的发展。当然，允许土地买卖，也不是可以放任自流，毫无限制的。比如，对天灾人祸、生产生活困难等原因出卖土地的，要做工作加以限制，办法就是开展互助合作，并做好生产救灾、发放农贷、社会救济与改造游民等工作，以避免贫苦农民因出卖、典让土地而生活无着。

第三，农村开始出现贫富分化的苗头。

从山西省忻县地委的情况调查来看，由于出卖土地房屋，一部分农民成分下降。据静乐县五区（老解放区）19 个村共 5758 户的统计，有 880 户卖房地，其中有 167 户老中农因出卖土地下降为贫农，有 471 户在土地改革中分到土地的新中农因出卖土地又恢复到贫农的地位，两项共计 638 户，占卖地户的 72.5%，占农村总户数的 11.05%。这些下降户中有 6% 至 10% 变成了赤贫户。由于买地而成分上升的，据该省对 102 个村的 4923 户买地户调查，上升成新富农的占买地户的 1.28%，占农村总户数的 0.18%，不到千分之二。

据黑龙江省统计，1951 年 8 月，东北地区新富农的户数约占总户数的 0.8%，这是当时东北各省中新富农发展最多的。到 1952 年 3 月，东北各省农村新富农的户数约占总农户的 1%。从全国来说，富农占总农户的比重，据 1954 年 4 月 14 日，中央农村工作部在给中央的关于对待富农政策的具体策略步骤的报告中反映，在老解放区富农户数约占总农户的 1%，土地及其他生产资料约占 2%；在晚解放区富农户数占总农户的 2%~4%，土地及其他生产资料占 5%~8%。在晚解放区，由于在土地改革中执行了保存富农经济的政策，所以富农的户数占总农户的比重大些。

情况表明，土地改革完成后，有少数富裕中农凭借自己在资金、农具、劳力等方面的优势，通过买地、雇工或放高利贷等，发展成新富农。同时，也有少数农户因出卖土地，生活下降。土地租佃关系重新出现，农村各阶层都有租种土地的，而出租土地的则以富农居多。但总的来说，农村中新富农的发展十分缓慢，只是开始出现贫富分化的苗头。

围绕农村情况的新变化，农民在如何发家致富上各有不同的打算。经过土地改革这一深刻的社会变革，许多农民改变了过去"以穷为荣"的想法，一部分中农想扩大生产规模，对限制土地买卖表示不满，埋怨买不到地。老解放区在党和政府的倡导下，普遍建立和发展以私有制为基础的互助合作组织，促进了农业生产的恢复和发展，但经济上升较快的一些富裕农民，把互助组看作"拉帮穷人"，有不少人向往单干，认为只有单干才能"侍弄"好地，觉得"单干才能发财，有穷有富才能发财"。一部分农民因车马、农具不够，希望参加互助组种好地，把自己发展起来，将来买马拴车，实行单干。农民之中，特别是经济条件差的，仍有"农业社会主义"的平均思想，盼着早日进入"共产社会"，大家生活"一拉齐"。还有一部分经济上升快的富裕农民存在矛盾心理，想致富又怕"冒尖"，资金不敢投入生产，担心将来会被"掐尖""拉平"①，等等。

另一方面，农村中相当多的党员、干部，在土改后需要加快农业生产的恢复和发展的形势下，思想消极，组织涣散，看不到继续前进的方向，这也是老解放区农村工作遇到的一个新问题。按照中央关于发展农业是头等大事的方针，不能不研究土地改革后农村出现的新情况、新问题。从执政党领导的角度来说，如何进一步调动农民的生产积极性，切实增加农业生产，以推动整个国民经济的恢复和发展，成为迫切需要解决的一个重要问题。

（二）农村中互助合作形式的初步发展

中华人民共和国成立后，合作社经济即成为新民主主义经济构成的组成部分。按照中共七届二中全会决议和《共同纲领》的规定，在一切彻底实现土地改革的地区，必须谨慎地、逐步地而又积极地引导个体农业向着社会化、集体化方向发展，引导农民按照自愿互利的原则，组织各种形式的劳动互助和生产合作。随着土地改革的推进，从老解放区农村经济恢复中生长起来的生产的、供销的、信用的各种互助合作组织，很快推广到土改完成后的新解放区。这种半社会主义性质的合作社，是以私有制为基础建立的、在工人阶级领导的国家政权管理之下的劳动人民群众的集体经济组织。

在老解放区农村广泛建立的临时互助组或常年互助组，是初

---

① 国家农业委员会办公厅编：《农业集体化重要文件汇编（1949—1957）》上册，中共中央党校出版社1981年版，第9页。

级形式的生产互助形式，它并不改变农民的生产资料个体所有制，主要是在人力、畜力方面互相调剂，或以大农具、耕畜为中心，实行人力与农具、耕畜换工，其特点是土地和主要生产资料私有，分散经营，调剂劳力，等价交换，比较适合当时农村生产力的水平，以及一部分经济条件差的农民组织起来克服生产困难的要求，因而在一些地区有了较大的发展。1950年，全国已有272万个农业互助组，参加的农户有1100万户，约占全国农户总数的11%。当时大部分互助组集中在东北、华北等老解放区，约占全国参加农业互助组的农户的58%。

供销合作社、信用合作社也得到发展。中央人民政府成立之初，为了克服国家财政经济的困难，尽快恢复和发展生产，稳定市场物价，开展城乡交流，十分重视发展供销合作事业，于1950年7月成立了中华全国合作社联合总社①，对这项工作予以组织、指导和推广。由于战争造成对商品流通渠道的破坏，各地区许多农副土产品找不到销路，农村生产、生活所需的工业品难以买到，广大农民对供销合作的要求，比对生产合作的要求更为迫切。为此，以国家投入一部分资金支持、由农民群众自愿集资入股组建的供销合作社，在土改后的农村如雨后春笋般发展起来。1950年7月，全国基层供销合作社达到3.7万个，其中农村供销社为3.4万个；社员总数达2000万人以上，合作社资金5514万元，其中社员股金2396万元，占43.5%。② 到1951年6月，全国基层供销合作社社员发展到5000万人，许多地方的农业生产互助组，同时也是供销社社员小组。

供销合作社作为联结城乡经济的重要纽带，实行以社员代表

① 1954年7月改名为中华全国供销合作总社。

② 参见程宏毅主编：《当代中国的供销合作事业》，中国社会科学出版社1990年版，第22页。

大会为最高权力机关；明确为广大社员群众服务的宗旨，不以盈利为目的；通过预订合同收购农民的主要农产品，向农民供应主要生产资料及生活资料，免除中间商的剥削。经过供销合作，一方面把千千万万分散的独立的小生产者联系起来，并使他们与大工业联系起来，一方面将农民比较自然地引向生产上的合作。供销合作社因能直接为农民解决产前、产后服务的难题，深受农民的欢迎，也最容易为广大农民群众所接受，因而成为国营经济与小农经济结合得很好的形式，成为促进农村生产力发展和准备农村集体化的中心环节。

在发展供销合作的过程中，许多供销社附设信用部，兼办信贷业务，为农民购买耕畜、农具、肥料提供一部分资金帮助。党和政府在统一部署国家银行在农村的任务时，明确提出发展和领导信用合作是农村金融工作的重要工作之一。经过在各省、县、乡重点试办和逐步推广，到 1952 年年底，全国已建立起 2271 个信用社，还有 1000 多个供销社附设信用部，数以万计的信用互助小组。①各地的信用合作组织，用社员集资和动员社员存款的方式集中农村的闲散资金，帮助农民社员解决春耕夏忙时节生产和生活资金的不足，成为国家银行在发放农贷方面的助手和补充。总之，农村中各种形式的初级互助合作组织与农民个体生产经营并行，促进了农业生产的恢复和初步发展。

随着生产的逐步恢复，一部分经济上升较快的农民，过去因缺乏生产工具和耕畜而加入互助组的要求已经减弱，他们要求退出互助组，依靠个人的经营能力更快地发家致富。同时，随着地权的确定，劳力、畜力、工具的增加以及产量的提高等条件的变

---

① 参见中国社会科学院、中央档案馆编：《1949—1952 中华人民共和国经济档案资料选编·金融卷》，中国物资出版社 1996 年版，第 576—580 页。

化，农民对过去的变工互助等办法感到不满足，提出改良技术，解决供销困难等新的要求。针对农村中出现的新情况、新问题，各大区党的领导机关及时进行了研究，并相应地采取了对策。

东北地区解放的时间最早，农村互助组由发展到出现涣散的现象也比较早。照当时普遍的认识，新富农的出现导致农村两极分化严重，必须加以防止和限制。有些村干部不让上升户买车买马，怕他们单干；有的认为组织起来是"国策"，单干不合法；有的强迫农民参加互助组，而且参加三匹马的组还不行，要参加六马组、八马组才算组织起来。从政策上看，既要保护农民的土地所有权，又要把农民组织起来走集体化道路，新民主主义的农村应该是什么样？不少区县干部对此产生了困惑。

针对这些问题，1949 年 12 月底至 1950 年 1 月初，中共中央东北局和东北人民政府召开农村工作座谈会，讨论如何解决农村中的现实问题。东北局第一书记高岗在总结中提出："必须使绝大多数农民'由个体逐步地向集体方向发展'。组织起来发展生产，乃是我们农村生产领导的基本方向"。对于单干、雇工、借贷及买卖、出租土地，原则上允许，但重点是要限制。高岗批评了干部中"对旧式富农感兴趣，对组织起来感苦恼"的思想，并宣布了给互助组在农贷、新式农具、优良品种、奖励劳模等方面的优惠政策，而单干农民不给予优惠。高岗提出，现时的互助合作，在获得生产工具的改进之后，还可以进一步提高和发展，即从小型的互助组"逐步地提高为联组"。会后，《东北日报》公开发表了高岗的讲话，将其精神概括为"把互助合作组织提高一步"。1950 年 1 月，东北局在给中央的综合报告中，报告了会议情况和"把互助组逐步提高为联组"的意见。

贯彻这次会议的精神，东北各地纷纷强调"组织起来"，加强对富农经济的限制。在辽西、辽东两省的新区，吉林、松江两省一些老区，出现了采取各种措施排斥和限制单干的情况。如单干户出门不给开路条，开荒时不准先占场子。松江省有的区提出对单干户"三不贷""一不卖"，即不给贷款、贷粮、贷农具，供销合作社不卖给任何东西。有的干部甚至提出，"单干户没有公民权，不和他来往"。会后几个月，东北地区强迫单干农民入互助组的问题比较严重。据吉林省的工作检查，依靠强迫命令方式组织起来的互助组占 70%～80%。有些干部把"提高一步"理解成互助组越大越好，急于把许多互助组"提高为联组"。如辽西兴城县一下子就搞了 1125 个大型联组。有的地方规定，组员要退组，第一次给予批评，批评后仍然要退，只能"净身出组，车马留互助组"，而且不准组员同退组户来往。有的还规定，哪个互助组散了，罚款 100 元，给军属代耕一垧地。这些做法完全违背了组织起来的自愿互利原则，使农村工作出现严重偏差。

本来，土改后农村出现贫富差距拉大的现象是难以避免的。《土地改革法》规定在新民主主义阶段要保存富农经济，所以在生产发展中出现一些新富农，在法律上是允许的。只是富农经济在什么范围、什么限度内发展，政策上难以界定，需要在实践中根据具体情况进行探索。个体农民要"组织起来"，才能由穷变富。"组织起来"的远景目标是集体化、社会主义化，这两条在执政党领导层是没有异议的。但在如何认识现实农村的形势，如何更有利于发展农村生产力，以及引导个体农民走向集体化的途径和条件等问题上，党内有着不同的看法。

如 1950 年 1 月，刘少奇针对东北局提出如何对待有雇工剥削或不愿参加互助组的党员的问题，提出自己的意见。他指出，在东北，现在有三马一犁一大车的农民，是中农，而不是富农。今天东北的变工互助，是建立在破产、贫苦农民的个体经济基础上的，这是一个不好的基础。将来 70% 的农民有了三匹马，这种互助组就会缩小。因为中农更多了，能够单干了，这是好现象。他主张现在对富农雇工买马不要限制，三五年之后，国家可以颁布劳动法对富农剥削进行限制。①

1950 年 7 月，华北局在给中央的一份报告中提出，组织起来的工作要能满足生产需要，应注意生产与技术相结合、生产与供销相结合、农业与副业相结合。关于组织起来的工作，应根据不同情况增加新的内容：一是在农业生产恢复较差的地区，组织起来应着重克服劳力、畜力和农具缺乏的困难；二是在农业生产已恢复到或已超过战前水平的地区，应在组织起来的基础上着重改良技术，加强经济领导，进一步提高农业生产水平。报告说："确保人权、财权、地权，表扬劳模、奖励生产和贷款等重要政策，也是提高广大农民的生产热情与积极性，解除他们不必要的顾虑，使他们敢于放手参加生产的重要条件。"② 与东北局相比，华北局对"组织起来"的看法和做法，有着明显不同。

华北局辖属的山西省，大部分地区是抗日战争时期的老根据地，开展互助合作已有多年，原有的互助组织也出现消沉以至解体的情况。为了解决这个问题，1951 年 3 月，中共山西省第二次代表大会提出在老区农村，必须提高互助组织，并决定在长治地区每个县试办几个农业生产合作社（即初级社）。4 月 17 日，山西省委向华北局送交《把老区互助组提高一步》的报告。报告提出：农民的自发势力向着富农的方向发展，是农村互助组发生涣散的最根本原因，"必须在互助组织内部，扶植与增强新的因素，以逐步战胜农民自发的趋势，积极地稳健地提高农业生产互助组织，引导它走向更高级一些的形式，以彻底扭转涣散的趋势"，即把互助组提高到农业生产合作社，否则互助组会变成富农的

---

① 参见中共中央文献研究室编：《刘少奇论新中国经济建设》，中央文献出版社 1993 年版，第 152—155 页。

② 国家农委办公厅编：《农业集体化重要文件汇编（1949—1957）》，中共中央党校出版社 1981 年版，第 15—17 页。

"庄园"。具体办法，一是征集公积金，增加公共积累，并规定公积金为全组成员所有，"出组不带"；二是农业生产合作社分红，采取按劳力和按土地两个分配标准，按劳力分配的比例应大于按土地分配的比例，并应随着生产的发展，逐步加大按劳分配的比重。①

4月下旬，华北局召开五省互助组会议，围绕山西省委的意见展开了争论。会后，华北局对山西省委的报告作了批复并报告中央。批复指出：山西省委抓紧对互助组领导，注意研究新发生的问题是对的。但提出用积累公积金和按劳分配办法来逐渐动摇、削弱私有基础直至否定私有基础，是和党的新民主主义时期的政策及《共同纲领》的精神不相符合的，因而是错误的。一般地动摇私有财产是社会主义革命时期的任务，当前提高与巩固互助组的主要问题，是如何充实互助组的生产内容，以满足农民进一步发展生产的要求，而不是逐渐动摇私有基础。对于农业生产合作社，华北局认为全省可以试办几个，作为研究、展览和教育农民之用。但试办也要出于群众自愿，不能强行试办，更不宜推广。

7月3日，刘少奇针对山西省委报告的观点作了如下批语："在土地改革以后的农村中，在经济发展中，农民的自发势力和阶级分化已开始表现出来了。党内已经有一些同志对这种自发势力和阶级分化表示害怕，并且企图去加以阻止或避免。他们幻想用劳动互助组和供销合作社的办法去达到阻止或避免此种趋势的目的。已有人提出了这样的意见：应该逐步地动摇、削弱直至否定私有基础，把农业生产互助组织提高到农业生产合作社，以此作为新因素，去'战胜农民的自发因素'。这是一种错误的、危

---

① 参见国家农委办公厅编：《农业集体化重要文件汇编（1949—1957）》，中共中央党校出版社1981年版，第35—36页。

险的、空想的农业社会主义思想。"①

7月5日，刘少奇给马列学院的学生讲课时，再次批评山西省委报告企图阻止、避免自发势力，这要走上错误的道路。他指出，自发力量不能阻止，不可避免，但也不是让其自流，而是要加以适当的领导，适当的控制：第一，用现有的互助组，帮助农民组织起来，使他们不破产，使自发势力带一点组织性；第二，国家贸易与合作社从商业价格政策上领导农民，限制富农，控制小生产者，使农民的自发性有些限制；第三，国家在税收政策上对富农进行限制，今后可加收累进税，使其不能发展得那样快；第四，在农村依靠雇农，可以在工资、劳动条件上限制富农。

刘少奇的上述意见，反映了在发展农业互助合作问题上的一种思路，即在土改以后的相当一段时间内，应允许农民个体经济有一个发展，不要急于消灭农民个体私有制。党所提倡的农业互助合作，是在私有基础上，组织有利于生产发展的劳动互助组、信贷合作社、小型工副业合作社，尤其是群众易于接受的供销合作社，以促进农村经济的发展。到国家工业化能向农民提供大量机器等一切条件准备好的时候，才能实现农业的社会主义化。

（三）关于农业互助合作的第一个决议

围绕农业互助合作的一场争论，反映了中共七届二中全会决议关于必须谨慎地、逐步地而又积极地引导个体的、分散的小农经济向着社会化和集体化的方向发展的方针，到了需要进一步明确和具体化的时候了。

1951年7月25日，华北局向中央作了《关于华北农村互助合作会议的报告》，陈述了这个会议不同意山西省委的意见，是

---

① 中共中央文献研究室编：《刘少奇论新中国经济建设》，中央文献出版社1993年版，第192页。

因为目前的互助组是以个体经济（私有的）为基础的，是在自愿两利下的集体劳动组织，故不能在这个基础上逐步地直接地发展到集体农场。因为农业集体化，必须以国家工业化和使用机器耕种以及土地国有为条件。没有这些条件，便无法改变小农的分散性、落后性，而达到农业集体化。

毛泽东很关注关于农业互助合作问题的争论。他看了山西省委报告及刘少奇、华北局的批复后，便找刘少奇和华北局负责人薄一波、刘澜涛谈话，明确表示不能同意他们的意见，而支持山西省委的意见。毛泽东批评了互助组不能生长为农业生产合作社的观点以及现阶段不能动摇私有基础的观点。他说：既然西方资本主义在其发展过程中，有一个工场手工业阶段，即尚未采用蒸汽动力机械，而依靠工场分工以形成新生产力的阶段，则中国的合作社，依靠统一经营形成新生产力，去动摇私有基础，也是可行的。对于《共同纲领》关于"必须保护农民已得土地的所有权"的规定，毛泽东认为，一边保护，一边也可以动摇。现在保护它，就是为了逐步动摇它。他提出这样的质问：为什么不能动摇私有？保护之，就不能动摇之？对于华北局批评山西省委设想通过互助合作，用零敲碎打的办法直接过渡到社会主义，毛泽东提出：为什么不能直接过渡，还要经过什么？[①]

应该说，逐步引导个体农民组织起来，走社会主义集体化道路，这是中国共产党早已确定的任务。在这个根本问题上，从中央到地方各级领导，并无原则的分歧。区别只在于是现在还是在将来，把互助组织提高到半社会主义性质的农业合作社。刘少奇和华北局认为现在不应当动摇互助组织的私有基础，要等到农村生产力发展到一定程度以后再采取社会主义的步骤。而毛泽东及

---

① 引自《当代中国农业合作化》编辑室编：《〈当代中国的农业合作制〉编写大纲》，载《中国农业合作化史资料》1989 年第 1 期。

东北局、山西省委则认为，现在就可以把老区的互助组织提高一步，建立半社会主义的农业生产合作社。毛泽东根据对土地改革后农村形势变化的判断，提出依靠统一经营形成新的生产力，去动摇私有基础的理论观点，具有很高的权威性。刘少奇等当场表示同意并放弃自己的观点。为了统一全党的认识，确定互助合作的指导方针，毛泽东提出由中央政策研究室主任陈伯达主持，召开一次农业互助合作会议。

在中共中央书记处就农业互助合作问题进行讨论，统一思想之后，1951年9月20日至30日，中共中央召开了全国第一次农业互助合作会议。华北局、中南局、东北局、西北局、华东局，还有山东分局派人参加了会议。西南局因忙于土地改革没有派人参加。在会上，陈伯达传达了毛泽东的上述意见。会议讨论了由陈伯达主持起草的互助合作决议（草案）初稿。在讨论中，参加会议的作家赵树理比较了解农村中的情况，不同意初稿中只提到土改后农民具有互助合作的积极性。他举出自己家乡哥嫂亲戚的实例，具体说明土改后农民最热心的是从事个体生产。毛泽东在听取汇报时，认为赵树理的意见是对的，草案不能只肯定农民的互助合作积极性，也要肯定农民的个体经济的积极性。会议经过讨论和修改，通过了《中共中央关于农业生产互助合作的决议（草案）》。

这个决议草案以毛泽东阐述的理论观点为基础，也吸收了重视农民个体经济积极性发展生产的观点。决议开篇指出："农民在土地改革基础上所发扬起来的生产积极性，表现在两个方面：一方面是个体经济的积极性，另方面是劳动互助的积极性。农民的这些生产积极性，乃是迅速恢复和发展国民经济和促进国家工业化的基本因素之一。"在农村现实的经济条件下，农民个体经济在一个相当长时期内将是大量的，农民对个体经济的积极性是不可避免的。不能忽视和粗暴地挫伤农民个体经济的积极性。同时，为了帮助农民克服在分散经营中的困难，使贫困农民增加生产，走上丰衣足食的道路，并使国家得到更多的粮食和工业原料，必须提倡"组织起来"，发挥农民劳动互助的积极性。这种劳动互助是建立在个体经济（农民私有财产）的基础上的，其发展前途就是农业集体化或社会主义化。

决议草案指出，根据已有的经验，农业生产上的互助合作大体上有三种主要形式：第一种是季节性的互助组；第二种是常年互助组；第三种是以土地入股为特点的农业生产合作社。这种在土地私有或半私有基础上的农业生产合作社，还是走向社会主义农业的过渡形式，但又是"富有生命的有前途的形式"。据此，要求在全国各地，特别在新解放区和互助合作运动薄弱的地区，有领导地大量地发展劳动互助组；在群众有比较丰富的互助经验并有比较坚强的领导骨干的地区，有重点地发展土地入股的农业生产合作社。此外，在农民完全同意并有机器条件的地方，可试办少数社会主义性质的苏联式集体农庄。

决议草案分析了农业互助合作问题上存在的两种倾向：一种是消极态度，看不出这是党引导农民从个体经济逐渐走向大规模的使用机器的集体经济的必经道路，否认现已出现的各种农业生产合作社是农业走向社会主义化的过渡的形式；一种是采取急躁态度，不顾农民自愿和经济准备的各种必需条件，过早地不适当地企图在现在就否定或限制参加合作社的农民的私有财产，认为现在可以一蹴而就在农村中完全达到社会主义。决议草案批评了这两种错误倾向，要求根据生产发展的需要和可能，按照"积极发展、稳步前进"的方针和"自愿互利"的原则，采取"典型示范、逐步推广"的方法，引导个体农民沿着互助合作的道路前进。①

---

① 参见《建国以来重要文献选编》第 2 册，中央文献出版社 1992 年版，第 510—526 页。

这样，在中国农村实现集体化道路的框架就基本确定下来，即：以劳动互助、具有社会主义萌芽性质的互助组为起点，发展生产资料部分公有、集体劳动、具有半社会主义性质的初级合作社，到建立集体所有、统一经营、统一分配的完全社会主义性质的高级合作社。这几种组织形式，都是在生产环节上的合作。决议草案要求有重点地发展半社会主义的农业生产合作社，实际上使个体农业开始起步向社会主义过渡。

当时确定这条农业集体化道路，一方面是为了防止和限制农村中新的两极分化；一方面是想通过集体劳动，统一经营，分工协作，产生新的生产力，推动农业生产的更大发展。后来的实践表明，在农业基本上仍采用手工劳动的条件下，合作社简单的劳动协作，的确对兴修水利、季节性抢收抢种等能起到提高劳动效率的作用。但苏联集体农庄式的集体劳动、统一经营，不能适应中国农村千差万别的情况，不适应农业生产周期长，各生产环节需要专人负责、精耕细作等特点，不利于充分调动农民的生产积极性特别是家庭经营的积极性，原来预期的新生产力并未出现，也没有达到大幅度增加农业生产的目的。

第一次农业互助合作会议结束后，于1951年12月15日，中共中央以草案的形式将《中共中央关于农业生产互助合作的决议》发给各级党委试行。毛泽东起草的党内通知要求："请即照此草案在党内外进行解释，并组织实行。这是在一切已经完成了土地改革的地区都要解释和实行的，请你们当作一件大事去做。"由此，农业生产互助合作运动很快在全国范围兴起。

第六章　政治文化建设和国民经济的恢复

一、推进人民民主政治体制建设

（一）国家行政体制和运行机制

在全面贯彻新民主主义经济纲领、推动工农业生产发展的同时，党和政府还领导开展了包括人民民主政治建设、建立和巩固国内各民族团结、改革旧有教育文化事业、国家机关的反腐倡廉等多方面的建设工作。这些建设工作，都围绕着一个主题，就是团结和动员一切可以调动的社会力量，参加建设新中国的伟大事业。新民主主义建设的多方面开展，使整个国家生活走上中央与地方政令贯通、全体与局部协调一致、从上到下充满活力的新轨道。

根据《共同纲领》的规定，中华人民共和国是单一主权制的人民民主国家，采取中央统一领导下地方适当分权的结构形式，并在少数民族聚居的地区实行民族区域自治制度。这种结构形式为巩固国家的统一，实现国内各民族间的平等、团结、互助，正确处理国家整体与部分、中央与地方之间的关系，发展经济、政治、文化等各项事业，提供了必要的前提。

中国自秦王朝统一以后，始终是一个中央集权制国家。两千多年来，具有同一历史本源的华夏各民族共同生息繁衍，互相融合，形成了不可分割的联系，国家的统一成为社会发展的总趋势。虽然某些时期出现过分裂割据的局面，但在历史的长河中毕竟是短暂的一瞬，随着时间的推移，整个国家总是复归于统一。这是中华人民共和国确立单一制国家结构形式的社会历史条件和基本出发点。中国革命在全国的胜利，结束了帝国主义、封建主义、官僚资本主义统治带来的军阀割据、地域封闭、民族隔膜的局面，实现了中华民族历史上空前未有的统一局面。尊重历史的、民族的悠久传统，采取集中统一的国家结构形式，完全符合国家和民族的根本利益和要求。

新中国成立初年，因为召开全国普选的全国人民代表大会的条件还不成熟，暂由中央人民政府委员会代行最高国家权力机关的职权。政务院为国家政务的最高执行机关，对下统一领导全国各地方人民政府的工作。这样，在国家事务的管理上，形成了中央人民政府下辖政务院的两级政府体制。政务院的组成及其主要成员的人选须由中央人民政府决定和任命，政务院必须执行中央人民政府规定的施政方针，对中央人民政府委员会及其主席负责，并报告工作。政务院对于所属各委、部、会、院、署、行的相互关系、内部组织和一般工作，只担负协调和指导的责任。当时，政务院任免下属各部门行政负责人的职权范围也很有限。这种两级政府体制，是全国人民代表大会作为最高国家权力机关未经普选产生之前的一种必要的过渡形式。

在这种过渡形式下，中央人民政府对各行政区域单位有直接统辖指挥的权力，是最高行政管理的决定者。地方各级人民政府的行政管理活动，均须依据中央人民政府的政令开展。但在国家整体与部分的相互关系上又保留了相对的灵活性，如《共同纲领》所规定："中央人民政府与地方人民政府间职权的划分，应按照各项事务的性质，由中央人民政府委员会以法令加以规定，使之既利于国家统一，又利于因地制宜。"

新中国成立初年，百废待兴，国家行政管理上不但需要有方针政策的指导，更需要有各方面的法令、法规作依据。为此，中央人民政府委员会行使国家立法权，集中制定了一批各级人民代表会议、各级人民政府、各级人民法院及检察机关的组织通则、条例，以及婚姻法、工会法、土地改革法等基本法。政务院及其所属部门则根据国家的法律、法令及中央人民政府委员会的施政方针，颁发了一大批有关民主建政、民族区域自治、公安司法、生产救济、财政、金融、税收、贸易、海关、工业、交通运输、农林水利、劳动工资、工商管理、文教卫生、新闻出版、人民监察、人事编制等方面的决议和命令。这些决议、命令、条例、办法，虽然大都带有暂行、试行的特点，但有相当部分属于行政法规性质。这种依靠制定行政法规进行行政管理的程序，推动了国家行政管理逐渐向制度化方向发展。

在国家行政管理层次上，一开始实行东北、华东、中南、西北、西南五大行政区制度。1949 年 12 月 2 日，毛泽东在中央人民政府委员会第四次会议上，就大行政区的设立作了说明。他说："中国是一个大国，必须设立大行政区军政委员会这样一级（大行政区军政委员会）的地方机构，才能把事情办好。应该统一的，必须统一，决不许可各自为政；但是统一和因地制宜必须互相结合。在人民的政权下，产生像过去那样的封建割据的历史条件已经消灭了，中央和地方的适当的分工将有利而无害。"[1]

根据政务院发布的《大行政区人民政府委员会组织通则》，各大行政区人民政府委员会是各该区所辖省（市）高一级的地方政权机关，同时又是中央人民政府政务院领导地方政府工作的代表机关。大行政区人民政府的机构设置，大体与政务院所属工作部门相对应。为了使中央人民政府与地方人民政府间职能的划分，既利于国家统一，又利于因地制宜，组织通则规定，大行政

---

[1] 《人民日报》1949 年 12 月 4 日。

区人民政府委员会的职权范围包括：拟定与地方政务有关的暂行法令条例，批准任免除大行政区主席，副主席，委员以外的大行政区及其所属省、市、县的重要行政人员，编制各该区的概算或预算，领导所属各省市县地方人民政府的工作，等等。在对上级的工作关系上，凡属于其主管范围内的重要工作，可自行处理后再报告政务院，凡有全国性影响的工作，应事先向政务院请示，事后报告。

总的来看，由于革命刚取得胜利不久，各省地方政权还处于初创阶段，为了有领导、有步骤地进行各项社会民主改革及经济恢复工作，大行政区领导机关的职权范围较大。尽管 1950 年以后中央进行了必要的统一全国财政经济的工作，仍然保留了大行政区较多的财政批准使用权限，以及对于工业企业、地方经济文化事业管理的自主权。这样，便于各大行政区在统一贯彻中央政令的前提下，发挥各自的积极性和主动性，在领导实施民主建政、完成土地改革和各项社会民主改革、迅速恢复国民经济等方面发挥了重要作用。

新中国成立初年，全国范围的行政区划大体沿用历史上的建制，在一些政治、历史情况较为特殊的地区，采取了中央直辖或自治的方式。据 1951 年统计，中央人民政府之下的一级行政区域有：5 个大行政区（东北、华东、中南、西北、西南行政区），1 个华北事务部，29 个省以及 24 个相当于省的自治区、直辖市、行署区、地方、地区。这种中央直接管辖的一级行政区域较多（共 59 个）的状况，既照顾到一些地方组织基础、群众基础薄弱等特殊情况，又含有历史遗留下来的某些不合理因素，如主要是为了便于加强中央的政治统制，而不是从各地方的经济发展水平和长远需要出发来决定行政区的设置和管理幅度。随着时间的推移，全国范围的行政区划，包括各行政区的管辖范围和职权划分，需要从各地方的经济、政治、文化发展的实际情况出发，不断进行适当调整和改进。

单一制国家的一个基本特征，是立法权从属于中央。新中国成立初期，国家立法权由中央人民政府行使，但还不具有比较系统、完整的立法体制。遵循"既利于国家统一，又利于因地制宜"的要求，各大行政区一般都根据中央人民政府规定的施政方针和法律、法令以及政务院颁发的决议、命令，制定地方性的暂行法令、法规、条例等（当然必须保证与国家的法律、法令不相抵触）。这种中央与地方相结合的两级立法形式，适应了新中国成立初年全国各地区政治、经济发展极不平衡，还不可能完全一致地贯彻实施中央的法令、法规的实际情况，较好地发挥了地方更切合当地实际地执行中央政令的主动性和创造性。

大行政区制度的实行，在一定的实践基础上，为中央与地方的行政管理的权限划分提供了初步的经验。在中国这样一个地域辽阔、不同地区的经济发展及自然环境差异很大的国家，中央的政令不可能在每个具体规定上都符合所有地区的实际情况，因此应当赋予地方必要的立法权限，以便各地区根据自己的特殊条件及具体情况，制定中央法令的实施细则、实行办法，特别是有关发展本地区经济、文化及社会公共事业的各种条例、决定和行政法规，因地制宜地处理和解决地方性事务。

在地方政权的初创阶段，大行政区在领导实施民主建政、推动社会民主改革、恢复国民经济等方面发挥了重要作用。随着国民经济的全面恢复，1952年11月，中央决定将各大行政区人民政府委员会（或军政委员会）一律改为行政委员会，改变它相当于一级政府的机构、任务与职能，确定各大行政区行政委员会为代表中央人民政府在各个地区进行领导并对地方政府进行监督的机关。这是对国家行政管理层次的第一次重要调整。鉴于1953年国家将展开大规模的经济建设，中央一级党政机构亟须充实和加强，中共中央决定调各中央局书记、大行政区行政委员会主席等领导人员到中央工作。经过一段时间的过渡，大行政区制度于1954年撤销。

（二）执政党对国家政权的领导方式

《共同纲领》对中华人民共和国国体开宗明义的规定，确立了工人阶级的先锋队——中国共产党在国家中的领导地位，并为参加建国的各民主阶级、民主党派、人民团体和各界爱国人士所接受。这是中国人民在推翻帝国主义、封建主义、官僚资本主义反动统治的长期斗争中，对全心全意为民族、为人民谋利益的中国共产党产生深刻认识的基础上作出的历史选择，是近代中国历史发展的必然结果。坚持共产党的领导，是中华人民共和国立国的一项基本原则。中华人民共和国一经成立，中国共产党即由领导人民为夺取全国政权而斗争的政党，成为领导人民掌握全国政权、进行政治经济文化社会建设的执政党，在国家权力配置结构中处于领导核心的地位。共产党对整个国家的领导，首先是通过政权组织来实现的。

新中国成立时，执政党的领导核心——中共中央书记处①的五位书记中，有四位分别担任中央人民政府委员会主席，副主席和政务院总理职务。党的许多高级领导人被选入中央人民政府委员会，分别担任政务院副总理、政务委员及各政府机构领导职务。在大行政区一级，同样由党的中央局书记担任军政委员会或人民政府主席。这种领导人员"党政合一"的形式，既是共产党取得执政党地位的具体表现，又是由建国初年创建和巩固人民政权的客观需要所决定的。它并不意味着执政党领导机关即是国家权力机关，党的职能可以混同于政府的职能，也不等于说执政党可以直接对政府发号施令。

---

① 相当于中共八大以后的中共中央政治局常务委员会。

中国共产党在执政之初，注意到要正确处理党政关系问题。1949 年 10 月 30 日，中共中央宣传部及新华总社发出指示："在中央人民政府成立后，凡属政府职权范围的事，应经由政府讨论决定，由政府明令颁布实施。其属于全国范围者应由中央政府颁布，其属于地方范围者由地方政府颁布。不要再如过去那样有时以中国共产党名义向人民发布行政性质的决定、决议或通知。"① 周恩来具体分析说："我们已经在全国范围内建立了国家政权，而我们党在政权中又居于领导地位。所以一切号令应该经政权机构发出"。"党政有联系也有区别。党的方针、政策要组织实施，必须通过政府，党组织保证贯彻。"②

在新中国成立初期，关于共产党对国家政权机关的正确关系基本概括为：第一，对政权机关的工作性质和方向应给予确定的指示；第二，通过政权机关及其工作部门实施党的政策，并对它们的活动实施监督；第三，挑选和提拔忠诚而有能力的干部（党与非党的）到政权机关中去工作。③ 遵循上述原则，中央人民政府有关国家的法律、法令及重大方针，虽然都是由共产党首先创议，或者拟出初稿，但均须经过中国人民政治协商会议全国委员会或其常务委员会讨论，提出补充修改意见，然后提交中央人民政府委员会或政务院讨论通过，再颁布实施。

为了加强执政党对政府工作的领导，在中央人民政府内设立了中国共产党委员会。按照中共中央的规定，它的职能主要是依据中央人民政府的政策决议，保证政府部门各项行政任务的完

① 《中国共产党宣传工作文献选编（1949—1956）》，学习出版社1996 年版，第 10 页。

② 《周恩来统一战线文选》，人民出版社 1984 年版，第 174—175 页。

③ 参见《董必武政治法律文集》，法律出版社 1986 年版，第 190—192 页。

成。为了在政府各部门贯彻党的政治路线及各项方针政策，依据中国共产党章程，在中央人民政府内由担任负责工作的共产党员组成党组。其职能主要是使政府各部门中党的领导人员能够有组织地、统一地领导所在部门的党员，贯彻执行中央的各项政策、决议和指示。

在政府系统，中共政务院党组、最高人民法院和最高人民检察署联合党组，均直属中央政治局直接领导。党中央一切有关政府工作的决定，党组必须保证执行，不得违反。政务院下属各委、部、会、院、署、行，分别成立分党组或党组小组。由于中央人民政府各部门的领导成员中都有一些非共产党人士，所以政府工作中一些重大问题需要通过党组系统向党中央请示报告，党中央有关政府工作的指示或决定，也需要经由党组统一党内认识，然后具体贯彻实行，并通过党组加强党员干部同非党干部的团结。后来，地方各级国家机关和人民团体都陆续实行了党组制度。

在中华人民共和国成立初期，各级政权机构尚处在初创阶段，而共产党领导政权的体制在解放区时期就已经形成。就组织力量来看，中国共产党拥有450万党员和纪律严明的组织系统。在中共中央的集中统一领导下，有6个中央局，4个中央分局；24个省委，17个区委；134个市委，218个地委和盟委，2142个县委和旗委，15494个区委，约20万个支部。就分布范围、办事效率及动员能力来看，党的组织系统大大超过刚刚组建的政府系统，实际上成为各级政府有效运行的坚实基础。因此，国家各项工作在党政军民各系统的关系上，沿用了战争年代共产党的一元化领导方式。各中央局和按行政区划建立的各级党委，以所辖地区最高领导机关的地位，统一领导地方政经军民、科教文卫、城市乡村各方面的工作，有力地保证了土地改革、镇压反革命和抗美援朝运动的顺利进行，以及恢复生产事业的工作。这种情况，是中国共产党由多年的局部执政进而走向全国执政的历史特点所决定的。

中华人民共和国成立后，中国共产党成为在全国范围的执政党，在党的组织路线、干部政策的指导下，实行党管干部的原则，即国家所有的干部，也都是党的干部；全国一切部门的干部，都要按照党的有关方针、政策和原则来统一管理。在管理制度上，除了军队系统的干部实行单独管理以外，其余干部都是由中共中央及各级党委的组织部门统一管理。除管理党的干部外，对于非党干部的任免、调配及其他问题，也需要间接地或直接地予以管理。这是巩固人民民主专政、迅速恢复国民经济、开展有计划的经济建设的重要组织保证。

在党管干部的前提下，中央人民政府政务院、内务部以及政治法律、财政经济、文化教育三个委员会内设置了人事管理机构，协助中共中央组织部管理政府部门的干部，其主要职能是处理有关报审、任免手续等事项。为了进一步协调政府人事机构的工作，1950年9月，中央人民政府决定在政务院人事局的基础上组建国家人事部，主要职责是在政务院领导下主管除军队系统以外的国家机关干部人事行政管理事宜。与此相对应，各大行政区和各级人民政府也设置了人事管理部门。从性质上说，政府系统各级人事部门是中央及各级党委组织部管理政府干部的一种组织形式；同级党委组织部对同级政府的人事部门负有指导责任。

在从领导人民夺取政权到领导人民掌握全国政权的转变中，中国共产党十分注重对经济工作的领导。1950年5月20日，毛泽东就"省以上各级党委必须经常讨论财经工作"发出指示，要求"各中央局主要负责同志必须亲自抓紧财政、金融、经济工作，各中央局会议必须经常讨论财经工作，不得以为只是财经业务机关的工作而稍有放松，各分局、大市委、省委、区党委亦是如此。中央政治局现在几乎每次会议都要讨论财经工作。"① 8月7日，毛泽东又作出批示，要求："政务院所属各部每次召集会议决定政策方针，都应如中财委所属某些部门一样，做出总结性报告，呈报我及中央书记处看过，经同意后，除用政务院、各委或各部自己名义公告执行外，有些须用内部电报通知各地。"

根据中共中央、毛泽东的指示，中央财经委员会提出：各地财经机关和企业在制订政策和重要计划即决策时，应该像召开各专业会议那样，对党中央事前请示、事后汇报和经过批准。各地所有财经机关的工作，如果仅由业务机关单独进行，得不到党和政府的保证及支持，必然是做不好。必须通过党、依靠党，通过政府（或省财委）、依靠政府来保证。

在中华人民共和国成立初期，国内阶级斗争形势还十分复杂，肃清残余敌人、镇压一切反革命分子的任务十分繁重。在紧张的对敌斗争中，只能依据党和人民政府的有关政策，规定一些临时的纲领性的法律条例。采取的主要斗争方式仍是自上而下地发动群众运动，以达到彻底解放社会生产力的目的。但群众运动本身主要靠的是人民群众的直接行动，而不完全依靠法律。这时，一方面制定较系统、完备的司法程序的客观条件还不成熟；另一方面，地方各级人民法院，特别是完全崭新的检察机构还很不健全，为了在大规模镇压反革命的运动中防止"左"的偏差，强调有关逮捕、审判，尤其是死刑判决，均须经过相当一级党委审批的原则；其中特别重要的案件判决，则须报经中共中央批准。这在当时的历史条件下是必要的。由此，政法系统逐渐形成一套十分严格的党内审批制度。虽然在不同时期各级党委或政法党组的审批权限范围有所变化，但这套制度基本上一直沿用下来。

---

① 《毛泽东文集》第6卷，人民出版社1999年版，第59页。

（三）各界人民代表会议与初步民主训练

城市人民政权建立后，如何充分体现政权的人民民主性质，是一个崭新的课题。共产党能否管理好城市，关键在城市里的人民群众是不是真正拥护党的政策。这就要求在进城之初，迅速解决党和人民政府同城市群众保持经常、密切联系的问题。中共中央认真总结了城市接管中的经验，创造性地提出各界代表会议这种过渡性组织形式。

早在 1948 年 11 月，中共中央发出《关于新解放城市中组织各界代表会议的指示》，指出：各界代表会议，可根据我们在该城市原有的或可能动员的力量，由军管会及临时政府出面邀请若干人为各界代表，组成各界代表会，成为军管会和临时市人民政府在军管初期传达政策、联系群众的协议机关；各界代表会的人数不拘，但每个代表应具有团体的代表性；各界代表会议的职权，由军管会和临时市人民政府赋予；军管会和市人民政府的各项政策及一切市政设施，均可向各界代表会征询意见，并经讨论和建议，再由军管会和市政府作出最后决定，付诸实施。中央认为：考验我们能否管理好城市的决定力量，是党的政策掌握了群众，也就是说服群众拥护了党的政策。要使这一决定力量形成，党所领导的人民代表会议是我们的组织武器，而各界代表会则可看作人民代表会议的雏形及其前身，是党和政权机关联系群众、传达党的政策、反映群众意见的"最直接而又最广泛"的组织形式。中央要求各地善为运用，并创造出新的经验。

根据中共中央的指示，上海、北平、天津等大城市解放后，陆续召开了各界代表会议。1949 年 8 月 13 日，毛泽东在北平市第一届各界人民代表会议上作简短演讲，庆祝会议成功，希望全国各城市都能迅速召集同样的会议，加强政府与人民的联系，协助政府进行各项建设工作，克服困难，并进而为召集普选的人民代表大会做准备。他说："一俟条件成熟，现在方式的各界人民代表会议即可执行人民代表大会的职权，成为全市的最高权力机关，选举市政府。依北平的情况来说，大约几个月后就可以这样做了。这样做的利益很多，希望代表们加紧准备。"①

中央人民政府成立后，华东区率先在上海附近的松江县创造了召开全县各界人民代表会议的经验。1949年10月13日，毛泽东将华东局上报的松江县的经验通报西北、中南、华南、西南、华北、东北各区党政领导人，指示将会议有关报告及经验总结由新华总社广播，登报纸，并指出："这是一件大事。如果一千几百个县都能开起全县代表大会来，并能开得好，那就会对于我党联系数万万人民的工作，对于使党内外广大干部获得教育，都是极重要的。"② 他要求各大区领导人即通令所属一律仿照办理，抓紧去做，并选择一个县，亲自出席，取得经验，指导所属。

11月27日，中共中央要求各地"必须将这种市的县的各界人民代表会议看成是团结各界人民，动员群众完成剿匪反霸，肃清特务，减租减息，征税征粮，恢复与发展生产，恢复与发展文化教育直至完成土地改革的极重要的工具，一律每三个月召开一次。"③ 12月2日，中央人民政府委员会第四次会议通过了市、县、省各界人民代表会议组织通则，规定凡具备条件的地方应抓紧召开各界人民代表会议，并促使其逐步代行人民代表大会职权，选举产生各该级的人民政府。

各界人民代表会议的召开，对于加强城市政权建设、巩固人民民主政权，起到了重要作用。尽管各界人民代表会议为城市人

---

① 《当代中国的北京》（上），中国社会科学出版社1989年版，第59—60页。

② 《毛泽东文集》第6卷，人民出版社1999年版，第4页。

③ 《毛泽东文集》第6卷，人民出版社1999年版，第22页。

民代表会议召开以前的临时政府的协议机关，对政府不具有约束之权，但通过这一形式，使军管会和临时市政府与人民群众保持了密切联系，能够听到群众的呼声，探知群众的要求，并取得群众的协助来解决各项困难。各地城市的各界人民代表会议，一般都以当前生产上的重要问题为议题，如原料如何供应，产品如何销售，劳资关系如何调整，煤粮如何配给等，许多城市生活中的紧迫问题，都是经各界人民代表会议集思广益逐一获得解决的。

各界人民代表会议的召开，对受过西方教育和西方民主政治影响的人们，是一个很好的教育。曾写过《初访美国》《重访英伦》的清华大学教授费孝通，原不敢相信共产党会实行民主。但是他参加了北平市第一届各界人民代表会议，看见很多人，穿制服的、穿工装的、穿短衫的、穿旗袍的、穿西服的、穿长袍的，还有戴瓜皮帽的，这许多一望而知不同的人物，都在一个会场里听取叶剑英市长的工作报告，一起讨论财政税收问题。毛泽东不但亲临会议，还把随身携带的一封向他反映物价高、捐税多和失业问题的市民来信交会议处理。代表们在会上提交的提案达248件，所提出的多为社会生活中迫切需要解决的问题，会上分别进行了审议和处理。会议还建立了与群众经常联系的各界人民代表协商委员会。这一切，使费孝通深深感到：上了六天"民主课"。①

1950年6月，毛泽东在中共七届三中全会上提出："必须认真地开好足以团结各界人民共同进行工作的各界人民代表会议。人民政府的一切重要工作都应交人民代表会议讨论，并作出决定。"② 1951年2月，刘少奇在北京市第三届人民代表会议上讲

---

① 参见费孝通：《我参加了北平各界代表会议》，《人民日报》1949年9月2日。

② 《毛泽东文集》第6卷，人民出版社1996年版，第71页。

话指出："人民代表会议与人民代表大会制度，是我们国家的基本制度，是人民民主政权的最好的基本的组织形式。"他把开好人民代表会议作为当时一项重要的政治建设任务，同国家的经济建设特别是工业化建设联系起来，指出国家的民主化，与新民主主义的经济建设及国家的工业化是不能分离的。在这里，刘少奇鲜明地提出"我们的基本口号是：民主化与工业化!"①

总之，通过各界人民代表会议这一过渡性组织形式，党和政府的一切决议和主张，得到群众的协助，吸收各界人士的意见，取得广大人民的拥护。同时，也使城市人民进行了参政议政，行使民主权利的初步训练，为逐步过渡到普遍选举的人民代表大会制准备了条件。到1950年新中国成立一周年的时候，全国已成立了东北人民政府和中央直属的内蒙古自治人民政府，成立了华东、中南、西北、西南4个大行政区的军政委员会，28个省人民政府，9个相当于省的行政区人民行政公署，12个中央和大行政区直辖的市人民政府，67个省辖的市人民政府，2087个县人民政府。所有这些政权组织，都是代表各阶层人民利益，联系广大人民而仅仅压迫反动派的人民民主专政的工具。

随着社会秩序的基本安定、群众组织程度的提高和经验的积累，1951年4月，政务院发出《关于人民民主政权建设工作的指示》，要求各级政府必须按期召开各级人民代表会议，其中大城市每年至少开会三次，县至少开会两次；各级人民政府的一切重大工作，应向各该级人民代表会议提出报告，并在代表会议上进行讨论与审查；一切重大问题应经人民代表会议讨论并作出决定。到1951年10月，全国大多数省、市、县都召开了人民代表会议，其中有17个省、69个市、186个县的人民代表会议代行人民代表大会的职权，通过民主选举的方式，正式产生各该级人

---

① 《刘少奇选集》下卷，人民出版社1985年版，第60页。

民政府的负责工作人员。到 1952 年年底，人民代表会议已经形成一项经常的制度，在全国范围内自下而上地建立起来。通过这一组织形式，原来缺乏民主训练的人民群众，开始逐步学会如何行使自己的民主权利，并为召开普选的人民代表大会准备了条件。各级人民政府也在实施民主建政的过程中，逐步提高了行政效率和组织管理能力。

（四）多党合作与政治协商的基本格局

与西方国家的政党制度根本不同，中国共产党执政的一个重要特点，是实行共产党领导的多党合作、政治协商制度。这项政治设制是在民主革命时期共产党与各民主党派长期合作的基础上形成的，是中国具体历史条件下的产物。中国国民党革命委员会、中国民主同盟、民主建国会、中国民主促进会、中国农工民主党、中国致公党、九三学社、台湾民主自治同盟等民主党派，主要产生于抗日战争后期和解放战争时期。它们都与共产党有着不同程度的联系和合作共事的关系，并在共产党的领导结成广泛的人民民主统一战线，为取得民主革命的胜利和筹建新中国作出了各自的贡献。

由于中国民族资产阶级的先天不足和软弱动摇，中国的旧民主主义革命没有产生单一的资产阶级政党。而新民主主义革命中产生的各民主党派，大都具有阶级联盟的一般性质。它们在共产党执政的人民民主政权中，一开始就不是作为与执政党对立的在野党、反对党而存在，而是作为民族资产阶级、城市小资产阶级以及同这些阶级相联系的知识分子的政治代表，与共产党继续保持政治联盟和经济联盟，并在共产党领导积极参政议政，推进经济、文化的各项建设及社会的不断进步。

共产党领导的多党合作的政治协商制度，其组织形式是中国人民政治协商会议。中华人民共和国成立后，政协全国委员会即成为同中央人民政府协议国事的机关。国家一切大政方针，都要经过与政协全国委员会协商，然后建议政府施行。作为政协成员的各民主党派，可以通过彼此联系、共同发挥作用的统一组织机构——政治协商会议，参与国家大政方针的协商决定并监督其实施；同时，又通过各自独立的组织系统和单独发挥作用的形式和渠道，动员和团结它们各自所联系的社会人士投入新中国建设。各民主党派的代表人物还在中央人民政府及所属各部门中担负各种职务，直接参与国家事务的管理。这种新型的多党合作格局，对于新中国成立初期团结一切爱国民主力量，动员全国最广大人民群众，巩固人民民主政权，进行以土地改革为中心的各项社会民主改革，反对内外敌人，建立国家工业化的初步基础以至后来逐步开展社会主义改造，起了积极的推动作用。这是新中国政治体制中的一个特点和优点。

在民主建政的过程中，中共中央要求进一步加强统一战线工作，积极争取知识分子、工商业界、宗教界、民主党派、民主人士，在反帝反封建的基础上将他们团结起来，吸引他们参加包括土地改革、镇压反革命在内的人民革命斗争和适当工作；加强政权机关和协商机关中共产党员与非共产党民主人士之间的合作。

中共七届二中全会早就确定同党外民主人士长期合作的政策。共产党领导中国革命取得胜利，建立了全国政权，党内有些人对民主党派的作用及其存在的必要性产生怀疑。有的民主党派领导人也觉得已完成在民主革命中的历史使命，准备酝酿自行解散，如中国人民救国会即以中华人民共和国成立后，该组织的政治主张已经实现，于1949年12月18日宣告结束。毛泽东当时正赴莫斯科访问，他得知这一情况后，当即表示民主党派不但不能解散，而且还要继续发展。并指示中央统战部负责人向有关党派领导人传达了他的意见，阐明了民主党派在新国家、新社会不可或缺及不可替代的作用。

在 1950 年 3 月召开的第一次全国统战工作会议上，有一种意见认为，对民主党派不应在政治上去抬高他们，在组织上去扩大他们，给我们找麻烦。有的同志甚至认为民主党派是为争取民主而成立的，现在有了民主，其任务已尽，民主党派只不过是"一根头发的功劳"。这些"左"的关门主义倾向对加强统一战线的工作产生了不利影响。

毛泽东结束访苏回到北京后，听取了中央统战部负责人对全国统战工作会议情况的汇报，明确指出：对民主党派及非党人物不重视，是一种社会现象，不仅党内有，党外也有。要向大家说清楚，从长远和整体看，必须要民主党派。民主党派是联系小资产阶级和资产阶级的，政权中要有他们的代表才行。认为民主党派是"一根头发的功劳"，一根头发拔去不拔去都一样的说法是不对的。从他们背后联系的人们看，就不是一根头发，而是一把头发，不可藐视。要团结他们，使他们进步，帮助他们解决问题，如民主党派的经费问题，民主人士的旅费问题。要给事做，尊重他们。当作自己的干部一样，手掌手背都是肉，不能有厚薄。对他们要平等，不能莲花出水有高低。要实行民主，现在许多人有好多气没有机会出，要出的气不外是两种，一种是有理的，一种是无理的，对有理的应接受，对无理的给他们讲道理。不让批评，他当面不能说，背后一定说，结果就会闹宗派主义。所以一定要敞开来让人家说。①

同民主党派长期合作的政策，不仅体现在中央人民政府及政务院组成人员中非共产党人士占有一定比例，同时也体现在地方各级人民政府的人员组成上。毛泽东在审定各省人民政府主席名单时，认为共产党员太多了，应该加几个资产阶级的代表人物进

---

① 参见中共中央统战部研究室编：《历次全国统战工作会议概况和文献》，中国档案出版社 1988 年版，第 6 页。

去。1951年3月8日，中共中央发出指示，要求各级人民政府委员会必须配备适当数目的党外人士，应在各民主党派、工农劳动模范、爱国的知识分子、技术专家和工商业家中，找到合适的人选。凡各级人民政府委员会中非党人数比例太少者，上级党委及上级人民政府不应予以批准或上报。此事应成为各地检讨统一战线工作好坏的尺度之一。政务院为此专门召开会议进行讨论，并作出规定，要求各级人民政府及其各部门必须从领导上、人员上、制度上，切实加强政府机关内部的统一战线工作。

毛泽东早在解放区局部执政时期就指出："共产党员只有对党外人士实行民主合作的义务，而无排斥别人、垄断一切的权利"[1]。新中国成立后，中国共产党已在广大人民中取得了公认的领导地位，更应该要求自己的党员在党与非党关系上负起主要的责任。为此，中央要求共产党员在政府工作中，一要同党外人士沟通政策思想，二要使他们有职有权；各级正副职人员之间要有适当分工，做到"一份职务，一份权力，一份责任，三者不可分离"；要使非党人士在其职权范围内，有可能与闻一切应该与闻的事情，同他们商量一切应该商量的事情，向他们报告和请示一切应该报告和请示的事情；同时，还要积极地帮助他们能够履行责任，做出成绩。在政府机关中，共产党的组织应该适当地分配自己的党员去和一切非共产党工作人员建立密切的关系。

鉴于有的中央部门在团结党外人士方面出现一些问题，1951年11月17日，毛泽东批转中共财经委员会党组关于团结民主人士的一份通报，总结了共产党与党外人士合作的初步经验。通报指出：与民主人士和其他党外人士要合作好，必须要使党外人士有职有权，这不是句空话，共产党员应保证这句话不折不扣地实现，不论上级同级下级都应尽到自己职分内的责任，不能因为党

---

[1] 《毛泽东选集》第3卷，人民出版社1991年版，第809页。

内已有决定，而不去同党外人士商量，该商量的必须商量，该请示的必须请示，该经过的必须经过，而在工作中遇到党外人士有不同意见时，不应作硬性决定，除检讨自己意见有无不妥外，还应帮助说服党外人士始能作决定；一切重要决定，应有应该参加的党外人士（如部长、副部长等）参加决定。这绝不只是形式的，而应该取得他们的实际同意，使他们真正感觉到有参加决定大事之权；有些日常处理的重要事情（如电报、公文）和上级来的指示，下级来的报告，均应使应该看到的党外人士看到，每天在做什么事情他们都知道；用人应与党外人士商酌，党外人士所举荐的人，更应慎重考虑，能用者尽量予以录用。

在中共中央和各级党委的指导下，通过各级统战部门的努力工作，共产党同党外民主人士长期合作的政策，在政权建设和政府工作中确定下来。各级政府部门注意把党外大多数民主人士看作自己的干部一样，同他们诚恳地坦白地商量和解决那些必须商量和解决的问题，使他们在工作岗位上有职有权，努力在工作中做出成绩。总的来说，在抗美援朝、土地改革、镇压反革命等革命运动中，人民民主统一战线经受了各种考验，获得巩固和壮大，充分地动员和团结社会各方面的力量，为完成民主改革和经济恢复的任务而共同奋斗。

二、民族工作与民族区域自治的实施

（一）消除民族隔阂与增进民族团结

中国是统一的多民族国家，56 个民族共同生活在 960 万平方公里土地上。除汉族外，55 个少数民族主要聚居在内蒙古、新疆、广西、宁夏、西藏地区，杂居在云南、贵州、四川、青海、吉林、甘肃、湖南、海南等省，据 1953 年全国人口普查统计，除汉族人口 5.4 亿外，各少数民族人口共 3500 多万，约占全国人口 6%，各少数民族分布的地区占全国面积的 60%。新中国成立前，全国各少数民族与汉族共同遭受帝国主义、封建主义、官僚资本主义的残酷压迫外，各少数民族比汉族还要多受一层大汉族主义和本民族统治阶级的压迫与剥削。中华人民共和国的成立，开创了中华民族历史的新纪元，为各民族人民当家作主、繁荣昌盛开辟了广阔的前景。

中国各民族的经济、社会发展很不平衡。在少数民族同汉族的杂居区，或者同汉族聚居区相联结、相交错的少数民族聚居区，受汉族较先进的生产技术和生产工具的影响，在经济上达到或接近汉族地区的水平。而在远离汉族的偏远少数民族地区，有的长期从事封闭的畜牧经济或渔猎经济，有的虽然从事农业经济，但生产技术十分落后，仍沿用刀耕火种的原始耕作方法。就社会形态而言，有的少数民族地区封建地主经济占统治地位，有的少数民族地区是封建农奴制或残酷的奴隶制，有的甚至还保有浓厚的原始公社制残余。

与社会经济形态相适应，解放前少数民族地区的政治制度也很复杂。如内蒙古虽然早已设置省、县，但部分地区仍保存着由世袭封建王公统治的盟旗制度。西藏历来实行政教合一的僧侣贵族专政的农奴制度。西南的大小凉山地区，则以黑彝父系血缘为纽带实行家族奴隶制度。云南、四川、贵州、青海边远山区的少数民族地区，实行由头人、土司统治的山官制度等。此外，宗教在少数民族中有着广泛而深远的影响。在一些少数民族中，宗教势力很大，宗教寺院占有大量的土地、牲畜和高利贷资本。宗教领袖、上层僧侣、教主等，不仅是人民精神上的统治者，更是同世俗封建领主或大地主合为一体的经济上、政治上的统治者。宗教的各种制度，实际上是这些民族政治经济制度的一部分，对民族的经济、文化和风俗习惯影响至深。

　　从少数民族地区的社会经济政治状况出发，中国共产党制定了党和国家在少数民族地区的工作任务和方针政策，即以《共同纲领》中所规定的民族政策为基础，巩固祖国统一和民族团结，保障各民族的平等权利，实行民族区域自治，帮助少数民族进行社会改革，发展经济、政治和文化，共同建设各民族团结的祖国大家庭。1951年5月16日，政务院总理周恩来签署发出《关于处理带有歧视或侮辱少数民族性质的称谓、地名、碑碣、匾联的指示》。按照这一指示，全国各地为消除历史上遗留下来的带有民族歧视性质的一切痕迹做了大量工作，如把过去蔑称"夷族"改为"彝族"；原有犬旁字的族名都把犬旁去掉；内蒙古自治区首府"归绥"改为呼和浩特（蒙语意为青色的城）；新疆首府"迪化"改为乌鲁木齐（意为优美的牧场）；等等。这项工作使过去民族隔阂的情况发生了很大改变。

　　对于进行少数民族的工作，党在解放区时期一向采取的是"慎重缓进"的方针。"缓进"的意思是慎重稳妥，步子要稳当，不能急躁冒进。1950年3月第一次全国统战工作会议提出"慎重缓进"的方针适用于所有少数民族地区。鉴于新中国成立后将在全国有步骤地开展民主改革，1950年9月29日，周恩来在欢迎来京参加国庆一周年盛典的各民族代表的宴会上致词，郑重地提出："对于各民族的内部改革，则按照各民族大多数人民的觉悟和志愿，采取慎重稳进的方针。这样做，是完全符合我国各族人民利益的。"由此，"慎重稳进"成为党和人民政府进行民族工作的基本方针。

　　制定和解决中国民族问题的方针政策，进行民族工作，首先必须进行全面的调查研究，了解掌握少数民族和各民族关系的情况，进行沟通关系，全面接触，加强往来等多方面的工作。为了访问各民族人民，了解各民族的生活状况，加强与各民族人民的联系，从1950年开始，中央人民政府先后组织了三个中央民族访问团，邀请多位著名民主人士参加，分别赴西北、西南、中南及东北、内蒙古等各少数民族地区访问。由沈钧儒、刘格平、李德全分别担任西北、西南、中南中央访问团团长。1952 年 7 月，又组织了以彭泽民为团长的中央访问团，分别到湖南、广东、广西、河南的少数民族地区及东北各省和内蒙古、绥远的少数民族地区访问。组织访问团时，团长多由民主人士担任，并从政务院各委、部、办抽调了一批人员参加，其中一部分人后来转到民族事务委员会系统专职从事民族工作。

那时，少数民族地区除西藏外都已经解放，但由于旧中国反动统治者长期推行大汉族主义，造成很大的民族隔阂，少数民族群众对共产党和人民政府还不够了解，与汉族聚居区相连的地方只知道共产党是帮助少数民族解放、脱离贫困和落后的，而偏僻地区对共产党了解更少。另一方面，党和人民政府对少数民族地区的情况和存在什么问题，他们生活得怎样，也知道的很少。因此，访问团下去，一方面传达中央人民政府和毛泽东主席对少数民族人民的关怀和慰问；一方面了解他们的情况、问题和困难，准备逐步地做工作，设法帮助加以解决。

中央各访问团历时数月，行程数万里，走遍西南、西北各少数民族居住的偏远贫困地区，向少数民族群众宣传党和国家的民族政策，了解他们的疾苦和要求，征求他们对民族工作的意见。中央访问团开始下去的时候，还不知道那些地区有些什么民族，是通过一个一个地去了解，才弄清楚的。访问团到那些地方访问，当地政府就要事先下去调查，并派干部随团参加工作，这就带动了地方干部去深入了解本地区少数民族的情况，并由此经常下去了解和解决民族问题。这项工作，一直到 1952 年年底才结束，四个访问团都向政务院写了访问报告。这次大规模的访问活动，对于加强和改进党和政府的民族工作起了很大的推动作用。如当时的西康省藏族自治区和广西省龙胜各族自治区，就是在中央访问团的指导下建立的。

为了加强民族团结互助，各地党政部门进行了大量工作。首先，从政治上、经济上、文化上诚心诚意地帮助少数民族，在各项工作中消除历史上大民族主义造成的汉族与少数民族的隔阂，以换取少数民族抛弃狭隘民族主义。其次，对于少数民族之间和本民族内部存在的纠纷，本着消除隔阂、加强团结的原则，通过友好协商，公正合理地予以调解，使许多存在几十年甚至上百年的民族纠纷，如冤家械斗、草山纠纷、边界争议、部落间的矛盾等，基本得到圆满解决。在新中国成立初年百废待兴、资金紧缺的困难情况下，各级政府抽出必要的财力、物力帮助少数民族发展经济事业，改善少数民族群众的生活。

此外，由于种种历史原因，中国少数民族的称谓不明，多有重复交错，新中国成立之初全国登记的少数民族名称汇总起来达400 多个。针对这种情况，中央民委专门组织调查组到全国各地调查少数民族的分布情况，对少数民族进行民族识别工作。经过1953 年到 1954 年的深入调查了解，民族识别工作取得显著成绩，大体上摸清了各地少数民族的情况，首批确认了 53 个单一的少数民族。①

"下去"还要紧密结合"上来"，就是组织少数民族代表到北京参加"五一""十一"观礼和到各地参观。因为各少数民族大都地处边远，闭塞落后，对祖国发生翻天覆地变化的情况并不了解。通过参观，特别是到北京、上海等大城市看看，效果更为显著，可以使他们开阔眼界，接触党和国家帮助少数民族发展、团结全国各民族为祖国统一富强共同前进的实际，了解党和国家解决民族问题的政策，这对于消除民族隔阂和少数民族中存在的

---

① 后来于 1956 年、1979 年确认珞巴族、基诺族为单一的少数民族，加上汉族，全国共有 56 个民族。

狭隘民族主义是大有益处的。

1950 年组织的国庆观礼活动规模很大，受周恩来总理的邀请，有 40 多个少数民族的代表共 159 人来北京观礼和参观，还有各地民族文工团团员 222 人。代表成分既包括军政人员、活佛、王公、阿訇、堪布、喇嘛、土司、头人等，也包括工人、农民、牧民、军烈属、学生等。政务院专门组织了以李维汉为主任的接待少数民族观礼团的委员会，并设联络组，主要是掌握少数民族观礼代表的情况，反映他们的思想动态和意见，每天都写简报，及时送到党中央和政务院。观礼结束后，毛泽东、刘少奇、周恩来、朱德等中央领导人亲切接见少数民族观礼代表。

以后每年的五一节、国庆节，中央和各地都组织少数民族代表来北京观礼、参观，由毛泽东等中央领导人亲自接见他们，礼遇相当隆重。在北京参观之后，再到各地参观生产建设、文化建设及名胜古迹。他们亲眼看到内地的工业、农业和教育、文化事业发展的情况，看到祖国政治、经济、国防各方面的成就和新面貌，并在游览风景名胜中看到祖国的壮丽山河和文明史迹，同时了解汉族人民的情况，从祖国伟大变化的实际，亲身感受到党的民族政策的正确和今天的民族关系与历史上完全不同，懂得祖国统一和民族团结是不可动摇的。很多少数民族代表表示，不看不知道，一看胜读十年书。尤其是 1954 年 9 月，达赖喇嘛·丹增嘉措、班禅额尔德尼·确吉坚赞来北京观礼，毛泽东主席特意同这两位藏传佛教领袖并坐合影。这张照片印成大量彩色的年画，发到全国所有藏族地区，对加强汉藏民族和藏族内部团结起到了很好的作用。

总之，"上来下去"的工作对于团结少数民族，搞好汉族和少数民族之间的关系，提高党和人民政府在少数民族中的威望，加强少数民族对党的信任，都起了很重大的作用，增强了他们维护中华民族大团结、共同建设伟大祖国的信念。

（二）帮助少数民族发展经济文化事业

民族工作的一项重要内容，是大量培养少数民族干部。中央人民政府成立后，毛泽东在致西北局的电报中指出："在一切工作中坚持民族平等和民族团结政策外，各级政权机关均应按各民族人口多少，分配名额，大量吸收回族及其他少数民族能够和我们合作的人参加政府工作""要彻底解决民族问题，完全孤立民族反动派，没有大批从少数民族出身的共产主义干部，是不可能的"。[①]

随着民族工作的推进和少数民族建设事业的发展，少数民族干部的需要日见迫切。为了普遍而大量地培养少数民族干部，1950年11月间，中央人民政府政务院颁发了培养少数民族干部试行方案和筹办中央民族学院试行方案。随后，在北京建立了中央民族学院，并由中央拨款在西北、西南、中南设立了中央民族学院分院。各地除了在工作中放手使用和大胆提拔少数民族干部外，还普遍开办了各种民族干部训练班和民族干部学校。至1954年年底，连同中央民族学院在内的全国8所民族学院，共毕业学生1.1万名，其中包括蒙古、回、藏、维吾尔、壮、朝鲜、彝、苗、傣、瑶、侗、白、布依等十几个民族成分。这批学生成为少数民族干部队伍的重要骨干。另外，通过实际工作锻炼和短期培训等办法，大量培养少数民族干部。到1954年，全国少数民族的干部队伍已发展到14万人。大量培养少数民族共产主义干部的工作，取得明显成效。各级人民政府在培养少数民族干部的同时，还调派必需的汉族干部到少数民族地区工作。这些汉族干部一般地都能同当地的民族干部和群众建立亲密合作的关系，热情地为少数民族人民服务，对少数民族地区各项工作的开展起了很

---

① 《毛泽东文集》第6卷，人民出版社1999年版，第20页。

大的作用。

帮助少数民族发展经济，首先是在少数民族地区开展贸易工作，恢复和发展农业和牧业生产。1950 年至 1952 年，人民政府在广大的少数民族地区建立了国营贸易机构，根据不同的情况，分别设置了国营贸易公司门市部、采购站、代销店等企业机构和大批流动的贸易小组。这些贸易机构，根据公平合理的价格政策，有时并特别提高土产品的价格，大量收购少数民族地区的土产品，供应日用必需品，使土产品与工业品的交换比值起了空前的变化。如在湘西苗族自治区，解放前每百斤五倍子只能换 22 斤多食盐，现能换到 76 斤多食盐。在新疆，解放前要 1794 斤小麦或 119 斤羊毛才能换到一匹雁塔布，现在只要 237 斤小麦或 32 斤羊毛就能换到了。

各民族地区国营贸易机构的业务范围日益扩大。据中国畜产公司西北区公司不完全的统计，1952 年上半年仅在青海、宁夏、甘肃、陕西四省，即收购了 486 万余斤羊毛，较上年同时期增加了 60.7%。各地贸易公司在扩大经营中，还对少数民族地区土产、特产品的生产进行组织与领导的工作，帮助改进产品的品质规格，使少数民族地区的许多土产、特产发展起来，并得到广阔的销路。为了满足少数民族地区贸易的需要，许多地区的贸易行政机构和国营贸易企业还推动和领导私商对少数民族地区进行贸易，同时帮助少数民族人民经营商业，恢复和建立定期的集市。内蒙古在国营经济的领导和扶植下，还普遍发展了合作事业。经过多方努力，少数民族地区和全国各地的物产广泛地流通起来。

为帮助少数民族恢复和发展农业生产，人民政府在少数民族农业地区帮助开垦荒地以扩大耕地面积，兴修水利以防止灾害，并改变土质、倡导精耕细作、给以技术指导以提高单位面积产量，还发放贷款以扶助少数民族人民度荒和解决缺乏生产资金的问题。为帮助少数民族发展牧畜业，人民政府在牧畜区注意指导各民族、各部落间合理地使用草原，以贷款帮助牧民储草过冬，发动牧民修盖牲畜圈棚，改进饲养方法，大力防治兽疫，并在牧畜区推行牲畜配种和有重点地改进牲畜品种。在缺草缺水的地区还发动牧民培植牧草和打井。其他各种生产事业，如手工业、林业和各种副业等，也有很大发展。有的地区如内蒙古自治区和新疆已开始了现代工业的建设。

党和人民政府十分注重少数民族文化教育、卫生事业的发展。针对少数民族因疾病关系，人口死亡率很高，亟待解决防治疾病的迫切要求，中央人民政府积极开展民族卫生工作，先后拨给少数民族地区的卫生事业补助费达1092万余元。到1952年年初，在各少数民族聚居的县份，恢复和建立的县卫生院和县卫生所有187个。在民族杂居的县份还建立了许多卫生院和卫生所。为了加强民族卫生工作，中央卫生部和各地卫生机关前后派出50多个卫生队到西北区、西南区、中南区、内蒙古自治区替少数民族群众免费治疗。进入少数民族地区的人民解放军医疗队也热情地为少数民族人民治病。西藏和平解放后，中央卫生部立即派遣了入藏医疗工作组，并拨款数十万元作为替西藏人民医疗的费用。这些流动的卫生队和医疗组克服了种种困难，深入草原、远达边疆，在广大的少数民族地区救死扶生，受到各少数民族人民的热烈欢迎。他们在各地区除治疗疾病外，还进行了卫生宣传和大力推广妇幼卫生的工作。

在帮助少数民族发展教育事业方面，有的地区教育已经相当普及，如东北朝鲜族入学儿童已达学龄儿童92%左右。有的地区的学校数目发展很快，如内蒙古自治区的小学比日本统治时期的最高数字增加了3倍多。有些过去根本没有学校的民族如鄂伦春族，已有了自己的学校。新疆和延边朝鲜族自治地方，不仅有小学和中学，还有了高等学校。若干地区还开展了群众性的冬学运动。

中央人民政府重视发展少数民族的语言文字，政务院文化教育委员会特别成立"民族语言文字研究指导委员会"，负责指导和组织关于少数民族语言文字的研究工作，没有文字的帮助创立文字，文字不完备的帮助求其完备。西康彝族新彝文的创立，是这方面工作的开端。人民政府充分运用了现有条件，并大力发展少数民族文字的出版事业。到1952年，仅中央民族事务委员会用蒙文、藏文、维吾尔文翻译出版的书刊就有70多万册。地方的民族文字出版事业和新闻事业也有相当的发展。蒙、藏、维吾尔、哈萨克、朝鲜族的人民都在用本民族的文字阅读马克思列宁主义和毛泽东著作，阅读中央人民政府的政策文件以及科学技术知识读物和文艺作品。

此外，少数民族语言的广播和电影也在发展中。许多文艺工作者深入民族地区采风，积极研究和整理少数民族的音乐、舞蹈等优秀传统艺术。少数民族的风俗习惯和宗教信仰也受到充分的尊重。1952年7月，包括10个民族成分的伊斯兰教人士在北京举行了中国伊斯兰教协会筹备会议，体现了中国少数民族享有宗教信仰自由的充分权利。

（三）制定和实行民族区域自治实施纲要

中华人民共和国是在统一的多民族国家的社会历史条件下实行单一主权制的。建国大宪章《共同纲领》接受中国共产党以马克思主义为指导的民族政策，确定中华人民共和国在中央人民政府的统一领导下实行民族区域自治制度，以解决国内的民族问题。纲领规定：中华人民共和国境内各民族一律平等，实行团结互助，反对大民族主义和狭隘民族主义，禁止民族间的歧视、压迫和分裂民族团结的行为；各少数民族聚居的地区，应实行民族的区域自治，按照民族聚居的人口多少和区域大小，分别建立各种民族自治机关。

1951 年 2 月 5 日，政务院在《关于民族事务的几项决定》中指示，各大行政区须指导各有关省、市、行署人民政府认真地推行民族区域自治及民族民主联合政府的政策和制度，并随时向政务院报告推行经验，其必须事先请示者应向政务院请示。在总结全国各少数民族地区开展民族工作经验的基础上，1952 年 2 月 22 日，政务院第一百二十五次政务会议通过了《民族区域自治实施纲要》和《关于地方民族民主联合政府实施办法的决定》。

地方民族民主联合政府实施办法，主要是为了保障各民族杂居区少数民族的平等权利而制定的。该办法规定：在民族杂居区建立的政权机关的人民代表会议和政府委员中，都要有适当名额的少数民族委员；其名额和人选须经充分协商，注意照顾人口较少的民族。按照这个实施办法，到 1952 年 6 月，已建立的民族民主联合政府有 200 多个。这一制度的推行，使少数民族杂居区的各民族，都有适当名额的本民族代表参加当地的政权工作，满足了民族杂居区少数民族参加政权的要求，加强了民族团结。对于散居在汉民族或其他民族居民中的若干少数民族成分，中央人民政府政务院公布了关于保障一切散居的少数民族成分享有平等权利的决定，充分地保障了他们与汉族人民或在当地占多数的其他民族人民同样享有各种自由权利，禁止对他们的一切歧视或侮辱行为。

1952 年 8 月 8 日，中央人民政府委员会第十八次会议批准了《中华人民共和国民族区域自治实施纲要》，于 8 月 9 日公布实行。民族区域自治是在中华人民共和国领土之内、在中央人民政府统一领导下、以少数民族聚居区为基础的区域自治。《纲要》明确规定：各民族自治区统为中华人民共和国领土的不可分离的一部分；各民族自治机关统为中央人民政府领导下的一级地方政权，并受上级人民政府的领导。自治区的建立，得依据当地民族关系、经济发展条件，并参酌历史情况而定，既可以一个少数民族聚居区为基础建立自治区；也可以一个大的少数民族聚居区为基础建立自治区，在该自治区内的各个人口很少的其他少数民族聚居区，则实行区域自治。《纲要》并对民族自治机关、自治权利、自治区内的民族关系、上级人民政府的领导原则等问题作了具体规定。

《民族区域自治实施纲要》是根据中国少数民族的特点而制定的具有全国指导意义的实施办法。它将民族自治与区域自治正确地结合起来，充分尊重各少数民族的民主权利，既有利于保证国家的完整和统一，又有利于在中央人民政府领导下，发挥各自治地方少数民族管理自己事务的热情，促进各民族间的平等、团结、互助关系，推进各民族的共同发展和共同繁荣，受到各少数民族的欢迎。这个《纲要》在各少数民族聚居地区得到贯彻实行，使中国的民族区域自治工作取得较大进展。

依据《纲要》，全国建立了一批民族自治地方。截至 1952 年 6 月，已经建立的民族自治区①有 130 个，其中有相当于专区或相当于县的，更多的是相当于区或相当于乡的。若干人口很少的少数民族如内蒙古的鄂伦春族、西北的保安族，在其聚居区也实行了区域自治。除 1947 年最早成立的内蒙古自治区外，新疆、宁夏设立了准备成立相当于省一级自治区的筹备机构。按照《纲要》的规定，民族自治机关的自治权包括：可在国家法令规定的范围内制定本自治区单行法规；依照本民族大多数人民和与人民有联系的领袖人物的志愿决定内部改革事务；依据中央有关权限划分的规定来管理本自治区的财政；在国家统一的经济制度和计划下自由发展本自治区的经济事业；采取适当办法发展各民族的

---

① 根据 1954 年一届全国人大一会会议通过《中华人民共和国宪法》，早期成立的"民族自治区"，改名为与其辖区范围相应的民族自治县、自治州、自治乡。

文化、教育、艺术和卫生事业；等等。

民族区域自治制度的推行，加强了民族团结，激发了各少数民族人民的爱国热情性，推动了当地的各项工作，从而迅速地改变着少数民族社会生活各方面的面貌。经过多年的努力，民族区域自治已成为中国的一项基本制度，它对维护祖国统一、实现民族平等、加强民族团结、促进民族发展具有重大和长远的意义。

三、教育文化改革和社会各界思想改造

（一）改造旧有的教育文化事业

旧中国在国民党统治时期的教育，主要是半封建半殖民地性质的。在农村，封建的私塾占相当大的比重；在私立学校中，受外国津贴的学校占有很大的比重。例如，1947 年在 125 所大学和独立学院中，私立学校约占 44%。在私立学校中，受外国教会津贴的约占 34%。1931 年"九一八"事变和 1937"七七"事变后，日本侵略者在各沦陷区实行奴化教育。抗日战争结束后，在国民党统治区又实施了国民党的"党化"教育。旧中国的社会文化事业中，包含着大量封建的、买办的反动腐朽思想，而且存在着忽视科学发展和技术进步、文教发展与经济社会发展严重脱离等缺陷。中华人民共和国成立后，旧有文教事业远远不能适应新社会的需要，为此，需要在恢复和发展国民经济的过程中，有步骤地谨慎地进行对旧有教育文化事业的改造。

随着各大城市的解放，原来为国民党反动统治集团所控制的报纸、电台、通讯社等舆论工具，已掌握在党和人民政府手中；一些由民族资本创办、私人经营的新闻、报刊、广播事业，经申请登记核准后，可继续营业；对外国人在中国办的报纸、通讯社等，则分步骤地明令停刊或取消。这样，就取缔了帝国主义、反

动派残留的舆论文化阵地，开始建立起传播革命思想和新民主主义文化的宣传阵地。随后，通过有步骤地对私营报纸、刊物、广播等事业进行改造，把作为舆论宣传、大众传播重要工具的这部分文化事业，完全置于党和国家的统一领导之下，确立了马克思主义、毛泽东思想在国家一切工作中的指导思想的地位。这是新中国成立后在思想文化领域的一个决定性的变化。

为了在马克思主义指导下，对新旧社会交替时期的社会意识形态进行有效的管理，中央人民政府政务院下设立了文化教育委员会，负责指导文化部、教育部、科学院、新闻总署、出版总署等部门的工作。在党的系统，由中共中央宣传部负责意识形态方面的管理，拟定党在文化艺术、学校教育、报纸广播、书刊出版等方面的具体政策，并通过政务院文化教育委员会及所属部门的党组，贯彻实行党关于思想文化教育的方针、政策。由此，初步形成新的国家意识形态管理体制的基本格局。鉴于当前阶段的主要任务是进行新民主主义改革和建设，有关意识形态的管理工作总的来说是按照《共同纲领》的要求，适应建立新民主主义的，即民族的、科学的、大众的文化教育的需要而进行的。

按照建设民族的、科学的、大众的文化教育的总方针，《共同纲领》规定："人民政府的文化教育工作，应以提高人民文化水平，培养国家建设人才，肃清封建的、买办的、法西斯主义的思想，发展为人民服务的思想为主要任务"。"提倡爱祖国、爱人民、爱劳动、爱科学、爱护公共财物为中华人民共和国全体国民的公德"；"努力发展自然科学，以服务于工业农业和国防的建设。奖励科学的发现和发明，普及科学知识"；"提倡文学艺术为人民服务，启发人民的政治觉悟，鼓励人民的劳动热情"；"人民政府应有计划有步骤地改革旧的教育制度、教育内容和教学法"；"有计划有步骤地实行普及教育，加强中等教育和高等教育，注重技术教育，加强劳动者的业余教育和在职干部教育"；等等。

这些文化教育政策是改造旧有教育和文化事业的基本依据。

第一，对旧中国教育事业的改革。

在旧中国，教育不发达，中国人口中文盲所占比例很大，学校的分布很不平衡。中学大多数设在县城以上城镇。有的县无中学，有些区乡无小学。高等学校有 40% 设在上海、北平、天津、南京、武汉、广州等 6 个城市，国立大学的 40%、私立大学的 46% 设在沿海地区。边远省份和少数民族地区学校很少。各级学校绝大多数的图书资料、教学设备十分缺乏，教材陈旧落后。

对旧有文教事业的改革，从根本上说，是使文化教育事业从过去掌握在少数人的手里，转移到广大劳动人民的基础上，并有效地为恢复与发展生产事业服务。在学校教育方面，对原国民政府主办的各类公立学校，一律实行接管，各学校的教职员，除极反动的个别分子听候处理以外，按照原职原薪继续工作。对私立学校，则维持原状，工作照常进行。这样，既维护了学校教学秩序和一大批教师知识分子的思想稳定，又照顾了教育事业必要的历史继承性和延续性，使原有的教育事业完整地回到人民手中。

中央人民政府成立后，很快确定了逐步改革旧教育、发展新中国教育事业的正确方针。1949 年 12 月 23 日，第一次全国教育工作会议召开，会议提出：必须在原则上坚持新民主主义教育的总方针，另一方面也反对对旧教育采取否定一切，不批判地吸收历史遗产中优良的部分的态度，而违反争取、改造和团结知识分子的方针；或对新解放区的教育工作者采取排斥的态度。同时，又要反对不顾情况，单凭主观愿望，不讲求步骤急于求成的急躁和盲目的态度。会议确定教育改革的方针是："以老解放区新教育经验为基础，吸收旧教育有用经验，借助苏联经验，建设新民主主义教育"。明确了人民的新教育"应着重为工农服务""普及与提高正确结合，在相当长的时期内以普及为主"的发展方向。根据上述精神，1950 年 6 月教育部召开第一次全国高等教育会议，又陆续召开全国工农教育会议、中等教育和初等及师范教育会议、中等教育会议及中等技术教育会议等，对各级各类教育的改造作了具体部署。

在对旧教育制度的改革中，首先废除反动的政治教育，废止国民党政府颁布的"党义""公民""童子军""军事训练"等课程；建立革命的政治教育，增设政治经济学、新民主主义论、社会发展史等新课，使马列主义、毛泽东思想的教育进入学校。同时，着手改变旧社会劳动人民没有受教育机会的状况，解决教育为工农大众开门的问题，大力发展工农教育。为此，各地兴办多种多样的工农速成中学、干部文化补习学校（班）或各类专修班，采取短期速成的方法，使一批工农干部、产业工人和解放军指战员达到中等文化程度。许多普通劳动者通过工农速成中学掌握基础文化知识，或继续接受高等教育，成长为新一代知识分子和生产建设上的骨干。

为使高等教育更好地适应国家建设的需要，从 1951 年年底开始，教育主管部门参照苏联的经验，对全国高等学校及其所属各院、系进行一次全面的调整。这次院系调整的方针是"以培养工业建设人才和师资为重点，发展专门学院和专科学校，整顿和加强综合大学"，以改变旧中国高等学校布局和系科设置不合理的状况。1952 年至 1953 年，全国分期分批进行了院系调整，对原来学科设置较为繁杂的综合大学，以文理科为主实行合并：将综合大学所属各工科院、系，独立出来成立专门学院；新建立航空、钢铁、矿冶、地质、石油、水利、农机等工业专门学院；同时，加强师范、农林、医药等院校。经过调整，全国共有高等学校 184 所，开始初步形成学科、专业设置比较齐全的高等院校体系，旧中国高等学校布局不合理的状况有所改变。经过院系调整，原有 79 所私立高等学校全部改为公办，实行全国高等学校统一招生和毕业生统一分配制度。

　　高等学校的院系调整，加快了对国家急需的建设人才的培养。但由于缺乏经验，在实际工作中也出现一些缺点。如照搬苏联的教育模式，未能充分吸收中国教育遗产中的优良部分；偏重专业教育，批评西方的"通才"教育，采取了"理工分家"的做法，造成学科分割，不利于各学科间的渗透、综合及对学生的全面培养。当时认为政法各专业是为反动阶级培养人才的，财经各专业是脱离中国实际的，因而对文法、财经等系科砍得过多。重理工轻文科，造成学科结构和人才结构不合理，使财经、政法、社会学等一些对经济社会发展有用的学科专业受到严重削弱，给中国教育事业的发展留下了一些缺陷。

　　中华人民共和国成立之初，中央人民政府允许接受外国津贴的文化教育救济机构，在遵守政府政策法令的原则下继续接受外国津贴。但是，某些外国教会藐视中国政府的这个原则，甚至继续利用教会学校暗中进行反动的宣传和活动。尤其在美国武装干涉朝鲜和侵占中国领土台湾后，破坏活动更加活跃起来。出于永久占领这些文化侵略据点的企图，他们施展种种阴谋，对学校师生胁迫利诱，阻挠改革，甚至用断绝经费来源相要挟。在这种情况下，中国政府开始接办教会学校的工作。

　　首先接办的是罗马教廷创办的辅仁大学。1950 年 7 月，教会驻校代表芮歌尼先后致函陈垣校长，提出四项干涉学校行政的条件和解聘五位进步教授的名单。当其无理要求遭拒绝后，教会便停拨了一切经费。中央教育部部长马叙伦召见芮歌尼，阐明人民政府对教会学校的原则态度，责令其放弃一切无理要求，但教会仍坚持反动立场。为此，教育部报准中央人民政府政务院于 10 月明令将辅仁大学正式接收由中国人民自办。

　　1950 年 12 月底，针对美国冻结中国在美资产的挑衅行为，中央人民政府发布《关于处理接受美国津贴的文化教育救济机关及宗教团体的方针的决定》。根据这个决定，教育部于 1951 年 1

月发出《关于处理接受美国津贴的教会学校及其他教育机关的指示》。1951 年年初，全国对接受外国津贴的高等学校共 20 所（辅仁大学除外）、中等学校共 514 所、初等学校共 1132 所实行接办，分别情况由政府接办改为公立，或由中国人民自办维持私立，政府予以补助。在 1952 年和 1953 年的院系调整中，这些私立学校全部改为公立。

在接办教会学校的过程中，也出现一些偏差，如没有把正常的中外文化交流与帝国主义的文化侵略区别开来，有些学校连同外国大学交换图书、资料的工作也中断了；对在教会学校工作的外国教员，不分好坏，全都任其回国，而其中有不少教员对中国人民是友好的，并愿意以自己的学识为中国人民服务。但总的来说，接办教会学校，收回教育主权，割断文教机构同帝国主义的联系，由中国人民自己办教育和宗教事业，从根本上改变旧教育为帝国主义服务的性质，有力地促进了人民教育事业的发展。

第二，对旧有社会文化事业的改革。

首先是树立和巩固马克思列宁主义、毛泽东思想在整个国家的指导思想地位。根据中共中央关于建立健全宣传机构和加强党的宣传教育工作的指示，各级党委迅速建立宣传部，其职能是领导或推广马克思列宁主义、毛泽东思想的宣传；领导或推广对于反马克思列宁主义、毛泽东思想的言论观点的批评；领导各级各类干部的政治理论学习；组织党内外理论工作者的活动；等等。

在新闻报刊方面，使中共中央机关报《人民日报》成为全国的新闻舆论中心，并要求所有报纸担负起指导中心工作的职能。各省市党委都按照《人民日报》的办报宗旨，陆续办起自己的机关报，形成把地方报纸"党报化"的趋向。对于民主党派所创办或主管的报纸刊物，如当时的《文汇报》《光明日报》《新建设》《新观察》等，也不例外地要求"宣传共产党的理论方针政策，引导民主党派人士和广大知识分子学习马克思主义毛泽东思想"。

随着改革、改造工作的深入，各地民间的、同人性质的报刊渐次停办。

1950 年 3 月，中共中央决定将在延安创办的新华通讯社改为全国统一的国家通讯社，作为全国新闻业务中心。接着，新华社国内各分支机构很快结束了分散状态，改变了业务上、组织上的地方隶属关系，直接受新华社总社领导。新华通讯社最初隶属于政务院新闻总署，但由于所具有的全国新闻舆论中心的独特地位及其工作性质和任务的特殊性，它的整个工作同人民日报社一样，都由中共中央书记处直接领导和由中宣部负责具体指导。这样，执政党和人民政府通过接管、整顿、改造等措施，完全掌握了对新闻、广播、报刊的控制权。有关重大事件的宣传报道，统一由中央引导，形成全国范围的社会舆论，从而构成了强有力和高效的宣传、动员机制。

在文学艺术方面，1949 年 7 月第一次全国文艺工作者大会确定了"文艺为人民服务，首先为工农兵服务"的基本方针，成立了全国文学艺术界联合会（简称全国文联）以及后来改称为中国作家协会的统一组织。党和人民政府倡导继承和发扬民族文化中的优良传统，有步骤有重点地发展人民的文学、艺术、戏剧、电影等文化事业。鉴于中国拥有丰富的戏曲遗产，党和政府强调要团结包含几十万艺人并影响几千万观众、听众的旧文艺队伍，提高旧艺人的社会地位，改善他们的生活工作条件。1951 年年初，毛泽东为中国戏曲研究院题词，提出"百花齐放，推陈出新"这一繁荣戏曲事业的方针。同年 5 月，政务院发布《关于戏曲改革工作的指示》，确定戏曲应以发扬人民新的爱国主义精神，鼓舞人民在革命斗争与生产劳动中的英雄主义为首要任务；要求剔除旧有戏目中的封建毒素，鼓励各种戏曲形式的自由竞赛；要求旧艺人在政治、文化和业务上加强学习；有步骤地改革旧戏班、旧戏社中某些不合理的制度。通过对旧文艺的改革，广大文艺工作者深入社会生活，投身于现实斗争，创作出一批以革命战争、社会改革为题材，启发人民政治觉悟、鼓励人民劳动热情的优秀文艺作品，受到人民群众的普遍欢迎。

在书刊出版方面，统一全国新华书店为国营的书刊发行机构，成立人民出版社等十余家规模较大的国营专业出版社；合理调整公私出版业的关系，划分国营与私营出版社出书的范围和重点；实行解放前进步出版业的联合，成立生活·读书·新知三联书店；促进商务印书馆、中华书局、开明书店等影响较大的私营出版业实行联合经营，进而有步骤地实行公私合营。这些措施，实现了全国出版业的统一领导、统一管理，逐渐消除了出版发行工作的无序与无计划现象，基本满足了建国初期各界人民对各种出版物的需要。

党和人民政府十分重视科学技术在建设事业中的重要作用，在接收旧中国的"中央研究院""北平研究院"及其所属研究所的基础上，组建了中国科学院，规定科学院的主要任务是"有计划地利用近现代科学成就以服务于工业、农业和国防的建设，组织并指导全国的科学研究，以提高中国的科学研究水平"。科学院建立后，吸收了一批在旧社会报国无门、为工作和生计所困的科学家，使他们有了从事科学研究的基础条件和施展抱负的机会；同时，确定科学研究为人民服务的方向，学术研究与实际需要密切配合的方针，调整和充实了科学研究机构，培养及合理地分配科学人才，逐步建立起专门科研机构与高等院校、产业部门、国防部门所属科研机构相配合的科研体系，加强了科研队伍的组织建设，为中国科学事业由近代落伍逐渐走向振兴打下了初步基础。

（二）知识分子重新学习和思想改造运动

在有步骤地谨慎地改革文化教育事业的过程中，中共中央十分重视知识分子在革命和建设中的作用，强调必须把知识分子团结在党和人民政府周围，充分利用他们的科学文化知识为新中国建设事业服务。对旧社会过来的知识分子，党和政府采取了全部包下来的政策，使他们绝大多数继续从事原来的教育、文化、科学、技术等工作，以用其所长。同时，党强调要根据形势的变化和新社会的要求，做好对知识分子团结、教育和改造的工作。

新中国成立时，从旧社会过来的知识分子约有 200 万人。其中一部分是积极参加民主革命的进步分子，大部分是同情革命，拥护共产党和人民政府的。整体来看，中国知识分子的基本队伍是爱国的。为了充分发挥知识分子建设新中国的积极作用，《共同纲领》明确规定："给青年知识分子和旧知识分子以革命的政治教育，以应革命工作和国家建设工作的广泛需要"。

从旧社会过来的中国知识分子，大都接受的是封建旧式教育或西方资产阶级教育，并受到近代以来帝国主义文化侵略的影响，头脑中各种社会思潮杂陈，留存着五花八门的思想观念，如同郭沫若所形容："就像一个世界旅行家的手提筐一样，全面都巴满了各个码头上的旅馆商标。"[1] 进入新社会后，知识分子中许多人都有重新学习的愿望，希望深入地了解革命，了解共产党，了解新社会，以适应形势的巨大发展和变化。

针对知识分子上述思想情况，中央和各级党政部门先后举办军政大学、革命大学及各种政治训练班，吸收大批青年学生和知识分子学习社会发展史、历史唯物论等基本课程；学习结束后，分配到各种实际工作中去。各地还利用寒暑假组织各大中学校的教师、学生集中学习政治理论和时事政策，帮助他们提高思想政

---

[1]　郭沫若：《三点建议——一九五四年十二月八日在中国文学艺术界联合会主席团、中国作家协会主席团扩大联席会议上的发言》，《人民日报》1954 年 12 月 9 日。

治水平。仅 1950 年，就有 100 万人参加了各种学习。通过历史唯物主义的启蒙教育，一大批新解放区的青年学生，包括许多接受旧式教育或西方教育的知识分子，开始了解劳动创造人类、创造世界等基本道理，加深了对共产党、人民政府的认识，为逐渐树立革命的人生观打下了初步的基础。

在土地改革、镇压反革命、抗美援朝三大运动中，广大知识分子和各民主党派、无党派民主人士、人民团体、工商界、宗教界人士一道，经受了实际斗争的锻炼和教育，思想政治觉悟有了很大提高。许多知识分子是在参观或参加土改和镇反之后，开始发生思想转变的。

北京大学工学院院长马大猷教授说：两年的工作和学习使我的思想有很大转变，尤其是参加土地改革工作的经验，使我更加认识了人民政府一切政策的正确性，对阶级立场、群众路线等也有了进一步的体会。燕京大学历史系教授侯仁之说：在土地改革中我首先发现了自己的思想感情和劳动人民的思想感情是有着很大距离的。除非我能够从思想上把自己彻底加以改造，否则我就不可能很愉快地生活在今天的人民中国，更说不到全心全意为人民服务了。清华大学吴景超教授在《参加土地改革工作的心得》中写道：我们每一个人都更明确地学会了阶级观点，更体会到群众观点。一方面认识个人能力之有限，一方面在群众的身上，发现了取之不尽的智慧泉源，便会诚心诚意的学习走群众路线了。

在理论与实践的学习初步结合的基础上，党和人民政府在全国范围领导开展了一场知识分子思想改造运动。这场运动首先是在教育界展开的。1951 年 6 月，马寅初出任北京大学校长，他了解到教师们一方面愿意接受新思想，改造旧北大；另一方面思想状况复杂，使教育改革不易开展。如进行院系调整时，都强调"以我为主"，各不相让；讨论改革旧教育内容和教育方法时，主张欧式教育、崇尚美式教育的各种观点莫衷一是，但对发展民族的大众的科学的教育却缺乏了解或不以为然。为此，马寅初会同汤用彤副校长、张景铖教务长、杨晦副教务长等 12 位教授，决定在北大教师中开展一次政治学习运动，期望通过学文件、听报告、座谈讨论、开展批评与自我批评，用马列主义、毛泽东思想武装头脑，清除旧思想、旧观念，树立新思想、新观念，以推动学校的改造和各项改革工作。

　　为了搞好这次政治学习运动，9 月 7 日，由马寅初出面给周恩来写了一封信，汇报了北大有关组织教师学习的情况，信中敦请毛泽东、刘少奇、周恩来、朱德、董必武、陈云、彭真、钱俊瑞、陆定一和胡乔木为教师，请周恩来代转各位教师到校作报告，辅导教员的政治学习。毛泽东获悉后，对北大教授们的行动非常支持，9 月 11 日他在马寅初的信上批示："这种学习很好，可请几个同志去讲演。"中共中央对此事很重视，指定由彭真、胡乔木负责领导，首先组织北京、天津两市的 20 所高校教师参加学习，待取得经验，再进一步扩展到全国所有高校。为了加强对这次学习运动的领导，教育部成立了以马叙伦为主任委员的"京津高等学校教师学习委员会"，各高校也成立了学习委员会分会。

　　9 月 29 日，周恩来受中共中央委派，向京津两市高校 3000多名教师作了《关于知识分子的改造问题》的报告。周恩来结合自己参加革命的经历和思想转变的体会，深入浅出地讲述了有关知识分子思想改造的几个问题。周恩来说：关于立场问题，知识分子应当从过去单纯爱国的民族立场前进一步，进到"为绝大多数人民的最高利益着想的人民立场，更进一步到工人阶级立场"。当然这要有一个过程，一方面"要促进这个发展过程，推动知识分子的进步"，另一方面，要"防止这个过程中可能发生的各种偏差"。关于态度问题，主要是分清敌我友的界限。在目前学习阶段，可以允许对某些问题采取观望态度，但在关于国家对内对外基本政策的重大问题上，则必须要有明确的态度，不应当也不可能采取中间态度。至于其他方面的思想问题，应当通过学习及批评与自我批评，使广大知识分子逐步清除自己身上从旧社会带来的与新民主主义制度、与为人民服务、与国家经济文化建设格格不入的旧思想、旧观念、旧意识、旧习惯，以便适应新的社会环境和革命工作和建设工作的广泛需要。周恩来勉励大家，只要不断地学习，有改造自己的信心和决心，不论是怎样从旧社会过来的人，都是可以改造好的。周恩来的报告使到会的教师深受教育和启发。

随后，整个教育界开展了以学习马列主义、毛泽东思想为主要内容的学习运动。教师们联系本人思想和学校实际，通过批评与自我批评，肃清封建买办思想，批评资产阶级和小资产阶级思想，并进一步把讨论集中到怎样把高校现有的力量，"更有效地为人民服务"的问题上来，收得较好效果。据统计，全国高等学校教职员的91%、大学生的80%、中等学校教职员的75%参加了这次运动。这不仅促进了教师和学生的思想变化，而且推动了学校教育制度的改革。

10月23日，毛泽东在全国政协一届三次会议上指出，"在我国的文化教育战线和各种知识分子中，根据中央人民政府的方针，广泛地开展了一个自我教育和自我改造的运动"，是我国值得庆贺的新气象。"思想改造，首先是各种知识分子的思想改造，是我国在各方面彻底实现民主改革和逐步实行工业化的重要条件之一"①。他预祝这个自我教育和自我改造运动能够在稳步前进中获得更大的成就，并号召使知识分子的思想改造运动迅速推广到社会各界。

11月17日，全国文联召开扩大会议，分析了新中国成立后

---

① 《毛泽东文集》第6卷，人民出版社1999年版，第183—184页。

两年来文艺创作和文艺工作者队伍的状况，在肯定成绩的同时，指出文艺界普遍存在脱离政治、脱离实际、脱离群众以及资产阶级、小资产阶级倾向，决定首先在北京文艺界组织整风学习。24日，北京文艺界举行整风学习动员大会，参加会议的文艺工作者800余人。中宣部副部长胡乔木在会上作了《文艺工作者为什么要改造思想》的演讲，他说：许多文艺工作者还没有树立工人阶级的世界观，对文艺还抱着资产阶级、小资产阶级的见解，因而作品往往缺乏新的人物、新的事件、新的感情、新的主题，不能与劳动人民新的生活相呼应。因此，文艺界必须认真学习马克思主义，改造思想，走与劳动人民相结合的道路；必须整顿文艺事业的领导及文艺团体、文艺出版物，克服各种错误。全国文联副主席周扬发表讲话，号召一切文艺工作者都要自觉地进行思想改造，用马列主义、毛泽东思想的文艺观点批判各种错误文艺思想，树立起革命的文艺观。丁玲、欧阳予倩、老舍、李伯钊、黄钢、瞿希贤、华君武、李广田等文艺家也在会上作了发言，带头进行批评与自我批评，并表示要积极参加整风学习，努力改造思想。此后，根据中央的指示，各中央局、分局、省市区党委都仿照北京的办法，根据当地的文艺机关、团体、学校及文艺工作者队伍的状况，制定了整风学习计划。

到1952年5月中下旬，以纪念毛泽东《在延安文艺座谈会上的讲话》发表10周年为契机，各地采取报告会、座谈讨论等方式，掀起文艺整风学习的高潮。文艺工作者按照《讲话》精神，结合自己的思想和工作，开展批评与自我批评，围绕文艺的方向、领导、立场、态度、对象、源泉、形式、标准等问题，展开学习和讨论，澄清了文艺应为谁服务和如何服务，文艺的源泉是书本还是劳动人民的实践，文艺批评的标准等问题，促使文艺工作者逐步树立起马克思主义的文艺观。

知识分子思想改造学习运动也推广到科学界。1951年12月

18 日，中国科学院举行思想改造学习的动员大会，郭沫若院长针对一些科学工作者的"超阶级""超政治"的错误观点，诸如"你做你的革命家，我做我的科学家""中国的政治水平已经够高，现在应主要提高科学水平而不是政治水平"等，进行了分析和批评。郭沫若号召科学工作者"努力学习，纠正自己错误的思想，克服科学研究中的缺点"。许多科学工作者加入到思想改造的行列，批评了科学界存在的"门户之见""文人相轻"等片面性的思想方法，努力用毛泽东思想武装起来的"新我"战胜旧观念的"旧我"，做一个人民的科学家。

中国科学院副院长李四光在全国政协一届三次会议的发言中，分析了中国的科学工作者绝大多数是直接或间接从各资本主义国家的科学界脱身出来的。因此，在思想意识上难免不打上两层烙印：一是在外国所打上的，那便是资本主义社会里，名为科学的而实际是反科学的思想烙印。二是在中国旧社会所打上的，那便是半封建、半殖民地的思想烙印。如"科学超政治"的错误观念，很容易使科学工作者脱离现实，着重于学院式的研究，或者强调纯技术性的观点，或者倾向于求得外国人的赏识，缺乏科学研究自立的精神等。因此，现在的问题不是从旧社会出来的科学家们的思想要不要改造，而是要怎样改造。[1]

中国科学院植物病理研究所所长戴芳澜检讨了他过去轻视实践、轻视劳动人民的思想，并觉得经过清算之后，好像洗了一个澡，去掉了很多障碍，精神上倒很痛快，不但没有丧失反而增添了自信心，坚定了为人民服务的思想。[2] 由此，"洗澡"之说，便成为各级领导机关普遍号召知识分子彻底检查旧思想的一个专

---

[1] 参见《人民日报》1951 年 11 月 1 日。

[2] 参见戴芳澜：《从头学起从头做起》，《人民日报》1951 年 11 月 24 日。

用语，成为敦促知识分子进行思想改造的一个代名词。

1952 年 1 月 7 日，人民政协全国委员会作出《关于开展各界人士思想改造学习运动的决定》，要求各级政协要负责组织和领导各界知识分子学习马克思列宁主义、毛泽东思想，以求了解中国革命的前途，取得正确的革命观点；学习《共同纲领》和共产党的政策，以求理解和自觉执行政策；认真开展批评与自我批评，以求纠正违反国家和人民利益的错误思想和行为。各民主党派、工商界、宗教界以及各级人民政府、人民团体、企事业单位中的各界知识分子也积极参加了思想改造学习运动。

1952 年年初，"三反""五反"运动相继进入高潮，中央又发出指示，要求各界知识分子都应毫无例外地参加运动，并强调指出这是最实际的思想改造。结合"三反""五反"运动，1952 年 1 月以后，知识分子思想改造运动在全面动员的基础上，普遍进入思想检查阶段。各级党组织根据"启发自觉、主动交待"的原则，要求知识分子结合自己的经历，在一定范围的会议上进行思想检查，听取并接受群众的评议，并由所在单位的学习委员会根据知识分子的不同表现，提出帮助他们改进的意见。

由于这个时期，新闻、广播、报刊等舆论工具，为宣传马列主义、毛泽东思想及贯彻巩固政权、改造社会的各项方针政策，提供了极其有效的途径，新的国家意识形态逐渐渗透到社会生活的各个方面。"阶级""解放""翻身""当家作主"等很快成为社会的主流话语；"站稳立场""交代历史""清除烙印""表明政治态度"等则在思想改造运动中成为一种强势语汇，并同激烈的大规模群众阶级斗争及城乡社会改造相结合，使新的国家意识形态"前所未有地深入到中国社会之中"，获得"超强的影响力和渗透力"。在这样的政治背景下，知识分子思想改造期间，除了面对面的批评和自我批评以外，文教界知名人士写的许多检讨文章还在《人民日报》《光明日报》等报刊上公开发表，并结集出版。

如清华大学教务长周培源《批判我的资产阶级的腐朽思想》；副教务长钱伟长《我跳出了帝国主义的陷阱》；文学院院长兼哲学系教授金岳霖《批判我的唯心论的资产阶级教学思想》；营建系主任梁思成《我为谁服务了二十余年》；物理系教授葛庭燧《批判我的崇美思想》等；中央民族学院副院长费孝通《洗清自己，站进人民队伍》；辅仁大学副教务长林传鼎《我的反省》；北京大学化工系主任傅鹰《我认识了自己的错误》；燕京大学新闻系主任蒋荫恩《我要彻底改造我的思想》；中国科学院语言研究所所长罗常培《从三反运动中认识了我的资产阶级腐朽思想》；复旦大学理学院院长卢于道《扫除我过去反动的科学思想》；上海电影制片厂导演郑君里《我必须痛切地改造自己》；中央音乐学院上海分院院长贺绿汀《检查我在工作上和创作上的错误》；等等。这些检讨文章的作者几乎囊括教育、科学、文化各界知名人士。

这些检讨文章，大都从剖析个人的历史（阶级出身、所受教育、在旧社会的政治关系及政治表现等）出发，批判自己的旧教育思想、科学思想、文艺思想等，表明对思想改造的认识和决心。从坦露的心路历程看，广大知识分子对思想改造的态度是真诚的，对新中国是热爱的，对自己确实存在的缺点是有认识并决心改正的。但是，在思想改造的政治压力下，这些检讨大都带有过度的自我贬抑和心灵鞭挞。例如，说自己新中国成立前去欧美留学，是"逃避革命"；在美国人资助的学校里讲学，是"开门揖盗"，归根是为帝国主义服务的；鼓励学生用英文写报告，是"中了西方资本主义文化的毒"；认为苏联的来丘林、李森科生物学说是"无产阶级的"新科学，而西方的摩尔根遗传学方法则是"资产阶级的"；把思想观念、思想方法上一般的缺点或不足，上升为"极端反动腐朽的资产阶级思想"；把正常的中外文化交流等同于帝国主义的文化侵略；等等。这些情况，是与当时号召彻底肃清亲美、崇美、恐美的思想，强调彻底批判资产阶级腐朽思想的斗争密切相关的，不可避免地带有特定的时代印记。它反映了这一代知识分子在"下水洗澡"的思想改造运动当中，急于甩掉历史包袱、站稳政治立场而无情解剖自己的复杂心态。

在普遍开展思想检查、着重进行思想教育过后，文教界知识分子思想改造运动开始进入组织清理阶段。结合当时党政军机关正在开展的清理"内层""中层""外层"的肃反运动，在教育、科学、文化等部门及所属机构，要求知识分子忠诚老实地写出个人政治历史的材料，以便放下历史包袱，获得谅解，轻装前进。最后，由各级党组织根据中央关于审查从严、处理从宽的原则，作出适当结论。经过上述步骤，全国规模的知识分子思想改造运动于1952年秋基本结束。

新中国成立初期对知识分子的思想改造运动，是新旧社会历史变迁特定环境下的产物。它在总的方面适应了国家建设对大量知识分子及发挥他们所拥有的科学文化知识专长的需要，也适应了当时知识分子希望重新学习的要求。它帮助从旧社会过来的知识分子清除思想上残存的帝国主义、封建买办阶级的影响，在政治上划清革命与反革命的界限，促进他们在社会大变动中适应时代变化，跟上时代要求，特别是在帮助知识分子学习掌握唯物史观和唯物辩证法，初步接受马克思主义的世界观，逐渐由民族的、爱国的立场前进到人民的立场，确实起到重要推动作用。这是共产党对知识分子改造工作取得的积极成果，也是新中国建立初期知识分子思想改造运动的主流方面。

从另一方面看，相对于经济社会的变革来说，与之相应的新的观念形态的形成，应该经历一个较长的复杂过程，需要做大量的艰苦细致的教育说服工作和思想转化工作。由于共产党刚刚走上执政地位不久，在这方面还缺乏充分的认识和必要的经验，因而在知识分子思想改造工作中，采用了过去习惯的搞运动的方法来解决思想问题，这就不免失之偏颇和粗糙，带来许多弊病。尤其是在后半期思想检查阶段，要求"人人过关""脱裤子割（封建买办、资产阶级思想）尾巴""每个教师必须在群众面前进行检讨，实行'洗澡'和'过关'"，并发动学生敦促教师作检讨，出现了一些过火行为。对旧思想、旧观念的批评，有不少上纲上线过高，过于片面、武断、简单化，形成紧张政治氛围。许多学校都有一些教师几次作检查也过不了关，经受了很大的精神压力，甚至造成不良后果。在组织清理阶段，有的部门把知识分子的一般历史问题夸大为严重政治问题，处理失当。这些明显带有强制力的做法，偏离了用民主的方法自我教育、自我改造的健康轨道，伤害了一批愿意为人民服务的知识分子的感情，一定程度上造成他们同党和政府的隔膜，以致带来长期的负面影响。

（三）对旧历史观的清理及其批判运动

在生产力十分落后、经济文化发展很不充分的历史条件下，政治层面的思想改造工作对于掌握科学文化的知识阶层，尤须十分慎重。毛泽东在中共七届三中全会上曾说过，观念形态的东西，不是用大炮打得进去的。他主张缓进，用 10 年到 15 年的时间来做这个工作①。在主要肃清封建、买办思想的新民主主义时期，对于资产阶级唯心主义思想要进行批评，指出其错误，但应由浅入深、循序渐进地引导人们接受辩证唯物主义和历史唯物主义的观念。在人民民主政权已在全国建立，而土地制度改革等民主革命任务仍在紧张进行的环境下，如何用马克思主义来教育人民，特别是使知识阶层心悦诚服地接受，这是执政党面对的一个

---

① 参见中共中央党校党史教研室资料组编：《中国共产党历次重要会议集》（下），上海人民出版社 1983 年版，第 8 页。

复杂课题。

1951 年元旦前后，京、津、沪几个大城市上映了电影《武训传》。这部影片在解放前由进步电影工作者开拍，解放后摄制完成，经中共中央宣传部审查同意后公映。影片描写了清朝末年有着"千古奇丐"之称的武训历尽屈辱，"行乞兴学"，以表达身处社会底层的贫苦农民不甘愚昧、需求文化的愿望；同时刻画了武训自卑自贱、仰人鼻息、乞求恩舍的奴性的一面，试图体现武训其志可嘉，但却无法从根本上改变穷人受压迫地位的主题。影片上映后，引起很大反响，各报刊发表几十篇评论文章，称赞这是一部"富有教育意义的好电影"，颂扬武训是中国历史上劳动人民"从文化上翻身的一面旗帜"等。在一片赞扬声中，也有持不同意见的文章，指出武训"不足为训"，他的行为不论过去还是现在都是不值得表扬和歌颂的。

武训行乞兴学，过去长时期被传为一桩美谈。文化教育界包括郭沫若、陶行知、柳亚子、李公朴、邓初民、潘梓年、黄炎培等进步人士，都参加过纪念和颂扬武训的活动，推崇过"武训精神"。毛泽东在延安时期也在一些讲话中称赞过"武训精神"，以此鼓励大家克服困难，把革命坚持下去。在紧张的战争环境中，人们无暇深思对这个具有复杂矛盾性格的历史人物如何进行科学的评价。而在人民革命已经取得伟大胜利的新形势下，毛泽东认为必须把武训其人其事摆到近代中国革命历史的大背景下，用马克思主义的历史观点给予重新评价。为此，他亲自审阅了《人民日报》1951 年 5 月 20 日的社论《应当重视电影〈武训传〉的讨论》，改写和加写了大段文字，提出一些尖锐的看法。

毛泽东写道：《武训传》所提出的问题带有根本的性质。像武训那样的人，处在清朝末年中国人民反对外国侵略者和反对国内的反动封建统治者的伟大斗争的时代，根本不去触动封建经济基础及其上层建筑的一根毫毛，反而狂热地宣传封建文化，对反动的封建统治者竭尽奴颜婢膝的能事，这种丑恶的行为，难道是我们所应当歌颂的吗？向着人民群众歌颂这种丑恶的行为，甚至打出"为人民服务"的革命旗号来歌颂，甚至用革命的农民斗争的失败作为反衬来歌颂，这难道是我们所能够容忍的吗？承认或者容忍这种歌颂，就是承认或者容忍污蔑农民革命斗争，污蔑中国历史，污蔑中国民族的反动宣传为正当的宣传。毛泽东着重指出，对于武训和《武训传》的歌颂竟如此之多，说明了中国文化界的思想混乱达到何种程度！他批评一些共产党员，号称学得了马克思主义，但是一遇到具体的历史事件、历史人物和反历史的思想，就丧失了批判的能力，甚至向这种反动思想投降，由此断言，资产阶级的反动思想侵入了战斗的共产党。①

全国各主要报刊都迅速转载了《人民日报》的这篇社论，其中严厉的措辞和尖锐的批判，在思想、文化、教育界引起强烈的震动。在这篇社论的推动下，全国很快掀起了一场群众性批判运动，对武训和《武训传》作了全盘否定。许多批判者认定武训是"封建统治的维护者、封建制度的崇拜者、封建道德的支持者"；指责《武训传》的思想内容是反历史的，艺术手法是反现实主义的，是一种"公开的反动宣传"，是有意识地"用武训这具僵尸欺骗中国人民""向革命的新中国挑战"，不一而足。

根据毛泽东的意见，人民日报社和文化部组成武训历史调查团，到武训的家乡山东堂邑等县去调查。调查团的工作在毛泽东夫人江青（化名李进）的实际主持下，从预先作好的结论出发，经过对事实的筛选、加工、改造，写出带有很大片面性的《武训历史调查记》。毛泽东对《调查记》作了多达十几处的修改，把武训定性为"被当时反动政府赋予特权而为整个地主阶级和反动

---

① 参见《毛泽东文集》第 6 卷，人民出版社 1999 年版，第 166—167 页。

政府服务的大流氓、大债主和大地主";所谓"义学",其实是"依靠封建统治的势力,剥削、敲诈劳动人民的财富,替地主和商人"办学。这些结论,是与有关史实不相符的。《人民日报》发表了《调查记》,实际上为这场批判作了结论:《武训传》被定性为反动电影打入冷宫;武训则成为"万劫不复"的封建地主阶级的奴才和公认的历史反革命。

应该说,对武训这样既深受封建压迫又对封建制度毫无认识的愚昧落后的农民形象,一味赞扬是不对的。电影编导者由于艺术手法失当,造成把武训自甘下贱的丑行当作美德来歌颂的客观效果,应予批评。借武训这个具体人物,在知识分子中间进行历史唯物论的教育,帮助他们从思想上分清了什么是人民民主革命,什么是资产阶级改良主义,对于克服民族传统中落后、消极、有害的东西,继承和发扬民族的优良传统,是有一定指导意义的。

但是,这次讨论和批判带来的消极影响是明显的。在整个社会处在新旧转换的变动时期,许多文化人士由于不熟悉历史唯物论的观点和方法,出现对武训其人其事的颂扬,本是不足为怪的。只要因势利导,允许不同意见之间进行自由讨论,开展正常的文艺批评,是可以克服错误意见,发展正确意见,帮助人们逐渐学会用马克思主义观点来评价历史和历史人物的。可是,当时把问题一下子提到"污蔑"中国历史、中国民族和农民革命斗争的反动宣传的政治高度,这就使事态的发展超出了正常批评的轨道。

从《人民日报》社论起,对《武训传》思想内容的缺点和对武训的历史评价,不是由历史学家、教育家和艺术家在不抱任何成见的自由讨论中去解决,而是以政治标准第一的原则去衡量文艺作品,采取了一哄而起的群众批判运动的方法。从总体上看,这次批判是非常片面的,非常极端的,甚至是非常粗暴的,不仅给《武训传》和武训本人加上了过分夸大的罪名，而且扩展到批判近代以来许多爱国民主人士致力于"教育救国""工业兴国""知识救国""科学救国""卫生救国"的"资产阶级改良主义思想"，把这些主张及其历尽艰辛的实践，统统说成是为反动统治阶级服务的，使得以"阶级斗争"解释一切历史的简单化和片面的观念占据了主导地位。不仅知识界著名人士纷纷做检讨，进行自我批判，并给长期追随我国著名教育家陶行知从事平民教育的不少教育界人士，包括电影艺术工作者等造成很大的政治压力。

这种割断历史的错误的批判方法，违背了用民主的方法鼓励知识分子自我教育和自我改造的初衷，开了用强制、压服的办法解决人民内部思想性质问题的不良先例。以这次批判为发端，思想文化领域后来又发动了多次批判运动，均未取得良好效果，反而给文化教育事业的发展带来严重损害。这里的经验教训，值得深刻记取。

四、保持党政机关廉洁和惩治不法经济行为

（一）以增产节约为导引厉行"三反"运动

"三反""五反"运动，是中华人民共和国成立初期，围绕增产节约和保持党政机关工作人员的廉洁，整治经济违法行为和建立正常的社会经济秩序而交织进行的全国规模的群众运动。从1951年年底至1952年年中，"三反""五反"运动先后在中央和地方党政军机关、各大中城市的工商业界全面展开，并广泛涉及厂矿企业、高等学校和社会各界，对于当时中国的新旧社会转型、人们思想观念的转变、社会风气的匡正，以及整个国民经济沿着《共同纲领》轨道向前发展，具有重要影响。

　　1951 年 7 月以后，抗美援朝战争进入"边打边谈"阶段。按照毛泽东提出的"边打、边稳、边建"的方针，国内抓紧时机恢复和发展工农业生产和交通运输等各项事业，同时挤出部分资金进行有重点的经济建设。为了克服战争带来的财政上的困难，节省更多物资和资金支援抗美援朝战争和国内重点建设，中共中央决定在全国各条战线开展一个精兵简政、增产节约运动。10 月 23 日，毛泽东在全国政协一届三次会议上提出：增加生产，厉行节约，以支援中国人民志愿军，这是中国人民今天的中心任务。随着爱国增产节约运动在全国城乡深入开展，各地暴露和发现了大量惊人的浪费、贪污现象和官僚主义问题。这些情况，引起毛泽东和中共中央的高度警惕。

　　11 月 1 日，东北局第一书记高岗向中央作《关于开展增产节约运动，进一步深入反贪污、反浪费、反官僚主义》的报告说，沈阳市部分单位揭发出 3269 人有贪污行为，另外浪费现象和官僚主义也很严重，仅东北铁路系统就积压了价值上千万元的材料不作处理。报告认为，反贪污蜕化是一个复杂尖锐的斗争，必须开展一个群众性的民主运动，首长负责，亲自领导，真正把群众发动起来，才能收到最大的效果。毛泽东十分重视报告中提出的问题。11 月 20 日，他为中央起草转发高岗报告的批语，指示各领导机关重视报告所述的各项经验，"在此次全国规模的增产节约运动中进行坚决的反贪污、反浪费、反官僚主义的斗争"。

　　11 月 30 日，中共中央转发华北局关于前任天津地委书记刘青山、天津地区行署专员张子善贪污案调查处理情况的报告。毛泽东在批语中指出："这件事给中央、中央局、分局、省市区党委提出了警告，必须严重地注意干部被资产阶级腐蚀发生严重贪污行为这一事实，注意发现、揭露和惩处，并须当作一场大斗争来处理。"同日，毛泽东在中央转发邓小平关于西南区党政军三个会议情况报告的批语中指出："我们认为需要来一次全党的大清理，彻底揭露一切大中小贪污事件，而着重打击大贪污犯，对中小贪污犯，则取教育改造不使重犯的方针，才能停止很多党员被资产阶级所腐蚀的极大危险现象。"

12月1日，中共中央正式作出《关于精兵简政、增产节约、反对贪污、反对浪费、反对官僚主义的决定》，指出：进城两年至三年以来，严重的贪污案件不断发生，证明1949年七届二中全会严重地指出资产阶级对党的侵蚀的必然性和防止及克服此种巨大危险的必然性，是完全正确的。现在是全党动员切实执行这项决议的时候了，否则就会犯大错误。《决定》向全党提出警告："一切从事国家工作、党务工作和人民团体工作的党员，利用职权实行贪污和实行浪费，都是严重的犯罪行为"。各级领导机关必须"大张旗鼓地发动一切工作人员和有关的群众进行学习，号召坦白和检举，并由主要负责同志亲自督促和检查。一切贪污行为必须揭发，按其情节轻重，给以程度不等的处理，从警告、调职、撤职、开除党籍、判处各种徒刑、直至枪决"[①]。按照中央的决定，在党的领导下，分党政军三个系统，成立中央和地方各级增产节约检查委员会，由首长负责，亲自动手，采取自上而下和自下而上相结合的方法，检查贪污和浪费现象，开展"三反"斗争。

1952年元旦，毛泽东在中央人民政府举行的团拜会上致祝词，号召全国人民和人民政府工作人员一致行动起来，大张旗鼓、雷厉风行地开展一个大规模的反对贪污、反对浪费、反对官僚主义的斗争，将这些旧社会遗留下来的污毒洗干净！元旦团拜会结束后，许多单位的领导回去连夜开会，布置运动。至1月3日，中央各单位几乎都召开了坦白检举的群众会议，向中央送交

---

① 《建国以来重要文献选编》第2册，中央文献出版社1992年版，第483页

报告。4日，中央向各地发出指示，限期发动"三反"斗争，并指定中央增产节约检查委员会主任薄一波用电话同各大区负责同志联络，每三天至五天通话一次，检查各区"三反"进度。

1月9日，政务院召开中央人民政府各部门、各民主党派、各人民团体和华北、北京、天津高级干部会议。薄一波在报告中指出：贪污、浪费、官僚主义的现象在党内、政府内、军内、人民团体内，都是严重的。这种现象如果不加以反对和克服，对于中国共产党和各民主党派，对于中央人民政府和各级地方政府，对于整个人民解放军，对于国家的经济、文化事业，对于一切人民团体，都是很大的危险。"三害"在经济方面的最大危害，是大量地浪费建设国家最宝贵的资金和破坏国家的经济建设事业；在政治方面的危害，是使党、政、军、民的干部逐渐被腐蚀，因而脱离实际、脱离群众，直至脱离革命。所以"三反"的问题，不是一个普通的问题，而是关系于革命成败的根本大问题。

到1952年元月上旬，各中央局、中央分局、省市区党委、各大军区党委、中央人民政府各部，基本上都作了动员和部署。全国县级以上的机关单位，动员干部和全体工作人员，学习文件，学习各级领导人的讲话和报告，统一思想，统一认识，坦白自我，检举别人，使"三反"运动迅速席卷全国。一些典型的贪污案件被揭发出来，公之于众，反过来给"三反"斗争有力的促进。

在"三反"运动普遍发动起来后，1月23日，中共中央发出毛泽东起草的《关于三反斗争展开后要将注意力引向搜寻大老虎的电报》。当时称贪污犯为"老虎"，贪污1万元（旧币为1亿元）以上的叫"大老虎"，1万元以下1000元以上的叫"小老虎"。电报指出：凡属大批用钱管物的机关，不论是党政军民学哪一系统，必定有大批的贪污犯，而且必定有大贪污犯（"大老虎"），因此要求各单位要将注意力引向搜寻"大老虎""穷追务获，不要停留，不要松劲，不要满足于已得成绩。在这方面，要根据情况，定出估计数字，交各部门为完成任务而奋斗。在斗争中还要根据情况的发展，追加新任务。总之，应组织一切可用的力量为搜寻一切暗藏的大贪污犯而奋斗。"

在集中力量"打虎"阶段，中央先后发出《关于"三反"运动和整党运动结合进行的指示》以及关于在工矿企业、宣传文教部门、高等学校中进行"三反"运动的指示等，要求各领导机关在"三反"斗争中对所属干部作一次深刻的考察，毫不迟疑地开除一批丧失无产阶级立场的贪污蜕化分子，撤销一批严重的官僚主义分子和那些居功自傲、不求上进、消极疲沓、毫不称职的分子的领导职务，其中一些应开除出党。要彻底揭发并消灭国营企业中资产阶级的经济侵蚀、组织渗透和思想影响，并注意领导生产，不与生产相脱节。在学校中进行"三反"运动，应发动群众，批判各种资产阶级思想，在师生觉悟程度普遍提高的基础上，继续深入反贪污浪费的斗争。科学研究单位的"三反"运动，首先确定对科学人才"保护不伤"的原则，以免出现偏向。

"三反"运动进入高潮后，各地公布了一批大贪污盗窃案件。北京对七名大贪污犯举行公审大会，中国畜产公司业务处原副处长薛昆山、公安部行政处原处长宋德贵，因挪用侵吞公款、盗窃国家资财，并拒不坦白，经公审被判处死刑，并没收其全部财产。另外五人分别被判处有期徒刑，或因有坦白悔过和立功表现，免予刑事处分，由主管机关给以行政处分。

2月10日，河北省召开对刘青山、张子善的公判大会。刘、张二人作为地市级党政领导干部，有着20年光荣革命历史，但进城后才两年，就由昨日的功臣蜕变为大贪污犯。他们利用职权，盗用飞机场建筑款、救灾粮款、治河款，克扣干部家属救济粮款、地方粮款等，共计171万元，用于他们所掌握的机关生产；在兴建水利工程中，以好粮换成坏粮等手段盘剥民工，从中渔利 22 万元；生活腐化堕落，刘青山还吸毒成瘾，二人从盗窃公款中贪污、挥霍 3.7 万元以上。经调查核实，华北局向中央提出对刘、张二犯判处死刑，立即执行或缓期二年执行的建议。对此重大案犯的量刑，党中央、毛泽东作了慎重考虑，并征求党外民主人士的意见，决定对大贪污犯刘青山、张子善进行公审，宣判死刑，立即执行。

鉴于中国共产党执掌着全国政权，中共中央认为：对党内极端腐化堕落分子，若不严加惩处，党将无词以对人民群众，国法将不能绳之于人，对党的损害异常严重。对刘青山、张子善的公判大会震动全国，在社会上引起很大反响。它向全国人民表明，中国共产党绝不容忍利用执政党地位谋取私利的党内腐败现象，一经发现，一律严惩不贷，绝不姑息宽恕，从而在人民中间树立起党和人民政府秉公执法、严惩腐败的形象。

（二）结束机关生产与"三反"核实定案

"三反"运动直接牵涉到机关生产问题。1952 年 1 月 3 日，薄一波为报送财政部党组关于"三反"运动的报告写信给毛泽东，提出几个重要问题：有的国家机关工作人员同私商勾结，使国家受损失，私商肥起来；化大公为小公，挪用巨款，已成为有机关生产的部门的通病；财经机关最可怕的还是掌握审批权限的部门发生官僚主义，一不小心即造成巨大损失。

1 月 4 日，中南局给中央的报告中提出，目前机关"小家当"异常普遍，财产很大。大区一级机关各部都有，有些处、科层层都有，大的拥有几十万元，小的也有几百元。省、地、县、区、厅、处也层层都有，数目估计有两亿元至三四亿元。这些"小家当"一般用于投资工业与手工业，补贴工作上的需要，补助某些干部的特殊困难与机关工作人员的一般福利。但是，用于铺张浪费，特别是用在少数干部身上，也占很大部分。而且机关生产实际上与商业投机有联系，为贪污受贿大开方便之门。从已经暴露出来的大量问题看，"小家当"利少害多，需要有步骤地予以取缔。

"三反"运动暴露出党政军机关从事生产经营存在的严重问题，引起党中央、毛泽东的高度重视，认为这不是中南一个地区的问题，而是全国的问题，要研究出一个切实可行的办法，包括党、政、军、民在内一揽子解决，并将此问题交由政务院研究讨论。

党政军民机关从事生产经营，是 1940 年抗日根据地供给困难时，提倡"自己动手，丰衣足食"的历史产物。在战争时期，它对发展生产，保障供给，支援战争，克服财经困难，起过积极的历史作用。但在全国胜利后，这种需要已经逐渐减少。虽然机关生产在解放后有了很大发展，对于繁荣市场，解决机关财务困难，如工作人员的福利、家属补助、办公杂支等有过一定作用，但机关生产的分散和盲目性，已同国家经济的集中和计划性发生抵触，尤其是由于剥削阶级思想的侵蚀，致使一些国家工作人员分散精力，沉溺于通过机关生产追逐利润，贪图享受，出现了严重的贪污、浪费现象，成为"三反"斗争中最普遍而又必须解决的问题。薄一波在中央人民政府干部会议上指出："刘青山、张子善之所以能够肆无忌惮地贪污浪费，就是把天津地委的机关生产作为他们营私舞弊、藏垢纳污的掩护工具。"

针对上述情况，政务院先后两次召开会议讨论，认为全国解放后机关生产的存在和发展，在于供给制标准内个人生活部分和机关杂支部分始终保持在较低水平，决定通过全国供给制工作人员统一增加津贴的办法来解决这个问题。经党中央批准，政务院于 1952 年 3 月 12 日发布《关于统一处理机关生产的决定》，决定结束机关生产，并规定了具体办法：所有各级人民政府、人民解放军、学校、党派、人民团体及其所属各部门、各单位所经营的工业、农业、商业、建筑业、交通运输业等机关企业，除经批准经营的某些生产事业以外，一律由中央、大行政区、省（市）、专区、县各级人民政府，组织机关生产处理委员会予以登记和清理；一切机关生产的企业投资，不论其来源如何，均应听候统一处理；一切机关生产的收入，一律不准提取，违者定予严惩。①中央的这项决定，在各地雷厉风行，令行禁止，有效地堵塞了机关生产造成的以权谋利、商业投机、不公平竞争及侵蚀干部队伍等弊病产生的根源，使"三反"运动在克服国家机关自身的缺点方面取得重要成果。在"三反"运动高潮中结束机关生产，是保持国家的党政军机关清正廉洁，拒腐蚀、永不沾的一项根本性措施。

从4月开始，"三反"运动转入核实定案处理阶段。政务院相继公布《中央节约检查委员会关于处理贪污、浪费及克服官僚主义错误的若干规定》《关于"三反"运动中成立人民法庭的规定》。4月22日，中央人民政府公布实施《中华人民共和国惩治贪污条例》。上述法令法规，明确规定了有关问题的处理方针、处理办法、处理步骤及批准权限等，并使有关的处理工作进入法庭审判程序。按照上述文件的规定，党和政府根据"斗争从严，处理从宽""惩治与教育改造相结合"的方针，对在运动中揭发出来的犯有不同程度的贪污、浪费及官僚主义错误的人员，分别作出不同的处理。

在"三反"运动"打老虎"阶段，由于对情况估计过于严重，政策界限不清，曾发生过盲目追求数量、斗争扩大化和逼供信等过火偏向。在对斗争的指导上，也有操之过急、下达"打虎"指标过高、各地强求一律、相互攀比等问题。对此，中央及

---

① 参见《建国以来重要文献选编》第 3 册，中央文献出版社 1992 年版，第 93—95 页。

时进行纠正，如强调"注意调查研究，算大账，算细账，清查老虎真假，严禁逼供信""是目前打虎作战是否能取得完全胜利的关键的所在"。当进入运动进至法庭审判、追赃定案的阶段，中央又强调"必须认真负责，实事求是，不怕麻烦，坚持到底，是者定之，错者改之，应降者降之，应升者升之，嫌疑难定者暂不处理。总之，必须做到如实地解决问题，主观主义的思想和怕麻烦的情绪，必须克服"。

遵照中央的指示，各地在定案处理中一般都实事求是地进行了甄别和纠正工作，经过核实定案、正确处理之后，贪污分子的总数有大幅度下降。据 1952 年 10 月 25 日中共中央批转安子文《关于结束"三反"运动和处理遗留问题的报告》统计：全国县以上党政机关参加"三反"运动的总人数为 383.6 万多人（不包括军队的数字）。经核实，全国贪污 1000 元以上的贪污分子共 10.5 万多人，贪污的赃款赃物总计 6 亿元。对各类贪污人员的处理，免予处分的占 75.7%，给予行政处分的占 20.7%；判处刑事处分的占 3.6%。其中，对有严重贪污行为的罪犯，判处有期徒刑的 9942 人，判处无期徒刑的 67 人；经中央和大区批准判处死刑立即执行的 42 人，判处死刑缓期执行的 9 人。[①] 这些数字，都大大低于"打虎"预算时所高估的数字，说明在"三反"定案工作中基本上贯彻了"处理从宽"的精神。

"三反"运动历时半年多，于 1952 年 6 月结束。这是中国共产党在全国执政后，为保持党和国家工作人员清正廉洁而进行的反腐败斗争的初战。"三反"斗争采取群众运动的方式，是由当时法制尚在初创的历史条件所决定的，不可避免出现一些偏差，但基本上得到及时的纠正。"三反"运动清除了党和国家干部队

① 参见《建国以来重要文献选编》第 3 册，中央文献出版社 1992 年版，第 385—386 页。

伍中的腐化分子，挽救了一批犯错误的同志，教育了大多数的干部，制止了腐败现象的滋生和蔓延。同时，"三反"运动还起到移风易俗的作用，有力地抵制了旧社会的恶习和资产阶级的腐蚀，在全社会逐渐形成节俭朴素、廉洁奉公的一代新风。"三反"运动注意到制定法规条例，建立人民法庭，依法惩治贪污分子。毛泽东当时总结说，实事求是地进行法庭审判，追赃定案，"这是共产党人统治国家的一次很好的学习，对全党和全国人民都具有很大的意义"。

（三）以《共同纲领》为准则厉行"五反"运动

当"三反"斗争大张旗鼓深入展开的时候，各地揭露出的大量事实表明：党政军民机关内部贪污分子的严重违法活动，大多和社会上资产阶级中的不法分子有牵连；几乎所有重大贪污案件都有一个共同特点，就是不法资本家和干部队伍中的蜕化分子相互勾结，合谋盗窃国家财产。为了牟取非法暴利，不法资本家总是采用打进来、拉出去的办法，千方百计腐蚀、拉拢、收买国家机关和经济部门的工作人员，为其进行各种违法活动大开方便之门。这些违法活动主要有行贿、偷税漏税、盗骗国家资财、偷工减料、盗窃国家经济情报，简称"五毒"。在许多城市，不法资本家大肆施放"五毒"，已达到十分猖獗的地步，这不仅腐蚀和毒害了一批国家机关工作人员，成为引发和助长贪污、浪费、官僚主义现象的一个重要根源，而且严重地破坏了国家的经济建设，给国家财产和社会经济秩序造成极大的损失和危害。根据这种情况，中共中央、毛泽东果断决定，在进行"三反"斗争的同时，进行反对不法资本家"五毒"行为的"五反"斗争，坚决打退他们的猖狂进攻，以保卫国家的经济建设，有效地制止干部被腐蚀的危险。

1952 年 1 月 26 日，中共中央发出毛泽东起草的《关于首先在大中城市开展"五反"斗争的指示》，提出："在全国一切城市，首先在大城市和中等城市中，依靠工人阶级，团结守法的资产阶级及其他市民，向着违法的资产阶级开展一个大规模的坚决的彻底的反对行贿、反对偷税漏税、反对盗骗国家财产、反对偷工减料和反对盗窃经济情报的斗争，以配合党政军民内部的反对贪污、反对浪费、反对官僚主义的斗争，现在是极为必要和极为及时的"。中央要求，各城市的党组织对于阶级和群众的力量必须作精密的部署，必须注意利用矛盾、实行分化、团结多数、孤立少数的策略，在斗争中迅速形成"五反"的统一战线，使那些罪大恶极的不法资本家陷于孤立，以便国家给他们以各种必要的惩处。在指示中，对于开展"五反"斗争的范围、斗争的方针、策略和任务，作了明确的原则规定。"五反"斗争与"三反"斗争相互配合，首先在各大城市展开，随后扩展到各中小城市，很快在全国范围内形成了一个"打退资产阶级猖狂进攻"的斗争高潮。

从各地揭露出来的情况看，随着国家财政经济状况的好转和私人资本主义经济的复苏，一些不法资本家违背《共同纲领》和国家法令的"五毒"行为涉及面相当广。据国家税务局 1950 年在缴纳第一期营业税后的典型调查提供的资料：上海 3510 家纳税户中，有逃税行为的占 99%；天津 1807 户中，有偷税漏税行为的占 82%。又据北京市 1952 年的调查，大约有 13087 户、占 26% 的工商户有不同程度的行贿行为。据 1952 年上半年"五反"运动期间的材料，北京、天津、上海等九大城市 45 万多户私营工商业主中，不同程度犯有"五毒"行为的就有 34 万户，占总户数的 76%。

不法资本家不仅千方百计地偷税漏税，而且在承建国家工程、完成加工订货任务中偷工减料，弄虚作假。如在治淮水利工程中，承包商竟然不顾工程质量，用旧料充新料、次料充好料，大量盗窃国家的治淮资财。河南省治淮总部在上海招商代办工程和采购工程器材,所花费用为 500 多万元,其中被上海奸商侵吞、诈骗的达 100 多万元。在运往朝鲜前线的军需物资里,有不法厂商制造和贩卖的变质罐头食品、伪劣药品、带菌救急包,造成一些战士致病、致残,甚至断送生命。不少资本家拉拢、收买国家机关、国营贸易公司工作人员。少数被收买的干部从资本家那里领取干薪、干股,或者拿回扣、佣金,充当坐探、代理,同他们合伙进行违法犯罪活动。

各地还揭露了不法资本家盗窃国家经济情报的问题。如重庆市钢铁、燃料、盐业、面粉、土产、印刷、橡胶等行业的资本家,利用"聚餐会""联谊会""茶话会"等形式,联合对抗国营贸易公司和合作社,勾结国营企业的生产、技术干部里应外合,有组织、有计划地盗窃国家经济情报以及各种加工订货计划、各种机器蓝图等,采用哄抬价格、偷工减料、以劣充好、掺假虚报等手段,盗窃国家财产,以至垄断各行业加工订货的大宗订单,等等。少数资本家的严重"五毒"行为,激起全国人民的公愤,"打退资产阶级的猖狂进攻",一时成为全国上下强烈的呼声。

(四) 慎重划清政策界限与工商业再调整

打击经济领域的"五毒"行为和党政机关内部的反"三害"斗争,既有密切联系,又在性质、任务、目的和范围等方面有很大不同。在"坚决打退资产阶级的猖狂进攻"的口号下,"五反"运动迅速展开后,很容易助长急于消灭私人资本主义,提早实行社会主义的"左"的情绪。部分干部和工人由于对"五反"斗争的政策界限不清楚,初期曾出现捉人关店、乱斗资本家的过激行动,乃至闹出资本家被逼自杀的乱子。有的单位还超出"五反"的范围,提出单纯地反暴利、反逃汇套汇、反隐瞒敌产、反剥削、反压迫、反对资本家的腐化生活等口号。中央及时发现这些问题，明确了"五反"斗争的内容，并在划清政策界限、确定斗争目标、防止出现偏差等方面作出具体规定。

例如，对于一些地方提出"反暴利"的口号，中央指出，真正违反国家和人民利益的暴利，已包含在"五反"的各项对象中，故不应再提反暴利。包括隐匿侵吞敌产、逃走外汇、倒卖金银、偷卖鸦片等事，国家已有法令，可依法办理，不必于"五反"之外另立项目，变为"六反""七反"。

3月23日，中共中央就"五反"斗争中及其以后必须达到的目的发出指示，概括为八条：一是彻底查明私人工商业的情况，以利团结和控制资产阶级，进行国家的计划经济。二是明确划分工人阶级和资产阶级的界限，肃清工会中的贪污现象和脱离群众的官僚主义现象，清除资产阶级在工会中的代理人。三是改组同业公会和工商联合会，把那些"五毒"俱全及其他完全丧失威信的人们开除出这些团体的领导机关，把在"五反"中表现较好的人们吸收进来。四是帮助民主建国会的负责人整顿民主建国会，开除那些"五毒"俱全及大失人望的人，增加一批较好的人，使之成为一个能够代表资产阶级主要是工业资产阶级的合法利益，并以《共同纲领》和"五反"的原则教育资产阶级的政治团体。五是清除"五毒"，消灭投机商业，使整个资产阶级服从国家法令，经营有益于国计民生的工商业；在国家划定的范围内，尽量发展私人工业，逐步缩小私人商业；国家逐年增加对私营产品的包销订货计划，逐年增加对私营工商业的计划性；重新划定私资利润额，既要使私资有利可图，又要使私资无法夺取暴利。六是要使资本家废除"后账"，实行经济公开，并逐步建立工人、店员监督生产和经营的制度。七是从补偿、退赃、罚款、没收中，追回国家及人民的大部分经济损失。八是在一切大的和中等的私营企业中建立党的支部，加强党的工作。①

上述部署表明，在新民主主义建设时期，"五反"斗争在政策指导上，必须遵照《共同纲领》办事，最基本的界限，就是违法不违法。私人资本主义在《共同纲领》的范围内发展，是合法的，应该利用和保护；离开这个范围，就是不合法，必须打击和限制。这实际上是工人阶级同资产阶级之间限制与反限制的斗争。毛泽东明确指出："违法不违法，对资产阶级是一个政治标准。""这不是对资产阶级的政策的改变，目前还是搞新民主主义，不是社会主义；是削弱资产阶级，不是要消灭资产阶级"②。为此，中央强调在"五反"斗争中，应集中打击少数大的不法工商业家，对于罪恶不大的工商业家，应争取他们自动坦白、悔过自新，争取他们拥护政府的政策，至少使他们保持中立态度。对于做正当经营的工商业家，必须予以保护，并团结他们向不法商人作斗争。③

当时理论界和党内一些同志没有很好地领会中央的意图。中央宣传部主办的《学习》杂志在 1952 年 1 至 3 期连续发表文章，否定民族资产阶级在现阶段还存在两面性，认为只有反动的腐朽的一面，当前的斗争"给资本主义敲了丧钟"。毛泽东发现后，立即给予严肃的批评和纠正，中宣部对此作了检讨。为了防止这种违反党的路线和政策的错误思想继续滋长，中共中央向各领导机关批转了薄一波关于在运动中必须向干部群众说明几个政策性

---

① 参见《毛泽东文集》第 6 卷，人民出版社 1999 年版，第 200—201 页。

② 引自薄一波：《若干重大决策与事件的回顾》，中共中央党校出版社 1991 年版，第 167 页。

③ 参见中共中央批转的薄一波关于中央各机关三反运动情况及今后意见的报告，1952 年 1 月 21 日。

问题的报告，其中一个重要政策问题是："共同纲领规定的民族资产阶级应有的政治和经济地位仍然没有改变"。这是允许私人资本在有利于国计民生范围内存在和发展的时期，必须掌握的一条政策底线。为避免误解，防止偏差，毛泽东在有关文件中特意将"资产阶级的猖狂进攻"，改为"来自不法资产阶级分子的猖狂进攻"。

在"五反"斗争中，各大中城市首先通过大量揭露不法资本家严重违法的事实，使他们陷于孤立。各级政府抽调大量干部和产业工人、店员积极分子组成检查组，分批进驻私营厂店，以企业的工人、店员为骨干，团结一般职员，争取高级职员，形成以工人阶级为主体的"五反"统一战线。对重点户采取自上而下的重点检查和自下而上的发动群众进行面对面的说理斗争。对犯有一般违法行为的资本家摆明政策，申明利害，要他们选择坦白立功的道路。

为了严肃地、谨慎地和适时地处理"五反"运动中工商户严重违法和完全违法的案件以及其他应经审判程序处理的案件，保障"五反"运动的顺利结束，政务院决定：凡工商户违法案件较多的城市，要在市人民政府领导下设立人民法庭进行审判，并以一个区或几个区为单位，设立分庭。在进行审判时，应吸收人民团体的代表，特别是工人、店员和守法工商户、基本守法工商户的代表陪审。

由于运动来势迅猛，限期展开，各地除一度出现打击面过宽的情况以外，一个突出问题是正常的经济生活受到很大冲击。据各地报告，主要是工商业表现出暂时的显著的停滞现象，贸易额大大缩小，税收大幅度下降，许多私营工厂无事可做，大量工人失业。工商业的停滞使大量城市贫民生活受到影响，他们对运动已开始表示不满。上海、天津等大城市中一部分经济部门的工作几乎停顿，国营企业的业务活动也受到冲击。这些问题如不设法解决，将使财政经济陷入被动地位。

中共中央、毛泽东十分重视运动中出现的问题和偏差，及时指示各大城市必须注意政策，采取措施，加强控制，注意维持经济生活的正常进行，生产、运输、金融、贸易均不能停顿。在整体部署上，决定适当缩短斗争持续的时间，在全国最大的工商城市上海暂不发动"五反"，县以下的"五反"推迟到春耕以后，中等城市尚未开展运动的也要视情况进行安排。在经济工作上，毛泽东提出："五反"斗争要做到群众拥护，市场繁荣，生产有望，税收增加。2月24日，中财委出台四项措施：一是财经部门立即抽出四分之一到三分之一的力量抓业务，以后逐步增加；二是中央贸易部立即恢复收购土特产及加工订货；三是省、县两级要不违农时地抓好春耕，准备防旱抗旱；四是国营工业、交通部门要千方百计完成生产计划，补回损失。这些措施，在一定程度上缓解了群众运动带来的经济秩序紊乱的状况，大体上做到了斗而不乱，避免了前一个阶段发生的偏差。

为使"五反"运动按正常轨道健全发展，3月5日，中共中央批准北京市委的建议，发出《关于在"五反"运动中对工商户分类处理的标准和办法》。毛泽东在批语中指出：对工商户的处理，要掌握过去从宽，将来从严；多数从宽，少数从严；坦白从宽，抗拒从严；工业从宽，商业从严；普通商业从宽，投机商业从严的原则。在"五反"目标下划分私人工商户的类型，应分为五类，即守法的、基本守法的、半守法半违法的、严重违法的、完全违法的。就大城市说，前三类占95%左右，后二类占5%左右。检查违法工商户必须由市一级严密控制，各机关不得自由派人检查，更不得随便捉人审讯。根据中央的这个指示精神，各地根据实际情况对私营工商户进行分类排队，减少了盲目性和主观随意性。

从5月初开始，各地"五反"运动陆续进入定案、补退阶段。针对运动给经济生活带来的某些负面影响，党中央、毛泽东研究和批转了华东的三个材料，即华东局副书记谭震林关于"五反"后引起的新问题的报告、浙江省委关于"五反"问题综合报告、上海市委关于"五反"后的情况报告，就善后处理中的有关政策性问题作了规定，并要求各级党委和政府做好工作，使资本家重新靠拢我们。

针对"五反"后引起的工人失业，成品积压，生产经营无人负责，资本家普遍感到退补负担很重，对今后如何经营无所适从等新问题，5月9日《中央关于五反定案、补退工作等的指示》确定，补退工作要合乎经济情况的实际，必须使一般资本家在补退之后还有盈余，补退的比例以照三分之一略多一点为适宜；补退的时间向后推迟，数大者可分多年退补，一部分还可转为公股，不要交出现金；罚款的只能是极少数人，判刑尤其要少；工缴费不应采取苛刻政策；工人监督生产只是试行，待资本家喘过气来再逐步推广；工人福利问题的解决要合乎实际经济情况，太高则陷自己于被动。中央认为，以合理的从宽政策结束斗争，就能在政治上和经济上完全取得主动，使经济迅速恢复和发展，使资本家重新靠拢我们，恢复经营积极性，使工人不致失业；同时向一切违法资本家宣示宽大，表明"五反"斗争"主要不是为了搞几个钱，而是为了改造社会"。

5月20日，中央发出《关于争取"五反"斗争胜利结束中的几个问题的指示》，指出：目前对于各类工商户的正确定案、适当处理，是争取"五反"斗争胜利结束的具有关键意义的工作。处理的原则是"斗争从严、处理从宽，应当严者严之，应当宽者宽之"。中央要求各地继续掌握宽大与严肃相结合的精神，实事求是地进行定案处理工作，务要做到合情合理，既有利于清除资产阶级的"五毒"，又有利于团结资产阶级发展生产和营业。按照中央的指示，各地在定案过程中，坚持了实事求是的做法，并允许资本家申诉和进行复查，工作做得比较稳妥，资本家一般比较满意。至 6 月底,"五反"运动在全国基本结束。

据华北、东北、华东、西北、中南五大区 67 个城市和西南全区的统计,参加"五反"运动的工商户总共有 999707 户,受到刑事处分的只有 1509 人(很少数尚未定案者不包括在内),仅占工商户总数的 1.5%。因犯有破坏抗美援朝战争、最严重损害国家利益罪行,经中央批准判处死刑的有 19 人(其中 5 人缓期执行),占判刑总数的 1.26%。据北京、天津、上海、武汉、广州、重庆、西安、济南八大城市统计,"五反"运动中定为守法户的约占总户数的 10%~15%;基本守法户占 50%~60%;半守法半违法户占 25%~30%;严重违法户占 4%;完全违法户仅占 1%。① 1954 年,中央又指示各地对"五反"的遗留问题再作一次调查处理。结果表明,只有少数案件有计算偏高、处理偏重的情况,对绝大多数工商户违法问题的处理是正确的,基本上做到了善始善终。

"五反"运动有力地打击了不法资本家严重的"五毒"行为,在工商业者中普遍进行了一次守法经营教育,推动了在私营企业中建立工人监督和民主改革,从而在工人阶级同资产阶级限制与反限制的斗争中取得又一回合的胜利,并为后来对资本主义工商业实行公私合营创造了条件。从总体上看,这次"五反"运动是成功的,不仅体现了对民族资产阶级又团结又斗争的政策,体现了有理有利有节的斗争策略,在对不法资本家的处理上也体现了严肃与宽大相结合的方针,并且体现了政治斗争与经济发展相结合的原则。1952 年 8 月,毛泽东在政协全国委员会第三十八次常务委员会会议上,概要地总结了开展增产节约运动和"三反""五反"斗争的情况,并宣布:"现在'三反'、'五反'运

---

① 参见中共中央批转廖鲁言的《关于结束"五反"运动和处理遗留问题的报告》,1952 年 10 月 25 日。

动胜利结束，问题完全清楚了，天下大定。"①

从另一方面看，由于对不法工商户违法行为的斗争，主要依靠临时性的群众运动，"五反"斗争也存在火力过猛、打击面过宽和有些处理措施失当的缺点，致使一些资本家对前途失去希望，有的犹豫观望，有的消极经营或关厂歇业，不少人向香港或境外转移资金。1952年上半年，各地出现市场萧条、工业生产下降、城乡内外交流不畅、私营工商业全面萎缩的态势。相连带的是，三四月间出现了又一次失业高峰，不少地区的生产和税收大幅度下降，公私关系、劳资关系重新出现紧张。针对上述情况，党和政府在"五反"结束后新的基础上，进行了以调整商业和税收为重点的第二次工商业调整。

在工业方面调整公私关系，主要是扩大加工订货和产品收购，适当上调工缴费和成品收购价格，使资本家在正常合理经营的前提下，每年获得10%~30%的利润。在商业方面，适当扩大私人经营零售和贩运业务的范围；公私商业在零售方面的比重，全国平均确定在25%和75%的比例不变；适当扩大批零差价和地区差价；调整市场管理措施，进一步取消各地对私商的各种限制，禁止国营贸易机构的独占垄断行为，鼓励私商参加物资交流，使私商既有正当经营获利的可能，又防止商业投机活动。同时，中国人民银行降低放款利率30%~50%，5月至8月，国家银行对私营工商业的放款总额达3亿元，较前增加2倍，以鼓励和扶持私营工商业发展。对劳资关系的调整，主要是保护资方的财产，维护资方对企业的经营管理和人事调配权，但资方必须接受工人监督，遵守政府法令。

第二次工商业调整，及时改善了公私关系和劳资关系，维持

---

① 《建国以来毛泽东重要文稿》第3册，中央文献出版社1989年版，第296页。

了社会就业，商品价格稳中有升，扭转了市场萧条和私营工商业经营困难的局面。经过调整，私人资本主义经济继续有所发展，1952 年同 1951 年相比，私营工业总产值增长 4%，1953 年比 1952 年则增长 24.6%；私营工业中的国家资本主义初级和中级形式得到较大发展，使相当一部分私营工业的生产逐步纳入国家计划的轨道。私营商业的营业额也明显回升，1953 年与 1952 年相比，批发额增长 16.4%，零售额增长 14.4%。在"五反"运动后的一段时间里，资本主义工商业在《共同纲领》轨道上继续发挥了有益于国计民生的积极作用。

五、恢复国民经济的任务全面完成

（一）工农业生产恢复到历史最高水平

在中国共产党和中央人民政府的正确领导下，从 1949 年 10 月到 1952 年年底，全国人民经过三年多的努力奋斗，顺利完成了全面恢复国民经济的任务。整个国家在经济、政治、文化建设和社会发展等方面取得了显著成绩。

三年来，我国的农业生产得到全面恢复。国家对农业的投入逐年增加，其中用于水利建设的经费，占全国预算内基本建设投资总额的 10% 以上；全国共有 2000 万人参加了水利工程建设，完成土方量 17 亿立方米以上，相当于挖掘 10 条巴拿马运河或 23 条苏伊士运河。著名的根治淮河工程、官厅水库工程、荆江分洪工程，都是这一时期动工和加紧修建的，初步改变了国民党统治时期江河堤岸严重失修、水患频繁的状况，千百年来威胁中国人民的洪水灾害开始得到防治。配合治理江河，各地大力整修水渠塘堰，扩大农田灌溉面积。同时，在党的积极提倡和鼓励下，各地的农业生产互助合作有了很大发展。所有这些，促进了农业生产的迅速恢复和发展。

到 1952 年，我国粮食总产量由 1949 年的 2263.6 亿斤增加到 3278.4 亿斤，增长 44.8%，已超过建国前 1936 年历史最高水平 9.3%。棉花总产量从 1949 年的 888.8 万担增加到 2607.7 万担，增长 193.4%，超过 1936 年历史最高水平 53.6%。

工业生产的恢复，重点是恢复国计民生所急需的矿山、钢铁、动力、机器制造和主要化学工业，同时恢复和增加纺织及其他轻工业生产。按照中央的部署，东北工业基地率先恢复了工业生产，用生产出来的机器设备和工业物资，支援了上海、天津等沿海城市工业的恢复。除重点恢复和改造原有企业以外，三年内国家抽出一部分资金，有计划地新建了一批急需的工业企业，如阜新海州露天煤矿，鞍山钢铁公司无缝钢管厂和大型轧钢厂，山西重型机械厂，武汉、郑州、西安、新疆的纺织厂，哈尔滨亚麻厂等。这批新建厂后来都成为我国工业的骨干企业。

到 1952 年年底，全国主要工业产品产量，大大超过 1949 年的水平。其中，钢产量达到 134.9 万吨，比 1949 年增加 7.54 倍，比 1943 年历史最高水平增加 46.3%；生铁产量比 1949 年增加 6.72 倍，比 1943 年历史最高水平增加 7.2%。此外，原油、电力、原煤以及水泥、纯碱、烧碱、金属切削机床等重要工业品，都超过历史上最高产量。棉纱、棉布、食糖等主要轻工业产品也超过历史最高水平。平均计算，1952 年中国工业生产超过旧中国最高水平 23%。[①]

交通运输等基础设施的恢复和建设也取得显著成绩。三年来，国家用于交通运输建设的投资占全国基建投资总额的 26.7%。经数十万铁路职工和人民解放军铁道兵团共同努力，南

---

① 参见国家统计局编：《中国统计年鉴（1984 年）》，统计出版社 1984 年版，第 249 页。

北大动脉京汉线和粤汉线修通重新运营，东西干线陇海路全线通车。到1952年，穿越大西南腹地的成（成都）渝（重庆）铁路，在大西北恶劣条件下修筑的天（水）兰（州）铁路先后竣工，全国铁路营业里程达2.29万公里。全国公路通车里程由新中国成立初的5.4万公里增加到13.02万公里。为配合解放军进军西藏，各筑路大军在海拔近5000米的六座大雪山和悬崖深谷间顽强奋战，修筑了以通往"世界屋脊"而著称的康藏公路。到1952年，内河航运里程达9.5万公里，比1949年增加29%。民用航空航线里程1.31万公里，其中国际航线5100公里。

经过全国人民的艰苦努力，整个国民经济得到全面恢复和初步发展。1952年，工农业总产值810亿元，比1949年增长73.8%；按1952年不变价格计算，比新中国成立前最高水平的1936年增长20%。其中，工业总产值比1949年增长145.1%，平均每年递增34.8%；农业总产值增长48.4%，平均每年递增14.1%。原煤、钢、发电量、棉纱等主要工业品，粮、棉、大牲畜、生猪等主要农产品的产量，均已超过新中国成立前的最高水平。按可比价格计算，1952年的国民收入比1949年增长64.5%。

三年来，国家财政收入有了成倍增加，1952年比1950年增长181.7%，连续两年收大于支，均有结余。在财政总支出中，用于经济建设的支出逐年上升，社会文化事业支出有所增长。城乡人民收入逐年增长，生活普遍得到改善。1952年与1949年相比，农民净货币收入由68.5亿元增加到127.9亿元，增长86.7%；农民人均净货币收入由14.9元增加到26.8元，增长79.9%；农民消费品购买力由65.3亿元增加到117.5亿元，增长79.9%。1952年，全国国营企业职工工资比1949年增加了60%～120%不等，平均每个职工的年工资为446元。私营企业职工的工资也有相应幅度的提高。1952年实行全国工资改革后，国家机关工作人员的工资增加了15%～31%，文教卫生工作者的工资增加了 18.6%。由于收入增加，1952 年城镇居民的储蓄额比 1950 年增加 5.5 倍。

应该说，1949—1952 年国民经济的增长，带有明显的战后恢复性质。但从世界范围来看，与第二次世界大战后欧亚各国经济恢复到战前水平的情况相比，战后中国经济恢复之快，增长幅度之大，是令世人瞩目的。国民经济的全面恢复，为国家开始进行大规模有计划的经济建设准备了基础条件。

随着国民经济的恢复和发展，中国社会经济结构发生了深刻的变化。三年来，由于全面贯彻多种经济成分在国营经济领导下分工合作、各得其所的政策，不仅推动了全国经济的活跃，而且使经济结构和产业结构获得明显的改善。在五种经济成分中，国营经济处于优先增长地位，国营工业总产值平均每年递增 57%；1952 年与 1949 年相比，国营工业在整个工业中所占比重，由 34.7% 上升为 56%。国营商业在全国社会商品批发总额中所占比重，由 1950 年的 23.2%，上升到 60.5%。在社会商品零售总额中，国营商业与合作社商业的比重也由 16.4% 上升到 42%，控制了很大部分社会商品的流通过程。同一期间，合作社经济、私人资本主义经济、个体经济和国家资本主义经济都得到较大发展，提高了整个社会生产力的水平。工业生产力在国民经济中的地位得到增强，在工农业总产值中，现代工业的比重由 17% 上升到 26.7%。在工业总产值中，重工业的比重由 26.4% 上升到 35.5%。这表明，新中国经济的恢复不仅有数量的发展，而且有性质的变化和质量的提高。这些深刻变化，为我国由农业国逐步转变为工业国开了一个好头。

新中国成立三年来的实践证明，在生产力十分落后、经济基础非常薄弱的历史条件下，"通过发展新民主主义经济过渡到社会主义"，是符合中国社会发展客观要求的正确道路。这三年来，党和人民政府坚持贯彻新民主主义的建国纲领，从总体上把握恢复和发展生产这一中心任务，同时加紧进行民主改革和社会改造，从阶级关系方面解决同帝国主义、封建主义、官僚资本主义残余的矛盾，在继续完成土地改革等民主革命任务的同时，使国民经济得到全面恢复和初步发展，保证了整个国家沿着新民主主义轨道逐步向着社会主义的前途迈进。

（二）以崭新的民族国家形象立于世界

三年来在中国整个社会新旧转换的历史变迁之中，蕴含着一个深刻的主题，这就是在第二次世界大战后许多新兴民族独立国家纷纷崛起的时代背景下，占当时世界人口近四分之一的中国人民争取独立解放的革命斗争取得胜利，中国共产党领导全中国人民开始对一百年以来政治黑暗、经济凋敝、社会百弊丛生的旧中国进行了带有伟大历史意义的重新整合。在包括政权、经济、文化意识形态、社会关系及国际关系等一系列的整合中，始终贯穿着中国共产党作为工人阶级执政党的领导核心作用，人民政府自上而下集中统一的有效动员体制，以及大规模群众运动荡涤一切旧秩序的组织起来的力量。正是利用新民主主义革命胜利所创造的政治、经济条件，汇聚成整合社会的历史合力，在短短三年多时间里，中华人民共和国便取得了医治战争创伤，稳定市场物价，安定社会秩序，保卫国家安全，恢复国民经济，确立全民族共识，增强社会凝聚力，树立崭新民族国家形象的巨大成功。

首先，政权整合的核心是打碎旧的国家机器，建立以人民主权为特征的新的国家机器。依据马克思主义的国家学说，从中国是一个农业大国，中国革命主要依靠工农联盟的力量，并团结一切可能团结的力量取得胜利的客观实际出发，中华人民共和国建立起工人阶级（通过中国共产党）领导的、工农联盟为基础的各民主阶级的联合政权，即人民民主专政。其特点是在建立工人阶级政治统治的前提下，给予有利于国计民生的私人资本主义的代表——民族资产阶级以一定的政治地位，而非苏联式的单一的无产阶级专政。政权整合不仅确立了国家政权机关坚定不移地依靠工人阶级的方针，代表中国最广大人民的根本利益，全心全意为人民服务的宗旨，而且从中央到地方一直到城市的街区、农村的乡级稳固地建立起一律实行民主集中制原则，自上而下政令统一，能够有效地发挥统治职能的一整套政权系统。政权整合的最重要的成果，是彻底结束了20世纪上半叶旧中国国家四分五裂、人民一盘散沙的无序局面，这无疑是一个巨大的社会进步。

三年来，以工人阶级为领导、工农联盟为基础的人民民主专政得到巩固和加强，在抗美援朝战争中成功地维护了国家的独立、安全和民族尊严，挫败了以美国为首的国际帝国主义对中国的孤立和封锁政策。在全国大陆，中央人民政府的法律和政令统一而富有成效地实施于各个地区直至社会基层，有条不紊地实现了以土地改革为中心的各项社会变革和社会改造，政治局面和社会秩序空前稳定，人民的革命热情和生产积极性空前高涨。民主建政的开展，使中国人民开始在广大的范围内接受民主政治的初步训练，逐步学会行使当家作主的权利。这是中国从原来的半封建半殖民地社会，进入独立民主统一并逐步走向富强的新民主主义社会的重要标志。

经济的整合，首先通过没收官僚资本企业，有步骤地开展土地改革运动，消除束缚生产力发展的严重障碍，使社会生产力从封建半封建的生产关系下解放出来，并获得初步发展。对旧中国经济改组的重要标志是建立起社会主义性质的国营经济，它使国家掌握了现代经济成分中最重要的基础部分，为有效地管理整个国民经济奠定了必要的物质基础。合理调整工商业，鼓励和扶持了有利于国计民生的私人资本主义经济的发展，并将其中一部分逐步纳入国家能够指导和控制的国家资本主义轨道。通过统一全国财经管理、统制对外贸易、取消外国在华经济特权等一系列整合政策，国家对经济运行和经济资源的控制力得到有效加强。土地改革后农民发扬了个体经济的积极性和互助合作的积极性，为农村经济的迅速恢复和发展注入了新的活力。根据《共同纲领》的精神建立的五种经济成分在国营经济领导下分工合作、各得其所的混合经济结构，为发挥市场调节因素的作用，活跃中国经济创造了较为灵活的自由竞争和自由贸易的空间，同时又为逐步加强国民经济的计划性准备了条件。经济整合形成的巨大推动力，使中国受到连续 12 年战争严重破坏的国民经济得到迅速恢复和发展，创造了举世瞩目的"经济奇迹"。

经济复兴，政治昌明，为人们思想觉悟的提高和精神生活方式的改变创造了前提。文化和意识形态的整合，首先确立了民族的科学的大众的文化的总体方向，消除封建的买办的法西斯主义的思想影响以及帝国主义文化侵略的恶果。通过对旧有文化教育事业的改革，在民族的科学的大众的文化层面上，树立起马克思主义、毛泽东思想占主导地位的新的国家意识形态，又在科学与民主的观念上达成建设新民主主义国家的共识，使之成为各民主党派、各人民团体、各社会阶层人们的共同要求。对于作为文化创造和文化传播主体的知识分子，以及各民主党派、无党派民主人士，重点是破除对西方民主政治的盲目崇拜，促使他们抛弃对不符合中国国情的资产阶级民主共和国的政治信仰，转而拥护新民主主义政治与社会主张，为彻底实现《共同纲领》而奋斗。鼓励和推动旧社会过来的知识分子通过自我教育和自我改造运动，第一步完成政治立场的转变，进而完成世界观的转变，逐步接受和信仰马克思主义，更好地为人民服务，为建设新国家新社会服务。

三年来，经过恢复生产、民主改革和抗美援朝运动，各阶层人民在全国范围内和在全体规模上受到深刻的思想政治教育，脱离了过去所受帝国主义和国民党反动派的影响，逐渐改造从旧社会带来的旧思想、旧观念、旧习惯，思想观念发生了巨大的变化，树立积极向上的革命人生观，发展文明进步的社会公德，崇尚爱国主义和集体主义，明确为人民服务的方向，逐渐成为各界人民的思想主流。在中国共产党领导下共同建设新国家的统一意志和精神凝聚力的形成，反映了从旧中国到新中国的伟大社会变迁的一个重要侧面。

社会关系的整合，核心内容是解决旧中国社会各阶级、各阶层之间的对立与冲突，最大程度地弥合社会裂隙，增强全社会的凝聚力。三年来，从废除半殖民地半封建的腐朽生产关系，解放和发展社会生产力，到树立人民民主的政治、法律上层建筑，构建马克思主义的指导思想地位，坚持意识形态和文化领域科学与民主的现代化导向，这一系列深刻的变革，从根本上改变了旧中国极不合理的社会结构，占人口极少数的地主阶级和官僚资产阶级所垄断的社会政治权力及其所拥有的巨大社会财富，转到了占人口绝大多数的普通工农大众和各民主阶层人民的手中，开辟了人民翻身解放、当家作主的新时代。以土地改革为中心的社会改革和改造运动，对旧时代派别林立的政治组织，外国列强势力，封建宗法势力，敌视人民政权的反动宗教势力，半宗教半迷信的会道门组织、行会、帮会等，进行了卓有成效的扫除和清理，这也是对生产力和人的个性的一个解放。同时，实行国内各民族一律平等及民族区域自治制度，反对妨碍民族团结和祖国统一的大汉族主义、狭隘民族主义和民族分裂势力，共同建设各民族团结统一的祖国大家庭。随着国民经济的迅速恢复和国家财政力量的加强，地区之间经济文化发展极不平衡的状况也有了初步改善。

属于人民范畴内的各阶级、各阶层的利益矛盾，在新民主主义共同要求的基础上获得调节，初步建立了《共同纲领》规范下的民主合作的新型关系和根本利益一致的利益共同体。以工会、农会、妇联、青年团、工商业联合会、手工业者协会以及文艺、新闻、科学工作者联合会等新型组织为纽带，将全国绝大多数人进一步组织起来。通过调节公私关系、劳资关系，倡导农民互助合作，组织城乡经济与文化交流，鼓励知识分子走与工农相结合的道路，实施较发达地区对内地和边疆的支援、汉族对少数民族的支援等，加强了人民内部各阶级、阶层、群体以及国内各民族之间的联系和沟通，增进了社会各界互助共进的凝聚力，在国家利益和民族利益的总体目标下，实现对全社会相互关系新的整合。

在第二次世界大战后美苏冷战格局基本形成的国际形势下，国际关系整合的目标是，在国际社会树立新中国独立、民主、统一的新的民族国家形象，为国家建设和社会发展创造有利的国际环境。建国伊始，中央人民政府即宣布废除过去国民党政府同各国建立的外交关系，废除外国基于一切不平等条约所享有的侵略特权，在相互尊重主权和领土完整、平等互利的原则下，同各国首先是以苏联为首的和平民主阵营的国家建立新的外交关系，打破以美国为首的西方资本主义阵营敌视和孤立新中国的政策。中国人民英勇的抗美援朝战争以及在台湾问题和有关国际事务中的原则立场，一扫旧中国任人欺侮的屈辱外交形象，使中华人民共和国作为领土主权神圣不可侵犯的独立民族国家开始屹立于世界的东方。

总之，在中国共产党和中央人民政府的坚强领导下，经过全国各族人民的艰苦奋斗，中国的社会面貌发生了翻天覆地的变化。首先一个最重要的因素是，中国人民的组织程度大大提高了。三年来通过各项民主改革及恢复和发展生产事业，全中国绝大多数人已组织在政治、军事、经济、文化及其他各种组织里，逐步克服旧中国散漫无组织的状态，形成以伟大的人民群众的集体力量，奋发图强建设新国家新社会的稳固政治局面。

其次，是中国人民空前地团结起来了。三年来我国实现了前所未有的统一，国防力量得到增强，人民民主专政获得巩固，金融物价保持稳定，经济建设事业和文化教育事业的恢复和发展前进了一大步。国家各方面工作取得的伟大胜利，都是依靠一切可能团结的力量获得的。这种在工人阶级和共产党领导下的，国内各民族、各民主阶级、各民主党派、各人民团体以及一切爱国民主人士采用批评与自我批评民主方法建立起来的巩固的团结，生气勃勃，充满活力，体现了战胜一切敌人和任何困难的力量。

正如毛泽东在 1952 年 10 月在全国政协一届三次会议上所说："一切事实都证明：我们的人民民主专政的制度，较之资本主义国家的政治制度具有极大的优越性。在这种制度的基础上，我国人民能够发挥其无穷无尽的力量。这种力量，是任何敌人所不能战胜的。"① 总之，经过三年来全体中国人民在中国共产党的领导下同心同德，艰苦奋斗，中华人民共和国开始以崭新的民族国家形象立于世界东方。

① 《毛泽东文集》第 6 卷，人民出版社 1999 年版，第 184 页。

第七章　开始逐步地向社会主义转变

一、从现在起过渡到社会主义的新思路

（一）向社会主义转变问题提上日程

1953 年，中国开始进行大规模有计划的经济建设，同时开始对农业、手工业、资本主义工商业进行系统的社会主义改造。这一年，以毛泽东为领导核心的中国共产党提出了向社会主义过渡时期的总路线。1954 年，这条总路线被载入中华人民共和国的第一部宪法，由此大大加快了中国由新民主主义向社会主义转变的历史进程。

毛泽东在提出新民主主义革命理论时，曾反复论证道：中国共产党领导的整个中国革命运动，是包括民主主义革命和社会主义革命两个阶段在内的全部革命运动；这是两个性质不同的革命过程，只有完成了前一个革命过程才有可能去完成后一个革命过程。这是中国革命发展的"历史必由之路"。他概括地说：完成中国资产阶级民主主义的革命（新民主主义的革命），并准备在一切必要条件具备的时候把它转变到社会主义革命的阶段上去，这就是中国共产党光荣的伟大的全部革命任务。[①]

在中国革命两大步骤的衔接上，毛泽东认为：新民主主义纲

---

① 参见《毛泽东选集》第 2 卷，人民出版社 1991 年版，第 651 页。

领的全面实行，还没有把中国推进到社会主义社会。这不是一个由于什么人主观上想做或不想做这种推进的问题，而是一个由于在客观上中国的政治条件与社会条件不许可人们这样做的问题。只有待到各种条件趋于成熟了，才可以着手这种推进工作。因此，在全国解放前夕，毛泽东只在党内提出"我们要努力发展经济，由发展新民主主义经济过渡到社会主义"①的前进方向。在1949年制定《中国人民政治协商会议共同纲领》时，共产党坚持对社会主义的前途不作明确的规定，而是着重通过纲领中有关经济政策的各项规定，在实际上保证国家向着社会主义前途走去。

中华人民共和国成立之初，在满目疮痍、百废待兴的现实条件下，中共中央、毛泽东对向社会主义转变持十分谨慎的态度，基本的估计是15年到20年后，我国工业发展到一定程度，"看其情形即转入社会主义"。1950年6月，毛泽东在全国政协一届二次会议的闭幕词中对此作了一个说明，他指出：实行私营工业国有化和农业社会化，"这种时候还在很远的将来"；"我们的国家就是这样地稳步前进，经过战争，经过新民主主义的改革，而在将来，在国家经济事业和文化事业大为兴盛了以后，在各种条件具备了以后，在全国人民考虑成熟并在大家同意了以后，就可以从容地和妥善地走进社会主义的新时期。"②

总体来看，无论是全国解放前夕筹备建国期间，还是在建国之后恢复国民经济时期，毛泽东和中共中央核心领导成员都一致郑重对待采取实际的社会主义步骤的问题。他们在党内外许多场合都讲过，到底什么时候搞社会主义，估计至少要10年，多则15年或20年。关于如何向社会主义转变，不可能说得很具体，

---

① 《毛泽东文集》第5卷，人民出版社1996年版，第146页。

② 《毛泽东文集》第6卷，人民出版社1999年版，第80页。

大致的设想是：经过一段"相当长久"的新民主主义建设阶段，工业发展了，国营经济壮大了，就可以采取"严重的社会主义步骤"，一步实行资本主义工商业的国有化和个体农业、手工业的集体化。

经过新中国建立后全国人民的艰苦奋斗，到了 1952 年下半年以后，国内、国际形势发生了一些重大变化，这主要是：以大规模土地改革为中心的民主革命任务，在全国范围内基本完成；恢复国民经济的工作实现或超过了预定目标；抗美援朝战争历经一年多的边打边谈，双方已在有关停战的几个主要问题上达成协议，战争可望不久结束。这些变化使我国开始获得进行有计划经济建设的基本条件。与此同时，由于三年来国民经济经历了深刻的改组，在多种经济成分并存的社会经济结构中，社会主义成分逐年增长。国营经济的迅速发展和壮大，使其在全国现代工业总产值和全国商业批发总额中的比重分别占据优势，进一步巩固和加强了它在整个国民经济中的领导地位，有效地控制了全国的经济命脉和很大一部分社会产品的流通过程。这样，国营经济不仅成为支持国家财政、稳定经济局势的主要支柱和现有工业基础的主体，而且成为对全部国民经济进行社会主义改造的重要物质力量。

尤其是 1952 年上半年进行的"五反"斗争，打退了不法资产阶级分子的进攻，取得了限制与反限制斗争的胜利，巩固了工人阶级和社会主义国营经济的领导地位。根据形势的发展和国内阶级关系的变化，6 月 6 日，毛泽东在审阅中共中央统战部《关于民主党派工作的决定（草稿）》时，针对其中分析民族资产阶级的社会基础是"中间阶级、阶层的绝大多数人们"的提法，作了如下批示："在打倒地主阶级和官僚资产阶级以后，中国内部的主要矛盾即是工人阶级与民族资产阶级的矛盾，故不应再将民族资产阶级称为中间阶级。"① 这个批示，重申了中共七届二中全会关于革命在全国胜利后国内基本矛盾的判断，即中国人民同三大敌人残余之间十分尖锐的矛盾解决之后，工人阶级与资产阶级的矛盾即上升为国内的主要矛盾，党和国家的中心任务也要相应地作出改变。

根据 1951 年 2 月中共中央政治局关于"三年准备，十年计划经济建设"的构想，以及 1952 年国民经济即将全面恢复的情况，中共中央确定从 1953 年起开始进行以五年为一期的有计划的国家建设，并保证中国向社会主义前进。可是，要在今后五年实施这项中国有史以来最大规模的建设计划，势必会在多种所有制并存的社会经济运行中遇到新的矛盾和问题。最突出的矛盾，一是土改以后农民分散落后的个体经济不能满足大工业和城市发展对大宗粮食和农产品原料日益增长的需要；二是资本主义工商业落后、混乱、畸形发展、唯利是图的消极一面，与有计划的经济建设对集中调配国内有限资源的要求愈来愈不相适应。这种社会经济结构中的内在矛盾，需要有明确的方针和系统的政策加以逐步解决。这样，就不可避免地要把对国民经济实行社会主义改造的任务提上日程。正是基于这一考虑，从 1952 年 9 月起，毛泽东等中央核心领导层开始酝酿中国怎样过渡到社会主义去的问题。

1952 年八九月间，周恩来率中国政府代表团访问苏联，就苏联帮助中国进行"一五"计划建设的几个主要问题同苏联政府进行商谈。临行前，中央政治局批准了周恩来写的《三年来中国主要情况及今后五年建设方针的报告提纲》，其中指出：工业总产值中公私比重，已由 1949 年的 43.8% 与 56.2% 之比，变为 1952 年的 67.3% 与 32.7% 之比。私营商业在全国商品总值中经营比

---

① 《毛泽东文集》第 6 卷，人民出版社 1999 年版，第 231 页。

重，已由 1950 年的 55.6% 降为 1952 年 37.1%，但在零售方面，私商经营 1952 年仍占全国零售总额的 67%。今后国营商业和合作社在零售方面要逐渐取得优势，以限制国内自由市场。为有利于人民经济和发展，我们现时对私营工商业的政策是：对工业除重工业主要部分已完全由国家经营外，现有的全部许其存在，其中不少已以加工订货或公私合营的办法加以领导；对商业则除取缔带垄断性、投机性和不利于国计民生的商业外，一般许其存在，但毫无疑问，国营工商业今后的发展将远远超过私营工商业的发展，而且会日益加强其控制力量。报告提纲最后明确提出："今后五年建设方针，其基本任务是：为国家工业化打下基础，发展农业，加强国防，逐步提高人民的物质生活和文化生活，使中国经济向社会主义发展。"① 周恩来的这个报告，反映了中国共产党对今后五年建设中如何使中国经济向社会主义发展的基本考虑。

9 月 24 日，周恩来从苏联回国抵达北京后，当晚在中央书记处会议上报告了就"一五"计划轮廓问题同苏联商谈的情况。毛泽东在听取汇报后讲了一段话，大意是：我们现在就要开始用 10 年到 15 年的时间基本上完成到社会主义的过渡，而不是 10 年或者以后才开始过渡。七届二中全会提出限制与反限制的斗争问题，现在这个内容就更丰富了。工业中，私营占 32.7%，国营占 67.3%，是三七开；商业零售是倒四六开。再发展五年，私营比例会更小，但绝对数字仍会有些发展，这还不是社会主义。五年以后如此，10 年以后会怎么样，15 年以后又怎么样，要想一想。到那时私营工商业的性质也变了，是新式的资本主义，公私合营、加工订货、工人监督、资本公开，技术公开、财务公开，他

---

① 金冲及主编：《周恩来传》（下），中央文献出版社 1998 年版，第 1070 页。

们已经挂在共产党的车头上，离不开共产党了。他们的子女们也将接近共产党了。农村也要向合作互助发展，前五年不准地主、富农参加，后五年可以让他们参加。①

这番讲话，是新中国成立以后毛泽东首次直接论述中国怎样过渡到社会主义去的问题。其着眼点已不是经过 10 年或 15 年，待到国家经济文化事业大为兴盛以后，才妥善地走向社会主义，而是确定"从现在开始逐步过渡到社会主义去"。这是依据三年来形势的发展和条件的变化作出的一个新的重大判断。毛泽东经过初步测算后认为：我们安排的第一个五年计划，如果工业上的公私比重达到九比一，农业打算搞集体化，我们从现在起用 15 年时间就可以到达社会主义。这个估算，立足于三年来国民经济中社会主义成分与非社会主义成分彼此消长的情况，预计社会主义因素会逐年增加，资本主义因素会逐年减少，直至改变私有经济的性质，完成向社会主义的过渡。这个新思路，改变了原来等到一切条件具备之后，一举实现私人工业国有化的设想，使中国共产党在向社会主义过渡的问题上，有了一个新的认识。

从 1952 年秋至 1953 年春，毛泽东几次在中央书记处会议上谈到他的思考和看法。毛泽东说：要消灭资产阶级，消灭资本主义工商业；但要分步骤，一是要消灭，一是要扶持一下。毛泽东还援引他到湖北视察时同当地负责人的谈话说：什么叫过渡时期？过渡时期的步骤是走向社会主义；比如过桥，走一步算过渡了一年，两步两年，三步三年，10 年或 15 年走完。要水到渠成，防止急躁情绪。这些新的思考，使七届二中全会以来关于中国如何过渡到社会主义去的构想渐趋明晰。其核心思想在于：确认新民主主义到社会主义是一个渐变的过程，需要采取逐渐推进的社

① 引自薄一波：《若干重大决策与事件的回顾》上卷，中共中央党校出版社 1991 年版，第 213—214 页。

会主义改造的步骤和政策，一步一步地向前过渡。在这个问题上，毛泽东着重强调要逐步改造，逐步过渡。不逐步，就要犯急躁冒进的"左"的错误，不改造，不过渡，则会犯放任自流的右的错误。这个新思路，经过在中共中央领导核心内部交换意见，基本取得一致认识。

1952年10月20日，刘少奇率中共代表团赴莫斯科参加苏共十九大期间，受毛泽东的委托，给斯大林写了一封长信，就中共最高领导层最近讨论的关于中国怎样从现在过渡到社会主义去的问题作了具体说明。在这封信中，刘少奇首先列举了三年来中国经济结构发生的巨大变化，即在工业和商业中，国营的比重已超过私营很多；铁路全部国营，银行几乎全部国营，进出口贸易私人经营者也极少，全国主要商品已由国家控制，生产资料的生产国营已占绝对优势等情况。接下来分析说：我们估计，再过5年，即在执行"一五"计划之后，工业中国营经济的比重将会有更大的增加，私人资本主义经济的比重则会缩小到20%以下；10年后，中国工业将有90%以上是国有的，私人工业占比会不到10%，而私人工业又大体都要依赖国家供给原料、收购和推销它们的成品及银行贷款等，并纳入国家计划之内，而不能独立经营。到那时，我们就可以将这一部分私人工业不费力地收归国家经营。

关于实行私人工业国有化的方式，信中写道：我们设想可能采取这样一种方式，即劝告资本家把工厂献给国家，国家保留资本家消费的财产，适当分配工作，保障他们的生活，并可付给资本家一部分代价。我们估计：到那时，中国的资本家可能多数同意在上述条件下把他们的工厂交给国家，而不进行激烈的反抗。对于农村中的个体经济，信中说：我们准备在今后10年至15年内将中国多数农民组织到农业生产合作社和集体农场内，在基本上实现中国农业经济集体化；同时，准备帮助小手工业者组织合作社。①

刘少奇写给斯大林的信，反映了以毛泽东为核心的中共中央对如何使中国经济向社会主义发展问题考虑的进一步具体化。它表明，中国共产党已经在理论上改变了等10年或15年以后，才采取严重的社会主义步骤，向资产阶级发动全线进攻的"突变论"，而转向从现在起用10年到15年时间，逐步完成向社会主义过渡的"渐变论"。这是中国从新民主主义过渡到社会主义问题上的一个关键认识环节，是一个具有历史转折性的变化。

（二）向社会主义过渡的方法和途径

要使中国从现在起逐步过渡到社会主义去，在执政党核心领导层已达成共识，随之需要解决的另一个重要问题，是如何找到使私人资本主义经济借以向社会主义经济过渡的方法和途径。对私人工业实行国有化，世界上早有苏联社会主义革命的先例，但中国是在经济基础十分薄弱的条件下开始向社会主义过渡的，不能简单套用苏联、东欧等社会主义国家现成的理论和经验，必须结合中国的国情，从实践出发去独立地探讨，找到适合本国特点的过渡方法和途径。

事实上，在过去三年的经济恢复和经济改组中，关于引导个体农业走向集体化的途径，经过1951年围绕中共山西省委报告的一场争论，已基本得出结论，即在互助组的基础上，通过发展以土地入股为特征的初级农业生产合作社的形式，逐步过渡到土地集体所有的高级农业生产合作社，实现农业的社会主义化。对于个体手工业，也采取相类似的形式，使其逐步过渡到集体化的手工业。1951年9月中共中央《关于农业生产互助合作的决

---

① 参见《建国以来刘少奇文稿》第4册，中央文献出版社2005年版，第525—529页。

议》，虽然是作为草案发给各地党委试行，但由此在土改完成后的农村已经开展了互助合作运动，在全国农村广大范围作为实际的步骤具体操作起来，并积累了一些经验。这表明，个体农业和个体手工业向社会主义过渡的具体形式问题，已基本解决。

关于通过什么途径使私人资本主义企业转变为社会主义企业，在过去三年间也做了一些探索。如陈云在 1950 年合理调整城市工商业时曾提出："通过加工订货的办法，把私营工厂'夹'到社会主义"。1952 年 9 月，毛泽东在中央书记处会议上谈到如何向社会主义过渡的问题时，也提到公私合营、加工订货这些国家资本主义形式，将使私营工商业的性质发生改变。同年 10 月，周恩来在同一些资本家代表人物谈话时说：将来用什么方法进入社会主义，现在还不能说得很完整，但总的来说，就是和平转变的道路，如经过各种国家资本主义的方式，达到阶级消灭、个人愉快。但总的来说，在过去三年的经济改组中，各级政府部门一般的是把国家资本主义看作维持私营工业生产的手段，或者稳定市场、保证军需民用的重要手段之一，它是否具有改造资本主义工商业的作用，还有待通过调查研究加以证明和具体化。

为了查明"五反"以后资本主义工商业的情况，以利于团结和控制资产阶级，进行国家有计划的经济建设，1953 年四五月间，中央统战部组织有国家计委私企计划处人员参加的调查组，由李维汉带队去武汉、南京、上海等私营工业比较集中的大城市进行调查研究。调查组召集了城市工商、税收、银行等财经部门和工会人员参加座谈会，听取中南局、华东局及其下属城市有关负责人的汇报，深入地考察了三年来私人资本主义的发展变化，总结了工业方面发展国家资本主义的经验。通过调查研究，对各种形式的国家资本主义的发展状况及其作用，有了比较明确的认识。

调查情况表明，经过前三年国民经济的恢复和改组，社会主义经济力量已日益发展，私人资本主义经济在国民经济中的比重已相对削弱，但它仍然是我国的一项重要的经济因素，在一定时期内对国计民生仍然有相当大的作用，并在整个国民经济中占有相当重要的地位。它不仅可以为国家生产产品，帮助物资交流，而且可以维持工人就业，为国家积累资金，训练企业的技术和管理干部，具有不可替代的积极作用。

作为国家与私人资本合作的经济，国家资本主义的各种形式有了明显发展。1952年，加工、订货、统购、包销、收购等形式占当地大型私营工业的比重，上海为59.5%；天津为70%；武汉为65.5%；西安为70%；沈阳为59.9%；广州为32.8%。通过国家资本主义的这些形式，国家掌握了私营产品的主要部分，对稳定物价、发展经济建设起了重要的作用。公私合营企业在当时的发展还比较微弱，其在全国工业总产值中的比重只占5.7%，但在若干行业中所占比重则较大。总的来看，在民族工业中颇具影响的民生轮船公司，天原、天利、永利公司及南洋兄弟烟草公司等重要企业，在实行公私合营之后都很快摆脱了困难境地，转为盈利。私营金融业除个别外，也绝大部分合并组成公私合营银行。

调查情况显示：各种形式的国家资本主义都是社会主义经济同资本主义经济在各种不同方式下的联系和合作，而公私合营则是社会主义成分在企业内部同资本主义成分的合作，并居于领导地位，因此是国家资本主义的高级形式，属半社会主义性质。三年来通过各种形式国家资本主义的发展，社会主义经济的领导作用和控制力量日益增强，私人资本主义经济正在逐步地受到控制和削弱；这些私营企业已经不再是纯粹的私人资本主义性质，而是在人民政府管理之下的、同社会主义经济相联系的、并受工人监督的国家资本主义企业。其中的公私合营企业虽然还处于萌芽状态，但它是由社会主义成分直接领导、同私股代表共同经营的企业，是在保持私有财产权的条件下，最大限度地改变私营企业的生产关系，使企业获得广大发展可能的一种形式，因而最值得重视。

通过调查研究，了解到各地在发展国家资本主义中存在以下几个主要问题。

一是对国家资本主义发展的经验缺乏系统的总结和认识，不少干部对私人资本主义在一定时期内的积极作用，特别是对国家资本主义的地位和作用估计不足，从而对如何领导和改造私人资本主义企业和资产阶级分子，缺乏明确的方针和积极的态度。

二是在处理同资产阶级的关系上，政府和工会等各部门之间不统一，财经部门和国营单位内部也不统一，"国营不顾私营，各依需要，各行其是"，"限制干涉有人，解决问题无主"。各地领导同志反映说，这样继续乱下去，对公、私、劳、资各方都不利，还给资本家造成钻空子的机会。上海有资本家就利用领导机关政策的不统一，采取"倚靠工商联，团结工商局，中立劳动局，孤立职工会，打击税务局"的手段对政府进行反限制斗争。

三是加工订货缺乏计划性，资本家反映"来时涨死、去时饿死"，"来时急如星火，去时却如清风"；工缴利润忽而偏高忽而偏低，产品检验时而偏宽时而偏严，公私之间争议矛盾很多。党和政府在公私合营企业中的工作更为薄弱，对资产如何估价，公股代表如何领导，公私双方如何改善合作共事、搞好企业生产，企业利润如何合理分配等，都缺乏共同遵循的明确章程。

上述这些情况，要求党和政府相应地制定明确的方针政策，克服各地财经、工商、劳动、税务、工会各部门之间认识不统一、工作不协调的被动状况，以便根据新的情况，正确、妥善地处理同资产阶级的关系问题。

经过深入考察和系统的总结，调查组明确认识到国家资本主义是资本主义工商业过渡到社会主义的主要形式。调查结束后，李维汉向中央和毛泽东报送了题为《资本主义工业中的公私关系问题》的调查报告，并写信作了有关说明。

报告指出：建国后三年来，私人资本主义经济经历了深刻的改组和改造，国家资本主义已有相当的发展，形成了从加工、订货、收购、包销、统购、统销至公私合营等一系列从低级到高级的形式，在国民经济中的地位仅次于国营经济，居于现代工业的第二位。从生产力角度来看，接受国家加工订货的私营工业都有较快发展，不但产量增加，而且提高了技术，扩大与改进了设备，使国家不但掌握国营工业的产品，而且能掌握私营工业的主要产品，亦即掌握全部工业产品的绝大部分，成为国家保证商品供给和制定价格政策的主要物质条件。从生产关系上看，私营工业从国家资本主义的低级形式向高级形式发展的过程，也就是逐步改造其生产关系和逐步走向社会主义的过程，其中高级形式的公私合营，是最有利于将私营企业过渡到社会主义去的形式。私营工厂之间的关系可依据合理利用生产能力的方针进行改组；有管理技能和生产技术的资本家、资本家代理人以及高级技术人员等，可逐步改造为国营工业的管理或技术干部；企业的利润可分为国家的税收、资本家的股息和红利、工人的奖金和福利、企业的公积金四部分，依据"四马分肥"的原则，工人阶级得其大半，资本主义工业利润的主要部分已不可能为资本家所有。

根据上述调查研究的结果，李维汉向中央建议：国家资本主义的各种形式，"是我们利用和限制工业资本主义的主要形式，是我们将资本主义工业逐步纳入国家计划轨道的主要形式，是我们改造资本主义工业使它逐步过渡到社会主义的主要形式，是我们利用资本主义工业来训练干部，并改造资产阶级分子的主要环节，也是我们同资产阶级进行统一战线工作的主要环节。抓住了这个主要形式和主要环节，在经济和政治上都有利于领导和改造资本主义和资产阶级分子的其他部分。"①

　　这次调查研究最重要的成果,是找到了逐步将资本主义工业纳入国家计划轨道,使其有利于向社会主义过渡的"主要环节"——由低级到高级的各种国家资本主义形式。有了国家资本主义作为资本主义工业的主要过渡形式,又有合作社作为个体经济的小生产者的过渡形式,从而构成了绝大部分的私有生产向公有生产的过渡形式。有了这些具体的过渡形式,中国从现在逐步过渡到社会主义的问题,就迎刃而解了。李维汉的调查报告,受到中共中央的高度重视。毛泽东要求立即召开中央政治局会议进行汇报和讨论。

二、向社会主义过渡时期的总路线

(一) 过渡时期的总路线和总任务

　　1953 年 6 月中旬,中共中央政治局召开两次扩大会议对李维汉的报告进行讨论。参加会议的有政治局委员和中央有关负责人,还有京、津、沪直辖市及沈阳、重庆、武汉、广州等十大城市的书记。会议特地编印了列宁论国家资本主义、论新经济政策的材料。在 6 月 15 日召开的第一次会议上,讨论并基本同意了《资本主义工业中的公私关系问题》的调查报告,责成李维汉根据大家讨论的意见对报告加以补充和修改,并提交 7 月召开的全国财经工作会议进一步讨论。

　　在 6 月 15 日的会议上,毛泽东第一次对过渡时期总路线的内容作了表述:党在过渡时期的总路线和总任务,是要在 10 年到 15 年或者更多一些时间内,基本上完成国家工业化和对农业、

---

　　① 《李维汉选集》,人民出版社 1987 年版,第 266—267 页。

手工业、资本主义工商业的社会主义改造。这条总路线是照耀我们各项工作的灯塔，不要脱离这条总路线，脱离了就要发生"左"倾或右倾的错误。后来，毛泽东在审阅一些文件时，对总路线内容作了进一步修改，使之更加完善。

6月15日的会议确定经过国家资本主义改造资本主义工业的方针。毛泽东强调说，不要忘记我们国家有一个政治条件，政权在我们手里，另外又有一个经济条件，社会主义的经济是优胜的。现在已经清楚地给人民看到，社会主义和半社会主义经济的劳动生产率大大提高，这就是社会主义生产力的发展比资本主义优胜。公私合营已经给资本家一个榜样，过去是"西向让三，南向让再"①，今后每年都要发展。

6月19日召开第二次中央政治局扩大会议，讨论李维汉为第四次全国统战工作会议起草的《利用、限制、改组资本主义工业》的报告草稿。讨论中，按照胡乔木的意见，把"改组"一词改为"改造"，以便同过渡时期总路线的提法相一致。在作讨论小结时，毛泽东说，中国的资本主义的发展，跟苏联和东欧的新民主主义国家是不一样的。这种不同是从历史的不同来的（中国民族资产阶级参加了反帝，没有理由没收）。国家资本主义，五反以前我们没来得及做，五反以后阶级关系起了很大的变化，所以我们有可能经过公私合营等国家资本主义，逐步地改造成为社会主义经济，并消灭资产阶级。

关于逐步过渡的方法，毛泽东在6月15日的政治局会议上解释说：过渡时期是逐步过渡到社会主义。农业、手工业集体化、合作化，容易了解。为何将资本主义改造过渡到社会主义，

---

① 见《史记·孝文本纪第十》。吕后死后，诸吕欲为乱，大臣共诛之，谋召立代王。代王西乡让者三，南乡让者再，遂即天子位。这里借喻过去对公私合营的发展过于慎重。

这个概念不易明确。根据过去 4 年的经验，社会主义成分可以逐年增长，私营商业可以逐步挤掉，基本部分五六年内可以挤掉，零售部分在 10 年后可以基本挤掉。店员我们接收过来，资本家可以转到工业方面去。在私营工业中，社会主义成分也可以逐年增长，到高级国家资本主义形式是公私合营，便转为社会主义了；加工、订货把原料和购销两头都卡掉了，中间还有工缴费、检验、工会、劳资协议等。鉴于资本主义的数量是不可忽视的，有 380 万职工，数量很多，又少不了它，而我们又有办法把它改造为社会主义，所以目前一脚踢开资本主义是不能的，也没有资格。因而，应向工人做工作；对资本家的基本部分做工作。这样统筹兼顾完全必要，以便集中力量搞重工业。总之，对资本主义逐步过渡到社会主义的认识，第一，要明确社会主义成分是可以逐年增长的；第二，要明确资产阶级的基本部分是可以教育的，是可以用文明的方法去改造的。

为了进一步阐明经过国家资本主义过渡到社会主义的方针，7 月 29 日，毛泽东在中央政治局扩大会议上就有关国家资本主义的 11 个问题作了长篇讲话。他指出：通过国家资本主义逐步过渡到社会主义，使独立的私人资本主义企业变为受限制的国家资本主义，"这是一个大的进攻"。国家资本主义是带有进攻性质的，现在资本家的所有权虽未取消，但管理权公方已经插进去了；在进攻中也有部分退却，特别是在红利上，要给资本家让利，使他们有所得，这就是 25% 的红利，以"换来国家资本主义"。这种资本主义，已经不是普通意义上的资本主义，而是特殊的、新式的资本主义，即在工人阶级领导下的资本主义，它带有若干社会主义的性质。这是头一步，把独立的、不受限制的、有自由市场的资本主义，变为不独立、受限制、没有自由市场的资本主义，即国家资本主义；第二步由国家资本主义变为社会主义，消灭阶级。要有计划、有步骤、有准备地变私人资本主义为国家资本主义，大体上要用三年到五年的时间完成。①

对资本主义工商业实行社会主义改造的方针，是经过反复讨论、研究和听取意见，才逐步明确和完善的。6月中央政治局会议，只是确定经过国家资本主义改造资本主义工业的方针，对私营商业，当时仍考虑采取"排除"的方法，即每年排除若干，逐步以国营商业、合作社商业取代之。

对私营商业采取"排除"的办法实行改造，是因为当时在理论上把私营商业简单地看成是一种不从事生产的"中间剥削"行业。9月4日，中共中央有关方面负责人邀请黄炎培、陈叔通、李烛尘等工商界人士座谈，向他们通报中国共产党在过渡时期的总路线以及对资本主义工商业实行社会主义改造的基本方针和政策。全国工商联主任委员陈叔通在发言中，表达了对私商采取"排除"政策的困惑。他说："商业的数目很大，是最难办的。我认为应向他们公开地讲清私人商业的方向、前途、困难和办法，告诉他们要消灭商业，以国营贸易、合作社代替之。"这个发言有一个误解，以为国家要"消灭商业"，反映了商业界人士对前途感到茫然。进而表明，对私营商业，实际上是不宜采取简单排除的办法的。为此，9月7日，毛泽东在同民主党派和工商界部分代表的谈话中进一步提出："私营商业亦可以实行国家资本主义，不可能以'排除'二字了之"②。这样，就形成了对资本主义工业和商业这两部分，都通过国家资本主义实行社会主义改造的完整方针。

关于贯彻实行过渡时期总路线，毛泽东提出要反对党内存在的两种倾向。一是有人认为过渡时期太长了，对基建、农业、手

① 参见《毛泽东文集》第 6 卷，人民出版社 1999 年版，第 285—289 页。

② 《毛泽东文集》第 6 卷，人民出版社 1999 年版，第 292 页。

工业、资本主义工商业都发生急躁情绪，"五反"以后对资本家的进攻没有停止，无止境、无目标地进攻，使工人阶级处于进退两难的境地。这就要犯"左"倾的错误。二是有人在民主革命成功以后，仍然停留在原来的地方。他们没有懂得革命性质的转变，还在继续搞他们的"新民主主义"，不去搞社会主义改造。这就要犯右倾的错误。在 6 月 15 日的中央政治局会议上，毛泽东着重对仍继续搞新民主主义的思想提出了批评。

一是批评"确立新民主主义社会秩序"，认为这种提法是有害的。毛泽东说：过渡时期每天都在变动，每天都在发生社会主义因素。所谓"新民主主义社会秩序"，怎样"确立"？要"确立"是很难的哩！比如私营工商业，正在改造，今年下半年要"立"一种秩序，明年就不"确"了。农业互助合作也年年在变。因此，"确立新民主主义社会秩序"的想法，是不符合实际斗争情况的，是妨碍社会主义事业的发展的。

二是批评过去几年党内较习惯的"由新民主主义走向社会主义"的说法。毛泽东认为，这种提法不明确。走向而已，年年走向，一直到 15 年还叫走向？走向就是没有达到。这种提法，看起来可以，过细分析，是不妥当的。

三是批评"确保私有财产"。实际上，党内并无这样的口号。只是 1953 年春，农村互助合作运动在有些地区出现急躁冒进，引起农民怕"共产"的恐慌心理。中央农村工作部负责人邓子恢在 4 月召开的第一次农村工作会议上，阐明党的农村政策时说过："要照顾个体农民的积极性""尊重农民的土地财产所有权。保护农民的私有财产不受侵犯""必须把逐步改造农民小私有制与保护农民土地财产所有权分清楚，如果我们在这个问题上弄不清，就会造成群众恐慌"。针对"保护农民私有财产权"的说法，毛泽东指出：因为中农怕"冒尖"，怕"共产"，就有人提出这一口号去安定他们。其实，这是不对的。

毛泽东最后总结说：我们提出逐步过渡到社会主义，这比较好。所谓逐步者，共分 15 年，一年又有 12 个月。走得太快，"左"了；不走，太右了。要反"左"反右，逐步过渡，最后全部过渡完。①

中国共产党在过渡时期的总路线的提出，首先适应了开始大规模经济建设，实现国家工业化的历史要求。把中国建设成一个现代化工业强国，是自 1840 年鸦片战争后一百余年来几代志士仁人的梦想。但正如毛泽东 1945 年在中共七大《论联合政府》的政治报告中所说：没有一个独立、自由、民主和统一的中国，不可能发展工业。没有独立、自由、民主和统一，不可能建设真正大规模的工业。没有工业，便没有巩固的国防，便没有人民的福利，便没有国家的富强。进而，他指出：在新民主主义的政治条件获得之后，中国人民及其政府必须采取切实的步骤，在若干年内逐步地建立重工业和轻工业，使中国由农业国变为工业国。新民主主义的国家，如无巩固的经济做它的基础。如无进步的比较现时发达得多的农业，如无大规模的在全国经济比重上占极大优势的工业以及与此相适应的交通、贸易、金融等事业做它的基础，是不能巩固的。

中华人民共和国成立三年来，经过土地改革、镇压反革命、"三反""五反"等一系列民主改革和社会政治斗争，巩固了人民民主专政，为开展大规模经济建设奠定了稳固政治基础和社会环境；国民经济迅速恢复，工农业生产取得了新的发展，特别是国营经济已在很大程度上占主导地位，这就为建设国家工业化准备了基本物质条件。同时，三年来的新民主主义的改革和建设，还为推动国家有计划的经济建设创造了若干有利条件。

---

① 参见《毛泽东在中共中央政治局会议上的讲话》（1953 年 6 月 15日），《党的文献》2003 年第 4 期。

第一，中央人民政府对全国财政经济工作实行有效的统一管理，不仅有力地打击了投机资本，制止了通货膨胀，保持了市场物价的稳定，而且在保证抗美援朝战争胜利的前提下，安排了适当的财力、物力用于恢复和发展国民经济，使国家增强了对整个国民经济的控制力和计划性，并显示出高效运行的特点。

第二，社会主义性质的国营经济较之资本主义经济，表现出明显的优越性。经过国营工矿企业的民主改革，广大职工成为企业的主人，享有各种权利、保障和福利，从而激起高度的责任感和生产热情，使企业焕发出前所未有的生机和活力。国营经济不仅在若干重要工业产品的产量上超过战前的最高水平，而且开发了一大批新产品、新工艺、新技术，对保证抗美援朝战争供给、稳定国内市场、满足人民生活需要起了决定性的作用，并日益成为国家财政税收的重要来源。

第三，广大农村开始建立起农业互助合作组织，对于克服土地改革后相当一部分贫困农民缺少资金、耕牛、农具、劳力等困难，并在恢复和发展农业生产，提高单位面积产量等方面，表现出明显的优越性。

在上述情况和条件下，为了集中调配有限的资金和资源，保证重点工业项目建设的需要，为了克服有计划经济建设同私人资本主义经济的生产盲目性、投机性之间，同农民个体小生产的分散性、落后性之间的矛盾，国家有必要也有可能在进行大规模工业建设的同时，对农业、手工业和资本主义工商业实行系统的社会主义改造。

从逐步向社会主义转变的现实依据来看，经历了1952年的"五反"运动以后，我国的阶级关系发生了很大变化。工人阶级的领导地位和国家对私营工商业的控制力有了显著增强，私营企业内部建立起工人监督生产的制度，许多资本家实际上基本上丧失了控制企业的权力。因此，执政的中国共产党认为，着手解决工人阶级与资产阶级、社会主义与资本主义的矛盾的主客观条件已经具备。总结以往的经验，过去三年在私营工商业中普遍实行的国家资本主义的各种形式，既是对私人资本主义经济的利用和限制，同时又是对私人资本主义经济进行社会主义改造的最初步骤。

从农村的情形来看，根据各地的报告及调查反映，土地改革完成后，农村中的贫富差距现象有逐渐拉大之势。中共中央认为，这种趋向势必导致农村中各阶层重新出现"两极分化"，因此必须"趁热打铁"，积极引导农民走上社会主义集体化的道路，才能在新的基础上巩固工农联盟，促进农业生产的大发展。而在党和政府的提倡下，土地改革后的广大农村普遍开展了农业互助合作运动，已经和正在削弱农民个体私有制的基础。这表明，个体农业实际上开始了向社会主义集体化的转变。

从国际环境来看，抗美援朝战局的稳定，苏联对我国经济援助的扩大，为开展工业化建设和向社会主义转变提供了有利的国际条件。党一向认为，工业化建设应当从中国的具体情况出发，坚持独立自主、自力更生，同时要争取可能和必要的国际援助。在当时的国际环境和历史条件下，苏联实行优先快速发展重工业的工业化战略，迅速实现国家工业化的成功经验，以及它所建立的消灭阶级剥削的社会主义经济制度，对我国具有重要影响和榜样作用。

基于上述对国内外形势和客观条件的估量，中共中央确定了逐步向社会主义转变的过渡时期总路线。从总路线规定的任务看，社会主义工业化与社会主义改造是同时并举、齐头并进的。社会主义工业化是过渡时期总路线的主体，主要是促进生产力的发展。对个体农业、手工业的社会主义改造，对资本主义工商业的社会主义改造，好比是过渡时期总路线的两翼，主要是改变不适合生产力发展的生产关系。在主体与两翼之间，在改造个体经济与改造资本主义经济之间，是密切配合，相互促进的，体现了发展生产力和变革生产关系的统一。

关于我国实现工业化的道路，主要是学习苏联的经验，采取优先发展重工业以及优先发展国营工业的方针。关于衡量工业化的标准，也是苏联曾经采用的，即工业总产值在整个工农业总产值中占70%以上，并建立一套比较完整的工业体系。当时设想，基本上完成国家工业化和社会主义改造，将经过相当长的一个时期，估计需要三个五年计划的时间，加上过去三年的恢复时期，共18年。这个时间估计，是参照苏联测算出来的，即苏联从农业国变成工业国，从社会主义改造开始到完成，用了10年或稍多一些时间。我国经济基础更为薄弱，还预留了一些机动的余地。

1954年2月6日，刘少奇代表中共中央政治局向七届四中全会报告说：1953年，我国进入有计划的经济建设时期，并开始执行第一个五年建设计划。党中央政治局认为在这个时机提出党在过渡时期的总路线是必要的和适时的。2月10日，中共七届四中全会通过决议，正式批准中央政治局提出的这条总路线。

（二）宣传学习总路线和普及社会主义观

中国共产党在过渡时期的总路线，改变了原来经过10年、15年的准备，待条件具备和成熟之后再一举转变为社会主义的设想，采取社会主义工业化和社会主义改造同时并举的方针，实行逐步改造个体经济和资本主义工商业的政策，积极而又循序渐进地过渡到社会主义。这个历史性的转变，对共产党内多数人来说，是缺乏思想准备的。为此，过渡时期总路线提出后，中共中央立即在党的高级干部和各级党组织中进行传达，以统一全党的思想。1953年夏季以后，通过召开全国财经工作会议、全国统战工作会议、全国组织工作会议、全国农村工作会议和农业互助合作会议等一系列会议，使干部党员，首先是党的高级干部，将思想认识从为实现新民主主义纲领而奋斗，转变到为实现党在过渡时期总路线而奋斗这个新的基点上来。

在共产党内统一思想、统一认识的基础上，在党外，连续召开了民主党派座谈会、政协全国委员会常委扩大会议、中央人民政府委员会会议、中华全国工商业联合会会员代表大会等，向党外民主人士、工商界和其他各界人士解释和宣传过渡时期总路线。

1953年9月7日，毛泽东约集民主党派和工商界部分代表谈话，向他们阐明：经过国家资本主义完成对私营工商业的社会主义改造，是较健全的方针和办法。国家资本主义的形态有三种：一是公私合营；二是加工、订货、收购、包销等；三是私营商业向国营进货按牌价出售。国家资本主义是改造资本主义工商业和逐步完成社会主义过渡的必经之路；将全国私营工商业基本上引上国家资本主义轨道，至少需要三至五年的时间，因此不应该产生震动和不安；实行国家资本主义，不但要根据需要和可能，而且要出于资本家自愿，因为这是合作的事业，既是合作就不能强迫；至于基本上完成国家工业化，基本上完成对农业、对手工业和对资本主义工商业的社会主义改造，则不是三五年所能办到的，而需要几个五年计划的时间。在这个问题上既要反对遥遥无期的思想，又要反对急躁冒进的思想。

9月8日到11日，根据毛泽东的建议，政协全国委员会召开第四十九次常委扩大会，邀请部分工商界代表人物参加，由周恩来作关于过渡时期总路线的报告和总结讲话。针对资产阶级对社会主义改造的思想疑虑，周恩来系统阐述了我国社会主义改造的方针和步骤。他指出：国家资本主义并没有取消资本主义所有制。工商业者只要遵守国家政策法令，不投机不垄断，以企业产品用于满足人民的需要，他们的任务就是光荣的。周恩来还指出，过渡时期我国的国家制度，是属于社会主义性质的，但和社会主义制度也不完全相同。"我们是以工人阶级为领导、工农联盟为基础、团结四个阶级建立人民民主专政，一直到完成向社会主义的过渡。集中地说，我国新民主主义建设时期，就是逐步向社会主义过渡的时期，也就是社会主义经济成分在国民经济比重中逐步增长的时期。……在绝对数字上公私都增加了，但国营增加得更多。这个趋势就说明了我国是在向社会主义过渡。"①

毛泽东的谈话和周恩来的报告，减少了资产阶级上层代表人物的疑虑，他们表示拥护总路线和国家资本主义的方针。盛丕华对资本家现在有利润可得、将来有工作可做，表示满意。黄炎培形容党的社会主义改造方针是"同登彼岸、花团锦簇"。这种态度，代表了一些靠近共产党、顺应历史潮流的工商界代表人物的进步倾向。

在全国政协常委会议上，有民主人士提出，经过多年的战争，国家要"与民休养生息"，工业建设要照顾到农民，不要把农民挖得太苦，呼吁政府"施仁政"等。针对这些观点，9月12日，毛泽东在中央人民政府委员会第二十四次会议上，就"施仁政"问题作了说明。他说：我们是要施仁政的。所谓仁政有两种：一种是为人民的当前利益，另一种是为人民的长远利益。前一种是小仁政，后一种是大仁政。两者必须兼顾，不兼顾是错误的。重点应当放在大仁政上。现在，我们施仁政的重点应当放在建设重工业上。要建设，就要资金。所以，人民的生活虽然要改善，但一时又不能改善很多。就是说，人民生活不可不改善，不可多改善；不可不照顾，不可多照顾。照顾小仁政，妨碍大仁政，这是施仁政的偏向。②

① 《周恩来统一战线文选》，人民出版社1984年版，第255页。
② 参见《毛泽东年谱（1949—1976）》第2卷，中央文献出版社2013年版，第163—164页。

毛泽东的这番讲解，有利于各民主党派及各界人士认识到实现国家工业化是符合中国人民的长远利益和根本利益的。但是，在实现工业化的过程中，如何既照顾人民的长远利益，又适当照顾到人民的当前利益，既促进整个国民经济快速发展，又使人民生活获得改善和提高，这是需要在经济建设的实践中逐步探索并加以正确解决的一个重要课题。

9月底，人民政协全国委员会发布《庆祝中华人民共和国成立四周年的口号》，向全国公布了我国在过渡时期总路线的内容："在一个相当长的时期内逐步实现国家的社会主义工业化，逐步实现国家对农业手工业和私营工商业的社会主义改造"。关于改造私营工商业的任务，在资本家当中引起普遍震动和不安，尤其以中小资本家为甚。

据中央统战部报告的材料反映，有的资本家认为，新民主主义"很优越"，还是"让我们多喊几声新民主主义万岁吧"。他们形容自己的处境是"上了贼船"，"跟着走，能有出路"，"逆着办，只有下水"，"船在河中，只好认头"。有的资本家埋怨"1949年为什么不讲总路线？""那时讲，人都跑了；现在讲出来，谁也没有办法"；认为"政府对资本家一刀一刀的来"，就是"慢慢把你吞掉"。他们要求保持现在的秩序，不甘接受"逐步过渡"。回忆起1951年的"黄金时代"，认为现在已经退居一等，最好不要再"过渡"了。对走国家资本主义道路，许多资本家是不情愿的，认为不跟国家打交道，"晚睡晚起，自由自在"。有人说，加工订货已经"不太自由"，公私合营就要被"溶解掉"；"代购代销是进去了一点"，加工订货是"进去了一半"，公私合营"就全进去了"。公私合营是"借地插秧"，公的比例一天比一天大，到时候"哪有你的份"。公私合营强调领导与被领导，"所谓领导，只有服从"，"讲协商，也要跟着走"，等等。

对私营工商业面临的社会主义改造，资本家的态度也不尽相同，大体可分为以下几类：第一类是长期同政府合作的中上层资本家，认为总路线是"大势所趋"，自己"先走了一步"，"晚合不如早合"，合营"可以当国家干部"。上层资本家对公私合营最关心三件事：什么是财产估值"公平合理"的标准？人事怎么安排？如何保障有利可得？第二类是中小企业，这是资产阶级的多数。他们自称"武大郎攀杠子，上下够不着"。合作化"没有我的事"，公私合营"没有我的份"，感到"内心搅拌，矛盾很大"。对当前改进生产，扩大经营抱着消极态度，认为"冒大、发展、到时候一捆就完"，"自认不行，别再修炼了"。第三类是小业主，认为总路线与己无关，手工业搞合作化还可以干几年。万一没有出路，可以"敛起棉袄打倒轮"，再当工人。第四类是商业资本家，怨天尤人，非常不满，认为国家"待遇不平"，前途"黑漆一片"。

为了进一步向资产阶级宣传解释过渡时期总路线和各项具体政策，解除资本家头脑中形形色色的疑虑，根据中共中央、毛泽东的指示，经过认真筹备，1953 年 10 月 23 日至 11 月 12 日，召开全国工商业联合会会员代表大会。陈叔通在大会上致开幕词，他号召全国工商界人士要为实行国家总路线、正确地发挥私营工商业的积极作用而奋斗。李维汉在会上讲话，进一步阐述了过渡时期总路线，并对国家资本主义和私营工商业的若干问题的政策原则作了详细的说明。黄炎培在大会发言中谈了学习总路线的体会，他说，在过渡时期资产阶级只要接受改造，将是"风又平、浪又静，平平安安到达黄鹤楼"；"到社会主义都有一份工作，有饭吃"。这些发言，博得许多代表的赞赏。

经过对总路线的学习和讨论，大多数私营工商业的代表认识到私营工商业的社会主义改造是"大势所趋"。主要在几个基本问题上提高了认识：第一，在国家工业化问题上，大体上认识到中国必须走社会主义工业化道路，不可能也不应该走资本主义工业化的道路。第二，对于国家利用限制和改造私营工商业的方针，过去许多人听了就反感，经过会议后，他们的感情有所转变，有人还提出要"积极经营，争取利用；不犯五毒，接受限制；加强学习，欢迎改造"。第三，在爱国守法问题上受到新的教育，特别是"只要资本家安于合法经营……就开始带有国家资本主义的性质""企业改造必须结合个人改造""爱国守法是工商界骨干分子的起码条件"这三条，更引起他们的注意。第四，初步明确了经过国家资本主义逐步完成私营工商业的社会主义改造，是较健全的方针和办法，承认国家资本主义的优点是合乎事实的。第五，在对国营经济的关系上，过去他们一般认为只是普通的买卖关系，将本求利，合则来不合则去，现在认识到这是领导与被领导、改造和被改造的关系。第六，关于前途问题，开始认识到只要遵循国家的总路线，将来可以稳步地最后完成社会主义改造，可以过"文昭关"，"像剃头一样，只要不乱动，就不会流血"，还可以有工作做，保留消费财产，用不着替子女担心，这解除了他们最大的顾虑。进而关心将来实行私营企业国有化的时候给不给代价，生活资料能保留多少（即"上车能带多少斤行李"）的问题。

会议期间，李维汉就会议讨论的情况向毛泽东作了汇报。毛泽东肯定会议是成功的，并说要使各级党委和统战部门有意识地懂得，半年之内是大喊大叫的半年。意即要在全国工商界中间，有领导、有准备、大张旗鼓地对总路线和国家资本主义方针进行宣传教育，做到普遍深入、家喻户晓。这不仅是对工商界的宣传政策，而且能够在工商界教育和培养出大批骨干，成为党和政府对私营工商业逐步进行社会主义改造的辅助力量。

为了使全党和全国人民对总路线有比较全面的了解，1953年12月，中共中央批发了由中央宣传部起草、经毛泽东修改审定的《为动员一切力量把我国建设成为一个伟大的社会主义国家而斗争——关于党在过渡时期总路线的学习和宣传提纲》。毛泽东在审定和修改《提纲》时，对党在过渡时期的总路线作了更为规范的表述："从中华人民共和国成立，到社会主义改造基本完成，这是一个过渡时期。党在这个过渡时期的总路线和总任务，是要在一个相当长的时期内，逐步实现国家的社会主义工业化，并逐步实现国家对农业、对手工业和对资本主义工商业的社会主义改造。这条总路线是照耀我们各项工作的灯塔，各项工作离开它，就要犯右倾或'左'倾的错误。"

对于为什么过渡时期要从中华人民共和国成立算起，毛泽东在修改《提纲》时写了一段文字作了说明。他写道："我们说标志着革命性质的转变、标志着新民主主义革命阶段的基本结束和社会主义革命阶段的开始的东西是政权的转变，是国民党反革命政权的灭亡和中华人民共和国的成立，并不是说社会主义改造这样一个伟大的任务，在人民共和国成立以后就可以立即在全国一切方面着手施行了。不是的，那时，我们还须在广大的农村中解决封建主义与民主主义即地主与农民之间的矛盾。那时在农村中的主要矛盾是封建主义与民主主义之间的矛盾，而不是资本主义与社会主义之间的矛盾，因此需要有两年至三年时间在农村实行土地改革。那时，我们一方面在农村实行民主主义的土地改革，一方面在城市立即着手接收官僚资本主义企业使之变为社会主义的企业，建立社会主义的国家银行，同时在全国范围内着手建立社会主义的国营商业和合作社商业，并已在过去几年中对私人资本主义企业开始实行了国家资本主义的措施。所有这些显示着我国过渡时期头几年中的错综复杂的形象。"①

《提纲》论述了我国社会主义工业化的战略，指出：因为我国重工业的基础极为薄弱，经济上不能独立，国防不能巩固，如

---

① 《毛泽东文集》第 6 卷，人民出版社 1999 年版，第 315—316 页。

果现在还不建立重工业，帝国主义一定还要来欺侮我们，所以社会主义工业化的中心必须是发展重工业。苏联采用社会主义工业化的方针，从重工业建设开始，在十多年中就实现了国家的工业化。"苏联过去所走的道路正是我们今天要学习的榜样"。当然，在集中力量发展重工业的同时，必须相应地、有计划地发展交通运输业、轻工业、农业、商业和文化教育事业。如果没有这些事业的相应发展，不但人民的生活不能够改善，人民的许多需要不能够满足，就是重工业的发展和工业化的实现也是不可能的。

《提纲》还阐明了发展社会主义工业和实行社会主义改造的密切联系，指出：社会主义工业是对整个国民经济实行社会主义改造的基础，只有充分强大的社会主义工业才能吸引、改组和代替资本主义工业，才能支持社会主义的商业，改造和代替资本主义商业，才能用新的技术来改造个体的农业和手工业，才能最迅速地扩大生产，积累资金，造就社会主义的建设人才，培养社会主义的习惯，从而创造保证社会主义完全胜利的经济上、文化上和政治上的前提。总之，只有完成了由生产资料的私人所有制到社会主义所有制的过渡，才有利于社会生产力的迅速向前发展，才有利于在技术上起一个革命，借以达到大规模地出产各种工业和农业产品，满足人民日益增长的需要，提高人民生活水平，确有把握地增强国防力量，反对帝国主义的侵略，以及巩固人民民主政权等目的。

1953 年年底到 1954 年春，根据中共中央批发的总路线学习和宣传提纲，全国城乡大张旗鼓地开展了对过渡时期总路线的宣传教育活动，激发了广大干部和人民群众的社会主义积极性，鼓舞全国人民团结一致为实现社会主义工业化的宏伟目标而奋斗，这对过渡时期总路线的贯彻执行，起了巨大的政治动员作用。深入的学习和讨论，把过去几年的理论认识、实践基础和现实依据衔接起来，过渡时期总路线很快在全党取得统一认识，并获得全国绝大多数人民的拥护，从而有力地推动了大规模有计划的经济建设，推动了农业、手工业、资本主义工商业的社会主义改造工作。

基于苏联建设社会主义的经验，对我国过渡到社会主义具有直接借鉴意义，毛泽东向全党、全国发出学习苏联的号召。1953年2月7日，毛泽东在全国政协一届四次会议闭幕会上的讲话中指出："我们现在学习苏联，广泛地学习他们各个部门的先进经验，请他们的顾问来，派我们的留学生去，应该采取什么态度呢？应该采取真心真意的态度，把他们所有的长处都学来，不但学习马克思列宁主义的理论，而且学习他们先进的科学技术，一切我们用得着的，统统应该虚心地学习。对于那些在这个问题上因不了解而产生抵触情绪的人，应该说服他们。就是说，应该在全国掀起一个学习苏联的高潮，来建设我们的国家。"①

总路线学习和宣传提纲下发后，中共中央作出决定，组织中高级党员干部学习《联共（布）党史简明教程》第九至十二章，即俄国十月革命以后恢复国民经济、实行国家工业化和农业集体化的各章，学习列宁、斯大林论社会主义经济建设的有关著作，通过系统地了解苏联的经验，来理解和执行党在过渡时期的总路线。这个学习，在广大共产党员和干部中间产生了广泛而深刻的影响，当时世界社会主义阵营普遍遵循的社会主义理论、纲领、认识及其实践，在全党得到一次普及，对于过渡到社会主义的道路、方法、具体途径和过渡形式等，各级党组织也有了比较明确的认识。

应该指出，在20世纪50年代初期，中国学习苏联的经验带有一定的历史局限性，即受到斯大林领导苏联过渡到社会主义的实践模式的影响。如当时中共中央批发的学习和宣传提纲，强调

---

① 《毛泽东文集》第6卷，人民出版社1999年版，第264页。

"党在过渡时期的总路线的实质，就是使生产资料的社会主义所有制成为我国国家和社会的唯一的经济基础"。并确定中国实现社会主义的目标，就是"由目前复杂的经济结构的社会过渡到单一的社会主义经济结构的社会"①，认为这是我国应当走的唯一正确的道路。实际上，从长远来看，单一的经济结构，并不符合我国生产力多层次的复杂结构，需要在生产关系上有不同的所有制形式与之相适应，才能不断地促进生产力向前发展的客观要求。

正是在学习和宣传过渡时期总路线所普及的社会主义认识的基础上，我国开始形成一套固定的观念，例如，认为社会主义就是在生产关系上实行单一的社会主义公有制（以国家占有为形式的全民所有制，以苏联集体农庄为组织形式的集体所有制），要使资本主义私有制、小生产的个体私有制在中国"绝种"；认为社会主义就是在管理体制上实行国家集中统一、无所不包的计划经济（全社会的经济生活都由国家实行统筹），要求像苏联那样严格确立"国家计划就是法律"的地位。这集中反映了20世纪50年代中期苏联的社会主义模式对中国的影响。

---

① 《刘少奇选集》下卷，人民出版社1985年版，第142页。

第八章　开展大规模有计划的经济建设

一、国家工业化与走向计划经济

（一）优先快速发展重工业的战略

实现国家工业化，是自 1840 年鸦片战争失败以后，中国所有仁人志士的共同追求和梦想。但在清王朝、北洋军阀和国民党统治时代，这些美好的梦都一概幻灭了。1949 年，中国共产党领导人民推翻三座大山，建立起中华人民共和国之后，才为实现国家工业化的理想提供了最基本的历史前提。毛泽东在建国之初指出：我们的国家在政治上已经独立，但要做到完全独立，还必须实现国家工业化。随着整个国民经济的全面恢复和抗美援朝战争状态的基本结束，中国人民久已期盼的这个历史机遇终于到来了。

把中国由落后的农业国变为先进的工业国，这是中国共产党早在民主革命时期就提出的奋斗目标。但那时的主要任务是为工业化扫清道路，对于采取什么样的工业化战略来实现这个目标，还不很明确。从世界各国的工业化史来看，可供选择的工业化模式大致有：第一，17 至 18 世纪英国、美国等早期工业化国家，以发展轻工业为先导，待积累了大量资本后，再发展重工业。这种工业化模式经历了比较漫长的过程。第二，19 世纪中后期德国、日本等后起工业化国家，在继承英、美实现工业化发展所创造的科学技术成果的基础上，由政府投资发展重工业（尤其是军事工业），同时由民间投资发展轻工业，政府与民间并重，工业化速度较快。第三，20世纪二三十年代，社会主义国家苏联为打破帝国主义的包围，保卫国家安全，优先快速发展重工业（军事工业），更强调政府的统制作用，在短期内建成独立完整的工业体系，有力地抗击了德国法西斯的入侵并取得胜利，缺点是在工业化过程中，牺牲了轻工业和农业的发展。

中国经济界在1943年世界反法西斯战争曙光在前的时候，为了战后国家的重建，曾专门就中国工业化问题进行过讨论和比较，看法莫衷一是。经济学家吴景超等编撰了《中国经济建设之路》等书，其中提出，中国的发展战略应该是一百年图强致富，但要先图强，优先发展国防工业，取得国家独立，然后再解决致富问题，以免外敌的突然侵略使国家建设毁于一旦。当时还讨论了国家工业化所应采取的经济体制，不少人认为英、美的体制过于自由放任，不可取；苏联的计划经济，国家控制力强，基本可行；或采取适度的管制经济，既可避免过分竞争和过度垄断，也可避免管制过死。这实际上是孙中山主张的"节制资本"办法，主要依靠国家力量动员资金。

中华人民共和国成立后，获得了国家独立、人民解放的基本条件，但还需要用几年的时间来医治战争创伤，恢复国民经济。对于国家未来的发展战略，中国共产党只能做粗略的探讨，首先确认中国不能走靠掠夺海外殖民地完成原始积累的资本主义工业化道路，而只能走依靠内部自我积累、节制资本的社会主义工业化道路。具体到实现工业化的步骤，一开始尚未形成明确一致的看法。

在朝鲜战争爆发之前，党内的意见一般认为，我国经济落后，工业基础薄弱，资金缺乏，工业化应优先发展投资少、见效快的农业和轻工业，以便为投资大、建设周期长的重工业的发展积累资金。如 1950 年刘少奇在题为《国家的工业化和人民生活水平的提高》的一份手稿中所述：在恢复中国经济之后，第一步应以发展农业和轻工业为重心。因为只有农业的发展，才能供给工业以足够的原料和粮食，并为工业的发展扩大市场；只有轻工业的发展，才能供给农民需要的大量工业品，交换农民生产的原料和粮食，并积累继续发展工业的资金。同时，可以把人民迫切需要提高的十分低下的生活水平提高一步。还要建立一些必要的国防工业，这是保障和平建设环境所不可缺少的。然后，才有可能集中最大的资金和力量去建设重工业的基础。只有在重工业建立之后，才能大大地发展轻工业，使农业机器化，并大大提高人民的生活水平。[①]

然而，中华人民共和国成立还不满一年，便爆发了朝鲜战争，国际环境迅速恶化，国家安全受到严重威胁，中国不得不在朝鲜战场上同世界头号强国美国进行较量。这一事变显示，中国工业基础极其薄弱的落后状况必须迅速改变，才能应对帝国主义的侵略威胁和战争政策。从世界范围来看，第二次世界大战后新独立的后发展国家都面临一个共同的选择，能不能迎头赶上先进工业国，关系着国家和民族的前途和命运，速度问题至关重要，中国当然不能例外。随着抗美援朝战争的艰巨性、长期性日益显现，加快工业化步伐的客观要求越来越紧迫。综合各方面因素的分析，中共中央经过利弊权衡，作出了优先发展重工业的战略抉择。

优先发展重工业战略，固然有参照苏联工业化经验的因素，但基本上是从中国实际出发作出的选择。当时中央考虑到：我国的农业十分落后，铁路、交通和其他基础设施也不足，都需要发

---

① 参见《刘少奇论新中国经济建设》，中央文献出版社 1993 年版，第 173 页。

展和扩建。但是，能够使用于五年计划建设的财力有限，如果平均使用，试图百废俱兴，必然一事无成。而没有重工业，就不可能大量供应化肥、农业机械、柴油、水利工程设备，就不可能大量修建铁路，供应铁路车辆、汽车、飞机、轮船、燃料和各种运输设备。另外，要切实改善人民生活，必须扩大轻工业。但现实的情况是，许多轻工业生产设备利用率很低，原因是既缺少来自农业的原材料，又缺少来自重工业的机器设备与现代技术装备。同时，我国还处在帝国主义的包围之中，需要建设一支强大的现代化的军队，迅速发展国防工业，用力赶一赶，对提高我国工业技术水平是有好处的。这一切，都决定了我国不能不优先发展重工业。

1954 年 6 月 14 日，毛泽东在中央人民政府第三十次会议上有一段讲话，反映了我国工业基础十分落后的状况。他说："现在我们能造什么？能造桌子椅子，能造茶碗茶壶，能种粮食，还能磨成面粉，还能造纸，但是，一辆汽车、一架飞机、一辆坦克、一辆拖拉机都不能造。"美帝国主义的战争威胁，西方资本主义国家的封锁和禁运，使中国领导人不得不更多地考虑尽快建立重工业基础，以增强综合国力，抵御外敌的侵略威胁。一方面，有苏联优先发展重工业快速实现工业化的经验可资借鉴；另一方面，我国的轻工业相对来说有一定的基础，有很大的后备力量，只要稍加调整，就可以发挥增产潜力；此外，把农民组织起来搞合作化，根据以往的经验，平均产量可以提高 15% 到 30%，在农业合作化后，各种增产措施更容易见效。因此，国家集中主要力量发展重工业，是有客观可能的。

总体来看，我国在第一个五年计划时期发展战略的思路是：主要依靠国内积累建设资金，建立和优先发展重工业，高速度发展国民经济，基本改变旧中国留下的工业布局极不合理、区域经济发展极不平衡的畸形状态，然后用重工业部门提供的生产资料装备农业、轻工业和其他产业部门，逐步建立起独立完整的工业体系和国民经济体系，逐步改善人民的物质文化生活。这是一个以高速度发展为主要目标的赶超型发展战略。确定这样的发展战略，是由我国经济文化落后、工业基础薄弱，又受到西方资本主义国家的封锁和包围这样的客观历史条件所决定的，也是 20 世纪 50 年代世界上大多数后发展国家普遍选择的工业化战略。

苏联的社会主义工业化，是在 1913 年沙皇俄国近代工业占国民生产总值 41.2% 的基础上开始起步的。经过十月革命后十七八年的发展，现代工业比重达到 70% 以上，于 1936 年宣布实现了工业化。我国虽然在 1952 年全面恢复了国民经济，但仍然是一个落后的农业国家，现代工业的比重只占工农业总产值的 26.7%，重工业在现代工业中的比重只占 35.5%。我国许多重要工业产品的人均产量，不仅远远落后于西方工业发达国家，甚至落后于印度这样的新兴独立国家。根据这种实际情况，我国实现工业化的数量标准有所降低，只要求现代工业比重在工农业总产值中达到 60%。但在发展速度上，仍要求在三个五年计划或更多一些时间内基本完成工业化。后来的实践表明，这个时间表，对中国这个经济文化十分落后的大国来说，是远远达不到的。经过十几年的努力，只能为国家工业化打下一个初步的基础。

在我国逐步实现工业化，存在着有利条件和不利条件。从有利的方面看，我国有一个集中统一、比较高效的中央政府，并得到绝大多数人民的衷心拥护和支持，具有很强的组织动员能力；经济环境比较稳定，通货膨胀率较低、社会就业率较高；国际方面尽管有西方的封锁禁运给工业建设带来许多困难，但又有苏联对我国提供全面的经济技术援助，这在中国历史上是没有过的。

从不利的条件来看：第一，我国基本上是一个农业国，资金的积累主要靠农业，但农业在相当长时期内无力进行技术改造，农业劳动生产率很低，势必影响工业持续、稳步地发展。第二，农业基本上是"靠天吃饭"，一年的收成要到秋收时节才能明了，即所谓"十五的月亮十六明"。所以，当年制定的国民经济计划具有很大的不确定性，难以符合生产发展的实际状况。第三，我国的经济文化十分落后，建国之初全国人口中文盲高达90%，工业建设所急需的工程技术人员培养不及，技术工人短缺，劳动力的文化素质普遍很低，这种状况显然不是短期内能改变的。第四，我国是世界上人口最多的国家之一，人口的庞大与消费需求不断增加的矛盾，使积累与消费的紧张关系难以缓解。这些不利因素，将对我国的经济建设和工业化进程长期起着制约的作用。

（二）编制国民经济发展的五年计划

发展国民经济的第一个五年计划，是实现党在过渡时期总路线的一个重大步骤。早在1951年2月，中共中央政治局就根据毛泽东提出的"三年准备、十年计划经济建设"的思想，要求从各方面加紧进行工作。"一五"计划的编制，最早由周恩来、陈云负责，中财委副主任李富春具体组织，从1951年开始试编出第一稿。到1952年7月，形成第二稿，即中财委向中共中央政治局和政务院提交的《1953年至1957年计划轮廓（草案）》及其《总说明》，要点是今后五年要办些什么新的工厂，以便可以向苏联提出五年内需供设备的清单。所提交的分行业草案共25册。

轮廓草案提出五年计划的基本任务是：为国家工业化打下基础，以巩固国防，提高人民的物质文化生活，并保证我国经济向社会主义前进。五年计划的方针是：经济建设的重点是工业，工业建设的重点又是以重工业为主、轻工业为辅。五年建设的布局是：要有利于国防和长期建设，并且与目前实际情况相结合，充分利用东北和上海的工业基地，并继续培养与充分利用这些工业基础和技术条件，为建设新厂矿、新基地创造条件。五年计划的主要指标是：工业总产值年平均增长 20.4%，农业总产值平均增长 7%。中共中央政治局经过讨论认为，上述轮廓草案可以作为向苏联提出援助要求的基本依据。

中国是在百余年来西方列强侵略掠夺下，经济文化十分落后的基础上开始大规模经济建设的。这个历史条件，决定了在开始建设时的经济和社会发展起点比较低，建设任务异常繁重，需要付出长期艰苦的努力。中国共产党在全国执政的时间不长，在经济建设方面还缺乏经验，对国内资源状况和现有生产能力也不大明了，所以我国第一次编制五年计划，经历了一个不断摸索、逐渐完善的过程，其间得到苏联专家的具体指导和真诚帮助。

1952 年 8 月 15 日，以周恩来为首席代表，陈云、李富春、张闻天、粟裕为代表的中国政府代表团出访苏联，代表团里还有中央各部门和军队方面的负责人等。代表团的主要任务是就五年计划轮廓草案同苏联方面交换意见，并争取苏联政府的援助。在苏期间，周恩来、陈云等三次会见了斯大林。斯大林在看完代表团译送的"三年来中国主要情况及今后五年建设方针的报告提纲""中国经济状况和五年建设的任务""中国国防五年建设计划概要"等文件后，于 9 月 3 日第二次会见中，对我国的五年计划提出一些原则性的建议。

斯大林认为，五年计划中工业增长速度每年递增 20.4%，是勉强的。要按照一定可以办到的来做计划，不留后备力量是不行的。他具体建议工业建设的增长速度，每年增长率可降到 15%。意外情况总会有的，留点后备力量，总有好处。斯大林还提出，在五年计划中，对民用工业和军事工业应当有统一的计划，既包括民用建设，也包括军事建设；而计划规定的各种经费也必须有全面的材料，以便知道全部项目中需要苏联提供多少项目。这必须经过详细的计算，然后才能说出可以向中国提供什么援助。根据苏联自己的经验，制定五年计划通常要一年时间，然后再花两个月时间审议准备好的草案，即使这样，仍会出错。为此，希望给苏方大约两个月时间来研究这个计划，以便对有关问题作出答复。在会谈中，斯大林表示同意帮助中国设计一批工业企业，并提供机器设备，向中国提供政府贷款，派遣专家和培养技术人才。关于建设军事国防工业等问题，斯大林表示尽可能提供援助。

周恩来、陈云在苏联逗留了一个多月，在安排好代表团与苏方的谈判议程和方针后，于9月23日离开莫斯科先期回国，李富春和代表团的其他成员留在苏联继续与苏方商谈。周恩来回国后，向中共中央政治局作了汇报。1952年年底，在毛泽东的主持下，中央领导层集体讨论了《五年计划轮廓草案》，明确了编制计划的指导思想。12月22日，中共中央发出《关于编制1953年计划及长期计划纲要的指示》，主要强调：第一，必须按照中央的"边打、边稳、边建"的方针来从事国家经济建设，这是制定计划的出发点，并且以此来安排国家工业建设的投资、速度、重点、分布和比例。第二，必须以发展重工业为建设重点，集中有限的资金和建设力量，首先保证重工业和国防工业的基本建设，特别是确保那些对国家起决定作用的，能迅速增强国家工业基础与国防力量的主要工程的完成。第三，必须充分发挥现有企业的潜力，反对保守主义。第四，必须以科学的态度从事计划工作，使计划能够正确反映客观经济发展规律。中央要求各部门、各地区组织力量编制1953年计划和五年计划纲要。

根据中央上述指示，1953年年初，中财委对五年计划进行了第三次编制，弥补了原计划草案在各个经济部门和各个年度的互相配合、基本建设投资在各个部门的分配等方面资料不足的缺陷。同年 6 月，改由国家计委进行第四次编制，对原计划作了一些重大修改，如工业增长速度由年均 20.4% 改为 14%～15%，要求加快发展农业和交通运输业等。

留在苏联的中国政府代表团，在李富春领导下同苏联政府有关部门进行广泛接触，征询意见，商谈苏联援助的具体项目。苏联政府对中国的"一五"计划给予了高度重视，对中国五年计划所要解决的问题，包括经济发展速度、重工业和基本建设的规模以及落实援建项目等进行了具体研究。关于计划草案中提出的工业发展速度，中方是根据前三年工业产值年均增长 34.8% 的速度来设想的，考虑到前三年工业增长带有恢复的性质，草案中将增速降至 20.4%，但苏方认为这个增长速度仍然过高，是不能持久的。不仅如此，计划草案中提出的农业发展速度、铁路运输增长速度和基本建设指标也都过高，是力所不及的。另外，苏方还对中国有色金属、化工、建筑材料、煤矿、石油、电力、机器制造、兵器工业等工业新建、扩建的规模，包括厂址的选择以及加强地质勘探、掌握统计资料、培养技术干部和技术工人等一系列问题，提出了富有建设性的意见。

李富春等同苏方进行反复研究和磋商，经过 9 个多月的紧张工作，至 1953 年 4 月，双方在苏联援助中国第一个五年计划建设的重大项目上取得一致意见。周恩来、陈云在听取汇报、仔细审阅有关协定的文本、图表后认为，苏方提供的设计项目清单中，对原计划砍掉的部分"砍得好"。因为这主要是属于没有地质资料的、中国自己办得了的和几年后才能用得上的。其余设计项目苏方充分满足了我们的要求，应感谢他们。另外，受援项目的建设进度和投资安排，是逐年根据实际可能逐步地增长，而不是集中在一段时间内跳跃式地增长。中共中央研究后给李富春复信说：赞成苏联对我国五年计划提出的建议和设计项目清单，中国共产党和中国政府愿尽一切力量来完成协定文件中所规定的义务和责任，并委托李富春全权代表中国政府签署协定的有关文件。

5月15日，李富春、米高扬分别代表两国政府，在莫斯科签署了《关于苏维埃社会主义共和国联盟政府援助中华人民共和国政府发展中国国民经济的协定》等文件。协定规定：苏联援助中国新建和改建91个工业项目，连同以前已定援建的50个项目，共有141个项目。这些项目将在1953年至1959年间分别开始施工。91个项目包括：2个钢铁联合企业，8个有色冶金企业，9个煤矿，3个洗煤厂，1个石油炼油厂，5个重型机器制造厂，1个汽车制造厂，1个拖拉机制造厂，1个滚珠轴承厂，16个动力机器及电力机器制造厂，7个化工厂，10个火力电站，2个医药工业公司及1个食品加工企业，还有若干国防工业企业。为了使中国能掌握新建和改建的企业，苏联政府决定每年接受1000名中国留学实习生，并派出5个专家组、200名设计专家、50名地质专家来中国帮助建设工作。

1954年10月，苏联政府又增加了15个援助项目，与前141项相加，便是通常所说我国"一五"时期苏联援助建设的156项重点工程。这些项目的建设，构成20世纪50年代中国工业建设的中心和骨干。根据当时的测算，这些项目建成后，中国工业生产能力将大大增长，基本改变旧中国留下来的落后面貌。黑色冶金、有色金属、煤炭、电力、石油、机器制造、化学工业等生产能力，都将比1953年"一五"计划开始时增加1倍以上，约相当于苏联第一个五年计划时期的水平。

1953年9月15日，中央人民政府委员会第二十六次会议听取并批准了李富春作的《关于与苏联政府商谈苏联对我国经济建设援助问题的报告》。报告说：根据毛泽东主席的指示，首先集中主要力量发展重工业，建立国家工业化和国防现代化的基础；

相应地培养建设人才，发展交通运输业、轻工业、农业和扩大商业；有步骤地促进农业和手工业的合作化和进行对私营工商业的改造，并正确地发挥个体农业、手工业和私营工商业的作用。所有这些，都是为了保证国民经济中社会主义成分的比重的稳步增长，为了保证在发展生产的基础上逐步提高人民物质生活和文化生活的水平。

尽管五年计划的许多指标、比例关系和相关内容尚在仔细测算、逐步确定之中，我国从 1953 年起已开始执行五年计划规定的经济建设任务。随着对过渡时期总路线大张旗鼓的学习和宣传，全国上下都知晓了五年计划的宏伟目标和基本任务，并在执行年度计划的工作中取得很大成绩。这就迫切地要求五年计划草案尽早讨论通过，成为全中国各族人民建设社会主义的行动纲领。为此，1954 年 2 月 12 日，中共中央政治局扩大会议决定成立编制"一五"计划纲要草案八人工作小组，陈云为主持人，成员有高岗、李富春、邓小平、邓子恢、习仲勋、陈伯达、贾拓夫。这是对"一五"计划的第五次编制，毛泽东要求国家计委从 2 月 15 日起，用一个月的时间拿出五年计划纲要的粗稿。国家计委觉得时间太紧、压力太大，请求延长一些时间，毛泽东只给了 5 天的宽限，要求 3 月 20 日必须拿出粗稿。

陈云随即召集中央财经、文教各部部长开会，传达毛泽东的指示，要求部长、副部长亲自动手，组织班子专门搞五年计划。又主持召开编制五年计划纲要草案工作小组会议，要求精确计算每个项目的单价，如果财源真的不够，就要考虑哪些项目缩小，哪些项目延期。会后，五年计划纲要的编制进入紧张运行状态。国家计委和各部迅速展开工作，仔细测算，反复研究讨论，按预定的时间向陈云提供了初稿。陈云组织了一个工作小组，汇总各部门提供的材料，不分昼夜地工作，于 4 月初拿出了五年计划纲要草案的初稿。

4月22日，陈云主持召开八人工作小组第一次会议，对纲要草案编制中的主要问题作了说明：第一，与苏联的计划相比，我们的计划间接部分很大，对农业、手工业和资本主义工商业都是间接计划，这可能影响计划的可靠程度。第二，五年计划的主要内容，一是苏联援建的141个项目和限额以上的598个项目；二是工业发展的速度；三是对农业、手工业和私营工商业社会主义改造的速度；四是市场的稳定。这四个方面也是将来检查五年计划落实情况的主要内容。第三，在五年全部投资中，农业占9.5%，交通占13.7%，与苏联比较，比重较小，但再增加也困难。第四，物资供应与购买力相比，缺口占8%～10%，主要缺的是吃、穿用品和农业生产资料，需要再设法解决。第五，在财政方面，五年计划收入1268亿元，是按税收、企业利润超计划完成来计算的，经不起风浪，因此要防止支出突破预算，但有钱不用也不对，要边走边看。第六，五年计划中工业发展速度有可能超过，基本建设特别是141项能否完成，有两种可能性。第七，要完成五年农业发展增长28%的计划，一靠天气，二靠农业合作化。大规模兴修水利和开荒，需要大量投资和大批拖拉机，力所不及，而且见效慢。最快的办法是合作化。已有经验表明，合作化可增产15%～30%。如果全国合作化，即可增产1000亿斤粮食。

经过八人工作小组连续三次召开会议进行讨论和修改，6月30日，陈云就编制五年计划的有关问题向中央政治局扩大会议作了汇报。他说，这个计划有比较准确的部分，即国营经济部分，也有一些不很准确的部分，如农业、手工业和资本主义工商业都只能做间接计划，而这些部分在我国国民经济中又占很大比重。由于编制计划的经验很少，资料也比较缺乏，所以计划带有控制数字的性质，需要边制定边修改。根据五年计划的任务已经执行一年半的实践，陈云对计划执行结果的估计、按比例发展、财政收支方案、保持购买力与商品供应之间的平衡等几个问题作了说明。其中，着重阐述了五年计划必须按比例发展的问题，明确提出四大比例、三大平衡的思想，即农业与工业、轻工业与重工业、重工业各部门之间、工业发展与铁路运输之间要按比例发展；财政收支、购买力与商品供应、主要物资供需之间必须平衡。此外，技术力量的供需之间也要平衡。陈云指出，合比例就是平衡，平衡了，大体上也是合比例的。我国因为经济落后，要在短期内赶上去，计划中的平衡只能是一种紧张的平衡。目前我们的计划是紧张的，但可以过得去，不至于破裂。

经中央政治局扩大会议讨论后，8月2日至25日，在陈云主持下，八人小组连续举行了17次会议，逐章逐节地讨论计划纲要草案初稿。10月，毛泽东、刘少奇、周恩来在广州集中一个月时间，共同审核了八人工作小组修改后的计划纲要草案。11月，陈云主持召开中央政治局会议，用11天的时间仔细讨论了五年计划的方针任务、发展速度、投资规模、工农业关系、建设重点和地区布局等，又提出许多修改意见。会后，中共中央将经过修改的草案（初稿）发给各省、市委、国务院各部委党组进行讨论，征求意见。

对国内资源状况不明，对原有企业的生产能力不太清楚，我国第一个五年计划的编制只能采取边制定，边执行的办法，不断进行修订、调整、补充，前后历时四年，五易其稿，终于形成了我国初期工业化建设的蓝图。1955年3月31日，中国共产党全国代表会议原则通过了五年计划草案。7月30日，第一届全国人民代表大会第二次会议正式审议并通过了中共中央主持拟定的《关于发展国民经济的第一个五年计划》。会议认为，这个计划"是全国人民为实现过渡时期总任务而奋斗的带有决定意义的纲领，是和平的经济建设和文化建设的计划"。

第一个五年计划确定的指导方针和基本任务是：集中主要力

量发展重工业，建立国家工业化和国防现代化的初步基础；相应地发展交通运输业、轻工业、农业和商业；相应地培养建设人才；有步骤地促进农业、手工业的合作；继续进行对资本主义工商业的改造；保证国民经济中社会主义成分的比重稳步增长，同时正确地发挥个体农业、手工业和资本主义工商业的作用；保证在发展生产的基础上逐步提高人民物质生活和文化生活的水平。

在"一五"计划编制和计划执行的过程中，优先发展重工业的重要性日益显现出来。这是因为我国工业基础十分落后，在国民经济建设全面展开的情况下，各工业部门在供需和生产协作配合上，呈现出日益紧张的形势。突出表现在地质工作薄弱：煤、电、油供应紧张；钢铁、有色金属、化工产品、建材等数量不足、品种不够、规格不多、质量不高；机械工业尚处在由修配到独立制造的转变过程中，还谈不到用最新技术装备国民经济各部门。情况表明，"一五"时期乃至以后一个相当长的时期内，如果没有钢铁、有色金属、机械制造、能源、交通等重工业的建立和发展，要想大力发展轻工业，使工业给农业以更大的支持，都是办不到的。特别是当时我国遭受西方国家武力的威胁和封锁禁运，极需建设强大的军事工业以增强国防力量。这些因素都在客观上决定了"一五"计划不能不采取优先发展重工业的指导方针。但优先发展重工业，并不意味着置其他事业于不顾。"一五"计划在执行优先发展重工业方针的前提下，适当地安排了农业、轻工业和其他事业的发展。

按照计划规定，五年中将新建一批规模巨大、技术先进的新工业部门，同时要用现代先进技术扩大和改造原有的工业部门；要合理利用和改建东北、上海和其他沿海地区城市已有的工业基础，同时要开始在内地建设一批新的工业基地。五年内国家用于经济和文化建设的投资总额达766.4亿元，折合黄金7亿多两。全部基本建设投资的58.2%用于工业基本建设，其中88.8%用于制造生产资料的工业即重工业的建设。这样巨大的建设投资，是自孙中山提出建国方略以来，中国历届政府都无法企及的。

工业化建设需要大量资金的投入，优先发展重工业需要的资金更多。但中国在近代受尽帝国主义的欺负，能够作为工业化资本积累的钱财，几乎被搜刮殆尽。全国解放前夕，蒋介石又从大陆劫走了大量黄金外币。摆在面前的是一个一穷二白的烂摊子，严重短缺的就是资金。当时，帝国主义对中国采取敌视态度，实行封锁禁运政策，根本不可能借钱给我们发展工业。苏联是帮助中国的，同意以优惠条件提供总共17亿卢布的贷款。但这部分贷款仅占我国工业基本建设投资的3%多一点。何况苏联本身也面临着战后经济恢复的繁重任务，不可能借更多的钱支援我国的经济建设。在这种情况下，中共中央确定唯一的出路只有靠我们自己内部积累。

中国推翻了帝国主义、封建主义、官僚资本主义，对民族资本实行利用、限制、改造的政策，完全有可能靠内部积累来解决工业化资金的来源问题。但是，这并不等于工业化的资金问题就迎刃而解了。"一五"计划用于基本建设的投资为427.4亿元，相当于170亿美元，远远超过了当年苏联和印度开始工业化建设时的投资额。如果稍有不慎，财政就可能收不上来这么多，投资计划就会失去保证。而且，中国遭受了长期战争的破坏，又同美国为首的帝国主义阵营处于军事对峙状态，党和人民政府既要恢复经济，又要进行新的建设，既要提高人民生活水平，又不能减少国防开支，需要花钱的地方很多。在这种情况下，只有由中央集中掌握和使用财政收入，由国家有计划地合理配置资金，才能免于资金的分散与浪费，工业化建设资金来源的可能性才能成为现实性。

为了保证中央统一掌握、集中使用财政收入，以节约资金，保证重点工程建设，中财委对基建项目的审批权限作了严格的规定，其中包括各地凡属举办投资 50 万元以上的新工厂，均须呈报党中央。陈云指出：这些规定之所以必要，不仅为了使国家在现金运用的迟早上，力求合理，更主要的是为了减少国家在经济文化建设中的浪费。与此同时，中央还特别重视防止通货膨胀，保证市场物价的稳定。因为通货膨胀，物价不稳，不仅影响人民生活，而且势必影响财政收入，工业化建设的资金就难以保障。

"一五"计划注意了对国民经济各个部门的统筹兼顾、全面安排，在基本建设投资总额中，对农林水利、交通运输邮电、银行贸易、文化教育等部门都安排了适当比例的投资，同时注意市场的稳定，强调财政、信贷、外汇、物资的"四大平衡"，使国民经济能有计划按比例地协调发展。在经济建设的规模和速度上，注意从实际出发，经过反复测算，最终确定工业生产平均每年增长 14.7%；农业生产平均每年增长 4.3%。这个速度比较接近实际，是有可能完成的。

"一五"计划的制订和实施，得到苏联政府的直接援助。以苏联帮助中国兴建的 156 个工业项目为中心，苏方不仅提供贷款，而且从资源勘探、厂址选择、技术设计、机器设备、建筑安装到人员培训、试车投产，都给予了具体的指导和帮助。实施"一五"计划期间，苏联派来我国的技术专家 3000 多人。我国派往苏联的留学生达 7000 多人，实习生 5000 人。尽管如此，中国共产党和中国政府仍坚持"以独立自主、自力更生为主，争取外援为辅"的方针，强调凡能自己解决的就不依赖外援。在五年中，国家财政来自国外的贷款，只占财政总收入的 2.7%，并从 1955 年开始，以我国对苏贸易顺差分年偿还。即使在苏联帮助设计和装备的项目中，仍有设计工作量的 20%~30%、机器设备的 30%~50%，是由我国自己负担的。1956 年中央进一步明确提出建立独立完整的工业体系和国民经济体系的方针。这些方针的贯彻实行，对于后来国际关系发生剧烈变化时，我国能够一以贯之地坚持独立自主立场，主要依靠自力更生、艰苦奋斗建立起独立的相对完整的工业体系和国民经济体系，具有十分重要而深远的意义。

二、第一个五年计划建设的开局

（一）为大规模建设调整机构配备干部

在基本实现国家工业化的伟大目标的鼓舞下，中国亿万人民群众充分动员起来，迅速掀起大规模经济建设的热潮。1953 年元旦，《人民日报》发表题为《迎接一九五三年的伟大任务》的社论，向全国人民宣布：1953 年是我国进入大规模建设的第一年。国家建设包括经济建设、国防建设和文化建设，而以经济建设为基础。经济建设的总任务就是要使中国由落后的农业国逐步变为强大的工业国。工业化——这是我国人民百年来梦寐以求的理想，这是我国人民不再受帝国主义欺负、不再过穷困生活的基本保证。因此，实现工业化是全国人民的最高利益。社论号召全国各阶层各民族人民团结一致，同心同德，为这个最高利益而积极奋斗。

鉴于以发展重工业为主的大规模经济建设，首先必须加强国家经济的计划性，因而必须加强中央的统一和集中领导，以便及时了解各方面的情况，确保各个经济环节之间的配合。所以，过去三年地方分权较多的情况，已不再适合于新的形势和任务。从前三年的情况来看，军事工作、外交工作、公安工作的领导一直是统一和集中的，在新的形势下，经济工作、文化教育工作、政治工作等其他各方面的工作，都需要相应地加强统一和集中，中央人民政府的机构也要进一步加强。

为了更有效地领导大规模有计划的经济建设，1952 年 11 月

15 日，中央人民政府委员会第十九次会议讨论通过了《关于改变大行政区人民政府（军政委员会）机构与任务的决定》《关于调整省、区建制的决议》《关于增设中央人民政府机构的决议》。这些决定和决议，是适应即将开始的全国大规模的有计划的经济建设与文化建设的新形势和新任务而采取的重要措施：一是精简中央与地方之间的行政层次，取消大区一级的政府职能，将大行政区人民政府（军政委员会）一律改为行政委员会，作为代表中央人民政府在各个地区进行领导与监督地方政府的机关。二是调整省区建制，加强省、市级人民政府的组织，加重省、市级领导的责任。三是加强中央人民政府机构，增设高等教育部、扫除文盲工作委员会、体育运动委员会。

11 月 16 日，中共中央决定在中央人民政府下建立国家计划委员会，高岗任主席，陈云等 15 人为委员。为切实加强计划工作，保证国家计划经济的执行，1953 年 2 月，中共中央发出《关于建立计划机构的通知》，要求中央一级各国民经济部门和文教部门，必须迅速加强计划工作，建立起基层企业和基层工作部门的计划机构；各大区行政委员会和各省、市人民政府的财经委员会应担负计划任务，其有关计划业务，应受国家计划委员会指导；综合编制各行业长期和年度计划，并检查计划执行情况，积极推动国营经济和合作社经济的发展壮大，保证各社会经济成分逐步按比例发展。中国经济社会的发展，开始步入计划经济轨道。

鉴于国家正在进入建设时期，各方面都要求加强中央的集中统一领导，而中央一级党政机关的干部力量急需充实和加强，中共中央确定从大行政区和地方抽调干部到中央机关工作，地方所缺干部则从军队补充。根据这一精神，从 1952 年 9 月起，东北、华北、华东、中南、西北、西南各中央局、各大行政区领导人高岗、饶漱石、邓子恢、习仲勋、邓小平以及谭震林、陈毅、贺龙、刘澜涛等，相继调到中央工作，分别担任中共中央、中央人民政府重要领导职务。同时，中共中央先后三次由地方抽调了总共5000多名干部到中央各部门工作（80%以上分到中央财经部门，其中司局级以上干部712名）。这批干部的总体素质较强，都经历过长期革命斗争的锻炼，有较高的政治水平和实际工作经验，并且大部分具有高中以上文化程度。经过一段时间学习和熟悉工业管理，中央预先进行的这些干部调配工作，为大规模经济建设的开始做了很好的干部准备。同时，从军队给地方机关调配了大批干部。仅1952年，军队就有十几万排以上干部转业到地方财经部门工作。

统一调配干部，大量培养工业建设人才，是实现党在过渡时期的总路线，顺利完成第一个五年计划起决定作用的保证。为迎接大规模经济建设的到来，中共中央早在1951年10月便决定抽调3000名县处级及以上的干部到国营工业部门工作。到1953年秋，全国先后有6.6万多名干部转入工业战线，其中县处级以上干部占10%。

过渡时期总路线提出后，中共中央于1953年9月召开第二次全国组织工作会议，着重研究了干部工作面临的新情况，认为必须为苏联援助的新建、改建与扩建的100多个重点项目的厂矿企业，配备足够数量和一定质量的干部。全国组织工作会议鲜明地提出，必须如同战争时期选派大批干部到军队中去一样，下决心抽调大批地委级以上的优秀干部到工业战线上去，派他们去掌握新建和改建的工厂和矿山，把他们锻炼成为工业建设方面胜任的领导骨干。除解决领导骨干外，还要根据统一调整、重点配备、大胆提拔的原则，对厂矿企业十分缺乏的大量管理干部给予合理的解决。另外，要解决今后五年内所需要20万技术干部的问题，必须以最大努力和最快速度从工人队伍和知识分子中培养大量新的技术人才。为此，第二次全国组织工作会议为中央拟制了《关于统一调配干部，团结、改造原有技术人员及大量培养训练干部的决定》《关于加强干部管理工作的决定》等文件，经中央批准后下达执行。

按照中央的要求，各级党委和全党组织工作部门，都必须把为新建、改建、扩建各厂矿配备干部的工作，以及加强对私营企业的社会主义改造的工作，看作当前的头等重要任务。中央组织部和地方各级组织部门迅速行动起来，主要从以下几个方面进行工作，采取了一系列重要措施。

第一，统一调查登记全国各地党政领导机关中地委一级以上的主要干部，对于其中适宜于转到工业方面去工作的，制订出分期分批转入工业的计划。第二，精简行政部门，尽可能抽调一批条件适合的干部转入工矿企业工作。第三，各经济工作部门尽量紧缩上层领导机构，抽出干部充实下层基本建设单位和生产单位。第四，对现有厂矿的主要干部进行必要调整，在不妨害生产管理的原则下，分期分批抽出有经验的干部去加强新建厂矿的工作。第五，各级经济建设部门和各厂矿单位，从那些有生产经验、有工作能力、有发展前途的先进技术工人和青年知识分子中，大胆地、破格地提拔大量干部，并普遍设立副职，使他们在老骨干的带领下，经过实际工作锻炼，逐渐胜任生产管理工作和技术领导工作，以便继续抽出大量有经验的干部去支援新的建设。第六，加强党对高等技术学校、中等技术学校、工矿企业中技术工人学校和各种训练班的领导，大量培养和训练新的技术工人和新的技术专家。同时，继续选派留学生和实习生到苏联和东欧人民民主国家去学习，以便随着国家建设计划的进展不断增加大批新的技术工人和技术专家。第七，继续团结改造原有技术人员，引导他们积极发挥其技术专长，不断提高业务能力，使他们能够担当更重要的工作。

当然，要从各方面抽调优秀干部来完成大规模经济建设的重要组织任务，不是没有困难的。事实上，当时其他工作岗位上的干部并不是十分充足，甚至同样需要补充。但是，同国家的总路线总任务的整体要求相比，从保证"一五"计划国家建设的重点来比较轻重缓急，集中力量加强工业建设是完全符合国家整体利益和各部门长远利益的。因此，必须下最大决心，从其他部门忍痛抽调优秀干部去增强工业战线，以便迅速壮大这支工业建设大军，使它能够有充分把握来完成工业建设计划。遵照中央的要求，各级领导机关认真贯彻一切服从国家建设计划的方针，通过精简行政机构、提高工作效能、大胆地破格提拔干部以及在实际工作中培养干部等行之有效的办法，来克服抽走一部分干部以后可能产生的困难。这样，新的干部可以早日得到提拔和锻炼，新的工作秩序也可以早日建立起来。

东北区作为我国的大工业基地，最早抽调大批干部随军进关，支援全国工业生产的恢复。同时，中共中央东北局最早从各种岗位上抽调近千名县委书记、县长以上的老干部分配到工业部门，去担任经理、厂矿长、党委书记、工会主席等重要职务。几年来东北区工业干部增长很快，到1953年6月，工业干部的数量比1949年壮大了十倍以上。这不仅保证了东北区提早开始有计划的经济建设，而且对帮助和推动全国工业的恢复和发展、对全国及早进入有计划的经济建设，起了很大的作用。

华东是我国工业比较集中的地区，中共中央华东局及时制订计划，严格挑选和审查，为抽调干部进行了多方面的准备。1953年1月，从中央重工业部钢铁工业局华东分局、中央第一机械工业部机械工业管理局华东分局所属各厂中，抽调出400多名技术人员，分批输送至中央。其中钢铁部门抽调的干部占现有技术人员总数的70%。上海铁路管理局抽调100名技术人员赴东北；华东纺织管理局在所属各厂中抽调干部1200人支援全国。华东区还积极抽调工程师、技术人员和管理人员，支援全国重点基本建设工程及充实中央所属华东地区的基本建设机构。

中共中央中南局在 1952 年和 1953 年两年内，已从农村和机关抽调了 3000 多名县级以上的老干部，3000 多名技术归队的知识分子干部和 700 多名具有初中以上文化水平的知识分子干部，转到工业和各种建设事业上去。经过两年多来的锻炼，不少老干部已熟悉了生产，学会了社会主义企业的一套科学的管理方法，成为现有厂矿的领导骨干。1954 年上半年，中南区又抽调 3000 多名干部转入国营钢铁、机械、有色金属、电力等重要的工业部门。其中有 1900 多名县级以上的老干部和 1500 多名经过锻炼的知识分子干部。这批干部不仅能在数量上满足各工业部门对于干部的需要，而且质量上也大都符合中央规定的标准。同时，还根据全区许多大厂矿筹建工作情况，在 1954 年内从农村和机关中共抽调 6000 多名干部转入工业和其他建设部门。这批干部将首先满足属于苏联帮助我国建设的企业中的新建、改建厂矿，以及大学、专科学校、技术学校和文化学校的需要，并相应地照顾其他新建和改建单位。

中共中央华北局十分注意对工业建设干部的培养。自 1949 年入城至 1953 年年底，从农村调转工业部门的干部就有 22400 多人。其中有许多已经锻炼成为工业建设方面的领导骨干，担任了厂矿中的重要职务。1954 年 5 月，华北区又选拔 500 名地委或相当于地委级以上的干部转入工业建设，并决定再抽调 1100 名县委或相当于县委级的干部充实和加强新建厂矿中的基层领导骨干。

西南区地处边远，为了服从全国重点建设的需要，到 1953 年 1 月，已先后调出优秀的技术工人、技术人员和行政管理干部共 700 多人支援全国各地基本建设。其中有厂长、工程师以上干部近百人。西南区不仅抽出大批熟练的技术人员，并且抽出了西南各厂矿中本来就很缺少的一些优秀技工。在中共中央西南局的高度重视下，西南工业部几次召开各工业管理局局长会议和人事工作会议，反复强调支援全国基本建设的整体观念的重要；对坚决服从抽调的单位进行表扬，对重视不够和拖延的单位，指定限期完成抽调工作。在抽调干部中，各单位都认真贯彻了"抽优不抽劣，抽头不抽尾"的原则。在抽出人员后，又迅速提拔大批新的干部和技术人员，保证生产照常进行。各单位还订出培养干部的计划，普遍推行订立包教包学的师徒合同。许多厂矿大量开办技术训练班，积极培养技术工人。

从全国的情况来看，为了确保顺利完成国家经济建设计划，各大区、省、市领导机关把统一调配干部作为具有决定意义的头等重要任务，认真贯彻中央关于抽调干部的方针，实行逐级负责制，精心遴选，严格审查，保证把较优秀的干部输送到工业建设部门去。在抽调干部的同时，各地兼顾到对农业、手工业、私营工商业进行社会主义改造和其他方面的繁重任务，保留了一部分较强的干部掌握重点专区、县和重点部门的工作。总之，在大规模经济建设开局的时候，中国共产党以坚定明确的方针，及时地完成了这一规模巨大的干部配备工作。

据不完全统计，自1952年至1954年三年中，全国输送到工业部门工作的干部共有16万多名，其中为苏联援助的141个重点厂矿选调的领导干部就有3000多名。把这些优秀的干部有重点地配备到国营大企业中去，不仅为完成社会主义工业化打下巩固的物质基础，而且为我国培养出能够保证完成社会主义工业化所必需的懂得工业建设的干部队伍，并从中积累了必要的科学知识、管理经验，锻炼了管理和技术才能。与此同时，各级组织部门根据"德才兼备"的标准，大胆地、大量地从先进的技术工人和青年知识分子中，提拔了一批新干部。到1954年年底，全国科级以上干部由1951年的12.3万名增加到28万多名，三年共提拔科以上干部16万人左右。这些新提拔的干部，大多数是文化程度较高、年龄较轻、有培养前途、能够完成党的任务的优秀干部。没有这样一大批干部被提拔起来，要顺利进行和完成党在过渡时期多方面复杂艰巨的任务，是困难的。

这一时期，工业化建设带动了国家各项事业的发展，工业战线以外的其他工作部门也迫切需要配备相当数量的干部。根据形势发展的要求，中央组织部门调配了千余名领导骨干到文教部门工作，加强对大、中学校及科研机构的领导。对于政法、外事等部门也及时配备了相应的干部。此外，老工业基地和沿海较发达地区，几年来还陆续抽调一批财经、文教、医疗卫生等方面的干部和技术人员，支援边疆地区、少数民族地区的建设，对当地经济社会的发展发挥了重要作用。

为了适应经济建设任务对进一步提高领导干部素质的要求，中共中央作出决定，有计划、有步骤地把全党各方面的高、中级干部调入各级党校进行轮训，以提高全党干部的理论水平、政策水平和工作能力；同时还发出《关于加强干部文化教育工作的指示》，提出要大量培养和提拔工农干部，有计划地提高他们的政治、文化和业务水平，特别使文化水平较低的干部逐步提高到相当高小以至初中毕业程度，以便有效地学习政治理论，掌握业务知识，把他们培养成为各项建设事业的骨干力量。

随着国家工业化建设的深入展开，中央号召老干部、新干部都要认真钻研工业建设的业务。1955 年 3 月 31 日，毛泽东在中国共产党全国代表会议上强调说："我们进入了这样一个时期，就是我们现在所从事的、所思考的、所钻研的，是钻社会主义工业化，钻社会主义改造，钻现代化的国防，并且开始要钻原子能这样的历史的新时期"，"适合这种新的情况钻进去，成为内行，这是我们的任务"①。

---

① 《毛泽东文集》第 6 卷，人民出版社 1999 年版，第 395 页。

总的来说，为适应大规模经济建设和国家各项事业发展的需要，中央和地方党和政府领导机关通力合作，密切配合，经过统一调整、重点配备、大胆提拔、加快培养等一系列工作和坚持不懈的努力，基本上满足了我国初期工业化建设对各方面工作干部的迫切需要，为顺利完成第一个五年计划建设任务提供了组织上特别是干部方面的重要保证。

（二）工业建设热潮和建立计划管理体制

我国的第一个五年计划，是在编制过程中逐步开始实施的。为了组织推动大规模经济建设的开展，中央采取一系列重大措施，从上到下建立集中统一的计划经济体制，深入开展增产节约运动，注重技术革新和劳动竞赛对生产建设的促进作用，发行建设公债为国家建设筹集资金，通过制定年度计划加强对经济工作的领导和调整，确保"一五"建设计划的实施。

在第一个五年计划建设开局之年，首先执行的是1953年的年度计划。4月25日，中共中央批准下达国家计委关于《1953年国民经济计划提要》，确定了当年国民经济发展的各项主要指标。为完成1953年的计划，国家计委要求国营企业部门必须做好下列几项工作：一是建立与加强计划管理，健全全国自上而下的计划、统计系统，加强企业的计划统计机构。二是建立和健全责任制。一切经济部门均应逐步地建立科学的管理制度，特别要注意建立安全生产、产品质量、设计工作、原材料和设备供应、施工等项责任制。三是大力推广先进经验。四是一切国营企业应该逐步实行严格的经济核算制度。五是加强基本建设工作，保证基本建设任务的完成。

作为国家的领导阶级，中国工人阶级一马当先，站到生产建设的最前列。5月3日，中国工会第七次全国代表大会在北京召开。刘少奇代表中共中央致祝词说：我们祖国现正开始进入一个新的历史时期，为了完成实现国家工业化和逐步过渡到社会主义社会的新的历史任务，必须尽最大的努力充分地发挥广大工人群众的积极性和创造性，为完成与超额完成国家的经济计划而奋斗！为提高劳动生产率，提高产品质量，严格节约和降低产品成本而奋斗！大会以后，中华全国总工会发出号召：进一步开展增产节约劳动竞赛，保证全面地完成国家生产计划！

在过去的三年里，中国工人阶级以英雄的姿态、坚忍不拔的毅力、高度的爱国主义热忱，克服各种困难，开展爱国主义劳动竞赛，完成了全面恢复国民经济的历史任务。在开始有计划的经济建设时期，中国工人阶级又满怀信心地以忘我的劳动精神，完成国家交予的新的历史任务。在中华全国总工会的号召下，工会各级组织迅速地深入地发动工人群众，进一步开展增产节约劳动竞赛，发挥工人群众的积极性，挖掘企业潜力，努力增加生产，提高产品质量，节约原料材料，降低产品成本，并注意安全生产，不断提高劳动生产率和企业管理水平，保证全面地完成并争取超额完成国家计划，为国家创造更多的财富，为实现国家工业化积累更多的资金。

鞍山钢铁公司机械总厂的技术革新能手王崇伦，努力钻研技术，先后八次改进工具，发明了以刨床代替插床的“万能工具胎”，大大提高了设备利用率，工作效率提高了六倍半，一年完成了三年的劳动定额。这种创造精神在全国各地广大职工中引起重视，许多厂矿掀起了群众性的改进技术热潮。全国煤炭系统在组织劳动竞赛中，学习和推广马六孩、崔国山的快速掘进法，施玉海、刘九学的安全生产经验，谷发明的深孔爆破经验以及建井平行作业等经验，大大提高了劳动生产率，又保证了安全生产。纺织工业系统全面推广青年女工郝建秀的细纱工作法，纺织机器保全工作法及其他节约用棉降低成本等先进经验，各地棉纺厂你追我赶，不断刷新生产纪录。在各级党政部门和工会组织的倡导下，工业生产逐渐改变了过去偏重于拼体力的方式，而注意生产技术的革新与劳动组织的改进，开展有组织、有计划的劳动竞赛。人们把勇于创造生产新纪录的先进人物，誉为"走在时间的前面"的人。"每一秒钟都为创造社会主义社会而劳动"——这些充满时代精神的口号，反映了第一个五年计划的宏伟目标正在化为千百万职工的实际行动，鼓舞着中国工人阶级更加忘我地为实现社会主义工业化而奋斗。

中国广大农民通过几年来的实际体验，认识到国家工业化将给农业发展带来广阔的前景，对大工业将为农业生产提供机器装备、化肥、农药、良种、新式农具，不断提高农民的生活水平抱有很大期望。他们积极参加农业互助合作组织，以努力增加农业生产的实际行动支持工业建设。各地农民响应国家的号召，积极向国家交售粮棉，缴纳农业税，供应各种农副产品保证城市居民和工矿区职工的生活需要。随着基本建设战线的不断扩大，大批青壮农民被工矿、建筑企业吸收，离开生养他们的土地走进工人阶级队伍，更直接地投身于国家的工业建设。当时，我国工农业产品价格存在着较大的剪刀差，由于工业品少，还要积累资金，扩大再生产，缩小这种剪刀差在短期内是做不到的。虽然努力缩小但仍实际存在的工农业产品的价格差，成为国家为工业建设积累资金的重要来源之一，也是工业化初创阶段中国几亿农民为实现社会主义工业化作出的重要贡献。

热火朝天的工业建设，为知识分子提供了施展才华的广阔战场。工程技术人员同工人的心血和汗水流在一起，日夜奋战在生产第一线。为了探明我国矿产资源的状况，党和政府重视地质队伍的建设和地质人才的培养。解放前全国从事地质工作的人员只有200余人，解放后逐年增加，1954年各大学地质系、各地质学院及各中等地质学校毕业的学生即达2000余人。国家以最新的技术装备来支持地质勘探工作，仅中央地质部开动的钻机就有数百余台。许多过去绝少采用的探矿方法，为新中国的地质工作大量采用。过去属于"冷门中的冷门"的地球物理探矿，已拥有较强的队伍，配备有磁力仪、重力仪、电阻仪、自然电流仪等新式仪器，成为我国地质勘探工作中一支生力军，并开始试行航空磁测，使中国的地质勘探事业走上广阔发展的道路。几年来，从东北黑土地到西南康藏高原，从东海之滨到海南岛，在祖国辽阔的土地上，到处都有地质工作者的足迹。他们风餐露宿，跋山涉水，不辞辛苦地勘探地下宝藏，无愧为"祖国建设的尖兵"。

以李四光、华罗庚、邓稼先、钱学森、郭永怀等为代表的一批在海外卓有成就的科学家，毅然放弃国外优裕的工作环境和生活条件，先后回到祖国参加伟大的建设事业。至1953年，约有2000名留学生陆续回国，他们在各个技术学科领域发挥着重要作用。高等学校的教师们根据国家建设的需要，开设出数以百计的新课程，在我国大学教育中首次出现土木施工、工业设计、工序自动化、继电器保护、水能利用、铸造机械、机械制造工学、房屋架设、电力拖动等崭新的课程和教材。在苏联专家的帮助下，全国各高等学校逐渐形成不少新型的先进科学的教研基地。高等学校理论联系实际的教学方针得到贯彻，教学质量不断提高。每年都有数以万计的大学生在各工地、各厂矿、各业务部门、各研究机关进行生产实习，并有数以千百计的大学教师到全国各厂矿进行各种各样的科学活动。同样，每年也有数目众多的工程师、技术人员进入高等学校参加业余学习或兼授课。学生们在实习中钻研着各种实际问题，他们的毕业论文、毕业设计不仅从实际中吸取题材，并且运用所学的理论知识来处理实际问题。

在火红的建设年代，高等学校和各类专业技术学校的毕业生，无条件地服从国家统一分配，到祖国最需要的地方去。为满足国家基本建设的需要，1952年、1953年，中央决定全国高等学校除应届毕业生外，理工科学生全部提前一年毕业，统一按照

"集中使用，重点配备"的方针，把大量理、工、财经等科及部分农科的毕业生，集中配备到新建、改建和扩建的厂矿、交通、水利事业中的勘测、设计和安装等工作上去，一般厂矿和机关行政部门除特殊情况外，不予配备。同时，为了适应高等教育发展和科学研究工作的需要，还分配相当数量的毕业生作高等学校的助教、研究生和中国科学院所属研究机构的研究实习员，并为中等学校配备师资。医科毕业生，主要配备在厂矿、防疫及国家工作人员公费医疗机构。政法类毕业生，一般由各大行政区分配工作。外文系（俄文、英文）毕业生，绝大部分由中央集中分配。

我国有计划大规模的经济建设，总的开局很好。工业建设的主要部署是：充分利用东北、上海和其他沿海城市的工业基础，集中力量加强东北重工业基地的建设，使东北和沿海工业城市较快地成为支援全国建设的基地；同时，在京广铁路沿线及其以西地区新建一批重点骨干项目和与之相配套的项目，加强华北、中南、西北和西南地区新工业基地的建设。在具体安排上，老基地的建设以在原基础上改建扩建为主，新基地以新建为主。

重工业建设的重点是冶金工业和机械工业。冶金方面安排的改扩建工程，主要是东北的鞍山钢铁公司及安徽马鞍山、四川重庆、山西太原的钢铁企业。武汉钢铁公司属新建大型综合性钢铁基地，于1955年开工兴建，使中国钢铁工业的地区分布，开始由东部沿海向中部地区推进。

机械制造方面，以制造冶金矿山设备、发电设备、运输机械设备、金属切削机床等部门为重点，适当发展电机、电工器材设备、炼油化工设备和农业机械等的制造。投资方向以东北、中南、华东和华北地区为重点。新建的骨干项目主要有：黑龙江的富拉尔基及山西太原的重型机器厂，洛阳的矿山机械厂，沈阳的风动工具厂，哈尔滨的电机厂、汽轮机厂和锅炉厂，长春的第一汽车制造厂，武汉、齐齐哈尔、北京的机床厂，洛阳和南昌的拖拉机厂，等等。

能源方面的建设也大规模展开。煤炭工业以改扩建原有矿区为重点，同时积极开发已探明储量的新矿区，并安排一批炼焦煤基地的建设，面向钢铁工业服务。电力工业以建设火力发电站为主，一方面配合全国重点建设，加强对东北、华北、中南和华东电力工业的建设，另一方面为开发西部作准备，在西南、西北新建、改扩建一批电厂。

围绕新老工业基地的分布，铁路建设的重点，主要对哈大、京沈、京包、京汉、陇海线中段、石太线东段及同蒲线进行技术改造；同时，为开发西部资源，着手修建和新建包兰线、兰新线、宝成线。沿海其他铁路干线也相应地进行技术改造。

轻工业建设的重点是加强纺织、制糖、造纸工业建设。为了使棉纺织工业的原料供应，由进口逐渐转向基本立足于国内，新的纺织工业基地全部安排在接近原料和消费市场的京广沿线及其以西地区。

随着有计划经济建设的展开，党和政府认真总结经验，发现计划执行中的问题，及时进行调整和制定改进措施。1953年上半年，全国的经济情况是稳定的，工业总产值完成了国家计划，在工业生产、交通运输、基本建设等方面都取得了不少成绩。但由于缺乏经验，对我国现有国力和经济建设可能达到的规模了解不够，各地各部门的建设热情很高，从上到下规划了许多新建项目，基本建设的盘子大了一些，导致市场供求紧张，生产和流通领域资金周转紧张，生产出现不均衡现象，有几种工业产品没有完成计划，有些产品质量不好，有些部门没有完成降低成本的计划，并出现不少事故。中央及时发现了这些偏向，强调国民经济计划应有可靠根据，符合实际可能，并积极采取补救措施，通过增加生产、扩大收购和销售、加速资金周转和做好税收工作等来增加收入，以防止出现财政赤字。

1953年8月11日，周恩来在全国财经工作会议作的结论中，总结了上半年的经济建设工作，提出应极大地注意以下几个问题：一是发展生产，保证需要，提高计划性，防止盲目性。要求在生产实际发展的基础上，区别轻重缓急，逐步解决日益增长的市场需要。二是重点建设，稳步前进。要求一切计划必须建立在可靠的基础上，国家财力必须集中使用在建设的主要方面，提倡节约，反对百废俱兴；必须有足够的后备力量，以保证有决定意义的基本建设的完成，并准备应付可能发生的意外需要。三是既要加强集中统一，又要发挥地方与群众的积极性。在原则上，集中统一必须加强，但这并不取消因地制宜的灵活性，尤其不应妨碍而应发扬群众搞好生产的积极性和创造性。四是必须加强和服从党的统一领导，各级党委必须抓紧政府工作，尤其是财经工作，党的部分组织必须统一服从中央，以减少或避免可能发生的错误。五是为了减少盲目性和少犯错误，必须向一切有经验和知识的人们学习。

9月14日，陈云在中央人民政府会议上作报告，着重讲了如何克服财经工作方面的缺点、错误问题。陈云指出：在税收工作方面，出现修正税制的错误。由于几年来加工订货、代购代销的比重增加，买卖关系相对减少，税收也随之减少，需要补救。1953年年初，中财委报请政务院批准公布实施了修正税制。修正后的新税制错误有两条：一是按买卖关系纳一道营业税，并提出"公私一律平等纳税"，实际上是对国营商业和合作社加收一道税。二是变更纳税环节，将批发营业税移到工厂缴纳，大批发商不纳税。由于国营商业的全部利润要上缴，还承担着维持生产、稳定市场的责任，必须有相当数量的积存物资，担负着很重的银行利息，有时还要做赔本买卖，因此，对国营商企业和私营商业提出"公私一律平等纳税"，实际上是不公平的。问题发生后，中央采取补救措施，对免税的私营批发商恢复一道税，给予一定限制。

在商业工作方面，主要是对市场需要量估计不足，物资积压太多，一度采取"泄肚子"措施，减少加工订货，减少对国营工厂产品的收购，导致市场出现脱销现象。对于这些缺点、错误，中央都及时采取措施作了纠正。

在财政预算方面，主要是列支去年节余的数额没有那么多，产生预备费不够用的问题。另外，中央财政的钱是按工业系统、教育系统等条条发下去的，规定"专款专用"是对的，但没有在一定范围内给地方以灵活调剂的权力，把块块的权力限得太死。中国这么大，地方情况那么复杂，不可能统得太死，也不应该统得太死。解决的办法是，要明确划分中央财政和地方财政的职权。

通过总结经验，纠正缺点，中央明确提出"重点建设，稳步前进"的方针，这对于在综合平衡的基础上顺利地实施"一五"计划任务，起了重要的指导作用。

在"一五"计划执行过程中，国家对重点建设项目实行了集中统一的管理。以156项工程为中心的、由限额以上的694个建设单位组成的工业建设，需要大量的财力、物力和技术力量。但是，在开始大规模建设之初，国家经济力量薄弱，财力、物力和技术力量十分有限。为了满足建立社会主义工业化初步基础的需要，国家必须集中全国的经济力量，用于重点建设项目。为此，从1953年起，国家逐步扩大了计划管理的范围和力度。

首先，在财政上，明确划分中央、省（区、市）、县三级的收支范围，实行统一领导、分级管理的财政经济管理体制。在财政收入方面，国家将关税、盐税、烟酒专卖收入以及中央和大行政区管理的企业收入、事业收入等，纳入中央的固定收入。财政部门还按税种将财政收入划分为中央固定收入、中央同地方的固定比例分成收入和中央的调剂收入。在财政支出方面，也划分了中央与地方的支出范围。其中，中央经营的基本建设投资属于中央财政支出，由财政部直接拨款。

其次，建立重要生产资料在全国范围的统一平衡分配的制度。按照生产资料在国民经济中的重要程度，划分为三类：一类是统配物资，二类是部管物资，三类是地方管理物资，实行分类管理。中央和省、市管理的国营企业、公私合营企业等生产的产品，凡属统配和部管物资，均纳入国家物资分配计划。对于企业生产和建设需要的统配、部管物资，基本上是按企业的隶属关系，即按条条为主的体制进行分配。1953 年，统配和部管物资共227 种，其中统配物资 112 种、部管物资 115 种。以后这两部分的物资分配目录逐年扩大。1957 年增加到 532 种，其中统配物资231 种、部管物资 301 种。实行 156 项需要的主要建筑材料和由国内承担制造的设备、器材均由国家和有关部门直接分配和供应。这种严格控制物资流向的计划管理方式，保证了国家有限的物力，能够使用于重点建设方面。由此，我国开始逐渐形成集中统一的物资分配体制。

再次，建立统一的劳动管理制度，各建设单位必须通过各级人民政府的计划、劳动部门和工会统一招收工人，逐步制定统一的工资标准和奖惩、晋升级制度。

对基本建设项目，实行以中央各部门为主进行管理的制度。中央规定，地方政府在经济建设方面的任务，除支援国家在当地建设的重点项目外，主要抓农业、农业合作化、对私营工商业的改造等工作，保证国家下达的农副产品采购和调动计划的完成，稳定市场物价，安排好人民生活。对重点建设项目，中央各主管部门从人力、财力、物力的调度到基础设施的施工、生产准备的安排等一抓到底。地方的基本建设主要是搞农林水利、城市公用事业、文教卫生等方面的建设。但是，地方基本建设项目仍须由中央各部指定，设计施工任务由国家下达，地方政府及其部门不得自行其是。通过上述措施，基本实现了国家对重要建设项目和基本建设项目的集中统一管理，有力地保证了"一五"建设计划的完成。

大规模的建设需要大量技术人才，根据中苏双方协议 156 项设计上的分工，一般是新建项目初步设计、技术设计和 80% 的施工图设计由苏方承担，其余 20% 的施工图设计和老厂改扩建项目的初步设计、施工图设计由中方承担。鞍山钢铁公司等重大的改扩建项目，在协议上另有具体规定。设备制造方面，中方约承担 30%~50% 左右。此外还有 156 项以外的建设项目的勘探、设计和设备制造，任务十分繁重。这更突出了我国技术力量严重不足的状况。

为此，中共中央和国务院在下决心从各条战线抽调上万名优秀干部，加强工业部门和重点建设项目的领导的同时，决定采取多种途径加快技术人才的培养。一是让没有从事技术工作的工程技术人员回到技术工作岗位；二是通过高等院校加快培养技术人才，除高中毕业生升学外，还从党政机关、军队、人民团体里，抽调了几万名合格人员，作为到高等院校就读的调干生。同时，有计划地选派留学生、实习生以及派出人员到苏联和东欧各人民民主国家学习，并且依靠原有企业抓紧培养和输送了一批批技术人才。例如，上海从 1950 年到 1956 年年初，向全国各重点建设单位输送技术工人 6.3 万余人，工程技术人员 5400 余人，此外还代为培训了 8000 余名学徒工。与此同时，国家还聘请苏联专家来华帮助进行建设项目的设计，中方派技术人员配合。这样，既加快了设计进度，又培养了中国自己的设计人员，提高了自行设计的能力。

经过采取上述种种措施后，"一五"计划期间，中国的建设队伍，特别是勘探、设计力量迅速成长壮大，分散的技术力量逐步集中。地质勘探工作开始改变了过去跟不上建设需要的情况。

设计力量也有很大增长。"一五"计划期间成长起来的这一大批技术人才，不仅基本上保证了"一五"建设的需要，而且成为后来经济建设中的骨干力量。

"一五"时期实行的计划经济和计划管理，独具中国特点，就是采取直接计划与间接计划相结合的办法。在大规模经济建设开始的时候，国营经济在现代工业中的比重已占优势，国家资本主义经济和合作社经济也有很大发展。但私人资本主义经济在国民经济中仍占较大的比重，全国有60%的农户和97%的手工业者从事个体劳动。考虑到经济结构中还有五种经济并存，要使其能够均衡发展，并在新情况下进行社会主义改造，关系非常复杂。为此，在"一五"计划执行的前三年，国家实际上实行直接计划与间接计划相结合的计划管理制度。这种制度与苏联实行的单一的指令性计划有很明显的区别。

对国营企业，及由国家安排生产的一部分公私合营企业，实行直接计划，向这些企业下达指令性生产指标。其中包括总产值、主要产品产量、新种类产品试制、重要的技术经济定额、成本降低率、成本降低额、职工总数、年底工人达到数、工资总额、平均工资、劳动生产率和利润等。在生产上，这些工业企业生产所需的生产资料由国家按计划供应，享受国家调拨价格，产品由商业、物资部门收购或调拨。在财务上，国家对国营企业实行统收统支，企业的利润和折旧基金全部上交，企业进行固定资产更新和技术改造所需要的技术措施、新产品试制费和零星固定资产购置费等，由国家财政拨款解决。生产需要的流动资金由财政部门按定额拨给。生产中季节性、临时性的超定额部分，由银行贷款解决。企业只有少量的奖励基金和福利基金。

对一般公私合营和私营工商业、运输业、供销合作社商业以及一部分手工业，实行间接计划。国家通过各种经济政策、经济措施和经济合同，通过加工订货、统购包销、经销代销等方法，把这些工商业的经济活动间接地纳入国家计划。这些生产部门所需的生产资料，经国营商业部门估算后，按商业牌价计划供应。对花色品种繁多的小商品生产经营，一般不列入国家计划。国家主要通过控制原材料销售等，对这些小商品生产从市场供求关系上进行调节。

在工业方面，实行间接计划部分的工业产值，占全国工业总产值的55%左右。有的城市间接计划的比重比较大，例如上海市1955年实行间接计划的产值占全市工业总产值的70%左右。在农业方面，国家主要通过采用价格政策、农贷政策、预购合同、税收政策等方法进行调节，促使农民按照国家计划的要求安排生产。如对棉花生产，主要通过提高收购价格等政策，刺激棉农增加生产，扩大播种面积，为发展棉纺工业供应足够的原料。总的来说，在"一五"计划时期，这种直接计划与间接计划相结合的模式，还是保留了部分市场调节的因素，国家对间接计划的经济实体没有施以过多的干涉，从而使经济运行带有一定的多样性和灵活性。

三、国民经济高度运行与农产品统购统销

（一）粮食供求关系的矛盾和国家紧急对策

1953年国民经济计划执行的结果：基本建设投资比1952年增长75%，工业总产值比1952年增长30%（其中重工业增长37%，轻工业增长27%），对外贸易总额比1952年增长25.2%。工业经济的迅速增长，带动城市人口和就业人数有较大幅度增加。1953年我国城市人口达到7826万，比1952年增加663万人，增长9.3%，非农业居民消费水平比1952年提高15%。其中最重要的消费品是粮食。一方面，工业、外贸、城市消费用粮数

量大增；另一方面，随着农村经济作物的种植面积扩大，粮食的耕种面积相应减少，当地农民也需消费商品粮，国家在农村的粮食返销量大增，比 1952 年增加 1.3 倍。此外，经过几年的经济恢复，农民的粮食消费量也增加了，不仅要求吃饱，还希望家有余粮。这一系列新的情况带来一个突出的问题，就是全国粮食严重紧缺。

在制定 1953 年的年度计划时，中央考虑到我国的粮食需求量将比 1952 年有较大增长，为与工业发展速度相匹配，农业总产值计划比 1952 年增长 6.4%，其中粮食产量计划增长 7.2%。但因为农业尚未摆脱"靠天吃饭"的困境，资金投入不足，农业增产计划能否实现并没有把握。从执行结果看，1953 年农业总产值仅比上年增长 3.1%，粮食产量仅增长 1.8%，远远低于计划指标。据粮食部报告，在 1952 年 7 月 1 日至 1953 年 6 月 30 日的粮食年度里，国家共收入粮食 547 亿斤、支出 587 亿斤，收支相抵，赤字 40 亿斤。1953 年小麦受灾，预计减产 70 亿斤，形势相当严峻。

1953 年以前，国家需要的粮食，除了公粮（农业税）有保证以外，其余要从粮食市场上购买，粮食的供求关系是由市场调节的。供方是非常分散的上亿户农户，购方是国营贸易公司，还有商业合作社和私人粮商。为保持粮价稳定，国家在粮食市场上实行控制粮价的牌价办法，由国营公司根据社会需求和经济政策制定出一个市场牌价，当市场价格高于牌价时，国营公司就抛售，当市场价格低于牌价时，国营公司就大量收购，以此来平衡粮食价格，使其不致有大的波动。但是，这种主要农产品供求关系的平衡，只能建立在经济恢复时期人民消费水平很低的基础上，因而只是暂时的。

当 1953 年粮食市场需求明显大于供给时，一方面粮价看涨，农民出现惜售心理，国家无法按合理价格大量收购到粮食，因而无粮可抛；另一方面，由于市价高于牌价较多（在主要产粮区高出牌价30%~50%），私商见有利可图，从事抢购、囤积，甚至有些地区的稻谷几乎全部被私商买走。部分城市居民见粮食供应紧张和价格看涨，也参与抢购增加储存。因此，1953年夏收后国营公司的粮食销售量远远高于收购量，尽管国家动用了大量库存，仍然供不应求。

粮食市场紧张的原因，固然有农民惜售和私商抢购囤积的影响，但根本的原因是粮食生产的增长和收购量的增长赶不上粮食销售量增长的速度。1953年，国内贸易粮纯销售量由上年的467.8亿斤，猛增到613.2亿斤，增加了31.1%。粮食销量的增加，主要是大规模工业建设的展开和城镇人口急剧增加的结果。这种紧张状况如果任其发展下去，就会出现粮食供销严重脱节的混乱局面，有可能牵动物价全面上涨，使几年来国家努力实现物价稳定的成果付之东流。

粮食市场紧张的状况引起中央的严重关注。据中财委报告，进入1953年以来，全国粮食收购量少，销售量多。1月份收购为19.4亿斤，比原计划少收10.3亿斤；销售量为39.16亿斤，比原计划多销1.6亿斤。2月份上半月，收购比计划少收2.3亿斤；销售比计划多销4.5亿斤。收进少销售多的矛盾，已开始显露出来。针对这一情况，中财委副主任薄一波组织粮食部和中财委粮食组共同研究，草拟了《粮食收购办法》《粮食计划供应办法》《加强粮食市场管理办法》和《节约粮食办法》，于6月15日提交全国财经工作会议粮食组讨论。在讨论中，一些地方对于粮食管理和供应由中央统筹统支的办法有许多意见，主张改为中央和地方分级管理。为此，周恩来致电在浙江休养的陈云，征求他的意见。

6月25日，陈云复电周恩来，主张对于粮食的管理和供应仍维持由中央统筹统支的办法，但要克服工作中的缺点，略增地方机动性。陈云认为，如果改为中央和地方分级管理，则各大区、各省为了保证自己的需要，很可能发生以下两种情况：一是上缴粮不能达到中央要求的数量，使我们处于被动地位；二是地区之间的调剂，会因一方要得多、一方供得少，而不能达成协议，仍然要求中央作决定，甚至形成地域之间互相封锁，市场发生混乱，后果可能更坏些。

在 7 月召开的全国财经工作会议上，高岗利用中央对财经工作的缺点、错误的批评，将矛头指向刘少奇、周恩来，进行分裂党的阴谋活动，使会议受到干扰，一度出现偏差，会议拖到 8 月上旬才结束。陈云关于维持粮食由中央统筹统支办法的建议，在财经会议上未能展开讨论，也没有作出最后决定。

1953 年 7 月至 9 月，各地出现粮食危机。这三个月共收进粮食 98 亿斤，超过原计划 7 亿斤；销售 124 亿斤，超过原计划 19 亿斤。9 月新粮上市，总的形势还是收购的少、销出的多，供求关系日益紧张，不少地方开始发生混乱。北京、天津等大城市也出现面粉供应紧张的情况。9 月间，陈云连续 10 天召集中财委有关负责人开会，专门研究粮食购销办法。在汇总各方意见后，陈云把解决粮食问题的办法归纳为八种：一是农村征购，城市配给；二是只配不征；三是只征不配；四是原封不动；五是"临渴掘井"，先自由买卖，到实在没办法时再来征购；六是动员认购；七是合同预购；八是各行其是，各地根据自己情况实行不同的办法。

陈云认为，所有这些办法中，第一种办法是有命令而不强迫，搞不好会影响同农民的关系；第二种办法，农民会不卖粮食，国家会买不到粮食；第三种办法，农民卖粮后会跑到城市买粮回来，结果会边征边漏；第四、第五种办法是必乱无疑，出了乱子再去解决，会更被动、更困难；第六、第七种办法收效不大，难解急需；第八种办法容易造成各地互相影响，引起混乱。

经过逐个比较筛选，反复权衡利弊之后，陈云认定在我国农业生产没有很大提高的现实情况下，只能实行农村征购、城市配售的办法。这个意见提出后，得到周恩来、邓小平等的支持。

10月1日晚，在观礼国庆节焰火晚会的天安门城楼会见厅里，陈云就改变粮食的现行购销办法问题向毛泽东作汇报，建议在农村实行粮食征购，在城市实行粮食配售。毛泽东当即表示赞成，嘱陈云代中共中央起草关于召开全国粮食紧急会议的通知，由中共中央秘书长邓小平负责起草中共中央关于粮食统购统销的决议草案。陈云连夜将通知稿写出，毛泽东于次日凌晨作了修改，决定召开中央政治局扩大会议讨论此事。

10月2日，陈云在中央政治局扩大会议上作关于粮食问题的报告。他指出：目前全国粮食情况非常严重。一些主要产粮区未能完成粮食收购任务，而粮食销售量却在不断上升，京、津两地的面粉已不够供应，到了必须实行配售的地步。现在已有大批粮贩子活动于集镇和乡村之间，只要粮食市场乱，一个晚上就可以出来上百万粮贩子。如不采取坚决措施，粮食市场必将出现严重混乱局面。其结果必将导致物价全面波动，逼得工资上涨，波及工业生产，预算也将不稳，建设计划将受到影响。这不利于国家和人民，只利于富农与投机商人。为此，他提出了农村征购、城市粮食配售、严格管理私商、逐步消灭粮食贩子等应对办法。

毛泽东作会议结论，表示赞同陈云的报告。他说：农民的基本出路是社会主义，由互助合作到大合作社（不一定叫集体农庄）。现在是"青黄不接"，分土地的好处有些农民已经开始忘记了，他们正处在由个体经济到社会主义集体经济的过渡时期。我国经济的主体是国营经济，它有两个翅膀即两翼，一翼是国家资本主义（对私人资本主义的改造），一翼是互助合作、粮食征购（对农民的改造）。粮食征购、整顿私商、统一管理，势在必行。配售问题也势在必行。因为小农经济增产不多，而城市粮食的需要年年增长，如果我们能够做到城市、乡村不同时紧张更好，但恐怕办不到。这样做可能出的毛病：第一是农民不满，第二是市民不满，第三是外国舆论不满。问题是看我们的工作。①

在这里，毛泽东把粮食统购统销与农业互助合作，并列为改造个体农业的重要举措，为的是通过粮食征购，来解决大规模工业建设对粮食日益增长的需要与粮食来源不足的矛盾，以此推动国营经济主体的快速发展，日益增强工业对农业技术改造的支援，促进个体农业走向合作化道路。总之，农业互助合作、粮食征购这一翼，与改造私人资本主义这一翼相互配合，将有利于国营经济主体的发展，有利于社会主义工业化建设。中央政治局扩大会议通过了《关于召开全国粮食紧急会议的通知》，要求各大区主管经济的负责同志必须参加。

（二）粮棉统购统销为实现工业化提供保障

1953 年 10 月 10 日，全国粮食紧急会议在北京召开。陈云就粮食问题作报告。陈云分析了粮食问题面临的严峻形势和解决这一问题可能采取的各种办法，指出：本粮食年度的收购与销售计划差额 87 亿斤，而且收购计划可能完不成，销售计划一定会被突破。由于市场上的粮食销售量、出口粮、军队和机关人员的口粮、储备粮都不可能减少，如果收购这一头不增加，粮价势必波动。而吃的东西，如蔬菜、猪肉和鸡蛋等的价格统统是跟着粮价走的，因此，物价、工资都要跟着涨，预算也会超过，这样一来，就会造成人心恐慌，人民政府成立以后老百姓叫好的物价稳定这一条，就有丢掉的危险。因此，必须采取坚决的措施，加以解决。

---

① 参见《毛泽东文集》第 6 卷，人民出版社 1999 年版，第 295、297 页。

陈云提出，在粮食问题上必须处理好四种关系，即国家与农民的关系，国家与消费者的关系，国家与商人的关系，中央与地方、地方与地方的关系。处理好这些关系所要采取的基本办法是：在农村实行征购，在城市实行定量配给，严格管制私商，调整内部关系。实行这种办法，可能会出毛病，如妨碍生产积极性，逼死人，打扁担，个别地方甚至暴动。但不采取这个办法后果更坏，如把本来就不多的外汇用来进口粮食，就无法进行工业化建设，改变不了落后的局面，结果帝国主义打来，我们还是要挨扁担。只要通过征购把粮食搞到手，其他问题就好处理了。

陈云说："我现在是挑着一担'炸药'，前面是'黑色炸药'，后面是'黄色炸药'。如果搞不到粮食，整个市场就要波动；如果采取征购的办法，农民又可能反对。两个中间要选择一个，都是危险家伙。现在的问题是要确实把粮食买到，如果办法不可行，落空了，我可以肯定地讲，粮食市场一定要混乱。"[1] 只要把征购数量定得合理，价格定得公道，完成征购任务是有可能的。换句话说，"两害相权取其轻"，尽管"征购"这个名称是"骇人"的，搞不好农村里会出乱子，但却是唯一可行的彻底解决问题的办法。"只要我们的农业生产没有很大提高，这一条路总是要走的。"[2]

全国粮食紧急会议经过讨论，同意中央的决策，即在农村中采取征购粮食的办法，在城镇中采取配售粮食的办法。配售的名称不好听，采纳粮食部部长章乃器的建议，叫做"计划供应"，征购也可以叫做"计划收购"，简称"统购统销"。

---

① 《建国以来重要文献选编》第 4 册，中央文献出版社 1993 年版，第 451—452 页。

② 《建国以来重要文献选编》第 4 册，中央文献出版社 1993 年版，第 455 页。

《决议》强调说："实行上述政策，不但在现在的条件下可以妥善地解决粮食供求的矛盾，更加切实地稳定物价，和有利于粮食的节约，而且是把分散的小农经济纳入国家计划建设的轨道之内，引导农民走向互助合作的社会主义道路，和对农业实行社会主义的改造，所必须采取的一个重要步骤，它是党在过渡时期的总路线的一个不可缺少的组成部分。"这表明，统购统销政策不单纯是一个解决粮食供求矛盾的具体措施，而且是向社会主义过渡的重要条件和步骤，它在计划经济体制形成过程中具有重要地位和长远影响。

实行粮食统购统销是一个关系到城乡全体居民的大事。由于它取消了粮食的市场调节，不仅可能直接影响到农业生产，而且可能会影响到一切与粮食有关的城乡工商业，势必在社会经济生活中产生很大影响或震动。为此，中共中央和中央人民政府充分估计了可能出现的问题，详细考虑和制定了具体的政策和办法。

关于1953年粮食征购数量，中央估计国家须掌握700亿斤商品粮，才能有把握控制市场，满足城市人民和乡村缺粮人民的需要。根据1951年和1952年农民每年实际拿出600多亿斤粮食，过去三年丰收农民手中存有若干余粮，1953年粮食产量略高于上年等情况，中央决定计划征购431亿斤（加上全国农业税收粮食275亿斤，可达705亿斤），这个数字估计是可以完成的。

关于统购的具体办法，中央规定：一是统购价格必须合理，国家所定的统购价格，大体维持现有的城市出售价格，以不赔不赚为原则。二是统购价格及统购粮种，必须由中央统一规定，以便于合理地规定地区差价和调节品种比价，消除粮食投机的可能。三是统购价格必须固定，以克服农民存粮看涨心理。在既定的收购数字和收购价格下，农民可分期交粮，分期取款。四是实行统购时，必须加强农村的物资供应，使农民出卖粮食所得之现款，能够买到生产和生活必需的物资。五是统购面宜于稍大，不宜过小，才有利于完成统购任务。六是实行统购必须进行充分的政治动员，采取由上级下达控制数字（即指标）和群众民主评议相结合，乡、村两级的控制数应公布，使群众心中有数。

关于统销的具体办法，规定：一是在城市，对机关团体、学校、企业等的人员，可通过其组织进行供应，对一般市民，可发给购粮证，凭证购买，或暂凭户口簿购买。二是在集镇、经济作物区、灾区及一般农村，则应采取由上级颁发控制数字并由群众实行民主评议相结合的办法，使真正的缺粮户能够买到所需要的粮食，而又能适当控制粮食的销量，防止投机囤积。三是对于熟食业、食品工业等所需粮食，旅店、火车、轮船等供应旅客膳食用粮及其他工业用粮，应参照过去一定时期的平均需用量，定额给予供应，不许私自采购。

为了使统购统销有效实施，国家决定加强对与粮食有关部门的管理，具体规定如下：一是一切有关粮食经营和加工的国营、地方国营、公私合营和合作社经营的商店和工厂，必须统一归当地粮食机关领导。二是所有私营粮店一律不许自由经营粮食，但可以在国家严格监督下，由国家粮食机关委托办理代国家销售粮食的业务，即只能起代销店的作用。三是所有私营加工厂一律由国家粮食部门委托加工，不得自购原料、自销成品。四是一切非粮食商禁止跨行业兼营粮食。五是在城市居民消费量有余和不足间的调节，不同习惯不同粮种需要间的调节，可到指定的国家商店及合作社或国家建立的粮食市场卖出或买入；在农村，农民缴纳公粮和完成征购任务后的余粮，可自由存贮和使用。但禁止以粮食进行投机。

关于在粮食问题上中央与地方的关系，中央规定：一是粮食的收购和供应计划，由国家计委颁布控制数字，各大区根据控制数字和当地情况，制定计划报中央批准，然后按照计划负责收购、供应和保管。二是按照计划拨给大区供应的粮食，全部由大区负责掌握调度。三是除拨给大区供应的粮食以外，其他粮食包括各大区间的调剂粮、出口粮、储备粮、全国机动粮、全国救灾粮等，统归中央统一调度。四是各大区如遇自己不能克服的困难，中央负责解决。五是中央认为必要和可能从地方调出一定数量粮食时，地方必须服从中央的调度。六是计划供应的标准，由大区提出方案，报中央批准。七是中央统一规定若干大中城市及各大区间毗邻地点的粮价，大区和省根据中央所定的原则，规定其他城镇的粮价，报中央批准。

11 月 19 日，政务院第一百九十四次政务会议通过《中央人民政府政务院关于实行粮食的计划收购和计划供应的命令》和《粮食市场管理暂行办法》。23 日，周恩来总理签署发布了上述命令和办法。

根据中共中央的指示和政务院的命令，全国农村于 1953 年12 月开始进行统购工作。由于中央把粮食统购统销提到向社会主义过渡的高度来宣传和教育全党及全国人民，在管理体制上严格实行统一领导、分工负责，方法上考虑得较为细致得当，各省都抽调、训练了数万名干部到农村进行统购的宣传和组织工作，所以在实行征购的第一个月内，便扭转了购少销多的局面，粮食收购量比 1952 年同期增加 38%。按照全国粮食会议的决定，从1953 年 7 月 1 日到 1954 年 6 月 30 日的粮食年度内，连同农业税在内，国家应获得粮食 709 亿斤。而据国家统计局的资料，在这一粮食年度内，全国实际收入粮食 784.5 亿斤，多收入 75.5 亿斤。购销相抵，国家库存粮食增加 50% 左右，一举改变了 1952年至 1953 年粮食年度内销大于购的严重失调现象。这样，我国终于度过粮食供不应求的难关，粮食紧张的形势开始缓和下来。

由于粮食统购牵涉到农民保有和出卖自己生产的粮食的自主权利，在统购过程中，国家与农民的关系一度很紧张。一个原因是购销制度缺乏严密的调查统计工作基础，全国购销指标虽大体切合实际，但分配下去，难免发生区与区不平衡、户与户不平衡的情形，尤其要估实粮食产量，弄清粮食余缺和余粮数量，是相当困难的。有的该购的没有购足，有的又购了过头粮，有的该销的没有销够，不该销的反而销了。另外，由于征购任务重，并要求限期完成，一些地方发生过严重强迫命令、乱批乱斗等偏差，甚至发生逼死人命现象，个别地方还发生聚众闹事的事件。从粮食统销即计划供应来看，由于一下子牵涉到全体城镇居民的日常生活，引起社会各阶层人们的极大关注，以致出现"人人谈粮食，户户谈统销"的局面。为了解决上述问题，党和政府在总结经验教训的基础上，提出了粮食"定产、定购、定销"的三定政策，使统购统销政策逐渐走向健全。

从经济运行上看，随着统购统销政策的实行，国家逐步限制并基本取缔了农产品的自由贸易、长途贩运以及城乡农贸市场，从流通组织形式上和渠道上，形成了国家对农产品交换的垄断格局。建国后头三年较为活跃的农村初级市场大部分"被统死了"，给农村经济生活带来许多问题：一是农民之间粮食的余缺调剂停止了，原来部分缺粮的农民可通过初级市场调剂解决问题，现在得由国家背起来，而且较难及时地进行调剂。二是市场停顿，使商业销售受到严重影响，销售计划完不成，农村货币回笼不上来。三是过去从事长途贩运、深购远销的私营商贩停止活动，农村有大量的农副土特产品收购不上来。在实行统购统销的过程中，中央注意到这些问题，于1954年5月发出指示，要求各地限期建立国家粮食市场。这是又一项建立计划经济管理体制的举措。

在部署粮食统购统销的同时，鉴于食用油、棉花、棉布的供求关系日益趋于紧张，并且在短期内难以缓解，1953年11月，国家决定对食用油品、油料实行计划收购，与粮食统购统销同时进行；随后又在城市、工矿区实行食用油计划供应。1954年9

月，国家决定对棉花实行计划收购，对棉布实行计划收购和计划供应（棉纱已于1951年1月实行统购）。从1954年9月起，我国城乡开始实行凭布票供应棉布，凭油票供应食用油的办法。从1955年11月起，全国城市统一实行使用全国通用粮票和地方粮票购买粮食及粮食制品。随着粮、棉、油品等主要农产品脱离自由市场，纳入国家计划管理的轨道，我国逐渐形成高度集中统一的计划经济管理体制。

历史地看，实行粮食统购统销，是我国工业化初创阶段的一项重大决策。在当时的历史条件下，这项政策不仅稳定了市场，避免了由于粮价上涨或进口粮食而增加财政预算和外汇的开支，而且大大增强了农副产品出口和工业设备进口的能力，在不高的水准上基本满足了初期工业建设对粮食的需要。粮食统购价格与市场价格的差价，成为国家向农业筹集建设资金的来源之一。尽管在粮食统购的实际工作中，国家与农民的关系曾一度紧张，但在当时可供选择的诸多方案中，这的确是一个能较快解决现实需要、又切实可行的办法。

同时，主要农产品的统购统销还有效地促进了社会主义改造，它从根本上排除、代替了私商（主要是私营批发商）在粮食、油料、棉花、纱布等重要物资方面的阵地，割断了私营经济与农民的联系，加强了国营经济与农民的联系，促使广大农民走上合作化的道路。而资本主义工商企业则因原料来源及销售渠道被限制和卡死，最终不得不接受社会主义改造。

应该指出，统购统销是从当时我国农业生产不可能有很大提高的具体国情出发制定的一项长期的政策。从第一个五年计划时期到后来的全面建设社会主义时期，以及"文化大革命"时期，我国实行主要农产品的统购、派购及统销政策，对于国家经济建设的进行，稳定物价和社会秩序，保证人民基本生活的安定，逢灾年能够迅速调集粮食赈济灾荒，都起到了重要历史作用。

但是，从另一方面看，统购统销制度毕竟是我国工业化初创年代短缺经济的产物，其主要弊端是割断农民同市场的联系，限制价值规律对农业生产的刺激作用，从而影响了农民的生产积极性，限制了商品生产的发展，迟滞了整个国民经济的商品化进程。这是导致我国农产品供给长期匮乏的重要原因之一。因此，统购统销制度不宜一成不变，使之固定化。只要工业和农业的生产增加了，消费品的生产增加到可以充分供应市场需要的程度，国家应当适时地调整政策，取消定量分配的方法。然而，从我国经济的现状及其发展趋势来看，取消粮食、油料、布匹等主要生产生活用品计划供应的办法，并不会在短时期内就会到来，它一直延续到中国改革开放以后的20世纪90年代才最终被取消。

第九章　实行对私有制的社会主义改造

一、农业互助合作运动的全面开展

（一）农业社会主义改造的基本方针

随着大规模经济建设的开展，对农业、手工业和资本主义工商业的社会主义改造，也进入实施阶段。在三大改造中，农业社会主义改造起步较早，发展较快。从 1951 年 9 月中共中央制定关于农业互助合作的决议（草案），到 1953 年提出党在过渡时期的总路线，关于农业社会主义改造的基本方针和步骤进一步明确和具体化。

中共中央批发的过渡时期总路线的学习和宣传提纲指出：对农业实行社会主义改造，必须经过合作化的道路。发展互助合作运动，不断地提高农业生产力，是今后党在农村中工作的中心，这就是要用明白易懂而为农民能够接受的道理和办法，去教育和促进农民群众逐步联合起来，把落后的小规模生产的个体经济变为先进的大规模生产的合作经济。在互助合作运动中，必须依靠贫农（包括土地改革后上升为新中农的老贫农），巩固地与中农联合，逐步由限制富农剥削到最后消灭富农剥削。

从农村的实际情况来看，全国各地举办的实行土地入股、统一经营的初级农业生产合作社，虽然时间不久，为数不多，但已显示出许多优越性。它能够解决互助组中的一些矛盾，特别是关于共同劳动和分散经营的矛盾，能够提高劳动生产率，能够同国家经济有计划地相结合，有效地扩大农业再生产等。因此，初级农业生产合作社可以成为引导农民过渡到更高级的完全社会主义的农业生产合作社的适当形式。除了农业生产合作以外，党和政府还强调在供销方面也要合作。农民买的东西、卖的东西，要逐步做到都经过合作社，不经过私商，这样可以使农民与资产阶级割断联系。同时，国家还要用银行贷款和发展信用合作的方法领导农民向农村中的高利贷作斗争，逐步消灭高利贷。所有这些方法，都是限制资本主义在农村中的发展，限制富农发展的。

在发展农业互助合作的方针上，中央要求必须坚持巩固贫农和中农的联合，坚持根据农民自愿的原则，反对主观主义和命令主义，必须采用说服、示范和国家援助的方法来使农民自愿地联合起来，企图用简单的号召或强迫命令的办法来推行合作化是错误的。对暂时不愿意参加互助合作运动的单干的劳动农民，必须采取热情的照顾、帮助和耐心教育的态度，发挥单干农民可能的生产积极性，给以必要的贷款和技术援助，帮助他们克服所遇到的困难，使他们感到互助合作的好处，从事实上认识到互助合作优于单干，因而逐步地加入到合作社来。

从1953年起，我国的农业互助合作运动进入新的发展阶段。为了加强党的领导，中共中央决定在省委以上一律成立农村工作部。1953年2月，中共中央农村工作部成立，中央任命邓子恢为部长。毛泽东在约见邓子恢时说，农村工作部的任务，是把四万万农民组织起来，在工业化帮助下，逐步走上集体化。这是党在农村的基本任务。这个问题很复杂，在某种意义上讲，比工业化更困难一些。同月，党中央将1951年12月下发试行一年多的《关于农业生产互助合作的决议（草案）》，作了个别修改后，作为正式决议发给各中央局、分局并转各省、市委实行。这个决议要求在条件比较成熟的地区，有领导、有重点地发展以土地入股为特征的农业生产合作社，认为这种初级形式的农业生产合作社，是走向社会主义的"富有生命力的有前途的"过渡形式。

1953 年春，全国初级农业生产合作社发展到 1.5 万多个，参加农户 27.4 万户，比上年增加了几倍。总的来看，合作社的发展是健康的，但在华北、东北、华东等局部地区出现了违反农民的意愿、以行政方式强制组织起来的急躁冒进现象，引起了农民群众的思想混乱，并直接影响了备耕工作和春耕生产。3 月 8 日，邓子恢等中央农村工作部负责人将这些情况向中央作了汇报。中共中央十分重视，当天就发出《关于缩减农业增产和互助合作发展五年计划数字给各大区的指示》；16 日又发出《关于春耕生产给各级党委的指示》；17 日发出《关于布置农村工作应照顾小农经济特点的指示》；19 日发出《关于解决区乡工作中"五多"问题的指示》。这些指示总的精神是，积极开展互助合作，要从小农经济的现状出发，注意遵循自愿互利原则；要防止消极自流，但当前要着重纠正急躁冒进。

中央在指示中，分析了农村各项工作中产生急躁冒进、强迫命令错误和屡纠屡犯的重要原因，指出，不顾小农经济的私有性、分散性这些本质特点，强求经营条件的整齐划一，未经群众自己亲身的体察和经验就急于推广生产改革，必为群众所难接受，带来损失就引起农民怨恨，将好事变成坏事。中央强调应教育广大干部深刻地认识到，在向农村布置工作和进行工作，在领导农村生产的时候，要时刻记住并照顾到小农经济的特点，不可自上而下地强求一致完成。即使在农业互助合作组织普遍发达的农村，目前这些组织还是小型的，并且是建立在私有财产基础之上的，因此对一些比较进步而且行之有效的先进技术和耕作方法，应深入农民中总结与提高，并逐渐推广，不能命令群众一下子执行。切不可将行之于集体农庄及生产合作社的办法，机械地用之于个体农民。这一个原则如不掌握好，则所有的好事都会变成坏事。

为了更广泛地宣传和解释中央关于互助合作的基本方针和政策，3月26日《人民日报》第一版公布了《中共中央关于农业生产互助合作的决议》；并公开发表《中共中央关于春耕生产给各级党委的指示》。同时，还发表了由中央农村工作部起草的、经毛泽东修改的《人民日报》社论：《领导农业生产的关键所在》。毛泽东在审阅修改这篇社论时，将中央的指示精神概括为两个关键问题：第一，将生产任务当作当前农村中压倒一切的中心工作，其他工作都要围绕农业生产并为它服务，反对工作上的平均主义和分散主义；第二，从小农经济的现状出发改进对农业生产运动的领导方法，使之符合于农村经济的现实状况，反对工作上的主观主义和命令主义。中央的上述指示，紧紧抓住了发展农业生产这一农村工作的关键环节，对于纠正农村工作中的偏差具有切实指导作用。

4月1日，中共中央将《关于农业生产互助合作的决议》《关于春耕生产给各级党委的指示》和《领导农业生产的关键所在》三个文件汇编成《当前农村工作指南》一书，要求各地领导机关认真学习贯彻。毛泽东为该书写了按语，指出这三个文件"提示了党在当前阶段指导农村工作时所必须掌握的理论认识和重要政策原则，以及群众路线工作方法"，要求一切从事农村工作的人员"来一次认真的学习"，将思想水平在整体规模上提高一步。这对于纠正当时农业互助合作工作中的冒进倾向，又防止可能出现的自流现象，起了重要作用。

4月间，受中共中央的委托，中央农村工作部召开全国第一次农村工作会议，主要讨论如何把"从小农经济现状出发"和过渡时期内所要达到的远大目标联系起来。邓子恢在总结报告中指出：党在农村工作的任务是领导农民走组织起来的道路，走互助合作共同上升大家富裕的道路。组织起来，一是有利于克服生产困难，促进生产；二是为将来实现集体化准备条件。互助合作运动必须采取稳步前进的方针，绝不能操之过急。各地的互助合作运动，存在放任自流和急躁冒进两种偏向，就全国范围来说，急躁冒进是主要的偏向，是主要的危险。

邓子恢强调说，互助合作关系到农民的生产和生活的根本问题，必须由小到大，由少到多，由点到面，由低级到高级，发展一步巩固一步，有阵地地前进，绝不能一哄而起。必须把向社会主义过渡同执行现行政策统一起来。"确保私有制"的说法是不对的。但是，土地分给了农民，就不能随便剥夺，必须依法保障这种所有权，把逐步改造农民小私有制与保护农民土地财产所有权分清楚，才有利于发挥农民两方面的积极性。笼统地提"四大自由"的口号是不妥当的，但对雇佣、借贷、租佃、贸易应有正确的处理，应允许有条件有限度的自由。

全国第一次农村工作会议，明确了农业合作化运动"积极领导、稳步前进"的方针，统一了农村工作干部的思想，中央有关解决领导农业生产的关键问题的一系列指示在农村得到贯彻执行，局部地区纠正冒进的工作陆续完成。经过整顿和巩固，1953年互助组由1952年年底的802.6万个减少到745万个，但参加农户有所增加，达4563.7万户，占总农户的39.9%。其中常年互助组比1952年增加16%。农业社经整顿后，仍保持1.5万多个，参加农户27.5万户，平均每社18.2户。由于工作比较扎实，生产管理得到加强，当年有90%以上的合作社增产。总的来看，1953年纠正农业互助合作的局部冒进是成功的，但在执行中也有少量偏差。如河北省大名县，原378个社只留下68个，有43个社可以巩固而被整顿掉了。

（二）大力发展农业合作社及其问题

1953年10月，我国开始实行粮食统购统销，暂时缓解了粮食供求紧张的局面，但是还不能根本改变农业生产落后及制约工业发展的状况。中央认为，解决粮食紧张的根本出路在于增加粮食生产，但小农经济潜力很小，实行农业机械化也不是近期能办到的，现实的办法主要是靠合作化，并在此基础上适当进行技术改革以提高生产。另外，国家实行粮食统购统销，需要同上亿户农民直接打交道，要核定各户粮食的余缺，工作非常繁难，客观上要求把"小辫子梳成大辫子"，把一家一户的农民进一步组织起来，参加农业生产合作社，才能顺利地进行统购统销工作，进而保证工业建设对大宗粮食和农产原料的需要。在这样的形势背景下，农业合作化运动与统购统销政策密切地结合起来，成为对农业实行社会主义改造的重大步骤。这对于加快我国农业合作化的进程产生了深刻的影响。

10月至11月间，中央农村工作部召开全国第三次互助合作会议。会议召开前，邓子恢正在乡下调查研究，10月15日，毛泽东找农村工作部副部长陈伯达、廖鲁言谈话。指出：各级农村工作部要把互助合作这件事看作极为重要的事。个体农民，增产有限，必须发展互助合作。对于农村的阵地，社会主义如果不去占领，资本主义就必然会去占领。难道可以说既不走资本主义的道路，又不走社会主义的道路吗？资本主义道路，也可增产，但时间要长，而且是痛苦的道路。我们不搞资本主义，这是定了的。如果又不搞社会主义，那就要两头落空。在谈话中，毛泽东从解决供求矛盾出发，讲了加快农业社会主义改造的紧迫性。他说，大城市的蔬菜供应，现在有极大的矛盾，依靠个体农民进城卖菜，是不行的；粮食、棉花的供求也都有极大的矛盾，肉类、油脂不久也会出现极大的矛盾。需求大大增加，供应不上。"从解决这种供求矛盾出发，就要解决所有制与生产力的矛盾问题。是个体所有制，还是集体所有制？是资本主义所有制，还是社会主义所有制？个体所有制的生产关系与大量供应是完全冲突的。

个体所有制必须过渡到集体所有制，过渡到社会主义。"①

据此，毛泽东提出要办好合作社，在新区，无论大中小县，要在今冬明春，经过充分准备，办好一个到两个合作社。要有控制数字，摊派下去。摊派而不强迫，不是命令主义。"办得好，那是韩信将兵，多多益善"。老区应当多发展一些，华北、东北地区可以翻一番、一番半或两番。合理摊派，控制数字。一般规律是经过互助级再到合作社，但是直接搞社，也可允许试一试，走直路，可以较快地搞起来。毛泽东谈话的总的精神，是尽可能加快农业互助合作的发展，以解决大规模工业建设展开后粮食等农产品供不应求的矛盾。同时，谈话实际上把单干农民入不入社的问题，提到了走社会主义道路还是走资本主义道路的政治高度，并提出发展合作社可以搞"摊派"。这样，就容易导致农业互助合作运动不切实际地不断加快，发生强迫命令的情况。

10 月 26 日，全国第三次农业互助合作会议召开。廖鲁言首先在大会上传达了毛泽东的谈话精神，然后以各大区为单位，分头开会讨论，准备大会发言。各大区在讨论和大会发言中一致认为，毛泽东的谈话精神，对这次会议是切合时宜的，表示完全拥护，并以此为指导思想总结互助合作的经验，提出今冬明春和今后五年的发展计划。

毛泽东看了会议简报，于 11 月 4 日再次同中央农村工作部负责人谈话，对 1953 年春季从小农经济的现状出发，纠正局部冒进的工作提出批评。他说，会上讲了"积极领导，稳步前进"，这句话很好。这大半年，缩了一下，稳步而不前进，这不大妥当。有条件成立的合作社，强迫解散，那就不对了。"纠正急躁冒进"，总是一股风吧，吹下去了，也吹倒了一些不应当吹倒的农业生产合作社。倒错了的，应当承认是错误，不然，那里的乡

---

① 《毛泽东文集》第 6 卷，人民出版社 1999 年版，第 299—301 页。

干部、积极分子就憋着一肚子气了。积极、稳步就是要控制数字，派任务，尔后再检查完成没有。有可能完成而不去完成，那是不行的，那就是对社会主义不热心。

毛泽东着重批评了"确保私有财产"和"四大自由"的观念。他强调说："要搞社会主义。'确保私有'是受了资产阶级的影响。'群居终日，言不及义，好行小惠，难矣哉'。'言不及义'就是言不及社会主义，不搞社会主义。搞农贷，发救济粮，依率计征，依法减免，兴修小型水利，打井开渠，深耕密植，合理施肥，推广新式步犁、水车、喷雾器、农药，反对'五多'等等，这些都是好事。但是不靠社会主义，只在小农经济基础上搞这一套，那就是对农民行小惠。""不靠社会主义，想从小农经济做文章，靠在个体经济基础上行小惠，而希望大增产粮食，解决粮食问题，解决国计民生的大计，那真是难矣哉！"① 中央现在百分之七八十的精力，都集中在办农业社会主义改造之事上。中央局书记、省委书记、地委书记、县委书记、区委书记，各级书记，都要负责，亲自动手，把工作转到搞社会主义这方面来。

在贯彻过渡时期总路线问题上，毛泽东强调说："总路线就是逐步改变生产关系。斯大林说，生产关系的基础就是所有制。这一点同志们必须弄清楚。现在，私有制和社会主义公有制都是合法的，但是私有制要逐步变为不合法。在三亩地上'确保私有'，搞'四大自由'，结果就是发展少数富农，走资本主义的路。"他总结说：有句古语，"纲举目张"。"社会主义和资本主义的矛盾，并且逐步解决这个矛盾，这就是主题，这就是纲。提起了这个纲，克服'五多'以及各项帮助农民的政治工作、经济工作，一切都有统属了。"②

---

① 《毛泽东文集》第 6 卷，人民出版社 1999 年版，第 302 页。

② 《毛泽东文集》第 6 卷，人民出版社 1999 年版，第 305、302 页。

　　根据毛泽东关于农业互助合作的两次谈话的精神，全国第三次互助合作会议议定 1954 年春农业社发展到 3.58 万个。会议经过分组讨论和总结过去的经验，为中央拟定了关于发展农业生产合作社的决议草案。这个草案经中央修改，于 1953 年 12 月 16 日通过《中国共产党中央委员会关于发展农业生产合作社的决议》（以下简称《决议》）。这是在全面贯彻过渡时期总路线的新形势下，中共中央关于农业合作化运动的第二个决议。

　　《决议》强调，农业个体经济与社会主义工业化高涨的需要之间日益暴露出很大的矛盾，为着进一步提高农业生产力，逐步克服农业同工业发展不相适应的矛盾，党在农村工作中最根本的任务，就是教育和促进农民组织起来，逐步实行农业的社会主义改造，使农业能够由落后的小规模生产的个体经济变为先进的大规模生产的合作社经济，以便克服工业和农业这两个经济部门发展不相适应的矛盾。《决议》总结我国互助合作运动的经验，指出：经过互助组，到初级农业生产合作社，到高级农业生产合作社，"这种由具有社会主义萌芽、到具有社会主义因素、到完全的社会主义的合作化的发展道路，就是我们党所指出的对农业逐步实现社会主义改造的道路"。

　　《决议》对土地改革完成后农民所发扬的对个体经济的生产积极性，作了进一步的解读，指出这是从农民是私有者和农产品出卖者的性质发展而来的，表现出农民的自发倾向是资本主义，这就不可避免地在农村中产生社会主义和资本主义两条道路的斗争。《决议》要求把农民的个体经济的积极性引到互助合作的积极性的轨道上来，以克服建立在个体经济基础上的资本主义自发势力的倾向。《决议》要求把农村工作的重点更多地转向兴办初级农业生产合作社，认为初级社已经在试办和初期发展中显示出优越性，证明它是引导农民过渡到完全社会主义的高级社的适当形式，是领导互助合作运动继续前进的重要环节。

中央关于农业生产合作社决议的传达贯彻，与党在过渡时期总路线的宣传教育同时展开，中国农村很快掀起了一个大办农业社的热潮。经过一个冬春，全国农业社发展到 9 万多个，大大超过第三次互助合作会议议定的 3.58 万个的数字。1954 年 4 月，中央农村工作部召开工作会议，总结各地办社经验，议定下一个冬春农业社发展到 30 万至 35 万个。10 月，全国第四次互助合作会议又追加指标，即 1955 年春农业社发展到 60 万个。会议强调，合作社的发展，应该是全年准备，分批建社，避免冬季短期突击。但这个精神来得迟了一些，尚未向下传达，农业社已由年中发展比较健全的 11.4 万个，翻了一番，达到 22 万个。到 12 月底，全国农业社总数已增至 48 万个，发展势头越来越猛。

（三）农村的紧张情势和适度纠偏工作

在农业社迅猛发展的同时，1954 年秋收后第二个粮食年度的粮食征购工作开始进行。当年，由于长江、淮河地区和河北省发生水灾，尤其是长江流域发生了百年不遇的洪涝灾害，给农业生产造成很大影响，粮食生产虽比上年有所增加，但未完成国家计划。在此情况下，国家又多派了几十亿斤的粮食征购任务。各地为保证完成任务，下达计划指标时又有所加码。结果，1954—1955 年粮食年度，全国实际征购了 891 亿斤粮食，比原计划多购了 23 亿斤。粮食增产与粮食征购这一减一增，农民手中的粮食更少了。

在粮食征购工作中，由于任务重、时间短，一些干部采取了强迫命令的办法，甚至在个别地区出现绑人和挨家挨户称粮等简单粗暴行为，严重侵犯了农民的利益，引起农民的极大不安。到 1955 年春，全国城乡又出现"家家谈粮食，户户要统销"，人心浮动的紧张局面。加上 1954 年冬农业社大发展中的工作粗糙，引起农民群众的不满，严重挫伤了农民的生产积极性，一些地方出现非正常的杀猪宰牛、砍树、不热心积肥备耕等现象。

这些情况，引起党中央、国务院的高度重视。1955年1月10日，发出《中共中央关于整顿和巩固农业生产合作社的通知》；15日，发出《中共中央关于大力保护耕畜的紧急指示》。中央指出：现在全国农业生产合作社已经发展到48万余个。在现有社中，有30多万个是1954年秋收前后建立的新社。这些新社中有相当部分是在无准备或准备很差的条件下建立的，又由于全党集中力量进行粮食统购工作，没有对这些新社进行整顿，因而在许多地方陆续有新建社垮台散伙和社员退社的现象发生。整顿和巩固这几十万个社，已经成为十分迫切的任务。

中央全面分析农村形势说，在短短的几个月内，合作社能够有这样大的发展，当然是好现象，但不能只是盲目叫好，而忽视了农民特别是中农在改变生产关系时可能产生的怀疑和顾虑，以及可能在农村中引起的震动。由于有相当部分新社是在无准备或准备不足的情况下建立的，在许多地方陆续有新建社垮台散伙和社员退社的现象发生。最近许多地方发生大批出卖牲畜、杀羊、砍树等现象，反映了在合作化运动大发展中，农民怕财产归公的思想。为此，应针对农民的实际思想状况，细致地进行组织工作，认真地解决社内的重要经济问题，及时地解决好当前生产活动。否则，必然造成工作中的夹生现象，影响合作化运动的继续前进，并可能引起不利于生产的严重后果。鉴于以上情况，中央提出对当前的合作化运动，应基本上转入控制发展、着重巩固的阶段。

至1955年3月，全国建立的农业生产合作社又从1月份的48万个，猛增至67万个，发展势头仍只增不减。大发展中也明显暴露出一些问题：有些地区的互助合作运动搞得过粗过快，某些措施不尽合理，如过早过急将牲畜折价归社，估价偏低又不按期付款等。粮食征购工作收购的数目过大，留给农民的口粮偏紧，牲口饲料不足等，引起农民的普遍不满。农民是现实的，如果他们觉得增产没有好处，就不再热心增产，这种趋势发展下去，将会严重地影响农业生产，影响工农联盟，影响社会主义建设和社会主义改造的进行。

为此，中共中央、国务院于 3 月 3 日发出《关于迅速布置粮食购销工作，安定农民生产情绪的紧急指示》，进一步指出：目前农村的情况相当紧张，不少地方，农民大量杀猪、宰牛，不热心积肥，不积极准备春耕，生产情绪不高。这种情况是严重的。"从整个来说，它实质上是农民群众，主要是中农群众对于党和政府在农村中的若干措施表示不满的一种警告"。中央认为，必须再度指出，粮食的紧张情况，在一个相当长的时期内是不能完全避免的。粮食紧张的根本原因在于生产不足，而发展生产是解决粮食问题的决定环节。农村工作的一切措施，都必须围绕发展生产这一环节，都必须有利于生产，有利于发挥农民的生产积极性，都必须避免对于这种积极性的任何损害。为此，中央决定1955—1956 年粮食年度的征购指标为 900 亿斤，大体仍维持在上年度征购的水平，以此作为对广大中农的让步，并作为党和政府进一步加强同占农村人口 60% 以上的新老中农团结的步骤。同时，要求再把农村合作化的步骤放慢一些，这对于缓和当前农村紧张情况，安定农民生产情绪，有重大的意义。

3 月中旬，毛泽东又一次听取邓子恢、陈伯达、廖鲁言等对农业生产合作工作及农村情况的汇报。当讲到当前农村紧张情况时，他鲜明地指出："生产关系要适应生产力发展的要求，否则生产力会起来暴动。当前农民杀猪、宰牛就是生产力起来暴动。"他指示："方针是'三字经'，叫一曰停，二曰缩，三曰发"。在谈话中，毛泽东与邓子恢等当场议定，华北、东北一般停止发展，浙江、山东、河北等地收缩一些，其他地区（主要是新区）适当发展一些。

在 1954 年冬至 1955 年春全国农业社的大发展中，浙江省农村工作中的问题较为突出。1954 年，浙江全省共有农业社 3.8 万个，至 1955 年春猛增至 5.5 万个，特别是浙北发展过快，农民的生产情绪很不稳定。主要问题是部分地区的发展带有突击性，发展后的巩固工作没有跟上去。

第一，建社中违反自愿原则，有的地方用大会号召的方法大批发展，如衢县 20 天内发展了 700 多个社；有的地方在斗争地主富农的政治压力下号召办社，如孝丰县的六个乡经过一次联合斗争地主富农大会之后，各乡合作社都迅速发展到占农户的 70% 至 90% 以上；也有的地区盲目办大社或追求高级形式，许多农民（特别是中农）是动摇的或口愿心不愿的。

第二，部分新建社在若干政策上，违反互利原则，社内贫农中农关系紧张。如过分压低土地定产量和土地分组比例，少数甚至不够缴纳农业税；对耕牛农具普遍折价归公，使部分社员负担很重；对土地定产分组、生产资料使用折价等，不分地区、不分条件，不和群众商量，而由领导上作统一规定，发生许多不合理的情况，侵犯了社员利益。

第三，生产和财务管理混乱，不少新建社尚未建立生产组织，窝工误工现象很严重；财务会计制度未建立，账目混乱。这些工作中的缺点，给巩固新建社增加了困难，有些地方影响到秋收冬种以至春耕生产工作，特别是在执行中有偏差的地区，已出现卖牛、砍树等破坏生产现象。

针对上述情况，1955 年 3 月 25 日，中央农村工作部部长邓子恢和中央书记处第二（农林）办公室主任谭震林，会同浙江省委第一书记江华商议后，发电报给浙江省委农村工作部，提出收缩农业社的建议："有条件办好的一定办好，不可冒退"；"没有条件办好的，应打通基层骨干和办社积极分子的思想，……实行改组"；要帮助他们下台，说明"这与上级要求太高有关，不能只怪他们"；"退社或解散社，经济问题处理要公平，不伤和气，将来好再联合起来"。随后，中央农村工作部秘书长杜润生、华东处处长张维城和中央书记处二办秘书长袁成隆，奉命到浙江了解情况，帮助整顿农业社。

4月20日，中共中央书记处召开情况汇报会，根据毛泽东提出的"停缩发"方针，决定当年秋收前对农业社的总方针是："停止发展，全力巩固"，首先要搞好生产，保证增产。21日，邓子恢在第三次全国农村工作会议上，传达了中央书记处的方针，并谈到毛泽东的意见，即主张不要等到秋天，现在就停下来，到明年秋天再看，停止一年半。这次会议决定1955年农业社一般停止发展，立即抓生产，全力巩固，同时把互助组办好。

会后，各地加紧对农业社进行整顿工作。东北、华北、华东各省（除内蒙古外）一律停止发展，全力转向巩固。中南、西南、西北各省，认真巩固已建立的社，有准备地在巩固中继续发展，山东、河南等省将原订过高的计划适当收缩。在那些准备不足、仓促铺开的地方，如河北、浙江的个别县份，有关省委、县委切实进行整顿社的工作。在不伤害积极分子热情，而又保证新建社质量的原则下，对现有的社数和社员户数作合理的必要的减少。对于某些地方在干部催办、群众被迫应付的情况下出现的有名无实的挂名合作社，经过帮助重新组织，如不能继续办下去，让他们改为互助组，将来再转为合作社。各地在整顿巩固合作社的工作中，注意正确处理社内的重要经济问题，认真掌握土地产量和报酬的评定，特别注意私有牲畜入社问题，对过去牲畜作价归公，未按协议分期付款的社员，在通常情况下依议付价，做到遵守信用。羊群、林木等容易被破坏的生产资料，暂不提倡入社，待形势稳定后再办。对社员自留地过多，或不准自留的两种偏向也注意加以纠正。经过整顿，一些办社太少的地方、互助合作工作空白的地方，农业社仍有所发展。

农村形势的紧张，根本原因在于互助合作运动搞得过快过粗，突出表现在粮食统购统销问题上，二者是相互交织的。为此，1955 年 2 月，陈云主持召开全国财经会议，集中研究农村情况和统购统销工作。会议分析了当前农村情况紧张的原因，主要是 1954 年国家多购了几十亿斤粮食，农民群众尤其是中农对于党和政府的统购统销政策不满，感到多增产多收购对自己没有好处。会议提出要进一步采取粮食定产、定购、定销的措施，以安定农民情绪，促进农业生产发展。

为了贯彻全国财经会议的精神，3 月 3 日，中共中央、国务院发出《关于迅速布置粮食购销工作，安定农民生产情绪的紧急指示》，分析了当前农民不满的主要原因，是对统购统销工作感到无底，感到增产多少、国家收购多少，对自己没有好处；感到收购的数目过大，留的数目太少，不能满足他们的实际需要；对许多统购物资的供应"城市松、农村紧"也有意见。这种趋势发展下去，将会严重影响农业生产，影响社会主义建设和社会主义改造的进行。

为此，中央决定：一是国家对于粮食统购统销数字的规定，必须切合实际，必须进一步采取定产、定购、定销的措施，即在每年的春耕以前，以乡为单位，将全乡的计划产量大体上确定下来，并将国家对于本乡的购销数字向农民宣布，使农民知道自己生产多少，国家收购多少，留用多少，缺粮应供应多少，使农民心中有数，情绪稳定，才有利于发展农业生产，有利于国家有计划地控制粮食的购销。二是根据上述原则，确定 1955 年至 1956 年的粮食年度，粮食征购的指标为 900 亿斤（后经两次核减为 830 亿斤），只比上年度预计完成数多 20 亿斤。三是粮食销售比上年度减少 20 亿斤。同时，再把农业合作化的步骤放慢一些，以缓和农村紧张情况，安定农民情绪。

这个紧急指示在各地农村迅速得到贯彻执行。按照中央的政策规定：定产，应根据粮田质量、自然条件和经营状况，按照常年产量评定粮食产量，作为确定粮食购销任务的主要依据。定购，从定产的数量中扣除口粮、种子、饲料等用粮以后，对剩下的余粮部分按80%至90%确定统购指标。定销，对缺粮地区和按国家计划不种植粮食而种植经济作物的农户，由国家确定粮食统销指标，保证供应。根据中央的要求，各地抢在春耕时节加紧落实定产、定购、定销指标，至4月底基本完成"三定"工作。

8月25日，国务院颁布《农村粮食统购统销暂行办法》，对"三定"工作进一步作了具体规定：在定产方面，1955年核定的粮田单位面积的常年产量，三年不变。在定购方面，分户核定的余粮户粮食交售任务，在正常的情况下三年不变，增产不增购；缺粮户的粮食供应量，每年核定一次。在定销方面，对农村缺粮户分别核定粮食供应量，由国家粮食机关统一发给供应证，"凭证、按月、定点、定量"供应。为鼓励按照国家计划种植经济作物的缺粮户的生产积极性，规定这些农户的口粮、饲料用粮标准应不低于当地余粮户的用粮标准。同时，规定在国家收销计划不能平衡需向丰收区增购粮食时，增购数字不应超过丰收区增产部分的40%。这些措施使统购统销政策逐步趋于健全。

在粮食统销方面，主要问题是农村销售的大量粮食，有相当一部分被并不缺粮的农民买去。粮食超销地区的主要情况是：缺粮的农民在买粮，不缺粮的农民也在买粮，该少买的要多买，该迟买的要早买，已经买了的还要买，大家都喊缺粮。为解决粮食超销的问题，4月29日，中共中央和国务院发出《关于加强整顿粮食统销工作的指示》，要求在一切粮食销售超过指标的省区，政府机关和党组织必须立即动员起来，到群众中去，首先打通干部、党团员和积极分子的思想，然后同他们一起，向农民群众进行充分的宣传解释，解除农民的顾虑，依靠并通过群众，解决粮食供应问题。根据中央的指示，各地派出几万名干部深入农村乡镇整顿统销工作，主要通过压缩不应供应的部分，来保证合理的供应，保证国家销售指标不被突破。经过整顿，各地粮食销量很快恢复正常。

8月25日，国务院还同时发布《市镇粮食定量供应暂行办法》，规定城镇居民按人口、年龄、工作性质等核定供应数量，发给供应凭证（全国通用粮票、地方粮票等）供应口粮。总之，粮食"三定"政策的实施，使农民进一步了解了国家的粮食统购统销政策，能够心中有底地安排生产和生活，因而得到广大农民的拥护，对于推动春耕生产起了有利的作用。同时也有利于切实解决购过头粮的问题。应该指出，市镇粮食定量供应办法的实施，保证了城市人民的基本生活所需，也由此形成我国城镇居民的迁徙须随户口转移办理粮食供应转移手续的制度，并长期延续下来。这项制度对我国城乡人口流动的模式产生了深远影响。

经过农业社的整顿和巩固，同时认真贯彻落实中央关于粮食"定产、定购、定销"的措施，农村情况基本稳定下来，农民的生产积极性随之提高。整顿农业社的结果：浙江减少1.5万多个，山东减少5000多个，河北减少4200个，其他各省收缩不多。另外，对1955年春群众自发办社而领导没有批准的"自发社"，采取了具体分析、区别对待的办法，在整顿合作社中，有相当大部分的"自发社"得到批准；去掉原先67万个合作社中一些有名无实的挂名社，收缩与发展相抵，全国共保留65万个社，总共减少2万个社。

在收缩工作当中，也有若干过头现象，如一些可以不收缩的也收缩了；把收缩当成运动来搞，善后工作没有处理好，使部分农民吃了亏。但总的来看，这次整顿农业社是完全必要的，效果是好的。自愿互利的政策与广大群众公开见面，并打通了干部的思想；办得好的社，社员满意，信心提高了，更有条件把社办好；问题大的社，农民转为互助组或转为单干经营，解除了顾虑，加大了对生产的投入，增加了肥料和插秧株数。1955 年夏收，全国保留的 65 万多个农业社中，有 80% 以上增产。这说明农业生产合作社经过两年多的发展，基本上是健康的，已成为今后合作化的重要依靠，为实现我国农业合作化奠定了初步基础。

二、对个体手工业的社会主义改造

（一）从供销合作入手改造手工业

在大力发展农业生产合作社的同时，各地还开展了对个体手工业的社会主义改造工作。由于我国工业基础薄弱，手工业历来在国民经济和社会生活中占有重要地位。我国手工业的行业和品种很多，如陶瓷器、度量衡、小五金、竹木漆器、农具、制糖、酿酒、面粉、毛皮、针织、刺绣、文具、民族乐器、雕刻等，几乎包括人民日常生活的各个方面。在广大农村，农民所使用的工业品，大部分是由手工业生产的，占所需量的 60%~80%，由大机器生产的还是少部分。我国手工业技术源远流长，不少产品不仅驰名国内，而且在国外也很有市场。在工业化建设初期，轻工业还远不能满足人民日益增长的需要，手工业的重要性更为明显。据国家统计局 1952 年的初步计算，全国城乡手工业工人和手工业独立劳动者达 1930 余万人，手工业产值由 1949 年的 32.37 亿元增长到 73.17 亿元，占全国工农业总产值的 8.8%，占工业总产值的 21.36%。1953 年，手工业的总产值又上升到 91.45 亿元，占工农业总产值的 9.66%。

手工业不仅在恢复国民经济时期占有重要地位，而且在向社会主义过渡时期内，支援农业生产、满足城乡人民生活需要，辅助大工业产品不足和特种工艺品出口等方面都有其重要作用，是地方工业的一个重要组成部分。但就其生产方式及发展现状而言，它又是分散的，生产条件十分落后，不能使用新的技术，如果不通过经济改组，将古老的生产方式改造为近代生产方式，我国的手工业将会在同机器工业的竞争中日渐式微，在生产和销售上会遇到许多不可克服的困难，并难免受到私商的中间剥削。同时，个体手工业作为小商品经济，抗御经济风险的能力很弱，基础是不稳固的，如果听其自发地发展，会走少数人发财、大多数人破产失业的道路。因此，党和政府必须对个体手工业进行社会主义改造，引导手工业劳动者走社会主义的道路。

新中国成立后，党和政府在努力帮助手工业恢复和发展生产的同时，积极探索引导个体手工业走合作化的道路。1950 年 7 月，中财委召开中华全国合作工作者第一次代表会议，刘少奇、朱德到会讲话。刘少奇强调：手工业合作应从生产中最困难的供销环节入手，主要是供给原料，推销成品，"尽量不采取开设工厂的方式"。朱德也强调先不要急于改变所有制形式。会议明确组织手工业生产合作社的目的，是联合起来，凑集股金，建立自己的供销机构，去推销自己的产品，购买原料和其他生产资料，避免商人的中间剥削，提高产品的数量和质量。1951 年和 1952 年，全国合作总社先后两次召开手工业生产合作会议，初步确定了组织手工业合作社的方针、步骤和方法。经过重点试办，截止1953 年年底，全国组织不同形式的手工业合作社 4806 个，社员达 30 万人，并在不同程度上表现了组织起来的优越性。

过渡时期总路线公布之后，中央提出了手工业社会主义改造的新任务，认为在过渡时期实现对个体手工业的社会主义改造，是党在过渡时期总路线和总任务不可缺少的组成部分。如同对个体农业的社会主义改造一样，对个体手工业的社会主义改造，也是要经过合作化的道路，把手工业劳动者的个人所有制改变为集体所有制。把手工业者逐渐组织到各种形式的手工业合作社中去，是国家对手工业实行社会主义改造的唯一道路。我国现有的手工业合作社和个体手工业对比，已经表现出它明显的优越性。手工业者一方面是劳动者，但同时又是私有者，因此，必须经过说服、示范和国家援助的方法，提高手工业劳动者的社会主义觉悟，使他们自觉自愿地组织到手工业合作社中。国营商业和各地供销合作社必须和手工业者建立密切联系，供应他们所需要的原料，推销他们所生产的成品，从供销方面帮助手工业者组织起来，使他们的生产走向正常，更好地为农业和工业生产服务，为人民生活服务。

1953 年 11 月至 12 月，中华全国合作社联合总社召开第三次全国手工业合作会议。朱德在会上作了题为《把手工业者组织起来，走社会主义道路》的讲话，他指出：手工业合作社的组织要由低级到高级，由简单到复杂，防止盲目地强调集中，盲目地将小社并大社，盲目地要求机械化，要根据手工业者的要求，采取不同的形式，加以组织，不要规定一个死格式到处乱套，那样会妨碍或限制合作社的发展。会议经过讨论，确定了对手工业进行社会主义改造的方针和政策，即"在方针上，应当是积极领导，稳步前进；在组织形式上，应当是由手工业生产小组、手工业供销生产合作社到手工业生产合作社；在方法上，应当是从供销入手，实行生产改造；在步骤上，应当是由小到大，由低级到高级"。

12 月 8 日，刘少奇听取了全国合作社联合总社代主任程子华关于会议情况的汇报。在谈话中，刘少奇就发展手工业生产合作社问题讲了几点意见：一是关于生产关系的改变。把手工业生产合作社收归国有是一个原则问题，不准随便这样做，不要随便把好的生产合作社收归国有。合作社就有优越性，要考虑收归国有后，生产力是否能提高，成本是否能降低。二是关于生产组织形式。旺季集中生产，淡季分散生产或搞些别的生产，采取这种灵活的方式很好。三是盲目地搞半机械化、机械化，这是一种急躁冒进情绪，应该给予批评。必须在实行分工协作、手工工具改进、生产技术提高的基础上，确有把握时才能实行半机械化、机械化。四是关于领导问题。对手工业劳动者实行社会主义改造，政府有必要设立专门机构。省以上设手工业管理局。手工业劳动者协会、手工业生产联合社，以及党委及政府的主管领导，可以四位一体，要有一批人去干。五是在社会经济的改组中，手工业的生产供销关系上一时脱节是有的，但不会根本破坏生产力、破坏市场。要适当地做，但不要搞得太急、太激烈了，应注意不要引起社会生产的损失，要逐年逐步地搞。

根据我国手工业发展的特点，全国第三次手工业会议确定：手工业的合作化主要采取三种形式，首先从供销合作小组开始，这是对手工业进行社会主义改造的初级形式。它不改变原有的生产方式和所有制关系，只是负责统一安排原材料采购、产品推销和统一接洽加工订货等业务，小组成员仍然独立生产、分散经营、自负盈亏。第二种是手工业供销生产合作社，这是一种过渡形式，特点是在供销环节上组织起来，生产资料仍为私有，一般是分散生产，但在有些生产环节上已开始集中生产，并开始购置公有的生产工具，因而较前一种具有更多的社会主义因素。手工业社会主义改造的最高形式是手工业生产合作社，它的特点是：入社的社员必须将自己全部的生产工具、设备折价归社；社员直接参加集体生产劳动，根据按劳分配的原则取得劳动报酬。

1954 年 6 月，中共中央批准了这次会议的报告和计划，要求各级党委加强对手工业社会主义改造的领导。这次会议精神的贯彻，有力地推动了手工业合作化的进程。到 1954 年年底，全国手工业合作组织达到 4.17 万多个，社（组）员 113 万多人，当年产值 11.6 亿元，相当于 1953 年产值 5.2 亿元的 1.2 倍。这一阶段手工业的生产合作，主要是在全体成员自愿的基础上从供销环节入手组织起来，开始有了一些公共积累和统一经营，并初步采取工资或劳动分红的形式，因此手工业的供销生产合作很有生气，社（组）员劳动积极性很高，劳动生产率也相应提高，发挥了组织起来的优越性。

（二）根据手工业特点发展生产合作

由于大规模经济建设的开展，尤其是对主要农产品和某些工业品实行统购统销、统购包销，手工业的原料供应遇到了困难，个体手工业者困难尤大。对于手工业合作社生产的发展，陈云主张要加以管理和控制，同私营工业的生产统筹安排；要防止产量超过需要，并注意原料是否有保证；要防止新的手工业基地排挤老的基地，组织起来的工人排挤未组织起来的工人。为此，陈云强调："手工业合作化宁可慢一点，使天下不乱。如果搞得太快了，就会出毛病。"

为了研究手工业改造中的新情况、新问题，推动手工业合作化的健康发展，1954 年 12 月至 1955 年 1 月，第四次全国手工业生产合作会议讨论了手工业同地方工业的发展、同农业和资本主义工商业的社会主义改造如何统筹兼顾、合理安排等问题，确定1955 年手工业社会主义改造工作的方针是：统筹兼顾、全面安排、积极领导、稳步前进。会议明确当年的中心任务是把手工业主要行业的基本情况继续摸清楚，分别轻重缓急按行业拟定供、产、销和手工业劳动者的安排计划；整顿、巩固和提高现有社（组）；在此基础上，从供销入手，适当发展新社（组）。为了促使手工业从小生产发展到大生产，会议提出，在社会主义改造过程中，必须根据供需情况、国民经济发展情况、人民消费习惯，对手工业各行业分别实行适当发展（如陶瓷业、若干手工艺品并应积极提高其技术）、利用（如棉针织业）、限制（如铜器、锡器制造业），有的手工业行业应实行逐步转业或淘汰的方针。

1955 年 5 月 16 日，中共中央批准了中央手工业管理局、中华全国手工业生产合作社联合总社筹备委员会党组《关于第四次全国手工业生产合作会议的报告》。中央认为：我国手工业经济，行业复杂、分散、面广且变化多，有关部门曾作过不少调查研究，但至今情况还是不全不透。为此，各地在对手工业的某些行业进行社会主义改造和生产安排中，必须继续对当地各种手工业进行全面的深入的调查研究，务期在今明两年内，把手工业重要行业的基本情况彻底摸清楚，以便于对手工业进行安排和改造；并注意在手工业社会主义改造过程中所发生的各种新问题，及时地加以研究和解决。

中央指出，目前除少部分已在没落的手工业行业外，绝大部分手工业行业一般可以逐步通过合作化的道路，进行社会主义改造。因此，各地、各部门，特别是地方工业部门应在对各种经济类型工业进行统筹安排时，必须将对手工业的安排和改造同时予以考虑；将手工业部门的各种计划，首先是供产销计划，逐步纳入地方工业的计划之内。以便通过计划平衡，贯彻对手工业"统筹兼顾，全面安排，积极领导，稳步前进"的改造方针；逐步克服大工业与手工业、手工业同行业之间、手工业组织起来与未组织起来之间、手工业与其他有关行业之间在供产销方面的不协调现象；并注意劳动力的合理安排。这样才利于有准备、有步骤、有目的地对手工业进行社会主义改造，并发挥其对国营工业的有力助手作用。

根据中央的要求，各地进一步加强对手工业工作的领导，经常地进行监督和检查，及时地予以在工作上的指导和帮助，并相应地建立和健全手工业管理机构和手工业生产合作社联合社，调配与充实各级手工业部门的干部，特别是领导骨干，对手工业的经营管理普遍地进行了一次整顿。

据 1955 年上半年统计，全国手工业社（组）发展到 4.98 万个，较 1954 年年底增加 8100 个；社（组）员 143.9 万人，较

1954 年年底增加 30.9 万人。整体来说，这一时期手工业合作化的发展是积极的，也是稳步、健康的。

三、统筹安排资本主义工商业的改造

（一）有计划地扩展公私合营工业

根据党的过渡时期总路线的要求，在积极稳步地推进农业、手工业的合作化的同时，党和政府开始有计划、有步骤地开展对资本主义工商业的改造。

在三年国民经济恢复时期，党和政府对资本主义工商业采取了利用其有利于国计民生的方面、限制其不利于国计民生的方面的方针。到 1952 年，私营工商企业中还有约 380 万职工，资本主义工业产值还占工业总产值 40% 左右，私人资本主义仍是一个不可忽视的力量。由于我国经济还很落后，社会主义工商业还不能很快地代替现有的资本主义工商业，因此还需要尽可能地利用它们的积极性，借以增加工业产品的供应，增加国家工业化资金的积累（税收和公积金），扩大商品的流转、维持劳动者的就业，训练技术工人和管理人员，以利于国民经济的向前发展。但是，私人资本主义的生产盲目性和无政府状态，必然同国家建设的计划性发生矛盾和冲突，因此必须对资本主义工商业加以限制，并进一步对它们实行社会主义的改造。

党在过渡时期总路线提出后，对资本主义工商业的社会主义改造进入一个新阶段。中共中央批发的总路线学习和宣传提纲指出：建国几年来，资本主义所有制和社会主义所有制之间，资本主义生产的无政府状态和国家有计划的经济建设之间的矛盾发展，表现为资本主义企业的设备利用率和劳动生产率低，成本高，资金很多浪费，扩大再生产的能力很小，影响到工业产品在市场上供不应求，影响到国家计划难以顺利完成。如果不改变这种情况，这个广大部分的社会生产力就不可能获得充分合理的发展以适应国计民生的需要，我国的社会主义工业化就不能全部实现。资本主义经济对国计民生的不利方面一步一步地表现出来，资本主义工商业必须经过一定的步骤逐步地改造，以便最后消灭生产资料的资本主义私人所有制。

对资本主义工商业进行社会主义改造的第一个步骤是，经过国家对资本主义的监督和管理，经过国营经济对资本主义的联系和合作，把私人资本主义引导到国家资本主义的轨道上来。这种国家资本主义经济已经不是解放以前的那种资本主义经济，它主要是为国家和人民的需要而生产，资本家已不能为所欲为地唯利是图。当然，企业中的工人还要为资本家生产一部分利润，但是这一部分利润在整个赢利中只占 1/4 左右，其余占 3/4 左右的赢利是为国家（所得税）、为工人（福利费）和为扩大企业设备（公积金）而生产的。因此，这种国家资本主义经济有一部分带有不同程度的社会主义性质。我国的国家资本主义，按照它们受社会主义国营经济领导及受国家和工人阶级监督的程度，有公私合营以及加工、订货、统购、包销、收购、经销、代购、代销等其他各类形式。高级形式的公私合营经济在生产上和经营上优于其他形式的国家资本主义经济，而一切形式的国家资本主义经济都在不同程度上优于一般私人资本主义经济。

根据中央的确认，在我国的条件下，经过国家资本主义来实现对私营工商业的社会主义改造，是较健全的方针和办法。我国必须在一定的时期内有步骤地、有区别地把一切对国计民生有利的、为国家所需要的资本主义企业基本上改造为国家资本主义企业，并有计划地稳步地使国家资本主义从低级形式向高级形式发展。随着社会主义工业化的前进和社会主义经济优势的加强，随着国家对整个国民经济控制的加强，随着农业和手工业合作化的前进以及它们与资本主义间联系的缩小和消灭，随着国家资本主义企业中国家资金和国家管理力量的增大，国家就可以逐步地变国家资本主义经济为社会主义经济。

中央强调，利用、限制和改造资本主义工商业，是在过渡时期内工人阶级和资产阶级之间阶级斗争的一种新形式。在实行改造政策的过程中，应当继续加强对资产阶级中愿意接受社会主义改造并按照国家计划发展生产的进步分子的团结，继续保持对资产阶级中一切爱国守法分子的联合，加强对他们的爱国主义的教育和国家政策的教育，同时必须克服资本家所必然会采取的各种形式的反抗，以保障社会主义改造事业的顺利进行。采用国家资本主义的方法来改造资本主义工商业，这些企业的工人在若干年内还要为资产阶级生产许多利润，这也是对资产阶级的一种赎买。

根据中共中央确定的对资本主义工商业进行社会主义改造，对资产阶级实行和平赎买的基本方针和基本政策，我国从1953年起，加快了对资本主义工商业首先是资本主义工业的改造进程。

1953年以前，以加工订货为主的初级国家资本主义形式，在私营工业中已有较大发展。过渡时期总路线提出以后，特别是国家对粮食、油料、棉花、棉布相继实行统购统销之后，以农产品为主要原料的私营轻纺工业，在原料供应和销售市场两头都受到国家政策的严格限制，资本家的生产经营不得不接受国家的委托加工、计划订货。由于在私营工业的总产值中，轻纺工业的产值约占2/3，这样，私营工业从产值上看，已大部分被纳入各种形式的国家资本主义轨道。从组织形式上看，当时占主要地位的仍是加工订货，实行公私合营的比重很小。按照第一个五年计划的要求，国民经济中的计划管理日益加强，这就需要将对私营工业的改造工作向前推进一步，以适应国家工业建设发展的需要。

　　1954 年 1 月，中财委召开会议，讨论扩展公私合营工业的计划问题。会议认为，对私营工业实行加工订货，企业利润采取"四马分肥"的方法，除国家所得税、企业公积金、工人福利费以外，资方所得红利仅占约 1/4，企业基本上是为国计民生服务的，带有一定的社会主义性质。但是，这种初级的国家资本主义形式，主要是国家和资本家在企业外部的合作，并不触及生产资料的资本家所有制。在加工订货形式下，企业基本上仍由资本家管理，劳资矛盾、公私矛盾及由此引起的其他矛盾，难以获得有效的处理，限制了工人群众的劳动积极性和对资本家及其代理人等的教育改造。会议认为，公私合营是社会主义成分同资本主义成分在企业内部的合作。在这种合作中，公方占领导地位，生产关系发生重要变化：企业由私有变为公私共有，公方和工人群众结合在一起掌握企业的领导；资本家丧失了原有的支配地位，处于被领导的地位。这样，劳资矛盾、公私矛盾能够朝着有利于公方和劳方的方向解决，有利于改进生产，纳入国家计划。建国四年来加工订货等初级国家资本主义形式的发展表明，将私营企业改造为高级国家资本主义形式的公私合营企业，各方面的条件正在成熟。

　　基于上述认识，会议提出：要在今后若干年内（两个五年计划时期，可能更短一点）积极而稳步地将国家需要的、有改造条件的私营工厂，基本上（不是一切）纳入公私合营轨道，然后在条件成熟时，将公私合营企业改造为社会主义企业。会议确定：1954 年是有计划地扩展公私合营工业的第一年，应以"巩固阵地、重点扩展、作出榜样、加强准备"为工作方针。扩展公私合营的工作，要以国家投入的少量资金、干部，去充实原有企业并进行技术改造；要采取发展一批，作为阵地，加以巩固，再发展一批的方法，将有 10 个工人以上的资本主义工业企业基本上纳入公私合营轨道。合营的条件，必须依据国家需要、企业改造的条件、供产销平衡的可能、干部和资金的准备，以及资本家的自愿，稳步前进。3月4日，中共中央批准了这次会议提出的上述意见以及中财委关于这次会议的报告。

9月，国务院制订并公布了《公私合营工业企业暂行条例》，对公私合营企业的性质、任务和公私关系、劳资关系、经济管理、盈余分配等各方面的原则，作了明确的规定。由于公私合营企业在原料、市场、贷款等方面得到国家支持，不少私营企业渐感经营困难，主动要求国家支持，实行公私合营。这样，扩展公私合营的工作取得很大进展。到1954年年底，全国公私合营工业的户数已增加到1746户，职工人数为53.3万多人，占全部公私合营和私营工业职工总数的23%；总产值50.86亿元，占全部公私合营和私营工业产值的33%。在公私合营企业增多，对私营企业加工订货显著增加的情况下，私营工业自产自销部分的产值比重从1952年的38.9%下降到24.9%。实行公私合营的企业，由于国家派遣干部加强领导，投资进行新建、扩建，整顿企业的经营管理，工人劳动积极性提高，使生产迅速发展，劳动生产率大大提高。按可比产值计算，1954年较1953年增长25.5%，显示了公私合营的优越性。合营工厂私股分得的红利，也比私营时期的利润多。这些情况，促使更多的资本家要求实行公私合营。

扩展公私合营的工作，一般是有选择地从规模较大的企业入手，一户一户进行，企业的户数虽不多，但基本上是大户。1954年内有905家资本主义工业企业，经合并组成793户公私合营企业，其中大部分为规模较大、有关国计民生的重要企业，一般都拥有资金100万~500万元，职工100~500人。这些企业的所有者多是较大的资本家，有些人是资产阶级代表人物，政治影响较大。这些较大规模的企业实行公私合营后，不仅削弱了资本主义经济的力量，扩展了社会主义的经济阵地，同时也使得中小资本家认识到合营的优越性，认识到变革所有制是大势所趋，只有顺应变革的潮流才是唯一的出路。

在中国，私人资本主义工业中较大的企业为数并不多，500人以上的工厂仅占8.9%；500人以下、100人以上的工厂占15.5%；100人以下、50人以上的工厂占10.8%；其余绝大多数都是50人以下的小型企业。稍具规模的企业实行合营后，剩下还有约占私营工业总产值一半的约12万余户中小企业，由于机器简陋、工序不全，加上原有的经济联系被打乱，在生产上处境更加困难。一方面，私营中小企业的资本家纷纷要求公私合营，另一方面，国家为保证重点建设，又不可能分散力量向这么多小企业投入资金和干部。这样，扩展公私合营的工作就遇到了新的矛盾和问题。

1954年12月至1955年1月，国务院第八（工业）办公室与地方工业部联合召开扩展公私合营工业计划会议，研究1955年及以后三年的公私合营工业的计划。会议一开始，各地方（主要是上海、天津、沈阳）来的代表纷纷反映，私营工业从1954年下半年以来，发生了很大的困难。不少代表形象地说，中央只顾大型企业的公私合营，把一大批小企业甩给地方，这种光吃"苹果"、不吃"葡萄"的做法，给各地私营工业生产带来相当严重的困难，如果不加以解决，则扩展合营的计划就难以制定。鉴于这个问题紧迫性，周恩来总理多次召开国务院常务会议进行研究。

1954年12月29日，陈云副总理在国务院常务会议上作关于调整工业问题的报告。他指出：现在工业生产中最突出的问题是，若干行业（不是全部行业）设备、工人有余，任务、原料不足。其中私营比国营困难更大，上海、天津两地尤为突出。其原因，主要是这些行业前几年盲目发展。这说明，以后某些行业有较大发展的时候，不要太高兴，要加强管理；发展过头，生产就会过剩。报告提出了解决困难的一些原则、措施，即：对公私工业要统筹兼顾，一视同仁，适当安排：奖励先进，照顾落后，淘汰有害；维持上海、天津两个老工业基地，照顾其他地区；成立专门机构负责管理，协调私营工业的生产；没有发生困难的行业也要早作安排，防止发生困难；手工业合作化的速度要适当放慢，以免前进过快，发生新的困难。会议同意这个报告，并提请中共中央政治局批准。

12月30日，国务院召开关于私营工商业问题座谈会，参加会议的有全国政协工商界委员、中央各有关部门负责人以及出席扩展公私合营工业计划会议的代表共150余人。31日，陈云在座谈会上就解决私营工业生产中的困难发表讲话。提出了调整私营工业生产的方针，即根据党在过渡时期的总路线，有计划地发展社会主义、半社会主义工业，利用、限制、改造资本主义工业，在国营经济的领导下，在保证社会主义成分不断稳步增长的条件下，对国营、合作社营、公私合营、私营工业实行统筹兼顾、各得其所的方针，进行合理安排，要把上述四种工业都纳入国家计划的轨道。

陈云指出：我们国家大，一不小心就会盲目发展。尽管国营工业是社会主义性质的，如不进行计划，也必然是盲目的。解决私营工业生产困难，必须正确处理几个矛盾：第一是公私之间的矛盾。凡国营能让出一部分原料和生产任务给私营的就让出一部分。这样会减少国营上缴利润，但可以少出给私营的救济费，对财政是一样的，但维持了私营的生产。第二是先进与落后之间的矛盾。凡当地产品不如上海、天津私营工厂产品的，不能强要国营商业卖当地货。这种排斥进步、帮助落后的本位主义的做法，是不对的。第三是地区之间的矛盾。上海、天津不仅是日用工业品的主要产地，而且是城乡交流、内外交流的枢纽，维持上海、天津，对全国是有利的。

陈云还提出一些调整私营工业的具体措施，如通过逐行逐业分配原料、分配生产任务、计算设备能力、安排生产计划等办法，来进行逐行逐业的社会主义改造；利用原有工业设备，控制新建和扩建；提高技术、淘汰落后；采取母子联合、逐步合并等各种形式来安排生产；减少盲目加工订货；控制手工业合作化发展的速度；扩大私营出口品种，提高出口产品的质量；加强国家对私营工业的业务领导；反对只顾国营不管私营以及私营工业自己不想办法、坐待国家给办法的两种倾向。陈云在讲话中强调：我们是五种经济成分并存的国家，对各种经济成分要统筹安排。过去限制和改造私营工商业的步子常常走得快了一些，走得快就要调整。对私营工业要大体上一视同仁，因为所有私营工业迟早都要变成国家的，私营工业的工人与国营工业的工人一样，都是中国的工人，不能另眼看待。

根据党中央和国务院的指示，1955年1月扩展公私合营工业计划会议确定了"统筹兼顾、归口安排、按行业改造"的方针。主要做法是：由国营企业让出一部分原料和生产任务给私营企业，解决公私矛盾；按照奖励先进、照顾落后、淘汰有害的原则，解决先进与落后的矛盾；采取维持上海、天津，照顾各地的办法，解决地区间的矛盾。在扩展公私合营的方式上，要求按行业作通盘规划，统一安排；分别情况，或实行个别合营，或采取以大带小、以先进带落后的办法实行联营合并或公私合营。这样，既解决了光吃"苹果"、不吃"葡萄"的矛盾，又为加快对资本主义工业的改造找到了途径。

通过贯彻统筹兼顾，统一安排的方针，1955年全国公私合营工业已达3102户，职工78.49万人，总产值71.88亿元，约占公私合营加上私营工业总产值的50%。这些情况表明，我国的私营工业已有一半实现了公私合营。

（二）根据市场关系变化改造私营商业

在有计划地扩展公私合营工业的同时，党和政府还有步骤地进行了对资本主义商业的社会主义改造，首先是对私营批发商业的改造。

批发商业，是联系生产和市场的中间商业，它一方面向国内外厂商、农民和手工业者购进商品，一方面把这些商品卖给工厂、作坊、零售商或小商贩。它掌握着商品流通的主要环节，在市场供求关系上起着重要作用，并决定着物价水平。所以，为了有计划地安排市场和稳定物价，逐步完成对私营商业的社会主义改造，国家必须掌握商品流通的批发环节。在1950年统一全国财经和稳定市场物价之后，我国已开始着手以国营批发商代替私营大批发商的工作。截至1952年，国营商业和合作社商业的批发额已占优势，私营商业批发额降至约占全部社会商品批发额的36%。

过渡时期的总路线提出后，从1953年下半年起，国家采取了一系列措施，限制私营批发商的活动。7月起，有计划地扩大对私营工业的加工订货和收购、包销，把私营工业的产品更多地掌握在国营批发机构手中。9月，恢复了国家机关、企业、事业单位在上海、天津等大城市采购工作的统一管理制度，使这些大宗交易脱离私商。11月起，实行粮食和食用油脂的统购统销，1954年9月又实行棉花统购和棉布的统购统销。主要农产品的统购统销，意味着国家占领这些商品的全部批发环节，排除私商经营，也就是实现了批发商业的国有化。1954年，国家逐步扩大了对农副产品的统购、派购范围。先是在农村扩大推行对生猪的派养、派购政策。随后扩大对花生、茶叶、麻类、烟叶、甘蔗、甜菜、土糖、蚕茧、土丝、羊毛等农副产品的预购，并逐步对有关工业生产和基本建设所必需的重要原料、材料和包装物料，以及

人民生活和出口需要的重要农产品实行派购或统一收购。重要工
业原料如煤、铁、钢材、铜、硫酸、烧碱、橡胶等由国营商业控
制，实行计划供应。同时规定私商不得自营一般商品的进口业
务。这样，又有一批相关行业的私营大批发商被国营商业所
代替。

私营大批发商基本被代替后，余下的多是经营次要商品的较
小批发商。旧的自由市场的经营范围大大缩小，国营商业对整个
市场的统一管理和对私营商业的领导和监督得到了加强。私营零
售的主要部分，已不能像过去那样依靠从私营批发商或从生产者
进货，而必须依靠国营商业、合作社进货，来维持它们的营业。
市场关系的这种变化和改组，一方面为国家对私营商业实行改造
创造了前提，另一方面又不可避免地使公私商业的关系趋于
紧张。

1954 年春夏，大城市中有 10 余万从业人员的私营批发商，
因为得不到货源而没有买卖可做。集镇的私商，因为主要农产品
和农业副产品由国家扩大收购，营业额日益缩小。在城市中，由
于粮食和食油的计划供应，私商的销货量减少了，还由于国营商
业和合作社商业扩大了经营范围，再加上不适当地过多地扩大了
零售额，私营零售比重迅速下降，私营零售商惶惶不安。在城乡
交流方面，由于农村宣传过渡时期的总路线，私商难于下乡，合
作社对一般土产一时又无法全部经营，因此某些农产品和农副产
品的流通出现阻塞现象。中共中央及时注意到由许多商品供不应
求所造成的市场紧张状况和市场上存在着的不稳定因素，责成中
财委研究实行统购统销以后市场关系的根本性变化，相应地提出
在新形势下调整、改造私营商业的方针、原则和具体措施。

1954 年 7 月 13 日，中共中央下发《关于加强市场管理和改
造私营商业的指示》。中央指出：从 1953 年全国开始大规模经济
建设以来，吃、穿、用方面的许多商品都供不应求。由于社会购

买力增长速度超过了消费品和农业生产资料生产的增长速度，这种趋势将是长期的。市场的稳定是进行经济建设的必要前提，因此，经过计划收购来掌握货源和经过计划供应来控制消费量，是在许多商品供不应求的情况下，继续保持市场稳定的不可缺少的步骤。私营商业的从业人员数量很大，有七八百万人，不能盲目排挤，一律不给安排，不给生活出路。否则，势必增加失业人口，造成社会混乱。这是必须防止和纠正的。正确的方针是：必须充分利用市场关系变化和改组的有利条件，对私营商业积极地稳步地进行社会主义改造，采取一面前进、一面安排的办法，把现有的私营小批发商和私营零售商逐步改造成为各种形式的国家资本主义商业。

鉴于1953年年底，国营和合作社商业的批发比重已经达到70%左右，中央认为，国营商业和合作社商业不仅要为公营商业系统进行组织货源和组织供应的工作，而且必须对私营零售商担负起同样的责任。据此，中央对私营商业的改造和安排做了具体规定：

第一，对私营批发商，以零售为主而兼营批发的，一般转为零售商。专营的批发商或以批发为主而兼营零售的，凡能继续经营者，让其继续经营；凡为国营商业所需要者，可为国营商业代理批发业务；凡能转业者，辅导其转业；经过上述办法仍无法安置者，其职工连同资方代理人可经过训练，由国营商业录用。

第二，对城乡私营零售商，除一部分必须和可能转业的以外，一般地应逐步地把他们改造成为合作商店或国家资本主义的零售商。国营商业应该采取分配货源、搭配热门货、调整批零差价、逐步统一公私售价等办法，保持私营零售商一定的营业额，使他们能够维持生活。国营商业和合作社商业对某些商品的经营比重，在零售方面可以作适当的退让，但必须保持足以稳定市场的营业额，防止不适当的过多的退让。

第三，对私营进出口商，基本上应按照对私营批发商的处理原则进行处理。同时，国营对外贸易机关应尽量采取联营、经销、代进、代出等国家资本主义的形式，对私营进出口商实行社会主义改造，使他们能在国营对外贸易机关的领导和管制之下，发挥其对资本主义国家进出口贸易的应有的积极作用。

为了缓和私营零售商营业额下降的趋势，中央要求在1954年旺季到来以前，国营商业和合作社商业的零售营业额，一般地应停止在目前的水平（个别地区和个别行业的公营零售额可以有进有退）。同时，为适应市场情况的变化和切实执行改造私营商业的政策，中央要求全国市场的领导必须统一，全国商业工作的步调必须一致。

根据中央的这个指示，从1954年下半年起，在对私营工业有计划地扩展加工订货和公私合营的同时，各地根据不同情况，对私营批发商采取了"留、转、包"等不同的改造步骤和方式。"留"，是对允许继续经营的批发商，由国营或合作社商业委托他们代营批发；"转"，是对有转业条件的批发商，引导他们把资金和人员转入其他行业；"包"，是指包人员，即对无法继续经营的私商，由国家把资本家和从业人员包下来，逐步安排工作。经过上述改造，余下的批发商户数虽然不少，但都是一些经营零星商品的小户。其商业额在1955年仅占全部市场批发交易额的4.4%。1956年，在全行业公私合营的高潮中，这些小批发商与私营零售商一起实行了公私合营。

随着私营批发商逐渐被国营商业所代替，中央明确了改造私营零售商业的主要形式是代销、经销。代销和经销的商品都是国营商业已全部或大部掌握货源的商品，都执行国家规定的零售牌价。代销店通过代销国营商业销售商品领取一定的代销费。经销店通过从国营商业进货，赚取规定的批零差价。按照中央的部署，各地加紧对私营商业的改造工作。到1954年年底，在批发方面，国营商业所占经营比重已达到 88% 以上，私营批发商已大部被排挤代替。在零售方面，国营商业和合作社商业所占经营比重已达 57.5%。粮食、油料、棉花等主要农产品基本脱离了自由市场。

1954 年，各地对私营商业的改造取得很大进展，但工作中也有一些问题，主要是国营商业把商品掌握到手后，没有解决好将这些商品统筹安排给公私商业的问题。对此，陈云等国务院领导及时提出了批评。1955 年 1 月 5 日，国务院副总理陈毅在私营工商业问题座谈会上讲到，毛泽东也批评商业方面进得太快，原料和生产任务未作统一分配。最重要的一点是情况分析不够，协商不够。大协商是党委的事，小协商（如税收、加工订货）是各部门的事，各部门要屈尊就驾，多多请教。所以，调整要通过自我批评和协商。

应该说，随着工农业生产的向前发展，国家在 1954 年超额地完成了粮食、油料的统购任务，加强了其他农产品的收购，扩大了工业品的加工订货，国家掌握了主要工农业产品的货源，加上粮食、油脂、布匹统销的措施，因而在许多商品供不应求的情况下，稳定了市场，基本上满足了广大人民的需要，特别是保证了城市、工矿区供应和出口的需要，支援了国家的工业化，在财经战线上取得重大成就，这是我国市场关系变化的主要方面。

但是另一方面，由于国营商业和合作社商业前进太快，挤掉了大量的私商。在城市，不论批发和零售，私营商业均日益萧条，赔累户数占总户数 50%～60%，私商生活难于维持的，1954 年 11 月仅上海一地即达 12 万人。惶惶不安的情绪继续发展。城市紧张，农村更紧张。由于强调"割断城乡资本主义的联系"，不少地方对非统购的农副产品也禁止私商收购贩运，小商小贩不能下乡，农民搞副业生产或运销自己的产品被看成"自发势力"。农村私商多数无法经营，农民要的某些必需品不容易买到，国家要的农产品收购也有困难。农民反映"合作社忙死，农民等死，私商闲死"。农民有钱买不到东西，就不愿意卖出自己的农产品，又影响国家对棉花、烟叶、油料等收购计划的完成，从而影响工业生产和工业品的供应。据全国供销合作总社初步估计，一年来农村私商被排挤的有69万户、100万人左右，约占1953年年底农村全部私商从业人员的22.2%。农村中许多无法维持的商贩，转业无路，有的流入城市，又增加城市的困难。

总的看来，由于国家对私营商业实行社会主义改造，市场关系进一步发生着根本的变化和改组，不可避免地要使城乡公私关系日趋紧张。粮、油、棉的统购统销，使社会主义经济同小农经济自发习惯之间的矛盾日益显著。农民同私商的来往逐渐减少，使私商的经营发生困难。这种紧张情况，在国家工业化和社会主义改造的过程中是不能完全避免的。但如果各方面的工作做好了，紧张的程度可以缓和；反之，工作有毛病，会更加助长这种紧张。

针对上述情况，1955年4月12日，中共中央发出《关于进一步加强市场领导、改造私营商业、改进农村购销工作的指示》，对公私商业实行统筹兼顾、统一安排作了部署。中央首先分析了1954年下半年以来商业工作上的主要缺点：

第一，批发没有组织好。只注意并解决了如何将商品掌握到手的问题，但对如何通过批发系统将这些商品分配出去，特别是如何抓紧这一环节，适当地统筹安排公私商业、改造私商的问题，却没有足够注意，没有明确地加以解决。

第二，国营和合作社的零售进得太快。1954年7月中央曾决定原地踏步，但相应的具体措施不够、不及时，对于新情况下私营零售商的货源供应，对于公私商业、国营和合作社商业之间价格悬殊等问题，没有及时解决；特别是因农村集镇供销合作社不做批发，多做零售，更使得私商难于维持，从而使国营和合作社商业的零售阵地不但未能原地踏步，反而前进了很多。

第三，在农村购销工作上，对于如何有利于充分发挥农民的生产积极性注意不够。有些地方在粮食统购中对产量估计偏高，留量不足；统销工作没有及时搞好，对农民副食品和饲料等的需要照顾不够，许多重要物资供应不及时等。

鉴于以上工作中的问题构成了城乡公私关系紧张的主观因素，中央深刻地指出："应该懂得，工人阶级当了政，必须负责对社会各阶级的生活出路进行适当安排，这样做，是适合国家利益，有利于工人阶级的。还要看到，目前零售商已经受到若干的限制，特别是为国家经销代销的部分，性质上已有很大改变，因此对公私比重的概念，不能不作新的了解。社会主义商业有无前进，主要应看对整个社会商业的计划领导程度，对私营商业改造的进展程度，而不能仅仅计算国营商业和合作社商业本身的营业额。这一点是重要的。"① 据此，中央提出：

（1）掌握批发环节是社会主义商业工作的关键。在这一环节上，目前我们的工作还有问题，机构和制度还不能适应客观的需要，必须继续加以整顿和加强，不能放松。对于已经代替的私营批发商，应继续贯彻吸收使用的方针。

（2）在城市零售阵地上，社会主义商业前进过多的部分，应该考虑作必要的退让，使所有私营零售商能够在可以维持的水平上继续经营，以维持生活，并使其服务于商品流转，然后在这个基础上，进一步贯彻逐行逐业安排改造的方针，通过国家资本主义的各种各样形式或其他方式加以改造，经过一个相当长的时期，使他们逐步过渡为国营商业的分销处、门市部，或由国家吸收使用其人员。

---

① 《建国以来重要文献选编》第6册，中央文献出版社1993年版，第159页。

（3）农村的小商贩担负着收购、分配和短距离运输等三种重要的社会任务。他们之中，绝大多数人的生活来源是依靠或者主要依靠自己在商品流转过程中的劳动，他们是劳动人民，性质上有别于商业资本家（城市小商小贩也有相似的性质）。对于上述小商小贩，改造的方针应该是：根据自愿的原则，在供销合作社领导和计划下，通过各种形式加以组织，使之经过互助合作的道路，分担农村商品流转的任务，并逐步过渡为供销合作社商业。

（4）统购统销方面，在实行定产定购定销办法的同时，对统购任务完成后农民的多余产品，应据市场管理的原则，允许并组织农民自由买卖；对其他一般农产品的买卖，不能滥加限制。在供应方面，则应尽可能地满足农民需要，尽可能地给农民以方便。

上述方针，是对中央 1954 年 7 月《关于加强市场管理和改造私营商业的指示》的进一步具体化，是符合市场关系变化的实际情况的，是可行的。根据中央的这个指示，1955 年 4 月以后，各地除通过各种形式的国家资本主义对私营商业逐步改造安排外，一是在国营商业和合作社商业前进过多或私商维持困难的城市，适当采取撤点、撤品种、调整批零差价、确定批发对象和给予部分贷款等办法，使私商能够维持经营。二是改进国营商业的批发工作，增设批发网点，改善对私营零售商的批发业务。对于冷、背、残、次商品，用代销、低价等办法处理，不搞硬性搭配。三是各城市根据当地具体情况，定出一个既可稳定市场价格又够维持私商经营的公私比重，作为调整公私商业的尺度，在一个时期内基本不变。这样，使私商可以得到由于社会购买力增长而增加的一部分营业额。四是对农村集镇私商，由供销合作社负责供给货源，并适当调整批零差价，使私商维持一定的营业额。县、区供销合作社在零售方面作必要的退让，以便维持私商经营，并在此基础上抓紧对私商进行改造。

按照"一面前进，一面安排"和"前进一行，安排一行"的方针，经过几个月的调整、改造，到1955年秋，纯粹私营商业在社会商品零售总额中的比重，在32个大中城市占25%，在农村集镇占18%。有相当一部分私营零售商已被纳入各种形式的国家资本主义轨道。这表明，国家对私营商业，包括城乡小商贩的改造工作，向前大大推进了一步。

从整个市场关系的变化来看，过渡时期总路线提出后，国家为了保证工业化建设对大宗粮食及农产原料的紧迫需要，不得不加强农产品的计划收购，增加计划供应的品种，扩大计划供应的范围。占农村收购总额42%左右的粮食、油料及棉花等商品，脱离了自由市场，加上重要工业原料和主要副食品已大部分为合作社所收购，农村中70%的农副产品商品量已为国家和合作社所掌握。对私营工业扩大加工订货、统购包销，也将大部分工业品的生产、销售间接纳入国家计划的轨道。这样，就日益削弱和缩小了市场调节在社会经济生活中的作用和范围。

当然，采取这些政策措施本身，还没有从根本上改变我国多种经济成分并存的基本格局，私营经济和个体经济虽然受到多方面的限制，但还能在一定范围和一定程度上作为市场主体因素存在。因此，过渡时期经济的发展，呈现出一种比较复杂的情况，即在国民经济的计划性不断增强的趋势下，市场调节还能在一定领域、主要是在微观经济领域发生作用。在双重调节的运行机制下，当计划与市场调节之间出现矛盾或冲突时，国家的宏观政策调节起主导作用。这是我国从市场经济过渡到计划经济进程中经济运行的一个特点。

总的来看，由于对私营工商业的社会主义改造，是在统筹兼顾中一面前进，一面逐行逐业地安排生产、维持经营，国家政策的调节功能比较注意采用恢复国民经济时期的经验，如利用税收、利率、价格杠杆以及调整产供销关系、规范市场管理等，大都在短期内取得成效，较充分地利用了私营经济这部分生产力的积极作用。从微观角度来看，由于保留了一定的市场机制的作用，一般工商企业对市场情况的变化反应也比较灵敏。这样一种情况，使我国的经济体制在第一个五年计划期间保持了一定的活力。

第十章 过渡时期国家制度建设和事业发展

一、确立人民代表大会根本政治制度

（一）第一届全国人民代表大会的召开

为了实现过渡时期的总路线和总任务，我国在基本政治制度方面实行了重要调整和转变，以便更有效地加强党和政府对有计划经济建设和社会主义改造的领导。以 1954 年第一届全国人民代表大会召开和制定颁布第一部中华人民共和国宪法为标志，我国在健全民主制度、加强法制建设方面迈出了重要的一步。文化、教育、科学、卫生等事业，也适应大规模经济建设的新形势，为提高人民素质、推进国家发展和社会进步发挥着重要作用。军队和国防现代化建设开始起步。整个国家的政治、法律等上层建筑和社会观念形态，都进一步转向与建立社会主义经济基础相适应并为之服务。

中华人民共和国成立后，经过巩固人民民主政权、进行民主改革和恢复国民经济，全体人民的政治觉悟和组织程度有了很大的提高。从 1950 年到 1952 年，全国地方各级人民政权（除台湾省）已全部建立，从上到下普遍召开了各界人民代表会议。通过人民代表会议这种过渡形式，为进一步实现人民代表大会制创造了条件，积累了经验。全国绝大多数人民在经过土地改革和其他社会改革以后，已经具备了选举自己的政府的条件。在这种情况下，有必要尽快建立人民代表大会根本制度，结束由人民政协全体会议代行全国人民代表大会的职权、由《共同纲领》代替国家宪法的一部分作用的过渡状态，使中国人民已经取得的革命成果巩固下来，使人民民主的国家制度更加完备。这是民主政治建设和法制建设走上正轨的迫切需要。

1952 年 9 月，当民主改革和恢复国民经济的历史任务即将胜利完成的时候，第一届中国人民政治协商会议的三年任期已到。中国共产党提议，由中国人民政治协商会议向中央人民政府委员会提出定期召开全国人民代表大会和地方各级人民代表大会的建议。12 月 24 日，政协全国委员会常务委员会举行第四十三次会议，就中国共产党的提议交换意见。全国委员会副主席周恩来代表中共中央说明中国共产党的提议。

周恩来首先说明：根据《共同纲领》的规定，我国的政治制度是人民代表大会制度。在建国之初，考虑到人民解放战争还没有结束，各种基本的政治社会改革工作还没有在全国范围内进行，经济也需要一个恢复时期，人民代表大会制度还没有立即实行的条件，因此，《共同纲领》又规定在全国人民代表大会召开以前，由中国人民政治协商会议的全体会议执行全国人民代表大会的职权，选举中央人民政府委员会，并付之以行使国家权力的职权，而在地方人民代表大会召开以前，则由地方各界人民代表会议逐步代行人民代表大会的职权。现在，这种过渡时期已经过去了，我国即将进入大规模的有计划的经济建设的新时期。为适应这一新时期的国家任务，就必须根据共同纲领的规定，定期召开全国人民代表大会和地方各级人民代表大会。

与会各委员对中国共产党的提议一致表示赞同，认为在三年来取得的伟大胜利的基础上，在开始大规模建设的同时，召开全国人民代表大会和地方各级人民代表大会，是符合全国人民要求的。为此，应开始进行起草选举法和宪法草案等准备工作。

1953 年 1 月 13 日，中央人民政府委员会举行第二十次会议，讨论关于召开人民代表大会问题。14 日，毛泽东对讨论作了简短的结论。他指出："就全国范围来说，大陆上的军事行动已经结束，土地改革已经基本完成，各界人民已经组织起来，因此，根据中国人民政治协商会议共同纲领的规定，召开全国人民代表大会及地方各级人民代表大会的条件已经成熟了，这是中国人民流血牺牲，为民主奋斗历数十年之久才得到的伟大胜利。召开人民代表大会，可以更加发扬人民民主，加强国家建设和加强抗美援朝的斗争。人民代表大会制的政府，仍将是全国各民族、各民族阶级、各民主党派和各人民团体统一战线的政府，它是对全国人民都有利的。"[①]

会议一致通过《关于召开全国人民代表大会及地方各级人民代表大会的决议》，对召开普选的地方各级人民代表大会，并在此基础上召开全国人民代表大会，制定宪法，批准国家五年建设计划纲要和选举新的中央人民政府等项工作做了部署。会议决议成立以毛泽东为主席，朱德、宋庆龄等 32 人为委员的中华人民共和国宪法起草委员会；以周恩来为主席，安子文、李维汉等 23 人组成的中华人民共和国选举法起草委员会，领导进行宪法和选举法的起草工作。

选举法起草委员会成立后，立即投入紧张的工作。根据《共同纲领》中有关实行普选问题的规定，分析研究建国三年来中国民主政治建设方面的实际情况，并吸收苏联普遍选举的经验，在广泛征求各方面意见的基础上，经过多次讨论和修改，很快拟定了全国人民代表大会选举法草案。1 月 21 日、23 日两天，周恩来主持选举法起草委员会会议，讨论修改选举法草案。

2 月 1 日，周恩来将他起草的关于召开全国人民代表大会和

---

① 《人民日报》1953 年 1 月 15 日。

制定宪法问题的讲话稿，送毛泽东、刘少奇审阅。讲话稿中答复了一些人对目前进行普选工作提出的疑问，指出：普选的关键决定于人民觉悟程度和组织程度，并不决定于人民的文化程度，更不决定于国家的经济状况。人民迫切需要实行普选，好把他们自己所真正满意的和认为必要的人选举出来，代表自己去参加国家政权机关的工作，负责管理国家的事务和与自己有关的事务，而把他们自己所不满意的和认为无必要的人撤掉。我们没有理由，更无任何权力去反对或推迟实现全国人民迫切需要行使的这种基本权力。根据中国的实际情况，在普遍选举制的基础上，除基层人民代表大会采用直接选举制外，基层政权以上的人民代表大会尚只能采用按级选举的间接选举制。①

2 月 11 日，中央人民政府委员会召开第二十二次会议，讨论选举法草案。邓小平对选举法草案的有关问题作了说明。他从选举权的普遍性和平等性两个方面，阐述了我国选举法是真正民主的选举制度。选举权的普遍性，表现在选举法草案规定：凡年满 18 周岁的中华人民共和国公民，不分民族和种族、性别、职业、社会出身、宗教信仰、教育程度、财产状况和居住期限，都具有选举权和被选举权。并对妇女的选举权和被选举权、各民族人民的选举、人民武装部队和国外华侨的选举分别作出明确、必要的规定。同时规定，依法尚未改变成分的地主阶级分子、依法被剥夺政治权利的反革命分子、其他依法被剥夺政治权利者等少数一部分人，不能具有选举权和被选举权。选举权的平等性，主要体现在"妇女有与男子同等的选举权和被选举权"，"每一选民只有一个投票权"，全国及地方各级人民代表大会的名额及代表的产生方法，都应该以一定人口的比例为基础等项规定上。选举法

---

① 参见《周恩来年谱（1949—1976）》上卷，中央文献出版社 1997 年版，第 283 页。

草案对于国内各少数民族的选举，作了专章的规定，使约占全国人口总数 1/14 的全国各少数民族代表参加全国人民代表大会的人数，实际上接近代表总数的 1/7，把已经实现或正在实现着的民族平等以及民族友爱团结的关系反映出来，并使之巩固。

邓小平把中国的选举制度同西方资本主义国家相比较，以美国为例，就有 50 多种对选举资格的限制，如财产状况、居住年限、教育程度、年龄、宗教信仰、"社会声望"等；美国的"选举税"和"人头税"经常剥夺劳动人民和广大黑人的选举权利。邓小平强调说：中国是人民当家作主的国家，中国的国家政权属于人民，全体人民都有权利选派自己的代表去管理国家的事务，而人民自己则有权利并有各种机会去经常地监督国家机关的工作。因此，中国愈充分发扬民主，人民民主专政愈加巩固，人民政府与人民之间的联系就愈加密切，就愈能在民主的基础上完成国家的每一个具体任务。

中央人民政府委员会会议经过认真审议，一致通过《中华人民共和国全国人民代表大会及地方各级人民代表大会选举法（草案）》。会议决定成立中央选举委员会，领导选举工作。中央选举委员会以刘少奇为主席，朱德、邓小平等 28 人为委员。1953 年 3 月 1 日，毛泽东以中央人民政府主席的名义颁发命令，批准《选举法》颁布施行。

为了使全国年满 18 岁的公民都能依法参加选举，需做好登记选民的工作，而这必须以人口的登记为依据。4 月 3 日，政务院决定在选举工作的同时，举行全国人口调查登记工作。参加这次调查登记工作的人员有 250 余万人。经过全国各地认真进行调查登记、复查核对、补登补报等大量工作，截至调查截止的标准时间 1953 年 6 月 30 日 24 时，全国人口总数为 601938035 人。其中，直接调查的人口为 574205940 人。用其他办法调查的人口有：没有进行基层选举的和交通不便的边远地区 8397477 人（根据各该地方政府的资料）；待解放的台湾省 7591298 人（根据 1951 年台湾公布的数字）；国外华侨和留学生等 11743320 人（根据华侨事务委员会等机关的资料）。① 1953 年第一次全国人口调查登记，不仅有利于选举工作的进行，更重要的是为国家的经济、文化建设提供了确切的人口数字。

根据《选举法》的规定，全国建立了乡、县、市、省各级选举委员会，动员了 25 万余名干部参加选举指导工作。各地采取选择不同类型的地区进行基层选举的典型试验，取得经验后再分批展开选举的方法，经过一年多的紧张工作，在 21 万余个基层选举单位，3.23 亿登记选民中进行了基层选举，共选出基层人民代表大会的代表 566 万余名。随后，县、市、省相继召开人民代表大会，选举产生了 1226 名出席全国人民代表大会的代表。选举结果表明，在选举运动和深入进行国家过渡时期总任务的教育后，人民群众的政治觉悟显著提高，"走社会主义的路"成为广大人民群众奋斗的目标，"社会主义带路人"成为挑选代表的主要标准。在此期间，《中华人民共和国宪法（草案）》在毛泽东的亲自主持下起草完成，经反复讨论、修改，通过中央人民政府委员会会议的审议。

在一切准备工作就绪后，1954 年 9 月 15 日，第一届全国人民代表大会第一次会议在北京隆重开幕。出席大会的代表具有广泛的代表性。其中，有中国各民主阶级、民主党派的代表人物，有劳动模范、战斗英雄，有著名的文学、艺术、科学、教育工作者，有工商界、宗教界人士，还有少数民族、海外华侨代表。这样的代表阵容，充分体现了全国各民族、各民主阶级、各民主党派和一切爱国力量在中国共产党领导下的大团结。在 1226 位代表中，中共党员共 668 人，占 54.48%；非共产党人士共 558 人，

---

① 参见《人民日报》1954 年 11 月 1 日。

占 45.52%。这个比例既保证了工人阶级对国家政治生活的坚强领导，又体现了统一战线的广泛性。大会的任务是：制定宪法；制定几个重要的法律；通过政府工作报告；选举新的国家领导工作人员。

毛泽东为大会致开幕词：《为建设一个伟大的社会主义国家而奋斗》。他说，这次会议是标志着我国人民从 1949 年建国以来的新胜利和新发展的里程碑。这次会议所制定的宪法将大大地促进我国的社会主义事业。我们的总任务是，团结全国人民，争取一切国际朋友的支援，为了建设一个伟大的社会主义国家而奋斗，为了保卫国际和平和发展人类进步事业而奋斗。他号召全国人民，应当努力工作，准备在几个五年计划之内，将我们现在这样一个经济上文化上落后的国家，建设成为一个工业化的具有高度文化程度的伟大的国家。毛泽东在开幕词中指出："领导我们事业的核心力量是中国共产党。指导我们思想的理论基础是马克思列宁主义。我们有充分的信心，克服一切艰难困苦，将我国建设成为一个伟大的社会主义共和国。"①

刘少奇作《关于中华人民共和国宪法草案的报告》。他回顾了近代中国的宪政史，指出：中国历届反动政府是从来不要宪法的，但当它垂死的时候，也想用一个伪宪来救自己的命，理所当然受到中国人民的反对。中华人民共和国宪法草案，是对于一百多年以来中国人民革命斗争的历史经验的总结，也是对于中国近代关于宪法问题的历史经验的总结，是一部真正代表中国人民利益的宪法。1949 年一届政协会议通过的《共同纲领》，起了临时宪法的作用。现在这部宪法草案总结了五年以来国家机关工作的经验和各级人民代表会议的经验，对我们国家的政治制度作出了更加完备的规定。刘少奇强调说，中国共产党是我们国家的领导

---

① 《毛泽东文集》第 6 卷，人民出版社 1999 年版，第 350 页。

核心，一切共产党员都要同各民主党派、同党外的广大群众团结在一起，为宪法的实施而积极努力。

周恩来作《政府工作报告》。他指出，从 1953 年起，我国开始了经济建设的第一个五年计划，"经济建设工作在整个国家生活中已经居于首要的地位"。我们的目标是：使我国的国民经济沿着社会主义的道路得到有计划的迅速的发展，建设起强大的现代化的工业、现代化的农业、现代化的交通运输业和现代化的国防。这是我国对实现四个现代化目标的最初的概括。周恩来还指出，即将由大会产生的国家行政机关，根据宪法规定的各项原则，依靠全国人民的支持和全国人民代表大会的监督，一定能把我国的各项事业推向新的更大的胜利。

大会经过充分讨论，通过了《中华人民共和国宪法》《中华人民共和国全国人民代表大会组织法》《中华人民共和国国务院组织法》，以及中华人民共和国人民法院、人民检察院、地方各级人民代表大会和地方各级人民委员会组织法。代表们在讨论发言中对五年来的政府工作表示满意，大会批准了政府工作报告。

大会依据宪法和有关组织法选举和决定了国家领导工作人员。毛泽东当选为中华人民共和国主席，朱德为副主席。刘少奇当选为全国人民代表大会常务委员会委员长，宋庆龄等 13 人为副委员长。选举董必武为最高人民法院院长，张鼎丞为最高人民检察院检察长。根据中华人民共和国主席毛泽东的提名，大会通过决定以周恩来为国务院总理。根据周恩来的提名，决定任命陈云、林彪、彭德怀、邓小平、邓子恢、贺龙、陈毅、乌兰夫、李富春、李先念为国务院副总理。9 月 28 日，大会圆满完成了它所担负的各项重大历史任务，胜利闭幕。

从第一届全国人民代表大会开始，我国正式实行人民代表大会制度，并把它确定为中华人民共和国的根本政治制度，从而把中国共产党领导全国人民长期为之奋斗的人民民主亦即社会主义民主原则建立在一个更为现实的基础之上。刘少奇在关于宪法草案的报告中说，人民代表大会制度所以能够成为中国适宜的政治制度，就是因为它能够便利人民行使自己的权利，能够便利人民群众经常经过这样的政治组织参加国家的管理，从而得以充分发挥人民群众的积极性和创造性。

当然，人民代表大会作为适合于人民群众行使管理国家的权力的新型政治制度，这时还处在它的初创阶段。直接选举人民代表的范围，还限于乡、镇、市辖区及不设区的市等基层政权单位，并且一般采取非秘密投票方式；而在县以上单位则实行间接选举。这种直接选举和间接选举相结合的方式，反映了当时大部分选民对社会政治了解较少，文盲甚多以及城乡就业面狭小、乡村组织程度不高等基本国情。

（二）中华人民共和国的第一部宪法

第一届全国人民代表大会的一个重大贡献，是通过并颁布实施中华人民共和国第一部宪法。在宪法起草过程当中，中国共产党提出了在过渡时期的总路线。这个总路线的基本精神作为宪法起草工作总的指导思想，像一条主线贯穿于整部宪法草案之中，形成对建国之初起着临时宪法作用的《共同纲领》的重大修订。

关于制定共和国宪法，在过渡时期总路线提出之前，中国共产党曾经考虑，由于中国已经有了一个《共同纲领》，并且它在各阶层人民中均有很好的威信，因而在目前过渡时期以《共同纲领》作为国家的根本大法大体上可以过得去，即便在目前就制订宪法，其绝大部分特别是对资产阶级和小资产阶级的关系方面也还是要重复《共同纲领》的有关规定，基本上不会有什么改变。因此，《共同纲领》可以在历次政协全体会议或全国人民代表大会加以修改补充。待中国目前的阶级关系有了基本的改变以后，即中国在基本上进入社会主义以后，再来制订宪法。那时在基本上就可以制订一个社会主义的宪法。[①]

1952年9月中共中央、毛泽东就中国从现在起逐步过渡到社会主义问题作出新的思考以后，到1953年1月，中央人民政府委员会通过《关于召开全国人民代表大会及地方各级人民代表大会的决议》，相应地把制定宪法的任务提上日程，并成立了宪法起草委员会。6月，毛泽东提出党在过渡时期的总路线，这实际上为宪法的起草工作提出了全新的要求，即不仅要在《共同纲领》的基础上，全面地、规范性地确立人民民主的原则，还必须遵循社会主义的原则，用国家根本大法的形式将过渡时期的总路线总任务肯定下来，以法律来保证我国逐步过渡到社会主义，并与相当长的过渡时期相适应，将原则性和灵活性结合起来，制定一部向社会主义过渡性质的宪法。

中华人民共和国的第一部宪法，是在毛泽东主持下制定的。1953年12月24日，毛泽东率宪法起草小组成员陈伯达、胡乔木、田家英等赴杭州，于1954年1月9日开始起草宪法的工作。在宪法起草过程中，不仅参照了苏联和东欧社会主义国家立宪的经验，而且注意吸取了西方资本主义国家宪政中值得借鉴的一些积极成果。为便于中央政治局就宪法问题作充分讨论，毛泽东要求各位中央政治局委员及在京各中央委员抽时间阅看一些主要参考文件：1936年苏联宪法及斯大林报告；1918年苏俄宪法；罗马尼亚、波兰、德国、捷克等国宪法；1913年天坛宪法草案，1923年曹锟宪法，1946年蒋介石宪法（可代表内阁制、联省自治制、总统独裁制三型）；法国1946年宪法（可代表较进步较完整的资产阶级内阁制宪法）。

[①] 参见《建国以来刘少奇文稿》第4册，中央文献出版社2005年版，第530页。

2月中旬，宪法起草小组提出宪法草案初稿，毛泽东即派人送回北京，交刘少奇组织在京的政治局委员和中央委员进行讨论，然后将修改意见向他汇报，由毛泽东领导宪法小组进一步研究修改。这样几经往复，形成宪法二读稿、三读稿、四读稿。3月上旬，中央政治局连续召开扩大会议，对宪法四读稿进行讨论和修改，并决定由陈伯达、胡乔木、董必武、彭真、邓小平、李维汉、张际春、田家英8人组成宪法研究小组，并聘请周鲠生先生和钱端升先生为法律顾问，叶圣陶先生和吕叔湘先生为语文顾问，负责对草案初稿的修改。

3月16日，政协全国委员会常务委员会召开第五十三次会议。由周恩来主持，邀请各民主党派500余人，分为17组座谈宪法草案。会议研究了组织讨论宪法草案初稿的准备工作。17日，毛泽东从杭州回到北京。23日，宪法起草委员会在中南海勤政殿召开第一次会议。毛泽东代表中央将宪法草案初稿提交宪法起草委员会讨论，要求大家充分发表意见。在讨论中，毛泽东有许多插话，阐明了宪法草案初稿的基本特征。

当谈到宪法必须根据国家性质和经济关系，充分表达我国逐步过渡到社会主义这一根本要求时，毛泽东说：这个宪法，是以《共同纲领》为基础加上总路线，是过渡时期的宪法，大概可以管十五年左右。当谈到采用过渡形式，逐步改造农业、手工业和资本主义工商业，使之向社会主义过渡时，毛泽东说：我们的宪法，是过渡时期的宪法。我国的各种办法，大部分是过渡性质的。人民的权利，如劳动权、受教育权等，是逐步保证，不能一下子保证。我们的选举，也是过渡性质的选举。普遍，算是普遍了，但也有限制，地主没有选举权，也不完全普遍；平等，城市选的代表多，乡村选的代表少，如完全按人数平等选举，那人民代表大会就几乎成了农民代表大会，工人就变成了尾数；直接，我们只有基层选举是直接的，其余都是间接的；无记名，我们一般是举手，还是有记名。总之，我们的办法不那么彻底，因为是过渡时期。人民的权利和义务，也有过渡时期的特点。支票开得好看，但不能兑现，人民要求兑现，怎么办？还是老实点吧！①宪法起草委员会第一次会议经过充分的讨论，通过宪法草案初稿。

3 月 25 日，中共中央下发《关于讨论中华人民共和国宪法草案初稿的通知》。此后两个月时间里，全国各大行政区、省（市）、自治区和 50 万人口以上的省辖市，广泛组织对宪法草案初稿的讨论，参加人数达 8000 多人，共提出 5900 多条意见。在这个基础上，5 月 27 日至 6 月 11 日，宪法起草委员会连续召开 6 次会议，对宪法草案初稿逐节逐句地进行修改。

6 月 14 日，中央人民政府委员会召开第三十次会议，讨论宪法草案的有关问题。毛泽东在会上作《关于中华人民共和国宪法草案》的讲话。他说：这个宪法草案，在全国的广泛讨论中，都表明是比较好的，是得到广大人民的同意和拥护的。这是因为起草宪法采取了领导机关的意见和广大群众的意见相结合的方法。以后一切重要的立法都要采用这个方法。大家拥护宪法草案主要有两条：一条是总结了经验；一条是结合了原则性和灵活性。

第一，这个宪法草案总结了近几年来的革命和建设的经验，总结了无产阶级领导的反对帝国主义、封建主义、官僚资本主义的人民革命的经验，总结了从清朝末年以来关于宪法问题的经验，也参考了苏联和各人民民主国家宪法中好的东西。我们对资产阶级民主不能一笔抹杀，说他们的宪法在历史上没有地位。但是，我们的宪法是新的社会主义类型，不同于资产阶级类型。

第二，宪法草案的原则基本上是两个：民主原则和社会主义原则。我们的民主不是资产阶级的民主，而是人民民主，这就是

---

① 参见《党的文献》1997 年第 1 期，第 9—10 页。

无产阶级领导的、以工农联盟为基础的人民民主专政。人民民主的原则贯串在整个宪法中。另一个是社会主义原则。我国现在就有社会主义。宪法中规定，一定要完成社会主义改造，实现国家的社会主义工业化。这是原则性。要达到这个原则就要结合灵活性。比如国家资本主义，是讲逐步实行。国家资本主义不是只有公私合营一种形式，而是有各种形式。一个是"逐步"，一个是"各种"，这就灵活了。

毛泽东总结说：一个团体要有一个章程，一个国家也要有一个章程，宪法就是一个总章程，是根本大法。用宪法这样一个根本大法的形式，把人民民主和社会主义原则固定下来，使全国人民有一条清楚的轨道，使全国人民感到有一条清楚的明确的和正确的道路可走，就可以提高全国人民的积极性。[①]

这次会议经过认真的讨论，一致通过《中华人民共和国宪法（草案）》，并予以公布，交付全国人民讨论。宪法草案所规定的基本原则，得到广大人民群众的热烈拥护，同时提出了许多补充修改的意见。这个宪法草案，采取了领导和群众相结合的方法，使中央的意见和全国人民的意见相结合，不仅使我国的宪法内容更臻完备，而且使宪法深入人心，获得最广泛的群众基础。这是我国制宪史上的一项革命。

1954年9月20日，第一届全国人民代表大会第一次会议通过并公布了《中华人民共和国宪法》。这个宪法以1949年的《共同纲领》为基础，又在新的形势下对《共同纲领》作了重要的发展。宪法规定："中华人民共和国是工人阶级领导的、以工农联盟为基础的人民民主国家。"人民民主制度"保证我国能够通过和平的道路消灭剥削和贫困，建成繁荣幸福的社会主义社会。"

---

① 参见《毛泽东文集》第6卷，人民出版社1999年版，第325—327页。

宪法用法律的形式确定"从中华人民共和国成立到社会主义社会建成，这是一个过渡时期。国家在过渡时期的总任务是逐步实现国家的社会主义工业化，逐步完成对农业、手工业和资本主义工商业的社会主义改造。""中华人民共和国依靠国家机关和社会力量，通过社会主义工业化和社会主义改造，保证逐步消灭剥削制度，建立社会主义社会。"这些规定，体现了我国宪法的社会主义原则。

在确立社会主义原则的前提下，宪法承认我国在过渡时期还有多种经济成分，就目前来说，生产资料所有制主要有四种：国家所有制，即全民所有制；合作社所有制，即劳动群众集体所有制；个体劳动者所有制；资本家所有制。一方面，国家优先发展国营经济，鼓励、指导和帮助合作社经济的发展；另一方面，国家对后两种所有制成分，即非社会主义的经济成分，逐步进行社会主义改造。由于社会主义改造将经过一个相当长期的过程，所以宪法又规定：国家依照法律保护农民的土地所有权和其他生产资料所有权；国家依照法律保护手工业者和其他非农业的个体劳动者的生产资料所有权；国家依照法律保护资本家的生产资料所有权和其他资本所有权。

这些规定，符合于我国经济结构的现状，也反映了我国过渡时期既有社会主义所有制，又有资本主义所有制这一客观存在的矛盾。按照宪法的规定，解决社会主义同资本主义的矛盾的政策，就是一方面允许资本家所有制存在，另一方面限制资本主义工商业不利于国计民生的作用，采用过渡的办法，逐步以全民所有制代替资本家所有制。同时，鼓励个体劳动者根据自愿的原则组织生产合作、供销合作和信用合作。在中国的具体条件下，采取这样的建设社会主义的方针和方法是正确的，具体步骤和具体措施是稳妥的，体现了我国宪法的灵活性。

总之，我国过渡时期的宪法，结合了社会主义的原则性和逐步过渡的灵活性，不仅巩固了中国人民革命胜利的历史成果和新中国成立以来政治上、经济上的新胜利，而且在法律上肯定了实际生活中已经发生的重大社会变革，反映了过渡时期国家发展的根本要求和中国最广大人民通过五年的实践形成的建立社会主义社会的共同愿望。

关于人民民主原则，第一部宪法在总结新中国成立五年来国家机关工作的经验的基础上，对人民代表大会制定了比《共同纲领》更加完备的规定。首先，规定中华人民共和国全国人民代表大会是最高国家权力机关，是行使国家立法权的唯一机关，全国人民代表大会常务委员会是它的常设机关，并详细规定由它们分别行使的立法、监督、任免及有关决策的职权。其次，规定国务院即中央人民政府，是最高国家权力机关的执行机关，是最高国家行政机关，国务院对全国人民代表大会负责并报告工作；在全国人大闭会期间，对全国人大常委会负责并报告工作。

这样，就结束了原来中央人民政府委员会为行使国家政权的最高机关，政务院对中央人民政府委员会负责并报告工作的过渡状态，改变了原来中央人民政府下辖政务院的两级政府的过渡体制，明确了最高国家权力机关与最高国家行政机关的相互关系准则，即：国家执行机关，从国务院到地方各级人民政府，一律由全国人民代表大会和地方各级人民代表大会选举产生，接受人民代表大会的监督，并由它决定罢免。这种以民主集中制为基础的议行合一的人民代表大会制，既有利于人民切实行使自己的权利，又便于人民经常参加国家的管理，能够充分发挥人民群众参与管理国家政治事务和社会经济文化事务的积极性和创造性。与此相适应，宪法规定："中华人民共和国公民在法律上一律平等。"并对公民享有的权利和应尽的义务作了具体规定。

宪法确定的人民民主原则，使人民代表大会制成为我国的根本政治制度。它郑重地表明：凡属中华人民共和国的国家大事，都不是由一个人或少数几个人来决定，一切重大的问题都应当经过人民代表大会讨论，并作出决定——全国性的重大问题，经过全国人民代表大会讨论决定，在它闭会期间，经过它的常务委员会讨论决定；地方性的重大问题，经过地方人民代表大会讨论和决定。这就是说，各级人民代表大会，应该是唯一能够对于国家各级重大问题作出正式决定并直接监督其实施的国家权力机关。

中华人民共和国第一部宪法的颁布，是中国宪政史上的重要里程碑。它使建国初期草创的主要靠政策来规范群众性阶级斗争的革命法制，开始走向依靠法律保障经济建设和人民民主权利的轨道，使国家生活进入逐步地做到"有法可依、有法必依"的法制建设新阶段。正如周恩来在讨论1954年政法工作的主要任务时所说："过渡时期要实现社会主义工业化和社会主义改造，这就使得我国的经济本质发生变化，这就是一个革命。经济基础变了，上层建筑也就随着改变。我们的人民民主法制，也就要随着经济基础的变化、发展而变化发展。"①

根据宪法规定，全国人民代表大会为行使国家立法权的唯一机关。这种国家一级立法体制虽然比较单一，但在当时的条件下，主要是为着集中体现国家法律的严肃性，以示法律既经最高国家权力机关依照程序制定出来，就是国家意志的体现，具有权威的法律效力。根据宪法精神，全国人大一次会议通过了有关国家权力机关、行政机关和司法机关组织法等一批基本法，并在这个基础上制定并发布了另外一些重要法律法规文件，如兵役法、人民解放军军官服役条例、逮捕拘留条例、治安管理处罚条例等。

1955年全国人大二次会议授权人大常委会"依照宪法的精

---

① 《周恩来年谱（1949—1976）》上卷，中央文献出版社1997年版，第345页。

神，根据实际的需要，适时地制定部分性质的法律，即单行法规"，使立法体制具有了某种灵活性，以便根据形势的发展，及时制定有关各方面的法规。这一时期，全国人大常委会还进行了刑法、民法等基本法的起草工作。为了从司法程序上保证刑法将来的正确实施，着手起草刑事诉讼法，并为起草民法做了大量准备工作。这些工作，对于逐渐建立较完善的国家法制具有重要意义。建国初期废除旧法统之后许多工作感到"无法可依"的状况有了初步改善，这是我国法制初创期的良好的开端。

总之，人民代表大会制的实行，为国家的政治民主化进程确定了一种中国式的基本组织形式和总的民主程序。第一部宪法的公布实施，为全国人民展现了一条清晰、明确的通往社会主义的道路，调动了广大人民群众建设社会主义的积极性，有力地推动了社会主义各项事业的蓬勃发展。但是，要在地广人众、经济文化落后的社会条件下，切实保障人民行使当家作主的权利，尚须创造多样化的民主形式和程序；人民代表大会本身的组织结构、工作制度、代表素质等还有待改进和提高，以便更充分地发挥国家权力机关的职能作用。人民代表大会作为直接监督的主体，其监督标准、监督程序及实施细则等，有待于制度化、法律化。国家法制建设还有很长的路要走。这表明，健全和完善人民代表大会制度，提高国家的法治水平，在相当长时期内应该成为我国社会主义民主与社会主义法制建设的重要课题。

（三）执政党和国家领导体制的调整

在准备和召开第一届全国人民代表大会期间，中共中央经过慎重研究，对党和国家的领导制度进行了若干调整。首先是调整多层次的行政管理体制。1954年4月，中共中央政治局决定撤销大区一级行政机构，6月由中央人民政府下达决定予以执行。这项行政体制的调整，结束了建国初期由大行政区一级机构代表中央领导和监督地方政府的过渡状态，在进行有计划经济建设的新条件下，使中央直接领导省市，更切实地了解地方的情况，减少组织层次，提高工作效率，克服官僚主义，由此节省大批负责干部以加强中央，并适应各经济部门、厂矿企业对管理干部的迫切需要。大区行政机构的撤销，还有利于加强省市一级的领导能力和工作责任，提高地方政府的行政管理水平。

与国家大行政区的撤销相适应，中国共产党的中央派出机构也作了重大调整，自革命战争年代延续下来的六个中央局，即中共中央东北局、华北局、华东局、中南局、西南局、西北局也同时撤销。这项调整，加强了中共中央对省、自治区、直辖市党委的直接领导。

在调整中央、地方之间组织层次的基础上，1954年9月，结合召开全国人民代表大会和酝酿新的国家机构组成方案，党政领导体制又作了进一步的调整。

在执政党领导体制方面，适应党中央日益繁重的工作需要，建立中央秘书长会议制度。在过渡时期，中共中央书记处仍保持延安时期"五大书记"的格局（成员为毛泽东、刘少奇、周恩来、朱德、陈云），相当于中共八大以后的中央政治局常务委员会，而党中央日益繁杂的大量日常工作实际上难于兼顾。为此，决定在中央书记处下设立一个经常的秘书长工作会议，任命邓小平为中央秘书长（原各中央局的一些负责人分任副秘书长），负责协助中央政治局和书记处研究和处理有关方面的日常事务。1956年召开中国共产党第八次全国代表大会以后，设立中央总书记主持中央书记处会议的工作制度。中央秘书长会议制度随之取消。

国家行政体制的一项重大调整，是确定了国务院即中央人民政府的一级政府体制，改变了原来中央人民政府下辖政务院的两级政府的过渡状态。国务院作为最高国家行政机关，统一领导全国地方各级国家行政机关的工作。地方各级人民委员会即地方各级人民政府，作为国务院统一领导下的国家行政机关，都对本级人民代表大会和上一级国家行政机关负责并报告工作；地方各级人民政府所属各工作部门，都受该级人民委员会的统一领导，并受上一级人民委员会（直至国务院）主管部门领导。这种严格统一的行政领导关系，总的来说有利于减少行政层次，提高行政效率，加强国家行政工作的集中统一领导，是建立严密有效的行政管理体系所必需的。

按照国务院组织法，国务院实行由总理主持国务院全体会议和常务会议的工作制度，负责政府方面的日常领导工作；凡属国家的日常事务，均由国务院会议讨论和决定，并下达指示和命令，保证其执行。而政府工作的主要方针、主要政策和重大事项，须提到中共中央政治局（或书记处）讨论和决定。

根据宪法的规定，中华人民共和国设立国家主席。国家主席由全国人民代表大会选举。国家主席统率全国武装力量，担任国防委员会主席，同时担任最高国务会议主席。国家主席在认为有必要的时候，有权召开最高国务会议，并将该会议对于国家重大事务的意见提交全国人大及其常委会、国务院或其他有关部门讨论并作出决定。这表明，国家主席实际上是国家的最高代表，行使国家元首职权。当然，国家主席的大部分职权的行使，需根据全国人民代表大会及其常委会的决定，必须以集体决策为基础。从根本上说，国家主席任何时候都不具有超越全国人民代表大会之上的特殊权力。

在国家军事领导体制方面，一届全国人大组成的中央国家机构中，撤销了人民革命军事委员会的设置，改设不具有国家军事统辖职能的带有统一战线性质的国防委员会。中共中央决定，在中央政治局和书记处下成立中央军事委员会，来担负国家军事工作的领导。这体现了自中国人民解放军建军以来党对军队实行绝对领导的原则。

上述党和国家领导体制的调整，进一步加强了执政党对政府工作、中央对地方工作的集中统一领导，对实现党和国家在过渡时期的总任务，对顺利完成第一个五年计划的重点建设和其他各方面的工作任务，起了重要保证作用。

大规模经济建设开始后，国家工作的分工日益细密，各部门的组织机构日益增多，干部队伍迅速扩大，而且大多数干部需要在专业工作中相对稳定下来，不再像过去那样频繁地调动。在新的情况下，单靠党的组织部门来管理包括党政军民学、工交商贸农等门类复杂、为数众多的干部，这样的工作方式已不能完全适应形势发展的需要。为此，中共中央于1953年11月发出《关于加强干部管理工作的决定》，提出改变现行的干部管理办法，逐步建立在中央及各级党委统一领导下，在中央及各级党委的组织部统一管理下的分部分级管理干部的制度。

分部管理，就是根据党管干部的原则，按照工作的需要，将所有干部划分为军队、文化教育、计划工业、财政贸易、交通运输、农林水利、统一战线、政治法律、党派和群众团体及其他等九类。除军队干部仍由军委有关部门负责管理外，其余八类分别由中央及各级党委相应的工作部门负责管理。为此，需要在中央及各级党委原有的组织部、宣传部、统战部的基础上，逐步增设工交、财贸、文教，政法等新的工作部门，以分门别类地管理上述各方面的干部。这是采用苏联的办法，实行党与政府对口设部的开端。

分级管理，基本上是仿照苏联建立干部职务名单表的做法，在中央和地方各级党委之间建立分工管理各级干部的制度，即所有干部都按职级开列干部职务名称表，凡属担负全国各个方面重要职务的干部，均由中央负责管理，其他干部则分别由中央局（分局）、省、市及以下各级地方党委分工管理。

逐步建立分部分级管理干部的制度，是中国共产党根据大规模经济建设开始后新形势变化，对革命战争时期沿用下来的干部管理办法的一次重要改革，其目的在于适应形势发展的需要，深入全面地考察了解干部的政治品质和业务能力，并以此为依据来挑选和提拔干部。1954年至1955年，分部分级管理干部的制度在我国逐步建立起来，由此我国干部人事管理体制基本确定下来。

关于国营企业的领导制度，几年来进行了许多探索，其间历经变化。新中国成立之初，根据各地区不同的工作基础、干部条件，曾分别实行党委领导制和厂长负责制。东北老工业基地在全国最早实行厂长负责制，按苏联的习惯称为"一长制"。1953年开始大规模经济建设时，全国大多数国营企业的生产经营都有较大发展和进步。企业内部的民主改革已经完成，在生产改革中又学习了社会主义企业管理的经验，建立了一些新的管理组织和制度，培养了一批新的管理人员和技术人员，一般厂矿基本由党员干部担任厂长。另一方面，鉴于有的地方实行集体领导制，不少企业发生无人负责、工作秩序混乱和职责不明的现象，1953年9月下发的《中共中央关于国营厂矿加强计划管理和健全责任制的指示》提出，要在企业中"建立和健全各种责任制度，特别是厂长负责制和生产调度的责任制"。1954年各地区陆续实行厂长负责制，成为"一长制占优势"的一年。

厂长负责制在推行中遇到两方面的问题：一是许多企业的党组织习惯于党委集体领导的方式，不善于把政治工作同经济工作很好地结合起来，往往包办代替行政工作，使厂长处于有职无权的地位。二是由于对厂长与党委的职权范围缺乏明细的规定，企业中民主管理的组织制度未相应地健全起来，某些企业的行政负责人有忽视党和群众的监督的倾向，一些重大问题不经管理委员会讨论即由个人决定。这些问题对厂长负责制的推行产生消极影响，需要妥善解决。

1955 年 4 月，中共中央委托中央书记处第三（工业）办公室对企业领导制度问题集中进行了几个月的调查研究，在行政领导与党委职权的划分及两者的关系上，各地党委和各工业主管部门之间争论不决，未能取得一致认识。10 月，中央转发三办《关于厂矿领导问题座谈会的报告》，并在批语中肯定了建立严格的一长制为确立有效的经济秩序和工作秩序所必需，要求企业中的党组织"必须把确立一长制作为自己的一个基本的政治任务"，同时提倡要重视行政与党委互相商量、重大问题一般提交党委讨论的经验。

1956 年 2 月，有关改进国营企业领导的问题提交中共中央政治局研究决定。中央政治局的同志大都不赞成一长制，认为还是要在党委领导下实行分工负责。毛泽东听取了几十个经济部门的工作汇报后，在 4 月 28 日中央政治局扩大会议上说，一长制是不能再实行了。中央经过反复研究认为，集体领导与个人负责，两者缺一都完成不好生产任务；企业的生产运行不要个人负责是危险的，但集体领导基础上的个人负责制，是更好的个人负责制。严格执行厂长命令是对的，但有集体领导比没有要好。1956年 9 月，中共八大正式确定国营企业的领导制度实行党委领导下的厂长负责制，并一直延续到改革开放以后的 20 世纪 80 年代。

过渡时期党政领导体制的上述一系列调整，使中共中央及各级党委进一步加强了对政府部门和地方工作的集中统一领导，基本上形成执政党在国家生活中的一元化领导格局。在党的一元化领导方式下，党中央及各级党委对政府、对财经工作、对工业建设的领导关系和领导责任是：第一，一切主要的和重要的方针、政策、计划都必须统一由党中央规定，并由中央制定党的决议、指示，或对各有关机关负责人及党组的建议予以审查批准；各级党委则应坚决保证党中央及中央人民政府一切决议、指示和法令的执行，并于不抵触中央决议、指示和法令的范围内，制定自己的决议或指示，保证中央和上级所给任务的完成；第二，检查党的决议和指示的执行情况①。这种领导体制，在基本方面沿用了过去革命战争年代共产党一元化领导方式，成为中华人民共和国党政领导制度的一个重要特征。

二、过渡时期的统一战线工作

（一）发挥人民政协在国家生活中的作用

在向社会主义过渡的时期，如何处理同民族资产阶级的关系，成为在新的情况下必须慎重对待的一个新问题。中华人民共和国成立后，中国共产党在以工人阶级为领导的工农联盟的基础上，保持了同民族资产阶级的联盟。关于这项政策和策略的基本出发点，周恩来在 1952 年 6 月中共中央统战部召开的全国统战部长会议上说："中国的经济是落后的，要实现工业国有化和农业集体化，还需要一个相当长的时间，还需要动员各方面的力量。要发挥资产阶级的积极性，让它发展有利于国计民生的经济事业，使我们的经济能更快地发展。所以，我们和资产阶级的联合，不仅政治上有可能，经济上也有需要。""只有明确为社会主义而奋斗，我们才能恰当地解决资产阶级问题，这是现在国内生活中的一个重要问题。"②

1954 年制定的中华人民共和国宪法确认国家在过渡时期的总任务之一，是要逐步实现对资本主义工商业的社会主义改造，把生产资料的资本家私有制改变为社会主义公有制，最终在中国消

---

① 参见《毛泽东文集》第 6 卷，人民出版社 1999 年版，第 252 页。
② 《周恩来统一战线文选》，人民出版社 1984 年版，第 225 页。

灭资本主义剥削制度。这个历史性的转变，使共产党内一些干部发生某种误解，以为不再需要同资产阶级团结合作了，把人民民主统一战线看作包袱，主张干脆取消、丢掉。针对这种模糊认识，1953 年 7 月 16 日中共中央政治局会议进行了讨论。毛泽东在会上指出：当作包袱，干脆取消是不对的，是应该批判的，首先要肯定民主党派、各种上层人物、知识分子和宗教界人士是可以改造的，我们是为了工人阶级自己的利益，而来改造资产阶级的，工人阶级不解放全人类就不能最后地解放自己。由此，毛泽东明确提出在过渡时期存在着两个阶级联盟的思想，他指出："我们有两个联盟、两种合作，一种是工人阶级和农民的联盟，就是劳动人民的联盟；一种是工人阶级和剥削者的联盟，跟资产阶级的联盟。头一个联盟为后一个联盟的基础，没有头一个联盟，我们就没有力量。必须有这个联盟，才有力量去联合那些可以合作的剥削者，他们才会来同我们合作。"[1]

中央政治局会议肯定了在过渡时期，工人阶级除主要依靠和加强工农联盟及其他劳动人民的联盟以外，还将同民族资产阶级继续保持经济上、政治上的联盟，直到资产阶级作为中国最后一个剥削阶级归于消灭。这绝不是为着保存资产阶级，而是为了工人阶级和劳动人民的利益和解放，为了实现国家工业化，为了比较顺利地过渡到社会主义，这就是过渡时期执政党的统一战线工作的立场。

根据中央的精神，1953 年全国统战工作会议认为，人民代表大会制度的实行，决不意味着要削弱统一战线，而是更应使之巩固和加强。在对民主人士的安排上，对于凡是已经同我们合作的，仍应根据具体情况，用各种方式从各个方面分别予以适当安

---

[1]　参见《历次全国统战工作会议概况和文献》，档案出版社 1988 年版，第 127 页。

排。对各方面新的代表人物和在工作上有特殊贡献者，应适当提拔。凡有民主人士的地方，自县市以上各级人民代表大会、人民政府、统一战线组织、部分人民团体和其他组织，都要注意做好民主人士的安排工作。为了在实行人民代表大会制时，真正做到各民族、各民主党派、各阶级的代表人物都有份，中央统战部在1953年7月制定了《关于实行人民代表大会制时安排民主人士的意见》和《关于人民代表大会制实行后统一战线组织问题的意见》；1954年1月制定了《关于县、市以上地方各级人民代表大会制实行时安排民主人士和人民代表大会制实行后人民民主统一战线组织问题的补充意见》。这些文件经中央批准，转发各地执行。

第一届全国人大召开和《中华人民共和国宪法》颁布后，我国的人民民主统一战线即从建国初的新民主主义政治基础上，逐步转到社会主义的政治基础之上。根据宪法的原则和两个联盟的政策思想，在我国已全面开展社会主义改造的新的形势下，工人阶级在工农联盟的基础上，仍需保持同民族资产阶级在经济上、政治上的联盟关系，在工人阶级领导的国家政权中，仍需吸收一定数量的民主人士参加对国家事务的管理。这些政策精神，在全国人民代表大会通过的国家机构的组成中基本得到体现。在第一届全国人大常务委员会的79位常务委员当中，共产党员40人，非中共人士39人；在13位人大常委会副委员长当中，共产党员5人，非中共人士8人；在新组建的国务院35个部、委的部长、主任当中，共产党员22人，非中共人士13人，占1/3。在向社会主义的过渡时期坚持和发展人民民主统一战线，并不取决于任何党派或个人的主观意志，而是由中国特定的历史条件以及社会主义建设和改造的现实要求所决定的。

第一届全国人大闭幕后，全国政协第二届会议即开始筹备。经各民主党派、人民团体研究协商，一致同意中共中央的建议，即：二届政协的组织形式，由一届政协的全体会议、全国委员会、常务委员会三个层次，改变为全国委员会和常务委员会两个层次，但要适当扩大全国委员会的委员名额；地区和军队由于已选出代表参加全国人大，今后不再参加人民政协；不再制定新的共同纲领，以原组织法为基础，另行起草人民政协章程。经政协常委会多次讨论，决定政协第二届全国委员会由11个党派、8个人民团体、9个界别单位和一部分特邀人士组成。

在筹备二届政协会议期间，各民主党派对人民政协章程草案作了多次协商讨论，争论比较集中的是关于人民政协的性质、地位和作用问题。一些人对全国人大召开以后，政协是否还有存在的必要抱有怀疑；一些人对政协性质的改变表现出疑虑和不满，感到从此政协成了"清谈馆"，不会再有多大作用；一些人担心宪法上没有规定人民政协的地位，政协以后如何开展工作没有法律依据；有一些人则认为政协应该具有一定的权力，要求把政协同人大并重。

为统一各方面人士的思想，在政协二届一次会议开幕前，1954年12月19日，毛泽东召集参加政协会议的部分党内外人士座谈，对政协的性质和任务谈了他的意见：第一，关于政协存在的必要性。人民代表大会是权力机关，有了人大，并不妨碍我们成立政协进行政治协商。各党派、各民族、各团体的领导人物一起来协商新中国的大事非常重要。宪法草案就是经过协商讨论使得它更为完备的。人大的代表性当然很大，但它不能包括所有的方面，所以政协仍有存在的必要。第二，关于政协的性质。政协不能搞成国家机关，因为人大和国务院是国家权力机关和国家管理机关，如果把政协也搞成国家机关，那就成为二元了，这样就重复了，分散了，民主集中制就讲不通了。政协不仅是人民团体，而且是各党派的协商机关，是党派性的机关。第三，关于政协的任务。一是协商国际问题，如对外发表宣言，反对侵略，保卫和平等；二是协商候选名单；三是提意见；四是调整关系，国家生活存在各种关系，政协主要是调整资本主义工商业社会主义改造中的公私关系；五是学习，即学习马列主义。

毛泽东强调说：为了实现国家工业化和社会主义改造，一定要运用统一战线的武器。我们自己要有主张，但一定要和人家协商，不要把自己孤立起来，要发挥各民主阶级各人民团体的作用。工农联盟是我们国家的基础，但还要懂得去运用在此基础上的广泛的与非劳动人民的联盟——人民民主统一战线。这样动员起来的力量就会更多了。毛泽东的意见为大家所接受。各民主党派对实行人民代表大会制后，继续坚持和发展共产党领导的多党合作和政治协商制度，取得了共识。

1954 年 12 月 21 日至 25 日，中国人民政治协商会议第二届全国委员会第一次会议在北京举行。参加会议的全国委员会委员，由一届政协时的 180 名扩大到 559 名。其中，共产党员的比例占 26.8%，党外民主人士的比例达 73.2%。周恩来作政治报告，陈叔通作一届政协工作报告，章伯钧对《中国人民政治协商会议章程》草案作了说明。关于政协的性质和任务，《章程》在总纲部分指出，中国人民政治协商会议全体会议代行全国人民代表大会职权的任务已经结束，但是它作为人民民主统一战线的组织在我国政治生活中仍将发挥重大的作用。今后中国人民政治协商会议的性质是"团结全国各民族、各民主阶级、各民主党派、各人民团体、国外华侨和其他爱国民主人士的人民民主统一战线的组织"。它的基本任务是在中国共产党领导下，继续通过各民主党派、各人民团体的团结，更广泛地团结全国各族人民，为贯彻宪法的实施，建设一个伟大的社会主义国家而奋斗。

周恩来在报告中根据政协章程总纲的规定，把今后政协的任务归纳为五点：第一，协商国际问题。第二，对全国人民代表大会代表和地方同级人民代表大会代表的候选人名单，以及中国人民政治协商会议各级组织组成人员的人选进行协商。第三，协助国家机关，推动社会力量，解决社会生活中各阶级间相互关系问题，并联系人民群众，向国家有关机关反映群众的意见和提出建议。第四，协商和处理政协内部和党派团体之间的合作问题。第五，在自愿的基础上，学习马克思列宁主义和努力进行思想改造。他相信，根据上述五大任务，中国人民政治协商会议在完成国家过渡时期总任务和反对内外敌人的斗争中，即在完成社会主义改造的任务和解放台湾、保卫和平的斗争中，将要继续发挥它的作用。

会议通过了关于第一届全国委员会工作报告的决议、中国人民政治协商会议章程和中国人民政治协商会议宣言。推举毛泽东为第二届全国政协名誉主席，选举周恩来为主席，宋庆龄等 15 人为副主席，王芸生等 65 人为常务委员。全国政协二届一次会议，在人民政协发展史上有着特殊的意义。它解决了全国人民代表大会召开后人民政协的性质、地位、作用和任务的问题；解决了政协与人大、政府机关之间相互配合的关系问题；解决了加强统一战线、人民政协工作的必要性和重要性的问题，为长期坚持共产党领导的多党合作和政治协商制度，奠定了思想基础、政治基础和组织基础。

（二）民族工作新任务和民族关系的调整

在过渡时期国内政治关系的调整中，民族关系问题是一个重要的方面。中华人民共和国成立以来，党和政府在解决民族问题方面所获得的成就是显著的，有了一个良好的开端。很多地区执行中央的民族政策基本上是正确的，沟通了同少数民族人民之间的关系，取得了少数民族劳动人民包括一部分上层人物对党和政府的信任，使他们相信党的民族政策对其本民族的发展是有利的，历史上长期形成的民族间的隔阂正在逐步消除。这就为以后做好少数民族工作打下了很好的基础。

从另一方面看，在执行民族政策中也发生过一些错误和问题，某些地区因为未按照中央的民族政策办事，所犯的错误是严重的。对于实行民族区域自治制度，也有一些思想障碍。一些地区的汉族干部存在种种疑惑和顾虑，比方说，现在民族压迫已经取消，民族平等已经实行，还要实行民族区域自治吗？这样会不会助长狭隘民族主义？会不会妨碍自治区政治、经济、文化事业的发展？少数民族中有些人也存在某些误解，如有人认为区域自治是独立自主，不要上级人民政府的领导；有人认为自治区只要自治，不要民主；有人认为既然是自治区，就不要汉人；也有人担心实行区域自治后，现在热忱地帮助他们工作的汉族干部就会走了。克服这些妨碍区域自治政策推行的思想，需要加强对党和政府的民族政策的学习，进行民族政策执行情况的检查，逐步地加以消除。

1952年8月9日中央人民政府公布《中华人民共和国民族区域自治实施纲要》，政务院公布《关于地方民族民主联合政府实施办法的决定》和《关于保障一切散居的少数民族成分享有民族平等权利的决定》后，政务院于8月18日发出《关于学习民族政策的通知》指出，这三个文件是根据少数民族分布情况、共同纲领的民族政策和将近三年来各地民族工作的经验制定的。为了正确执行这三个具有历史意义的文件中的各项规定，进一步巩固和发展我国各民族的团结合作，需要在各有关地区开展一个民族政策的学习运动。中共中央转发了政务院的这个通知，请各有关单位的党委注意领导这次学习，并将学习中的问题报告中央。

随后，中共中央于9月16日批转了西北局报送的甘肃定西地委关于靖远县回汉杂居乡民族政策执行情况的检查报告和甘肃省委的批示。毛泽东看到后，认为不应限于西北地区，而应在全国检查民族政策的执行情况。他在中央批转的电报稿上加写了一段话："希望西北西南中南每个有少数民族聚居或杂居地区的县及地委都和甘肃靖远县委和定西地委一样，于切实检查所属区乡的工作情况后，向中央写一个报告。"后来，中央又在有关批语中指示，即使在少数民族较少或很少的地区，也都必须进行民族政策执行情况的检查。根据党中央、毛泽东的指示，大部分有关县委、地委、省委、自治区党委都认真进行了此项检查。

各有关地区在民族政策执行情况的检查中，发现不少缺点和错误。如中央民族委员会副主任张执一率团对河南少数民族的情况进行调查访问，各方面都反映民族关系紧张。回汉民族的隔阂，突出表现在当地干部不尊重宗教信仰自由及回民的生活习惯，如清真寺的土地被分掉，甚至不少清真寺被占用；拨给少数民族的文教卫生专款多未专用等。回民群众对民族的前途仍有顾虑，民族感和被同化的疑虑很强烈。这些问题引起中央的关注。1953 年 3 月 16 日，中共中央发出《中央关于批判大汉族主义思想的指示》。

毛泽东在代中央起草的指示中指出："有些地方民族关系很不正常。此种情形，对于共产党人说来，是不能容忍的，必须深刻批评我们党内在很多党员和干部中存在着的严重的大汉族主义思想，即地主阶级和资产阶级在民族关系上表现出来的反动思想，即是国民党思想，必须立刻着手改正这一方面的错误。凡有少数民族存在的地方，都要派出懂民族政策、对于仍然被歧视受痛苦的少数民族同胞怀抱着满腔同情心的同志，率领访问团，前往访问，认真调查研究，帮助当地党政组织发现问题和解决问题，而不是走马看花的访问。根据不少材料看来，中央认为凡有少数民族存在的地方，大都存在着尚未解决的问题，有些是很严重的问题。表面上看来平静无事，实际上问题很严重。二三年来在各地所发现的问题，都证明大汉族主义几乎到处存在。如果我们现在不抓紧时机进行教育，坚决克服党内和人民中的大汉族主义，那是很危险的。"① 中央要求对于在许多地方的党内和人民中，在民族关系上存在的严重的大汉族主义的问题，必须进行认真的教育，以期一步一步地解决这个问题，并在报纸上根据事实，多写文章，进行公开的批判，教育党员和人民。

1953 年上半年，中央收到各地党委关于民族政策执行情况检查的报告已达 190 余份，由中央统战部综合起来，并在这个基础上，写出关于在若干省、自治区执行民族政策情况的检查总结。1953 年 6 月 25 日至 7 月 22 日，中央统战部召开第四次全国统战工作会议，对这个文件进行讨论。这时，党在过渡时期的总路线刚刚提出，新的总任务迫切地摆在面前，党中央和毛泽东非常重视这次统战工作会议。7 月 16 日，中央政治局会议专门讨论了统战工作，包括民族问题。

毛泽东在会上说：关于民族工作的这个文件，题目应改为《关于过去几年内党在少数民族中进行工作的主要经验总结》。这个文件很好，讲清了一些思想问题和策略问题，对干部有帮助。这个文件是纲领，又是策略。策略就是政策，它是根据群众在各个时期不同的觉悟程度规定出不同的政策，采取一些步骤，逐步提高群众的觉悟程度来达到战略的目的。

在谈到少数民族干部有职有权问题时，毛泽东说，要对汉族干部专门讲一讲这个问题，使他们不要包办代替、搞大民族主义，要让少数民族干部有职有权。在谈到一部分没有进行社会改革的区域的改革方针问题时，毛泽东说，这些地区的改革方针，将来要采取法令形式，不是自下而上发动群众进行斗争，而是由政府宣布法令进行改革，采取自上而下的和平的方法逐步进行改

---

① 《毛泽东文集》第 6 卷，人民出版社 1999 年版，第 269 页。

革。这是一种比较巧妙、比较温和的特殊形式的阶级斗争。①

　　根据毛泽东等中央领导的意见，中央统战部进一步修改了《关于过去几年内党在少数民族中进行工作的主要经验总结》，全国统战工作会议讨论通过了这个文件，明确了党在过渡时期在民族工作方面的任务和各项具体政策。经最后审定，中共中央于1954年10月24日正式批发了这个文件，并在批语中指出：这个文件系统地总结了过去几年内党在少数民族中进行工作的主要经验，正确地阐明了过渡时期党在民族问题方面的任务和政策，中央认为是正确的。要求各中央局、分局、省市委认真研究，并依据各有关地区的不同情况，加以执行。

　　在总结过去几年民族工作的主要经验的基础上，特别是把民族工作与党在过渡时期的总路线、总任务联系起来，中央确定过渡时期党在民族问题方面的任务是："巩固祖国的统一和各民族的团结，共同来建设伟大祖国的大家庭；在统一的祖国大家庭内，保障各民族在一切权利方面的平等，实行民族区域自治，在祖国的共同事业的发展中，与祖国的建设密切配合起来，逐步地发展各民族的政治、经济、文化（其中包含稳步的和必要的社会改革在内），消灭历史上遗留下来的各民族间事实上的不平等，使落后的民族得以跻于先进民族的行列，过渡到社会主义社会。"②

　　关于我国存在着各民族间事实上的不平等，党内一些同志曾有疑问。中央认为，虽然民族区域自治已经普遍推行，民族平等权利已在各方面实现，但还不等于根本地解决了民族问题。民族

① 参见《历次全国统战工作会议概况和文献》，档案出版社1988年版，第127—128页。
② 《建国以来重要文献选编》第5册，中央文献出版社1993年版，第650—651页。

问题的根本解决，有待于改变历史上遗留下来的各少数民族在政治上、经济上和文化上的落后状态。这种落后状态，使各少数民族在享受平等权利时，不能不在事实上受到很大的限制。这就是"各民族间事实上的不平等"。要改变这个状态，是一个需要长期努力才能解决的问题，只能逐步地前进，不可要求过高过急。必须有计划有步骤地在政治、经济、文教卫生、培养革命干部、帮助尚无文字的民族创立文字等方面，适合民族情况和迫切要求，做出一定的具体成绩。应把帮助少数民族发展生产的工作提到更高的位置，务使少数民族的农牧业生产逐步发展起来。同时在有条件的地区，应尽可能地发展交通运输业和地方工业。

在向社会主义过渡的时期，实行民族区域自治，仍然是解决中国民族问题的基本政策。事实上，实行这项政策，已经改变了实现区域自治的民族和中央的关系，并开始改变着自治区内政治、经济，文化的面貌，这是过去任何时代所未曾有过的。如果不这样做，就不能建立和巩固中央和边疆各民族间的关系和联系，不能建立各民族间的互相信任，实现聚居的少数民族在各方面的权利，也就无法用事实来说服或驳斥民族分裂主义倾向和打击帝国主义的分裂阴谋。

当国家大规模的经济建设还在开始，社会主义工业化的基础还没有奠定的时候，国家即使不可能有很大的力量来帮助少数民族在经济、文化事业方面迅速地发展，但是根据少数民族目前的情况和条件，在政治、经济、文化方面帮助他们举办若干建设工作，特别是尽可能帮助他们改进农业和畜牧业等生产，逐步地适当地改善少数民族人民的生活，则是能够做得到的、应该做到的。

对少数民族地区的社会改革，仍须坚持慎重稳进的工作方针。但这并不意味着不准备去帮助少数民族人民进行社会改革，也不意味着要勉强去推迟社会改革。过去几年，在社会经济结构和汉族地区相同或大体相同的少数民族地区，已经完成或开始进行土地改革，尚未进行改革的民族地区社会经济发展更为落后。因此，对于这些地区的社会改革，中央考虑不再采取激烈的阶级斗争方法，而采用比较和平的方法即经过曲折迂回的步骤和更为温和的办法去进行社会改革，以便十分稳妥地推动这些地区向前发展。

我国的少数民族大都信仰宗教，其中，伊斯兰教和佛教在许多少数民族中有广泛和更深入的信仰，成为几乎是全体信奉的宗教。宗教问题不仅是个人信仰问题，而且是整个民族问题不可分离的一个重要部分。因此，对待宗教信仰问题，必须长期地采取十分谨慎的态度，坚决执行信教自由的政策，切忌任何用行政命令办法干涉宗教的错误做法。共产党人是无神论者，是唯物主义者，他们是不信仰宗教的，但是共产党如何使劳动群众也不信仰宗教的办法，不是用行政命令去干涉，而主要的是依靠政治、经济、文化教育事业的发展和社会改革的实践，自然地、间接地、迂回曲折地去逐步削弱宗教影响，任何简单急躁的做法都是错误的。

为纠正一部分汉族干部中存在的大汉族主义、主观主义与命令主义的思想作风，中央严格规定，凡有少数民族的地区，各级党、政机关在进行带全局性的工作部署和颁发带全局性的决定或法令时，均应根据各少数民族的不同情况，在政策及工作方法上作必要的或适当的交代，其未作交代者，各少数民族地区一律不得机械执行。

按照中央批发的《关于过去几年内党在少数民族中进行工作的主要经验总结》，我国在向社会主义过渡时期的民族工作进入一个发展新阶段。

为保障少数民族人民的民主权利，1953年中央人民政府委员会通过的《选举法》规定，全国人民代表大会的少数民族代表名额为150人，以各少数民族的人口和分布情况为依据来具体分配名额。如有少数民族选民当选为全国人民代表大会的少数民族代表者，不计入 150 人名额之内。依照上述规定，各少数民族有相当数量的代表出席全国人民代表大会。在一届全国人大的 1226 位代表中，少数民族代表有 177 人，约占代表总数的 14.44%。其中，有 150 人是按《选举法》规定具体指定的，另有 27 人为各省、市选举产生。这样，使少数民族的平等权利得到了切实的尊重和保障。

1954 年《中华人民共和国宪法》正式确立民族区域自治为我国的一项基本制度，并根据多年的实践，把自治地方划为自治区、自治州、自治县三级。县以下可设民族乡。按照宪法的规定，国务院发布指示，将过去各地建立的民族民主联合政府，依照不同情况和条件，逐步改建为自治州、自治县或民族乡，改建工作至 1956 年完成。

在少数民族聚居区较大、聚居人口较多的维吾尔、壮、回、藏等地区，建立省一级自治地方的工作加紧进行。1955 年 10 月 1 日，新疆维吾尔自治区宣告成立。西藏于 1956 年 4 月成立了自治区筹备委员会。经过较长时间的酝酿、协商，1958 年 3 月和 10 月，广西壮族自治区和宁夏回族自治区相继成立。到 1958 年年底，在全国 15 个省、自治区已建立民族自治地方 87 个。连同最早成立的内蒙古自治区，共有 4 个省级自治区、29 个自治州、54 个自治县（旗），包括 35 个民族。实行自治的少数民族人口，已占全国有条件建立自治地方的少数民族人口的绝大多数。同时，除西藏以外的民族地区，都根据各地区的具体情况采取适当的方法实行了土地改革和民主改革，人民的经济生活和文化生活得到了一定的改善。随着 1959 年西藏实行民主改革，解放百万农奴，取得促进藏区经济、社会发展的显著成就，1965 年 9 月，西藏自治区宣告成立。

我国发展国民经济的第一个五年计划，体现了各民族人民长远的最高利益。在五年计划中，不少重大的建设工程，如包头的钢铁企业、新疆的有色金属工业和石油工业等，都分布在少数民族地区。五年计划确定新建的八条铁路干线中，有五条在少数民族地区或直接与少数民族地区相连接，如兰新铁路、集二铁路等。修建的重点公路，相当大部分在西南少数民族地区和边疆地区，如青藏公路、康藏公路等。这些铁路和公路的修建，大大改变了少数民族地区交通闭塞的状况，增进各地区的物资交流和各民族之间的往来，并为以后经济文化的发展创造有利条件。当地各族人民也尽一切努力，来支援这些功在当代、利在千秋的建设事业。

在党和政府确定的民族工作新任务和一整套方针政策的指导下，我国的民族和宗教工作在整个过渡时期进行得比较稳妥，在社会主义改造工作中，基本上正确地贯彻了党的民族政策，从各民族的地区特点和民族特点出发，循序渐进地引导各族农民、牧民、手工业者逐步走上合作化道路，私营工商业者加入公私合营。1956 年至 1958 年，全国少数民族地区（除西藏外）陆续基本完成社会主义改造，没有出现大的社会震动。西藏由于情况特殊，于 1961 年完成社会改革。

总的来看，中国共产党从统一多民族国家的实际情况出发，领导全国各族人民铲除了旧中国深重的社会灾难和阶级压迫、民族压迫由以产生的阶级根源和社会根源，使各族人民获得了根本的社会解放，尤其是带领有些少数民族跨越了多个社会历史的发展阶段，和全国各民族人民共同逐步地过渡到社会主义。这就为整个中华民族的团结合作与共同进步展现了光明的前途。

三、文化教育科学事业的发展

（一）迎接文化建设高潮的到来

随着大规模经济建设的展开，我国文化、教育、科学、卫生等事业都适应国家建设的新形势，加快了前进的步伐。文化等方面的各项建设，着重于提高我国人民的文化科学素质，促进社会生活中社会主义因素的增长，更好地服务于整个国家的建设和发展。

文学艺术事业是与整个国家建设事业不可分离的一个组成部分。中华人民共和国成立后，文艺工作和文化事业获得了很大发展。新的人民的文学艺术已基本上代替了旧的、腐朽的、落后的封建的和资产阶级的文学艺术。文学家、艺术家努力在自己的创作中表现人民革命斗争及新生活建设，塑造工农兵的形象，表现他们新的面貌和新的品质。歌颂伟大祖国和保卫世界和平的主题，在文艺作品中得到了鲜明的表现。文艺工作者与人民群众进一步相结合，使各种文艺形式的创作获得丰富的源泉。从另一面看，由于革命胜利的新现实是过去时代所未曾遇到的，文艺家需要观察、适应和提高认识，而文艺工作领导上又存在着某些问题，这使得文学艺术的发展同整个国家的事业相比，同人民的需要相比，还是有很大的差距。当国家正进入大规模经济建设和社会主义改造时期，整个文学艺术事业实际上面临着创建社会主义先进文化的历史任务，这就需要适应新的形势作出相应的部署。

在这样的背景下，1953 年 9 月 23 日至 10 月 6 日，中国文学艺术工作者第二次代表大会在北京中南海怀仁堂举行。出席大会的有 560 位代表，广泛地代表了全国各地的文学、戏剧、电影、音乐、美术、舞蹈、曲艺等各方面的文艺工作者。全国文联主席郭沫若在开幕词中指出：大会的中心任务是总结四年来的工作经验，进一步发展文学艺术的创作事业，鼓励作家和艺术家创造出更多更好的作品，加强文学艺术界更紧密的团结，健全文艺工作者的组织，改进文艺工作的领导，使文学艺术创作能够蓬蓬勃勃地发展起来。政务院总理周恩来莅会作政治报告，阐述了过渡时期总路线问题，目前执行总路线面临的国内外情况和为总路线而奋斗的文艺工作者的任务。

全国文联副主席周扬作题为《为创造更多的优秀的文学艺术作品而奋斗》的主题报告。报告概述了第一次文代会以后全国文学艺术工作的情况，肯定了文学家、艺术家所创造的一切优秀的艺术作品都迅速地为广大群众所接受，成为他们共同的精神食粮；同时群众又通过多样的活动方式积极地参加了艺术创造的事业。所有这些，都使人民的文化生活得到改善和丰富，并使文学艺术和人民群众有了更进一步的密切联系。报告肯定了1951年对电影《武训传》的批判，同时批评了文艺工作的领导上所表现的某些粗暴态度，如用简单的行政方式领导创作等现象，提出文学艺术工作的中心任务是进一步发展文学艺术创作，并在现在的基础上沿着社会主义现实主义方向逐步提高。报告还提出系统地整理和研究民族文学艺术遗产，同时必须向外国的先进经验学习，努力创造新的民族风格和进一步加强普及工作等任务。

第二次文代会提出，社会主义现实主义是整个文艺创作和批评的基本准则。五四新文化运动30多年来，中国文化的主导思想就是社会主义现实主义，这是文学艺术的方向。社会主义现实主义不但不束缚作家在选择题材、表现形式和个人风格上的完全自由，而且正是最大限度地保证这种自由，借以发挥作家的创造性和积极性。毛泽东为戏曲活动指示的"百花齐放"原则，应当成为整个文学艺术事业发展的方针。为此，一方面必须对资产阶级思想的各种表现继续进行斗争；另一方面必须反对文艺创作上的概念化、公式化，以及文艺工作的某些领导者把艺术服从政治的关系简单化、庸俗化的思想。应当更多地依靠作家、艺术家自己的团体来组织他们的创作，发动创作上的自由竞赛，开展批评和自我批评，用正确的社会舆论来推动和指导创作，产生出无愧于伟大时代的作品。

这次文代会，是在国家进入大规模有计划的经济建设时期举行的。新的历史时期要求文学艺术工作者用自己的创作积极地参加国家建设，更多地创造有正确思想内容的优秀文学艺术作品，以社会主义的精神教育、鼓舞广大人民为逐步地实现国家工业化和过渡到社会主义社会而奋斗。大会号召全国文学艺术工作者，在中国共产党领导下，掌握为工农兵服务的方向，深入实际生活，提高艺术修养，努力艺术实践，用艺术的武器来参加逐步实现社会主义工业化的伟大斗争。

在为总路线而奋斗的文化动员之中，1953 年 9 月中共文化部党组向中央报送了《关于文化艺术工作状况和今后改进意见的报告》。1954 年 1 月，中共中央批准了文化部党组的报告，并就加强和改进党对文化艺术工作的领导作了批示，指出：随着我国经济的恢复和发展，人民群众的文化要求已在不断增长，今后通过文学艺术形式向群众进行爱国主义与社会主义教育的任务，将日益重要。文化工作的首要任务是积极地发展适合群众需要的新的文学艺术和电影的创作，同时对民间原有各种艺术和文化娱乐形式应广泛地、正确地加以发掘、利用、改革和发展。由于文化事业所包括的范围和联系的群众十分广泛，中央要求必须加强文化事业发展的计划性，克服盲目性，并加强对每一事业的管理。各级党委宣传部和政府文化主管部门应抓紧对文艺创作（包括文学、戏剧、电影、美术、音乐等）的领导，引导作家按照为工农兵服务的政治方向和社会主义现实主义的创作原则前进；同时克服在领导创作上的简单行政方式和粗暴态度。①

第二次文代会对繁荣和发展我国文艺事业产生了积极的影响。在毛泽东题词"百花齐放，推陈出新"方针的指引下，文艺工作与国家建设、人民群众现实生活的联系明显加强，大批作家

---

① 参见《建国以来重要文献选编》第 5 册，中央文献出版社 1993 年版，第 18—21 页。

以更大的主动性深入工矿农村、体验生活，涌现出一批在思想性和艺术性、在反映生活的深度和广度上都很有生气的优秀作品，文艺创作活动呈现出欣欣向荣的景象。

文化部继 1952 年举办第一届全国戏曲观摩演出大会后，1953 年举办了全国第一届民间音乐舞蹈会演。1954 年华东地区举办了有 35 个剧种 158 个剧目参加的戏曲观摩演出大会。1956 年举办的第一届全国话剧观摩演出会，全国 41 个话剧团体，2000 余人参加，共演出 50 多个剧目。文艺、戏剧、电影等方面都涌现一批优秀作品，如小说《铜墙铁壁》《平原烈火》；通讯集《谁是最可爱的人》；话剧《龙须沟》；电影《白毛女》《南征北战》等。传统的民族戏曲，经过在内容和舞台形象上的初步改革，创作出昆曲《十五贯》等一批新的优秀剧目，不仅使古典戏曲艺术放出新的光彩，而且很好地发挥了优秀历史剧对现实的教育作用。周恩来称赞《十五贯》是"一出戏救活了一个剧种"。广大文艺工作者创作的优秀文艺作品，鼓舞了全国人民为实现国家工业化而奋斗的劳动热情，丰富了人民群众的文化生活，从而为创造社会主义先进文化打下良好的基础。

大规模经济建设需要大量的各方面的专门人才，这就对教育事业提出了加快培养国家建设人才的紧迫任务。1953 年 1 月，政务院文化教育委员会在北京召开大区文教委员会主任会议，提出"整顿巩固、重点发展、提高质量、稳步前进"的文教工作方针。这个方针明确了文教工作的重点是教育，教育工作的重点是高等教育，中心是要培养人才，特别是培养高、中级技术人才。这是必须全力以赴保证完成的。普通教育是高等教育的基础，要整顿巩固中小学，特别要大力整顿小学，把它办好；扫盲工作要贯彻"积极准备，重点推行"的方针，并作为一项长期的任务。关于提高教学质量，明确提出要给学生以"智、德、体、美"的全面教育的方针。

5月17、18日和27日，毛泽东主持中共中央政治局会议讨论教育工作，并就有关问题作出决定：第一，从宣教部门、青年团抽调干部充实大学的领导。几年内由地方逐渐解决中小学的领导骨干。抽调大批干部编教材。第二，允许小学民办，不限定几年。整顿小学，不可能整齐划一，不应过分强调正规化。农村小学应便于农民子女上学。第三，要注意青年健康，对大、中学学生要增加助学金。学生健康不好，要增加营养，搞好卫生，减少负担，克服忙乱现象。第四，要办重点中学。要特别着重培养工人出身的干部。要强调小学、初中毕业生参加生产劳动。

6月5日至22日，教育部在北京召开第二次全国教育工作会议，讨论第一个五年计划期间普通教育和师范教育的工作方针和任务。会议强调，在五年计划中，教育事业必须适应国家建设的需要，正确地有步骤地解决教育事业与国家建设需要及国民经济发展之间的不平衡，教育事业内部存在的各级学校供求关系的不平衡，教师量少、质差与学校发展规模、要求的不平衡等问题。会议规定今后的工作重点，一是加强和发展高等师范教育，一是中等教育，特别是高中。中等师范、小学、工农业余教育等，在整顿巩固的基础上有计划有重点地发展。

高等教育作为整个教育工作的重点，亟待加强。1953年5月，中共高等教育部党组就全国高等教育的基本情况和今后方针向党中央作了报告。报告认为，培养干部应与国家建设特别是工业建设的需要相适应，首先要保证重工业、国防工业及与此密切相联系的地质、建筑等方面的技术干部的供应。高等教育的方针，应以办好高等工业教育和大学理科为重点；兼顾目前需要与长期建设需要，高等工业学校应以本科为主、专科为辅；综合大学是高等教育的基础，必须加强领导，着重发展理科；高等政法、财经学校及社会科学、哲学、文史等科系应适当集中，进行改造，为以后发展准备条件；建立和加强与科学院的合作，结合学校的教学工作逐步开展科学研究，以提高教学质量和培养科研人才；进一步贯彻向工农开门的方针，吸收优秀的产业工人入学，培养工人出身的专家和工业领导骨干。9月24日，中共中央批准了这个报告。

1953年全国高等学校继续进行院系调整工作。为使高等学校布局更加合理，1955年经国务院批准，决定将沿海地区一些高等学校中的同类专业、系，迁至内地组建新校；或将少数学校全部或部分迁至内地建校；同时加强内地原有学校。经过几年的调整，到1956年，全国高等学校发展到194所，形成了由北京大学、复旦大学、武汉大学等综合性大学，清华大学、哈尔滨工业大学、上海交通大学等多科性工业大学，以及北京航空、钢铁、石油、地质、矿业等专科性学院组成的较完整的高等学校体系。高等学校在校学生由1952年的19.1万人上升到40.3万人。各类中等学校在校学生由1952年的441.7万人上升到763.3万人。普通中小学教育都有很大发展。成人教育和职工教育的推广，提高了干部和工人的素质，为各条战线培养了一大批骨干，在不同的工作岗位上发挥了重要作用。

大规模经济建设的开展，向科学工作提出了新的要求和新的任务。1953年11月19日，中共中国科学院党组在《关于目前科学院工作的基本情况和今后的任务给中央的报告》中提出，与当前国家的需要相比，现有科学基础和力量还有相当的距离；在团结现有科学家和培养新生力量方面也存在不足；在贯彻理论联系实际的方针上，有急于求成和片面强调联系实际的倾向等。1954年3月8日，中共中央批准了中国科学院党组的报告并作了重要批示，其要点为：

（1）科学工作对国家建设具有重要意义。要把中国建设成为生产高度发达、文化高度繁荣的社会主义国家，一定要有自然科学和社会科学的发展。在国家有计划的经济建设已经开始的时候，必须大力发展自然科学，以促进生产技术的不断发展，并帮助全面了解和更有效地利用自然资源。我国科学基础薄弱，而科学研究干部的生长和科学研究经验的积累，都需要相当长的时期，必须发奋努力急起直追。

（2）团结科学家是党在科学工作中的重要政策。科学家是国家和社会的宝贵财富，必须重视和尊敬他们，争取和团结一切科学家为人民服务。党的知识分子政策的首要任务，在于发挥科学家在科学研究上的积极性，关心与帮助他们的研究工作，为他们的研究工作安排顺利的条件。在某些地方、某种程度上存在的科学家在政治上受到歧视、工作上生活上得不到保证的状况，必须坚决予以改变。

（3）大力培养新生的科研力量，扩大科学研究工作的队伍，是发展我国科学研究事业的重要环节。科学院和高等学校应认真进行培养青年科学研究人员的工作，并建立制度加以保证。应每年选拔一定数量的最优秀的大学毕业生（包括基础科学、技术科学和社会科学）去做科学研究工作。

（4）科学院是全国科学研究的中心，同时必须协助高等学校和各生产部门开展科学研究工作。各方面的科学工作应当有适当的分工，科学院主要是研究基本的科学理论问题和解决对于国民经济具有重要意义的关键性的科学问题。为开展科学研究工作，建立学位制度和奖励制度是必要的。①

中共中央的这个批示，是在进入大规模经济建设和向社会主义过渡的时期所制定的第一个系统地阐明我国科学研究工作方针和政策的基本文件。它首次提出建设以中国科学院为中心，包括高等学校和各生产部门科学研究机构在内的全国科学研究工作体

———————

① 参见《建国以来重要文献选编》第 5 册，中央文献出版社 1993 年版，第 164—167 页。

系的方针，明确了我国科学事业进一步发展的方向。

1954 年一届全国人大通过宪法和国务院组织法以后，中国科学院不再作为政府的一个机构，而成为国务院领导下的国家最高学术机关。为适应这一变化，中科院的组织形式也作了相应的改变。由于当时设立国际通行的院士制度的条件还不成熟，中央决定分学科成立学部，以便更好地团结全国科学家，领导并推进科学事业的发展，并通过学部委员制度为向院士制度过渡做准备。经过积极的筹备，经国务院批准，中国科学院分别成立四个学部：数理化学部、生物学地学部、技术科学部和哲学社会科学部，首次聘任 235 位学部委员（原国民政府中央研究院留在大陆的陈寅恪等 60 位院士，绝大部分都被聘为学部委员）。中科院学部的成立，推动全国逐步形成科学研究体系，为以后全面发展科学事业，制定科学长远规划奠定了基础。这个时期，科学工作在学习苏联先进的科学技术方面是有收获的，但也出现照搬苏联政治干预学术、哲学代替科学的错误做法，给我国科学事业的发展带来一些消极的影响。

医疗卫生工作也同其他文教工作一样，必须服从和服务于国家过渡时期的总任务。1953 年 10 月，中共卫生部党组在向中央的报告中提出：根据国家建设的需要和目前的实际情况，今后卫生工作的重点首先是加强工业卫生工作和城市医疗工作，继续开展爱国卫生运动，防治对人民群众危害最大的疾病；农村卫生事业应与互助合作运动相结合，有步骤地开展。中共中央于 1954 年 4 月批转了这个报告。

医疗卫生工作需要解决的一个问题是，切实贯彻中央关于"团结中西医"的方针，改变长时期来社会上存在的中西医对立和歧视中医的情况。1954 年中央提出要大力号召和组织西医学习中医，鼓励那些具有现代科学知识的西医，采取适当的态度同中医合作，向中医学习，整理祖国的医学遗产；纠正对待中医的武断态度和宗派主义情绪，巩固地建立中西医之间相互尊重和团结的关系，使我国固有的医药知识得到发展，并提高到现代科学的水平。根据中央的指示精神，在医药卫生界，对违背团结新旧医方针所散布的"旧医是封建医"、要"消灭中医"等错误观点和言论公开进行了批判，指出如何对待中医，首先是一个对待民族文化遗产的问题，同时还是一个关系到广大人民生命健康的问题。为了落实团结中西医的方针，各有关部门采取了一系列组织措施。

几年来，由于人民生活水平提高等因素，我国出现人口增长过快趋势（年均增长率2‰），节制生育问题开始显现出来。而政府主管部门卫生部对这个重要问题，没有从思想上政策上引起重视，未经认真研究便采取了反对节育的政策。中央及时注意到这个问题，1953年8月以后，邓小平副总理一再指示卫生部要加以改正。1954年12月，刘少奇代表党中央召集卫生部等有关方面负责人座谈节制生育问题，明确指出"党是赞成节育的"，"反对的理由都不能成立"[①]。节制生育对国家经济建设、改善人民生活和保护人民健康是有利的，要首先把党内思想统一起来，在医务工作人员中讲清道理，以澄清思想。可以用卫生常识的形式进行宣传指导，并组织好有关药品和器具的生产、供应。

1955年3月1日，中共中央批转卫生部党组关于节制生育问题的报告。该报告认为，中国现在已有6亿以上的人口，而且每年要增加人口1200万到1500万。当然，这并不是坏事，而是好事。但在目前条件下，人口增加过速会使国家和家庭暂时均感困难，应当适当地节制生育；在将来，也不应反对人民群众自愿节育的行为。我们这样主张，和反动的马尔萨斯人口论以及新马尔萨斯主义者毫无共同之点。中央批示指出："节制生育是关系广

----

① 《刘少奇选集》下卷，人民出版社1985年版，第171页。

大人民生活的一项重大政策性的问题。在当前的历史条件下，为了国家、家庭和新生一代的利益，我们党是赞成适当地节制生育的。各地党委应在干部和人民群众中（少数民族地区除外），适当地宣传党的这项政策，使人民群众对节制生育问题有一个正确的认识。"① 这是党和政府着眼于国家长远大计对节制生育问题作出的及时部署。尽管后来在制定节制生育政策上发生了反复，但在过渡时期毕竟为中国改革开放以后确立计划生育的基本国策打下了初步基础。

在过渡时期，我国医药卫生事业取得显著成绩。城乡卫生医疗网初步建立起来。国家公职人员、大学生和工矿企业职工享受到公费医疗和劳动保护。国家采取减免收费的办法，加强对严重危害农民健康的流行性疾病的治疗。烈性传染病、肺结核和性病初步得到控制。1956 年由私人开业医生组织起来的农村联合诊所由 1950 年的 803 所发展到 5.1 万所以上②。中医在群众医疗保健工作中发挥了重要作用。人民的健康水平有了明显提高。

（二）对资产阶级唯心主义思想的批判

在推动文化建设高潮的同时，党加强了对过渡时期总路线的宣传教育工作。1954 年 5 月，中国共产党第二次全国宣传工作会议在北京举行。会议明确提出，在中国革命的现阶段，党的思想工作的根本任务，是要对人民群众进行社会主义思想的教育，鼓舞他们对于社会主义建设的政治积极性和劳动积极性。党的宣传教育工作要为贯彻过渡时期总路线而斗争，要反对资产阶级思想

---

① 《建国以来重要文献选编》第 6 册，中央文献出版社 1993 年版，第 56 页。

② 参见《当代中国卫生事业》（上），中国社会科学出版社 1986 年版，第 13 页。

对党的侵蚀，要对党内的个人主义、分散主义、宗派主义倾向和破坏党的集体领导、妨碍党的团结的言论与行动进行批判斗争。作为会议文件发出的中共中央《关于改进报纸工作的决议》和《关于加强党在农村中的宣传工作的指示》，对于在报纸上加强理论宣传、经济建设宣传以及利用报纸进一步开展批评与自我批评，起了积极的推动作用，对于在广大农村中有系统地对农民群众进行社会主义教育，将他们的政治觉悟提高到社会主义水平，也提出了各项具体要求，以便为在农村开展社会主义改造建立必要的思想基础。

这次全国宣传工作会议作为在思想文化战线全面贯彻过渡时期总路线精神的一次重要会议，着重于改变过去几年对资产阶级思想批判不力的状况，强调在党和国家一切环节的思想工作上反对资产阶级思想的极端重要性。会议的报告指出：过去几年党在集中力量于各项民主改革和生产改革时，只能比较着重于民主任务的宣传，而对于社会主义思想的宣传、对于党内和社会上的资产阶级思想所作的斗争在范围上和程度上都比较有限。在党的过渡时期总路线公布和实施以后，情形就根本改变了。今后在思想、宣传工作方面必须结合各项社会主义建设和社会主义改造事业的进行，向全党和全国人民有系统地、经常地、生动地、切合实际需要地灌输工人阶级的社会主义思想，宣传一切为社会主义工业化和服从国家计划的思想，宣传个人利益与国家利益一致以及个人利益服从国家利益的思想等，同时要向妨碍社会主义建设和社会主义改造的资产阶级思想进行坚决的斗争。为此，会议在总结提纲中明确提出"在社会主义革命阶段必须在全部思想战线上和资产阶级思想进行严肃斗争"的基本任务。

在思想文化战线贯彻过渡时期总路线，一方面是大力宣传辩证唯物主义和历史唯物主义，一方面是组织对资产阶级唯心主义思想的批判。这个批判，最初是由批评俞平伯在《红楼梦研究》

中的观点引起的。

《红楼梦》作为中国优秀的古典文学名著，历来受到研究者的关注，不同流派的学术观点形成一门学问——红学。俞平伯作为五四新文学运动后兴起的新红学派的代表人物之一，在红学界颇具影响。1952 年 9 月，俞平伯将他 1922 年写的《红楼梦辨》略加修改，以《红楼梦研究》的书名重新出版。1953 年 5 月，全国文联机关刊物《文艺报》向读者推荐这部著作，给予很高的评价。1954 年 9 月和 10 月 10 日，两位青年学者李希凡、蓝翎（杨建中），先后在山东大学学报《文史哲》和《光明日报》发表《关于〈红楼梦简论〉及其他》《评〈红楼梦研究〉》两篇文章。文章着重批评俞平伯否定《红楼梦》的"反封建倾向"，批评俞的基本观点和方法是"反现实主义的唯心论"。

《文史哲》刊登的文章，在有关方面引起不同的反响。9 月中旬，在文化部文艺处任职的江青，拿着这篇文章到《人民日报》编辑部要求转载。人民日报社及有关方面负责人考虑到党中央机关报刊登这样引起争论的文章不太适宜，经商定改由《文艺报》全文转载。《文艺报》在转载时加了编者按语，指出文章作者是两个在开始研究中国古典文学的青年，他们试着从科学的观点对俞平伯先生的观点提出批评，希望引起大家讨论。同时指出，作者的意见显然还有不够周密和不够全面的地方，但他们这样地去认识《红楼梦》，是基本正确的。

这件事引起毛泽东的重视。他亲自审阅了《文艺报》和《光明日报》转载和发表的两篇文章和编者按语，认为这是一个批判错误思想的重大问题。为此，毛泽东于 10 月 16 日给中央政治局和文艺界负责人写了《关于〈红楼梦〉研究的信》。信中指出："驳俞平伯的两篇文章付上，请一阅，这是三十多年以来向所谓《红楼梦》研究权威作家的错误观点的第一次认真的开火"；是"反对在古典文学领域毒害青年三十余年的胡适派资产阶级唯心论的斗争"。他批评说："事情是两个'小人物'做起来的，而'大人物'往往不注意，并往往加以拦阻，他们同资产阶级作家在唯心论方面讲统一战线，甘心作资产阶级的俘虏，这同影片《清宫秘史》和《武训传》放映时候的情形几乎是相同的。被人称为爱国主义影片而实际是卖国主义影片的《清宫秘史》，在全国放映之后，至今没有被批判。《武训传》虽然批判了，却至今没有引出教训，又出现了容忍俞平伯唯心论和阻拦'小人物'的很有生气的批判文章的奇怪事情，这是值得我们注意的。"

在毛泽东看来，由批评俞平伯的红学观点所提出来的问题，不仅是如何评价和研究《红楼梦》这部古典文学名著，而且是要对五四新文化运动以来最有影响的胡适派资产阶级学术思想，进行一番清理和批判。毛泽东指出："俞平伯这一类资产阶级知识分子，当然是应当对他们采取团结态度的，但应当批判他们的毒害青年的错误思想，不应当对他们投降。"①

毛泽东的信，很快在文化工作的领导机关进行传达贯彻。中国作家协会党组紧急召集会议，对照毛泽东的信进行思想检查，布置开展批判运动。中国作协古典文学部迅即召开关于《红楼梦》研究的座谈会，批判在古典文学领域的资产阶级唯心主义思想。从10月底到12月初，中国文联主席团和作家协会主席团连续召开八次扩大的联席会议，对《文艺报》"容忍"资产阶级错误思想、"轻视和压制"马克思主义新生力量的错误问题进行处理，对俞平伯研究《红楼梦》的立场、观点、方法展开批判。

在这场批判运动中，全国报刊就《红楼梦》研究问题发表了数百篇文章，其中绝大多数把本来属于学术观点的问题提到政治的高度来批判，形成对俞平伯的政治围攻。有的文章甚至认为，

---

① 《毛泽东文集》第6卷，人民出版社1999年版，第353页。

在党提出过渡时期总路线、宣布对私有制进行社会主义改造的关键时刻，俞平伯抛出资产阶级唯心主义的货色，这是胡适派资产阶级知识分子在意识形态领域配合社会上的资产阶级对社会主义改造的"抗拒"和"反抗"。这种牵强附会、无限上纲的批判，将俞平伯在《红楼梦》"辨伪""存真"等方面的学术贡献一笔抹杀，造成对老一代学者精神上的伤害，不利于学术研究工作的健康发展。①

为了清除五四以来胡适派资产阶级思想在整个思想界的流毒和影响，中国科学院和中国作家协会举行联席会议，决定联合召开批判胡适思想的讨论会，并以郭沫若为主任组成委员会，从胡适的哲学思想、政治思想、历史观点、文学思想、中国哲学史观点、中国文学史观点及其他等 9 个方面开展批判和讨论。从 1954 年 12 月底到 1955 年 3 月，由这个委员会主持的对胡适思想的批判讨论会，共举行了 21 次。同时，全国各地都有组织地开展了对胡适思想的批判，全国省、市级以上的报纸和学术刊物发表大量批判文章。1955 年由三联书店出版的《胡适思想批判论文汇编》共 8 册，收入文章 150 多篇，约 200 多万字。

这些文章集中批判了胡适的实用主义哲学思想，包括他的实用主义世界观和真理论，实用主义的唯心史观及美学、教育学和心理学；批判了胡适的改良主义政治思想和反对人民革命的反动立场；批判了胡适"大胆的假设、小心的求证"的治学方法及其

---

① 1986 年 1 月，中国社会科学院院长胡绳在庆贺俞平伯从事学术活动 65 周年纪念会上指出，俞平伯早在 20 年代初对《红楼梦》进行的研究，"具有开拓性的意义"，"对于他研究的方针和观点，其他研究者提出不同的意见或批评本来是正常的事情。但是 1954 年下半年因《红楼梦》研究而对他进行政治性的围攻，是不正确的"。"党对这类属于人民民主范围内的学术问题不需要，也不应该作出任何'裁决'。"

反科学的历史观；批判了胡适的文学思想、文学史观中的虚无主义态度和"全盘西化"的主张，以及繁琐考据造成的危害；等等。这些批判对于清除胡适思想中的毒素在中国文化学术界的影响，有一定积极意义。但是在运动一哄而起，把思想批判确认为"对敌斗争"的政治氛围下，批判斗争的正义性大大超过了应有的科学性，对胡适在中国近现代思想史、文化史和政治史上的多重性影响和作用，缺乏具体的历史分析，特别是没有把他在学术上的贡献同他的政治立场严格区别开来，从而抹杀了胡适在中国新文化运动中"开风气之先"，成为"一代宗匠"的历史地位和作用。

应该说，结合实际事例，开展批评和讨论，对学习和宣传历史唯物主义和辩证唯物主义是有其积极作用的。但是，思想问题和学术问题是属于精神世界的很复杂的问题，采取批判运动的办法来解决，容易流于简单和片面，学术上的不同意见难以展开必要的争论。由于过分强调思想文化领域阶级斗争的严重性，对俞平伯的思想批评实际上形成了一场政治围攻，产生了消极影响；对胡适思想的批判，也因过于片面、割断历史等缺陷，把一些有价值的思想内容也统统否定掉了，从而给我国文化的繁荣和思想学术的发展带来很大的负面影响。

为了正确指导反对资产阶级唯心主义思想的斗争，1955年3月1日，中共中央发出《关于宣传唯物主义思想批判资产阶级唯心主义思想的指示》。中央指出，过渡时期党在思想工作中的根本任务，就是宣传唯物主义的思想，反对唯心主义的思想，使党的干部懂得要根据社会现实生活的发展规律来进行工作，同时使广大人民群众脱离资产阶级思想的影响，提高社会主义觉悟。但是，在各个学术和文化领域中清除资产阶级错误思想的任务，是不能在一个短期的运动中解决的，必须以长期的努力，开展学术的批评和讨论，才能达到目的。根据前一阶段开展学术批评的实践，中央提出若干必须坚持的重要原则，主要包括：

一是在学术批评和讨论中，任何人都不能有特权。以"权威"自居压制批评，或者对资产阶级错误思想熟视无睹，采取自由主义甚至投降主义的态度，都是不能容许的。二是学术批评和讨论，应当是说理的，实事求是的。应当以研究工作为基础，反对采取简单、粗暴的态度。应当采取自由讨论的方法，反对采取行政命令的方法。应当容许被批评者进行反批评，而不是压制这种反批评。应当容许持有不同意见的少数人保留意见，而不是实行少数服从多数的原则。三是应当坚持党的统一战线政策和团结改造知识分子的政策。首先应当分清思想上的敌友我三方，对于虽有错误但倾向于唯物主义的知识分子，应当视为朋友，帮助他们进步；应当分清政治上的反革命分子和学术思想上犯错误的人，对于后者，应当保障他们有可能继续进行对于社会有用的研究，尊重和发挥他们对社会有用的专长，同时鼓励他们实行自我改造。

这些规定基本上是正确的，表明执政党开始初步总结过去开展学术批评工作中的经验教训，旨在纠正和防止学术批评和讨论中的偏差。这实际上为 1956 年党提出学术上"百家争鸣"的方针做了理论原则上的初步准备。

四、推进国防和军队的现代化建设

（一）军队正规化建设的起步

军队正规化和国防现代化建设，是过渡时期国家建设工作不可缺少的组成部分。中华人民共和国成立后，人民解放军的任务发生了历史性的转变，即由进行军事战争夺取政权，转变为巩固人民民主专政，保卫社会主义革命和建设，防御外敌入侵，保卫国家安全和领土主权的完整。为此，中共中央、毛泽东及时地提出，建设一支正规化、现代化的革命军队，来担负这一光荣的使命，给人民军队的建设指明了正确方向。

人民军队的正规化建设，先是从军队整编入手。中央人民政府成立时，人民解放军总员额已达到550万人，军费开支浩大。随着战争在大陆上基本结束，1950年5月中央作出对人民解放军实行整编的决定，计划分期分批地复员或转业百余万兵员，支援国家建设。然而，不久后朝鲜战争爆发，为服从抗美援朝战争的需要，这个整编计划没有完全实现。1952年1月，根据朝鲜战局的转变，中央军委重新制定了《军事整编计划》，把国家武装力量划分为国防部队和公安部队。经过整编，国防军步兵部队减少员额过半，其他军兵种部队略有扩大；地方部队改编为公安部队。全军总定额保持在300万人左右。经过精简和建设，国防军和公安部队组织上具有了一定规模，基本上能够担任内卫和边防任务。

1954年，为适应大规模经济建设和军队正规化现代化建设的需要，人民解放军再次进行精简整编。1955年与1952年相比，全军总兵力共精简了23.3%，压缩了军队定额，减少了军费开支，使领导机关和部队更加精干，并向国家各方面的建设输送了大批骨干力量。到1956年，先后集体转入生产建设的部队有31个师零8个团，有大批的干部转业或复员。军费支出由1951年占国家总支出的48%，降到1956年的19.98%。

1955年2月，根据中共中央、中央军委对全国战略区的划分，国务院决定：改变原按大行政区设立的东北、华北、华东、中南、西南、西北六大军区，建立沈阳、北京、济南、南京、广州、武汉、昆明、成都、兰州以及新疆、西藏和内蒙古12个大军区。1956年4月，为解决华东战区防御正面过宽的问题，并加强对福建前线斗争的领导，国务院决定将原属南京军区建制的福建、江西两个省军区划出，组建福州军区。

中国人民解放军的总部机关，是根据战略方针、作战任务、军队的现代化程度等因素设置的。在过渡时期，中央军委根据形势和任务的需要，曾多次对解放军领导机关的组织编制进行调整。从 1950 年 9 月至 1955 年 8 月，在总参谋部、总政治部、总后勤部三总部外，先后成立了总干部部、总军械部、训练总监部、武装力量监察部和总财务部，形成八个总部。这种总部体制，对加快军队正规化、现代化建设和完成各项战备工作等，起过积极作用。但也存在部门多、机构大、分工过细等问题。特别是部门之间的工作缺乏统筹安排，政出多门，使部队的建设受到一定影响。鉴于八总部体制在实践中暴露的缺点，1957 年 5 月至 1958 年 12 月，中央军委相继撤销了后成立的五个总部，恢复了三总部体制。这样，就逐步形成具有中国军队特点的比较完善和科学的领导管理体制和指挥系统。中国人民解放军的三总部，既是中央军委的参谋和战略意图执行机构，又是掌管全军军事、政治、后勤和技术工作的最高领导机关。其基本任务是保障中央军委关于作战和建军的战略决策和各项方针、政策的实现。

在抗美援朝战争的过程中，中央军委系统地总结同高度现代化装备的美军作战的经验，为适应现代化战争的要求，开始实行人民解放军由单一兵种向多军兵种的战略转变。1952 年 7 月 10 日，毛泽东在《对军事学院第一期毕业学员的训词》中明确指出：自从中国人民获得了全国范围的胜利之后，客观情况已经起了基本上的变化，"我们现在已经进到了建军的高级阶段，也就是进到掌握现代技术的阶段"；"与现代化装备相适应的，就是要求部队建设的正规化，就是要求实行统一的指挥、统一的制度、统一的编制、统一的纪律、统一的训练，就是要求实现诸兵种密切的协同动作。……这是建设正规化、现代化的国防部队所不可缺少的重要的条件之一"①。毛泽东的这一训词，明确了建设强大的正规化、现代化国防军的历史任务及其基本内容，对加强军队建设具有重要指导意义。

遵照毛泽东的训令，军队在精简整编中着力改变过去只有单一步兵的状态，在裁减步兵的同时，加强了各军兵种部队的建设，先后组建了空军、海军、防空军、公安军等军种，组建了炮兵、装甲兵、工程兵、铁道兵、通信兵、防化兵等兵种的领导机关及其所属部队。在军种建设上，空军组建了航空兵师、空降兵师、机场场站、工程兵总队等，后来又增加了高射炮兵、探照灯兵、雷达兵等部队；海军先后组建了水面舰艇部队、潜艇部队、海军航空兵、海军岸防兵、海军陆战队以及各海军基地等。这样，人民解放军的空军、海军便成为一支既能协同其他诸军种作战，又能独立作战、单独执行作战任务的合成军种。这一时期人民解放军的精简整编，不仅使军队建设和国家经济建设密切地配合起来，并且开始由以陆军为主体向诸军兵种合成军队实行转变，为建设正规化、现代化的国防军奠定了重要基础。

为适应军队正规化、现代化建设的要求，全军实行了统一制度。1951年，总参谋部颁发了内务条令、队列条令、纪律条令三个草案，在全军试行，作为管理教育、建立良好的内务制度、进行队列训练、维护纪律以及实施奖励和处分的依据。这三个条令草案及其他条令的颁布实行，统一了全军的制度，提高了全军的组织性、计划性、准确性和纪律性。

建设正规化、现代化的人民军队，必须加强党的领导。在新的历史阶段，军队建设的内容变了，但军队的性质并没有改变，人民解放军仍然是中国共产党绝对领导的人民军队。1954年4月，中共中央、中央军委颁布了解放军政治工作条例草案，对军

---

① 《毛泽东文集》第6卷，人民出版社1999年版，第234页。

队政治工作的性质、任务、职责、组织形式、工作作风以及各方面的关系，作了明确规定。毛泽东在审批这一条例草案时，特别加写上"中国共产党在中国人民解放军中的政治工作，是我军的生命线"一语。这个条例草案的颁布，对保证党对军队的绝对领导，加强军队政治工作的建设，具有重要意义。

　　人民解放军历来重视创办军队院校。从早期的红军大学到延安时期的抗日军政大学，为赢得革命战争的胜利作出了重要贡献。新中国成立后，人民解放军有计划有步骤地进行了正规院校建设。1950年7月，中央军委会议确定，以战争年代创办的军队院校为基础，改建、新建适应现代战争需要的各类院校。1951年1月，中国人民解放军军事学院在南京成立。1952年7月在北京成立后勤学院。1953年1月在南京成立高级步兵学校。同年9月在哈尔滨成立军事工程学院。从1954年至1959年，中央军委根据军队正规化、现代化建设的需要，对全军院校进行调整，撤销大部分文化学校，建立了政治学院、高等军事学院和军事科学院，分别建立海军、空军、炮兵和装甲兵等高等院校。到1959年，全军院校调整为129所，总人数约有25.3万人，初步形成包括指挥、政治、后勤和各种专业技术学院在内的比较完整的军队院校体系。全军院校学习苏军办校的经验，贯彻教育与作战相结合的原则，为国防建设培养了大批军政干部和各类专业技术干部。

　　在过渡时期，军队现代化、正规化建设取得重大进展，全军在执行战备任务和进行军事演习中显示出良好的军事、政治素质，成绩显著。但是，在工作中也存在一些缺点，主要是在学习苏联的过程中，除学习苏军许多有益的经验以外，也出现过一些生搬硬套的教条主义倾向，机械地搬用了某些不适合中国情况的东西。1953年12月，彭德怀在全国军事系统党的高级干部会议的报告中，批评了那种不认识已经改变和正在继续改变的主客观条件，企图以不适合今天情况的老一套工作方式来解决新问题的做法；同时批评了急于求成，不考虑主观力量和可能的条件，片面地或局部地提出过高过急的要求的做法，要求加以纠正。1956年党中央、毛泽东提出克服学习马克思列宁主义和外国经验中的教条主义倾向问题，军队各领导机关通过进一步学习和检查，明确了以毛泽东军事思想为指针，联系中国实际，在发扬人民军队光荣传统的基础上学习苏军先进经验的指导思想，基本上纠正了军队在学习苏联经验中出现的某些偏差。

在军队建设取得初步成果的基础上，1954年12月，中央军委召开扩大会议，就全国实行义务兵役制、军队实行军衔制、军官实行薪金制进行讨论。会议认为，将原有的志愿兵役制改变为义务兵役制，可以为国家训练强大的预备兵员，以适应现代化建军和作战的需要。可以缩减常备军，节省人力物力加强国家的经济建设。可以为军队实行统一的编制和正规的制度打下基础，克服在和平时期志愿兵役制度带来的不合理性和种种困难。可以使全国的适龄公民根据宪法规定的公民义务，公平合理地为国家服兵役。会议还认为，实行薪金制度、军衔制度和对有功人员颁发勋章奖章制度，将有利于确定数十万以军事工作为职业的军官在军队中的地位和社会上的荣誉，解决军官的家庭及个人的生活问题，克服由于长期供给制所产生的依赖思想、平均主义和浪费的弊端；对于全体军人，更能够鼓励上进、激发荣誉感和责任感，增强纪律性，提高工作效率，推进正规化现代化建设。

1955年2月，全国人大常委会审议通过《中国人民解放军军官服役条例》，规定军队实行军衔制度、军官实行薪金制度，并决定对有功人员颁发勋章奖章。7月，一届全国人大二次会议审议通过《中华人民共和国兵役法》，规定在全国实行义务兵役制

度，以使全国的适龄公民根据宪法规定的公民义务，公平合理地
为国家服兵役。9 月 23 日，全国人大常委会第二十二次会议通过
决定，对创建和领导人民武装力量、领导战役军团作战、立有卓
越功勋的高级将领授予军衔。对朱德、彭德怀、林彪、刘伯承、
贺龙、陈毅、罗荣桓、徐向前、聂荣臻、叶剑英授予元帅军衔；
对粟裕、徐海东、黄克诚、陈赓、谭政、萧劲光、张云逸、罗瑞
卿、王树声、许光达授予大将军衔；对其他将领分别授予上将、
中将、少将军衔。会议还决定对在中国工农红军时期、全国抗日
战争时期、解放战争时期参加革命战争的有功人员朱德、彭德怀
等人，分别授予一级八一勋章、一级独立自由勋章和一级解放勋
章。在解放战争时期直接领导国民党军队起义的有功人员，以及
和平解放西藏的有功人员授予一级解放勋章。9 月 27 日，毛泽东
主席、周恩来总理分别出席授衔授勋典礼，将中华人民共和国元
帅军衔、将官军衔及勋章一一授予有关人员。10 月 1 日，全军开
始佩戴军衔肩章、军兵种和勤务符号。

我国实行义务兵役制、军队军衔制、军官薪金制三大制度，
对于确定以军事工作为职业的军官在军队中的地位和社会上的荣
誉，克服单纯志愿兵役制度的某些不利因素，保证全军高度集中
统一和提高工作效率，推进军队正规化、现代化建设，具有重要
意义。

（二）国防现代化建设的开端

建立巩固的现代化国防，是应对帝国主义战争威胁的一项紧
迫任务。抗美援朝战争结束后，人民解放军具备了集中时间进行
各项军事建设的有利条件。为适应国家在过渡时期总任务的要
求，加强军队正规化和国防现代化建设被提到议事日程。1953 年
12 月至 1954 年 1 月，中央军委在北京召开全国军事系统党的高
级干部会议。这次会议以党在过渡时期的总路线总任务为指针，

总结过去几年的工作，确定今后的方针任务，讨论了军队的编制、训练、党委集体领导和首长分工负责制，以及实行义务兵役制、薪金制、军衔制等重大问题。

彭德怀代表中央军委在会上作主报告，阐述了今后军事建设上的几个基本问题。关于建设一支怎样的现代化的国防力量，报告指出：我国的武装力量的总定额，是根据国家工业基础、财力和技术的可能以及苏联可能的援助提出的。一方面必须尽最大的努力来建设我国现代化的军队，同时必须认识，国防现代化必须与国家工业化的水平相适应。我国目前工业基础还很薄弱，同时要照顾到国家在"一五"计划期间集中力量于重工业建设，在财力上有一定的限度，因此，国防建设既不能停步不前，也不能急躁冒进。那种要求过高过急的倾向，是既不利于国家的工业建设，也不利于国家的军事建设的。国家的武装部队的总数应保持一个适当的数量，既要避免减弱我国的防御力量，又要避免增加国家的财政负担。必须明确，现代化军队的要求，决不是单纯增加数量，首先是在于提高部队的质量。因此，必须进一步加强部队的正规训练，培养足够数量的具有一定文化、科学、技术水平和马列主义基础知识以及能掌握军事业务的干部，培养一定数量的技术兵员。彭德怀强调说，这就是今后军事建设"一切工作的依据和出发点"①。

这次会议提出，要用五年到十年左右的时间，逐步达到武器装备现代化，编制体制合理化，干部培养标准化，军事制度和军事训练正规化，为人民解放军的正规化现代化奠定牢固基础。这个宏伟的长期的奋斗目标，对指导人民解放军实现由低级阶段向高级阶段的伟大转变，加速正规化现代化建设的进程，具有重要

---

① 《建国以来重要文献选编》第 4 册，中央文献出版社 1993 年版，第 623 页。

意义。但是，由于受当时各方面条件的限制，这个规划没有完全实现。

1954年9月，一届全国人大一次会议决定，在国务院系统设立国防委员会和国防部，毛泽东任国防委员会主席，国务院副总理彭德怀兼任国防部长。鉴于新设立的国防委员会是一个咨询性质的机构，9月28日，中共中央政治局会议决定：在中央政治局和书记处之下，成立中央军事委员会，担负全国军事工作的领导。毛泽东任中央军委主席，朱德、彭德怀、林彪、刘伯承、贺龙、陈毅、邓小平、罗荣桓、徐向前、聂荣臻、叶剑英为委员，由彭德怀主持军委日常工作。10月3日，根据中央政治局决定，由黄克诚任中央军委秘书长。

为了适应建立巩固的现代化国防的需要，尽快建设国防工业，以在武器装备方面提高人民解放军的现代化水平，是摆在新中国面前的一项艰巨的任务。中华人民共和国成立之初，人民解放军部队的武器装备主要是从敌人手里缴获来的，不仅品种繁杂，而且性能落后。为此，1951年10月中共中央政治局扩大会议决定，集中力量建设重工业、国防工业和其他相应的基础工业。1952年8月，中央人民政府决定成立主管国防工业的第二机械工业部，归口管理兵器、坦克、航空、电信工业，对国防工业实行集中统一管理，开始具体组织国防工业的建设工作。

大规模经济建设开始后，中共中央将国防工业列为国家"一五"计划建设的重点之一，决定集中力量，加快建设步伐。1953年8月，中共中央政治局讨论并审定了国防工业"一五"建设计划的安排，明确国防工业"一五"建设计划的基本任务是：集中力量按国家规定的项目和进度，在苏联援助下完成国防工业企业的新建和改建任务，完成制式武器的试制和生产任务，完成飞机、坦克、舰艇的修理及部分制造任务，初步改变国防工业的落后面貌，增强国防力量。中央批准"一五"计划期间新建的航空、无线电、兵器、造船等大型骨干工程共 44 项，改建扩建老厂的大中型工程共 51 项。"一五"计划期间，苏联援助我国新建、改建和扩建的一批大型军工企业，使我国常规武器的生产具备了一定规模，并且在全军装备了统一制式的武器。在此基础上，中共中央、毛泽东不失时机地把发展国防尖端技术提上了国防现代化的议事日程。

1955 年 1 月 15 日，毛泽东主持召开有刘少奇、周恩来、朱德、陈云、彭真、彭德怀、邓小平、李富春、薄一波等参加的中共中央书记处扩大会议，听取李四光、钱三强及地质部副部长刘杰的汇报，讨论了中国发展原子能事业的问题。毛泽东强调说，我们国家已经知道有铀矿，科学研究也有了一定的基础，现在到时候了，该抓了。认真抓一下，一定可以搞起来。现在有苏联对我们援助，我们一定要搞好！自己干，也一定能干好！这次会议作出发展原子能事业、研制原子弹的决定。为了加强领导，同年 7 月 4 日，中共中央指定陈云、聂荣臻、薄一波组成三人小组，负责指导原子能事业的发展工作。

1956 年 4 月，毛泽东在中央政治局扩大会议上说："我们现在已经比过去强，以后还要比现在强，不但要有更多的飞机和大炮，而且还要有原子弹。在今天的世界上，我们要不受人家欺负，就不能没有这个东西。"[1]同月，中央任命聂荣臻为主任组建领导导弹和航空事业发展的航空工业委员会。10 月，中央决定成立导弹研究机构国防部第五研究院。11 月，全国人大常委会决定设立第三机械工业部，主管核工业建设和核武器研制工作。

中国的国防尖端技术，坚持"自力更生为主、力争外援和利用资本主义国家已有的科学成果"的方针，从 1955 年开始起步，到 50 年代末，已有了一定的技术基础。虽然当时国家的科技和

---

① 《毛泽东文集》第 7 卷，人民出版社 1999 年版，第 27 页。

经济基础还很薄弱，建设任务很重，但中共中央把经济建设和国防建设、常规武器和尖端武器之间的关系，作了合理安排，重点突出了尖端技术的发展。实践证明，这是十分必要的和完全正确的。这项有远见、有胆略的战略决策，对于中国国防科技事业发展和国防现代化建设具有重大意义和深远影响，

国防战略方针的确定，是国家武装力量建设和使用的根本依据，是涉及军队正规化和国防现代化建设一切工作的总原则。新中国成立后，在国防战略上继承了毛泽东军事思想中积极防御的原则。1953 年朝鲜战争结束后，我国周边环境出现相对稳定的态势。由于积极开展和平外交，我国同南亚各国建立了良好关系，南部边境大体安宁。东南沿海虽有美国支持的台湾国民党集团对大陆的安全构成一定的威胁，但国家的整体安全是有保障的。在外敌的大规模入侵可能性不大的情况下，党中央考虑国防战略方针的重点需放在敌人采取突然袭击的手段发动战争的威胁上。

1955 年 3 月，毛泽东在中国共产党全国代表会议上的讲话中指出："今后帝国主义如果发动战争，很可能像第二次世界大战时期那样，进行突然的袭击。因此，我们在精神上和物质上都要有所准备，当突然事变发生的时候，才不至于措手不及。"根据这个思想，中共中央军委在 1956 年 3 月举行扩大会议，着重讨论国家的军事战略问题。彭德怀在会上作《关于保卫祖国的战略方针和国防建设问题》的报告，明确提出：为了有效地防止帝国主义的突然袭击，保卫人民革命和国家建设的成果，保卫国家的主权、领土完整和安全，在未来的反侵略战争中，应该采取积极防御的战略方针。这是新中国成立以来首次明确的国防战略方针。

"积极防御，防敌突袭"的战略方针，主要是针对以美国为首的帝国主义集团可能对我国发动的突然袭击。根据中央军委扩大会议对形势的估计，国际紧张局势总的是趋向缓和，但帝国主

义发动侵略战争的可能性依然存在，尤其是美国正在进行世界规模的战争准备，并且还霸占着我国领土台湾，因此，继续保持高度警惕，作好随时应付突然事变的一切准备，仍然是军事工作的基本出发点。会议深入讨论了国防战略方针问题，认为中华人民共和国的国家性质、国家在过渡时期的总任务和外交政策，规定了我国在战争爆发之前的战略方针是防御性的。但是，这种防御决不是消极防御，而应该是积极防御。所谓积极防御，就是在战争爆发之前，应该不断地加强我们的军事力量，继续扩大国际统一战线活动，从军事上和政治上制止或推迟战争的爆发。当帝国主义不顾一切后果向我国发动侵略战争的时候，人民解放军要立即给予有力的回击，在预定设防地区阻止敌人的进攻，并适时地组织积极的战略反攻和进攻，以消灭全部进犯之敌，完成战略防御任务。"积极防御，防敌突袭"的战略方针的制定，为人民解放军执行战备任务和进行军事训练指明了方向，使我国军队正规化和国防现代化的建设工作进入一个新的阶段。

五、国家生活中的若干重大事件

（一）执政党内反对分裂活动的斗争

在贯彻过渡时期总路线的过程中，中国共产党内进行了反对高岗、饶漱石阴谋分裂党、篡夺党和国家最高权力的重大斗争。经过1953年年底中共中央政治局扩大会议和1954年年初的中共七届四中全会，较为妥善地处理了"高、饶事件"。

为了适应集中统一领导有计划的经济建设的需要，从1952年年底到1953年年初，高岗、饶漱石、邓子恢、邓小平、习仲勋等先后从东北、华东、中南、西南、西北党政领导人的岗位调到中央工作。高岗任国家计划委员会主席，被称为组建"经济内阁"，一时有"五马进京，一马当先"之说。饶漱石任中共中央组织部部长，也被委以重任。在此期间，中央批评了新税制工作中的错误，调整了政府领导人员的分工。这些举措，本是贯彻党在过渡时期总路线的必要步骤，但在党内却引发了始料不及的问题和斗争。

1953 年 1 月，政务院公布实施修正的新税制，并在宣传上不合时宜地提出"公私一律平等纳税"的口号，使各地在新税制实行中出现一些混乱现象。毛泽东对此提出批评说：此事既未经中央讨论，又未对各中央局、省市委下达通知，匆促发表，毫无准备，在全国引起波动。毛泽东认为，这件事反映了政府工作中存在着"分散主义"的倾向，责成周恩来、陈云立即采取措施，纠正了新税制中不利于社会主义经济的错误。为了避免重犯类似的错误，根据毛泽东的意见，中共中央于 3 月 10 日作出《关于加强中央人民政府系统各部门向中央请示报告制度及加强中央对于政府工作领导的决定（草案）》，强调今后政府工作中一切主要和重要的方针、政策、计划和重大事项，均须事先请示中央，并经过中央讨论和决定或批准以后，始得执行。同时，决定撤销以周恩来为书记的中央人民政府党组干事会，规定中央政府各部门党组的工作，直接受中央政治局领导。

为了更好地使政府各主要领导人"直接向中央负责，并加重其责任"，中共中央对政府领导人的分工作了若干调整，决定高岗、李富春、贾拓夫负责国家计划、工业工作；董必武、彭真、罗瑞卿负责政法工作；陈云、薄一波、曾山、叶季壮负责财政、金融、贸易工作；邓小平负责铁路、交通、邮电工作；邓子恢负责农业、林业、水利、供销合作工作；饶漱石负责劳动工作和工资问题；习仲勋负责文教工作；周恩来除对政务院工作负全责外，主要负责外交、对外贸易等工作。上述领导人分工的调整，是中央从加强政府工作的需要出发通盘考虑作出的决定，但在高岗看来，这些举措都是针对刘少奇、周恩来的，是削弱他们掌管的权力，意味着刘、周在政治上犯了"分散主义"和"右倾"错误。

1953 年 6 月中旬，中央召开的全国财经工作会议传达了毛泽东关于党在过渡时期总路线的讲话精神，会议着重检查财税工作中背离总路线的错误，批评修正后的税制违背了七届二中全会关于在税收政策方面限制私人资本主义经济的原则规定，实际上有利于资本主义经济发展。为了把党内尤其是高级干部的思想统一到过渡时期总路线上来，毛泽东指示举行财经会议领导小组扩大会议，由在新税制问题上负主要责任的薄一波作检讨。高岗认为刘少奇在富农政策和农业互助合作问题上犯了"右的错误"，现在中央批评薄一波工作中的缺点错误，实际上是"两条路线的斗争"，矛头暗指刘少奇。他在会下散布中央有"两个司令部"的流言，以致会议"批薄射刘"的调门居高不下，直拖到 7 月下旬，主持会议的周恩来仍无法作结论。

当时，党在过渡时期的总路线刚刚提出，能否正确对待和妥善处理过去政策的延续性和工作中的是非问题，是推动全党团结一致为实现党的总路线而奋斗的关键。按照毛泽东的建议，周恩来请在外地的陈云、邓小平两位副总理回京参加会议。陈云、邓小平了解到财经会议的情况后，分别在领导小组扩大会议上作了发言。陈云批评了新税制不利于社会主义经济、有利于资本主义经济的错误，强调"在几种经济成分同时并存的国家，税制改革影响到各阶级、各地区、各个部门间的关系，也关系到国家与人民的关系，必须十分慎重"。他同时指出，薄一波在中财委做了很多工作，工作中个别不同意见是有的，但不能说中财委内部有两条路线的问题。① 邓小平在发言中，赞成大家对薄一波所犯错

---

① 参见《陈云年谱（1905—1995）》中卷，人民出版社 2000 年版，第 171 页。

误的批评，但不同意把工作中的这样那样的过错，说成是路线错误。陈云、邓小平的发言讲得很公道，为与会者所接受，使会议的气氛转入正常。

8月11日，周恩来在全国财经会议上作结论报告。这个报告经过毛泽东修改和中央政治局会议讨论，全面阐释了党在过渡时期的总路线和总任务，正确总结了经济建设中的经验教训，严肃批评了前一时期在税收、商业、财政、银行工作中的错误，并客观地指出，有些错误虽然是严重的，但不应该说成是路线错误。全国财经会议的进程和结果表明，在党的路线和政策发生转变，过去工作中的某些歧见一时未澄清的情况下，应该坚持实事求是的精神，用全面的、历史的观点分析过去工作中的缺点错误，准确把握错误的性质，防止随意上纲上线而导致对党的团结的破坏，给党和国家的工作造成损害。

全国财经会议结束后，高岗以"休假"为名到华东、中南地区，在一些高级干部中进行挑拨活动。他制造所谓"军党论"，说"枪杆子上出党""党是军队创造的"，想借此拉拢军队干部。他还散布言论，攻击党的六届七中全会通过的《历史决议》中关于"刘少奇是党的正确路线在白区工作的代表"的提法，提出要重新作结论。他煽动说，现在党中央和国家领导机关的权力掌握在"白区的党"的人（指刘少奇、周恩来）手里，需要彻底改组。他企图以自己来取代刘少奇。

在高岗私下进行反对刘少奇、周恩来的活动期间，饶漱石在到任中央组织部部长后，出于个人和宗派主义目的，无原则地打击主持日常工作的副部长安子文（与薄一波同属刘少奇领导的中共中央华北局干部）。1953年9、10月间，中央召开第二次全国组织工作会议，主要讨论为工业建设统一调配干部、加强干部管理等问题。在会上讨论安子文所作工作报告时，饶漱石故意夸大中央组织部工作中的某些缺点，无原则地批判安子文，意在攻击中央主管组织工作的刘少奇。这些破坏团结的活动，干扰了组织工作会议的议程。中央只能暂停会议，先举行领导小组会议，解决中组部内部的团结问题。

这期间，为准备召开全国人民代表大会，中央正在考虑党和国家领导机构设置方案，包括国家最高行政机关是否采取苏联的部长会议形式，党中央是否增设副主席或总书记。高岗先是不赞成设总书记，后又反对刘少奇任总书记或副主席，实际上想由他来担任党中央副主席或总书记，并担任部长会议主席。这些分裂党的行为，在一部分高级干部中造成极恶劣的影响。高岗的分裂活动，在中南局有林彪、华东局有饶漱石的支持。他也找陈云谈过，多设几个副主席，"你一个，我一个"。他还私下找西北局彭德怀做工作，以求得更多的大区领导人的支持。高岗回京后，听说毛泽东提出中央领导班子要分一线二线，自己将退居二线。于是加紧进行非组织活动。

12月15日，毛泽东在中央书记处会议上提出，他要外出休假，拟请刘少奇临时代为主持中央工作，征询大家意见。刘少奇表示，由书记处的同志轮流主持为好。会上多数人赞成由刘少奇主持，高岗却坚持说："轮流吧，搞轮流好"。会后，他拉拢邓小平说，刘少奇不成熟，争取邓小平和他一起拱倒刘少奇。邓小平明确说，刘少奇在党内的地位是历史形成的，从总的方面讲，刘少奇是好的，改变这样一种历史形成的地位不适当，把高岗顶了回去。[1] 高岗又去找陈云，质问他为什么在会上不支持他搞"轮流"的意见。对高岗这种非组织行动，陈云、邓小平觉得问题严重，立即向毛泽东作了反映。这件事，用陈云的话说，"我把高岗和我讲的话向党说出来，高岗可能觉得我不够朋友。但我讲出

---

[1] 参见《关于建国以来党的若干历史问题的决议注释本》（修订），人民出版社1985年版，第76页。

来，是党的原则，不讲出来，是哥老会的原则"①。毛泽东马上进行调查了解。有不少听过高岗散布流言蜚语的负责人，陆续向中央谈了一些情况，使毛泽东对高岗、饶漱石的一系列不正常举动有了明确的判断。

12 月 24 日，中共中央召开政治局扩大会议。会议决定，毛泽东请假休息一段时间，在休息期间，由刘少奇代理毛泽东主持中共中央工作，由毛泽东着手起草中华人民共和国宪法草案。毛泽东在会上讲话说："北京有两个司令部，一个是以我为首的司令部，就是刮阳风、烧阳火；一个是以别人为司令的司令部，就是刮阴风、烧阴火，一股地下水"，"其目的就是要刮倒阳风，灭掉阳火，打倒一批人"。这就以不点名的方式，向高岗、饶漱石分裂党、严重破坏党的团结的活动发出了警告，实际上揭开了高岗问题的盖子。当晚，毛泽东偕宪法起草小组成员陈伯达、田家英等乘火车去杭州休假，并在那里主持起草宪法草案。

此前，毛泽东、周恩来在听取陈云、邓小平反映高岗的问题后，决定派陈云沿高岗外出的路线，代表党中央向高岗游说过的干部打招呼。毛泽东特地嘱咐陈云转告在杭州休养的林彪：不要上高岗的当，如果林彪不改变意见，就与他分离，等改了再与他联合。12 月 19 日，陈云离开北京到上海、杭州、广州、武汉等地，向当地大区、中央局、中央分局负责同志通报高岗用阴谋手段反对刘少奇、分裂党的问题。在杭州，陈云向林彪转达了毛泽东的话，并向他介绍了高岗利用四野旗帜，在全国财经会议上煽动各大区负责人攻击中财委的种种问题。林彪表示同意不再支持高岗。1954 年 1 月 9 日，陈云返回北京，向毛泽东汇报了在各地

① 《陈云年谱（1905—1995）》中卷，中央文献出版社 2000 年版，第 197 页。

打招呼的情况。①

在上述中央政治局扩大会议上，毛泽东之所以不点名地批评高岗，主要考虑到当时最紧要的是消除一切不利于党内团结的因素，动员全党首先是党的高级干部进一步团结起来，为实现党在过渡时期的总路线和总任务而奋斗。为此，毛泽东提议中央起草一个增强党的团结的决定，政治局同志一致同意，并决定委托刘少奇主持起草这个决定。

1954 年 2 月 6 日至 10 日，中国共产党第七届中央委员会第四次全体会议在北京举行。全会听取并一致同意刘少奇代表中央政治局所作的报告。报告回顾了三中全会以来政治局的工作，建议在年内召开党的全国代表会议，以讨论国家第一个五年计划纲要及其他有关问题。按照毛泽东的意见，刘少奇等领导人在全会上对各自在历史上发生过的缺点错误作了自我批评，以增进党内团结气氛。

全会通过了《中共中央关于增强党的团结的决议》。决议仍以不点名的方式揭露、批判了高岗、饶漱石的反党分裂活动，向全党特别是中央委员和党的高级干部，强调增强和维护党的团结的极端重要性；重申党的团结的重要保证之一是严格遵守民主集中制，严格遵守集体领导的原则。决议明确规定：全党高级干部的重要的政治活动和政治意见应该向所属的党组织报告和反映，其关系特别重大者，应直接向党中央政治局、书记处或中央主席报告和反映；如果避开党组织和党中央，进行和散布个人或小集团的政治活动和政治意见，这在党内就是一种非法活动，就是违反党的纪律，破坏党的团结的活动，必须加以反对和禁止。

七届四中全会对高岗、饶漱石采取了"团结—批评—团结"

① 参见《陈云年谱（1905—1995）》中卷，中央文献出版社 2000年版，第 192 页。

的方针，但他们执迷不悟，不愿做深刻检讨、痛改前非。会后，中央书记处分别召开了关于高岗问题和饶漱石问题两个座谈会，继续揭发和核查他们阴谋活动的事实；同时对他们进行教育挽救，等待他们醒悟。但高岗在事实面前拒不认错，直至以自绝于党和人民的方式相对抗。① 饶漱石对自己的错误则采取避重就轻的态度。

2 月 25 日，周恩来在受中央书记处委托主持召开的高岗问题座谈会作总结发言。他从十个方面揭露了高岗的阴谋活动，分析了高岗所犯错误的思想根源、社会根源和历史根源，总结了从高岗事件中应当记取的教训。这个总结发言提纲经毛泽东作个别修改，中央政治局于 3 月 3 日批准，转发全国各省军级党组织。

提纲指出：在长期的革命斗争中，高岗虽有其正确的有功于革命的一面，但他的个人主义思想（突出地表现于当顺利时骄傲自满，狂妄跋扈，而在不如意时，则患得患失，泄气动摇）和私生活的腐化欲长期没有得到纠正和制止，并且在全国胜利后更大大发展了，这就是他的黑暗的一面。高岗的这种黑暗面的发展，使他一步一步地变为资产阶级在我们党内的实际代理人。高岗在最近时期的反党行为，是他黑暗面发展的必然结果，同时也就是资产阶级在过渡时期企图分裂、破坏和腐化我们党的一种反映。这是在党的正式文件中，第一次使用"资产阶级在党内的代理人"的提法。

1955 年 3 月，中国共产党举行全国代表会议，通过《关于高岗、饶漱石反党联盟的决议》②，决定开除高岗、饶漱石的党籍。吸取"高、饶事件"的教训，会议通过决议，成立党的中央和地

---

① 1954 年 2 月 17 日，高岗自杀未遂；同年 8 月 17 日终以自杀身亡。

② 1981 年 6 月中共十一届六中全会通过的《关于建国以来若干重大历史问题的决议》，对高饶事件不再提"反党联盟"。

方的各级监察委员会，代替中央和地方各级党的纪律检查委员会，借以加强党的纪律，加强对党员特别是对党的高级干部的监督，反对党员中各种违法乱纪的现象，特别是防止类似"高、饶事件"的重复发生。

反对高、饶分裂党的活动，是中国共产党在向社会主义过渡的历史转变时期，为团结全党努力实现党在过渡时期的总路线而进行的一次重要的党内斗争。在这次斗争中，牵连到一些同高岗、饶漱石有工作关系的同志受到不公正的对待①，但总的来看，党对这一重大事件的处理是比较慎重的。清除了党内野心家高岗、饶漱石，党的团结不但没有受到损害，反而进一步加强了。党中央从延安整风和七大以来形成的坚强团结继续保持下来，全党在思想上、政治上、组织上达到高度统一，能团结一致去完成社会主义革命阶段的伟大历史任务。

（二）"胡风反革命集团"错案

1955 年反对资产阶级唯心主义思想的斗争，同时连带进行了对胡风文艺思想的批判。这个批判，同革命战争时期尖锐阶级斗争环境下革命文艺界内部的某些历史过隙有着密切关系。中华人民共和国成立后，尽管社会环境发生了很大改变，但巩固政权的政治斗争仍难免与思想领域的论争交织在一起。随着时间的推移，由文艺批判转而政治批判，很快演变为一场揭露和打击"胡风反革命集团"的对敌斗争。在这里，呈现了新旧社会交替中观念形态转换的历史复杂性。

―――――――――

① 在解决高岗问题的过程中，张秀山、张明远、郭峰、马洪、赵德尊等被错认为"积极参加高岗反党反中央的宗派活动"，被撤销东北局副书记和东北局委员及其他党内职务。1978 年中共十一届三中全会后，中共中央妥善处理了这些同志的历史遗留问题。

胡风，原名张光人，知名文艺理论家、批评家和诗人。早年参加中国共产党领导的左翼文艺运动，曾出任左翼文联的宣传部长、常务书记。抗日战争时期，参加筹建中华全国文艺界抗敌协会，任理事、常务理事；相继创办《七月》和《希望》杂志，发表大量进步作家包括延安等解放区作家的作品，在大后方的进步青年中具有相当影响。抗战胜利后，编印出版共约40多种作品的《七月文丛》和《七月诗丛》，从一个侧面反映了国共两党围绕两个中国之命运的激烈斗争。

胡风很早就觉悟到以俄国无产阶级作家协会——"拉普"为代表的机械决定论和庸俗社会学的恶劣影响，并同"拉普"思潮的各种表现作了坚持不懈的斗争。在20世纪三四十年代，胡风相继出版九本近百万字的评论集，集中反映了中国现代文艺史上历次重大问题的争论，也记录了革命文艺运动中胡风同一些共产党员作家的思想分歧和历史裂痕。

胡风长期置身于革命文艺运动，形成比较系统、自成一体的文艺思想。他与进步文化界人士一起共事，但在文艺观上同很多人都有分歧。20世纪30年代在左翼文联内部，40年代尤其是毛泽东在延安文艺座谈会上的讲话发表以后在重庆抗战文艺界，以及抗战胜利后的国统区文艺界，胡风的文艺思想多次受到共产党和非党进步作家的批评和责难，被认为是"蓄意标新立异""对祖国传统文化采取虚无主义态度"，在创作上片面夸大"主观精神"的作用，反对毛泽东关于文艺家必须首先解决"文艺为什么人、为哪个阶级"问题等重要论断，完全是唯心主义的。1948年9月胡风写了《论现实主义的路》的小册子，作为对当时在香港的一批文化界共产党员，包括邵荃麟、乔冠华、胡绳、冯乃超、林默涵等人批评他的总回答。胡风尖锐地提出一个问题：究竟是用革命圣地延安和解放区的大原则来套国民党统治下的文艺实践？还是使理论原则在基于现实、针对现实的实践中引导文艺发展和前进？这本小册子尚未写完，胡风得到通知转道香港进入东北解放区。批评与反批评暂告中止，论争双方一同踏上筹建新中国之路。

1949年7月，胡风作为第一届全国文学艺术工作者代表大会的筹备委员，参加了解放区和国统区文艺工作者胜利会师的盛会；随后，他出席第一届中国人民政治协商会议和开国大典。胡风在1953年第二次文代会上当选为中国作家协会理事和文联委员，并被选为第一届全国人民代表大会代表。然而，历史的裂痕并未弥合。1950年至1953年，中共中央宣传部几次开会批评胡风文艺思想，认为有一个以胡风为首的"文艺上的小集团"，"抗拒毛泽东文艺方向"，要胡风在文艺思想上"脱裤子"，承认是"反党路线"。《文艺报》连续发表署名文章，公开批判胡风文艺思想"和马克思主义的文艺思想、和毛泽东同志的文艺方针没有任何的相同点；相反地，是反马克思主义的、反社会主义现实主义的"。对此，胡风始终坚持自我申辩。在当时"只准检讨，不许分辩"的政治氛围下，胡风无法公开发表意见，遂写成《关于解放以来的文艺实践情况的报告》，于1954年7月面交中央人民政府文化教育委员会副主任习仲勋，请他转呈中共中央、毛泽东、刘少奇和周恩来。

胡风按正常程序呈交中央的报告共四个部分，27万余字，史称"三十万言书"。报告用理论说明材料及事实举例，对党在文化部门的领导人和报刊上对他的公开批评进行了申辩，并结合分析1953年第二次文代会上所反映的近几年来文艺创作上概念化、公式化愈益严重的现象，把问题归结为文艺界领导"僵化的教条主义""庸俗的主观主义"及"顽强的宗派主义"。胡风尖锐地抨击了违背文艺发展规律的"理论原则"与领导方式，强烈呼吁"放弃完全违反了创造规律的理论统治权，放弃完全否定了文艺特质的对于作品的判决权，放弃完全堵死了作家的成长道路的领导方式"，以使党和人民的文艺事业"达到它应该能够达到的高度的成就"。在意见书的最后，胡风向中央呈送关于改进文艺领导工作的建议，特别从文学运动的方式、基础、原则、步骤以及领导体制、机构设置、工作方法及党的领导作用等几个方面，提出了具体的改进方案和参考意见。他期待求得最高领导层"对于当前文艺运动底任务和方式取得基本上的共同认识，奠定党中央主动的领导地位，发挥创造潜力，能够把创作实践和思想斗争在最大限度上向前推进"。

胡风呈送中央的报告没有得到回复。待到 1954 年 10 月批判俞平伯《红楼梦研究》、胡适派在各个学术领域的代表人物后，周扬在 12 月 8 日中国文联和作协主席团扩大联席会议上作《我们必须战斗》的长篇发言，其中专有一部分讲"胡风先生的观点和我们的观点之间的分歧"，批判胡风对民族文化遗产历来采取"虚无主义"态度；狂热鼓吹"主观精神"；"把关于文学的许多真正马克思主义的观点一律称之为庸俗社会学而加以否定"；在反对向资产阶级投降和压制新生力量的"外表的背后"，"胡风先生的计划却是藉此解除马克思主义的武装！"

接着，1955 年 1 月 21 日，中共中央宣传部向中央提出《关于开展批判胡风思想的报告》。这个报告全盘否定了胡风呈交中央的意见书，说他很有系统地、坚决地宣传资产阶级唯心论和反党反人民的文艺思想。报告概述了多年来围绕胡风文艺思想展开的斗争及胡风错误思想在各方面的表现，最后确认胡风的文艺思想是彻头彻尾的资产阶级唯心论的、反党反人民的文艺思想；他的活动是宗派主义小集团的活动，其目的就是要为他的资产阶级文艺思想争到领导地位，反对和抵制党的文艺思想和党所领导的文艺运动，企图按照他自己的面貌来改造社会和国家，反对社会主义建设和社会主义改造。

3 月 1 日，中共中央批准并转发了中宣部的这个报告，并在批语中说：胡风的文艺思想，是资产阶级唯心论的错误思想，他披着"马克思主义"的外衣，在长时期内进行着反党反人民的斗争，对一部分作家和读者发生欺骗作用，因此必须加以彻底批判。各级党委必须重视这一思想斗争，把它作为工人阶级与资产阶级之间的一个重要斗争来看待。基于这样的估计，文艺思想和文艺见解的不同被赋予两大对抗阶级严重斗争的性质。这实际上是中共中央在接到胡风"意见书"之后，对胡风文艺思想作出的正式结论。

根据中央的批示，批判胡风思想的运动迅即在全国范围展开。从中央到地方召开作家、艺术工作者、大专院校有关教师的座谈会、讨论会和批判会；全国报刊集中发表大量文章，文化界知识界许多著名人士纷纷发言、撰文、表态，形成对胡风的围剿。4月1日《人民日报》发表中国文联主席郭沫若的文章《反社会主义的胡风纲领》，把胡风意见书中反对"五把理论刀子"和改进文艺领导工作的建议，归结为"反党、反人民的文艺纲领"；它"不单独限于文艺一个领域，是带有普遍意义的政治性的问题"，是"一个实际上反对社会主义的纲领"。人们已不怀疑这场斗争的严重性质，然而事态的发展一旦超出思想范畴而扩展到政治领域，斗争的方法和手段就失去了思想宣传政策的限制和约束，并很快超出国家法制所规定的范围。

4月13日，曾对胡风"反戈一击"的舒芜在《人民日报》上发表《胡风文艺思想反党反人民的实质》一文。为了证明胡风当年是充分赞同张扬个性的"主观战斗精神"的，舒芜拿出全国解放以前胡风写给他的私人信件。此事虽有某种偶然性，但立即受到领导机关的特别重视，指示舒芜对这些信件加以分类整理，并在5月13日的《人民日报》上以"关于胡风反党集团的一些材料"为题公开发表，同时登载胡风写的《我的自我批评》加以对照。

《人民日报》为这些信件所加的分类标题令人触目惊心，如十多年来胡风"怎样一贯反对和抵制中国共产党对文艺运动的思想领导和组织领导"；"怎样一贯反对和抵制中国共产党所领导的由党和非党进步作家所组成的革命文学队伍"；"怎样进行了一系列宗派活动"；等等。此外还加了许多说明和注解，对信中的内容进行了夸大其意的引申。同发动对《武训传》《红楼梦研究》的批判一样，毛泽东直接介入了对"胡风反党集团"的斗争。他为 5 月 13 日的《人民日报》写了编者按语，指出："假的就是假的，伪装应当剥去"，"从进攻转变为退却（即检讨）的策略，也是骗不过人的"。按语要求胡风"集团"中的人向政府提供更多的揭露胡风的"材料"，要求"一切和胡风混在一起而得有密信的人也应当交出来"，这是"胡风派每一个人的唯一出路"。

5 月初，公安部和中央宣传部组成胡风专案组，分别到全国各地调查胡风等人的历史情况，搜集查抄有关信件。5 月 17 日，身为第一届全国人民代表大会代表的胡风被逮捕，胡风夫人梅志也同时被捕。18 日，全国人民代表大会常务委员会补办了批捕胡风的手续。5 月 25 日，中国文联和作协主席团扩大联席会议通过决议，开除胡风的中国作协会籍，撤销他的作协理事、文联委员和《人民文学》编委的职务。

5 月 24 日和 6 月 10 日，《人民日报》相继公布关于"胡风反党集团"的第二、第三批材料。这些材料是根据各方面收缴上来的胡风与他人的私人信函摘编成的。鉴于第一批材料大都是解放以前的，一些"同情胡风"的人认为"不能据此定罪"，第二批材料摘录了胡风在全国解放以后写的 68 封所谓"密信"，证明胡风对中国共产党和党的领导，对毛泽东《在延安文艺座谈会上的讲话》的"污蔑和攻击"；证明胡风是如何

"扩大以他为首的反动集团的组织、建立活动据点、派遣他的集团分子打进中共党内进行偷窃文件、探听情报等反革命活动"，如何"指挥他的反动集团向中国共产党和党所领导的文艺战线发动猖狂的进攻，并在进攻失败以后，如何布置退却，掩护自己，以待时机"的。

毛泽东为这两批材料写了许多按语，指出胡风这批人不是"单纯的文化人"。他们的人"很不少"，"钻进了政治、军事、经济、文化、教育各个部门里"，"他们的基本队伍，或是帝国主义国民党特务，或是托洛茨基分子，或是反动军官，或是共产党的叛徒，由这些人做骨干组成了一个暗藏在革命阵营的反革命派别、一个地下王国"，它们"是以推翻中华人民共和国和恢复帝国主义国民党的统治为任务的"。为此，毛泽东在按语中强调："一切暗藏的反革命分子必须揭露！他们的反革命罪行必须受到应有的惩处！"6 月 15 日，《人民日报》将前后三批材料汇编成册，定名为《关于胡风反革命集团的材料》公开出版发行。毛泽东为该书写了序言，要求人民从这个事件和材料中学得一些东西，提高辨别能力，把各种暗藏的反革命分子一步一步地清查出来。

把胡风的文艺思想上纲为"反党反人民的文艺思想"，看成是工人阶级与资产阶级现实阶级斗争的重要部分，本身是缺乏根据的。而对胡风的私人书信断章取义、主观臆测用作证据，把胡风和同他有联系的一批文艺工作者（其中有许多共产党员和党外进步作家）当作"反革命集团"来斗争，在全国范围组织对他们的声讨，这样的做法更是完全混淆了敌我、敌友的界限，混淆了两类不同性质的矛盾，从而酿成中华人民共和国史上思想文化领域的一大错案。

在全国对胡风集团的清查中，共触及 2100 余人，其中逮捕92 人，隔离 62 人，停职反省 73 人。不仅胡风本人蒙受不白之冤，遭受长达 25 年的监禁，还牵涉到许多人受到撤销职务、开除公职、劳动教养等不公正处理。这实际上成为后来相当长时期人为地把阶级斗争扩大化的一个先兆。胡风错案直到 1978 年中共十一届三中全会以后才得到政治上的平反。①

在揭露"胡风反革命集团"的过程中，牵连到 1954 年毛泽东批评《文艺报》后受到处分的陈企霞和受到批评的丁玲②。1955 年 8、9 月间，中国作家协会党组连续举行十六次扩大会议，对丁玲、陈企霞进行揭发批判，认为已经形成了一个以丁、陈为中心的"反党小集团"，"他们的反党活动实际上与胡风反革命集团的破坏活动起了互相呼应互相配合的作用"。1955 年 9 月，中国作家协会党组向党中央呈送《关于丁玲、陈企霞等反党小集团活动及对他们的处理意见的报告》，决定对他们的政治历史进

---

①　1980 年 9 月，中共中央批转有关部门对胡风问题的复查报告，确认所谓"胡风反革命集团"案，"是在当时的历史条件下，混淆了两类不同性质的矛盾，将有错误言论、宗派活动的一些同志定为反革命分子、反革命集团的一件错案"。中央决定，凡定为"胡风反革命分子"的，一律改正，恢复名誉；凡因"胡风问题"受到株连的，要彻底纠正。同时指出，这种错案的责任在中央。1988 年 6 月 18 日，中共中央办公厅发出《关于为胡风同志进一步平反的补充通知》，撤销了胡风有错误言论、反党宗派活动等政治性结论。通知指出，从胡风参加革命文艺活动以后的全部历史来看，对这类问题所作的政治性结论必须撤销。至于曾经引起异议的胡风文艺思想和主张，也只能按照宪法的规定以及"百花齐放、百家争鸣"的方针，由文艺界和广大读者通过科学的正常的文艺批评和讨论，求得正确解决。任何方面，任何个人都不应该做出"裁决"。

②　丁玲，著名作家，时任中国作家协会党组书记；陈企霞，时为《文艺报》主编之一。

行审查。12 月中央批发了这个报告①。丁玲是中国左翼文艺运动和解放区最著名的作家之一，在国内外享有盛誉。1955 年对丁玲等的错误批判及其以后的错误处理，在文艺界造成了很坏的影响。

应该肯定，在 20 世纪 50 年代我国向社会主义过渡的时期，国家在文化建设上取得了显著的成绩，使旧中国文化落后的面貌有了很大改观。这是国家建设工作的主流和主导方面。但不应忽视的是，这一时期在思想意识形态领域已开始出现"左"的偏差。这主要是突出强调过渡时期交织着无产阶级与资产阶级、社会主义与资本主义的尖锐对抗，在文学艺术界、社会科学界不切实际地估量同资产阶级斗争的严重形势；对于文学艺术上、思想学术上的不同流派，包括受到唯心主义思想影响的理论观点，习惯于从阶级斗争的观念出发，强调必须进行"战斗"，彻底揭露和批判，肃清流毒和影响，而未能依靠广大文艺工作者、科学工作者，通过自由讨论、自由批评，分清是非，求得正确的解决。在当时加快进行生产资料私有制社会主义改造的历史条件下，党对思想文化领域"左"的偏差未能深刻认识并加以纠正，从而妨碍了文学艺术事业的繁荣与发展，给我国发展社会主义先进文化带来不利的影响。这是值得深刻记取的历史教训。

---

① 1957 年反右派斗争中，丁玲、陈企霞及包括被划为这个"反党集团"的冯雪峰、艾青等，被定为右派。丁玲下放北大荒劳动，"文化大革命"中又被关押。中共十一届三中全会以后，1979 年中国作家协会党组对丁玲的问题进行复查，作出改正结论。1984 年，中央组织部下发《关于为丁玲同志恢复名誉的通知》，指出：1955 年、1957 年定丁玲为"丁、陈反党集团""右派分子"，"都属于错划、错定，不能成立"；当年中央批发中国作协党组关于丁玲、陈企霞"反党集团"的两个报告"应予撤销"，"一切不实之词，应予推倒，消除影响"；"文化大革命"中把丁玲打成"叛徒"，"属于诬蔑不实之词，应予平反"，"彻底恢复名誉"。因丁、陈一案被划为右派的其他人也得到彻底平反。

（三）"内部肃反"及运动中的问题

当"高、饶事件"还在发展过程中的时候，1953 年 11 月中共中央做出《关于审查干部的决定》。审查干部是共产党组织建设的一项经常性工作。由于全国解放以后干部队伍迅速扩大，干部成分较过去时期复杂，尤其是随着国家各项事业蓬勃展开，干部变动频繁，各级领导机关对相当数量的新干部，未能切实掌握他们的全面、真实情况；有些领导干部存在着麻痹思想，对干部的使用忽视政治上的考察。为此，中央决定在两三年内对全国干部进行一次细致的审查，以便进一步了解干部，保证国家各项建设任务的顺利进行。按照中央提出的审查干部的范围、步骤、方法和方针、政策，1954 年年底和 1955 年年初，审干工作在各地陆续展开。

在审干工作进行当中，中共中央对高饶事件作了正确处理。七届四中全会以后，在对饶漱石的问题作进一步审查中，认为饶在主持华东局工作期间，在镇压反革命问题上不依靠和发动群众，片面地依靠公安机关以所谓"以特（务）制特（务）"的办法办案，犯有右倾错误。上海市公安局局长扬帆因此受到牵连。当时认为扬帆包庇纵容了一大批敌特反革命分子，在公安系统内部培植个人势力，搞独立王国，其错误是系统的和极为严重的，政治上也是值得引起极大怀疑的。中共上海市公安局党组向公安部建议对扬进行审查。1954 年 12 月，扬帆被扣押，至 1955 年 4 月被正式逮捕。

对饶、扬的审查，又牵连到潘汉年。潘汉年在革命战争年代长期从事党的地下工作和隐蔽战线的斗争。上海解放后，他担任过华东局社会部部长、上海市委第三书记和上海市副市长，并主持上海市政府的日常工作。1955 年 4 月初，潘汉年在北京参加党的全国代表会议期间，向党组织交代了他在抗日战争时期敌占区特殊的工作环境下，曾被人挟持到南京与汪精卫见面后又脱身的情况，并向党解释说，当他回到华中局和后来到延安时，正值党内进行整风审干，担心此事会被严重怀疑而又无法弄清真相，因而没有向党报告，隐瞒了这段历史。这件事同饶漱石、扬帆的问题联系起来，潘汉年被怀疑为"内奸"，于1955年4月被逮捕关押审查。这样，就在1955年春夏，发生了被称为"潘（汉年）、扬（帆）反革命集团"的错案。①

在"胡风反革命集团"及潘、扬事件相继发生的政治背景下，1955年7月1日，中共中央发出《关于展开斗争肃清暗藏的反革命分子的指示》。这个指示对国内阶级斗争状况作出脱离实际的严重估计，认为"在很多部门，在很多地方，大量的暗藏反革命分子是还没有揭露和肃清的"，他们以伪装的手法钻进革命队伍，已经在财经、政治、文教、学术思想、统一战线、群众团体以及其他许多机关里和战线上进行阴谋活动，破坏人民民主制度和社会主义事业。当时，中央估计暗藏的反革命分子或其他坏分子约占全国各类机关总人数的5%左右，决定在全国范围开展一场肃清暗藏反革命分子的运动（简称"内部肃反"），教育全

---

① 1963年1月，最高人民法院认定潘汉年是"长期暗藏在中国共产党和国家机关内部的内奸分子"，判处有期徒刑15年，剥夺政治权利终身；"文化大革命"中改判无期徒刑。1965年8月，扬帆以"内奸"、"反革命"罪，被判处有期徒刑16年。中共十一届三中全会以后，中共中央根据对潘案的复查结果，于1982年8月发出《关于为潘汉年同志平反昭雪、恢复名誉的通知》，宣布把潘汉年定为"内奸"并将其逮捕、判刑、开除党籍，都是错误的。这是建国以来的一大错案，是在当时的历史背景下，严重地忽视对敌隐蔽斗争的特殊性，混淆是非界限和敌我界限作出的错误的决定，应予彻底纠正。中央决定为潘汉年平反昭雪，恢复党籍；追认他的历史功绩，公开恢复名誉。遵照中央通知的精神，1983年扬帆也得到彻底平反，恢复名誉，消除影响。

党和全国人民，提高对暗藏反革命分子的警惕性，并决定中央和各级党委均成立专门小组领导这项工作，要求将审干工作同肃反斗争密切结合进行。这样，就使本来正常进行的审干工作，同随即展开的党政机关内部肃反运动交织在一起，导致党内和国家生活出现复杂局面。

这次党政机关内部的肃反运动，从 1955 年 7 月开始，分批进行，到 1957 年年底基本结束。据当年公布的数字，这次肃反运动在国家机关、人民团体和共产党、各民主党派内部，清查出反革命分子 8.1 万人，其中现行犯 3800 多名，同时弄清楚了 130 万余人的政治历史问题。① 由于对敌情估计过于严重，把审干和肃反这两件虽有联系但性质不同的事情搅在一起，有些问题政策界限不清，导致许多地方发生斗争面过宽和"逼、供、信"等偏差。与肃反交织进行的审查干部工作，虽然取得一定成绩，但据统计，在原定列入审干范围的县级以上机关、厂矿企业全体干部和农村助理员以上干部中，被列为肃反审查对象的高达 17.5%。按当时规定的政策界限查出的有各种"政治历史"问题的竟占 11.8%，其中有不少是冤假错案。在肃反运动后期，中央曾要求对运动认真进行检查，对错斗、错捕、错关、错判的人做好甄别平反工作。但 1957 年夏季以后出现了反右派斗争严重扩大化的形势，有关甄别平反工作随之被搁置，为我国后来的社会政治发展遗留了许多问题。

---

① 参见 1957 年 7 月 18 日《人民日报》社论。这个统计，不包括这以后到运动基本结束时继续增加的数字，也不包括后来甄别平反应当减去的数字，这种甄别平反工作有相当部分直到中共十一届三中全会以后才得到解决。

第十一章　争取有利的国际和平环境

一、通过和平协商道路解决国际争端

（一）出席日内瓦会议初登国际舞台

朝鲜停战以后，中共中央从战后国际和平民主力量不断壮大以及新的世界大战是能够制止的判断出发，要求在外交方面展开积极的活动和斗争，创造更有利的国际和平环境，以便集中力量进行大规模有计划的经济建设。根据这一方针，中国积极参加日内瓦会议、万隆会议等国际会议，努力打开通过大国协商解决国际争端的道路；率先倡导和平共处五项原则，推动有关各方达成缓和国际紧张局势的协议，在全世界面前树立了中华人民共和国崭新的大国形象，为国内经济建设创设了有利的外部条件。

1953年7月，美国被迫在朝鲜停战协定上签字，中国以抗美援朝、保家卫国的英勇斗争，为维护亚洲和世界和平作出了自己的贡献。朝鲜战争虽然停了下来，但朝鲜问题并未解决。根据《朝鲜停战协定》的规定，在该协定生效三个月内，应召开双方高一级的政治会议，协商从朝鲜撤出一切外国军队及和平解决朝鲜问题等事项。

同年8月24日，周恩来外长就政治会议问题发表声明，提出"政治会议应采取圆桌会议的形式，即朝鲜停战双方在其他有关国家参加之下共同协商的形式，而不采取朝鲜停战双方单独谈判的形式。但会议的任何决议，必须得到朝鲜停战双方的一致同意，才能成立"①。8 月 25 日，朝鲜民主主义人民共和国发表了同样的声明。然而，联合国大会在美国操纵下于 8 月 28 日通过决议，拒绝圆桌会议形式，并把参加政治会议的成员限于交战双方的国家。

9 月 13 日，周恩来外长复电联合国秘书长哈马舍尔德指出，把参加政治会议的成员限于交战双方的国家，是对朝鲜停战协定第六十款的曲解，只能有利于美国政府破坏这个会议的阴谋。为使政治会议能够迅速召开，周恩来代表中国政府提议：一是参加会议的成员国应为在朝鲜交战双方的全体国家以及被邀请的有关中立国家苏联、印度、印度尼西亚、巴基斯坦、缅甸。二是政治会议应采取圆桌会议形式，会议的任何决议必须得到朝鲜交战双方的一致同意。三是第八届联合国大会在讨论扩大政治会议成员问题时，应邀请中朝两国政府派代表出席，共同协商。四是协商解决成员问题后，朝鲜交战双方应即对会议的地点和时间进行洽商和安排。

经过努力推动，从 1953 年 10 月 26 日开始，朝中方面代表与美方代表在朝鲜板门店就如何召开政治会议一事进行会谈。但美国根本不想召开政治会议，因而在会谈中就会谈议程及政治会议的成员、地点和时间问题，采取种种手法拖延了 30 天。之后，美方又制造不必要的争论，继续一味拖延，使会谈陷入僵局。至 12 月 12 日，美方无理中断双方会谈，随后又片面宣布终止对战俘的解释工作，严重破坏朝鲜停战协定中关于遣返的协议，以便其强迫扣留朝中方面被俘人员。由于美方的一再破坏，朝鲜停战

---

① 《周恩来年谱（1949—1976）》上卷，中央文献出版社 1997 年版，第 321 页。

协定明文规定的高一级政治会议始终未能召开。1954 年 1 月 29 日周恩来外长发表声明，对美国提出最强烈的抗议，再次指明，美方强迫扣留朝中战俘和阻挠政治会议的召开，是反对和平解决朝鲜问题，力图保持朝鲜停战的不稳定状态和远东紧张局势，以利其继续扩军备战。

除朝鲜问题外，当时国际争端的另一个焦点是印度支那问题。按照 1945 年雅尔塔协定的框架，印度支那半岛同朝鲜半岛一样，都处于美苏划分势力范围的边缘地带，成为战后国际问题的热点。1945 年 8 月日本投降后，以胡志明为首的印度支那共产党领导越南全国总起义取得胜利，9 月 2 日，胡志明宣布越南独立，成立越南民主共和国。法国为恢复其原在印度支那的殖民统治，立即派兵利用英军的掩护在越南南方登陆，占领西贡，并逐渐向北推进。1946 年 12 月，法国出动 10 万军队向越南发动全面进攻，挑起新的殖民战争，先后占领海防、河内等主要城市，控制重要据点，封锁越中边界，使越南民主共和国陷入困难境地。越南人民在胡志明的领导下进行了一场艰苦卓绝的抗法战争。在老挝和柬埔寨，法国重新建立傀儡政权，恢复其殖民统治。老挝、柬埔寨人民组成抗战力量进行英勇的抗法斗争。

中国人民坚定地支援印度支那三国人民反抗法国殖民统治，争取独立解放的斗争。1950 年 1 月，胡志明来到北京，要求中国提供军事援助，帮助越南进行抗法斗争。虽然建国伊始面临种种困难，中共中央仍毅然作出抗法援越的重要决策，先后派遣罗贵波、陈赓、韦国清率军事顾问团、政治顾问团赴越，帮助扫除中越边界地区的法军据点，为越南部队轮流来华休整、中国援越物资输入越南等创造了有利条件。中国军事、政治顾问团帮助越南进行军队建设、党政建设并制定有关政策，开展土地改革，巩固发展解放区；协助制定实施作战计划，接连取得几次战役的重大胜利，为越南北方完全解放和恢复印度支那和平创造了条件。

至 1953 年，在印度支那三国人民的坚决抗击下，战火绵延数年，法国政府已无力负担庞大的战费开支，陷入进退维谷的境地。而美国早在朝鲜战争之前，就开始插手印度支那事务，一面提供给法国大量军事援助，一面直接派遣军事使团，加强对印支地区的干涉。朝鲜停战以后，美国为从朝鲜战争的被动局面中解脱出来，加紧对亚洲其他国家和地区的控制，尤其是向印支地区渗透，企图取代法国在印度支那的地位。法国、英国则希望通过国际协商来解决棘手的印度支那问题。

1953 年 9 月 28 日，苏联政府照会法、英、美三国政府，提议召开有中华人民共和国参加的五大国外长会议，审查缓和国际紧张局势的措施。10 月 8 日，周恩来外长发表声明，表示完全赞同苏联政府这一建议，因为在第二次世界大战之后，法国、英国、美国、苏联和中华人民共和国五大国，对于解决和平与国际安全的重大问题，负有特别重要的责任。1954 年 1 月 9 日，周恩来外长再次发表声明，指出：亚洲方面一些迫切的国际问题，正如欧洲方面一些迫切的国际问题一样，已经发展到了必须由各有关大国举行协商来加以审查和解决的阶段。我们认为，由即将在柏林召开的四国外长会议，导向有中华人民共和国参加的五大国会议，来促进迫切的国际问题的解决，将会有利于缓和国际紧张局势及保障国际的和平与安全。

1 月 25 日，苏联外长莫洛托夫在柏林四国外长会议上再次提出召开五大国会议的建议。但美国国务卿杜勒斯却声称："美国不同意参加有中共侵略者在内的五大国会议来一般地讨论世界和平问题。"当时英、法都希望召开这一会议讨论解决印度支那问题。美国后来不得不改变态度，表示美国政府不赞成同中国谈判有关世界安全或缓和东亚和其他地区的紧张局势的一般问题,但同意讨论特定或特殊的问题,如果有其他有关方面也参加的话。

2月18日,柏林四国外长会议在苏联代表团的努力下达成一致协议:由苏联、美国、法国、英国、中华人民共和国及其他参加朝鲜战争并愿意参加会议的国家的代表于1954年4月26日在日内瓦举行会议,"以期对朝鲜问题取得和平解决"。同时,"还要讨论恢复印度支那和平的问题",届时将邀请五大国及其他有关国家的代表参加。中国政府收到苏联根据柏林会议协议发来的邀请后,即复电接受邀请,"同意派出全权代表参加日内瓦会议"。

日内瓦会议是中华人民共和国成立以来第一次以五大国的地位参加的重要国际会议,中共中央对此十分重视并做了充分的准备,对有可能或应争取解决的问题及采取何种策略等,都作了专门的研究。1954年3月2日,中共中央书记处会议原则批准周恩来提出的《关于日内瓦会议的估计及其准备工作的初步意见》。周恩来分析了美英法三国在朝鲜以及在许多国际问题上的意见并非完全一致,有时矛盾很大,其内部困难很多,为此,中国"应该采取积极参加日内瓦会议的方针,并加强外交和国际活动",打破美国政府的"封锁、禁运、扩军备战的政策,以促进国际紧张局势的缓和"。在日内瓦会议上,即使美国将用一切力量来破坏各种有利于和平事业的协议的达成,"我们仍应尽一切努力务期达成某些协议,甚至是临时性的或个别性的协议,以利于打开经过大国协商解决国际争端的道路。"①

3月29日,周恩来同前来北京的胡志明主席商谈了和平解决印度支那问题的方案。4月上旬,周恩来两次赴莫斯科,出

---

① 《周恩来年谱(1949—1976)》上卷,中央文献出版社1997年版,第356页。

席有苏联、中国、朝鲜、越南四国领导人参加的日内瓦会议预备会议，磋商参加日内瓦会议的方针、策略和谈判方案等问题，进一步明确尽力争取在印度支那实现停战。针对认为日内瓦会议可能根本解决不了什么问题的一种看法，周恩来指出：既然中国、朝鲜、越南一齐都出席了这次国际大会，这件事本身的意义就不同寻常，就是一种胜利。并且我们可以利用这次国际会议的机会阐明我们对各项问题所持的原则立场和我们的政策方针，对有关事态作出声明解释和澄清，这是一种政治收获，如果工作进行得顺利，能阐明和解决某些问题，那就是很有益的收获了。

4月19日，中央人民政府主席毛泽东任命周恩来总理兼外交部长为出席日内瓦会议的中华人民共和国代表团首席代表，张闻天、王稼祥、李克农为代表。在出国前的准备中，周恩来在中国代表团全体成员会议上说：中国是一个大国，到日内瓦是参加一个正式的国际会议，我们是登国际舞台了，因此要唱文戏，文戏中有武戏，但总归是一个正规戏、舞台戏。有几个兄弟国家参加，要配合，要有板有眼，都要合拍，又是第一次唱，所以还是要本着学习的精神。

4月20日，周恩来率中国代表团赴瑞士参加日内瓦会议。中途飞抵莫斯科短暂停留时，周恩来听取了苏联外长莫洛托夫等介绍外交工作经验，并偕王稼祥同马林科夫、赫鲁晓夫、胡志明进一步商谈越南问题。

4月24日，周恩来一行经柏林飞抵日内瓦。周恩来外长在机场发表声明指出：日内瓦会议"将要讨论和平解决朝鲜问题和恢复印度支那和平问题。亚洲这两个迫切的问题，如果能够获得解决，将有利于保障亚洲的和平，并进一步缓和国际的紧张局势"。中国代表团"抱着诚意来参加这个会议"，"并热烈地期望着会议的成功"①。

（二）促进印度支那问题的和平解决

1954 年 4 月 26 日，日内瓦会议在国际联盟大厦开幕。会议第一阶段讨论朝鲜问题。参加讨论的除五大国和朝鲜南北双方外，还有参加朝鲜战争的澳大利亚、比利时、加拿大、哥伦比亚、阿比西尼亚（埃塞俄比亚）、希腊、卢森堡、荷兰、新西兰、菲律宾、泰国和土耳其的代表。讨论持续到 6 月 15 日，历时51 天。

周恩来总理兼外长率中国代表团出席会议，力求会议对和平解决朝鲜问题取得成果。然而，美国和南朝鲜从会议一开始就采取顽固阻挠会议达成任何协议的立场。会议内外的斗争异常尖锐、复杂。

4 月 27 日，朝鲜民主主义人民共和国外务相南日在发言中提出和平解决朝鲜问题的方案：一是"举行国民议会的全朝鲜选举，以组成朝鲜统一政府"；二是"一切外国武装力量，在六个月内撤出朝鲜"；三是"要创造条件以促使尽速完成以和平方式把朝鲜统一成为一个统一的、独立的、民主的国家的任务"。南朝鲜代表卞荣泰却提出：由联合国监督，在北朝鲜举行自由选举，选举南朝鲜议会中留给北朝鲜代表的约 100 个席位，并要求美国军队继续留在南朝鲜。这种主张，无异于南朝鲜挟美军武力吞并北朝鲜。

4 月 28 日，周恩来外长发言，全面阐述了中国政府对亚洲问题，特别是朝鲜问题和印度支那问题的立场。他严正指出：美国在亚洲的"侵略行动应该被制止，亚洲的和平应该得到保证，亚

---

① 《周恩来年谱（1949—1976）》上卷，中央文献出版社 1997 年版，第 363 页。

洲各国的独立和主权应该得到尊重，亚洲人民的民族权利和自由权利应该得到保障，对亚洲各国内政的干涉应该停止，在亚洲各国的外国军事基地应该撤除，驻在亚洲各国的外国军队应该撤退，日本军国主义的复活应该防止，一切经济封锁应该取消"。他强调说："我们尊重各国人民的选择和维护他们自己的生活方式和国家制度而不受外来干涉的权利；同时，我们也要求其他国家用同样的态度对待我们，只要世界各国都遵守这些原则，我们认为，在不同的社会制度下的世界各国是可以和平共处的。"

美国国务卿杜勒斯在同日的发言中，表示支持南朝鲜的建议，要求实现所谓联合国统一朝鲜问题的决议，即由美国控制的"联合国朝鲜统一复兴委员会"干预朝鲜选举，并反对同时从南北朝鲜撤出一切外国军队。5月3日，周恩来外长在会议上发言，驳斥了美国代表及其追随者反复提出的荒谬论点。他义正词严地指出：美国发动武装干涉朝鲜的战争后，操纵联合国"非法地追认了美国的这一侵略行动，这就将联合国置于朝鲜战争中交战一方的地位，因而使它失去了公平处理朝鲜问题的资格"。此后，联合国又批准了美国扩大侵略朝鲜战争和统治全朝鲜的计划，对中国控诉美国侵占中国台湾的行为置之不理，"这些情况严重地破坏了联合国的威信，并使联合国丧失了处理朝鲜问题和其他亚洲问题的道义的力量"。所以，美国代表硬要朝鲜人民执行联合国的非法决议，同意联合国监管朝鲜的选举，"岂非无理之至"！①

由于美国坚持无理主张，对朝鲜问题的讨论陷入僵局。在其后几次继续讨论朝鲜问题的全体会议上，尽管以周恩来为首的中国代表团和苏联、朝鲜代表团为巩固朝鲜半岛和平及和平解决朝

---

① 《周恩来年谱（1949—1976）》上卷，中央文献出版社1997年版，第364页。

鲜统一问题做了不懈的努力，但由于美国根本不打算从朝鲜撤军，根本不想和平解决朝鲜问题而再三进行阻挠，日内瓦会议关于朝鲜问题的讨论在没有达成任何协议的情况下被迫结束。和平解决朝鲜问题因此悬而未决。

日内瓦会议第二阶段讨论恢复印度支那和平问题。参加讨论的有中、苏、英、法、美、越南民主共和国、越南共和国（即南越）、老挝王国和柬埔寨王国。越南民主共和国范文同外长提出邀请老挝寮国抗战政府和柬埔寨高棉抗战政府派代表参加，得到中国和苏联代表团的支持，其他国家代表团则反对，致使两个抗战政府未能被邀请出席会议。但它们仍各派代表来到日内瓦，在会外积极进行活动。

印度支那问题牵涉的矛盾及各方关系极为复杂。首先是法国同印支三国抗法武装——越南民主共和国人民军、寮国抗战部队和高棉抗战部队之间的矛盾。其次是法国同美国的矛盾，当时法国想体面地摆脱印支战争的泥淖，重返欧洲；美国却鼓动法国接受其直接军事援助，或由美国接过军事指挥权，以便在必要时对中国采取海空军事行动。美国的主张与法国的要求是相矛盾的。英国为保住其在南亚的利益不受美国排挤，基本上与法国采取相同立场。另外，还有印支三国六方之间的矛盾，即作为"法兰西联邦"成员国的越南共和国、老挝王国、柬埔寨王国的政府，分别与越南民主共和国政府及老挝、柬埔寨抗战政府之间的矛盾。这种矛盾属于各国内部的阶级矛盾，但矛盾各方在争取民族独立问题上又有共同点。中国代表团仔细分析上述各种矛盾，在会议期间积极寻求机会，力争推动在印度支那实现停战。

5月7日，越南人民军在中国军事顾问团的帮助下，取得抗法战争的重大胜利——奠边府大捷，歼灭法军16万余人，给法国以巨大的打击，朝野为之震动。奠边府的解放，迫使法国政府不得不同意从8日开始在日内瓦会议讨论印度支那问题。中国代表团抓住这个有利时机，积极开展双边和多边外交活动，推动有关各方朝着解决问题的方向迈进。

周恩来外长先与越南代表商议，宣布释放奠边府战役中俘获的对方重伤员，以争取谈判的主动；又会见前来拜访的英国外交大臣艾登，阐明印支问题的解决必须对双方都是公平合理和光荣的，希望英国多做些工作，使各方了解谈判必须是双方平等进行的；并出席中、苏、越三国代表会议，确定讨论有关问题的原则为：必须反对对方将柬埔寨、老挝问题作为单独问题解决；政治问题与停战问题必须同时解决，但可以先讨论停战问题；法国在印度支那停止敌对行动的同时，美国也必须停止运送武器、弹药到印支地区。

然而，要真正实现印度支那的和平还有诸多困难。障碍不仅来自法国主战派，更主要的来自美国的破坏和干扰。美国眼见法国的势力衰退，企图通过参与对印支的武装干涉，逐步取代法国在印度支那的地位，因而不希望日内瓦会议在印支问题上达成协议。在日内瓦会议召开前不久，美国国务卿杜勒斯公开鼓吹对印度支那采取"联合行动"，策动组织东南亚和西太平洋的军事集团，并向中国提出"联合警告"，如果中国不停止对"越盟"的援助，就对中国海岸采取海空军事行动。在日内瓦会议内外，美、法代表互相串联，四处活动，肆意挑拨印支三国的关系，煽动老挝、柬埔寨王国的代表反对越南和中国，致使印支问题讨论了20多天，未能取得实质性进展。

周恩来和中国代表团成员深入分析研究印支形势的变化，认为胡志明领导的越盟经过八年抗战，武装力量不断壮大，较好地体现了民族解放与人民革命两重性的结合；而在老挝和柬埔寨，王国政府仍是大多数人心目中的合法政府，并得到世界30多个国家的承认，人民革命力量较弱。对这两个国家的外交政策，必须掌握既有利于人民抵抗运动，又严守革命不能输出的原则，应鼓励老、柬的中立倾向，团结它们共同反帝。为此，周恩来还亲自宴请老挝和柬埔寨代表团成员，推心置腹地同他们交谈，耐心地解释中国的外交政策和恢复印度支那和平的主张，促使老、柬代表团转变态度，支持中国提出的合理方案。

经与苏联、越南代表团反复研究，周恩来外长在 5 月 27 日的会议上，提出中国代表团关于在印度支那停止敌对行动的第一个建议，其核心要点是：交战双方的一切武装力量"在印度支那全境同时实现完全的停火"；双方就各自占领区的区域调整、军队转移及可能发生的其他有关问题，开始谈判；对停止敌对行动协定的履行，由双方司令部代表组成联合委员会进行监督，并应由中立国委员会进行国际监督。

中国代表团的这个建议，促使有关各方求同存异，达成一定谅解，于 5 月 29 日形成日内瓦会议的第一个决议"为了促使敌对行动早日和同时终止"，交战"双方司令部的代表应即在日内瓦会晤"，"研究在停止敌对行动后军队的部署问题"，并"应尽快向会议提出建议和报告"。这一决议的通过，为日内瓦会议处理印度支那问题打下良好的基础。6 月 2 日，越南人民军总司令部的代表同法国远征军总司令部的代表在日内瓦举行第一次会议。

在关于印度支那问题谈判的 75 天进程中，主要讨论了停战后交战双方武装力量划分集结区问题；老挝和柬埔寨问题如何同越南问题区别对待问题；停战的监督与保证问题以及印支三国的政治前途等问题。

关于老挝和柬埔寨的停战问题，双方争论的焦点是：越南民主共和国提出，老挝和柬埔寨的问题应作为整个印度支那问题的一部分加以考虑，必须根据同样的原则、方法和程序，同时在印支三国停止敌对行动，恢复和平。中国和苏联也同意这个观点。老挝、柬埔寨王国的代表则认为，两国还存在越南军队"入侵"

的事实，对这两个国家的停战问题必须单独处理。老挝王国的代表甚至认为中国支持越南，越南代替中国侵略了他们。为了消除误会，中国代表团特意请来老挝、柬埔寨王国的代表，深入了解实际情况，及时修改了对策。

在5月27日的会议上，周恩来提出一个折衷方案，即：印支三国必须同时停火而没有例外，但"关于双方军队集结地区，也就是双方地区调整问题，印度支那三个国家的情况不完全相同，因而在双方地区调整原则确定之后，还要根据三国的具体情况加以实施，因而解决的办法也会有所不同"。在折衷的基础上，会议决定把两个问题分开解决，由越、法双方军事代表谈判越南问题，外长会议继续讨论老挝和柬埔寨问题。

印度支那问题的复杂性在于，在解决问题时应该考虑各国的具体情况，同时三国的问题也不能截然分开，应该联系起来才能得到适当的解决。基于上述认识，周恩来于6月16日提出关于老挝和柬埔寨问题的六项建议，其要点为：老挝、柬埔寨境内敌对行动的停止将与越南敌对行动的停止同时宣布；交战双方司令部的代表就有关老、柬境内停止敌对行动的问题在日内瓦并在当地开始直接谈判；敌对行动停止后即不许从境外运入新的任何部队和人员以及武器和弹药，但可照顾两国自卫的需要。

周恩来的建议抓住了"撤退一切外国军队"，包括撤退可能进入老挝、柬埔寨的越南军事志愿人员这个关键。就是说，在军事方面，应承认有本地的抵抗部队，也承认过去有越南志愿军在老、柬作战，有的已经撤出，如果现在还有，应按照撤退一切外国军队的办法处理。这样，老挝、柬埔寨便可避免因越南的军事介入而使国内政治问题不能达成协议，从而使战争继续打下去的危险。中国政府宣示"革命不能输出"的务实态度，有利于化解老、柬王国的误会。同时，也促使印支三国抗法武装力量认识到，当前首要的问题，是通过会议使三国的独立得到国际承认。

有了这个前提，即应在不损害根本原则的情况下，尽可能地谋求国内政治的和解，争取国内协议的达成，这是符合印支三国人民根本利益的。

从另一方面看，中国不能看到老挝、柬埔寨成为美国的军事基地来威胁中国的安全而置之不问。中国愿意看到老、柬成为像印度那样的东南亚型的国家，愿与之和平共处。这样对法国、英国也是有利的。正因为如此，在接下来讨论印支问题的会议发言中，除美国代表团外，所有与会国代表团都认为周恩来16日提出的建议是富有建设性和协商精神的。在此建议的基础上，有关各方在老、柬问题上走向和解的最大障碍得到排除。经双方主要国家往返数次协商，双方在会下就老、柬问题的协议取得一致意见。6月19日，会议达成《关于在柬埔寨和老挝停止敌对行动的协议》。

关于划分军事集结区问题，由于牵涉到交战双方的战略利益和军队的移动，谈判拖延的时间最长。争论的焦点在于：越南民主共和国主张在北纬13度至14度线之间划界，法国则主张在北纬18度线划界，双方意见相距甚远。

这时，法国因在奠边府战役中遭受惨败，国内反战情绪高涨，在一片反战浪潮之中，主战的拉尼埃—皮杜尔政府倒台，国民议会通过停止印支战争的决议。6月17日，法国民议会授权主和派的孟戴斯—弗朗斯组阁新任总理，他表示"将竭尽一切力量达成印度支那的和平"，并自兼外长率代表团赴日内瓦，寻求法、越直接谈判。英国也表现出积极的和解精神。许多国家的政府尤其是亚洲国家政府表现了对解决印度支那问题的积极态度。

利用法越进行军事谈判和各国外长回国的短暂空隙，周恩来外长进行了繁忙的穿梭外交。6月23日，周恩来飞到瑞士伯尔尼，同孟戴斯-弗朗斯会晤，询问法国新政府关于实现印度支那停战的方案，并表明：在印度支那问题上，我们的条件就是和平，就是反对美国干涉，不让美国把战争国际化，反对美国在印度支那建立军事基地。除此之外，没有别的条件。两位总理兼外长坦诚交换意见，促进了双方的信任与理解。这次会晤，促使孟戴斯-弗朗斯在 7 月 17 日英法苏三国外长会谈时，表示可以在划定分界线及确定越南普选日期上作出让步。

6 月 24 日，周恩来应邀访问印度、缅甸，向两国领导人通报了日内瓦会谈的情况，并就如何争取和平广泛地交换了意见。7 月 3 日，周恩来返回国内，在广西柳州同胡志明等越南领导人会谈，形成关于谈判的底案：在越南的临时军事分界线，可先退让到 15 度线，力求在 16 度线上达成协议，如谈判陷于僵持，越方可再作退让；在老挝，争取把靠近中国和越南的两个省划为抗战力量的集结区；政治解决柬埔寨问题。

与胡志明会谈结束后，周恩来于 7 月 7 日赶回北京，当晚在毛泽东处召开中央政治局扩大会议。周恩来报告了日内瓦会议及他最近访问印度、缅甸和举行中越两党高级会谈的情况。周恩来说，在日内瓦会议上，我们采取的方针是联合法国、英国、东南亚国家、印度支那三国，即团结一切可以团结的国际力量，孤立美国，并限制和打破美国扩大其世界霸权的计划，其中关键的问题是促进印度支那的和平。根据既定方针，中国、苏联和越南代表团在会议上要努力实现印度支那停战。两个月来的会议取得了若干成就，使国际紧张形势缓和了一步，使美国扩大世界霸权的计划受到阻碍。照现在的趋势，实现印度支那停战的可能性是大了，是要达成协议的。

毛泽东赞赏周恩来的报告很好，同意他提出的方针并批准过去两个多月的活动。毛泽东说，我们参加这次会议的方针是正确的，活动是有成绩的，该让步的应该让，该坚持的应坚持，就可以达到孤立少数（美国），团结多数。今后继续这个方针，抓紧问题，估计可以达成协议。刘少奇对周恩来的报告作最后总结，指出中央对周恩来在日内瓦会议上的外交活动表示满意，并应作出决定，批准中国代表团在日内瓦的工作和今后的方针。

7月9日，周恩来乘飞机再赴日内瓦，途经莫斯科，又同苏联领导人进行会谈。双方一致认为，美国正极力拉拢法国主战派，对意在求和的孟戴斯-弗朗斯施加压力，企图破坏日内瓦会议。如果在划分集结区问题上坚持法国难以接受的条件，易为美国所乘，法国主战派势力又会抬头，这对解决印支问题不利，对越南民主共和国也不利。为此，应该提出公平合理的、能够为法国新政府所接受的简单明确的条件，迅速达成恢复印度支那和平的协议。10日晚，周恩来致电毛泽东、刘少奇，介绍了与苏方会谈情况，再次指出：现在从各方面情况看，以16度线为界，再加上土伦港（即砚港）供法方暂时使用和9号公路容许老挝进出的条件，是大体可以达成协议的。

7月12日，周恩来返回日内瓦后，当晚同越南民主共和国代表团举行会谈，以便在谈判立场上达成完全一致。周恩来耐心地劝说范文同，越方在划线问题上要从客观现实出发，特别要考虑到美国的干涉是不可避免的。在16度线附近划界，越方有个向北撤军问题，但和平首先有利于越南北方的经济发展，可以争取法国，争取英联邦各国，争取东南亚各国，削弱好战分子的力量。为了长远的利益，有时不得不牺牲眼前的利益。经过耐心细致的劝说，终于使越方和法方在临时分界线问题上的主张，从原来相差5个纬度，缩小到相差2个纬度，即越方的16度线和法方的18度线。这就为日内瓦会议最后达成和平解决印度支那问题的协议打开了通道。

7月18日至19日，中国代表团与英国代表团交换意见。英国表示：9号公路位于17度线以南不远，是沟通越南中部和老挝的战略通道，法国绝不会放弃；靠近16度线附近的砚港，是重要的军事基地和出海口，法国也坚持不放弃，但孟戴斯-弗朗斯暗示，愿意以越南的普选日期定在 1956 年内的"政治上让步"作为交换。经过反复协商，越、法关于划分军事集结区的谈判终于 7 月 20 日达成协议，两集结区以北纬 17 度线南，9 号公路北的六滨河（又名贤良河）为界。

以周恩来为首的中国代表团卓有成效的工作，推动会议迈出了具有实质意义的一步。7 月 21 日，日内瓦会议终于达成最后协议，包括九国代表参加的关于恢复印度支那和平的最后宣言和由老挝王国、柬埔寨王国及法国政府分别发表的 6 个声明作为附件，三国交战双方还在同日发表了停止敌对行动的协定。这一系列文件，规定印支三国实现停火；法国军队限期从印支三国撤走；与会国保证尊重越、老、柬三国的民族独立、主权、统一和领土完整；并在《日内瓦会议最后宣言》中对上述各协定、声明予以确认和支持。从此，法国在印度支那的殖民统治宣告结束，印度支那三国的民族独立得以实现，印度支那基本恢复和平。

美国政府没有在《日内瓦会议最后宣言》签字，只是单独发表声明宣称：美国将不使用威胁或武力去妨害这些协定和条款的执行。同时又声称："美国将充分关切地注视违反上述协定的任何侵略的再起，并认为这是严重威胁国际和平和安全的。"美国政府的这个声明，为它以后扩大对印度支那的军事干涉埋下了伏笔。

日内瓦会议的成功，是印度支那三国人民争取民族独立斗争取得的重大胜利。中国代表团为实现印支和平所作的关键性努力，得到各国代表的公认和称赞，中国在协商处理国际事务中的地位和作用得到充分体现和切实加强。印度支那和平的恢复，使国际形势自朝鲜停战后得到进一步缓和，为亚洲与世界和平作出了贡献。同时，也使美国从南部向中国的军事逼近受到挫折，巩固了中国南部国防安全，为中国的经济建设提供了比较有利的国际和平环境。

二、谋求不同社会制度国家的和平共处

（一）首倡和平共处五项原则

新中国的建设与发展，需要同周边国家建立友好的睦邻关系。这些邻近国家，大都是第二次世界大战以后新兴的民族独立国家，与中国有过同样的历史命运，都面临着维护本国政治独立、努力发展民族经济的任务。由于意识形态的差异和西方国家的影响，这些国家对选择了社会主义的新中国存有疑惧，有的还与中国存在一些历史遗留问题。为此，中国把改善和发展同新兴民族独立国家的关系，作为外交工作的一项重要任务，注意慎重处理同这些国家关系中现实的与历史的矛盾问题，消除它们对新中国的误解，增进相互间的信任，并在改善与发展相互关系过程中，摸索和总结出一套适合于与不同社会制度国家交往的基本方针和原则。

中国和印度是毗邻的两个亚洲大国，并且都是通过长期的反帝反殖斗争获得独立和解放的。印度是第一个同新中国进行建交谈判的国家，它首先断绝同国民党残余集团的关系，承认中华人民共和国政府为中国唯一合法政府，承认台湾是中华人民共和国不可分割的一部分，并主张恢复中华人民共和国在联合国的合法权利。1950年4月，印度在民族主义国家中第一个同新中国建立外交关系。此后，印度在联合国每年都提出恢复中华人民共和国合法席位的提案，认为美国把中国拒之于联合国门之外是错误的，将使西方与中国的关系成为一种灾难。在朝鲜问题、台湾问题及一些重大国际问题上，印度同中国密切配合，一向保持和平中立倾向。因此，我国一直把同印度建立和发展长期友好合作关系，作为实行睦邻外交政策的一个重点。

从另一方面看，由于中印两国近代的历史经历不同，社会和政治制度不同，中印关系发展中既有互利合作、互为友好邻邦的一面，又有一些悬而未决的历史遗留问题。印度与中国西藏地区接壤，英国在其长期的殖民统治中，曾以印度为基地向中国西藏地方不断渗透，企图把西藏从中国分裂出去，并在中印边界制造争议地区。印度独立后，曾想继承过去英国在西藏的一些特权，保持在西藏的特殊地位和影响。在中国解放西藏问题上，印度曾采取过反对和阻挠的态度，借机将其北部边界由原争议区不断向西藏境内扩张，企图片面造成既成事实，并照会中国政府要求继承英国以往在西藏地方的所谓权益。对此，中国一方面坚决维护自己的主权和领土完整，另一方面尽力避免损害同印度的友好关系，致力于在两国之间建立一个双方约定、共同遵守的相互关系的准则。

1952 年 2 月，印度政府向中国政府送交一份《关于印度在西藏利益现状》的备忘录，共开列包括在西藏地方派驻外交使团、商务代表处、开设邮政及电讯机关、驻军和朝圣等七个方面的权利。对于印度开列的这些权益所涉及的一些原则问题，周恩来总理于 6 月 14 日向印度驻华大使潘尼迦指出："中国同印度在中国西藏地方关系的现存情况，是英国过去侵略中国过程中遗留下来的痕迹。对于这一切，新的印度政府是没有责任的。英国政府与旧中国基于不平等条约而产生的特权，现在已不复存在了。因此，中印两国政府在中国西藏的地方关系要通过协商重新建立起来，这是应该首先声明的一个原则。"① 随后，印度政府接受中国政府的建议，将印度过去留在拉萨的代表团改变为印度驻拉萨的总领事馆，同时，根据对等的原则，同意中国政府在孟买设立

---

① 《周恩来年谱（1949—1976）》上卷，中央文献出版社 1997 年版，第 242 页。

总领事馆。这就为解决双方在中国西藏地方的关系问题迈出了第一步。

1953 年 6 月 5 日，周恩来总理在一次外事工作会议的报告中指出：今天国际上的主要矛盾是和平与战争问题。我们主张通过和平协商解决一切国际纠纷，对方则主张用战争来解决。如果战争来了，我们毫不畏惧，敢于抵抗，而且一定能够击败战争挑拨者。朝鲜战争的事实已经证明得很清楚。"这是因为我们政策的基本点是敢于在制度不同的国家间实行和平共处和和平竞赛"①。这表明，随着朝鲜战争的基本结束，中国外交政策的侧重点开始转向如何在不同制度的国家间建立和平共处关系上来，并首先向印度政府建议就中印两国在西藏地方的关系问题在北京举行谈判。

印度政府代表团于同年 12 月底到达北京。12 月 31 日，周恩来在接见印度代表团时指出，新中国成立后就确定了处理中印两国关系的原则，那就是"互相尊重领土主权、互不侵犯、互不干涉内政、平等互惠和和平共处的原则"②。周恩来强调，在两个大国之间，特别是中印这样两个接壤的大国之间，只要根据这些原则，任何业已成熟的悬而未决的问题都可以拿出来谈。这是中国政府在特定的完整意义上，首次提出和平共处五项原则的基本内容。

经过双方的共同努力，中印谈判在 1954 年 4 月达成《中印关于中国西藏地方和印度之间的通商和交通协定》及有关换文。在协定的序言中，明确把和平共处五项原则定为指导两国关系的准则。协定和换文清除了过去英国侵略西藏过程中遗留的痕迹，规定印度在亚东和江孜的武装卫队全部撤退；印度在中国西藏地

---

① 《周恩来外交文选》，中央文献出版社 1990 年版，第 62 页。
② 《周恩来选集》下卷，人民出版社 1984 年版，第 118 页。

方经营的邮电企业及其设备和驿站移交中国；还确定了依据平等互利的原则促进中国西藏地方和印度之间的通商贸易以及便利两国人民互相朝圣和往来的各项具体办法。这样就妥善地解决了中印两国在中国西藏地方所面对的某些历史遗留问题。这是运用和平共处五项原则解决国与国之间问题的第一个范例。

1954 年 6 月 25 日至 29 日，周恩来利用日内瓦会议休会时间，先后访问了印度和缅甸，并发表《中印两国总理联合声明》和《中缅两国总理联合声明》。在这两个联合声明中，都明确写入了和平共处五项原则，有关双方一致同意以这些原则作为指导相互关系的原则，并认为在与亚洲以及世界其他国家的关系中"也应该适应这些原则"。对于国家间不同意识形态问题，上述联合声明作了客观的阐释："各国人民都应该有选择他们的国家制度和生活方式的权利，不应受到其他国家的干涉。革命是不能输出的，同时一个国家的人民所表现的共同意志也不应允许外来干涉。"基于相互达成的共识，联合声明倡议和平共处五项原则"不仅适用于各国之间，而且适用于一般国际关系之中"，这将形成和平和安全的坚固基础，社会制度不同的国家的和平共处就有了保障。

7 月 7 日，在周恩来回到北京向中央政治局报告日内瓦会议及访问印、缅情况的会议上，毛泽东从很广阔的视角阐述国际问题说：现在总的形势是美国相当孤立。东南亚、印度支那的问题解决之后，美国的孤立要继续发展。整个形势比过去大为好转。缓和紧张局势，不同制度可以和平共处，这些由社会主义国家提出的原则，已逐步被一些西方国家所接受。资本主义世界是很不统一、四分五裂的。美国现在主要的目的还是整从日本到英国这个中间地带，那里的国家被整得哇哇叫。毛泽东指出，现在我们的外交工作不仅是门要关死不可能了，而且需要利用现在有利的局势"走出去"，同许多国家，譬如英国、法国等这一类帝国主义国家，印度、缅甸等这一类殖民地国家，甚至于泰国这样的国家进行外交工作。毛泽东还说，不同的制度是可以和平共处的，应该把思想体系上的分歧和政治上的合作分开来，思想体系上的分歧不应该妨碍一国与另一国在政治上的合作。①

中国在处理国与国的关系中首倡和平共处五项原则，主要是为了在此基础上发展同世界各国、首先是同新兴民族主义国家的友好合作关系。在二次大战以后及朝鲜战争期间，许多民族主义国家以和平中立立场，形成一种新型国际政治力量。它们一般承认社会主义国家的存在，并抱有同社会主义国家发展友好关系的愿望。这样，就有了在国际关系中维持和平共处的客观形势。随着日内瓦会议后国际形势逐渐由紧张转向缓和，和平共处五项原则在一般国际关系中得到初步运用，并逐渐成为不同社会制度的国家之间的一种共同需要。根据形势的发展，毛泽东在会见不同社会制度国家访华代表团的谈话中，从多方面阐述了和平共处五项原则，并强调五项原则应推广到所有国家的关系中去。

1954 年 8 月 24 日，毛泽东在同英国工党代表团的谈话中，针对英国同中国及中国所代表的社会主义能不能和平共处的提问，明确地回答说：我们认为，不同的制度是可以和平共处的。这里发生一个问题，难道只能和这种社会主义共处，不可以和别的事物共处吗？和非社会主义的事物，像资本主义、帝国主义、封建王国等能共处吗？我认为，回答是肯定的，只需要一个条件，就是双方愿意共处。毛泽东进一步阐明，有两个基本条件使我们完全可以合作：一是都要和平，不愿打仗；二是各人搞自己的建设，因此也要做生意。和平、通商，这总可以取得同意的。②

---

① 参见宫力的《毛泽东外交风云录》，中原农民出版社 1996 年版，第 96—97 页。

② 参见《毛泽东外交文选》，中央文献出版社 1994 年版，第 161 页。

同年 10 月，毛泽东在同来华访问的印度总理贾瓦哈拉尔·尼赫鲁的谈话中，强调应当把和平共处五项原则推广到所有国家的关系中去。他指出：我们两国人民对互访的两国领导人所表示的欢迎，说明他们着重的不是思想和社会制度方面的不同，而是我们的共同点。我们在合作方面得到一条经验：无论是人与人之间、政党与政党之间、国与国之间的合作，都必须是互利的，而不能使任何一方受到损害。如果任何一方受到损害，合作就不能维持下去。国与国之间不应该互相警戒，尤其是在友好的国家之间。凡是足以引起怀疑、妨碍合作的问题，我们都要来解决，这就能达到五项原则中的平等互利。①

12 月，毛泽东在会见来访的缅甸总理吴努时指出：五项原则是一个大发展，还要根据五项原则做些工作，我们应该采取些步骤使五项原则具体实现，不要使五项原则成为抽象的原则。现在世界上有两种态度：一种是讲讲算了，另一种是要具体实现。英美也说要和平共处，但真正要和平共处，它们就不干了。我们认为，五项原则是一个长期方针，不是为了临时应付的。这五项原则是适合我国情况的，我国需要长期的和平环境。五项原则也是适合亚洲、非洲绝大多数国家的情况的。对我们来说，稳定比较好，不仅是国际上要稳定，而且国内也要稳定。毛泽东还强调说，国家不应该分大小。我们反对大国有特别的权利，因为这样就把大国和小国放在不平等的地位。这是一个基本原则，不是空话。不论大国小国，互相之间都应该是平等的、民主的、友好的和互助互利的关系，而不是不平等的和互相损害的关系。②

---

① 参见《毛泽东外交文选》，中央文献出版社 1994 年版，第 164、168、176 页。

② 参见《毛泽东外交文选》，中央文献出版社 1994 年版，第 186—191 页。

从朝鲜战争结束后中国对外关系的全局来看，和平共处五项原则的提出具有重大的战略意义。它是新中国在国际舞台上开展活动，突破美国的孤立和遏制政策，扩大对外交往的有力武器。从长远发展来看，和平共处五项原则超越社会制度和意识形态，具有法律性和道义性，主张世界各国在相处中互相监督，实行对等的约束和自我约束。它不仅包含了处理国家间政治关系的原则，同时也包含了处理经济关系的内容。从那时起，经过40多年实践的检验，和平共处五项原则不仅成为中国对外政策的基石，也逐渐被国际社会普遍接受。

（二）参加亚非会议的准备

和平共处五项原则的精神，在印度支那问题的政治解决中得到一定的体现，从而逐渐为更多的国家所了解和接受。这一发展趋向，在1955年4月召开的第一次亚非会议上得到进一步的引申和弘扬。

亚非会议的发起和召开顺应了历史的潮流。第二次世界大战后，国际形势发生巨大变化的一个重要特征是民族解放运动的勃兴。到20世纪50年代中期，亚洲、非洲已有30个国家相继冲破殖民体系的枷锁而获得独立。亚非国家独立后，迫切需要一个和平的国际环境，以维护各自的独立主权，建设各自的国家，并发展各国间的经济合作与文化交流。因此，增进相互支持和友好往来，成为当时亚非新兴国家的普遍要求。

1954年3月，印度尼西亚总理阿里・沙斯特罗阿米佐约率先提出召开亚非会议的倡议。4月，南亚五国〔缅甸、锡兰（今斯里兰卡）、印度、印度尼西亚和巴基斯坦〕总理在科伦坡举行会议，讨论了印度支那局势和关于召开亚非会议的建议问题。9月，印尼总理先后访问印度和缅甸，三国总理都认为有必要在近期内举行亚非国家代表会议。同年12月，南亚五国首脑在印度尼西亚的茂物再次举行会议，决定由与会五国联合发起召开亚非会议，邀请包括中华人民共和国在内的 25 个亚非国家参加，并定于 1955 年 4 月在印度尼西亚的万隆举行会议。

茂物会议公报提出亚非会议的目的和宗旨是：一是促进亚非各国的亲善和合作，探讨和促进相互与共同的利益，建立和促进友好与睦邻关系。二是讨论参加会议各国的社会、经济与文化问题和关系。三是讨论对亚非国家人民具有特别利害关系的问题，例如有关民族主义的问题和种族主义及殖民主义的问题。四是讨论亚非国家和它们的人民今天在世界上的地位，以及它们对于促进世界和平与合作所能作出的贡献。南亚五国茂物会议的建议，得到亚非各国的欢迎与支持。除中非联邦外，其余 24 个国家都接受了邀请。

中国虽然没有直接参加亚非会议的酝酿和筹备，但从一开始就给予积极支持，并做出自己的努力。1954 年 6 月，周恩来总理访问印度和缅甸期间，向两国总理明确表示中国赞同召开亚非会议的计划。随后，毛泽东在会见尼赫鲁和吴努时，都明确表示：亚非会议的宗旨是扩大和平区域和反对殖民主义，我们认为这个宗旨很好，我们支持这个会议，如果各国同意，我们希望参加这个会议。这个会议是为了亚非国家的合作，因此也大大有利于世界和平。1955 年 1 月，《人民日报》发表《欢迎召开亚非会议》的社论，指出"中国人民愿意和亚非各国人民一道为促成亚非会议的召开而共同努力。"在会议筹备期间，中国和印尼双方还通过外交途径就会议问题交换了意见，并建议把和平共处五项原则作为会议的指导思想。

4 月 4 日，周恩来向中共中央提出《参加亚非会议的方案（草案）》。方案指出："我们在亚非会议的总方针应该是争取扩大世界和平统一战线，促进民族独立运动，并为建立和加强我国同若干亚非国家的事务和对外关系创造条件。"在和平共处和友好合作方面，"我们的主张是：保障世界和平，维护民族独立并为此目的促进各国间的友好合作。友好合作应该以和平共处五项原则和反对侵略反对战争为基础。""我们主张通过国际协商和缓并消除国际紧张局势，包括台湾地区的紧张局势在内。"在严格区分各国内政和共产主义思想问题上，"亚非会议不讨论共产主义问题是对的，但应在适当场合中，如在仰光会谈中，适当暗示我们赞成不讨论共产主义问题，但并不怕讨论这一问题。应该指出：内政不得干涉，但共产主义思想的影响和传播是无法阻止的；强调革命不能输出，但同时任何一国人民所表现的共同意志也不应允许外来干涉"①。

5日，中共中央举行政治局会议讨论通过了周恩来提出的这个方案。6日，国务院第八次会议通过周恩来提出的参加亚非会议的方针和代表团成员名单：周恩来为首席代表，陈毅、叶季壮、章汉夫、黄镇为代表。

亚非会议是由当时几乎所有亚非民族独立国家参加、第一次没有西方国家参加的国际会议。美国十分惧怕亚非国家与人民的团结和觉醒，极力阻挠亚非会议的召开。在此之前，美国于1954年9月一手策划成立了东南亚条约组织，严重破坏日内瓦会议达成的协议给印度支那地区带来的短暂缓和，把冷战引进东南亚地区。同时，美国还在台湾地区制造紧张局势，加紧同台湾蒋介石当局签订所谓"共同防御条约"的步骤。当茂物会议决定召开亚非会议时，美国又开动宣传机器，故意贬低会议的意义，说这个会议将只是"一个午后的茶会"，"算不得是一件有重大意义的事件"。此外，美国还利用政治拉拢和经济引诱的办法，对一些与会国施加影响，要他们在会上保护美国的利益及东南亚条约组

---

① 《周恩来年谱（1949—1976）》上卷，中央文献出版社1997年版，第460—461页。

织军事集团的利益。

为了达到阻止会议召开的目的，美国把攻击的矛头指向中国，赶在 1955 年 2 月完成了批准美蒋所谓"共同防御条约"的立法程序，以此来威胁和遏制中国，并在亚非国家中孤立中国，不遗余力地挑拨中国与亚非国家的关系，捏造散布中国要"夺取亚非世界领导权"，已对远东"构成了尖锐、迫切的威胁"等谣言和谬论。在万隆会议的前一天，美国国务卿竟反过来要求会议"设法谴责以武力实现国家野心的做法"。美国的意图是，即使阻止不了亚非会议的召开，也要给会议制造种种麻烦和难题，使其"分裂而瓦解"。

1955 年 4 月 7 日，周恩来率中国代表团离京赴广州。代表团租用印度航空公司的"克什米尔公主号"客机，准备经由香港赴印度尼西亚。对周恩来率团参加亚非会议一事，台湾蒋介石集团指使其特务机关密谋暗害周恩来及代表团成员。中国情报部门及时获悉国民党特务策划在中国代表团乘坐的飞机上放置爆炸物的情况。4 月 9 日，周恩来从广州打电话通知外交部，迅即约见英国代办处参赞，将此情况转告香港当局注意，并对将于 11 日赴万隆采访亚非会议的中外记者的安全予以保证。然而，台湾国民党驻香港的特务机关收买启德机场地勤人员，在抵达香港的"克什米尔公主号"机翼上秘密放置了定时炸弹。

4 月 11 日 12 时 15 分，"克什米尔公主号"载着参加亚非会议的中国代表团工作人员、越南民主共和国代表团工作人员及采访会议的中外记者共 11 人，由香港启德机场起飞。5 个小时之后，当飞越沙捞月西北的海面时，机翼右侧突然爆炸起火，机组人员奋力迫降，但机身仍坠入海中，机上人员全部遇难，酿成震惊中外的"克什米尔公主号"事件。事发前，周恩来应缅甸总理吴努约请，准备前往仰光同印度总理、埃及总统等领导人会晤，已同陈毅等代表团成员先行飞抵昆明。台湾国民党集团妄图谋害周恩来的阴谋未能得逞。

这一严重事件发生后，中华人民共和国外交部于 12 日发表声明，指出这绝非一般的飞机失事，而是台湾当局特务机关在美国支持下蓄意制造的谋杀，以实现其破坏亚非会议的阴谋。声明要求英国政府和香港英国当局对这一事件进行彻底查究，将参与阴谋暗害事件的国民党特务分子逮捕法办，以明责任。同时郑重宣告：中华人民共和国代表团一定要同与会各国代表团一起在亚非会议中为远东和平和世界和平而坚决奋斗。美国和台湾统治集团的卑劣行为，只能加强亚洲、非洲和全世界人民争取和平和自由的共同行动。17 日，北京各界举行追悼大会，追悼"四·一一"遇难烈士。"克什米尔公主号"事件在中华人民共和国外交史上写下悲壮的一页。

（三）"求同存异"建立亚非各国的互信

"克什米尔公主号"事件增加了亚非会议前的紧张空气。许多友好国家领导人为周恩来的安全担忧，并关心周恩来能否出席会议。飞机失事的消息传到昆明，周恩来十分悲痛。陈毅等代表团成员及云南省党、政、军领导人劝周恩来不要再去万隆。周恩来泰然回答说：我们是为促进世界和平、增强亚非人民对新中国的了解和友谊去的，即使发生了什么意外也是值得的。在周恩来看来，文仗如武仗，不能无危险，也不能打无准备的仗，一切当从多方考虑，经过集体商决而后行。

4 月 14 日，周恩来按照既定日程，乘印度航空公司"空中霸王号"飞机抵达缅甸首都仰光，同缅甸总理吴努及途经仰光的印度总理尼赫鲁、埃及总统纳赛尔、越南民主共和国总理范文同、阿富汗副首相兼外长纳伊姆汗会晤，就如何开好亚非会议彼此交换意见。周恩来建议在亚非会议上不提共产主义问题，以免引起不必要的争论，致使会议无结果。这个建议获得一致赞同。4 月

16 日，周恩来率中国代表团经新加坡飞往印度尼西亚首都雅加达。第二天，到达亚非会议开会地点万隆。在机场，周恩来发表讲话说：亚非会议一定能克服各种破坏和阻挠，并对于促进亚非国家之间的友好和合作，对于维护亚非地区和世界的和平作出有价值的贡献。

事实上，中国代表团到达万隆后，安全问题依然比较严峻。国民党特务机构在制造"克什米尔公主号"暗害事件后，并没有就此罢休，他们继续策划在万隆会议期间，对周恩来和代表团成员进行暗杀。印尼政府得知后，采取了有力的防卫措施。印尼华侨支援委员会万隆分会的侨胞心系祖国亲人，为帮助中国代表团顺利进行各项活动及保卫周恩来的安全，承担了大量的工作。印尼侨胞对祖国亲人的真挚情谊，感人至深。

4 月 18 日，亚非会议在万隆的独立大厦开幕。参加会议的 29 个国家中，同中国建交的只有 7 个，而接受美国援助的有 21 个。有的国家还加入了美国拼凑的东南亚条约组织、巴格达条约组织和北大西洋公约组织，对中国怀有敌意。由于与会各国的社会制度不同，他们中有不少国家对新中国缺乏了解，心存疑惧。

会议第一阶段是全体会议。从 18 日下午到 19 日，先后有 22 个国家的代表致词，大多数代表的发言都围绕着促进世界和平、经济合作和谴责殖民主义三个题目进行。但是，由于美国在会前会外进行破坏和干扰活动，与会各国在社会制度和意识形态方面的差异使彼此间存在着分歧，有少数代表的发言偏离大会的宗旨，提出"亚非国家当前面临的问题不是反对殖民主义，而是反对共产主义"，指责共产主义是一种"新式的殖民主义"，是"颠覆性的宗教""在阶级和民族之间培育仇恨"，因此不能和共产主义相处。有的代表对国与国之间历史上留下来的边界问题、民族问题等，算老账，互相指责攻击。也有的代表则提出所谓"颠覆活动"和"宗教信仰自由"等问题，影射、攻击中国。这些言论使会议气氛异常紧张，人们担心会议将陷入无休止的争论而毫无结果。

面对会议出现的复杂情况，中国代表团首席代表周恩来表现出非凡的魄力和大国政治家的气度。他在会上仔细听取各种不同意见，冷静分析，思索应对方法。在 19 日上午的会议上，周恩来随机应变，临时决定将原来的发言稿改作书面发言，散发给与会各国代表团。书面发言指出：亚非两洲有这么多的国家在一起举行会议，这在历史上还是第一次。现在越来越多的亚非国家摆脱了或正在摆脱着殖民主义的束缚，虽然如此，殖民主义在这个地区的统治并没有结束，而且新的殖民主义者正在谋取旧的殖民主义者的地位而代之。因此，保障世界和平、争取和维护民族独立并以此为目的而促进各国间的友好合作就不能不是亚非各国人民的共同愿望。大多数亚非国家，包括中国在内，由于殖民主义的长期统治，经济上还很落后。因此，我们不仅要求政治上的独立，同时还要求经济上的独立。争取完全独立是我们大多数亚非国家和人民长期奋斗的目标。

上午的会议结束后，周恩来利用午间休会的短暂时间，起草补充发言稿，回答少数代表对中国的造谣中伤，边写边交给工作人员译成外文。在下午的会议上，周恩来注意把握发言的时机，直到所有发言人差不多讲完的时候，才从容地走上讲坛。这时，全场座无虚席，驻印尼的苏联大使、美国大使、荷兰高级专员等许多国家的外交官都前来列席旁听。

周恩来补充发言中说"中国代表团是来求团结而不是来吵架的"。"我们共产党人从不讳言我们相信共产主义和认为社会主义制度是好的。但是，在这个会议上用不着来宣传个人的思想意识和各国的政治制度"。"中国代表团是来求同而不是来立异的。在我们中间有无求同的基础呢？有的。那就是亚非绝大多数国家和人民自近代以来都曾经受过、并且现在仍在受着殖民主义所造成的灾难和痛苦。这是我们大家都承认的。从解除殖民主义痛苦和灾难中找共同基础，我们就很容易互相了解和尊重、互相同情和支持，而不是互相疑虑和恐惧、互相排斥和对立"①。全场被中国总理兼外长的话深深吸引住了，涌进会场来的人越来越多。

本来，对于美国一手造成的台湾地区的紧张局势，以及中国在联合国所受的不公正待遇，是可以在这里提出谋求解决方案或提出批评的。但是中国并没有这样做，因为这将容易使会议陷入对这些问题的争论而得不到解决。为此，周恩来鲜明地提出"求同求异"方针。他切中主题地指出："我们的会议应该求同而存异。同时，会议应将这些共同愿望和要求肯定下来。这是我们中间的主要问题。我们并不要求各人放弃自己的见解，因为这是实际存在的反映。但是不应该使它妨碍我们在主要问题上达成共同的协议。我们还应在共同的基础上来互相了解和重视彼此的不同见解。"② 这一番话，使两天来笼罩会议的紧张气氛顿时轻松下来。

针对两天来少数代表对中国的误解和指责，周恩来在补充发言中回答和解释了不同的思想意识与社会制度问题、所谓中国没有宗教信仰自由问题以及中国搞"颠覆活动"问题。他指出：第一，在亚非国家中是存在有不同的思想意识与社会制度的，但这并不妨碍我们求同和团结。五项原则完全可以成为在我们中间建立友好合作和亲善睦邻关系的基础。第二，中国是有宗教信仰自由的国家，它不仅有700万共产党员，并且还有以千万计的回教徒和佛教徒，以百万计的基督教徒和天主教徒。我们共产党人是无神论者，但是我们尊重有宗教信仰的人。不同的信仰，并不妨碍中国内部的团结。第三，中国人民为反对殖民主义所进行的斗

① 《周恩来外交文选》，中央文献出版社1990年版，第121页。
② 《周恩来外交文选》，中央文献出版社1990年版，第122页。

争超过一百年，进行民族民主革命斗争也经历了近三十年的艰难困苦的过程，最后才选择了这个国家制度和现在的政府。中国革命是依靠中国人民的努力取得胜利的，决不是从外输入的。我们反对外来干涉，为什么会去干涉别人的内政呢？他真挚地欢迎所有到会的各国代表到中国去参观，什么时候去都可以。最后，周恩来用洪亮的声音说：十六万万的亚非人民期待着我们的会议成功。全世界愿意和平的国家和人民期待着我们的会议能为扩大和平区域和建立集体和平有所贡献。让我们亚非国家团结起来，为亚非会议的成功努力吧！①

周恩来的发言入情入理，获得与会各国代表的普遍赞同，全场响起经久不息的掌声。作为东南亚条约组织成员国的菲律宾外长罗慕洛主动迎上去与周恩来握手，称赞说："这个演说是出色的，和解的，表现了民主精神。"印度总理尼赫鲁说，这是一个很好的演说。缅甸总理吴努说，这个演说是对抨击中国的人的一个很好的答复。美国记者鲍大可在报道中写道"这篇发言最惊人之处就在于它没有闪电惊雷。周恩来用经过仔细挑选的措辞简单说明了共产党中国对这次会议通情达理、心平气和的态度。他的发言是中国以和解的态度与会的绝好说明。他的发言是前两天公开会议的高潮。各国代表团反应强烈"。正因为如此，中国代表团提出的"求同存异"方针，成为引导会议下一阶段绕过暗礁、消除对立和争吵的一个公认的原则。

全体会议后，从 4 月 20 日开始，各国代表分为政治、经济和文化三个委员会，分别进入实质性的讨论阶段。经济、文化委员会很顺利地取得一致意见，政治委员会的争论较大，主要是围绕殖民主义问题及和平共处两个问题。对此，中国代表团充分表

---

① 参见《周恩来外交文选》，中央文献出版社 1990 年版，第 122—125 页。

现出求同存异的精神。周恩来一方面指出：根据和平共处五项原则，社会制度不同的国家是可以实现和平共处的。在保证实施这些原则的基础上，国际间的争端没有理由不能够协调解决。另一方面又照顾大局，坚持同与会各国平等协商。

在讨论和平共处五项原则时，有人不喜欢某些措词或写法，周恩来表示同意修改。他在政治委员会会议上发言说：在座的有些代表说，和平共处是共产党用的名词。那么我们可以换一个名词，而不要在这一点上发生误会。他主动建议：在联合国宪章的前言中有"和平相处"的名词，这是我们应该能够同意的。我们应该能够站在联合国宪章的立场来谋求和平合作。周恩来还指出，现在赞成和平共处五项原则的国家一天天多起来，当然，在座的所有国家的代表不会都同意五项原则的措词和数目。他以和解的态度说：我们认为，五项原则的写法可以加以修改，数目也可以增减，因为我们所寻求的是把我们的共同愿望肯定下来，以利于保障集体和平。

4月23日，周恩来出席各国代表团团长会议，发言说：目前世界的形势的确是紧张的，但是和平并没有绝望。29个亚非国家一致呼吁和平，证明我们所代表的超过世界人口一半以上的人是要和平和团结的，证明和平愿望是得到世界上多数国家和人民支持的，也证明战争是可以被推迟和制止的。因此，我们彼此应该撇开不同的思想意识、不同的国家制度和过去、现在由于参加这一方面或那一方面而承担的国际义务，在亚非地区进行国际合作，求得集体和平。

在会上，周恩来提出中国代表团草拟的"和平宣言"议案，采取各代表团提案中大家都能认同的提法，概括了七条原则：一是互相尊重主权和领土完整；二是互不采取侵略行动和威胁；三是互不干涉或干预内政；四是承认种族的平等；五是承认一切国家不论大小一律平等；六是尊重一切国家的人民有自由选择他们的生活方式和政治、经济制度的权利；七是互不损害。周恩来对这七条逐条做了解释，并指出，如果我们能在这七点基础上，彼此和平相处，就能使和平维持下去。周恩来和中国代表团博采众长、求同存异的真诚精神，赢得了与会国代表们的尊敬，推动了会议顺利进行。

经过与会各国的相互理解与共同努力，亚非会议通过的最后公报提出了关于促进世界和平与合作的十项原则，这实际上是对中、印、缅三国最早倡导的和平共处五项原则的进一步体现和引申。公报对原来五项原则的用词稍加调整，"互相尊重领土主权"改为"互相尊重主权和领土完整"；"平等互惠"改为"平等互利"，形成后来国际通行和公认的表述，即："互相尊重主权和领土完整、互不侵犯、互不干涉内政、平等互利、和平共处"五项原则。

亚非会议取得的胜利，是中国进一步发展同亚非国家友好关系的转折点。中国保卫和平、反对战争和大力支持亚非国家正义斗争的立场，"求同存异""协商一致""不强加于人"的务实态度，为会议所采纳并融为一种万隆精神。在万隆精神鼓舞下，亚非国家作为一支新兴政治力量崛起，在国际事务中日益发挥显著作用，并在战后世界政治格局中，形成由亚非拉美及其他地区一百多个发展中国家组成的第三世界，逐渐成为反对霸权主义，维护世界和平的重要力量。

在亚非会议期间，中国代表团会上与会下密切结合，不拘外交规格，同与会各国代表，不管大国还是小国，已经建交的还是尚未建交的，与中国友好的还是彼此发生争论的，都主动地进行接触。除与印度、印度尼西亚、缅甸等代表团经常协商、密切合作外，还同巴基斯坦、阿富汗、尼泊尔、锡兰、也门、埃及、叙利亚、老挝、柬埔寨、日本、泰国、菲律宾、沙特阿拉伯等尚未建交的国家代表会见和交谈，消除误会，建立信任。尤其是周恩来以顾全大局的崇高品格、谦逊作风和杰出政治家的博大胸怀所体现出的新中国外交风范，增进了亚非各国对新中国的了解，为后来一批亚非国家同中国建立外交关系，发展中国与亚非各国的友好合作打下了良好的基础。

三、中苏友好合作与扩大对外交往

（一）中苏互助合作关系的全面发展

1950 年中苏友好互助同盟条约签订之后，中苏关系进入一个良好发展时期。在政治和国际事务方面，中苏两国一直保持互相支持、密切协调的默契关系。几年来，苏联政府始终在联合国坚持恢复中华人民共和国合法席位的立场，谴责美国武装侵占中国领土台湾的侵略行径，为中国人民抗美援朝战争提供大量武器装备和物资援助，支持中国为反对美台签订"共同防御条约"在台湾地区进行的斗争。同时，在印度支那支持越南的民族独立斗争，在日内瓦会议力促和平解决印支问题，在反对美国单独对日媾和等许多方面，中苏两国都密切配合，协同行动。在世界两大阵营尖锐对立的形势下，中苏同盟对保卫社会主义阵营的安全，反对帝国主义的侵略政策和战争政策，维护亚洲与世界和平起了重大作用。

1954 年 10 月，美、英、法等国签订《巴黎协定》，将联邦德国拉入北大西洋公约组织并允许它建立自己的军队，欧洲局势骤趋紧张。为了维护欧洲的安全与和平，苏联和东欧社会主义国家酝酿缔结友好合作互助条约。11 月，苏联、波兰、捷克斯洛伐克、德意志民主共和国、匈牙利、罗马尼亚、保加利亚和阿尔巴尼亚八国领导人，在莫斯科召开会议进行磋商，对这一条约的原则和组织缔约国联合司令部的问题达成一致的看法。中国政府完全赞同条约草案以及会议所拟定的措施。

1955 年 5 月，苏联、东欧八国在华沙举行会议，缔结了友好合作互助条约，即华沙条约，并成立武装部队联合司令部和政治协商委员会。中国政府派出国务院副总理兼国防部部长彭德怀以观察员身份参加会议。彭德怀在会上发言表示"亚洲的和平和欧洲的和平与安全是分不开的，中华人民共和国的利益同欧洲爱好和平的国家的利益是分不开的"，"中国政府和六亿人民对于这项条约和建立缔约国武装部队联合司令部的决定给予完全的支持和合作"。

为缓和欧洲局势，苏联于 1955 年 1 月宣布结束对德战争状态，9 月同德意志联邦共和国建立了外交关系。中国对此予以响应。同年 4 月 7 日，第一届全国人民代表大会常务委员会第九次会议通过决议，由毛泽东主席发布命令宣布：中华人民共和国同德国之间的战争状态从此结束。两国之间的和平关系应当建立起来。命令说：中华人民共和国坚决支持德意志民主共和国和全德人民以及苏联和所有爱好和平的国家和人民为争取德国和平统一，经过对德和约的缔结，保障欧洲集体安全和维护世界和平的斗争。5 月，苏联同美、英、法签订对奥和约，使奥地利恢复了自由与独立，并获得中立地位。对此，《人民日报》发表社论表示支持对奥和约的缔结。

1953 年 6 月，苏联与南斯拉夫恢复外交关系。1954 年 7 月，周恩来出访莫斯科，苏联领导人赫鲁晓夫向他解释了苏联主动改善苏南关系的政策，承认苏联过去对兄弟党的某些做法不对，并在苏南两党关系问题上作了自我批评。周恩来认为这样做是正确的。嗣后，中国与南斯拉夫于 1955 年 1 月建立外交关系，随后又恢复了两党关系。

这一时期，中苏两国在双边友好合作方面取得显著成绩。1952 年 8 月，周恩来总理率领中国政府代表团访问苏联，与苏联领导人举行会谈，讨论了有关中国与苏联两国关系中重要政治与经济问题。通过会谈，双方决定对中长铁路和旅顺口问题作出处理。

按照 1950 年中苏《关于中国长春铁路、旅顺口及大连的协定》的规定，中长铁路与旅顺口归还期将于 1952 年末届满。中苏发表公报，决定苏联于 1952 年 12 月 31 日前将中长铁路的一切权利无偿地移交给中国政府。1952 年年底，双方代表在哈尔滨签署了完成移交的议定书。关于旅顺口问题，鉴于美国非法与日本单独媾和签订《美日安全条约》，中国政府于 1952 年 3 月向苏方提出延长苏军自旅顺口海军根据地撤退的期限。苏联政府同意中方的要求。同年 9 月，中苏交换了《关于延长共同使用中国旅顺口海军基地期限的换文》。

1954 年 10 月赫鲁晓夫访华，主动表示将旅顺口海军根据地归还中国，双方为此发表联合公报。公报指出：中苏两国政府鉴于朝鲜战争停止和印支和平恢复以来远东形势的变化，并注意到中国国防力量的巩固和两国日趋加强的友好合作关系，决定苏联军队自共同使用的旅顺口海军根据地撤退，并将该地区的设备无偿地移交中国政府。该项工作于 1955 年 5 月 31 日完成。在移交过程中，基地的设备按照协定是无偿的，中国方面要求留下的炮兵重武器则是有偿的。

关于大连问题，原协定规定于中苏对日和约缔结后再处理。实际上在中方的提议下，中苏已于 1950 年年末签订议定书，苏方将大连的行政管理权于 1951 年年初完全移交给中方，从而使大连问题的处理提前得到解决。

1950 年在斯大林的主持下，中苏还签订了关于第三国公民不得进入双方境内某些地区的秘密补充协定。斯大林逝世后，毛泽东曾几次向来华访问的米高扬表示对这个协定不满。1954 年赫鲁晓夫在北京向中国领导人透露，苏方可以考虑放弃这一协定。

1956 年 5 月 10 日苏联政府正式照会中国政府，认为该补充协定已不符合苏中之间现有的友好关系精神，建议加以废除。5 月 29 日中国复照表示同意。

中国政府本着互通有无和共同繁荣的宗旨，积极发展同苏联在经济和科技领域的互助合作。1950 年 2 月，苏联以年息 1% 的优惠条件，向中国提供 3 亿美元贷款，供中国偿付苏联为帮助恢复和发展中国经济而出售给中国的设备和器材，建设第一批 50 个大型工业项目。根据 1950 年 3 月和 1951 年 7 月签订的有关创办中苏股份公司的四个协定，在中国境内开办了中苏新疆石油公司、中苏新疆有色和稀有金属公司、中苏民用航空公司和中苏大连造船公司。当时这些合营公司对中国开发矿源、发展冶金、民航和造船事业起到了积极作用。

由于国际市场上的橡胶受英国控制，为缓解苏联橡胶短缺的困难，1951 年斯大林向毛泽东提出要求中苏合作在中国建立橡胶园。毛泽东答复说，在目前中国的政治条件下，这一合作不宜按照先前成立的中苏四个合股公司的方式进行，建议由苏方提供贷款及技术，由中方经营，以其产品作为偿付苏联的贷款。双方决定按照毛泽东的意见，于 1952 年 9 月 15 日签订了关于在中国种植橡胶的技术合作协定。协定规定，苏联向中国贷款 7000 万旧卢布。为偿还贷款，中国在生产出橡胶前，每年为苏联从第三国尽可能购得 1.5 万吨至 2 万吨橡胶，并向苏方提供钨、钼、锡、铅、锑等重要战略物资。中国产胶后，向苏方提供橡胶年产量的 70%，在 1963 年以前按国际市场价格计算。当中国大量出胶时，则按低于国际市场价格的 8% 售予苏方。

在为中国第一个五年计划建设提供援助方面，1952 年 8 月周恩来、陈云、李富春访苏期间，斯大林同意对中国给予长期的、全面的经济援助。经后来几个月的具体商谈，1953 年 5 月中苏签订关于苏联援助中国发展国民经济的协定和议定书，苏联承诺援助中国新建和改建 91 个规模巨大的工程项目，包括钢铁联合企业、有色冶金企业、煤矿、炼油厂、机器制造厂、汽车制造厂、拖拉机制造厂、电力站等。

1953 年斯大林逝世后，1954 年 10 月苏共中央第一书记赫鲁晓夫首次访华。经两国领导人的会谈，双方签订了《中苏科学技术合作协定》，关于苏联给予中国 5.2 亿卢布长期贷款的协定，关于苏联政府将中苏合营的石油、金属、造船及民用航空四个公司中的苏联股份出售转让给中国政府的协定，以及关于苏联帮助中国新建 15 个工业企业和扩大原有协定规定的 141 项企业设备的供应范围的议定书。至此，苏联向中国提供的援助项目共为 156 个。到 1957 年年底，有 135 个已经施工建设，有 68 个已经全部建成和部分建成投产。这些工程后来都成为中国工业的骨干企业，对奠定中国工业化的初步基础起了重大作用。鉴于中国技术力量十分薄弱，中国政府从苏联聘请了大批专家来华帮助工作。1950 年至 1956 年 3 月，来华援助中国建设的苏联文职专家总数从 234 人增加到 2115 人，增长近 10 倍。苏联每年还接受近千名中国工人和工程技术人员去苏联实习。

苏联向新中国提供军事技术装备，是中苏经贸合作的重要组成部分。从建国前夕开始，应中方的要求，苏方帮助中国建立空军和海军。在抗美援朝战争时期，苏联对中国提供各方面的大量的武器装备，并协助中国建立制造飞机、坦克、军舰和雷达等的军事工厂。苏联向中国提供的军援贷款占苏联对华贷款总额的 61.5%；在苏联援建的 156 个国家大型骨干建设项目中，有航空、兵器、无线电、造船等国防工业建设项目 41 个；与国防工业有密切关系的能源、交通、钢铁、有色金属、重型机械、化工等基础工业建设项目 50 个。这些援助促使中国国防力量迅速得到加强。

对苏联提供的经援项目、工业产品和军事援助，包括通过贷款形式提供的所有设备和物资，连同利息在内，中国都是用物资、可以自由兑换的外汇和黄金偿付。在偿付的物资中，有苏联急需的矿产品和农产品。1950年2月，根据苏联要求，中国同意在14年内每年向苏联提供大量的钨、锡、锑矿砂。后还同意向苏联出口其他重要矿产品，包括锂砂、铍砂、钽铌砂、钼砂等，其中不少是发展尖端科学、制造火箭和核武器所必不可少的战略原料。中国还向苏联输出橡胶、农畜产品和日用消费品，从1953年至1957年的5年内共提供1.56亿美元的自由外汇，为苏联的社会主义建设提供了应有的帮助。

中国对苏联经济军事援助的贷款，大都是通过两国每年签订贸易协定的渠道来偿付的。几年来，中苏贸易额呈现逐年增长的势头，苏联成为中国最大的贸易伙伴。中苏贸易额占当年中国对外贸易总额的比重分别为：1950年为30%，1953年上升到56.3%，1955年为61.9%，1956年比1950年增长六倍半。为了适应两国经济贸易关系的发展，双方还加强了交通运输合作。1952年9月，中国、苏联、蒙古三国签订了组织铁路联运的协定，决定由三国共同修建集宁—乌兰巴托—乌兰乌德铁路。1954年10月，中苏又签订了关于修建兰州—乌鲁木齐—阿拉木图铁路的协定。后来由于中苏关系恶化，这条铁路没有完成。

为适应中苏经济合作迅速发展的需要，在引进工程项目的同时，中国向苏联申请了大量的技术资料。1950年至1954年7月，苏联向中国提供了698套技术资料。1954年10月，两国又签订了科技合作协定，规定双方无偿地互相供应技术资料，交换有关情报，并派遣专家以进行技术援助和介绍两国在科技方面的成就。到1957年8月，苏联向中国提供了3646套技术资料，中国向苏联提供了84套。到1958年年底，苏联向中国提供的技术资料总数达4000多项。另外，1955年4月，中苏签订了关于苏联在和平利用原子能方面给中国以帮助的协定，使中国建立起第一个原子能反应堆和回旋加速器。中国还参加了苏联和各人民民主国家在莫斯科成立的国际原子能研究机构，有助于中国建立原子能工业的基础。

中国同苏联的文化交流和友好往来也很频繁。双方签订了文化合作协定，每年都有不少文化、艺术、科学、新闻和教育等代表团和个人进行互访，增进了两国人民的了解和友谊。中苏友好协会与苏中友好协会经常开展多方面的友好活动。双方互派文化艺术团到对方国家进行巡回演出，互相举办介绍经济文化建设成就的展览会、电影周、友好月等交流活动。1952 年 9 月，中苏签订互派留学生协定，中国派往苏联的留学生 1953 年为 583 人，以后逐年增加，到 1957 年达 2000 余人。这些留学生归国后，大都成为所在行业的业务骨干。从 1954 年起，苏联也开始派留学生来中国学习。

应该指出，在中苏双边友好合作过程中，苏联方面曾有一些大国主义和民族利己主义表现，中国政府据理予以抵制，要求纠正。例如：中长铁路和中苏合营股份公司在共同经营中，苏方力求把这些合营企业变成独立于中国主权之外的经济实体，不尊重中国统一的车辆调度制度，随意扩大矿区的开采而拒不追加中方的股权份额，并自行在矿区修建铁路，架设电台，从而引起双方代表的争执。这些问题，直至这些企业归还中国后才得到解决。又如，卢布和人民币的比价很不公平，中苏非贸易支付的清算也很不合理，致使中方明显吃亏。经中方提出改正办法，直到 1956 年 7 月，苏方才加以纠正，并将过去多收的款项退还中国。另外，在苏军撤出旅顺口之前，苏联政府决定为纪念苏军战胜日本帝国主义，拟在旅顺修建五个纪念性建筑物。其中，有两个是纪念 1904 年在帝国主义瓜分中国领土的日俄战争中阵亡的沙皇俄国将领的。对这种伤害中国人民族感情的要求，中国政府提出不同意见。苏联政府考虑了中国政府的意见，决定不再建有关日俄战争的纪念物，并对中国修建苏军烈士塔、中苏友谊塔和中苏友谊纪念碑表示感谢。

总的来看，在 20 世纪 50 年代的前半期，中苏友好关系处于全面发展的鼎盛时期。这一时期两国的经济、技术合作，基本上是互利的，援助也是互相的。在中国进行第一个五年计划建设期间，苏联动员了大量的人力、物力帮助中国编制计划、援建项目、供应设备、传授技术、代培人才、提供低息贷款，并派出数千名专家和顾问来华帮助经济建设。苏联政府向中国提供的援助虽然不是无偿的，却是真诚的。由于苏联的援助是在新中国刚刚成立而又面临西方大国的封锁禁运的背景下提供的，尤其显得弥足珍贵。同样，中国对苏联也提供了尽可能的帮助。根据中苏两国签订的协定，在 1954 年至 1959 年间，中方向苏方提供钨砂 16 万吨、铜 11 万吨、锑 3 万吨、橡胶 9 万吨等重要战略物资，作为对苏联援建基础上的部分补偿，承担了自己应尽的国际主义义务。

总之，中苏友好同盟互助关系的建立和发展，使中苏关系成为 20 世纪 50 年代前半期中国对外关系中最为友好的关系，从而击破了帝国主义对新中国的封锁和禁运政策，为新中国的社会主义建设赢得了一个相对有利的国际环境。同时，它对稳定远东局势和维护世界和平产生了深远的影响。

（二）拓展同世界各国的友好关系

在这一时期加强中苏友好互助合作的同时，中国同其他社会主义国家的关系也有很大发展。

通过抗美援朝，中国人民加强了同朝鲜人民用鲜血凝成的友谊。朝鲜停战后，中国一面为争取朝鲜问题获得政治解决、使朝鲜实现和平统一而努力，另一面协助朝鲜民主主义人民共和国恢复战争创伤，发展国民经济。1953 年 11 月，金日成首相率领朝鲜民主主义人民共和国政府代表团访问中国，双方签订了经济文化合作协定。中国政府决定将朝鲜战争期间援助朝鲜的一切物资和现金无偿赠予朝方，并在1954年至1957年4年间再赠予人民币8亿元，用以供应朝方有关恢复工农业生产和改善人民生活的各种物资。双方还商定：中方协助朝方恢复效能运输；朝方派技工和技师到中国实习，中方派技工和技师去朝协助工作以促进技术合作；中方接受朝鲜学生来华实习；等等。朝鲜也尽力帮助中国，如利用水丰发电厂向中国东北地区供电，支援东北工业建设。

中国大力支持越南民主共和国反对法国殖民统治和美国军事干涉阴谋的斗争。在1954年的日内瓦会议上，中、越、苏共同努力，结束了法国在印度支那进行多年的殖民战争，使越南北半部完全获得解放。1955年6月25日至7月7日，胡志明主席率政府代表团正式访华，双方领导人就两国经济技术合作的各项问题进行了友好会谈。为协助越南人民医治长期战争的创伤，恢复和发展国民经济，应越方要求，中方从1955年起5年内无偿赠越8亿元人民币，帮助越方恢复大型企业的生产，改建和新建18个轻工项目，同时还提供工业原料、建筑材料、生产和人民生活各种必需品。中国还向越南提供各种技术援助，派出铁路、公路、航运、邮电、农业、水利、纺织、商业等部门的大批专家、技术人员和技术工人，参加越南的和平建设事业，并接受越南大批实习人员来华，帮助越方培养各类人才。几年来，两国领导人就各项重大问题交换意见，不断增进中越友谊和团结合作。

中国、蒙古的关系也有很好的开展。1952年10月蒙古人民共和国部长会议主席泽登巴尔访问中国，中蒙双方签订了经济文化合作协定。1953年起，中蒙苏三国合作修建从中国内蒙古自治区经蒙古通向苏联的铁路。1955年4月，根据蒙方的要求，签订了中国派遣工人参加蒙古生产建设的协定。1956年8月又签订了关于中国给蒙古经济技术援助的协定，规定中方帮助蒙方建设一批工业、农业、交通、文化项目，并为参加各个建设项目的职工修建住宅。

新中国同阿尔巴尼亚、保加利亚、捷克斯洛伐克、德意志民主共和国、匈牙利、波兰和罗马尼亚等东欧社会主义国家的关系，当时都处于全面发展时期。中国领导人周恩来、朱德、邓小平、董必武、李先念、彭真、彭德怀、贺龙、陈毅等都访问了东欧社会主义国家。这些国家的不少领导人，如波兰统一工人党第一书记贝鲁特和奥哈布，部长会议主席西伦凯维兹；保加利亚部长会议主席于哥夫；罗马尼亚工人党第一书记乔治乌·德治和阿波斯托尔，大国民议会主席团主席格罗查及部长会议主席斯托依卡；匈牙利社会主义工人党第一书记、总理卡达尔和部长会议主席明尼赫以及共和国主席团主席道比；捷克斯洛伐克共产党中央第一书记诺沃提尼和总理西罗基；德国统一社会党第一书记乌布利希和民主德国总理格罗提渥；阿尔巴尼亚劳动党第一书记霍查和部长会议主席谢胡等，也都访问了中国。

在重大国际政治问题上，中国同这些东欧国家步调一致，为巩固社会主义阵营的团结、反对帝国主义的侵略政策和战争政策、维护世界持久和平而斗争。中国支持保加利亚提出的使巴尔干半岛成为无原子武器区的建议和巴尔干各国签订多边、双边互不侵犯和合作协定的建议，支持波兰和捷克斯洛伐克建立欧洲集体安全和中欧无原子武器区的主张，支持德意志民主共和国缔结对德和约、巩固民主政权的努力。东欧国家也支持中国抗美援朝、争取国家统一以及恢复联合国合法席位的斗争。

中国同德意志民主共和国和捷克斯洛伐克缔结了友好合作条约，同匈牙利缔结了友好合作互助条约，同东欧社会主义国家普遍签订了贸易协定、科技合作协定和文化合作协定。双方贸易额迅速增长，其他形式的经济合作不断发展。中国还同波兰合办了中波轮船公司，对打破美国对新中国的封锁、开展中国对外贸易起了积极作用。当东欧某些社会主义国家遇到暂时困难时，新中国也伸出了支援之手。例如，1953 年柏林事件后，中国政府支持民主德国政府所采取的有力措施，并向其提供价值 5000 万卢布的物资。1956 年 10 月匈牙利事件后，中国政府支持匈牙利工农革命政府，并一再向其提供力所能及的援助。此外，中国同东欧国家的科技文化交流也日趋活跃，双方交换了留学生。

中国同南斯拉夫的关系发生过曲折。双方于 1955 年初正式建交。1956 年 9 月，毛泽东主席对前来参加中国共产党第八次全国代表大会的南斯拉夫同志说：过去我们听了"共产党和工人党情报局"的话，有对不起你们的地方。中南建交后，双方签订了贸易支付协定、文化合作协定、技术合作协定和邮电协定等，两国党、政、军、工会、青年、妇女等组织之间以及经济、文化等方面的关系，都有所发展。

在和平共处五项原则的指导下，中国同各民族主义国家及西方一些资本主义国家的关系也取得较大进展。

在 1955 年的亚非会议上，以周恩来为首的中国代表团与绝大多数与会国代表团进行了广泛的接触，成功地运用求同存异的方针，通过协商，化解矛盾，求得一致，解决有关各方共同利益的重要问题，生动、具体地体现了新中国在国际交往中相互尊重、平等相待，国家不分大小一律平等，国与国之间的合作必须是互利的等外交原则。从日内瓦会议到亚非会议，中国通过卓有成效的外交活动，推动亚非国家进入一个互相谅解，团结反帝、友好合作，为共同目标而努力奋斗的新时期。这不仅进一步加强了同已建交的印度、缅甸、巴基斯坦等国的友好合作关系，而且消除了某些民族主义国家对新中国的误解和疑虑，增进了它们同中国的相互了解和信任。这就为中国同亚非国家建立外交关系和发展友好往来打下了重要基础。

中国旅居国外的侨民遍布世界各大洲，其中绝大多数聚居在东南亚各国。华侨所从事的职业相当广泛，在一些国家的经济生活中占有相当重要的地位。由于一些华侨所在国在国籍问题上遵循与中国不同的立法原则，历史上造成华侨双重国籍的问题。东南亚各国相继独立后，作为主权国家要求解决双重国籍者的法律地位问题。帝国主义势力则利用华侨双重国籍问题挑拨东南亚各国与新中国之间的关系。对此，中国政府一方面坚决保护华侨的正当权利和利益，另一方面要求华侨遵守所在国的法律、法令和社会习惯，同当地人民和睦相处，为促进中国与华侨所在国人民之间的友谊做出贡献。

在亚非会议上，华侨的双重国籍成为一些与会国担心的问题。对于这一问题的解决，中国的基本主张是：不应该有双重国籍，一个华侨要取得所在国国籍，他就必须放弃中国国籍，如果愿意保留中国国籍，他就不再是所在国公民；中国政府希望华侨自愿选择所在国国籍，取得所在国公民资格，完全效忠于所在国，他们同中国的关系，只是亲戚关系。如果他们选择中国国籍，就应当尊重所在国的法律，不参加当地的政治活动，但他们的正当权益应该受到尊重和保护。按照上述原则，周恩来总理在亚非会议期间，以外长身份同印度尼西亚外长签署了中国和印尼关于双重国籍问题的条约，这不仅增进了两国人民的友谊，而且为解决同东南亚其他国家间华侨双重国籍问题提供了榜样。此后，中国根据各国的不同情况，通过不同的做法，同一些邻国逐步解决华侨双重国籍问题，着重点是采取各种妥善步骤鼓励华侨自愿选择所在国国籍。

中国同 12 个国家接壤，历史上与不少邻国存在着悬而未决的边界问题。能否公平合理地解决这个问题，不仅关系到中国主权和领土的完整、边境的安宁以及边境居民的和平生活，而且关系到同邻国的关系，因此，中国政府对待边界问题是极其慎重的。中国一贯主张对历史上遗留下来的边界问题，双方应通过和平谈判，求得友好解决，而不应诉诸武力。在谈判中，既要照顾过去的历史背景，又要照顾已经形成的实际情况，经双方同意也可以做些必要的调整。在解决前，维持边界现状。根据上述方针、政策，中国政府实事求是地区别对待各种不同情况，同一些邻国经过友好协商，互谅互让，逐步公平合理地解决边界问题。

在亚非会议之后，东南亚、西亚、北非地区一些新兴民族国家纷纷表示愿意同中国建立外交关系。遵循和平共处五项原则，按照处理华侨双重国籍和边界问题的原则，中国政府通过领导人互访和建交谈判，相继与尼泊尔、埃及、叙利亚、也门、锡兰、柬埔寨、伊拉克、阿尔及利亚、苏丹和几内亚等国正式建立外交关系，在发展同亚非国家友好合作关系方面取得显著成绩。同时，中国还突破美国的严重阻挠，初步开展了同墨西哥、阿根廷、智利、巴西等拉丁美洲一些国家的民间友好交往和贸易往来。从而为团结亚、非、拉第三世界国家和人民反对帝国主义的侵略和战争政策，进一步维护世界和平的事业奠立了良好的基础。

对于最早与中国建交的北欧四国和西欧的瑞士，中国采取依据各国的不同情况区别对待的方针，继续发展同它们的相互关系。在国际事务方面，争取与支持芬兰、瑞典、瑞士继续保持和平中立，以利维护世界和平；争取丹麦、挪威同美国的侵略和战争政策拉开距离，向和平中立方向发展。同时，争取同它们适当发展政治、经济、文化关系与交流，增进相互合作与了解。对于它们有损于中国的举动，则根据具体情况进行适当的斗争。

这个时期，中国同主要资本主义国家的关系虽然没有重大突破，但各种形式的接触和往来已经开始。英国是最早承认新中国的西方国家之一，并经中国政府同意向北京派驻临时代办谈判建交事宜。但是，英国政府一面表示愿意与中国建交，另一面又在美国的压力下不愿接受中国提出的合理的建交条件，采取两面态度。朝鲜战争爆发后，由于英国参加侵朝战争和对华禁运，致使中英建交谈判陷于停顿。1954 年日内瓦会议期间，周恩来总理在与英国外交大臣艾登的会面中，谈及中英关系如何进一步发展问题。尽管当时英国对中国在联合国地位问题的态度并未改变，但是考虑到英国在印度支那问题上采取了不同于美国的立场，中国同意与英国互换代办，并确定代办享有完全的外交待遇，其任务除谈判建交外，还包括处理侨务和商务问题。1954 年 6 月 17 日，中英双方同时发表公报互换代办，标志着中英关系向前迈进了一步。这是中华人民共和国建交史上的一大创举。

西欧有十多个国家在美国的压力下没有承认中华人民共和国。其中法国、意大利、比利时、西班牙、葡萄牙、希腊等国还同台湾国民党保持外交关系。随着中国国际影响的日益增长，有些国家在没有承认新中国的情况下开始试探同中国建立某种关系，主要是希望建立和发展贸易关系。对此，中国政府的态度是，如谈判建交，则坚持建交原则，即对方必须断绝同国民党集团的关系，在联合国支持恢复中华人民共和国的合法席位。如果这个问题一时难以解决，则可先同这些国家开展民间往来和半官方接触，进行贸易和文化交流，即采取贸易、文化先行，以民促官，逐步推动双方外交关系的建立。

1954 年，中、法两国在日内瓦会议期间有了直接接触，为相互了解提供了机会。鉴于法国在印度支那问题上的态度不同于美国，中国在会上加强同法国的联系，采取争取法国的方针，促使达成印支和平协议，推动国际局势走向缓和。此后不久，法国开始试探同中国建立某种关系，但仍未断绝同台湾国民党的外交关系。根据日内瓦会议后法国国内出现要求承认中国的呼声，中法人员往来和经济文化交流逐渐增加的情况，1955 年 11 月周恩来总理向法国议员代表团谈话时表示：中国政府和人民愿意法国走北欧国家的道路，同中国建立完全的外交关系。如果法国政府、法国议会有困难，现在可多进行人民之间的来往，多进行贸易和文化交流，造成气候，然后水到渠成，承认新中国并同蒋介石集团割断关系，中国方面是可以等待的。按照这一方针，1956年中法民间贸易有了较大发展，法国方面并放宽了对中国的禁运。这些外交努力，为中法两国在20世纪60年代中正式建立外交关系打下初步基础。

日本作为中国一衣带水的近邻，第二次世界大战后因被美军占领而成为美国的附庸。新中国成立时，日本当局追随美国，采取敌视中国的政策，使中日关系正常化存在严重障碍。尽管日本自近代以来不断发动对中国的侵略战争，给中国人民带来深重的灾难，但中国政府仍然认为，改善中日关系不仅有利于两国人民，而且有利于亚洲和世界的和平与稳定。为此，毛泽东、周恩来多次指示，对日关系要"民间先行、以民促官"。鉴于两国官方关系难有进展，中央决定通过"民间外交"，使中日两国人民在无邦交的情况下，逐步加强友好往来，为两国关系的正常化创造条件。

为了打开中日民间外交的渠道，中国首先在沟通中日贸易方面采取主动步骤。1952年2月，中国国际贸易促进委员会主任南汉宸致函日本国际经济恳谈会，表示愿意在4月莫斯科召开的国际经济会议期间，与日本就在亚洲发展国际贸易、推动国际经济合作等问题进行磋商。日本国际经济恳谈会立即表示同意，并派高良富等三位代表辗转到达莫斯科，与南汉宸进行商谈，双方确定在平等、互利、和平、友好的基本方针下开展中日贸易。应中国国际贸促会的邀请，日方三位代表冲破日本政府设置的重重障碍，于5月15日由苏联来到北京进一步具体商谈。这是新中国成立后第一批前来访问的日本政界和经济界人士。6月1日，双方达成协议，正式签订了第一个中日民间贸易协定。尽管美、日政府对这个协定的执行百般阻挠，致使不少日本货物禁止向中国出口，但中日民间贸易往来的大门还是被打开一个缺口。此后，在日本政界和经济界的强烈要求下，日本政府不得不逐步放宽对华出口的限制。

1953年10月，以池田正之辅为团长的日本国会议员促进日中贸易联盟代表团应邀访华，双方在平等互利的基础上签订了每方进出口总额3000万英镑的第二个中日民间贸易协定，在日本引起强烈反响并得到经济界广泛欢迎。由于日本政府追随美国对华禁运政策，该协定总额仅完成38.8%。1955年3月，应日本国际贸易促进会和日本国会议员促进日中贸易联盟的联合邀请，以雷任民为团长的中国贸易代表团访日。尽管美国向日本厂商及日本政府施压，双方经过努力，仍于5月4日签署了第三个中日民间贸易协定，规定每方进出口总额3000万英镑，并规定双方互设民间商务代表机构。这次所签贸易协定实现了民间协议、官方挂钩的目的，为实施协定提供了较为有利的条件，执行结果完成协议额的67%，比前两个协定前进了一大步。中日民间贸易和友好往来得到逐步发展。

在1955年万隆会议期间，周恩来总理会见了日本代表团团长高碕达之助，双方谈到今后要积极发展中日关系。随后，周恩来又在北京分别会见了日本工商界代表团、日本国会议员促进日中贸易联盟代表团及日本商品展览团等，希望在和平共处、友好合作、平等互利的基础上，促进中日两国的关系，真正做到共存共荣。在中国方面和日本友好人士的积极努力下，1956年12月，日本众议院通过促进日中贸易的决议，要求放宽对中国禁运的限制，希望日中互设非政府性的贸易使团，两国缔结直接支付和清算的协定以及扩大贸易量的贸易条约。

这一时期，中国政府还通过民间团体就在华日侨归国的具体事宜达成协议，从1953年3月起分批安排3万余名日侨返回日本。1956年6月，中国政府根据全国人大常委会的决定，对1062

名在押的日本战犯进行处理，其中 1017 名宣布宽大释放，由日本派船接运回国；对 45 名罪行特别严重的日本战犯进行审判，从宽判处有期徒刑；在服刑期间，允许其家属来中国探视，并受到中国红十字会的协助和照顾。中国政府的这些主动步骤，获得日本政界、经济界、文化界一些有识之士的响应，在日本深得人心。尽管两国关系仍有许多曲折，但随着民间往来的不断扩大，日中友好逐渐在日本形成一定影响。

四、中美关系的折冲与进展

（一）围绕台湾问题同美国的斗争

在国际形势由紧张转向缓和的演变中，中美两国关系的折冲格外引人注目。双方斗争围绕的一个焦点是台湾问题。台湾自古以来就是中国的领土。这对于胜利的中国共产党一方和失败的中国国民党一方，都是不可移易的事实。中华人民共和国成立后，中国共产党和中央人民政府明确提出一定要解放台湾，实现祖国的完全统一是中国人民的神圣事业。国民党将"国民政府"迁至台湾时，也一再声称，中国只有一个，台湾是中国不可分割的一部分。

美国对台湾所处的战略地位早有所考虑。其基本点：一是美国已经失去利用中国其他地区作为军事基地的可能性，台澎的地位就更加重要，必要时可用作为美国战略空军行动的基地，并据以控制邻近的航道。二是如果台湾落入"敌对力量"手中，一旦发生战争，敌方就可利用它控制马来西亚到日本的航道，并有更好的机会进而控制琉球群岛及菲律宾。三是目前台湾是向日本提供粮食和其他物资的主要来源，如果切断了这一供应来源，日本就可能变成美国的负担，而不是资产。因此，美国的基本目标是不让台湾和澎湖列岛落入共产党手中，不惜采用任何手段把这些岛屿同中国大陆隔离开。

1950年6月，美国利用武装干涉朝鲜的时机，命令其第七舰队进入台湾海峡，阻止对台湾的任何攻击。随后，美海军第七舰队的十余艘军舰先后进驻台湾基隆、高雄两港口。7月27日，杜鲁门批准给予蒋介石以广泛的军事援助。7月31日，美国远东军总司令麦克阿瑟到台湾与蒋介石会谈，决定设立美"驻台军事联络组"，美台双方海陆空军归麦克阿瑟统一指挥，共同"防守"台湾。8月4日，美国空军第十三航空队一批飞机进占台北空军基地。美国武装封锁台湾海峡，阴谋制造"两个中国"，是对中国主权和领土完整的侵犯。从此，中国为实现自己领土和主权的统一，在台湾问题上同美国展开了长期的斗争。

1950年8月24日，周恩来外长致电联合国安理会主席和联合国秘书长，揭露美国的侵略政策，要求安理会制裁美国的侵略，并立即采取措施，使美国政府自台湾及其他属于中国的领土完全撤出它的武装侵略部队。8月31日，安理会将中国控诉美国侵略案列入议程，但把议题改为笼统的"控诉武装侵略福摩萨案"。9月10日，周恩来外长向联合国提出，在安理会讨论这一议程时，必须有中华人民共和国的代表参加。安理会接受了中国的上述要求。11月24日，联大第一委员会决定邀请中国代表参加讨论美国侵略中国案。

中国政府任命伍修权为大使级特别代表，出席联合国安理会，讨论中国对美国的控诉，同时兼任中国出席联大第一委员会讨论美国侵略中国案的代表。11月28日和11月30日，伍修权在安理会作了两次发言，列举了几百年的历史事实，以及开罗宣言、波茨坦公告和日本投降后5年来的现状，从历史上、法律上和事实上确凿地说明了台湾是中国领土不可分割的一部分，严正驳斥了美国制造的所谓"台湾地位未定论"，指出美国政府用武装力量侵占台湾，就构成了美国政府对中国公开直接的武装侵略行为。最后，伍修权代表中国政府向安理会提出三项建议：一是公开谴责并采取具体步骤严厉制裁美国武装侵略台湾和干涉朝鲜的罪行。二是采取有效措施，使美国自台湾完全撤出它的武装力量。三是采取有效措施，使美国及其他外国军队一律撤出朝鲜。由于美国的操纵，安理会拒绝了中国的建议。联大第一委员会对美国侵略中国案采取不予讨论的办法。尽管如此，中华人民共和国的代表在联合国的这次外交活动，第一次把不可一世的美国送上了被告席，并向世界各国表明了中国政府和中国人民在台湾问题上不可移易的坚定立场。

美国第七舰队侵入台湾海峡后，美国的海、空军都在台湾设立了基地，美国军事顾问负责训练台湾的军队，美国政府还给予台湾当局巨额军事和经济援助。据不完全统计，从 1950 年 7 月到 1954 年 6 月，美援总额超过 14 亿美元。1953 年 1 月，艾森豪威尔出任美国总统，杜勒斯出任国务卿，开始积极策划所谓台湾"独立"或由"联合国托管"。4 月，杜勒斯向记者透露，美国政府"正在寻找一个可以保证台湾独立的办法"，"现在正在考虑的一个可能性是由联合国托管这个战略岛屿，最终目标是建立一个'台湾共和国'"。之后，美国军政要员频繁到台湾活动，进一步加强对台湾的援助。6 月 15 日，美国授台第一批 F48 喷气战斗机运抵台湾交付台湾空军。9 月间，美国与台湾当局签订"军事协调谅解协定"，规定国民党军队的整编、训练、监督和装备完全由美国负责，如果发生战争，国民党军队的调动指挥，必须得到美国的同意；协定中的防区包括台湾、澎湖、金门、马祖、大陈等岛屿，并在台北成立"协调参谋部"，由美国主持，加强控制。

1954 年日内瓦会议以后，美国一手策划，同英、法、澳大利亚、新西兰、菲律宾、泰国和巴基斯坦在菲律宾首都马尼拉签订

"东南亚集体防务条约"，成立了旨在对抗"共产党国家"的军事同盟条约组织，连同其扶持日本，先后在亚洲太平洋地区拼凑的大小共七个军事集团，对新中国形成一个新月形的包围圈，并与欧洲的北大西洋公约组织联结起来，构成对所有社会主义国家实行包围的军事同盟体系。为了遏制中国，美国政府通过立法程序，准备同台湾当局签订一项所谓"共同防御条约"，以便维持和冻结它侵占台湾的现状，实施其策划的"两个中国"或"一中一台"的政策方案。同时，美国支持蒋介石集团增加在金门、马祖等沿海岛屿的兵力，加剧对大陆沿海的骚扰与破坏，在台湾海峡制造紧张局势，从而使台湾地区成为继朝鲜、印度支那之后第三个国际问题的热点。这些牵涉妨碍实现中国统一的重要动向，引起中国领导人的高度警惕。

为了维护中国的独立、主权和领土完整，实现祖国的统一大业，1954年7月，中共中央政治局会议决定再次提出因抗美援朝战争而暂时搁置的"一定要解放台湾"的任务，并根据这个任务在军事方面、外交方面和宣传方面采取必要措施和进行有效的工作。8月11日，周恩来在中央人民政府会议上指出："台湾是中国神圣不可侵犯的领土，决不容许美国侵占，也决不容许交给联合国托管。解放台湾是中国的主权和内政，决不容许他国干涉。"会议通过决议，号召全国人民和人民解放军为完成解放台湾的任务而奋斗。美国政府立即作出反应，8月17日，艾森豪威尔在答记者问时说，美国决心防卫台湾，如果大陆军队进攻台湾的话，美国第七舰队将迎战。他还向美国会报告了加强援助台湾的措施。杜勒斯也表示，美国已决定协助台湾防卫本岛和外围岛屿。

对于美国的军事讹诈，中国人民毫无畏惧。8月22日，中国人民政治协商会议全国委员会和各民主党派各人民团体发表解放台湾联合宣言。宣言指出，为了保障祖国安全和领土完整，为了保障亚洲及世界的和平，中国人民一定要解放台湾。解放台湾，是行使中国的主权，是中国的内政，决不容许他国干涉。9 月 23 日，周恩来在一届人大一次会议作《政府工作报告》时说，一切想把台湾交给联合国"托管"或中立国"代管"以及"中立化台湾"和所谓"台湾独立国"的主张都是企图割裂中国的领土，奴役台湾的中国人民，使美国侵略台湾的行为合法化，都是中国人民绝对不能容忍的。并再次强调，中国人民一定要解放台湾。

但是，美国不顾中国政府的一再警告，继续采取军事、政治威慑手段，加紧在台湾海峡地区的军事调动，美国太平洋舰队出动六艘军舰和大批飞机侵入大陈岛一带海面及上空活动，声称要用海空军"保护台湾和澎湖列岛"。这表明，美国决心以其军事力量来阻挠中国人民对包括台澎在内的沿海岛屿的解放。对于美国政府蛮横的军事恫吓，中国政府予以坚决的回击。9 月 3 日，中央军委命令人民解放军开始炮击金门，并精心部署以解放一江山岛为中心的大陈岛战役，给予国民党军舰、飞机及守岛部队以重创。

1954 年 12 月 2 日，美国政府一意孤行，同台湾蒋介石集团正式签订所谓《共同防御条约》。该条约共十条，规定美国"维持并发展"台湾的武装力量，"缔约国的领土"遭到"武装攻击"时，双方应采取"共同行动"。该条约把所谓"缔约国的领土"规定为台湾与澎湖，同时又可扩及除台湾、澎湖以外经美台双方"共同协议所决定的其他领土"。

针对美台军事条约的签订，12 月 8 日，周恩来总理兼外长发表声明，严正指出，上述条约根本是非法的、无效的。这是对中华人民共和国和中国人民一个严重的战争挑衅。如果有人硬把战争强加在中国人民头上，中国人民一定要给干涉者和挑衅者以坚决的回击。为了反击美台签订《共同防御条约》，中共中央军委命令中国人民解放军以陆海空军协同作战，于 1955 年 1 月 18 日，解放了大陈岛外围的一江山岛。这是中国人民在"一定要解放台湾"的旗帜下实施的一个强有力的军事行动。

面对中国人民的坚决回击，美国一方面由参众两院通过"福摩萨决议"，授权美国总统在"必要时"，为"防护和保卫"台湾和澎湖列岛"不受武装进攻"，可以"使用美国武装部队"；另一方面，美国总统艾森豪威尔呼吁联合国进行斡旋，"停止中国沿海的战斗"。周恩来立即发表声明予以驳斥：解放台湾是中国的主权和内政，决不容许他人干涉；联合国或任何外国都无权干涉中国人民解放台湾；中国政府绝对不同意同蒋介石集团实行所谓停火；美国政府策动的所谓停火，实际上就是干涉中国内政，割裂中国领土。基于这一原则立场，中国政府拒绝参加联合国安理会对所谓"在中国大陆沿海某些岛屿地区的敌对行动问题"提案的讨论，指出这显然是干涉中国内政，掩盖美国对中国的侵略行为。

由于中国政府和中国人民的坚决斗争，美国的军事讹诈和外交图谋均告失败，不得不出动大批军舰、飞机，"协助"国民党军队从大陈岛撤退，并将全岛居民劫往台湾。这时，美国一反常态，拒绝了台湾当局要它承担"协防"金门、马祖的义务，并敦促国民党集团撤出沿海岛屿，企图以此来换取中国放弃解放台湾，把台湾问题提交安理会，要求联合国介入，在台湾海峡实现停火，维持两岸分离的现状。美国这种使台湾问题国际化的政策，不仅中国政府一向坚决反对和严正驳斥，而且以蒋介石为首的台湾当局也从"一个中国"的立场出发，持反对和抵制态度。

2月13日，中国人民解放军解放了大陈岛及其外围列岛，拔除了蒋介石集团在浙江沿海进行破坏活动的最大据点。从军事战略上看，美国从台湾这条战线向中国内地的进逼受到进一步的挫折，从而加强了中国的国家安全。更重要的是，中国通过炮击金门和解放浙江沿海诸岛的行动，非常明确地向国际社会宣示了世界上只有一个中国，台湾是中国不可分割的一部分，解决台湾问题是中国的内政，任何国家都不能干涉的坚定立场。同时，在美国加紧策划把台湾从中国分离出去的特定条件下，祖国大陆"一定要解放台湾"的军事行动，客观地表明海峡两岸自 1949 年以来的内战状态仍在延续，如何解决台湾问题完全是海峡两岸中国人自己的事情，从而避免美国以不可告人的目的，逼迫蒋撤守金、马，孤悬台湾，再以所谓"台湾地位未定论"将台湾问题国际化，使台湾永久分离中国。

鉴于美国蓄意制造"两个中国""一中一台"以至台湾"独立"的图谋，遭到海峡两岸的坚决反对和抵制，中共中央、毛泽东从蒋介石对统一中国这一基本问题的态度上，深刻分析了美蒋的利益冲突和矛盾，认为可以利用美蒋矛盾，探索解决台湾问题的新方式，开始在不承诺放弃武力解决台湾的前提下，寻找和平解决台湾问题的新途径。

（二）中美领事级会谈到大使级会谈

"一张一弛，文武之道"。尽管围绕台湾问题中美关系出现持续紧张局面，中共中央和中国政府仍然认为，通过积极的外交活动谋求中美之间关系的和缓，是符合维护亚洲与世界和平的根本利益的。为此，中国主张中美两国应进行接触，寻求机会，通过谈判解决双方关系中的一些问题。

中美之间最初的官方接触，始于 1954 年日内瓦会议期间。美国代表团通过英国代表团成员、英国驻华代办杜维廉向中国代表团成员宦乡口头转达：美国愿就在华被扣人员问题和中国在美留学生回国进行接触。中国代表团得知这个消息后，周恩来连夜召集会议研究对策，认为我们不应该拒绝和美国接触。在中美关系如此紧张，美国对华政策如此敌对和僵硬的条件下，我们可以抓住美国急于要求在华被扣人员获释的愿望，开辟接触的渠道。据此，中国代表团告诉杜维廉，现在中美双方都有代表团在日内瓦开会，有关中美双方的问题，可由两个代表团进行直接接触，没有必要通过第三者；同时，中国代表团发言人向记者发表关于美国政府无理扣留中国侨民和留学生的谈话，表示中国愿就被扣人员问题同美国举行直接谈判。

经过杜维廉的安排，6月5日至7月21日，中国代表王炳南和美国代表约翰逊共进行了5次接触。美方向中方递交了在中国境内的美国侨民和被中国拘禁的美国军事人员的83人名单，要求中国给予他们早日回国的机会。中方指出，中国对守法的美侨是友好的，并予以保护。他们可以在中国境内居住并从事合法职业。对申请回国的美侨，经过审查没有未了民事、刑事案件的，随时批准他们离开中国。事实上，从新中国成立以来，已经有1485名美国侨民离开了中国。对少数犯法的美国人则根据犯罪事实和服罪情况，量刑处理。判刑以后，如果犯人表现良好，可以考虑减刑或提前释放。中方还表示，对美方交来的名单将予以审查，因犯法而被拘禁的美国侨民以及因侵犯中国领空而被俘虏的美国军事人员，可通过中国红十字会转递其家属来往信件或包裹。

同时，中方提出，中国在美国的留学生有5000多人，不少留学生要求回国，但美国移民局却向他们提出"不准离美和试图离美"的命令，违者将被判处5000美元以下的罚金或5年以下的徒刑或同时给予这两种处罚。美国政府应"立即停止拘留中国留学生，并恢复他们随时离开美国返回中国的权利"。至于居留在美国的中国侨民，也同样享有随时回国的权利。

对中方提出的要求，美方承认在朝鲜战争期间，美国政府确实发布命令，规定凡高级物理学家，其中包括受过像火箭、原子能以及武器设计这一类教育的中国人，都不准离开美国。美方强调，阻止申请回国的中国留学生中的120人离美，完全是按美国的法律行事的。对此，中方代表多次提出批驳，要求废除这条无理的规定。中方还主张由双方发表联合公报，宣布住在一方的对方守法侨民和留学生将享有返回祖国的完全自由。并建议在相互平等的基础上，由第三国代管双方侨民和留学生的权益。美方则片面要求中方"释放被扣留在中国的美国人员"，拒不同意中方提出的建议，但同意将建议美国政府对"依法"被阻止离美的120名留学生的情况进行复查。

在7月21日最后一次接触中，双方审核了各自提交的名单。中方通知美国，除6月中旬有2名美侨离华外，中国政府已批准最近申请返美的6名美国人离华；同时要求美方提供在美的中国侨民和留学生的情况，并再次询问美国是否同意中方提出的由第三国外交使团代管双方侨民利益的建议。美方没有进一步提供中国侨民和留学生的新情况，并再次拒绝了由第三国代管双方侨民利益的建议。同日，美国代表团发表声明，宣布对"依法"被阻止离美的15名中国留学生的情况已复查完毕，他们可以自由离美，对其他希望离开美国返回"共产党中国"的中国留学生的情况尚在复查中，一俟收到关于他们的任何情况将转告中方。

中美最初的接触虽然收效甚微，但美方毕竟有所松动。为了在日内瓦会议闭幕后不使渠道中断，双方商定自1954年9月2日起，在日内瓦举行领事级会谈。中方继续要求美方尊重中国侨民和留学生回国与家人团聚的权利，消除在这方面所设置的障碍，但仍没有被美方接受。在此期间，美方通过中国红十字会转递了给犯法的美侨和被俘的美军人员寄来的包裹和信件。中方还通知美方，有些美国犯人的家属如果想到中国探视犯人，中方可给予签证。但美方答复说："美国政府已决定目前不发护照给任何要去共产党中国访问的美国公民。"在日内瓦进行的中美领事级会谈未取得进展，于1955年7月15日终止。但它成为不久以后中美举行大使级会谈的前奏。

在1955年2月解放浙江沿海岛屿后，中国政府希望进一步和缓亚洲特别是台湾地区的紧张局势，以消除亚非国家的疑虑，制止美国破坏亚非会议的图谋。4月下旬在万隆举行的亚非会议上，有的国家代表提出台湾应该取得"独立"或由国际托管的问题。周恩来表明中国不能同意这种言论，但不准备展开争论。

4月23日，缅甸、锡兰、中国、印度、印度尼西亚、巴基斯坦、菲律宾、泰国八国代表团团长举行会议，讨论缓和印度支那紧张局势包括台湾地区紧张局势问题。周恩来在会上阐明，在台湾问题上存在着两个性质不同的问题：中国政府与蒋介石集团的关系是内政问题，不容外国干涉；中美之间的关系是国际性问题，中国愿意用和平的方法来解决。为此，周恩来在会上发表了一个言简意赅的声明："中国人民同美国人民是友好的。中国人民不要同美国打仗。中国政府愿意同美国政府坐下来谈判，讨论和缓远东紧张局势的问题，特别是和缓台湾地区的紧张局势问题。"①

这个只有69个字的简短声明，立刻震动了万隆，传遍了全世界，博得了广泛的同情与赞赏，打破了美国企图利用它一手造成的台湾地区的紧张局势来影响亚非会议的阴谋。许多国家都希望美国能响应周恩来的建议，同中国直接谈判。英国、印度尼西亚驻华代办表示愿意在中美解决台湾问题时从中进行斡旋。周恩来向他们表示，欢迎任何国家这样做。

5月11日至21日，印度驻联合国代表梅农专程来华为中美会谈进行斡旋。周恩来对梅农为争取中美之间和台湾地区紧张局势缓和的努力表示欢迎，并着重指出：第一，和缓紧张局势必须是双方的。应该促使国民党的武装力量从金门、马祖撤走，如果它这样做，中国可以同意在规定期限内不予还击，让它撤走，以使中国收复这些岛屿。但这个行动绝不意味着，中国同意杜勒斯所说的那个"停火"，同意美国以敦促国民党集团撤出沿海岛屿

---

① 《周恩来外交文选》，中央文献出版社1990年版，第134页。

来换取中国放弃解放台湾的要求和行动。第二，除金门、马祖问题外，中美双方还应在其他问题上采取步骤和缓紧张局势。在美国方面，有两件事应该做：一是取消对中国的禁运；二是允许要求回国的中国留学生和其他中国侨民自由回国。在中国方面，也有两件事可做：一是美国在中国的犯法人员，包括飞行人员和侨民，可以根据中国的法律程序，并依照各人犯罪事实和被监禁后的表现，决定是否宽赦释放或驱逐出境。但是这些人的案子不可能一下子处理掉。

周恩来表示，考虑到梅农先生的要求，第一，中国愿意先处理侵入中国领空的 4 个美国飞行人员，判决驱逐他们出境。在美蒋特务制造"克什米尔公主号"惨案尚未解决的时候，中国采取上述行动，表现了和缓紧张局势的意愿。第二，中国允许对中国友好的美国团体和个人到中国来访问，虽然这种事应该是对等的，但是中国愿意先开放，让美国人来看看中国究竟是对他们友好，还是要同他们打仗。第三，中国既愿意同美国谈判，也愿意同国民党集团谈判。这两种谈判虽然有联系，但属于不同性质。前一个谈判是国际性的谈判，为的是要美国放弃干涉，从台湾和台湾海峡撤出它的一切武装力量。后一个谈判属于内政，应该谈中国中央人民政府和国民党集团之间的停火问题和中国和平统一问题。过去在国内战争、抗日战争和解放战争三个时期，我们都主动同蒋介石谈。当时蒋介石代表中央政府，我们是地方政府。现在我们代表中央政府，蒋介石只是地方政府。

5 月 26 日，周恩来总理接见英国驻华代办杜维廉，进一步阐明中国对美国谈判问题的看法：中美谈判的主题是和缓和消除台湾地区的紧张局势，至于谈判的方式，可以开多国会议，中美还可以直接谈判，由别的国家从旁赞助，台湾当局则在任何时候、任何情况下，都不能参加上述国际会议。但中国政府不拒绝，相反地建议同台湾当局直接谈判。有两种方式来解放台湾，一种是和平方式，另一种是战争方式，在可能的条件下，我们争取用和平方式解放台湾，这就要同国民党进行谈判。中美之间的国际性谈判和中国中央政府同台湾当局之间的内政性的谈判，可以平行地或者先后地进行。它们彼此间虽有联系，但不能混为一谈。周恩来的上述谈话，既明确了中国同美国进行谈判的原则立场，又向国际社会表明了中国在不放弃武力解放台湾的前提下，将争取用和平的方式解放台湾。

美国从印度、英国方面了解到中国对中美谈判的意愿及对台湾问题的立场。由于在被中国扣押的人员和间谍的问题上，不断受到国内舆论的强烈指责和压力，美国政府也想借此机会缓和中美关系。1955 年 7 月 13 日，美国政府通过英国政府向中国政府建议，中美双方各派一名大使级代表在日内瓦举行会谈，以便有助于"愿意回到他们各自国家去的平民遣返问题"的解决，并"有利于进一步讨论和解决双方之间目前有争执的某些其他实质问题"。7 月 15 日，中国政府通过英国政府答复美国政府，同意举行大使级会谈。经过磋商，中美双方确定将原来在日内瓦进行将近一年的领事级会谈升格为大使级会谈，并同时发表新闻公报，宣布第一次大使级会谈将于 1955 年 8 月 1 日在华沙举行。中方代表是中国驻波兰大使王炳南，美方代表是美国驻捷克斯洛伐克大使约翰逊。

中国对大使级会谈采取积极的态度，中共中央强调在会谈中既要有坚定的立场，也要有协商的和解的态度，争取通过会谈解决一些问题，并为缓和中美关系、消除台湾地区紧张局势的高一级谈判做准备。为此，中方在会谈开始的前一天采取主动行动，由最高人民法院军事法庭按照中国的法律程序，判决提前释放阿诺德等 11 名美国间谍，驱逐他们出境。

根据双方的协议，会谈有两项议程，一是关于"双方平民回国问题"；二是关于"双方有所争执的其他实际问题"。经过争论，双方于 1955 年 9 月 10 日就第一项议程达成关于遣返双方平民回国问题的协议，其主要内容是：中美双方承认，在各自国家内的对方平民享有返回的权利，并宣布已经采取、且将继续采取适当措施，使他们能够尽速行使其返回的权利，中美两国分别委托印度、英国政府协助中美平民返回本国。这是中美大使级会谈达成的唯一的协议。

关于第二项议程，中方提出的议题一是消除禁运问题；二是准备更高一级的中美外长级谈判问题。但美方却要求先讨论所谓"放弃为了达到国家目的而使用武力"问题，并在 10 月 8 日正式建议：中美双方分别发表声明，在台湾地区除防御外不使用武力。和平解决中美之间的争端而不使用武力，这是中国政府的一贯主张，但不能与解放台湾混为一谈。因为中国通过和平方式还是使用武力解放台湾是中国的内政，不应成为中美会谈的议题。中方代表阐明了中方的立场后，于 10 月 27 日建议两国大使根据联合国宪章有关条款协议一项声明。但美方不愿意在声明中具体提到联合国宪章的条款，也不愿明确规定举行中美外长级会议，却在 11 月 10 日要求在声明中写上：一般来说，并特别对于台湾地位来说，"除了单独和集体的自卫外"，中美放弃使用武力。

台湾是中国的领土，美国却要在中国领土上拥有"单独和集体自卫"的权利，这是十分荒谬的，当然不能为中方所接受。但为了争取会谈能有所进展，中方又提出新的声明草案，美方对这个新草案拒绝作任何具体评论，即不表示反对，也不表示同意，直拖到 1956 年 1 月 12 日才提出一个对案，同它 11 月 10 日的草案没有什么差别。关于禁运问题，美方以双方尚未对不使用武力问题达成协议以及美国在华犯人尚未被全部释放为由，拒绝讨论中方建议，使会谈继续陷入僵局。

1957 年 12 月 12 日，中美大使级会谈已进入到第 73 次会议，会上美方代表约翰逊宣布，他将撤出会谈，调任驻泰国大使。指定他的副手埃德·马丁（参赞）接替他的工作。美方委派非大使身份的人为代表参加会谈，是降低会谈级别的表示。中方一再催促美方指派大使级代表，美方采取拖延做法，从而使会谈从僵持发展到中断。

虽然这一阶段的中美会谈，除平民回国问题达成协议外，其他涉及中美关系的一切实质问题均无结果，但毕竟在中美没有正式外交途径的情况下，打开了双方接触的一条渠道，并实现了双方一些侨民要求回国的愿望。1955年，因被阻止而滞留美国多年的中国科学家钱学森、赵忠尧、张文裕等相继回到祖国。对此，周恩来评价说，我们要回了一个钱学森，单就这一件事来说，会谈也是有价值的。另外，在华沙会谈期间，中美关系也一度出现和缓，为两国关系的发展在对等接触、坐下来谈判方面打下了初步基础。

总的来说，从1949年至1956年，中国外交在毛泽东、周恩来的直接领导下，经受住了两大阵营冷战时期复杂斗争的严峻考验，顶住了以美国为首的西方阵营对中国孤立、遏制、封锁、禁运的压力，维护了国家的独立、主权和尊严；倡导和坚持和平共处五项原则，同许多亚非国家建立日益密切、日益广泛的友好合作关系，开展经济、贸易、文化往来，为建立新型的国际关系树立了光辉的范例。中国外交遵循国际主义的原则，对世界人民反对殖民主义、帝国主义和霸权主义，争取和维护民族独立，捍卫世界和平，加速经济发展，促进人类进步的事业，作出了自己的贡献。中国为恢复和维护在联合国及其他国际组织中的合法地位和权利的斗争，在国际上树立了坚决捍卫独立主权，维护世界和平的鲜明形象，赢得广泛的同情和支持。同时，为中国社会主义基本制度的建立和社会主义建设的开展，赢得更为有利的国际环境和条件。

第十二章　社会主义基本制度的初步建立

一、提早完成农业的社会主义改造

（一）对农业合作化形势估量的变化

根据过渡时期的总路线，1953 年至 1955 年上半年，中国对农业、手工业、资本主义工商业的社会主义改造工作进展顺利，基本上是积极领导，稳步前进，为整个国民经济的进一步改造打下了重要基础。1955 年夏季以后，由于各种主客观因素的综合作用，中国的农业合作化运动突然提速，从互助组到初级社，再到高级农业生产合作社，一浪高过一浪地迅猛发展。随之而来的，是手工业和资本主义工商业改造的速度大大加快，由此聚合成全国规模的社会主义改造群众运动的高潮，在很短的时间内基本上完成了中国生产资料私有制的社会主义改造。

1955 年春天，针对上年秋后农业合作化工作局部冒进，造成农村关系紧张的形势，中共中央根据邓子恢领导的中央农村工作部的建议，提出分别不同地区"停止发展，全力巩固，适当收缩，在巩固中继续发展"的方针。对过快发展的农业合作社进行必要的整顿和收缩工作，毛泽东是完全同意并给予积极支持的。他对当时农村的紧张关系作了极为深刻、清醒的判断，明确指出"生产关系要适应生产力发展的要求，否则生产力就会起来暴动。当前农民杀猪宰羊就是生产力起来暴动"，并提出解决的办法是

"三字经"，即"停、缩、发"方针。①

1955 年上半年，各地根据中共中央《关于整顿和巩固农业生产合作社的通知》《关于布置农村工作应照顾小农经济特点的指示》《中共中央、国务院关于迅速布置粮食购销工作安定农民生产情绪的紧急指示》等一系列指示精神，认真贯彻整顿合作社的"三字"方针和粮食定产、定购、定销的"三定"政策，使1954 年至 1955 年一个冬春急速扩展的几十万个农业社绝大多数得到巩固，当年夏收有 80% 的社增加了农作物的产量。

关于农业生产合作社的发展计划，1954 年 12 月中共中央批准的全国第四次互助合作会议提出，到 1957 年组织 50% 以上的农户加入初级社。到 1955 年年初，中央判断农村出现的紧张情势，实质上是农民群众，主要是中农群众对党和政府在农村中的若干措施，包括对合作社工作搞得过粗过快表示不满的一种警告，毛泽东这时对合作社发展计划也持慎重态度。3 月 3 日，毛泽东在签发党中央、国务院的《紧急指示》后，约邓子恢谈话说：5 年实现农业合作化（指初级社化）的步子太快，有许多农民入社，可以肯定不是自愿的。到 1957 年入社农户占总农户的三分之一就可以了，不一定要 50%。

邓子恢没想到毛泽东把农业合作化的发展速度放到这样慢，他向毛泽东解释说，50% 的设想还是适合的。农业生产合作社，1953 年才 1.4 万个，1954 年一下发展到 11 万个，增加 8 倍。1955 年在这样的基础上发展到 60 万个，1956 年翻它一番，120万个。1957 年再加 30 万个，就是 150 万个，每社 35 户，就达到总农户的 50% 以上了。毛泽东表示不同意，认为粮食征购已经到了界限，征购任务是 900 亿斤，再多一斤都不行，合作化也要放

---

① 参见《毛泽东年谱（1949—1976）》第 2 卷，中央文献出版社2013 年版，第 355 页。

慢。邓子恢说：到今年秋后停下来。毛泽东说：干脆（现在）就停下来，到明年秋后再看，停止一年半。毛泽东还对中央书记处二办主任谭震林说：到明年10月可以停下来整顿一年。①

5月6日，邓子恢在全国第三次农村工作会议上作总结报告，讲到同毛泽东的这次谈话时说"主席这样提出很重要"，"我们当时只感到1955年计划多了一点，还没有怀疑到1957年发展50%是不可能的"，"可见主席高见"。根据毛泽东谈话的精神，邓子恢在总结报告中提出，今后"要发展一段巩固一段，不要连爬带滚往前进"。上述情况表明，直至1955年5月以前，无论对于整顿、巩固现有合作社，还是放慢整个农业合作化的速度，毛泽东都是赞同和支持的，与邓子恢和中央农村工作部的意见基本上是一致的。

然而，正当邓子恢和他领导的中央农村工作部认真领会和贯彻毛泽东谈话的精神时，毛泽东本人对农村形势的估量正在发生改变。这个变化是从4月下旬毛泽东离京到南方视察开始的。

1955年三四月，中央关于整顿和巩固农业生产合作社、大力保护耕畜以及实行粮食"定产、定购、定销"等一系列措施，在各地得到认真贯彻执行。在浙江省等合作社发展过猛的地区，各县都派出一批干部深入重点乡，进行巩固和收缩工作的试点，然后由点到面逐步展开。整顿工作着重纠正了侵犯中农利益的错误，中农群众普遍反映对党的政策是满意的，农民的生产情绪开始趋于稳定。在粮食供应方面，全国各省市派出几十万干部，深入到农村、城镇整顿粮食统销工作，使各地粮食销量呈现下降趋势，春季粮食供应紧张的状况正在得到缓解。

毛泽东是在上述整顿工作初见成效的时候到南方视察的。一

① 参见《邓子恢传》编辑委员会著：《邓子恢传》，人民出版社1996年版，第480—481页。

路上，他看到"麦子长得半人深"，说明大部分农民生产并不消极。当时有地方反映说，春季农民喊缺粮并不都是真实的。有些农户是可以自给自足的，看到别人向国家买粮，也跟着喊粮食不够；一些富裕中农本来有余粮，但怕别人说自己销粮过多或前来借粮，故意喊缺粮。另有反映说，在整顿收缩合作社工作中，许多本来可以办好的合作社被强行解散了。尤其给毛泽东留下深刻印象的是，中共中央上海局书记柯庆施说，他经过调查，在县、区、乡三级干部中，有30%的人反映农民要"自由"的情绪，不愿意搞社会主义。综合这些情况，毛泽东认为先前对粮食紧张的估计是言过其实的，不能把农村的紧张情势归咎于合作化搞快了。只要把粮食征购指标压一些，便可缓和同农民的紧张关系，换来农民对社会主义的支持，而不必放慢农业合作化的步伐。

回到北京后，毛泽东于5月5日约见邓子恢，向他讲了这次视察了解的情况，批评了对社会主义不热心的现象。针对全国第三次农村工作会议还在部署"少数省县要适当收缩"合作社，毛泽东告诫邓子恢说："不要重犯1953年大批解散合作社的那种错误，否则又要作检讨"。

5月9日晚，毛泽东在中南海颐年堂约见李先念、邓子恢、廖鲁言及粮食部副部长陈国栋，谈农村形势和粮食问题。周恩来也参加。毛泽东说：中央认为，下年度粮食征购任务，原定900亿斤，可考虑压到870亿斤，这也是一个让步，粮食征购数字减一点，换来个社会主义。他还谈到：今后两三年是农业合作化的紧要关头，必须在这两三年内，打下合作化的基础。为此，他向邓子恢等提出：1957年农业合作化程度可不可以达到40%？邓子恢答道：还是上次说的三分之一左右为好。毛泽东说，三分之一也可以。他接着表示：农民对社会主义改造是有矛盾的。农民是要"自由"的，我们要社会主义。在县、区、乡干部中，有一批是反映农民这种情绪的，不仅县、区、乡干部有，上面也有，省里有，中央机关干部中也有。① 这些谈话，反映了毛泽东要加快农业合作化步骤的意向。

5 月 17 日，中共中央在北京召集华东、中南等 15 个省市自治区党委书记会议，讨论农业合作化工作。会议的主要内容是批评在农业合作化问题上的消极情绪。毛泽东在会议上的讲话，重申了他 3 月中旬提出的"停、缩、发"方针，但重点强调的是"发"。他说："合作社问题，也是乱子不少，大体是好的。不强调大体好，那就会犯错误。在合作化的问题上，有种消极情绪，我看必须改变。再不改变，就会犯大错误。对于合作化，一曰停，二曰缩，三曰发。缩有全缩，有半缩，有多缩，有少缩。社员一定要退社，那有什么办法。缩必须按实际情况。片面的缩，势必损伤干部和群众的积极性。后解放区就是要发，不是停，基本是发；有的地方也要停，但一般是发。华北、东北等老解放区里面，也有要发的。譬如山东 30% 的村没有社，那里就不是停，不是缩。那里社都没有，停什么？那里就是发。该停者停，该缩者缩，该发者发。"②

在会上，有些省委书记自报了 1956 年春耕前大幅度发展农业合作社的计划，计有：河南 7 万个，湖南 4.5 万个，湖北 4.5 万个，广东 4.5 万个，广西 3.5 万个，江西 3.5 万个，江苏 6.5 万个。以上七省共报发展 34 万个社，毛泽东很重视，他要求新区各省发展合作社的数目都应比上年翻一番，并在讲话中说：发展合作社对国家是有利的，对你们各个地区也有利，如果你们自愿，那就拍板，把这个数字定下来。他还要求东北、西北、西

① 参见《毛泽东年谱（1949—1976）》第 2 卷，中央文献出版社 2013 年版，第 370 页。

② 《农业集体化重要文件汇编（1949—1957）》，中共中央党校出版社 1981 年版，第 331 页。

南、华北各省，由林枫、马明方、宋任穷、刘澜涛回去召开一个会，把精神传达一下，讨论解决合作社发展数字问题。

在这次会议上，有的省委书记谈到，前一段收缩合作社引起农村干部和群众很大的不满，埋怨中央农村工作部对农村工作的指导压抑了下面办社的积极性。在毛泽东看来，这反映了不少地方同志办农业社是积极的，大家认为农业社"好得很"，不存在办不下去的情况。他根据自己视察的情况，认为"说农民生产消极，那只是少部分的。我沿途看见，麦子长得半人深，生产消极吗？"联系到各方面反映整顿收缩合作社工作中的缺点，毛泽东感到柯庆施讲的"不愿意搞社会主义"的人，不仅下面有，省里有，中央领导机关中也有。

经过南方视察和十五个省市自治区党委书记会议，毛泽东完全改变了原来赞同和支持整顿合作社的态度，转向批评邓子恢和中央农村工作部对农业合作化的指导不积极，认为这是"只愿意接受具有资本主义自发倾向的富裕中农的影响"，而对广大贫农和下中农的社会主义积极性却"熟视无睹"。对粮食紧张问题的看法也发生改变，认为"所谓缺粮，大部分是虚假的，是地主、富农以及富裕中农的叫嚣"，是"资产阶级借口粮食问题向我们进攻"。由此，开始在农村形势的估量上更多地强调用阶级斗争的观点来看问题。

（二）关于农业合作化速度的争论

6月14日，刘少奇在北京主持中央政治局会议，听取邓子恢关于全国第三次农村工作会议的汇报，批准了中央农村工作部与各省商定到1956年春农业合作社发展到100万个的计划。刘少奇在会上说，过去有一段时间发展的劲头不够，在发展合作社的过程中曾有一度动摇。事实证明，过去合作社的发展是健康的，能巩固的。不知哪来一股谣风，冒退了一下。刘少奇强调说，对农业合作化事业要有充分信心，对成绩要有充分估计。上半年对已建立起来的社进行整顿以后，马上就要再前进，到1956年连同原有的社在内发展到100万个。新区老区今后一年都还要发展，不要再停了。方针应当是把现有的社巩固起来，同时注意发展新社的工作。不能把巩固和发展分开，该发展的就要发展，不要等，不要停，老区"推迟一年"的提法是不对的。口号是："依靠农业社，带动互助组和单干农民，普遍发展生产。"刘少奇还说，现在一般还不要拉中农入社，等农业社的生产收入超过了中农水平，中农会来敲合作社的门。这时吸收他们大批入社，水到渠成，是合乎发展规律的。

6月下旬，毛泽东约邓子恢谈话。他根据自己在南方视察和在十五省市委书记会议上听取的汇报，认为农民群众的社会主义积极性正在高涨，应对合作社发展计划进行修改。他提出，1956年春耕前合作社发展到100万个，这个数目字同原有65万个社相比较，只翻半番多一点，偏少了。可能需要翻一番，即增加到130万个左右，基本上使全国二十几万个乡，除了某些边疆地区以外，每乡都有一个至几个小型的半社会主义性质的农业生产合作社，以作榜样。对毛泽东的这个意见，邓子恢表示回去考虑一下。

邓子恢回到部里找互助合作处的同志商量，共同认为中央政治局批准的100万个社的计划，是派人摸底并和各省商量定下的，比较牢靠，估计可以超过，还是坚持原计划数字好。第二天，邓子恢去找毛泽东说：上年由11万个社一下子发展到65万个社已经太多了，发生了冒进的问题，还需要做大量的工作才能巩固；下年发展到100万个社，都要巩固下来，更不容易。如果发展到130万个，那就超出了现有的办社条件许可的程度。还是维持100万个的计划比较好。邓子恢主张合作社要稳步发展的理由主要是：

第一，整个农业合作化的速度应该与国家工业化的进度相适应。"一五"计划只能为工业化打个初步基础，农业技术改造可能刚起步，现在中国的工业还不能对农业的现代化提供相应的技术与机械设备，合作社还只能以手工劳动为主。在这种情况下，要使农业生产有比较显著的发展，超过一般中农的水平，显示出社会主义集体经济的优越性，向社外农民起到示范作用，就必须把经营管理搞好，特别是做好按劳分配、劳动组织方面的工作。干部的培养和会计人员的培训，需要时间。因此，在办社的初期阶段，各种条件很差的情况下，过多过猛的发展，是不适当的。

第二，根据各地实际情况反映，现有 65 万个社中存在的问题很多，巩固工作很繁重，如果再多发展，巩固与发展齐头并进，无论群众觉悟水平和干部领导能力都跟不上去，就可能使巩固和发展两方面的工作都做不好，并会影响生产发展，降低农业合作社在农民中的威信。

第三，1955 年至 1956 年，是打基础的一年，这一着做好，对以后实现全盘合作化有极其重大的意义。在老区，过去几年领导力量主要忙于合作社的发展工作，对巩固工作做得很少，入社户数虽然达到百分之二三十，但基础很不巩固，极需缓和一下，以便做好巩固工作，在巩固的基础上再前进。新区的主要任务还应当是继续完成布点工作，适当再发展一些，每个乡争取建立若干社，集中力量把它们办好，以便训练干部，示范群众，为以后从点到面的发展打好基础。至于边远地区和少数民族地区，更需要多准备一些时间。

邓子恢的这些意见，在四五月间全国第三次农村工作会议上作过详细说明。由于他刚从匈牙利访问归来，所以还向毛泽东谈到苏联、匈牙利农业集体化过急的教训，提出应避免重犯类似的错误。总之，还是要坚持党历来行之有效的工作方法，由点到面，积极而稳步地分批分期展开。邓子恢认为，这样做，虽然从当前一个具体环节上看，似乎缓慢一些，但从整个合作化来看会是更快一些和更好一些。对邓子恢陈述的理由，毛泽东不以为然。这次谈话从深夜到次日早晨持续了几个小时，关于"翻一番还是翻半番"的争论没有取得一致意见。

7月11日晚，毛泽东再次约见邓子恢、陈伯达、廖鲁言、刘建勋、谭震林、杜润生，对收缩合作社的工作提出尖锐的批评，说：浙江办了5万个合作社，就把你们吓破了胆。处理这样大的问题，事先不向中央请示，事后也不报告，这是很不好的。随后，毛泽东重申了农业合作社必须大发展的意见。在谈话中，邓子恢承认四五月间他对农村情况的分析是"欠全面"的，对"收缩"强调得过分了一点，对新区采取小发展而不是大发展的方针，是"比较消极"的。毛泽东认为邓子恢的态度有所转变，遂决定由中央召集各省、市、自治区党委书记到北京开会，解决加快发展农业合作社的问题。

应该说，1955年夏季关于农业社"翻一番还是翻半番"的争论，是由当时各种主客观因素造成的。毛泽东四五月间外出巡视，是他对农村形势认识改变的一个转折点。他沿途所看到的和听到的，有些是先前不了解的新情况，有些与过去所了解的情况有出入，但确有一些汇报材料是以偏概全，投上所好，报喜不报忧，并未反映农村生产关系变革中的真实情况，也不能代表农村复杂形势中本质的一面。事情的发展表明，像"省、地、县三级干部中有30%的人不愿意搞社会主义"这样的主观臆断，只能妨碍中央对真实情况的全面了解，影响和干扰对形势作出正确的判断，进行科学的决策。

从客观情况看，毛泽东作为党中央的领导核心，更多的是从农业的发展如何适应工业化进度的角度考虑问题。1954年夏秋，中国长江中游、淮河流域和华北平原遭受百年不遇的特大洪涝灾害，农业受灾严重，农业总产值仅比上年增长3.4%，远低于当年计划增长12.6%的指标。中国工业总产值中以农产品为主要原料的轻工业占80%，农业受灾直接影响到工业经济的增长。为此，中央在制定1955年的年度计划时，因农产品原料不足而将整个工业增长速度降至7.7%，而实际执行结果只比上年增长5.6%，成为"一五"期间工业增长速度最低的一年，突出反映了农业发展滞后对工业建设乃至整个国民经济的瓶颈制约。事实上，从1954年起，中国不得不靠统购统销政策来调节农产品供求紧张的关系，不但没有回旋余地，而且农业增长幅度下滑已经直接影响到"一五"计划能否如期完成。这是毛泽东下决心推动农业合作化大发展，以增加农业生产，确保完成"一五"计划任务的一个主要因素。

毛泽东改变对农村紧张形势的认识后，立即把注意力转到解决农业落后于工业这个突出矛盾上来，把加快推进农业合作化放到很高的战略地位来考虑。特别是农业歉收导致工业增长速度大幅度下滑，1955年4月全国人大常委会正式通过的第一个五年计划一出台就执行受阻，将农业拖工业后腿这个问题的严重性更尖锐地表现出来。几年来党在农村试办合作社的成功经验，使毛泽东和许多领导人认为，农业合作社是促进农业增产"投资少、收效大、见效快"的最好办法，而这个办法又和改造个体农业小私有基础的社会主义目标是一致的。正是在这样的背景下，毛泽东坚决主张必须全面加快农业合作化的进程。

邓子恢作为中央主管农业合作化工作的负责人，对积极引导广大农民走社会主义道路是坚定的。在这个过程中，他十分注重生产关系的改造一定要同生产力发展的要求相适应，强调党在农村的工作部署一定要从小农经济的现状出发，照顾农民小生产的特点，坚持典型示范、自愿互利原则，因地制宜，稳步发展。在合作社是加快发展还是稳步发展的问题上，他始终坚持"生产需要、群众觉悟、干部领导能力"这三条办社的基本标准，认为问题不在要不要增加几十万个社，而在于上面不断加码，会形成各级组织的单纯任务观点，势必对农业生产造成损害。后来的发展证明，邓子恢关于农业合作社的发展必须注意客观条件提供的可能性的思想是正确的。然而，邓子恢为合作社"翻一番还是翻半番"向毛泽东据理力争，当时被认为是"思想右倾"，对合作化不积极而受到批判。由此，改变了迄止 1955 年夏季以前农业合作化运动稳步前进的历史进程。

（三）批判"小脚女人"和"右倾保守"思想

1955 年 7 月 18 日，毛泽东写信给中央农村工作部秘书长杜润生，调阅全国第三次农村工作会议的各项材料，包括报告、各人发言和结论，着手为中央召集的省、市、自治区党委书记会议撰写《关于农业合作化问题》的报告。

7 月 26 日，中央农村工作部二处整理了《农业合作化运动最近简情》（还附有一份《全国各省现有社及 1956 年建社计划表》）报送毛泽东。该简情报告说：1955 年度到 1956 年度的发展计划是，由现有的约 65 万个社发展到 103 万余个社，入社户数由 1690 余万户发展到约 2920 万户。29 日，毛泽东批示将该简情印发给前来参加省、市、自治区党委书记会议的同志。在所附《全国各省现有社及 1956 年建社计划表》的背面，他写了很长一段文字，论述了反对右的和"左"的错误观点问题：

第一，在发展问题上，"不进"与"冒进"。目前不是批评冒进的问题，不是批评"超过了客观可能性"的问题，而是批评不进的问题，而是批评不认识和不去利用"客观可能性"的问题，即不认识和不去利用广大农民群众由于土地不足、生活贫苦或者生活还不富裕有一种走社会主义道路的积极性，而我们有些人却不认识和不去利用这种客观存在的可能性。

第二，在改变所有制的问题上，即端正政策的问题。"揩油"

问题已经发生，应当教育农民不要"揩油"，应当端正各项政策，并以发放贷款的办法去支持贫农，这是一方面。但同时应当教育中农顾全大局，只要能增产，只要产量收入比过去多，小小入社时的不公道，也就算了。要教育两方面的人顾大局，而不是所谓"全妥协"，全妥协就没有社会主义了。又团结，又斗争是我们的方针。

第三，要有坚定的方向，不要动摇。要别人不动摇，就要自己首先不动摇。要看到问题的本质方面，要看到事物的主导或主流方面，这样才能不动摇。事物的非本质方面，次要方面必须不忽略，必须去解决存在着的一切问题，但不应将这些看成是事物的主流，迷惑了自己的方向。

毛泽东的这段论述，大体上反映了他对加快农业合作化的一些理论思考。其中，关于要看到问题的本质方面、主导或主流方面，不要迷惑社会主义方向的思想方法，教育贫农不要"揩油"的政策思想，是正确的。但是，合作化局部冒进的余波未平，又过高地估计农村形势和农民群众"走社会主义道路的积极性"，在对待中农问题上反对"全妥协"，要求中农不必计较"小小的"入社时的不公道，这个政策观点，实际上为农业合作社大发展中，一再发生侵犯中农利益，"揩中农油"的"左"的偏差，开了方便之门。

7月31日至8月1日，中共中央在北京举行省、市、自治区党委书记会议。毛泽东在会上作题为《关于农业合作化问题》的报告。这个报告概述了中国农业合作化的历史，阐述了中国共产党在农业合作化方面的基本指导方针和具体政策，并对中国农业合作化与机械化的关系、社会改革与技术改造的关系等，提出不少深刻的见解。但是，报告的基调是批判合作化运动中的"右倾保守思想"，极力以反对所谓"右的错误"的方法来推动农业合作化的加速发展。

　　报告对当前形势的基本估计是"在全国农村中，新的社会主义群众运动的高潮就要到来"。据此，不点名地批评邓子恢和他领导的中央农村工作部"像一个小脚女人，东摇西摆地在那里走路"，对合作化运动有"过多的评头品足，不适当的埋怨，无穷的忧虑，数不清的清规和戒律"，"老是站在资产阶级、富农或者具有资本主义自发倾向的富裕中农的立场上替较少的人打主意，而没有站在工人阶级的立场上替整个国家和全体人民打主意"。报告批评中央农村工作部对浙江省一下子就从5.3万个合作社中解散了1.5万个包括40万农户的合作社，引起群众和干部的很大不满，这是很不妥当的。批评这种"坚决收缩"的方针，"是在一种惊慌失措的情绪支配下定出来的"，是"被胜利吓昏了头脑"，犯了"右的错误"。这个批评不是实事求是的，它实际上否定了此前中央关于农村工作要从小农经济的现状出发，照顾小农经济分散的特点等正确指导方针，否定了春季整顿巩固合作社以来对群众坚决要求退出、事实上无法办下去的合作社进行适当收缩的政策措施。

　　报告集中论述了加快农业合作化的紧迫性，强调国家工业化对商品粮和工业原料年年增长的需要，同农业主要农作物一般产量很低之间存在着尖锐矛盾，如果不基本解决农业合作化问题，就不能解决这个矛盾，就会使工业化遇到绝大的困难，就不可能完成工业化。报告阐释了农业合作化的步骤应当和工业化的步骤相适应的方针，提出在中国目前还不能向农业提供大量机械的条件下，"必须先有合作化，然后才能使用大机器"的观点，认为只有通过合作化形成大规模经营的农业，才有使用农用机器、化肥、电力的可能。报告认为，无论是为满足工业化对商品粮和工业原料的需求，扩展工业化所需的国内销售市场，还是通过商品交换主要从农业方面积累工业化和农业技术改造的资金，都必须尽快地实现农业合作化。

报告把浙江省收缩一批合作社，夸大为让整个合作化运动"赶快下马"，称"下马"和"上马"只有一字之差，却表现了"两条路线的分歧"。报告认为，现在农村中存在的是富农的资本主义所有制和像汪洋大海一样的个体农民的所有制。在最近几年中间，农村中的资本主义自发势力一天一天地在发展，新富农已经到处出现，许多富裕中农力求把自己变为富农。许多贫农，则因为生产资料不足，仍然处于贫困地位，有些人出卖土地，或者出租土地。这种情况如果让它发展下去，农村中两极分化的现象必然一天一天严重起来，工人和农民的联盟就不能巩固。只有逐步地实现社会主义工业化，逐步地实现合作化，在农村中消灭富农经济制度和个体经济制度，使全体农村人民共同富裕起来，工人和农民的联盟才能获得巩固。否则，工农联盟就有被破坏的危险。

报告最后说："必须现在就要看到，农村中不久就将出现一个全国性的社会主义改造的高潮，这是不可避免的"。党必须采取"全面规划，加强领导"的方针，以适应农业合作化大发展"已经形成了一个群众性的运动"这个新的突出的特点。

省、市、自治区党委书记会议，定下了加快农业合作化步伐的基调。由于把农业合作化步骤和进度上的不同意见，当作"右的错误"来批判，这次会议助长了党内在农业合作化问题上的急躁冒进情绪，成为1955年夏季以后农业社会主义改造加速进行的一个转折点。会议结束后，各省相继举行省委扩大会议或地、市委书记会议，传达学习毛泽东的报告，批判"小脚女人走路"，批判"右倾保守"的错误思想，加紧修订本省合作社的发展计划。

8月1日，毛泽东在省、市、自治区党委书记会议结束时说：和子恢同志的争论已经解决了。4月间，中央一个意见，子恢一个意见。农村工作部没有执行中央的意见。5月17日（十五个省、市、自治区党委书记会议）以前，说新区发展的合作社糟得很。这次会议上大家说好得很。现在证明新区能发展。今冬明春可大发展。准备工作加巩固工作不会冒险。准备工作第一项就是批评错误思想。事实上，这次会议结束后，对邓子恢"右倾思想"的批判不仅没有结束，反而调子越来越高。

8月5日，毛泽东约见邓子恢，要他按照省、市、自治区党委书记会议提出的"积极领导、全面规划"的方针，修改中央农村工作部7月26日报送的103万个社的计划数字。邓子恢再次申述应当遵循"生产需要、群众觉悟、干部领导能力"的办社标准。毛泽东认为这是邓子恢固执己见，继续坚持"右的错误"，并认为对邓子恢的"右倾思想"，一般批评是不够的，"要用大炮轰"。此后，毛泽东建议中央召集各省、市、自治区党委书记及各地委书记到北京开会，进行全党大辩论，以便"制定一个切实可行的关于合作化的全面规划"，从根本上解决农业合作化问题。

8月26日，毛泽东给邓小平、杨尚昆的批示中说，请电话通知中央农村工作部：在目前几个月内，各省市区党委关于农业合作化问题的电报，由中央直接拟电答复；并告批发此类来报的同志，不要批上"请农村工作部办"的字样。这实际上停止了邓子恢和中央农村工作部指导全国农业合作化运动的工作。8月间，毛泽东对《关于农业合作化问题》报告稿进行修改，加写了几段内容，加重了对邓子恢及中央农村工作部的批评，作为修正本印发给各省、市、自治区党委，并可即印发给各级党组、党内干部直至农村党支部。10月17日，报告修正本经毛泽东再次修改后，正式发表在《人民日报》上。这个报告，对在全国范围内掀起农业合作化高潮起了直接推动作用。

（四）掀起全国农业合作化运动的高潮

1955年八九月间，毛泽东代中共中央连续批转了十几个省委的报告。这些报告分别通报了各省检查"右倾思想"，批判"小脚女人"，重新修改农业合作社发展规划的情况。各省在报告中都争相表示，要提前实现或大大超额完成发展合作社的计划。为了实现高指标，各省、市、自治区紧急行动起来，迅速从各方面抽调大批干部分别下到农村，充实办社的领导力量，检查敦促合作社的大发展。在"全党办社"、批判"右倾思想"的形势下，农业合作化运动迅猛发展。据统计，从6月到10月，全国新建合作社64万个，使合作社总数接近130万个，仅4个月就基本实现了"翻一番"的高指标。面对合作社急速发展的形势，中共中央决定将原拟召开的省、市、区党委书记及地委书记会议，改为召开扩大的七届六中全会，以制定和通过关于农业合作化的全面规划。

1955年10月4日至11日，中共七届六中全会（扩大）在北京举行。全会根据毛泽东《关于农业合作化问题》的报告，讨论和通过了全会《关于农业合作化问题的决议》（简称《决议》）。《决议》确认：在新的革命阶段的农村阶级斗争，主要是农民同富农和其他资本主义因素的斗争，斗争的内容是关于发展社会主义或发展资本主义的两条道路的斗争，要解决的问题是农业合作化的问题。批评党内有些同志看不见农村中两条道路的尖锐斗争，看不见大多数农民群众愿意走社会主义道路的积极性，希望稳定农村的现状，或者认为在农业合作化发展的问题上应该采取特别迟缓的速度。《决议》把邓子恢的"错误"性质进一步升级，指出农业合作化的大发展，事实上"宣告了右倾机会主义的破产，证明了右倾机会主义在实质上只是反映了资产阶级和农村资本主义自发势力的要求"。认为"只有彻底地批判了这种右倾机会主义，才能促进党的农村工作的根本转变"，"这个转变，是保证农业合作化运动继续前进和取得完全胜利的最重要的条件"①。

根据几年来的经验，《决议》就合作化运动中建社的准备和步骤、发展工作同巩固工作的结合、初级社内社员土地和私有财产的处理、股份基金和公积金的筹集和建立、保证增产的措施、国家财政和技术上的援助以及领导的工作方法等问题，做了较详细的规定。按照毛泽东关于把新老中农中间的下中农区分出来，以建立农村无产阶级的优势的政策思想，《决议》强调必须形成坚定的合作化运动的核心力量，即贫农、新老下中农（约占农村人口的60%～70%）中间的积极分子，应当把这几部分经济地位贫穷或者还不富裕的农民首先组织起来，以便作出榜样，说服更多的农民。对于富裕中农（即新老中农中间的上中农），暂时不吸收入社，更不要勉强地把他们拉进来。应该用合作社的优越性去影响他们，等到他们的觉悟程度提高以后，再去吸收他们入社。这些政策措施，是正确的、稳妥的。

关于全面规划，《决议》根据不同地区的不同条件，将全国分为三类情况，分别规定了合作化运动发展的速度。除了在某些边疆地方采取比较缓慢的政策外，规定比较先进的地方在1957年春季以前、全国大多数地方在1958年以前，入社农户达到当地总农户的70%～80%，基本上实现半社会主义的合作化。这个新的发展规划，比起毛泽东在省、市、自治区党委书记会议上提出的1958年春季有一半农户加入初级社，1960年以后逐步地分批分期地由半社会主义发展到社会主义的规划，又大大提前了。这样一再提前的计划，势必造成已经超速发展的合作化运动急剧升温。

在会议的最后一天，10月11日，毛泽东以《农业合作化的

① 《建国以来重要文献选编》第7册，中央文献出版社1993年版，第286页。

一场辩论和当前的阶级斗争》为题，作会议结论。他说："我们这次会议，是一场很大的辩论。这是在由资本主义到社会主义过渡期间，关于我们党的总路线是不是完全正确这样一个问题的大辩论。"① 在这里，历来称"从新民主主义到社会主义过渡时期"的提法，改变为"由资本主义到社会主义过渡时期"，这意味着新中国成立后实行新民主主义政策的时期被视同为资本主义性质。这是毛泽东对他创立的新民主主义理论的一个重大修正。这个提法后来在1956年中共八大会议上得到确认，"由资本主义到社会主义过渡"从此取代了"从新民主主义到社会主义过渡"，沿用了很长时期。②

毛泽东在报告中着重论述了过渡时期国际国内阶级斗争的尖锐性，包括反唯心论、内部肃反、粮食统购统销、农业合作化在内的许多问题上的斗争，都带有对资产阶级作斗争的性质，给了资产阶级严重的打击，并且将继续给以粉碎性的打击。毛泽东突出地强调"我们对农业实行社会主义改造的目的，是要在农村这个最广阔的土地上根绝资本主义的来源"，"使资产阶级、资本主义在六亿人口的中国绝种"，使"小生产也绝种"。他说，农业合作化将在社会主义的基础上巩固工农联盟，使资产阶级最后地孤立起来，便于最后地消灭资本主义。

在扩大的中共七届六中全会上，刘少奇、周恩来、朱德、陈云、彭真、邓小平等80人作了发言，另有167人作了书面发言。这些发言，大都根据毛泽东《关于农业合作化问题》的报告，集

---

① 参见《毛泽东年谱（1949—1976）》第2卷，中央文献出版社2013年版，第448页。

② 1981年6月27日中共第十一届六中全会通过的《关于建国以来党的若干历史问题的决议》，恢复了"从新民主主义到社会主义的转变"的提法，从而澄清了长时期所混淆的社会发展阶段问题。

中地批判了农业合作化高潮中的所谓右倾错误，批判"小脚女人走路"、党内"反映资产阶级、富农和富裕中农的立场"、"同资产阶级共呼吸的人"。国务院副总理、中共中央农村工作部部长邓子恢在会上作了检讨，承认在指导农业合作化运动中犯了"原则性的错误"，主张"小发展""先慢后快"的"错误方针"，"是同中央方针完全相反的，是违背中央路线的"。刘少奇在发言中，也对自己几年前以为在土地改革后，除开普遍发展劳动互助组以外，大约还要过一些时候再来普遍组织农业生产合作社的想法，作了自我批评。

六中全会对邓子恢一面倒的批判，把党内正常的工作方针上的不同意见上纲为"两条路线的分歧"，不仅损害了党内民主讨论、实事求是的作风，更重要的是助长了党内业已存在的"左"的急躁冒进思想。以错误地批判邓子恢为开端，中国社会主义改造后期开始出现不顾生产力的实际状况，盲目追求生产关系先进性的超越阶段的做法。这就违背了历史唯物论关于生产关系一定要适应生产力发展要求的客观规律，给中国后来的发展遗留了许多问题。这个历史教训是值得深刻记取的。①

中共七届六中全会结束以后，"关于发展社会主义或发展资本主义的两条道路的斗争"，成为农业合作化运动乃至全部农村工作中的主题。各省、市、自治区在激烈批判"右倾机会主义"的政治氛围下，再次修订加快合作化步伐的规划，使合作化运动

① 中共十一届三中全会后，1981年3月9日，中共中央办公厅转发国家农委党组《关于为邓子恢同志平反问题的请示报告》指出：邓子恢和他主持的中央农村工作部，是坚持社会主义，坚持党的路线、方针、政策的，工作成绩是显著的。他对农业集体化运动中一些重要问题所提出的意见，大都是正确的。过去党内对他和中央农村工作部的批判、处理是错误的，应予平反，强加的一切不实之词，应予推倒，恢复名誉。

形成异常迅猛的发展浪潮。到 12 月下旬，全国已有 7000 多万户即 60%以上的农户加入了合作社。从新中国成立到 1955 年 6 月，四年半多的时间，中国入社农户占总农户的比重是 14.2%。而从 1955 年 6 月到同年年底，仅半年的时间，加入初、高级社的农户占总农户的比重就跃升到 63.3%。这样快的发展速度，显然不是经济发展规律作用的结果，而是人为地掀起社会主义改造的高潮。

这时，毛泽东主持选编的《中国农村的社会主义高潮》一书出版。他为这本书写了两篇序言和 104 条按语，其中有怎样办好合作社的经验总结，有关于党的思想政治工作的论述，包括对农村经济工作、文化教育工作、妇女青年工作等提出不少正确意见。但是，序言和按语的主导思想是"批右"，不仅对合作化运动中的所谓"右倾机会主义"给予更尖锐的批评，而且认为在其他许多方面的工作中也有"右倾保守思想"在"作怪"。毛泽东在序言中，极力地赞扬"群众中蕴藏了一种极大的社会主义的积极性"，并由此推断"只需要 1956 年一个年头，就可以基本上完成农业方面的半社会主义的合作化"。

农业合作化是国家为增加农产品以保障工业化的需要，积极引导农民进行的。对于农业合作社建立、巩固、发展的一系列政策问题，1951 年、1953 年、1955 年中央的三个决议及有关指示中，都作了具体、详细、明确的规定。然而，由于过度推崇通过批判"右倾机会主义"发动起来的群众运动，本来一再超前的发展规划已完全失去指导作用，不断被新的发展数字所突破。党关于发展合作社必须坚持自愿互利的原则，决不能侵犯中农的利益，剥夺中农的财产等政策规定，在群众运动高潮中基本失去了约束力。许多地方发生强迫富裕中农入社，目的在打他们的耕畜农具的主意（作价过低，还期过长），实际上侵犯他们的利益。更有一些地方工作方法粗暴，以入不入社来判定"走社会主义道路还是走资本主义道路"，形成极大的政治压力和紧张气氛。许多农民群众是在"不入社与地主富农在一起，不好过日子"的心理支配下选择入社的，带有很大的外部强制性。这完全违背了自愿互利、进退自由的原则。在强调两条道路斗争的社会大背景下，1955年至1956年一个冬春，农业合作化运动像"大海的怒涛"一样席卷了整个中国农村。

时间进入1956年1月，加入合作社的农户由上年年末占总农户的63.3%，猛增到80.3%，全国基本上实现半社会主义的初级社化的时间，大大提前了。关于向高级形式的合作化转变，1955年10月扩大的七届六中全会提出，在有条件的地方，有重点地试办高级社，为以后几年的并社升级工作创造条件。1956年1月23日，中共中央政治局提出《一九五六年到一九六七年全国农业发展纲要（草案）》，其中强调："对于一切条件成熟的初级社，应当分批分期地使它们转为高级社，不升级就妨碍生产力的发展。"该纲要要求：合作化基础较好并且已经办了一批高级社的地区，在1957年基本上完成高级形式的合作化。其余地区，则要求在1956年，每区办一个至几个大型（100户以上）的高级社，以作榜样，在1958年基本上完成高级形式的农业合作化。根据农业发展纲要，中国农业合作化运动在大体完成初级社化的基础上，基本没有经过"根据生产需要、群众觉悟程度和当地的经济条件"，有重点地个别试办、由少到多、分批分期地逐步发展的步骤，便迅速转向并社升级大办高级农业生产合作社的阶段。

6月30日，毛泽东以国家主席名义公布《高级农业生产合作社示范章程》，规定高级农业社实行主要生产资料完全集体所有制，社员的土地必须转为合作社集体所有，取消土地报酬；耕畜和大型农具作价入社。这样，一大批刚刚建立的初级社还来不及巩固，社员的土地报酬和生产资料作价等一系列紧迫问题尚无头绪，甚至未能进行生产安排，就被卷入新一轮的并社升级的浪潮。

在毛泽东主持编辑出版、发行范围甚广的《中国农村的社会主义高潮》一书中，选用了不少如何办高级社的材料，并有毛泽东加写的许多按语，大力宣传高级社的优越性，办高级社利益最大，高级社并不难办等，提出有条件的互助组可以直接进入高级形式，有些地方可以一乡为一个社，少数地方可以几乡为一个社，不但平原地区可以办大社，山区也可以办大社等。所有这些宣传，促使高级社的大发展猝然来临。1956年，各地都有成立时间很短的初级合作社成批地转变为高级农业生产合作社。还有许多互助组、甚至单干农民尚未加入初级社，便直接进入高级社，被喻为"一步登天"。

到1956年年底，加入合作社的农户已达全国农户总数的96.3%，其中入高级社的农户占总农户的87.8%。经过一浪高过一浪的群众运动高潮，原定1960年以后才逐步地分批分期地由半社会主义发展到完全社会主义的全面规划，只用1956年一个年头就完成了。随着从初级形式的农业合作化到高级形式的农业合作化的骤然完成，中国基本上实现了对农民个体私有制的社会主义改造。

二、基本完成资本主义工商业的社会主义改造

（一）改造资本主义工商业的大势所趋

1954年12月至1955年1月，国务院八办和地方工业部联合召开第二次全国扩展公私合营工业计划会议，确定采取统筹兼顾、合理安排的方针，在扩展合营的方式上，采取个别合营与按业改造相结合的办法。1955年3月3日，中共中央批转地方工业部党组《关于扩展公私合营工业计划会议对私营工业生产安排问

题的报告》，指出：在资本主义工业的改造过程中，必须对私营工业的生产逐步进行统一安排，并根据需要和可能，进行私营工业的生产改组、技术改造和企业改革等工作，使之适应国家建设与人民生活的需要，以逐步纳入国家计划的轨道。根据中央批示和会议的精神，1955 年上半年，扩展公私合营工作取得新的重要进展。

在工业方面，上海市在进行全行业统筹安排中，率先打破所有权的界限，采用"裁、并、改、合"等方式，创造了工业企业合并和合营的经验。1955 年 5 月起，上海酝酿按行业实行公私合营，到同年 10 月，全市轻纺工业有棉纺、毛纺、麻纺、造纸、卷烟、搪瓷、面粉、碾米等 8 个行业实行了全行业的公私合营；重工业有船舶、轧钢、机器锻铁、铣牙、动力锅炉、电器、机器、汽车配件、水泥、染料、石粉、造漆、电讯等 13 个行业按行业或按产品实行公私合营。

上海的制笔工业，经历了私私合并到公私合营的过程。陈云对这个经验很重视，多次推荐上海的三笔（金笔、钢笔、铅笔）公司，是全行业改组、合营的典型之一。上海市原有 186 家三笔厂，1955 年的生产任务比上年减少 40% 多，估计要裁减 2500 多工人。在统筹安排中，整个行业进行了改组，一是合并，小的并到大的里面，大的带小的，几个小的合起来变成一个大的；二是淘汰设备技术很落后的工厂，把工人、资方实职人员安插到进步的、大的工厂里面去。结果 186 家变成 98 家，原来处于停工半停工状态的 89 个私营钢笔厂全部恢复了生产，2500 多人都安置下来了，不需要转业。在调整改组基础上，上海制笔业统一成立三笔公司，实行全业合营。这种全行业公私合营的办法，不仅解决了所有制的问题，还解决了多余工人的就业问题。

商业方面按行业实行公私合营，主要指的是零售商。自 1954 年实行粮、棉、油统购统销以来，私营批发商基本上已被国营批发商所排挤和代替。对私营零售商进行公私合营，也遇到了与工业实行个别企业公私合营时相类似的矛盾。1955 年 8 月，北京市选择在西单区棉布业和东单区百货业进行全行业公私合营的试点。按照行业安排的原则，结合商业网的分布情况，采取"以大带小，以先进带后进"的办法，本着"自愿互助"的原则，通过民主协商的方式，首先进行私私联营并店，在这个基础上实行全行业公私合营，把调整商业网点和改造所有制结合起来。10 月20 日，中央商业部党组向党中央和毛泽东转报了北京市棉布、百货全行业公私合营试点工作的报告。商业部认为：全行业合营是对私营零售商业进行全业改造的较好的组织形式，不但可以统筹安排，而且还可以从企业内部对私商进行改造。至 1955 年年底，北京市先后在绸布、百货等 26 个行业中的 1019 家实行联营并店；与此同时，在面粉、电机制造、化学制药、机器染布 4 个行业中，有 75 家私营工厂按行业实行了公私合营，大大推动了改造进程。

从全国的情况看，到 1955 年 6 月底，全国已经实行公私合营的工厂有 1900 多个，其产值相当于资本主义工业的 58%。在商业方面，社会主义成分和国家资本主义成分也大大增加。全国32 个大中城市中，国营商业和合作社商业在商品零售总额中的比重，已达 52%左右，国家资本主义形式的经销、供销的比重，已达 22%左右，纯粹私营的商业只占 25%左右。就是说，有四分之三的商业是社会主义和半社会主义的。

在对资改造工作取得新进展的形势下，1955 年 10 月 18 日，中共中央批准了李维汉《关于调查研究方针的请示》报告。报告认为：在工业方面，结合合并、淘汰的全行业公私合营既已获得成功的经验，商业方面也开始出现了全业统一合营的新的经验，因此，拟着重研究在工业和商业两方面都采用基本上实行全行业合营方针的可能性，并且研究能否在今后两年即第一个五年计划最后两年基本上实现这个方针，以便为下一步以全民所有制代替资本家所有制建立基础。李维汉提出："国家资本主义只是一种过渡形式，它的生命是短暂的、它的内容是不断变化着，我们不可能更不应该让它硬化和停滞起来，而是相反的，应当从内部和外部、内容上和形式上，积极地给以领导和推动，使之按照生产关系必须适合生产力发展的规律，在双重改造的要求上，不断地发生新的变化，为最后实行国有化准备和积累条件"。"几年来的事实证明，各种国家资本主义形式能够在不同程度上缓和资本主义生产关系和生产力发展的矛盾，但是由于资本家所有制的存在，经过一定时间的发展，即使是它的高级形式，也必然要变成生产力发展的障碍。"因此，不能"在原地踏步不前"，"现在就应当研究从国家资本主义企业改变为国营企业的条件和开始实行国有化的时机"。①

中央同意和批准李维汉的请示报告表明，在 1955 年夏秋以来农业合作化运动掀起空前高潮的推动下，以基本上实现全行业公私合营来加快资本主义工商业的社会主义改造，促进国家资本主义企业实行国有化，提上了党中央的议事日程。

毛泽东在对农业合作化运动的指导中，始终是把三大改造作为环环相扣、紧密配合的一个整体进行战略思考的。1955 年 10 月 11 日，毛泽东在扩大的七届六中全会上的报告中，专门论述了农业合作化同资本主义工商业改造之间的关系，提出只有在农业彻底实行社会主义改造的过程中，工农联盟在新的基础上即社会主义的基础上逐步地巩固起来，才能够彻底地割断城市资产阶级和农民的联系，才能够彻底地把资产阶级孤立起来，才便于我们彻底地改造资本主义工商业。

---

① 《中国资本主义工商业的社会主义改造》中央卷（下），中共党史出版社 1992 年版，第 895 页。

　　毛泽东分析了过渡时期两个联盟的相互关系和作用，指出：我们利用同资产阶级的联盟，来克服农民对于粮食和别的工业原料的惜售行为；同时依靠同农民的联盟，取得粮食和工业原料去制资产阶级。资本家要原料，就得把工业品拿出来卖给国家，就得搞国家资本主义。他们不干，我们就不给原料，横直卡死了。这就把资产阶级要搞自由市场、自由取得原料、自由销售工业品这一条资本主义道路制住了，并且在政治上使资产阶级孤立起来。毛泽东着重强调：随着农业合作化高潮的到来，中国的情况起了根本的变化，资本主义工商业的社会主义改造也应当跟着加快，争取早一些完成，以适应农业发展的需要。

　　农业合作化运动一浪高过一浪地迅猛发展，轰动全国，在全社会引起强烈反响。许多民族资本家预感到改变资本主义私有制的时刻即将到来，形势逼人。他们害怕失去现有的经济利益和社会地位，为自己的前途和命运忧心忡忡，惴惴不安，内心充满矛盾，好比"十五个吊桶打水，七上八下"。为了解除资本家的顾虑，推动资产阶级尽快接受社会主义改造，毛泽东在七届六中全会扩大会议结束后，亲自出面做资产阶级上层的工作。

　　1955年10月27日，毛泽东在中南海颐年堂约见全国工商联主任委员陈叔通、副主任委员胡子昂等有影响的工商界代表人物谈话，劝导工商业者要掌握自己的命运，走社会主义道路。关于当前形势，毛泽东在谈话中指出："现在中国正处在大变革时代，社会动荡不安，农民的个体所有制要变成集体所有制，资本家也要改变其私人所有制，许多人掌握不住自己的命运。其实要掌握是可以掌握的，即要了解社会发展趋势，站在社会主义方面，有觉悟地逐渐转变到新制度去。"① "有人说，现在锣鼓点子打得紧，胡琴也拉得紧，担心搞得太快。我们说，社会主义改造是三

____

① 《毛泽东文集》第6卷，人民出版社1999年版，第490—491页。

个五年计划基本完成，还有个尾巴要拖到十五年以后，总之是要瓜熟蒂落、水到渠成……但是否现在锣鼓点子就不要打紧了，戏就不唱了？不是的，现在还是要劝大家走社会主义道路。"① 他强调说："生产关系、生活方式都要逐步改变，不要突然改变，最后是要改变的，但是要安排好，要使这些人过得去。一个工作岗位，一个政治地位，都要安排好。"②

为在更大的范围宣讲党对资产阶级的政策，10 月 29 日，毛泽东特意邀集全国工商联执委会的委员们，在中南海怀仁堂座谈私营工商业的社会主义改造问题。全国工商联主任委员陈叔通、副主任委员李烛尘、南汉宸、章乃器、许涤新、孟用潜、盛丕华、荣毅仁、陈经畲、黄长水、胡子昂、巩天民，以及齐集在北京开会的执行委员会的委员们应邀出席。中共中央书记处书记刘少奇、周恩来、朱德、陈云，政治局委员康生、彭真、张闻天、彭德怀、邓小平以及在京的中共中央委员和候补委员出席了座谈会。参加座谈会的还有全国人大常委会副委员长李济深、沈钧儒、郭沫若、李维汉，国务院副总理贺龙、陈毅、李富春、李先念，全国政协副主席何香凝、章伯钧，各民主党派、各人民团体、中央人民政府各部门和各企业单位的负责人等，共有 500 多人。

毛泽东在座谈会上讲了话。他充分评价经过这几年，整个工商界是有进步的，各民主党派的工作是有进步的，基本情况是好的，是向着社会主义改造的道路上前进了一步的。在这个基本估计下，针对有的资本家怕社会主义，怕"共产"（指对资本主义工商业实行国有化）的心理，他进一步解释了工商业者如何掌握自己的命运问题。他说："全国统筹兼顾，这个力量大得很。资

① 《毛泽东文集》第 6 卷，人民出版社 1999 年版，第 488 页。
② 《毛泽东文集》第 6 卷，人民出版社 1999 年版，第 490 页。

本主义私有制大大地妨碍统筹兼顾，妨碍国家的富强，因为它是无政府性质的，跟计划经济是抵触的。改变资本主义私有制，这个东西要说开。当然也要注意，不要一说开就晚上睡不着觉，就神经衰弱，说是明天早上就要共产了。不是的。我们讲几年准备，要经过几个步骤：第一个步骤，加工订货；第二个步骤，公私合营；第三个步骤，到那个时候我们再议嘛。究竟哪一年国有化，我们总是要跟你们商量嘛。国有化不会是像扔原子弹那样扑通下地，全国一个早上就全部实现，而是逐步地实现的。"[①]

毛泽东在讲话中阐明了中国共产党对资产阶级的和平赎买政策。他指出："我们现在对资本主义工商业的社会主义改造，实际上就是运用从前马克思、恩格斯、列宁提出过的赎买政策。它不是国家用一笔钱或者发行公债来购买资本家的私有财产（不是生活资料，是生产资料，即机器、厂房这些东西），也不是用突然的方法，而是逐步地进行，延长改造的时间，比如讲十五年吧，在这中间由工人替工商业者生产一部分利润。这部分利润，是工人生产的利润中间分给私人的部分""我们现在采取的这个方法，是经过许多的过渡步骤，经过许多宣传教育，并且对资本家进行安排，应当说，这样的办法比较好。对资本家的安排主要是两个，一个是工作岗位，一个是政治地位，要通统地安排好。"[②] 他勉励说，将来资本家的阶级成分要变成工人，这是一个光明的政治地位，光明的前途。工作安排和政治安排，总可以求得解决的，这样大家就可以掌握自己的命运。

最后，毛泽东讲了回去传达要注意的问题，他指出："不要搞一阵风，说是要共产了，不是这么个意思。今天大中小资本家有几百万人，人员不齐，进步程度也不一致。搞一阵风，一点破

---

① 《毛泽东文集》第 6 卷，人民出版社 1999 年版，第 498 页。
② 《毛泽东文集》第 6 卷，人民出版社 1999 年版，第 499 页。

坏都没有不可能。""关于社会主义改造，我们需要有充分的准备，包括思想准备、宣传教育等许多工作在内，要有秩序有步骤地进行，而不是一阵风，以免招致可能的某些损失"①。针对李烛尘等提出工商界也要掀起一个改造高潮，毛泽东提醒说"要有秩序有步骤地进行，这样看起来慢，实际上反而快"，"要做到瓜熟蒂落，水到渠成"②。

毛泽东的这两次讲话，中心的目的是勉励私营工商业者认清社会发展的趋势，主动掌握自己的命运，深入浅出地阐明了党对民族资产阶级的政策，为资本家指明了社会主义的前进方向和光明前途。毛泽东的讲话精神，经过广泛传达、学习和宣传，在工商界引起很大的反响，对稳定民族资产阶级的人们动荡不安的情绪、加快资本主义工商业的社会主义改造起了重要推动作用。

为了动员工商业者积极地参加到改造的高潮中来，1955 年11 月 1 日至 21 日，全国工商联第一届执行委员会第二次会议在北京召开。全国工商联主任委员陈叔通作题为《适应国家的经济发展的形势，为进一步推动全国工商业者接受社会主义改造而奋斗》的开幕词。会议传达了毛泽东同工商界代表座谈的讲话，围绕认清社会发展规律，掌握自己的命运进行了深入讨论。会议通过《告全国工商界书》，指出：我们工商业者"只有认清社会发展规律，才能主动地掌握自己的命运，才能同全国人民一道获得光明幸福的前途。只要我们积极接受社会主义改造并继续在社会主义改造的道路上不断前进，我们就有可能对国家的社会主义建设事业做出更多的贡献，就有可能逐步地改造和提高自己，最后参加到工人阶级的光荣行列。只要我们在社会主义建设和社会主义改造事业中积极努力，多做好事，不断地进步，国家和人民决

----

① 《毛泽东文集》第 6 卷，人民出版社 1999 年版，第 501 页。
② 《毛泽东文集》第 6 卷，人民出版社 1999 年版，第 503 页。

不会忘记我们的劳绩的"。会议通过决议，要求各级工商联组织在当地党组织和人民政府的领导下，积极向广大工商业者传达，组织好学习和讨论，为推动私营工商业者进一步接受社会主义改造而努力。这次会议，是中国工商业者在推动全行业公私合营、消灭资本主义私有制的历史关头，公开表态接受中国共产党的和平改造方针的一次重要会议。

全国工商联会议结束后，11月22日《人民日报》发表经毛泽东修改的社论：《统一认识，全面规划，认真地做好改造资本主义工商业的工作》。社论说：中国资本主义工商业的社会主义改造工作，今年已经走上一个新的发展阶段，即许多行业在各地方分别地进行全部公私合营的阶段。尤其值得重视的是，在人民政府六年的教育下，在民主建国会、工商业联合会等组织的工作影响下，工商界中已经出现了一批爱国的、进步的分子，他们不但自己愿意接受社会主义改造，而且能够推动其他的工商业者接受改造。他们将形成工商界在接受社会主义改造过程中的核心力量。他们将带头接受社会主义改造，作为协助改造工商业的骨干，作为人民政府和一般工商业者之间的桥梁。

毛泽东在审阅社论时加写了一段重要文字，指出：社会主义的道路，"对于资本家来说，就是放弃资本主义所有制，放弃对工人的剥削，接受社会主义的国有制。资本家真正放弃了剥削，以劳动为生，他们的社会成分就不再是资本家，而是自食其力的劳动者了，他们同工人、农民就没有矛盾了，他们就一身轻快不受社会责备了。这里说放弃剥削，不是说马上就要这样做，而是说现在要做思想准备，要在各城市的资本家的学习组织中逐步地适当地展开对于这个问题的讨论，如有疑问，要由适当的人加以解答，要准备经过公私合营，逐行逐业的改造，在条件成熟以后，最后达到生产资料的国有化。"

经过毛泽东亲自出面做思想工作，全国工商联第一届执委会第二次会议进行深入讨论和全面动员，进一步明确了党和政府将继续对资本主义工商业实行逐步赎买、和平转变的政策，并将对接受改造的工商界人士给予政治上、工作上的妥善安排，这在很大程度上减轻了民族资产阶级的人们对前途、命运的担忧和疑虑，促使他们中的绝大多数人对进一步的改造工作采取较积极配合的态度。在这样的背景下，中国对资本主义工商业实行全面改造的形势业已形成。

（二）全行业公私合营的决定性步骤

根据毛泽东的提议，1955 年 11 月 16 日至 24 日，中共中央政治局在北京召开有各省、自治区、市党委代表参加的关于资本主义工商业社会主义改造问题会议，对进一步改造资本主义工商业作全面规划和部署。

刘少奇主持会议。他在讲话中指出：现在我们要全面地进行对资本主义工商业的社会主义改造，在两三年之内搞出一个头绪来，公私合营要基本完成。废除资本主义所有制，大体上有这么几种办法：一种是没收，一种是挤垮，一种是赎买。至于用什么办法，这是可以根据各国的客观条件来决定的。三种办法哪一种好，要统一一下认识。在阶级斗争这样紧张，五亿几千万人动荡不安的时候，如果我们党内思想不统一，认识不一致，这是很危险的。在我国，用赎买的办法，统一战线的办法，是最好的办法。正像马克思对英国工人阶级说的：在适当的情况下面，对资本家实行赎买的办法，这是最有利的。现在的任务就是要向资本家进行教育，向他们指出走社会主义这条路前途是光明的。①

陈云在会上作《资本主义工商业改造的新形势和新任务》的

---

① 参见《建国以来重要文献选编》第 7 册，中共中央文献出版社 1993 年版，第 420—425 页。

报告。陈云指出：现在我们已经用各种国家资本主义的方法，把资本主义工业纳入了国家计划的轨道，消除了生产的无政府状态。同样，在国营商业掌握了货源的主要行业，已经把私商纳入了国家资本主义或者合作化的轨道，制止了私商的投机倒把。新的情况，要求现存的资本主义工业的生产关系更进一步地向社会主义转变。他阐述了实行这种转变的必要性：一方面，某些小型的、设备落后的私营工厂，担负不了国家分配的生产任务，或者是成本太高、品种规格不符合需要，其生产很难安排好。而在沿海大城市某些行业又出现生产能力过剩情况。为此，必须在大厂与小厂、沿海与内地之间作进一步的生产改组。另一方面，由于加工订货的加工费是按成本计算利润的，致使资本家不愿降低成本，并会提高成本以增加利润，这样，生产的进一步发展是不可能的。所以，必须从加工订货前进一步。

报告就全面改造资本主义工商业提出六条意见：第一，要对各行各业的生产进行全国范围的统筹安排。国营与私营之间、私营与私营之间、工业与手工业之间、地区之间、行业之间、今天与明天之间，都需要统筹安排，否则改造是无法进行的。第二，各个行业内部，必须实行或大或小的改组。要国营企业让出生产任务给分散、落后的私营工厂，在经济上是不合理的，因此，要以大带小、以先进带落后，按照社会主义的原则进行改组。第三，实行全行业的公私合营，这并不是哪个人空想出来的，是经济发展的结果。既然按整个行业来安排生产、实行改组，那么整个行业的公私合营就是不可避免的。全行业公私合营比之单个工厂合营，不仅合营的速度快，而且打破了厂与厂的界限，是一个进步；不仅可以提高生产力，而且便于过渡到完全的社会主义所有制。第四，推广定息的办法，即把原来企业利润"四马分肥"的分配方式，改变为按照固定资产价值付给资本家定额利息，而企业可以在基本上由国家按照社会主义的原则来经营管理。第五，组织各行各业的专业公司，这对于统筹安排生产、行业内部的改组和全行业公私合营，是必需的、重要的组织形式。第六，全面规划，加强领导。①

周恩来在会上讲话，指出：现在到了社会主义革命阶段，民族资产阶级仍然有积极性。"现在我们还应该利用它积极的一面，一直利用到这个阶级被消灭为止。我看这是合乎辩证唯物主义的。""同时也要限制它消极的方面，积极方面利用得越多，消极方面限制得越大，就越有利于对它的改造。我们要把它的积极的一面利用到最后，把它消极的一面加以消灭，将这个阶级的分子改造成为国家工作人员或工人。"他强调说：对私营工商业的改造任务是十分艰巨的。一定要全面规划，加强领导，要分地区、分行业、有步骤、有秩序地加以安排。这样，我们的社会主义改造工作就一定能够做好。②

会前一段时间，毛泽东在杭州同陈伯达、柯庆施一道起草这次会议的决议草案。回北京后，于 11 月 24 日即会议的最后一天到会并讲话。毛泽东说：帝国主义眼前还不敢发动战争，我们要趁着这个机会，加快社会主义改造，加快经济的发展。并阐述了加快改造的可能性。毛泽东的讲话，从一个重要侧面，道出了中共中央要加快中国社会主义改造进程的原委。

会议着重讨论和通过了准备提交中共七届七中全会通过的《关于资本主义工商业改造问题的决议（草案）》，确定"我们现在已经有了充分有利的条件和完全的必要把对资本主义工商业的改造工作推进到一个新的阶段，即从原来在私营企业中所实行的由国家加工订货、为国家经销代销和个别地实行公私合营的阶

---

① 参见《陈云文选》第 2 卷，人民出版社 1984 年版，第 281—291 页。

② 参见《周恩来统一战线文选》，人民出版社 1984 年版，第 270 页。

段，推进到在一切重要的行业中分别在各地区实行全部或大部公私合营的阶段，从原来主要的是国家资本主义的初级形式推进到主要的是国家资本主义的高级形式"，"使私营工商业分别地、同时是充分地集中在我们国家和社会主义经济的控制之下，这是资本主义所有制过渡到完全的社会主义公有制的具有决定意义的重大步骤"。在这样的情况下的公私合营企业，"那就已经是四分之三的社会主义了"。

决议（草案）完整地阐明中国共产党对资产阶级的政策：一是用赎买和国家资本主义的方法，有偿地而不是无偿地，逐步地而不是突然地改变资产阶级的所有制；二是在改造他们的同时，给予他们必要的工作安排；三是不剥夺资产阶级的选举权，并且对他们中间积极拥护社会主义改造的代表人物给以适当的政治安排。在资产阶级没有别的出路的条件下，这是他们能够接受的方案。决议（草案）提出：资本主义工商业按照全行业实行公私合营的改造，在 1956 年和 1957 年，争取达到 90% 左右，并且准备在第二个五年计划期间内，争取逐步地使公私合营企业基本上过渡到国有化。1956 年 2 月 24 日，中共中央政治局对七届七中全会通过的这个决议草案的修正本作了个别修改，追认为正式决议。

这次会议之后，《人民日报》连续发表社论，论述实行全行业公私合营的必要性，强调工业方面个别合营的方式，显然已不能适应今天全面改造的要求；商业方面只采用经销代销办法，也已经不能适应目前客观形势的需要。只有在统筹安排的基础上，结合全行业的生产改组和经济改组实行全行业的公私合营，才能把工业方面全行业的生产和经营完全纳入国家计划的轨道。而在商业方面，通过全行业的公私合营过渡到国营商业，是对资本家零售店进行社会主义改造最好的一种过渡形式。根据中央关于资本主义工商业社会主义改造问题会议的全面规划和部署，按照中央决议（草案）的基本方针和政策，改造资本主义工商业的形势急速发展，很快在全国范围内掀起了全行业公私合营的高潮。

应该说，由单个企业的公私合营发展到全行业公私合营，是新中国成立六年来党和国家对资本主义工商业采取利用、限制、改造政策的必然趋势，同时也是经济运行中计划管理因素不断加强的必然结果。一方面，几年来大部分私营工商业被纳入国家资本主义的轨道，凡是纳入这个轨道的企业就有希望，没有纳入这个轨道的，原料、生产、销路都有困难。尤其在主要农产品统购统销，广大农民已组织到农业合作社内的形势下，资本家基本失去了原料供应和销售市场，除了接受进一步的社会主义改造以外，别无出路。另一方面，国家只有实行全行业公私合营，才能在全国范围内统筹安排生产计划，保证工业化重点建设。再一方面，党对民族资产阶级的和平赎买政策，促使资产阶级中不仅有相当一批代表人物，而且这个阶级中的绝大多数人，已经公开表示接受社会主义改造的方案。这几方面的因素和条件综合起来，形成了全面改造资本主义工商业的大势所趋。正如周恩来所说："现在资本家一只脚已经踏入社会主义的门槛，另一只脚不跟进来也不行了。"

按照加快改造资本主义工商业的全面部署，1956年元旦过后，首都北京率先出现全行业公私合营的热潮。1月4日，以市工商联主任委员、同仁堂经理乐松生为首，全市327家国药店申请全行业公私合营。在国药业的带领下，许多行业的资本家纷纷提出了公私合营的申请。1月8日，连同国药业在内的20个行业、800多家商店一道被批准实行全行业公私合营。9日、10日两天，有5万多私营企业职工和2万多私方人员敲锣打鼓，燃放鞭炮，结队游行，申请合营。各城区的工商户纷纷在大街小巷挂上"迎接公私合营""庆祝公私合营"的红幛。在这样的形势下，1月10日，市人民政府召开资本主义工商业公私合营大会，宣布 35 个工业行业的 3990 家工厂和 42 个商业行业的 13973 户座商，共 17963 户全部被批准实行公私合营。

从 1 月 11 日至 14 日，在短短 4 天时间里，北京市基本完成 17000 多户合营企业的清产核资工作。从核定的结果看，许多资本家在清点估价中表现积极，竞相立功，自报价多数偏低（以后在复查中作了适当调整）。为了"一身轻快不受社会的责备"，有些资本家将企业外财产，自己的房屋、现金、贵重药材、工业原料以及埋在地下多年的金银都拿出来投入企业作为增资，以示接受改造的真诚。在合营高潮的热烈气氛中，一些属于独立劳动者的小商、小贩、小手工业者也积极要求参加公私合营，由于政策界限一时不很明确，工作过粗，对他们也当作资本主义工商户实行了公私合营。在改造热潮的带动下，北京城区和近郊区的个体手工业者也纷纷加入手工业合作社，基本上实现了手工业的合作化。

1 月 15 日，北京市各界 20 多万人在天安门广场举行庆祝社会主义改造胜利大会。毛泽东、刘少奇、周恩来等党和国家领导人出席大会，接受了农业、手工业合作社及公私合营企业的代表呈送的热情洋溢的喜报。北京市市长彭真在会上宣布：我们的首都已经进入了社会主义社会。

社会主义改造高潮的迅速到来，要求改变过去的工作方法。1 月 11 日，中共北京市委向中央报告说：过去那种由政府派下工作组，一行一业，分期分批实行公私合营的做法已不能与这种形势相适应了，而必须采取由资本家和工人自己组织起来，在党和政府领导下进行公私合营群众运动的办法，即先宣布批准合营，第二步进行清产核资，人事安排和经济改组。这样做可以大大地缩短合营的过程，并且有利于迅速地转入生产经营。1 月 17 日，中共中央向各地批转了北京市委《关于最近资本主义工商业改造情况的报告》，并在批语中指出，"对资本主义工商业的社会主义改造，正在日益普遍地形成一个广大的群众运动"，北京市委及时地"改变了自己的工作规划和常规的做法，采取了对申请合营的迅即宣布批准，先接过来再进行清产核资等工作的积极方针和办法，这是完全正确的和必要的"。

中央批转的北京市委的经验，在全国各大中城市迅速推广。在资本主义工商业最集中的上海，迅速召开14000人的干部大会，部署学习北京，迎头赶上。在全国8个城市有24家纺织厂、纱厂的荣氏家族代表荣毅仁及其他大工商业家，纷纷表示要在1月20日内完成公私合营。上海市政府很快批准实现了全市工商业的全行业公私合营。1月21日，上海市举行各界人民庆祝社会主义改造胜利大会，大会宣告："上海已经进入社会主义社会了!"随后，其他各大中城市迅速跟进，资本家和私营企业职工申请合营的游行队伍络绎不绝，宣布全市实现全行业公私合营的庆祝大会此起彼应。一时间，全国各城市到处张灯结彩、锣鼓喧天，喜报频传，呈现出废除资本主义私有制的社会景观，举世为之瞩目。

在全行业公私合营的高潮中，资本家阶级中的进步分子和大多数人在接受改造方面起了有益的配合作用。中国的民族资产阶级总体上是爱国的，他们从新旧中国的比较和自身的经历中深深感到，自己的命运、企业的命运是与国家和民族的命运联系在一起的，他们希望祖国繁荣富强，并且在党的和平改造政策的感召下，多数人逐渐认识到，只有把个人的前途和国家的社会主义前途结合起来，才可以实现个人的光明前途。这就决定了他们在理所必至的历史大趋势下，能够跟着共产党走，接受社会主义改造，不太勉强地交出自己的企业。

曾有中国"煤炭大王""火柴大王"之称的民族资本家刘鸿生，真切地谈到自己把两千多万元的企业都拿出来公私合营的感受。他说，西南、西北几个企业由于很早就公私合营了，"发展的速度远远超过了我的梦想"，积几十年的办厂经验，"深知照目前的规模发展，即使我在年轻力壮时的精力，要想独自担当下来也有困难"①。武汉的工商资本家陈经畲说："过去总认为自己的资本是克勤克俭挣来的，解放后才懂得是剥削来的。这笔钱拿在手上，真是如坐针毡，早一天交出，早一天安心。"②

当然，资本家接受社会主义改造的心态是很复杂的。私营大企业的资本家，一般是受政治影响和社会压力，出于"早晚得合营，晚合营不如早合营，越早越主动"，"早上船能有好座位"的心理接受社会主义改造的。而为数众多的中小资本家，企业规模很小，资产和产值并不大，处境却很艰难，能由国家基本包下来实行公私合营，其实是一种经济上、政治上以至心理上的解脱。对大多数私营企业主来说，基本上是为了摆脱企业的困境而主动要求公私合营的。事实上，在申请公私合营的滚滚人流中，资本家的内心是矛盾的、痛苦的，既希望有好的政治安排或工作安排，又不愿失去既有的经济利益，他们有的"白天敲锣打鼓，晚上痛哭流涕"，有的写"祭厂文"，有的慨叹"多年心血，一旦付诸东流；几声锣鼓，断送家财万贯"，这是很自然的，也是合乎情理的。在大势所趋之下，坚决反对改造的毕竟只是极少数人。因此，中国有可能在阻力较小的道路上逐步地实现资本主义企业的国有化。

通过全行业公私合营高潮，全国资本主义工商业都纳入了公私合营等各种形式。1956年年初，全国原有私营工业88000余户，职工131万人，总产值72.66亿元，到年底，已有99%的户数、98.9%的职工以及99.6%的总产值，实现了所有制的改造。

_____

① 杨友：《民族资本家刘鸿生的自述》，《新观察》1956年第21期。

② 熊少华、石柳：《陈经畲与汉昌》，《中国资本主义工商业的社会主义改造》湖北卷·武汉分卷，中共党史出版社1991年版，第436页。

在总户数中，有1%转入地方国营工业，15.6%划归手工业改造，64.23%实行公私合营，7.1%归入其他改造形式（主要是转为公私合营商业）。全国原有私营商业242.3万户，从业人员313.8万人，资本额84100万元，到年底，已有82.2%的户数、85.1%的从业人员、99.3%的资本额，实现了所有制的改造。在总户数中，有6.1%转入国营商业和供销社，4.9%实行不定息公私合营，11.6%实行定息公私合营，35.6%改造为合作商店，24%改造为合作小组。私营饮食业有86%、服务业有77.6%实现了改造。私营轮船业和汽车运输业都实现了全行业公私合营。总的来说，原定用三个五年计划时期基本上完成资本主义工商业的社会主义改造的规划一再提前，结果在1956年内就提早实现了。

（三）"大部不动、小部调整"的方针

资本主义工商业改造进入到全行业公私合营的新阶段，总体上是几年来经济发展的结果，"理有固然，势所必至"，但是形成一个全国性的群众运动浪潮，则在很大程度上是七届六中全会批判"右倾机会主义"所起的推动作用。形势发展如此之快，于中央来说是没有预料到的。

同农村经济相比，城市经济的构造更为复杂，生产改组和经济改组牵涉到公私、劳资、供、产、销、人、财、物等方方面面，有大量繁复细致的准备工作需要周密安排，才能保证在所有制的变革中尽量避免或减少损失。党中央、毛泽东在部署全行业公私合营时曾预先提醒说，"不要搞一阵风"，要充分准备，做到"瓜熟蒂落，水到渠成"。然而，一旦群众运动高潮来临，就很难按照正常的工作程序进行。如同陈云所描述的："他们天天敲锣打鼓，放鞭炮，递申请书，要求公私合营。没有办法，只好批准。""实现公私合营，需要清产核资，安排生产，改组企业，安置人员，组织专业公司，等等，而这些工作都还没有做。我们先

批准合营，等于把要做的工作放到后边去做。"① 这种工作步骤的调头，易使有关政策要求失去实际约束力，在许多地方的行业改组、企业改造中，不可避免地出现混乱。各地不顾实际情况和条件，纷纷仿效北京市的做法，对行业繁杂、数量众多、情况各异的私营工商业不加区别地宣布实行公私合营，发生了不少影响经济正常运转的问题。

第一，由于缺乏准备、过于匆忙，许多地方在批准合营后，没有按照政策规定的步骤，认真地进行清产核资、生产安排，而是急于进行行业改组，把许多工厂、商店以至小手工作坊、个体的夫妻店统统合并起来，实行集中生产，统一经营，统一核算。原来私营工商业有利于拾遗补缺，适应市场需要灵活经营等优点，在匆忙改组、改造中被改掉了。

第二，行业改组缺乏客观依据，许多不该合并的合并了，不该分开的分开了，有些可以合并的却又合并得过大。如雇4个工人以上的企业归工业，雇4个工人以下的归手工业，致使某些长期形成的行业被人为地割裂了。又如历来有前店后厂传统的服装、鞋帽业，在改组中前面归商业，后面归手工业，把一个作为整体的经营单位割裂开来。这样，就打乱了原有企业长期建立的供销渠道、生产协作和赊销关系，造成供、产、销脱节现象，妨碍了企业的正常生产和经营。

第三，原来遍布城市居民区的商业，饮食网点，修理、服务业，因盲目合并而撤销过多，给人民生活带来了很多不便。许多企业在合营后，失去了原来的产品特色和经营特色，产品的品种和质量均有减少和下降。如北京有名的老字号"东来顺"涮羊肉、"全聚德"烤鸭，由于合营后轻易改变了原来的经营办法和原料供货渠道，涮的羊肉、烤的鸭子就不好吃了。

---

① 《陈云文集》第2卷，人民出版社1995年版，第294页。

第四，由于对历史形成的经济形式的多样化、复杂性认识不足，许多地方在行业归口改造中，不适当地把没有雇工剥削或仅有轻微剥削的小商、小贩、小手工业者和其他独立劳动者，也纳入了公私合营的范围。

第五，一些地方在合营后，对原私营企业的资方人员的安排和使用欠妥当，名义上安置了，实际工作中还是把他们放在一边。有资方人员反映："干部昼夜忙，资本家晒太阳，公方是直达快车，私方是虚设一站。"

全行业公私合营中出现的上述问题，引起中共中央、国务院的高度重视。1956年1月25日，陈云在最高国务会议上及时提出了公私合营中应注意的问题：第一，现在全行业公私合营的工作仅仅是开始，先批准合营，等于把清产核资、安排生产、改组企业、安置人员、组织专业公司等工作放到后边去做。这是需要注意的。第二，对商店中不雇店员的小铺子，要继续采取经销、代销的方式，一部分在很长时间里要保留单独经营方式，以免降低他们经营的积极性，给消费者带来不便。第三，私营工商业公私合营以后，原有的生产方法、经营方法，应该在一个时期内照旧维持不变，以防把以前好的东西也改掉了。3月，陈云针对公私合营中盲目合并、改组过多的偏差，提出"大部不动，小部调整"的方针。

1月30日，周恩来在人民政协第二届全国委员会第二次会议上的报告中强调：在进行清产核资、经济改组、企业改造、生产安排和人事安排等一系列工作的时候，"必须十分注意不要轻易改变原有企业的经营管理办法，并且善于保存原有经营方法中一切好的经验，作为历史遗产加以继承和发扬。对于数量极大、分布极广的小商店，在合营以后应该继续实行代销和拿手续费的办法，代销也可以作为公私合营的一种形式……对于那些分散的肩挑小贩，不要急于发迹他们的经营方式。因为这种经营方式对人民是方便的，也是受人民欢迎的，应该在长时期内将它保留下来。总之，我们对资本主义工商业进行改造的基本目的是为了改变生产关系，解放生产力。它的最终表现是生产的发展和提高。因此，在实行合营的过程中，最重要的问题是保证生产和营业的正常进行，绝不允许在生产和经营上发生混乱现象，造成国家和社会财富的损失"。

针对全行业公私合营浪潮中出现的问题，中央在首先肯定成绩的前提下，及时采取措施，进行调整。1月下旬，中共中央相继发出《关于私营企业实行公私合营的时候对于清产核资估价中若干具体问题的处理原则的指示》《关于对目前资本主义工商业改造应注意的问题的指示》《关于公私合营企业私股推行定息办法的指示》等。2月8日，国务院公布了《关于目前私营工商业和手工业的社会主义改造中若干事项的决定》等几个规范性文件。结合中央的指示和国务院的规定，《人民日报》连续发表《不要轻易改变原有的生产和经营制度》《慎重地改造城市小商店》《慎重地从经济上逐步改组公私合营企业》等社论。上述指示、决定和社论，集中纠正公私合营的面过宽、合并改组过多等偏差，并有针对性地提出一些切合实际的解决措施。概括起来，主要有以下几点：

第一，在批准合营后，应对各行各业妥善地进行生产和人事安排及清产核资工作。一般在六个月左右的时间内，应仍然按照原有的生产经营制度或习惯进行生产经营，保持原有的供销协作关系，以利于生产的继续发展，避免把原来生产经营制度中好的东西改掉。对于企业原有制度中确实需要改变的不合理部分，不能采取群众运动的方式解决，而应经过一定时间的考察研究，进行通盘规划，做好充分准备，在中央和地方统一领导和安排下，有步骤地逐行逐业地进行经济改组、企业改造和商业网点的调整，逐步地加以解决。为此，中央提出"大部不变，小部调整"

的方针。就是说，只能在企业原有的基础上稍微加以改造和合并，并不是每一个工厂都需要改造，也不是所有商店统统需要调整。如果轻率地并厂并店，就会给经济生活带来很多不便。

第二，私营商业中不雇店员的小商店数量很多，就其经济性质来说属于个体经济范畴，必须采取与对资本主义商店相区别的办法，慎重对待。小商店在宣布公私合营后，不宜实行定股定息的固定工资制，而应该继续实行经销、代销的办法，以保持他们分布面广、经营商品零星多样、作息时间灵活、对消费者十分便利等特点。小商店在新形势下实行经销代销，应该看作公私合营的一种形式。

第三，小摊贩、挑贩等是商业中的独立劳动者。对他们的改造，应该采取比较简便的方式，使他们在自愿的原则下，分期分批地组成分散经营、各负盈亏的合作小组，并在国营或合作社商业批发店的领导下，同社会主义经济密切联系起来，逐步成为社会主义商业的一个组成部分。至于习惯于走街串巷、流动性很大的部分小商贩，应该长期保留他们单独经营的方式，以保持他们的经营积极性和方便消费者的优点。

第四，要合理使用资方人员。在中国的各阶级中，民族资产阶级是文化程度高、知识分子多的一个阶级。资本家的生产技术和经营管理经验，有相当一部分是好的，是一笔财富。吸收资本家参加工作对生产发展有好处，也利于他们在工作中逐步改造成为自食其力的劳动者。

上述方针、政策和措施，从公私合营后应采取什么样的组织形式以适应生产经营发展的客观需要出发，寻求较好地处理生产关系变革同行业改组、企业改造相结合的问题，对于纠正要求过急、改变过快、工作过粗、形式过于单一的偏差，具有现实的指导意义。党中央、国务院的指示、决定下达后，在一定程度上克服了改造高潮中出现的紊乱现象。但是，由于干部群众的思想情绪普遍倾向于尽快消灭资本主义私有制，提早进入社会主义，在全国上下忙于企业合并和行业改组的热潮中，上述调整措施很难在实际工作中贯彻落实。因此，改造高潮中出现的合营面过宽，企业合并、改组过多，商业服务网点骤减等许多问题，实际上并未得到有效的纠正。管理体制上对某些行业人为割裂的现象，供销关系和协作关系的脱节、统一经营与单独经营的矛盾等问题，当时也没有得到合理的解决。

三、加快完成手工业的社会主义改造

（一）手工业改造工作提速

1955 年上半年，手工业合作组织在上年发展的基础上，又得到进一步普遍发展，达到近 5 万个，人数近 150 万人，发展基本上是健康的。按照 5 月间中央批准的第四次全国手工业生产合作会议的报告，1955 年手工业社会主义改造工作的中心任务是：把手工业主要行业的基本情况继续摸清楚，分别轻重缓急按行业拟定供、产、销和手工业劳动者的安排计划，以便有准备、有步骤、有目的地进行改造；整顿、巩固和提高现有社（组），每一县（市）分别总结出主要行业的社会主义改造和整顿社的系统的典型经验，为进一步开展手工业社会主义改造工作奠定稳固的基础。在上述两项工作的基础上，从供销入手，适当地发展新社（组）。这是统筹兼顾、全面安排、积极领导、稳步前进方针的具体贯彻。但从 1955 年下半年起，农业方面猛烈批判所谓"小脚女人走路""右倾保守思想"，迅速掀起农业合作化的高潮，资本主义工商业的改造工作也加快了全面部署。在这种形势下，手工业社会主义改造的步伐也不可避免地急剧加快。

11 月 24 日，中央关于资本主义工商业社会主义改造问题会议刚结束，陈云便向有关部门指示："手工业改造不能搞得太慢了"，"如果手工业这方面的改造速度慢了，那就赶不上了。"12月5日，中共中央召开座谈会，刘少奇同志传达毛泽东的指示，要求各条战线批判"右倾保守思想"，加快社会主义改造与社会主义建设的步伐。同时，批评手工业社会主义改造"不积极，太慢了"，提出手工业合作化到1957年要达到70%~80%。

根据上述指示，中央手工业管理局、全国手工业合作总社筹委会于12月9日召开全国重点地区手工业组织检查工作座谈会，检查了所谓"与总路线要求不相适应的保守思想"，提出"加快发展，迎接高潮，全面规划，计划平衡"的新的组织任务。接着，12月21日至28日，在北京联合召开第五次全国手工业生产合作会议。会前，刘少奇听取手工业管理局负责人的汇报，提出：手工业改造不应比农业慢。与其怕背供销包袱，还不如把供销包袱全部背起来好搞些。他要求手工业合作化在1956年、1957年两年内搞完，说"时间拉长了，问题反而多"。

12月27日，毛泽东在《中国农村的社会主义高潮》一书的序言中，明确提出：只需要1956年一个年头，就可以基本上完成农业方面的半社会主义的合作化。这件事告诉我们，中国的手工业和资本主义工商业的社会主义改造，也应当争取提早一些时候去完成，才能适应农业发展的需要，并说"手工业的社会主义改造的速度问题，在1956年上半年应当谈一谈，这个问题也会容易解决的"。

在这样的形势下，第五次全国手工业生产合作会议着重批判了怕背供销包袱而不敢加快手工业合作化步伐的"右倾保守"思想，研究制定了在第一个五年计划期间，基本上完成手工业社会主义改造的全面规划。这个规划的总要求是：1956年组织起来的社（组）达到手工业从业人员的74%，1957年达到90%，1958年全部组织起来。这就大大加快了手工业合作化的进程。根据有利于改造、有利于生产的原则，会议进一步划分了对手工业社会主义改造的范围。

第一，雇用工人 4 至 9 人的私营小型工业，在全国约有 54 万人，应当通过公私合营道路进行改造。个别手工业人数很少的行业，一般可结合私营工业进行改造。有些行业主要是手工操作、人数很少的手工业，或从生产协作关系上看不适宜于公私合营的，也可以走合作化道路。

第二，农民兼营商品性生产的手工业，全国有 1000 万余人，其中凡本人劳动收入以手工业为主的，由手工业部门改造；凡农业收入与手工业收入接近或手工业收入虽不多但工艺性较大的，农业和手工业可分别建社，社员跨社；凡农业收入大和非商品性的农家副业，由农业方面改造。

第三，凡产区比较集中、技术性高、销路广，以及与国民经济有重大关系的行业，如金属品制造、木材加工、硫磺开采、棉麻毛丝织品、土纸、陶瓷、凉席、特种手工艺等，一般由手工业部门负责改造；凡分散零星、技艺性低、主要依附于农业经济的行业，如粉坊、豆腐坊、油坊、碾米坊等，由农业方面改造。

第四，城市半工半商、工商界限不清的行业，凡以制造产品为主的，通过合作化道路进行改造；凡以贩卖商品为主的，由商业部门改造。

第五，服务性行业，凡利用资金、设备获取利润而工艺性较小的行业，如饮食、屠宰、旅馆、澡堂等，由商业部门改造；凡工艺性较大、商业性较小的行业，原则上由手工业部门改造。

中共中央同意并批转了第五次全国手工业生产会议的报告，并在批语中指出："加快手工业合作化的发展速度，是当前一项迫切的任务。"在农业合作化运动和全行业公私合营浪潮的强烈推动下，刚刚进入 1956 年，全国范围的手工业社会主义改造高潮开始出现。1 月 12 日，北京市在批准全市工商业实现全行业公私合营的同时，率先宣布手工业全部实现了合作化。1 月 17 日，全国手工业合作总社筹委会向各省、自治区、直辖市手工业局和生产联社发出电报，对北京市的经验予以推广。全国各大城市纷纷学习北京的经验，改变原来以区为单位按行业分期分批分片改造的办法，采取全市按行业全部组织起来的方法。之后，天津、南宁、武汉、上海等城市也相继实现了手工业合作化。2 月底，全国有 143 个大中城市（占城市总数的 88%）和 169 个县实现了手工业基本合作化，参加手工业合作化的从业人员达 300 万人。

3 月 4 日，毛泽东听取了手工业管理局负责人的汇报，他指出："个体手工业社会主义改造的速度，我觉得慢了一点。今年 1 月省市书记会议的时候，我就说过有点慢。1955 年以前只组织了 200 万人，今年头两个月就发展 300 万人，今年基本上可以搞完。这很好。"贯彻毛泽东的这个意见，全国手工业改造的步伐继续加快。

各地采取直接组织手工业生产合作社的建新社方式，或采取将原来手工业供销生产社或小组并入生产合作社的并社方式，以及将供销生产社改为生产合作社的转社方式，大力扩展手工业生产合作社。到 1956 年年底，全国手工业合作社（组）发展到 10.4 万余个，社（组）员达到 603 万余人，占全部从业人员的 91.7%。其中，高级形式的手工业生产合作社发展到 7.4 万余个，社员 484 万余人，占全部从业人员的 73.6%。合作化手工业的产值 108 亿元，占手工业总产值的 92.9%。至此，手工业由个体经济向集体经济的转变基本完成。除了某些边远地区以外，全国已经基本上实现了手工业合作化。

（二）生产经营形式的初步调整

由于手工业合作化高潮来势迅猛，思想准备和组织准备不足，尤其对手工业的特点注意不够，以致在手工业内部和外部关系上出现了不少问题。

（1）错误地认为只有实行集中生产、统一核算的大社才属于社会主义性质，以致出现了一些行业不适当地集中生产和统一核算，造成品种花色减少，产品质量和服务质量下降，影响消费者需要和社员收入等问题。盲目办大社、并大社的现象很普遍，有的合作社社员人数竟高达1400余人；有的地方组织的综合社，包括十几个行业，跨区、乡的社纵横达几十公里，发一次工资骑自行车要跑上几天路程。许多城市把遍布居民区的修理服务性行业归类合并，只设少量门市部，给居民带来很多不便。在集中生产、统一经营的方式下，合作社的产品花色品种比自营时大为减少，许多是不受群众欢迎的"大路货"，一些传统的名牌产品也失去了原有的特色。

（2）随着工农业生产的发展，原已暴露的供产销矛盾更加突出。同时由于手工业合作化后，商业部门对手工业生产采取的加工订货办法未加改进，使手工业合作社在自购自销方面受到某些限制。许多独立手工业者入社后，原来分散经营时的供销协作关系中断了；个人不能接受零散订货，合作社的统一经营一时又建立不起来，致使生产停顿。

（3）由于盲目集中，组织管理混乱，手工业者本来不多的财产受到损失。统一计算盈亏，也使一部分技术高的社员降低了劳动收入。手工业合作化后，约有20%的社员收入比入社前有所减少，约有5%的社员生活比较困难。不论新社或老社，社员工资中的平均主义都较为普遍。师傅带徒弟一般未给予报酬。劳保福利差的问题，由于积累少也无力解决。北京、天津、上海等地出现了少数社员退社的现象。

（4）合作化后，对一些特种工艺的手工业者和民间老艺人照顾不够，原有的师徒关系淡薄了甚至割断了，不利于传统行业技艺的传授。

（5）在改造工作归口管理方面，出现同一行业中工场手工业从业人员实行公私合营，个体手工业者走上合作化道路，一个行业被人为地割裂开来的现象。在改造高潮中，有相当一批小手工业随同资本主义工业一起实行公私合营，这些手工业者本来属于劳动人民范畴，却被当作"资产阶级工业户"对待。

上述手工业改造高潮中出现的问题，主要是指导思想上急于求成，盲目求纯，忽视手工业分散生产、独立经营的特点造成的。党中央、国务院发现并注意到这些问题，要求予以纠正。1956 年 1 月 30 日，周恩来在全国政协第二届第二次全体会议上指出，"必须掌握手工业各种不同的复杂情况，正确地执行对手工业社会主义改造的政策"；"在合作化以后，凡是不宜于集体生产的，就应保持分散生产的形式"。

2 月 8 日，国务院在《关于目前私营工商业和手工业的社会主义改造中若干事项的决定》中明确规定：参加合作社的个体手工业户，必须保持他们原有的供销关系，一般应该在一定的时间内暂时在原地生产，不要过早过急地集中生产和统一经营。手工业中的某些分散、零星的修理业和服务业，应该长期保留他们原有的便利群众、关心质量的优点。某些具有优良历史传统的特殊工艺，必须加以保护。某些适合于个体经营的，应该维持他们原有的单独经营方式。

3 月 4 日，毛泽东听取中央手工业管理局负责人员的汇报，听说修理和服务行业集中生产，撤点过多，群众不满意，他指出："提醒你们，手工业中许多好东西，不要搞掉了。王麻子、张小泉的刀剪一万年也不要搞掉。我们民族好的东西，搞掉了的，一定都要来一个恢复，而且要搞得更好一些。"①

3 月 30 日，陈云在全国工商业者家属和女工商业者代表会议

---

① 《毛泽东文集》第 7 卷，人民出版社 1999 年版，第 12 页。

的讲话中指出："有些工厂和商店并得对，应该并。但也有很多是并得不对的，其中数量最大的是手工业，因为他们没有什么机器，门面不大，并起来很方便，就并了。"例如，北京有四五十万辆自行车，修理自行车的也很多，每条马路都有，很方便。后来认为一家一家干是低级的，合起来才是高级的，统统合并起来，高级化了，结果老百姓很不方便。这种合并是不合理的合并，或者叫做盲目的集中，盲目的合并。主要原因是做管理工作的人，只考虑合在一起容易管理，而没有考虑应不应该合并。陈云明确提出："并错了的怎么办呢？要分开来，退回去。"①

为了研究解决手工业合作化高潮中出现的问题，中央手工业管理局、全国手工业合作总社筹委会及时进行了调查研究，于3月15日至4月9日先后召开全国城市和农村手工业社会主义改造座谈会。在此基础上，于8月11日又召开全国手工业社会主义改造工作汇报会议。针对以上问题，提出了一些改进措施：

（1）关于集中生产和分散生产问题。在调查研究的基础上，对现有社（组）分类排队，区别对待。一部分集中生产、统一核算的社（组），产量上升，质量提高，品种扩大，成本降低，社员收入增加，能适应市场需要的，应该稳定下来；另一部分集中生产、统一核算的社（组），利弊一时看不清的，暂时不动；对集中生产、统一核算不当的社（组），有领导、有计划、有步骤地进行整顿。

（2）关于供产销脱节问题。一是除国家统购统销的某些原料和产品外，允许基层社自购自销。二是商业部门供应的原材料，除供不应求者外，允许手工业合作社自由选购；进口原料，除国家调拨者外，一般由手工业合作社直接与进口公司订立供货合同。三是手工业合作社的产品，除商业部门向基层社统购、包销

---

① 《陈云文选》第2卷，人民出版社1995年版，第299页。

和选购部分外，由基层社自销。国家统销的产品逐步改加工为订货。出口产品由手工业联社或基层社直接与出口公司签订合同。四是对手工业产品贯彻优质优价的原则。

（3）关于社员的工资福利问题。在发展生产和提高劳动生产率的基础上，努力争取90%社员的收入有所增加。为此：一要调整劳动组织，安排家庭辅助劳力，减少非生产人员，照顾手工业者"以旺养淡"的习惯，灵活掌握劳动时间。二要按照"先工资，次治病，后积累"的原则，在社员收入有所增加的前提下，适当积累。三要贯彻按劳取酬的原则，采取多种多样的工资形式。师傅带徒弟给予适当的津贴。四要根据基层社的具体条件，按工资总额提取5%～10%的附加工资，解决社员的医疗费问题。五要对个体手工业者和小业主入社后超交的股金部分，按折价付息办法处理。

（4）关于加强对手工业的领导问题。手工业小而分散，情况复杂，带有很大地方性，是地方工业的重要组成部分，很多问题需要因地制宜地统筹解决。因此，对手工业的改造和管理工作，要求地方党委和政府进一步加强领导，建立和健全各级相应的手工业管理机构。

7月，中共中央批转了中央手工业管理局、全国手工业合作总社筹委会党组的《关于当前手工业合作化中的几个问题的报告》。报告要求，地方党委、政府应设立专门机构负责领导手工业生产和改造工作，根据不同行业的特点，根据社员自愿，不影响社员收入和有利于生产、有利于为居民服务的原则，处理手工业的集中生产与分散生产问题。对于手工业合作社的生产和所需要的分配物资，应纳入地方计划。允许手工业合作社对其产品（除加工订货外）进行自销和其他原料的自购。对手工业者的工资必须贯彻"按劳取酬、多劳多得"的原则，技术工人、熟练工人和老师傅的工资不应低于原来的水平，要纠正工资方面的平均主义倾向，等等。

根据中央有关指示，各地对手工业改造中的一些问题进行了纠正和调整。盲目合并起来的手工业合作社很大一部分改成了合作小组，在管理体制上对手工业合作组织的供产销实行了按行业归口管理，改变了过去生产时断时续的境况，使手工业生产有了较大提高。1956年，手工业合作社（组）产值为76亿元，提前一年完成"一五"计划指标；人均年产值1702元，比1955年提高33.5%。新社员同入社前比较，老社员同1955年比较，有90%增加了收入，劳动条件得到了改善。

通过上述努力，手工业社会主义改造后期出现的缺点和偏差，当时得到一定程度的纠正。但在手工业改造的指导思想上，仍存在忽视手工业的特点及其重要性的观念，认为合作化一定高于个体，合作社愈大，集体化程度愈高；手工业改造的方向是加快半机械化、机械化的速度；"将欲取之，必先与之"，有相当一部分手工业合作组织要逐步地由集体所有制发展为全民所有制。从这些固定概念出发，手工业合作化在形式上是完成了，但随之出现盲目并社升级、产品质量下降、品种减少、丢失民族工艺特色等种种流弊，以至一些传统手工业和享誉世界的传统手工业产品几近失去传承。

四、实现从新民主主义到社会主义的转变

（一）社会主义基本制度在中国的建立

1956年基本完成生产资料私有制的社会主义改造，是中国有史以来最深刻的社会变革。这一变革，继全国范围的土地改革消灭封建剥削制度之后，在中国最后消灭了资本主义剥削制度。实行全行业公私合营后，对民族资本的赎买采取定息制度，即国家

按照清产核资核定的私股股金，在一定时期内付给资本家定额利息。据1956年年底估算，全国公私合营的私股为24亿元人民币，其中工业17亿元，商业6亿元，交通运输业1亿元。1956年7月，国务院决定全国公私合营企业的定息户，不分工商、不分大小、不分盈亏户、不分地区、不分行业，统一规定年息率为5厘，即5%。自1956年1月1日起计算，国家给114万户私股股东发放定息，每年定息额为1.2亿余元。原定定息7年不变，1962年延长为10年，至1966年9月取消定息。

经过社会主义改造，原来的资本家私有制改变为公私共有制。资本家虽有私股，但已不起资本的作用，它与生产资料已经分离，只在一定时期内起领取定息凭证的作用。除留有定息的尾巴外，资本家已不再是企业的占有者，而是按照他们的能力被企业接受为管理人员或技术人员。原为资本家所有的生产资料已转归国家统一使用、管理和支配，企业基本上可以按照社会主义的原则进行生产经营。这种公私共有制经济，实质上具有了国家所有制即全民所有制的性质。与此同时，农民、手工业者劳动群众个人所有的小私有制，基本上转变为劳动群众集体所有制。这样，中国经济的所有制结构就发生了根本性变化。

社会主义改造的基本完成，使全民所有制和劳动群众集体所有制这两种社会主义公有制形式，在整个国民经济中占绝对优势地位。反映在国民收入的结构上，1956年同1952年相比，国营经济的比重由19.1%上升到32.2%；合作社经济由1.5%上升到53.4%；公私合营经济由0.7%上升到7.3%。与此相对应，个体经济由71.8%下降到7.1%，纯粹资本主义经济由6.9%下降到接近于零。社会主义性质的公有制经济在国民收入中的比重，总计已达到92.9%。

从工业总产值来看，1956年同1952年相比，社会主义国营工业的比重由56%上升到67.5%，国家资本主义工业由26.9%

上升到32.5%，资本主义工业则由17.1%下降到接近于零。在社会商品零售总额中，国营商业和供销合作社商业所占比重由42.6%上升到68.3%，国家资本主义商业和由原来小私商组成的合作化商业由0.2%上升到27.5%，纯粹私营商业由57.2%下降到4.2%。这些情况表明，以社会主义改造基本完成为重要标志，以生产资料公有制占绝对优势的社会主义经济制度在中国初步建立起来了。

随着生产资料私有制的社会主义改造基本完成，中国的社会阶级结构发生了重大变化。帝国主义的工具——官僚买办资产阶级以及封建地主阶级，已经在中国大陆上被消灭了；富农阶级正在被消灭中。在企业改造与个人改造相结合的政策下，民族资产阶级分子正处在由剥削者变为自食其力的劳动者的转变过程中。广大的农民阶级和其他个体劳动者，已经变为社会主义的集体劳动者。工人阶级作为国家的领导阶级，它的队伍不断扩大。原私人企业的工人摆脱了雇佣劳动者的地位，和国营企业的工人一样，成为企业的主人，整个工人阶级队伍的觉悟程度和文化技术水平有了很大提高。这一社会阶级结构的变化，决定着中国过渡时期的主要矛盾即工人阶级同资产阶级之间的矛盾已经基本解决，从资本主义生产关系的束缚下解放了这一部分社会化的生产力。

在社会主义经济基础建立过程中，中国人民民主专政的国家制度逐步健全，社会主义政治制度、文化制度基本成型。

一是以人民民主原则和社会主义原则为特点的《中华人民共和国宪法》颁布实施，人民代表大会制度在国家生活中正式确立，共产党领导的多党合作的政治协商制度继续发展，在统一的国家内实行民族区域自治成为一项国家制度。工人阶级在整个国家的领导地位不断加强，工农联盟以及工人阶级同其他劳动人民的联盟在新的社会主义基础上进一步巩固。这些制度性因素的总合，构成了中国社会主义政治制度的基础框架，为把中国建设成为具有健全民主与法制的社会主义国家开辟了道路。

二是以社会主义工业化建设为中心，民族的大众的科学的文化建设在逐步繁荣发展中，体现着社会主义先进文化的前进方向。中国共产党作为领导社会主义事业的核心力量，巩固了马克思主义、毛泽东思想在全国的指导思想地位，广大人民中间逐渐树立起明确的社会主义意识，爱国主义、集体主义、为人民服务等共同价值观，与此相适应的社会道德规范，在越来越多的社会成员中得到崇尚。社会主义新型的社会关系和人与人的关系，正在形成之中。

经济是社会生产力和生产关系的矛盾运动在物质文明层面上的一种集中反映，是整个社会的政治法律上层建筑、精神文化与观念形态赖以树立其上的物质基础。伴随着以生产资料公有制为主体的新的经济基础的建立，社会主义经济体制、政治体制、教育科学文化体制基本形成，整个国家的政治、文化、社会及精神文明领域的建设，从各个方面适应、服从和服务于社会主义经济制度的建立和逐步完善。所有这些基本因素综合在一起，形成历史合力，决定了社会主义基本制度在中国初步建立起来，从而为社会主义在中国的全面发展奠定了制度基础。

从总体上看，从1949年中华人民共和国成立到1956年社会主义改造基本完成，是中国共产党领导中国人民实现由新民主主义到社会主义转变的过渡时期。但这七年的历史发展，是有阶段划分的。第一阶段，从1949年到1952年，依照中国共产党完整提出的、中国各民主党派和人民团体一致同意而制定的建国纲领，中国各社会阶层、各民族人民在中国共产党的领导下，运用人民民主专政的国家政权力量，取消帝国主义在中国的特权，消灭地主阶级和官僚资产阶级的剥削和压迫，改变买办的封建的生产关系，从根本上解放被严重束缚的社会生产力，以恢复和发展生产为中心，推动整个国家在经济、政治、文化和社会生活等各方面的重新整合。经过建国头三年的艰苦努力，成功地完成了由半殖民地半封建中国到新民主主义中国的伟大历史转变。

由落后的农业国向先进的工业国转变，由新民主主义社会向社会主义社会转变，这是中华人民共和国建国方略的题中之意。关键在于如何为中国逐步走向社会主义前途创造必要的条件。建国头三年的新民主主义建设，不仅建立和巩固了以人民民主专政为核心的政治上层建筑，更重要的是通过解放生产力，发展新民主主义经济，促进经济结构中社会主义因素的不断增长，国营经济领导整个国民经济的物质力量不断壮大，国家对经济社会运行的控制力不断加强，同时，以大机器生产为代表的现代工业在国民经济中的比重有了逐年增长。这个历史进程，为整个国家和社会逐步过渡到社会主义创造了必要的、基本的物质条件。

第二阶段，从1953年到1956年，依据新民主主义革命胜利和建设成就所创造的经济、政治条件，中国共产党根据毛泽东的建议，制定了一条向社会主义过渡时期的总路线，实行以第一个五年计划为核心内容的大规模工业化建设和对农业、手工业、资本主义工商业的社会主义改造同时并举的发展战略。采取和平转变的方式，创造一系列适合中国情况的由低级到高级的具体过渡形式，逐步地实现了对生产资料私有制的社会主义改造，在中国这样一个经济文化还很落后的国家初步建立起崭新的社会主义制度，实现了从新民主主义到社会主义的历史转变。这是一个具有决定性意义的伟大胜利，是为中华人民共和国的国家发展和社会进步奠基立业的重要里程碑。

中国执行第一个五年计划的基本任务，包括发展生产力和变革生产关系两个方面。按照过渡时期总路线的构想，变革生产关系的任务，需要三个五年计划即15年，加上三年经济恢复，大约18年时间，在"一五"计划期间只能完成一些初步的工作，如将私营工业的大部分、私营商业的一半以上转变为各种形式的国家资本主义。可是，到 1956 年，农业、手工业、资本主义工商业三大改造就已基本完成，实际上仅用七年时间，大大提前完成了生产关系变革的任务。

关于发展生产力的任务，到 1956 年，中国提前完成了"一五"计划所规定的发展经济的一些主要指标，例如：基本建设方面，1953 年到 1956 年，完成基本建设投资额 366.3 亿元，即完成"一五"计划投资额的 86% 左右，为 1957 年按期或超额完成"一五"计划基本建设指标打好了基础。1956 年开始施工和继续施工的限额以上的工业建设单位共有 625 个，已经全部投入生产的有 89 个，比"一五"计划规定的 1956 年施工的建设单位增加了 135 个。新建和改建的限额以上的工业企业建设完工，大大提高了中国工业生产能力，创立了一些新的工业部门，革新了一些原有的部门，开始改变原来工业极端落后的面貌。同时，也开始改变工业地区分布的极不平衡状况。中国已经有了自己的飞机制造业、汽车制造业、拖拉机制造业、发电设备制造业、高级合金钢冶炼业等新的工业部门。除了沿海地区外，在内蒙古、西北、华北各地，开始出现新的工业城市。

工业生产方面，1953 年到 1956 年，工业总产值平均每年增长 19.2%，超过"一五"计划规定的 14.7% 的速度。主要工业产品的产量，在列入"一五"计划的 46 种主要工业产品中，钢、生铁、钢材、水泥、纯碱、客车、棉纱、棉布等 27 种产品的产量已达到或超过"一五"计划所规定的 1957 年的指标。工业在国民经济中的地位和工业的内部结构有所改善。1956 年，工业总产值在社会总产值（包括农业、工业、建筑业、运输业、商业）中的比重，由 1952 年的 34.4% 提高到 39.2%；现代工业在全部工业中的比重，由 1952 年的 64.2% 提高到 71.6%；重工业总产值在工业总产值中的比重，由 1952 年的 35.5% 提高到 42.2%。

中国已经开始用自己制造的技术设备去装备工业、农业及其他国民经济部门和巩固国防。这些重要成就，为奠定中国工业化的初步基础提供了有利条件。

农业生产由于受到自然灾害困扰、生产方式落后、经济变革过快等因素的影响，增长速度远低于工业。1953年、1954年许多地区受到较大的自然灾害，这两年没有全部完成农业生产计划，但是粮食产量仍比丰收的1952年有所增加，农业总产值分别比上年增长3.1%和3.4%。1955年是个好年景，农产品丰收，农业总产值比上年增长7.6%。1956年又遭受洪涝、干旱等自然灾害，某些农作物特别是棉花受到一定损失，农村合作化高潮对农业生产也发生一定影响，农业总产值完成年计划的96%，比上年增长5%，大豆、花生、油菜籽、黄麻、洋麻的产量和某些牲畜的数量都没有完成当年计划。

商业方面，社会主义商业的领导地位日益巩固，一个有计划有组织的国内市场逐渐形成。1956年，国内社会商品零售总额为461亿元，比1952年增长66.5%，比1955年增长17.5%。这为1957年完成和超额完成第一个五年计划所规定的498亿元的任务打好了基础。1956年，对外贸易进出口为108.7亿元，比1952年增长68.2%，提前完成了五年计划规定的增长66.5%的指标。国内商业的发展，保证了人民生活必需品的供应，基本上保持了物价稳定，促进了工农业生产的发展和人民生活的改善。

历史地看，在20世纪50年代的国际国内环境和社会历史条件下，中国主要依靠人民民主制度，依靠国家机关和社会力量，通过社会主义工业化建设和社会主义改造，逐步消灭剥削制度，比较顺利地进入了社会主义社会。在变革生产关系的同时，解放和发展了生产力，"一五"计划建设取得显著的成绩。但是应该指出，由于中国经济的底子薄，刚刚建立的社会主义的物质基础还很不充分、很不稳固，尤其是1956年"一五"计划规定的重点建设项目大部分没有完成，有的尚未开工，中国仍缺乏门类比较齐全，工业品的产量和品种能基本满足人民生活和社会发展需要的相对独立的工业体系，换句话说，过渡时期总路线规定的社会主义工业化的主体任务远未完成。即使按照当时的估计，至少还需要经过两个五年计划的时间才能为国家工业化真正打下一个基础。

上述客观历史进程表明，1956 年社会主义改造基本完成后，中国在发展生产力方面还有很长的路要走，由三大改造所建立的新的生产关系，还要适应生产力发展的要求不断进行调整，社会主义上层建筑中不适应经济基础的部分，也需要进行调整和改革。所以，中国在 20 世纪 50 年代中期只是进入了很不成熟的社会主义。后来经过复杂的历史曲折，中国共产党确认"五十年代中期我国进入社会主义初级阶段"①。就是说，中国基本完成社会主义改造以后，必须经过一个继续实现工业化和经济的社会化、市场化、现代化的相当长的历史阶段，才能把中国建设成为一个伟大的社会主义强国。

（二）社会主义改造的历史经验和遗留问题

一般来说，在经济社会转型时期，生产关系的急剧变革往往会导致对生产力不同程度的破坏。而在中国这个几亿人口的大国，消灭生产资料私有制的深刻变革，第一是在保证国民经济基本上稳定发展的情况下完成的，第二是在得到人民群众基本上普遍拥护的情况下完成的，这无论如何都是一件有伟大历史意义的事情。

在社会主义改造中，虽然也出现过一部分群众生产积极性不高的问题，但从总的方面看，所有制的变革不但没有破坏生产

---

① 《十五大报告辅导读本》，人民出版社 1997 年版，第 16 页。

力，而且促进了生产力的发展，以粮食产量来说，合作化过程中逐年都有所增长。农田水利建设和农业技术改造，在合作化过程中逐年都有所发展。原有私营企业在接受改造过程中，生产增长和效益提高也比较显著。根据社会主义改造的形势发展和变化，党和政府经常适时地进行政策调整，对生产和流通的许多环节实行统筹兼顾、全面安排，不但启动了中国工业化建设的进程，而且保证了工农业生产的较快增长。

在社会主义改造期间，按可比价格计算，中国工农业总产值与上年相比，1953 年增长 14.4%；1954 年增长 9.5%；1955 年增长 6.6%；1956 年增长 16.5%。按平均值计算，1953 年到 1957 年的"一五"计划期间，工农业总产值平均每年增长 10.9%，其中，工业总产值平均每年增长 18%，超过"一五"计划规定的 14.7%；农业总产值平均每年增长 4.5%，略高于"一五"计划规定的 4.3%。总的来看，有计划的工业建设进展顺利，经济发展较快，经济效益较好，重要经济部门的比例关系比较协调；市场繁荣，物价稳定，人民生活得到明显改善。1956 年，全国居民的消费水平比 1952 年提高了 20%，其中农民提高了 15%，非农业居民提高了 23.7%。

中国生产资料私有制的社会主义改造与国民经济发展的良性互动证明，1953 年中国共产党提出的过渡总路线是正确的，党和人民对社会主义道路的选择是正确的，党领导人民进行的这场社会大变革在总体上是成功的。社会主义改造的基本完成，解放了被旧的生产关系束缚的社会生产力，促进了工农业和国民经济的发展，人民生活水平有了明显提高，人民民主政权更加巩固。社会主义经济、政治制度在中国的确立，为国家今后的发展和社会进步奠定了基础。

在向社会主义过渡的准备阶段，党领导人民努力发展多种经济成分在国营经济领导下分工合作、各得其所的新民主主义经济，不仅大力发展和壮大了社会主义国营经济的力量，而且充分利用私人资本主义的积极作用，促进了生产力的发展，为向社会主义转变创造了最基本的物质条件。在向社会主义过渡的进程中，党总结人民群众的丰富实践，创造了一系列适合中国特点的由初级到高级的过渡形式。对个体农业，创造了以初级农业生产合作社为中心环节的各种互助合作形式，使农民的个体私有制逐步地转变为社会主义集体所有制。对个体手工业，也采用了类似的方法。对资本主义工商业，创造了加工订货、统购包销、经销代销、公私合营等国家资本主义形式，使资本主义私有制逐步地过渡到社会主义公有制。采用多种组织形式逐步地向社会主义过渡，这是中国社会主义改造的一条成功经验。由于这些创造，中国的社会主义改造在目标模式方面，虽然还是以苏联为榜样，在具体道路上却带有中国自己的特色。

农业的改造，要动摇农民对土地、耕畜的深厚的私有观念和各家各户自主经营的习惯，自然会引起相当的抵触。但是，党和政府用事实向农民群众表明，合作化可以使占农村人口多数的在生产条件方面还有各种困难的贫农下中农得到利益，至少不损害他们的利益，因此他们对合作化是拥护的或者是随大流的。比较富裕的农民在自愿互利政策没有得到很好执行的情况下，其自身利益会受到一些损害，党和政府注意纠正这些偏差，并且向他们表明，合作社生产的发展也会使他们得到利益，在大势所趋下，他们也是可以拥护或者随大流的。

在过渡时期消灭资本主义剥削制度，实现社会主义，是社会发展的客观规律所决定的。党根据中国的历史和现实条件，在社会主义改造中继续保持同资产阶级的联盟，确定对资本家实行和平赎买的政策，创造了不由国家付出大批赎金，而是在相当一段时期内让资本家继续从企业分得一部分红利和股息的赎买办法，不仅有效地减少了资本家对私有制变革的抵抗，而且继续利用了私人资本主义在扩大生产、改进企业管理和生产技术、培养和训练技术工人和技术人员等方面的积极作用。从 1950 年到 1955 年，私营工商业缴纳的各种税收，在各年的国家财政收入中，分别占到 32.9%、28.7%、21.2%、16.9%、13.3%、7.7%（以后几年比重下降，是由于迅速发展的国营企业成为财政收入的主要来源）。私营工业和公私合营工业提供的总产值，1949 年为约 70 亿元，1956 为 191 亿元，增长超过一倍半，为国家做出了一定的贡献。

私营工商业的全面公私合营，工人阶级自然是衷心拥护的。资本家中有些人"白天敲锣打鼓，晚上抱头痛哭"，他们为形势所迫，又于心不甘。但是，党和政府不采取斗争地主的办法对待民族资本家，还继续支付定息，给予工作，保留他们的代表人物在国家机构中的地位，因此他们是可以接受改造或者随大流的。曾被称为"纺织大王"的荣氏家族的代表荣毅仁，在被问到作为资本家为什么接受社会主义道路的时候说："是的，我是一个资本家，但是我首先是一个中国人。"荣毅仁历述他作为中国的民族资本家，如何一直梦想兴办工业，救国图强，可是在旧社会受尽帝国主义和官僚资本的压迫和勒索，解放初期由于政府贷款、委托加工和收购产品，才使企业摆脱窘迫局面，盈利逐年增加。他说："五年计划开始了，全国兴建了许多大工厂，各地进行了大规模的建设，一切实现得比梦想还要快，多么令人鼓舞！没有共产党，不走社会主义的道路，那能有今天？"废除资本主义私有制，"对于我，失去的是我个人的一些剥削所得，它比起国家第一个五年计划的投资总额是多么渺小；得到的却是一个人人富裕、繁荣强盛的社会主义国家"。[①] 从这一席话，可以生动地看到党对民族资本家采取团结和改造政策的根据和实际效果。

---

① 《新华社新闻稿》，1956 年 1 月 21 日。

由于正确地实施了过渡时期总路线和相应的一整套改造方针和政策，加上民族资产阶级中的进步分子和大多数人在社会主义改造过程中起了有益的配合作用，这两方面结合起来，使中国成功地实现了马克思、列宁曾经设想的对资产阶级的和平赎买，以新的经验丰富了马克思主义的科学社会主义理论。这是中国共产党的一个独创性经验。陈云在 1956 年 6 月一届全国人大三次会议上评价说："企业的私有制向社会主义所有制的改变，这在世界上早已出现过，但是采用这样一种和平方法使全国工商界如此兴高采烈地来接受这种改变，则是史无前例的。"①

总的来说，中国共产党依据新民主主义革命胜利所创造的政治条件，实行"由发展新民主主义经济过渡到社会主义"的发展战略，并采取逐步改造生产资料私有制的具体政策，在中国这样一个经济十分落后的国家，在如此复杂、困难和深刻的社会变革中，做到了国民经济的稳定增长和人民群众的广泛拥护，从而比较顺利地实现了社会主义的目标。这个基本的事实，说明了党对社会主义改造的领导是成功的。

历史地看，中国是在 20 世纪 50 年代的国际环境和社会历史条件下，实现从新民主主义到社会主义转变的。基于那时中国共产党对社会主义的认识，尤其是在学习苏联经验进行国家建设中受到苏联社会主义模式的影响，中国社会主义改造后期也出现不少缺点和偏差，主要是在 1955 年夏季以后，对农业合作化及对手工业和个体商业的改造要求过急，工作过粗，改变过快，组织形式也过于简单划一，以致长时期遗留了一些问题。这些问题的发生，是同当时党对什么是社会主义，怎样在中国建设社会主义问题的认识密切相关的。其中有许多经验教训，需要深入总结。

关于农业的社会主义改造，从 1952 年基本完成土地改革后

①　《陈云文选》第 2 卷，人民出版社 1995 年版，第 309—310 页。

的历史情况看，中国广大农村确实需要发展互助合作经济。这不仅是生产关系向社会主义转变的需要，而且是促进农村生产力发展以适应国家工业化步骤的客观要求。党提出逐步引导农民走集体化道路的方向和积极领导、稳步前进的方针是正确的，有关自愿互利、典型示范、国家帮助的政策原则也是稳妥的，农业合作社在生产发展中显示了集体经济的优越性。但是1955年夏季以后，全国在批判右倾保守的政治压力下掀起合作化高潮，这种生产关系的急剧变化，在很大程度上超越了农村生产力的实际状况，超出了大多数农民的经营管理能力。许多地方没有完全贯彻自愿互利的原则，对农民入社的一些生产资料作价偏低或未能折价偿还，侵犯了部分农民主要是中农的经济利益。尽管中国农业合作化没有像苏联全盘集体化那样，立即造成农业经济的严重滑坡，但是也引起部分农民的不满和生产情绪的波动，导致农业经济效益明显下降。从农业总产值来看，1955年是个丰年，比上年增长7.6%；1956年全国实现了合作化，只比1955年增长5%。1957年，合作化高潮的后滞影响显现出来，各地不同程度地出现农民闹退社的紧张情势，还因并社升级中生产资料作价过低而损失了390万头大牲畜，农业总产值仅比1956年增长3.6%。

究其原因，初级社向高级社的转变，是一个带根本性质的变化。初级农业生产合作社，是带有小私有基础的劳动群众部分集体经济组织，实行按劳分配为主和积累归公，但土地和其他生产资料可以作为股份参加分红，社员入退社自由，合作社的规模也不大，1956年以前平均每社20余户农民，比较易于管理和积累经验。这种股份合作制形式的经济组织具有半社会主义的性质，基本上是与当时中国农村的生产力水平相适应的。这也是1951年至1954年农业合作社能够稳步发展并巩固的重要原因。中国是一个小农经济的汪洋大海，即使是初级社的推广与普及，客观上也需要一个相当长的过程，需要有一定的社会经济和文化条件。

高级农业生产合作社，在性质上和组织形式上基本等同于苏联的集体农庄，不仅土地和主要生产资料完全归集体所有，公有化程度大大提高，而且组织规模也扩大了，平均每社拥有 200 余户农民，完全实行集中生产、统一经营和统一核算。对于缺少文化和合作化经验的农民来说，这种公有化程度过高、规模过大的高级社，必然会在生产经营管理方面带来许多困难和问题。可是，农业合作化运动一两年一个高潮，一种组织形式还没有来得及巩固，很快又变了。从常年互助组到初级社化，只用了三年多时间，普遍办高级社就更加急迫，仅半年多时间就基本完成了高级社化。这种生产关系的过快改变，不能不给农业生产的发展带来不稳定因素和不利影响。

如同引导农民走上集体化道路需要采取多种过渡的组织形式一样，农村集体经济在建立过程中，也需要探索集体所有制的多种实现形式，以适应发展很不平衡的农村生产力水平。如果中国农业合作化能够稳步前进，巩固一段时间再发展，广大农民可以有较充裕的时间，根据自己的实际需要和可能的条件，自由地选择多种不同的经济形式，这样不仅更有利于农村集体经济的发展，也有利于党和政府积累经验，探索适合农村实际情况的生产经营组织形式，使中国农业的发展少走些弯路。

在工业化建设起步阶段，中国工业还不能为农业提供大量的机器和技术装备，农业生产基本上仍使用手工工具，技术水平落后，资金、畜力普遍不足。农业生产合作社在兴修水利、季节性抢收、抢种和抗御自然灾害等方面，的确发挥了分工协作的优势，提高了劳动效率，增加了粮食生产。但从长远来看，集中劳动、统一经营的单一方式，不能适应农业生产的特点和中国农村千差万别的情况。同时，农业合作社忽视农民以家庭为单位的经营方式，不能有效地调动农民的生产积极性。在这种简单协作的生产经营方式下，原来预期的新的生产力并未形成，农业增产有限，且难以持续增长。历史的发展表明，农村集体经济究竟应该采取何种生产经营方式，以利于农村生产力的发展和农产品商品率的提高，成为党探索中国农业发展道路需要解决的一个重要问题。

手工业的社会主义改造也存在类似的问题，如认为手工业生产应尽快实现半机械化、机械化，手工业合作组织应逐步改变为全民所有制等。当手工业的生产经营方式正在进行调整、求得稳定的时候，集体所有制的手工业很快向全民所有制的地方国营工业转变，致使在国民经济中占有重要地位的传统手工业日渐萎缩，给经济生活带来不便。相当一部分手工业转为国营工业后，其原料供应、生产安排和产品销售统统纳入国家计划，给国家增加了包袱。

关于资本主义工商业的社会主义改造，主要的问题是在全民所有制和集体所有制占主导地位的条件下，有没有必要使公有制成为唯一的经济成分，可不可以保留一部分有益于国计民生的个体经济和私营经济？事实上，经过几年的改造工作，截至1955年12月，全国工业总产值（不包括手工业）中，纯粹私营工业只占16.2%；全国商业机构批发额和零售额中，纯粹私营商业仅占4.4%和17.8%。1955年国家对3193户较大型的私营工业企业（其产值约占全国私营工业总产值的50%）实行公私合营后，剩下的占另一半产值的12万余户私营工业绝大多数属于小企业。对于这类小型私营工业，尤其是对数以百万计的私营坐商、行商及摊贩统统实行改造，使国家几乎包办本来可以发挥各种社会力量来分担的事情，而以当时的财力和物力，对以个体和私营方式维持生计的这样大一批社会人员，政府事实上是包不下来的，结果使国家承受了很大的社会负担和就业压力。

由于对历史形成的经济形式的多样化、复杂性认识不足，许多地方在行业改组中，不适当地把没有雇工剥削或仅有轻微剥削的小商、小贩、小手工业者和其他独立劳动者，也纳入公私合营的范围，把他们笼统地划为"私方人员"，在社会上错当成资本家对待，从而挫伤了这部分劳动者的社会主义积极性。① 实践的发展表明，如果不去匆忙地改变这部分小型工商企业的私有性质，保留个体劳动者单独经营的方式，对于活跃中国经济、满足人民生活需要、增加国家税收以及解决社会就业问题等，将会是有利的。

关于在向社会主义过渡中实行集中统一的计划体制，有因为缺乏经验而仿效苏联经济模式的一面，但从当时中国所处的国际环境和历史条件出发，也是不得不作出的一种必要的选择。为了尽快改变工业落后状况，增强国防力量，党和国家确定以发展重工业为中心进行大规模的经济建设，但又极度缺少资金、物资和技术力量，并且受到帝国主义的经济封锁。在这种特定的历史条件下，采取集中统一的计划管理体制，对于合理配置有限的资源，保证"一五"计划重点项目的实施起了重要历史作用。

1953 年开展大规模有计划的经济建设以后，国家对国民经济的计划管理向着更大范围和更高程度扩展。首先通过统购统销政策，对主要农产品实行计划管理，使粮食、油料、棉花等主要农产品，基本上脱离了市场。提前实现对私营大批发商的改造，基本上将私商经营的大宗农产工业原料的货源掌握在国家手中。对于工业品中的生产资料，建立了中央、部门、地方三级物资统配制度，凡重要工业产品基本都纳入了中央统一计划分配的轨道。此外，通过扩大加工订货、统购包销，将私营企业的大部分工业产品间接纳入计划分配范围，等等。关于实行计划经济，还载入

---

① 这个遗留问题，直到 1978 年党的十一届三中全会以后才得到解决。经过慎重区别，在 1956 年全国参加公私合营的 86 万名工商业者中，原为劳动者的有 70 万人，约占 81%。

1954 年的《中华人民共和国宪法》。《宪法》第十五条规定："国家用经济计划指导国民经济的发展和改造，使生产力不断提高，以改进人民的物质生活和文化生活，巩固国家的独立和安全。"

历史地看，在中国建设资金匮乏，经济资源短缺，国民经济部门的构成尚比较简单的条件下，计划经济方式对于合理配置资源，保证重点工业建设，妥善安排人民生活，基本满足社会需要，起到了不可替代的重要作用。若非如此，不可能迅速建立国家工业化的初步基础，提高国家的综合实力，巩固国家的独立和安全，有效地对付帝国主义对中国的封锁包围和战争威胁。另一方面，随着有计划经济建设的大规模开展，市场调节愈来愈被赋予资本主义生产的盲目性和无政府性质，在有关国计民生的重要领域和生产流通的重要环节，不断排斥市场机制因素，使市场调节作用的范围愈来愈缩小。

统购统销政策是为保证初期工业化的急需所采取的必要措施，但它在经济运行中也产生了某些负面影响。比如，它中止了市场机制对粮棉油等主要农产品生产的调节作用，农民对自己的产品没有处理的自主权，即使有余粮也难以在市场上出卖，实际上被割断了同市场的联系，价值规律对农业生产的刺激作用被大大削弱了。又如，粮食等农副产品一向在私营商业的经营中占很大份额，统购统销的实行，使私商失去了在这方面的重要活动领域而难以维持；以轻纺工业为主的私营工业，一向对农产品市场依赖程度很高，至此也与农产品市场相脱离。有关资料表明，1953 年到 1955 年，在流通领域，自由市场占社会商品零售额的比重，由 42%、28%下降到 22.9%，明显逐年递减；在生产领域，私营工业自产自销部分的比重，由 33.1%骤降至 9.2%。总之，在短短几年内，市场调节因素受到了很大的削弱。

此外，1952 年年底提前实现私营金融业的公私合营，割断了资本主义工商业同资本市场的联系，使资金的运动脱离了市场调节而完全掌握在国家计划机关手中。另一个重要变化是，农民和手工业者被大批组织到合作社内，私营工商业通过各种形式被间接纳入计划轨道之后，它们原先作为独立的市场主体的特征发生蜕变，愈来愈缺乏自身独立的经济利益。私商被严禁收购国家统购的农产品，合作社也失去了在市场上销售主要农产品的自主权。随着国家统配物资的品种不断增加，企业依据市场需要自产自销的部分逐渐减少，生产资料市场日益萎缩。国家对越来越多的商品价格实行统一管理，价格机制的作用受到限制，加上商品流通逐渐归于按计划"三级批发、多环节经营"的单一形式，使商品市场趋于呆滞，其运转机制失去了原有的灵活性。

客观地说，对社会主义单一化目标和苏联式计划经济模式的选择，在当时所处的社会历史背景下是难以避免的。它决定了中国在完成生产资料私有制的变革后，形成了过于单一的公有制结构以及国家无所不包、实际上又包不下来的计划经济的一统天下。尤其是社会主义改造基本完成后，农业、手工业、工商业的生产经营被统统纳入国家计划的轨道，原来还能在一定范围内起作用的市场调节完全退出经济领域，以行政管理和指令性计划为特征的计划经济体制由此建立。其内容包括以直接计划为主辅以一部分间接计划的计划管理体制，以中央集权为主的财政管理体制，以计划流通为主辅以少量其他渠道的流通体制，高度集中统一的劳动和工资管理体制等。这种经济管理体制的形成，是同当时的理论认识即"实行计划经济是社会主义的根本特征"相联系的，也是同学习苏联社会主义经济模式的影响分不开的。其缺陷是中央集权过多，管得过死，缺乏激励机制，效率低下，限制了地方和企业的自主权和积极性的发挥。现实生活提出了这样的问题，对资本主义经济和个体经济的改造完成以后，是否有必要把高度集中的计划经济体制扩大到全部经济生活，市场调节的作用是否还需要发挥，如何发挥？

对于上述这些问题，中国共产党在社会主义改造后期或多或少都有所觉察，并提出一些比较符合实际的解决措施。但是，由于对什么是社会主义以及在中国怎样建设社会主义的根本问题上远未达到成熟的认识，这些措施不可能彻底解决问题。社会主义改造基本完成后的客观形势，要求党和政府认真研究和把握中国的国情，根据生产力发展和社会生活的需要，根据人民群众的愿望，对生产关系不适应生产力状况的某些环节进行有系统的调整和改革，以继续解放和发展生产力，不断巩固和加强新建立的社会主义经济基础。

基本完成社会主义改造的历史遗留问题，不在于中国早几年或者迟几年过渡到社会主义社会，而在于新建立的社会主义经济基础的底子还很薄弱，这就需要在以社会主义公有制为主体的经济结构中保留一部分有利于国计民生的私有经济成分，需要在经济管理体制和生产组织形式上有一定的灵活性和多样性。而这些问题，是可以通过社会主义制度的自我调节，在实践中依靠经验的积累逐步加以解决的。这样，就提出了探索中国自己的建设社会主义道路的历史新任务。

主要参考文献

1. 《毛泽东选集》第 2—4 卷，人民出版社 1991 年版。

2. 《毛泽东文集》第 5 卷、第 6 卷，人民出版社 1996、1999 年版。

3. 《毛泽东年谱（1893—1949）》修订本，中央文献出版社 2013 年版。

4. 《毛泽东年谱（1949—1976）》，中央文献出版社 2013 年版。

5. 《毛泽东书信选集》，人民出版社 1983 年版。

6. 《毛泽东在七大的报告和讲话集》，中央文献出版社 2003 年版。

7. 《毛泽东外交文选》，中央文献出版社 1994 年版。

8. 《刘少奇论新中国经济建设》，中央文献出版社 1993 年版。

9. 《建国以来刘少奇文稿》第 1—5 卷，中央文献出版社 2013 年版。

10. 《周恩来年谱（1949—1976）》，中央文献出版社 1997 年版。

11. 《周恩来选集》，人民出版社 1980 年版。

12. 《周恩来外交文选》，中央文献出版社 1990 年版。

13. 《周恩来统一战线文选》，人民出版社 1984 年版。

14. 《陈云年谱（1905—1995）》，中央文献出版社 2000 年版。

15. 《陈云文选》第 2 卷，人民出版社 1984 年版。

16. 《邓小平文选》第 1 卷，人民出版社 1989 年版。

17. 《董必武政治法律文集》，法律出版社 1986 年版。

18. 《张闻天选集》，人民出版社 1985 年版。

19. 《李维汉选集》，人民出版社 1987 年版。

20. 《胡乔木回忆毛泽东》，人民出版社 1994 年版。

21. 《中共中央文件选集》第 18 册，中共中央党校出版社 1992 年版。

22. 薄一波著：《若干重大决策与事件的回顾》上卷，中共中央党校出版社 1991 年版。

23. 《建国以来重要文献选编》第 1—6 册，中央文献出版社 1993 年版。

24. 《中国共产党宣传工作文献选编（1937—1949）》，学习出版社 1996 年版。

25. 中共中央党校党史教研室资料组编：《中国共产党历次重要会议集》（下），上海人民出版社 1983 年版。

26. 中共中央统战部研究室编：《历次全国统战工作会议概况和文献》，档案出版社 1988 年版。

27. 外交部外交史编辑室编：《新中国外交风云》，世界知识出版社 1990 年版。

28. 曾培炎主编：《中国投资建设五十年》，中国计划出版社 1999 年版。

29. 吴承明：《中国资本主义与国内市场》，中国社会科学出版社 1985 年版。

30. 马洪等主编：《当代中国经济》，中国社会科学出版社 1987 年版。

31. 尚明主编：《当代中国的金融事业》，中国社会科学出版社 1989 年版。

32. 范瑾主编：《当代中国的北京》（上），中国社会科学出版社 1989 年版。

33. 黄树则、林士笑主编：《当代中国的卫生事业》（上），中国社会科学出版社 1986 年版。

34. 程宏毅主编：《当代中国的供销合作事业》，中国社会科学出版社 1990 年版。

35. 吴承明、董志凯主编：《中华人民共和国经济史》第 1 卷（1949—1952），中国财经出版社 2001 年版。

36. 董志凯主编：《1949—1952 年中国经济分析》，中国社会科学出版社 1996 年版。

37. 国家统计局：《中国商业历史资料汇编》，1963 年 8 月。

38. 国家统计局：《中国统计年鉴（1984）》，统计出版社 1984 年版。

39. 中国社会科学院、中央档案馆编：《1949—1952 中华人民共和国经济档案资料选编·工商体制卷》，中国社会科学出版社 1993 年版。

40.《1949—1952 中华人民共和国经济档案资料选编·工业卷》，中国物资出版社 1996 年版。

41.《1949—1952 中华人民共和国经济档案资料选编·商业卷》，中国物资出版社 1995 年版。

42.《1949—1952 中华人民共和国经济档案资料选编·对外贸易卷》，经济管理出版社 1994 年版，

43.《1949—1952 中华人民共和国经济档案资料选编·农业经济体制卷》，社会科学文献出版社 1992 年版。

44.《1953—1957 中华人民共和国经济档案资料选编·工业卷》，中国物价出版社 1998 年版。

45. 《1953—1957 中华人民共和国经济档案资料选编·交通通讯卷》，中国物价出版社 1998 年版。

46. 《1953—1957 中华人民共和国经济档案资料选编·农业卷》，中国物价出版社 2000 年版。

47. 《1953—1957 中华人民共和国经济档案资料选编·商业卷》，中国物价出版社 2000 年版。

48. 《1953—1957 中华人民共和国经济档案资料选编·财政卷》，中国物价出版社 2000 年版。

49. 《1953—1957 中华人民共和国经济档案资料选编·综合卷》，中国物价出版社 2000 年版。

50. 军事科学院军事历史研究部著：《抗美援朝战争史》第1—3 卷，军事科学出版社 2000 年版。

51. 《中国土地改革史料选编》，国防大学出版社 1988 年版。

52. 《当代中国农业合作化》编辑室编：《建国以来农业合作化史料汇编》，中共党史出版社 1992 年版。

53. 国家农委办公厅编：《农业集体化重要文件汇编（1949—1957）》，中共中央党校出版社 1981 年版。

54. 师哲口述，李海文著：《在历史巨人身边：师哲回忆录》，九州出版社 2015 年版。

55. 宫力著：《毛泽东外交风云录》，中原出版社 1996 年版。

56. 李普著：《开国前后的信息》，新华出版社 1982 年版。

57. （美）哈里·杜鲁门著，李石译：《杜鲁门回忆录》第2卷，世界知识出版社 1965 年版。

58. （美）马克·克拉克：《从多瑙河到鸭绿江》，英国哈普公司 1954 年版。